Otto Lendle

Kommentar zu Xenophons Anabasis

Otto Lendle

Kommentar zu Xenophons Anabasis

(Bücher 1–7)

Wissenschaftliche Buchgesellschaft
Darmstadt

Die Deutsche Bibliothek – CIP-Einheitsaufnahme

Lendle, Otto:
Kommentar zu Xenophons Anabasis: (Bücher 1–7) /
Otto Lendle. – Darmstadt: Wiss. Buchges., 1995
ISBN 3-534-12813-3

Bestellnummer 12813-3

Gedruckt auf säurefreiem und alterungsbeständigem Offsetpapier
Druck und Einband: Wissenschaftliche Buchgesellschaft, Darmstadt
Printed in Germany

ISBN 3-534-12813-3

Inhaltsverzeichnis

Vorwort VII

Verzeichnis der Abbildungen IX

Literaturverzeichnis XIII
Stichwörter zum Literaturverzeichnis XXVII

Übersichtskarte XXXI

Einleitung 1

Kommentar
Buch 1 7
Buch 2 91
Buch 3 146
Buch 4 191
Buch 5 292
Buch 6 360
Buch 7 411

Indices

Namen 488
Eigennamen (auch mythische) 488
Geographische Namen 493

Sachen 501
Deutsche Stichwörter 501
Griechische Stichwörter 512

Stellen 514

Vorwort

Xenophons «Anabasis» gehört weder zu den geistesgeschichtlich besonders bedeutsamen noch zu den historiographisch besonders wesentlichen Werken der griechischen Literatur. Dennoch aber strahlt sie einen eigentümlichen Reiz aus, der wohl schon manchen Leser in seinen Bann geschlagen hat - vor allem denjenigen, der sich über gewisse Vorurteile hinwegsetzend *"die kleine Schrift in reiferen Jahren wiederliest"* und dann plötzlich *"eine ganz besondere Seite griechischen Wesens"* zu erkennen beginnt (ERBSE 485). Tatsächlich hat die «Anabasis» hierzulande durch ihre erst in jüngerer Zeit aufgegebene Verwendung als Anfangslektüre im gymnasialen Griechischunterricht zwar einerseits als solche einen hohen Bekanntheitsgrad erlangt, andererseits aber auch bei vielen früheren Schülern den Geruch einer der Sache nach ziemlich langweiligen und eines tieferen Eindringens kaum würdigen Schrift angenommen. Daß diese Einschätzung ganz und gar falsch ist, werden jene reiferen Leser, von denen oben die Rede ist, gewiß bestätigen. Allerdings werden sie wohl auch zugeben müssen, daß die genauere Erschließung dieses üblicherweise als leichtverständlich eingestuften Werkes schwieriger ist, als man zunächst glauben möchte. Hier soll der Kommentar vor allem durch die Erläuterung von Sachproblemen und durch die Bereitstellung von Materialien zur Begleitung der Lektüre das Verständnis des Werkes zu fördern versuchen - auch für Leser, die nicht vom Fach sind.

Marburg, im Januar 1995 Otto Lendle

Verzeichnis der Abbildungen

Buch 1

1. Stathmoi 1 - 4 (Plan) - **1.2.5/6** 13
2. Stathmoi 4 - 14 (Plan) - **1.2.7 - 12** 17
3. Stathmoi 14 - 44 (Plan) - **1.2.11 - 1.4.9** 21
4. Die 'kilikischen Tore' (Zeichnung) - **1.2.21/22** 25
5. Die 'kilikisch-syrischen Tore' (Plan) - **1.4.4** 35
6. Stathmoi 43 - 64 (Plan) - **1.4.6 - 1.4.19** 36
7. Blick vom Beilan-Paß (Zeichnung) 38
8. Stathmoi 64 - 70 (Plan) - **1.4.19 - 1.5.5** 45
9. Stathmoi 71 - 82 (Plan) - **1.5.5 - 1.6.11** 47
10. Stathmoi 82 - 90 (Plan) - **1.5.5 - 2.3.14** 54
11. Tell Kuneise und Tell Agar (Übersichtsplan) 63
12. Schlacht bei Kunaxa: *oben*: Aufmarsch der Heere zur Schlacht, *Mitte*: Der griechische Angriff, *unten*: Kampf der Leibgarden im Zentrum 65
13. Schlacht bei Kunaxa: Der persische Umgehungsmarsch 87

Buch 2

14. Stathmoi 88 - 97 (Plan) - **1.7.20 - 2.4.25** 100
15. Die 'Medische Mauer', Lageskizze zum Ḥabl aṣ-Ṣahr - **2.4.12** ... 111
16. Grundriß und Querschnitt des Ḥabl aṣ-Ṣahr - **2.4.12** 112
17. Stathmoi 97 - 102 (Plan) - **2.4.25 - 27** 118
18. Stathmoi 103 - 111* (Plan) - **2.4.27 - 2.5.1** 120
19. Bau eines Keleks (Zeichnung) 121

Buch 3

20. Stathmoi 111* - 124 (Plan) - **2.5.1 - 3.4.23** 165
21. Übergänge über den großen Zab (Plan) 166
22. Kalchu [Kalach, Nimrud], Umzeichnung nach Luftaufnahme - **3.4.7** 172
23. Kalchu [Kalach, Nimrud], Übersichtsplan - **3.4.7** 173
24. Kalchu [Kalach, Nimrud], Westseite (Zeichnung) - **3.4.7** 174
25. Ninive (Plan) - **3.4.10** 175
26. Ninive, Kujungik (Zeichnung) - **3.4.10** 176
27. Das 'Marschkarree' (Rekonstruktionszeichnung) - **3.2.26, 3.4.21-23** 180

28. Der Zakhu-Paß von Süden (Zeichnung) . . . 182
29. Stathmoi 122 - 128 (Plan) - **3.4.24 - 4.1.14** . . . 184
30. Straßenführung bei Cizre um 1880 (Plan) . . . 185
31. Das Tigristal bei Cizre (Zeichnung) . . . 186

Buch 4

32. Stathmoi 128 - 134 (Plan) - **4.1.14 - 4.3.6** . . . 196
33. Der Durchbruch auf die Hochebene (schematische Geländeskizze) - **4.1.20 - 2.22** . . . 197
34. Die Übergangsstelle über den Kentrites (Zeichnung) - **4.3.1/2** . . . 208
35. Die Überquerung des Kentrites (schematische Skizze) - **4.3.14-34** . . . 212
36. Entwicklungsphasen von drei Lochoi aus der Marschformation in die Phalanxformation . . . 218
37. Marschstrecken vom Kentrites bis zum Euphrat (Übersicht über verschiedene Routenvorschläge) . . . 221
38. Stathmoi 133 - 143 (Plan) - **4.3.1 - 4.4.7** . . . 224
39. Schlucht des Bitlis-Su (Zeichnung) . . . 225
40. Straße von Duhan nach Bitlis (Zeichnung) . . . 226
41. Stathmoi 143 - 163 (Plan) - **4.4.7 - 4.6.5** . . . 232
42. Ebene von Hinis (Zeichnung) . . . 236
43. Marschstrecken vom Euphrat bis nach Trapezus (Übersicht über verschiedene Routenvorschläge) . . . 237
44. Armenisches Dorf in der Ebene von Muş (Zeichnung) . . . 243
45. Stathmoi 158 - 181 (Plan) - **4.6.4 - 4.7.10** . . . 251
46. Stathmoi 181 - 193 (Plan) - **4.7.19 - 4.8.22** . . . 271
47. Wege über das pontische Randgebirge südlich von Trapezus (Plan) . . . 273
48. Die Kunststraße nördlich des Zigana-Passes (Zeichnung) . . . 274
49. Straßenführung zwischen Hamsiköy und Esiroglu (Plan) . . . 275
50. Steinhügel am Zigana Dag (Zeichnung) - **4.7.25** . . . 281
51. Aufstellung der Steilkolonnen (schematische Skizze) - **4.8.15** . . . 284
52. Trapezus um 1898 (Plan) **4.8.22 - 5.3.1** . . . 287
53. Trapezus, der Boztepe von Westen (Zeichnung) - **4.8.28** . . . 290

Buch 5

54. Die Fluchtburg der Drilen (schematische Skizze) - **5.2.3-27** . . . 300
55. Die pontische Küste von Sinope bis Trapezus (Plan) . . . 309
56. Geländeskizze zur Lage von Skillus (Plan) - **5.3.7-13** . . . 316
57. Stathmoi 193 - 201 (Plan) - **4.8.22 - 5.5.1** . . . 323
58. Stathmoi 201 - 206 (Plan) - **5.5.1-3** . . . 332
59. Geländeskizze zur Lage von Ordu (Zeichnung) . . . 333
60. Der mutmaßliche Landweg von Kotyora nach Herakleia (Plan) . . 339

Buch 6

61. Die Lage von Sinope und Harmene (Plan) - **6.1.15** 365
62. Herakleia Pontike (Lageplan) - **6.2.1/2** 371
63. Verbindungswege zwischen Herakleia Pontike und Byzantion (Plan) - **6.2.17 - 6.38** 378
64. Die weitere Umgebung von Kalpes Limen (Plan) 381
65. Die nähere Umgebung von Kalpes Limen (Pläne) - **6.4.1-7** 386
66. Rekonstruktion von Kalpes Limen (Zeichnung) - **6.4.1-7** 388
67. Das Hinterland von Kalpes Limen (Zeichnung) 391

Buch 7

68. Byzantion (Lageplan) - **7.1.7-35** 414
69. Byzantion, Südwestmauer, Aternativvorschläge (Pläne) 416
70. Übersichtskarte (Byzantion bis Pergamon) 425
71. Perinthos (Lageskizze) - **7.2.11** 427
72. Karte zum Feldzug mit Seuthes - **7.3.35 - 7.57** 430
73. Die 'Felltrompete'? (Zeichnung) - **7.3.32** 442
74. Thrakischer Peltast, Vasenbilder (Zeichnung) 451
75. Der Hafen von Lampsakos (Zeichnung) **7.8.1** 477
76. Die Marschstrecke von Lampsakos nach Pergamon (Plan) - **7.8.6-8** 480
77. Die nähere Umgebung von Pergamon (Plan) - **7.8.11-23** 481

Literaturverzeichnis

(und Abkürzungen)

Vorbemerkung: Die geläufigen Abkürzungen, unter denen antike Schriften (Schriften Xenophons *ohne* Verfassernamen) zitiert werden, sind hier nicht aufgenommen. Die vollständigen Titel können aus dem *Stellenindex* entnommen werden.

ADAMS [Land]: R.McC.Adams, *Land behind Baghdad. A History of Settlement on the Diyala Plains*, Chicago/London 1965

ADAMS [Heartland]: R.McC.Adams,*Heartland of Cities. Surveys of Ancient Settlement and Land Use on the Central Floodplain of the Euphrates*, Chicago/London 1981

AINSWORTH: W.F.Ainsworth, *Travels in the track of the ten thousand Greeks*, London 1844

AINSWORTH [Asia minor]: W.F.Ainsworth, *Travels and Researches in Asia minor, Mesopotamia, Chaldaea and Armenia*, London 1842

AJA: *American Journal of Archaeology*, Princeton

AJPh: *American Journal of Philology*, Baltimore

ANDERSON: J.K. Anderson, *Xenophon*, London 1974

ANDERSON [Military]: J.K.Anderson, *Military theory and practice in the age of Xenophon*, Berkeley/Los Angeles 1970

ANRW: *Aufstieg und Niedergang der römischen Welt*, hrsg. v. H.TEMPORINI, Berlin/New York 1971 ff.

ANTRICH-USHER: J.Antrich - S.Usher, *Xenophon, The Persian Expedition*, Bristol o.J. [1978]

ARUNDELL: F.V.J.Arundell, *Discoveries in Asia Minor, including a description of the ruins of several ancient cities, and especially Antioch of Pisidia*, 2 Bde., London 1834 [Nachdruck Hildesheim 1975]

AU: *Der altsprachliche Unterricht*, Stuttgart

BAINES: A.Baines, *Bagpipes*, Oxford 1960

BANSE: E.Banse, *Die Türkei*, Berlin 1916

BARNETT: R.D.Barnett, *Xenophon and the Wall of Media*, JHS 83, 1963, 1-26 mit Taf.I-III

BCH: *Bulletin de correspondance hellénique*, Paris

BEAZLEY: J.D.Beazley, *Attic red-figure vase-painters*, Oxford ²1963

BELCK: W.Belck, *Der Weg Xenophons auf seinem Rückzuge in die Ebene von Alaschgert*, Ztschr.f.Ethnol., Organ d.Berl.Ges.f.Anthropol.31, 1899, 661-67

BELL: G.Bell, *The east bank of the Euphrates from Tel Ahmer to Hit*, Geogr.Journ.36, 1910, 530-37

BEHREND: D.Behrend, *Attische Pachturkunden. Ein Beitrag zur Beschreibung der μίσθωσις nach den griechischen Inschriften*, München 1970 (Vestigia 12)

BEST: J.G.P.Best, *Thracian Peltasts and their Influence on Greek Warfare*, Groningen 1969

BIGALKE: E.J.Bigalke, *Der Einfluß der Rhetorik auf Xenophons Stil*, Diss. Greifswald 1933

BIGWOOD: J.M.Bigwood, *The ancient accounts of the battle of Cunaxa*, AJPh 104, 1983, 340-57

BITTNER: St.Bittner, *Bewaffnung des persischen Heeres zur Zeit der Achämeniden,* München 1985

BIVAR: A.D.H.Bivar, *A "satrap" of Cyrus the Younger*, NC 7th.Ser.I, 1961, 118-127

BLUCK: R.S.Bluck, *Plato's Meno*, edit. with Introd. and Comm. by R.S.B., Cambridge 1961

BOAS: M.Boas, *Het begin der Anabasis*, Weekbl.v.Gymnas.Middelb.Onderw. 26, 1930, 1029-1033

BOAS [1.2.31]: M.Boas, *Een moeilijke plaats in de Anabasis*, Weekbl. v. Gymnas. Middelb. Onderw. 23, 1926, 247-53

BOAS [4.2.5]: M.Boas, *Een kwestie uit de Anabasis-kritiek (IV, 2,5)*, Weekbl. v. Gymnas. Middelb. Onderw. 15, 1933, 380-92

BONNER C.: C.Bonner, *The standard of Artaxerxes II.*, CR 61, 1947, 9/10

BONNER R.J.: R.J.Bonner, *Desertions from the Ten Thousand*, ClPh 15, 1931, 85-88

BOUCHER: A.Boucher, *L'Anabase de Xénophon ou La retraite des Dix-Mille avec un commentaire historique et militaire*, Paris/Nancy 1913

BREITENBACH: H.R.Breitenbach, *Xenophon von Athen*, RE IX A 2, 1967, 1569-1928, 2501/2502, Sonderdruck, Stuttgart 1967

BREITENBACH [Anschauungsformen]: H.R.Breitenbach, *Historiographische Anschauungsformen Xenophons*, Diss. Basel 1950

BRUNS: I.Bruns, *Das literarische Porträt der Griechen*, Berlin 1886, Neudruck Darmstadt 1961

BRYER-WINFIELD: A.Bryer-D.Winfield: *The Byzantine Monuments and Topography of the Pontos*, Washington D.C. 1985

BUDDE: E.Akurgal, L.Budde, *Vorläufiger Bericht über die Ausgrabungen in Sinope*, Türk Tarih Kurumu 5.Ser.Nr.14, 1956

v.BÜLOW: *Schätze aus Thrakien*, Hanau 1985

BUSOLT: G.Busolt, *Griechische Staatskunde* [Hb.d.Altertumswiss.IV 1.1], München I ^{3}1920 (Nachdruck 1963), II ^{3}1926 (Nachdruck 1972)

BUX: Bux, *Sophainetos*, RE III A 1, 1927, 1008-1013

CASTIGLIONI: L.Castiglioni, *Studi intorno alla storia del testo dell' Anabasi*, Mem.Ist.Lomb. 24, 1931/32, 109-154

CAWKWELL: G.L.Cawkwell, *A diet of Xenophon*, Didaskalos II 2, 1967, 50-58
CHANDLER: R.Chandler, *Reisen in Klein Asien,* Leipzig 1776 [Nachdruck mit einem Vorwort von L.Pigenot, Hildesheim/New York 1976]
CHARITONIDES: Ch.Ch.Charitonides, *Κριτικά*, Platon 3, 1951, 88-108, 139-173
CHESNEY: F.R.Chesney, *Narrative of the Euphrates Expedition carried on by Order of the British Government during the Years 1835, 1836 and 1837*, London 1868
CHOLET: A.P.de Cholet, *Voyage en Turquie d'Asie, Armenie, Kurdistan et Mesopotamie*, Paris 1892
CICCHITTI: V.V.Cicchitti, *Sobre la Anábasis de Jenofonte de Atenas*, REC 3, 1948, 167-213
CICHORIUS: C.Cichorius, *Die Reliefs der Trajanssäule*, Berlin 1896-1900
CJ: *The Classical Journal*, Athens/Georgia
ClPh: *Classical Philology*, Chicago
C&M: *Classica et Mediaevalia*, Köbnhavn
COUSIN: G.Cousin, *Kyros le Jeune en Asie Mineure*, Paris/Nancy 1905
CQ: *Classical Quarterly*, Oxford
CR: *Classical Review*, Oxford
CRAI: *Comptes Rendus des Séances*. Académie des Inscriptions et Belles Lettres, Paris
CROISET: A.Croiset, *Xénophon, son charactère et son talent*, Paris 1873
CUMONT: F.u.E.Cumont, *Voyage d'exploration archéologique dans le Pont et la petite Arménie*, Studia Pontica II, Brüssel 1906
CURTIUS: E.Curtius, *Peloponnes*, 2 Bde., Gotha 1851/52
CURZON: R.CURZON, *Armenia: A year at Erzeroom, and on the frontiers of Russia, Turkey, and Persia*, London 1854
CURZON [Reise]: A.Curzon, *Reise von Trebisond nach Erserum*, in: KOCH [Armenien] 115-156 (Übersetzung aus R.CURZON, *Armenia...*, 4-51, 77-94, 231-235)
CW: *Classical Weekly*, New York
D.KL.PAULY: Der Kleine Pauly. Lexikon der Antike. Bearb.u.hrsg. von K.Ziegler und W.Sontheimer, Stuttgart 1964-1975
DANDAMAEV: M.A.Dandamaev, *A Political History of the Achaemenid Empire* (englisch von W.J.Vogelsang), Leiden 1989
DANOFF: C.M.Danoff, *Pontos Euxeinos*, RE Suppl.IX, 1962, 866-1175
DANOV: C.M.Danov, *Altthrakien*, Berlin/New York 1976
DELEBECQUE: E.Delebecque, *Essai sur la vie de Xénophon*, Paris 1957
DELEBECQUE [Athènes]: E.Delebecque, *Xénophon, Athènes et Lacédémon, notes sur la compos.de l'Anab.*, REG 59/60, 1946/47, 71-138

DELEBECQUE [Notes]: E.Delebecque, *Notes sur l'Anabase,* in: Lettres d'humanité 6, Paris 1947, 41-101

DELEBECQUE [Scillonte]: E.Delebecque, *Un point de géographie xénophontique. Le site de Scillonte*, Annal.Fac.Lettres Aix 29, 1955, 5-17

DEUBNER: L.Deubner, *Attische Feste*, Berlin 1932, Nachdruck Darmstadt 1962

DIESNER: H.J.Diesner, *Das Söldnerproblem im alten Griechenland*, Das Altertum 3, 1957, 213-33

DILLEMANN: L.Dillemann, *Haute Mésopotamie Orientale et pays adjacents: contribution à la géographie historique de la région, du Ve siècle avant l'ère chrétienne au IVe siècle de cette ère*, Inst. fr. d'archéologie de Beyrouth, Bibl.archéologique et historique 72, Paris 1962

DILLERY: J.H.Dillery, *Xenophon's historical Perspectives*, Diss.Univ.of Michigan Ann Arbor 1989 (microfilm)

DINDORF: L.Dindorf, *Xenophontis expeditio Cyri*, Oxford 1855

DONNER: F.M.Donner, *Xenophon's Arabia*, Iraq 48, 1986, 1-14

DRÖGEMÜLLER: H.P.Drögemüller, *Der kurdisch-armenische Raum. Eine Einführung*, Gymn. 94, 1987, 385-420

DS: Ch.Daremberg-M.E.Saglio, *Dictionnaire des Antiquités Grecques et Romaines*, 5 Bde. in 10 Teilen, Paris 1877-1919

DU MESNIL DU BUISSON: A.Du Mesnil Du Buisson, *Baghouz, l'ancienne Corsoté*, Leiden 1948

DÜRRBACH: F.Dürrbach, L'apologie de Xénophon dans l'anabase, REG 6, 1893, 346-86

EdF: *Erträge der Forschung*, Darmstadt

EHRHARDT: N.Ehrhardt, *Milet und seine Kolonien*, Frankfurt-Bern-New York 1983

ERBSE: H.Erbse, *Xenophons Anabasis*, Gymn.73, 1966, 485-505

ERBSE [1.9.15, 3.2.17]: H.Erbse, *Textkritische Bemerkungen zu Xenophon*, RhM 103, 1960, 144-168

ERBSE [Überlieferung]: H.Erbse in: Hunger u.a., Geschichte der Textüberlieferung, Zürich 1961, I 268-274

EtCl: *Les Études classiques*

FARELL: W.J. Farrell, *A revised Itinerary of the route followed by Cyrus the Younger through Syria, 401 B.C.*, JHS 81, 1961, 153-55

FGrHist: F.Jacoby; *Die Fragmente der griechischen Historiker*, Berlin-Leiden 1932-1958

FHG: C. und Th.Müller, *Fragmenta Historicorum Graecorum*, 5 Bde, Paris 1841-70

FOGAZZA: G.Fogazza, *Sui Gongilidi di Eretria*, PP 27, 1972, 129/30

FOSS: C.Foss, *A Bullet of Tissaphernes*, JHS 95, 1975, 25-30

FRÄNKEL: H.Fränkel, *Noten zu den Argonautika des Apollonios*, München 1968

FRENCH: D.French, *The Roman Road System of Asia Minor*, ANRW II 7.2, 1980, 698-729

FRICK: K.Frick, *Die Darstellung der Persönlichkeit in Xenophons Anabasis*, Jbb.d.König Wilh.Gymn.,Progr.420, Höxter 1905

FULLER: J.F.C.Fuller, *Xenophon and the art of war*, Air Force Quarterly 4, 1933, 1-17, 141-153

G&R: *Greece and Rome*, Oxford

GARZETTI: A.Garzetti, *Note all'Anabasi senofontea*, Athenaeum 33, 1955, 118-136

GASSNER: G.Gassner, *Der Zug der Zehntausend nach Trapezunt*, Abh. Braunschw.Wiss.Ges.5, 1953, 1-35

GAUTIER: L.Gautier, *La langue de Xénophon*, Diss. Genf 1911

GEMOLL [Schriftsteller]: W.Gemoll, *Xenophon als Schriftsteller*, PhW 53, 1933, 478-80

GEMOLL [Soldat]: W.Gemoll, *Xenophon als Soldat*, PhW 54, 1934, 366/67

GEMOLL [1.8.18]: W.Gemoll, *Zu Xenophon Anabasis I 8,18*, PhW 52. 1932, 62-64

GEYSELS: L.Geysels, *πόλις οἰκουμένη dans l'anabase de Xenophon*, EtCl 42, 1974, 29-38

GGM: C.Mueller, *Geographi graeci minores*, Paris I 1855, II 1861 (Nachdruck Hildesheim 1965)

GLOMBLOWSKI: K.Glomblowski, *Der Feldzug Kyros' d.Jüngeren in der Beurteilung des Ktesias und des Xenophon* (polnisch mit deutschem Resümee), Eos 61, 1973, 5-31

GROTHE: H.Grothe, *Geographische Charakterbilder aus der asiatischen Türkei*, Leipzig 1909

GUGEL: H.Gugel, *Die Aufstellung von Kyros' Heer in der Schlacht von Kunaxa (zu Xen.An.1.8.5)*, Gymn.78, 1971, 241-43

GUIDA: C.Guida, *Anabasi*, con comm.di C.G., Milano 1931-1933

GUSE: F.Guse, *Die Kaukasusfront im Weltkrieg bis zum Frieden von Brest*, Leipzig 1940

GWYNN: A.Gwynn, *Xenophon and Sophaenetus*, CQ 23, 1929, 38/39

Gymn.: *Gymnasium, Zeitschrift für Kultur der Antike und humanistische Bildung*, Heidelberg

HAMILTON: W.J.Hamilton, *Reisen in Kleinasien, Pontus und Armenien*, aus dem Englischen übersetzt von O.Schomburgk, Leipzig 1843

HANDBOOK: *Iraq and the Persian Gulf.* Geographical Handbook Series, Naval Intelligence Division, 1944

HASLUCK: F.W.Hasluck, *Cyzicus*, Cambridge 1910

HEYRMAN: J.Heyrman, *De muiterij der grieksche soldaten te Tarsos (Xen.Anab.I 3)*, Nova et Vetera (B) 15, 1933, 220-43

HELL: X.Hommaire de Hell, *Voyage en Turquie et en Perse éxecuté par ordre du gouvernement français pendant les années 1846, 1847 et 1848*, Paris 1854 -1860, plates vol. publ. Paris 1859

HELLENKEMPER: H.Hellenkemper, *Das wiedergefundene Issos*, in: J.Ozols-V.Thewalt (Hrsg.), *Aus dem Osten des Alexanderreiches*, Köln 1984, 43-50

HESS: D.Hess, *Gift im Rhododendron-Nektar*, in: Gartenpraxis Jg.1990, 8, 32-35

HIGGINS: W.E.Higgins, *Xenophon the Athenian. The problem of the Individual and the Society of the Polis*, Albany 1977

HIRSCH: St.W.Hirsch, *The friendship of the barbariens. Xenophon and the Persian Empire*, Hanover/London 1985

HÖCKMANN: O.Höckmann, *Antike Seefahrt*, München 1985

HØEG: C.Høeg, *Ξενοφῶντος Κύρου Ἀνάβασις. Oeuvre anonyme ou pseudonyme ou orthonyme ?*, C&M 11, 1949, 151-79

HOEPFNER: W.Hoepfner, *Herakleia Pontike - Eregli. Eine baugeschichtliche Untersuchung*, Forschungen an der Nordküste Kleinasiens (Ergänzungsbände zu den Tituli Asiae minoris) II 1, Wien 1966

HOGARTH/MUNRO: D.G.Hogarth & J.A.R.Munro, *Modern and ancient roads in eastern Asia Minor*, Royal Geograph.Society Supplem.Papers III, London 1893, 643-739

HÖRIG: M.Hörig, *Dea Syria. Studien zur religiösen Tradition der Fruchtbarkeitsgöttin in Vorderasien*, Alt.Orient u.Alt.Test.208, Kevelaer 1979

v.HOFFMEISTER: E.v.Hoffmeister, *Durch Armenien. Eine Wanderung und der Zug Xenophons bis zum Schwarzen Meer*, Leipzig/Berlin 1911

HORN, G.: G.Horn, *Quaestiones ad Xenophontis elocutionem pertinentes*, Diss. Halle 1926

HORN, R.C.: R.C.Horn, *The last three books of Xenophon's Anabasis*, CW 28, 1935, 156-59

HORNBLOWER: S.Hornblower, *A Commentary on Thucydides*, I (Books I-III), Oxford 1991

HOWELL: E.Howell, *Meet general Xenophon*, G&R 18, 1949, 1-13

HUDE: C.Hude, *Xenophontis expeditio Cyri*, Leipzig 1931

HUIBREGTSE: P.K.Huibregtse, *Anabasis*, met ill. van A.A.TADEMA, Groningen 1950

ISAAK: B.Isaak, *The Greek Settlements in Thrace until the Macedonian conquest*, Leiden 1986

JACKS: L.V.Jacks, *Xenophon, soldier of fortune*, New York 1930

JAEGER: W.Jaeger, *Paideia* III, Berlin 1947

JANKE: A.Janke, *Auf Alexanders des Großen Pfaden. Eine Reise durch Kleinasien*, Berlin 1904

JHS: *Journal of Hellenic Studies,* London

JONES: A.H.M.Jones, *The Cities of the eastern Roman Provinces*, Oxford 1971

JOHNSTON: M.Johnston, *Hunting the wild ass*, CW 26, 1933, 118

KAISER: W.B.Kaiser, *Zur Anabasislektüre*, AU III 3, 1957, 37-51

KAPPELMACHER: A.Kappelmacher, *Zur Abfassungszeit von Xenophons Anabasis*, Anz.Ak.Wien 60, 1923, 15-23

KARBE: H.Karbe, *Der Marsch der Zehntausend vom Zapatas zum Phasis-Araxes (nach Xenophon Anabasis III, 3,6 bis IV, 6,4), historisch-geographisch erörtert*, Berlin 1898
KAZAROW: G.I.Kazarow, *Beiträge zur Kulturgeschichte der Thraker*, Sarajewo 1916
KESELING [Livius]: P.Keseling, *Xenophons Anabasis in Livius' Buch XXI ?*, PhW 56, 1936, 957/58
KESELING [Sallust]: P.Keseling, *Xenophons Anabasis in Sallusts Bellum Jugurthinum ?*, PhW 56, 1936, 1326-28
KIEPERT: H.Kiepert, *Gegenbemerkungen zur Erklärung des Rückzugs der Zehntausend*, Ztschr.d.Ges.f.Erdk. 4, 1869, 538-49
KILLICK: R.Killick, *Northern Akkad Project: Excavations at Habl as-Sahr*, Iraq 46, 1984, 125-29 und Pl.VIII
KINGSBURY: A.Kingsbury, *The dramatic technique of Xenophon's Anabasis*, CW 49, 1956, 161-64
KINNEIR: J.M.Kinneir, *Journey through Asia Minor, Armenia and Koordistan in the years 1813 and 1814, with remarks on the marches of Alexander and retreat of the Ten Thousand*, London 1818
KLAUK: E.Klauk, *Die Charakteristiken des Klearchos, Proxenos und Menon in Xenophons Anabasis (II 6.1-29)*, AU X 3, 1967, 21-39
KLUG: W.Klug, *Zwei Reden des Xenophon (Anabasis III, 1, 15-25 + III, 2, 8-32)*, in: Festschrift Regenbogen, Heidelberg 1956, 117-28
KNAUTH/NADJMABADI: W.Knauth - S.Nadjmabadi, *Das altiranische Fürstenideal von Xenophon bis Ferdousi*, Wiesbaden 1975
KOCH: K.Koch, *Der Zug der Zehntausend, geographisch erläutert und mit einer Übersichtskarte versehen*, Leipzig 1850
KOCH [Armenien]: K.Koch, *Die Kaukasischen Länder und Armenien in Reiseschilderungen von Curzon, K.Koch, Macintosh, Spencer und Wilbraham*, Leipzig 1855
KOCH [Wanderungen]: K.Koch, *Wanderungen im Oriente während der Jahre 1843 und 1844*, Weimar 1846
KÖRTE: A.Körte, *Die Tendenz von Xenophons Anabasis*, NJbb, 25.Jg., Bd.49, 1922, 15-24
KRAMER: J.M.Kramer, *De start van de Anabasis (Xenophons Anabasis 1.1-3)*, Hermeneus 40, 1968, 1-8
KRAUSE: K.Krause, *Über den giftigen Honig des pontischen Kleinasien*, in: Die Naturwissenschaften 14, 1926, 976-78
KREISER: K.Kreiser, *Die Ortsnamen der europäischen Türkei nach amtlichen Verzeichnissen und Kartenwerken*, Freiburg 1975 (Islamkundl. Untersuch. 30)
KROMAYER [Schlachtfelder]: J.Kromayer/G.Veith, *Antike Schlachtfelder*, Berlin 1924-31
KROMAYER [Schlachtenatlas]: J.Kromayer/G.Veith, *Schlachtenatlas zur antiken Kriegsgeschichte*, Leipzig 1922

KROMAYER/VEITH: J.Kromayer/G.Veith, *Heerwesen und Kriegführung der Griechen und Römer* [Hb.d.Altertumswiss.IV 3.2], München 1928, ²1967
KÜHNER: R.Kühner, *Xenophontis de Cyri minoris Expeditione Libri septem*, rec. et explic. Dr.R.K., Gotha 1852
LANE: W.H.Lane, *Babylonian Problems*, London 1923
LANGE: G.Lange, *Xenophons Verhältnis zur Rhetorik*, in: Natalicium Geffken, Beitr.z.Klass.Altertumskunde, Heidelberg 1931, 67-84
LATTE: K.Latte, *De saltationibus Graecorum armatis*, RVV 13.3, 1913
LAUM: B.Laum, *Stiftungen in der griechischen und römischen Antike. Ein Beitrag zur antiken Kulturgeschichte*, 2 Bände, Leipzig 1914
LEAF: W.Leaf, *Strabo on the Troad, Book XIII, Cap.1*, Cambridge 1923
LEHMANN-HAUPT: C.F. Lehmann-Haupt, *Armenien einst und jetzt*, Berlin/Leipzig I 1910, II 1 1926, II 2 1931 (Nachdruck Hildesheim-Zürich-New York 1988)
LEHMANN-HAUPT [7.8.25]: C.F.Lehmann-Haupt, s.v. *Satrap*, RE II A1, 1921, 113-123
LEHMANN-HAUPT [Segl]: C.F.Lehmann-Haupt, Rez. v. Segl, Gnomon 4, 1928, 339-49
LENDLE [Babylonien]: O. Lendle, *Xenophon in Babylonien. Die Märsche der Kyreer von Pylai bis Opis*, RhM 129, 1986, 193-222; 130, 1987,152
LENDLE [Karduchen]: O.Lendle, *Der Marsch der 'Zehntausend' durch das Land der Karduchen (Xenophon Anabasis IV 1.5 - 3.34)*, Gymn.91, 1984, 202-36
LENDLE [Kunaxa]: O. Lendle, *Der Bericht Xenophons über die Schlacht von Kunaxa*, Gymn.73, 1966, 429-52
LENDLE [Thapsakos]: O.Lendle, *Wo lag Thapsakos? (Xenophon Anabasis I 4,10 ff.)*, in: Bathron, Beiträge zur Architektur und verwandten Künsten. Für Heinrich Drerup zu seinem 80. Geburtstag, Saarbrücken 1988, 301-305
LESCHHORN: W.Leschhorn, *"Gründer der Stadt". Studien zu einem politisch-religiösen Phänomen der griechischen Geschichte*, Palingenesia XX, Wiesbaden 1984
LESKY: A.Lesky, *Geschichte der griechischen Literatur*, Bern/München 1957/58, ²1963, ³1971
LIPSIUS: *Das attische Recht und Rechtsverfahren*, I-III Leipzig 1905-1915, Nachdruck Darmstadt 1966
LISSARRAGUE: F.Lissarrague, *L'autre Guerrier. Archers, Peltastes, Cavaliers dans l'imagerie Attique*, Paris-Rom 1990
LLOYD: S.Lloyd, *Die Archäologie Mesopotamiens*, München 1981
LOSSAU: M.Lossau, *Xenophons Odyssee*, A&A 36, 1990, 47-52
LOUKOPOULOU: L.D.Loukopoulou, *Contribution a l'histoire de la Thrace propontique durant la periode archaique*, Athen 1989
LUCCIONI: J.Luccioni, *Les idées politiques et sociales de Xénophon*, Ophrys 1948

LUNDSTRÖM: V.Lundström, *Skolierna till X.s Anab. i cod. Vat. graec. 1335*, Eranos 13, 1913, 165-188

LYNCH: H.F.B.Lynch, *Armenia. Travels and Studies, I The Russian Provinces, II The Turkish Provinces*, London 1901, Nachdruck Beirut 1965

MACLAREN: M.MacLaren, *Xenophon and Themistogenes*, TAPhA 65, 1934, 240-47

MALLOWAN: M.E.L.Mallowan, *Nimrud and its Remains*, London 1966

MANFREDI : V.Manfredi, *La strada dei diecimila. Topografia e geografia dell'Oriente di Senofonte*, Ric.dell'Ist.di stor.ant.dell'univ.cattol. 20, Milano 1986

MANFREDI [Anabasi]: V.Manfredi, *Senofonte - Anabasi*, Milano 1980

MANFREDI [Thapsaco]: V.Manfredi, *Tapsaco. Un problema di topografia fenicia*, Atti del II Congresso internazionale di studi fenici e punici, Rom 1991, 1019-1023

MARCHANT: E.C.Marchant, *Xenophontis opera omnia.*Tomus III: *Expeditio Cyri*, Oxford 1904 [zahlreiche Nachdrucke]

MAREK: Chr.Marek, *Stadt, Ära und Territorium in Pontus-Bithynia und Nord-Galatia*, Tübingen 1993 (IstForsch 39)

MARINOVIC: L.P.Marinovic, *Les Mercenaires grecs à la fin du Ve et au début du IVe siècle av.J.C.* (russisch), WDI 66, 1958, 70-80

MARSCHALL: Th.Marschall, *Untersuchungen zur Chronologie der Werke Xenophons*, Diss.München 1928

MARZIANO: M.Marziano, *I libri 5 - 7 dell'Anabasi. Greci e barbari*, in: Diadosis, Voci di presenza classica. Rassegna uffic. a cura della cattedra di lett.class.del liceo C.Varese, Tortona 1967, 57-61

MASQUERAY: P.Masqueray, *Xénophon Anabase*, Paris 1930/31 [mehrere spätere Auflagen]

MASQUERAY ["Dix-mille"]: P.Masqueray, *Origine de l'expression les "Dix-mille"*, CRAI 1928, 11-114

MATHER: M.W.Mather - J.W.Hewitt, *Xenophon's Anabasis*, Books I-IV, ed., with an Introd., Notes, and Vocabulary, Oklahoma 1962

MATTHEWS: J.Matthews, *The Roman Empire of Ammianus*, London 1989

MAXIMOWA: M.Maximowa, *Die antiken Städte der südöstlichen Schwarzmeerküste* , Moskau 1956 (russisch)

MAXIMOWA [Bevölkerung]: M.Maximowa, *Die einheimische Bevölkerung an der südlichen Küste des Pontos Euxeinos nach der xenophontischen Anabasis*, WDI 1951, 250 ff. (russisch)

MAXIMOWA [Anabasis]: M.Maximowa, *Zur xenophontischen Anabasis*, WDI 1947, 211 ff. (russisch)

MELONI: P.Meloni, *Tiribazo satrapo di Sardi*, Athenaeum 1950, 292-339

MESK: J.Mesk, *Die Tendenz der xenophontischen Anabasis*, WS 43, 1922/23, 136-146

v.MESS: A.v.Mess, *Über die Anabasis des Sophainetos*, RhM 61, 1906, 360-90

MEYER: E.Meyer, *Neue peloponnesische Wanderungen*, Bern 1957

v.MOLTKE: H.v.Moltke, *Briefe über Zustände und Begebenheiten in der Türkei aus den Jahren 1835-39*, Berlin ^{6}1893

MONTGOMERY: H.Montgomery, *Gedanke und Tat. Zur Erzähltechnik bei Herodot, Thukydides, Xenophon und Arrian*, Lund 1965

MORR: J.Morr, *Xenophon und der Gedanke eines allgriechischen Eroberungszuges gegen Persien*, WS 45, 1927, 186-201

MORR [Sprachgebrauch]: J.Morr, *Zum Sprachgebrauch Xenophons*, WS 48, 1930, 11-24

MORRISON: J.S.Morrison, *Meno of Pharsalus, Polycrates and Ismenias*, CQ 36, 1942, 57-78

MÜLLER-WIENER: W.Müller-Wiener, *Bildlexikon zur Topographie Istanbuls. Byzantion, Konstantinopolis, Istanbul bis zum Beginn des 17. Jahrhunderts*, Tübingen 1977

MÜLLER-WIENER [Byzantion]: W.Müller-Wiener, *Zur Frage der Stadtbefestigung von Byzantion*, Bonn.Jahrb. 161, 1961, 165-175

MUNRO: J.A.R.Munro, Roads in Pontus, Royal and Roman, JHS 21, 1901, 52-66

MÜNSCHER: K.Münscher, *Xenophon in der griechisch-römischen Literatur*, Leipzig 1920

MÜNSCHER [Menon]: K.Münscher, *Menon's Zug nach Kilikien*, Philol. LXVI, xxxx, 491-97

MÜRI: W.Müri, Xenophon. *Der Zug der Zehntausend. Cyri Anabasis.* Griechisch-Deutsch, München1954 [bearb.u.m.ein.Anhang versehen. v. B.Zimmermann, München/Zürich 1990]

MUSIL: A.Musil, *The Middle Euphrates*, New York 1927

NAKAMURA: J.Nakamura, *Strategoi in Anabasis*, Journ.of.class.Stud. Kyôto 34, 1986, 38-47 (japan. mit engl.Resumee)

NAPR: *Northern Akkad Project Reports*, University of Ghent

NC: *Numismatic Chronicle and Journal of the Numismatic Society*, London

NICKEL: R.Nickel, *Xenophon*, EdF 111, 1979

NIEBUHR: C.Niebuhr, *Reisebeschreibung nach Arabien und den umliegenden Ländern*, 3 Bde., Kopenhagen 1774-78 [Nachdruck Graz 1968]

NILSSON: M.P.Nilsson, Geschichte der griechischen Religion, Hb.d.Altertumswiss. V 2, München ^{3}1967

NUSSBAUM: G.B.Nussbaum, *The Ten Thousand. A study in social organisation and action in Xenophons Anabasis*; Leiden 1967

NUSSBAUM [captains]: G.Nussbaum, *The captains in the army of the ten thousand. A study in political organisation*, C&M 20, 1959, 16-29

OBERMEYER: J.Obermeyer, *Die Landschaft Babylonien im Zeitalter des Talmuds und des Gaonats. Geographie und Geschichte nach talmudischen, arabischen und anderen Quellen*, Frankfurt 1929

OLDFATHER: W.A.Oldfather, *Xenophon, Anab. III,2,24 ὁδοποιεῖν with the accusative*, PhQ 1937, 219/20

OLSHAUSEN: E.Olshausen, Einführung in die historische Geographie der alten Welt, Darmstadt 1991

PANCRITIUS: M.Pancritius, *Studien über die Schlacht bei Kunaxa*, Berlin 1906

PAPACHATZES: N.D.Papachatzes, *ΠΑΥΣΑΝΙΟΥ ΕΛΛΑΔΟΣ ΠΕΡΙΗΓΗΣΙΣ, 3, ΜΕΣΣΗΝΙΑΚΑ ΚΑΙ ΗΛΙΑΚΑ*, Athen 1979

PARKE: H.W.Parke, *Greek Mercenary Soldiers*, Oxford 1933

PARTSCH: J.Partsch, *Erläuterungen zu der Übersichtskarte der Pisatis (Blatt I der Mappe)*, in: E.Curtius, F.Adler, *Olympia, die Ergebnisse der vom Deutschen Reich veranstalteten Ausgrabung*, Textband I, Berlin 1897, 1-15

PERLMAN: S.Perlman, *The ten thousand. A chapter in the military, social and economic history of the fourth century*, Riv.stor.dell'antica 6/7, 1976/77, 241-84

PERSSON: A.W.Persson, Zur Textgeschichte Xenophons, Lunds. Univers. Årsskr. N.F.Afd.1, Bd.X Nr.2, 1915

PETERMANN: H.Petermann, *Reisen im Orient*, 2 Bde., Leipzig 1860/1861

PHABES: B.Phabes, *Διορθωτικὰ καὶ ἑρμηνευτικά*, Athena 45, 1934, 213/14

PhQ: *Philological Quarterly*, Iowa

PhW: *Philologische Wochenschrift*, Leipzig

Phil.: *Philologus*, Berlin/Wiesbaden

PHILIPPSON: A.Philippson, *Die griechischen Landschaften*, (hrgg.v. E.Kirsten), III 2, Frankfurt 1959

PIETSCHMANN: V.Pietschmann, *Durch kurdische Berge und armenische Städte. Tagebuch der österreichischen Armenienexpedition 1914*, Wien 1940

PLANHOL: X. de Planhol, *Geographica Pontica XII*, Journ.asiat. 251, 1963, 293-310

PLUMPE: C.J.Plumpe, *Cyrus the Younger and the size of Xerxes' army*, CJ 33, 1938, 422-25

POURSAT: J.-C.Poursat, *Les représentations de danse armée dans la céramique attique*, BCH 92, 1968, 550-615

PP: *La Parola del Passato*, Napoli

PRITCHETT: W.K.Pritchett, *Ancient Greek military practices*, Univ.of Calif.Publ., Class.Stud.7, 1971

RADT: W.Radt, *Pergamon. Geschichte und Bauten, Funde und Erforschung einer antiken Metropole*, Köln 1988

RAECK: W.Raeck, *Zum Barbarenbild in der Kunst Athens im 6. und 5. Jahrhundert v. Chr.*, Bonn 1981

RAHE: P.Rahe, *The military situation in Western Asia on the eve of Cunaxa*, AJPh 101, 1980, 79-96

RAMSAY: W.M.Ramsay, *Historical Geography of Asia Minor*, London 1890 [Nachdruck: Amsterdam 1962]

RAMSAY [Cilicia]: W.M.Ramsay, *Cilicia, Tarsus and the Great Tarsus Pass*, Geogr.Journal XXII, 1903, 18-29
RAMSAY [Kaystrupedion]: W.M.Ramsay, *Le Théma Léontokomeos et le Kaystroupédion de Xénophon*, CRAI 1935, 127-139
RE: *Paulys Realencyclopädie der classischen Altertumswissenschaft*, Stuttgart 1893-1978
REC: *Revista de Estudios Clássicos*, Mendoza
REG: *Revue des Études Grecques*, Paris
REHDANTZ: C.Rehdantz, O.Carnuth, W.Nitsche, *Xenophons Anabasis*, Berlin 1905-12
RETSÖ: J.Retsö, *Xenophon in Arabia*, in: Teodorsson (Hrsg.), *Greek and Latin studies in memory of Caius Fabricius* (Studia Graeca et Latina Gothoburgiensia 54), 1990, 122-133
RhM: *Rheinisches Museum*, Frankfurt
RINNER: W.Rinner, *Zur Darstellungsweise bei Xenophon, Anab.III 1-2*, Phil. 122, 1978, 144-49
ROBERT, F: F.Robert, *Les intentions de Xénophon dans l'Anabase*, L'Inform.littér.II 1950, 55-59
ROBERT, L: L.Robert, *A Travers l'Asie Mineure. Poètes et Prosateurs, Monnaies Grecques, Voyageurs et Géographie*, Paris 1980
ROBERT [Perinthos]: L.Robert, *De Périnthe à Apamée, Cyzique et Claros*, Studii classice 16, 1974, 61-69 =Opera minora selecta VI, Amsterdam 1989, 283-302
ROBINSON: D.M.Robinson, *Ancient Sinope*, AJPh 27, 1906, 125-153, 245-79
ROBIOU: F.Robiou, *Itinéraire des Dix-Mille*, Paris 1873
ROHRBACH: P.Rohrbach, *Armenien. Beiträge zur armenischen Landes- und Volkskunde*, Stuttgart 1919
ROISMAN [Anaxibios]: J.Roisman, *Anaxibios and Xenophon's Anabasis*, The Ancient Hist.Bull. 2, 1988, 80-87
ROISMAN [Klearchos]: J.Roisman, *Klearchos in Xenophon's Anabasis*, Scripta Class.Israel. 8-9, 1985-88, 30-52
ROLOFF: B.Roloff, *Griechisch als Wahlfach. Ein Erfahrungsbericht*, in: *Griechisch in der Schule*, hrsg. v. E.Römisch, Frankfurt 1972, 62/63 [Interpretationsbeispiel 1, Xen.Anab.IV 5,9-6,3]
RÖMISCH: E.Römisch, *Xenophon*, in: *Griechisch in der Schule*, hrsg. v. E.Römisch, Frankfurt 1972, 65-84
ROY: J.Roy, *The mercenaries of Cyrus*, Historia 16, 1967, 287-323
ROY [evidence]: J.Roy, *Xenophon's evidence for the Anabasis*, Athenaeum 46, 1968, 37-46
ROY [rearguard]: J.Roy, *Xenophon's Anabasis. The command of the rearguard in books III and IV*, Phoenix 22, 1968, 158/59
RVV: *Religionsgeschichtliche Versuche und Vorarbeiten*
SACHAU [Euphrat]: E.Sachau, *Am Euphrat und Tigris. Reisenotizen aus dem Winter 1897-1898*, Leipzig 1900

SACHAU [Syrien]: E.Sachau, *Reise in Syrien und Mesopotamien*, Leipzig 1883
SAFRASTIAN: A.Safrastian, *The itinerary of Xenophon's retreat*, Asiatic Rev.N.S. 30, 1934, 681-94
SCHAFFER: F.Schaffer, *Die kilikischen Hochpässe und Menon's Zug über den Taurus*, Jahreshefte d. Österr.Archäol.Inst. IV, 1901, 200-212
SCHARR: E.Scharr, *Xenophons Staats- Gesellschaftsideal und seine Zeit*, Halle 1919
SCHNYDER: F.Schnyder, *Die Religiosität Xenophons*, Diss.Basel 1953 (masch.)
SCHRÖMER: F.Schrömer, *Der Bericht des Sophainetos über den Zug der Zehntausend*, Diss. München 1954
SCHUPPE: Schuppe, *Xenophon im "Feldpionierdienst"?*, Human.Gymnasium 1926, 244
SCOTT: J.A.Scott, *The withered palm trees in the Anabasis*, CJ 32, 1936, 172/173
SCURLA: H.Scurla (Hrsg.), Reisen im Orient, Berichte deutscher Forscher aus dem 18. und 19. Jahrhundert, Berlin ³1986
SEGL: F.Segl, *Vom Kentrites bis Trapezunt. Eine Bestimmung des Weges der Zehntausend durch Armenien*, Erlangen 1925
SEGL [Armenien]: F.Segl, *Die Zehntausend in Armenien*, Blätter f.d. Bayer.Gymnasialschulwesen 1928, 362-377
SINCLAIR: T.A.Sinclair, *Eastern Turkey: An architectural and archaeological Survey*, London I,1987, II 1989, III 1989, IV 1990
SINKO: Th.Sinko, *Ad fastos Xenophonteos symbolae*, Eos 34, 1932/33, 167-183
SKARD: E.Skard, *Xenophon - Sallust*, PhW 45, 1925, 462
SMILDA: H.Smilda, *Varia*, Mnemosyne 1926, 263 ff.
SOKOLOWSKI: F.Sokolowski, *Lois Sacrées des Cités Grecques*, Paris 1969 (École Française d'Athènes, Travaux et mémoirs des anciens membres étrangers de l'école et de divers savants, Fasc.XVIII)
SOROF: G.Sorof, *Νόμος und Φύσις in Xenophons Anabasis*, Hermes 34, 1899, 568-589
STARR: Ch.G.Starr, *Greeks and Persians in the fourth century B.C.*, Iranica antiqua 11, 1975
STÉGEN [1.3 u. 6]: G.Stégen, *Sur deux chapitres de l'Anabase (Xén. Anab.1.3 et 6)*; EtCl 30, 1962, 404-16
STÉGEN [1.8]: G.Stégen, *Sur la composition d'un chapitre de l'Anabase (Xén.Anab.1.8)*, EtCl 27, 1959,293-303
STEIN: *Sir Aurel Stein's Limes Report.* The full text of M.A.Stein's unpublished Limes Report (his aerial and ground reconnaissances in Iraq and Transjordan in 1938-39) edited and with a commentary and bibliography by S.Gregory and D.Kennedy, Oxford 1985 (BAR Internat.Ser. 272 I, II)

STOOP: M.W.Stoop, *Ancient Armene and its harbour*, Anatolica VI, 1977/78, 117-128

STRAUSS: L.Strauss, *Xenophon's Anabasis*, Interpretation 4, 1975, 117-147

STRECKER: W.Strecker, *Der Rückmarsch der Zehntausend vom Euphrat bis an das Schwarze Meer*, Ztschr.d.Ges.f.Erdk. 4, 1869, 524-38

STRONK [Calpes Limen]: J.P.Stronk, *Conditions for Colonization. Calpes Limen and Salmydessos reconsidered*, Tracia pontica 4, Sofia 1991, 97-108

STRONK [Salmydessos]: J.P.Stronk, *Wreckage at Salmydessos*, Talanta (Proc.Dutch Arch.a.Hist.Soc.) 18/19, 1986/87, 63-70, Abb. 1-7

SVENSSON: A.Svensson, *Die Wiener Handschrift zu Xenophons Anabasis*, Lund 1940

TÄNZER: K.Tänzer, Das Verpflegungswesen der griechischen Heere bis Alexander d.Gr., Diss. Jena 1912

TAESCHNER: F.Taeschner, *Das anatolische Wegenetz nach osmanischen Quellen*, 2 Bde., Leipzig 1924-26

TAPhA: *Transactions and Proceedings of the American Philological Association*, Ithaca

TASOPOULOS: Th.D.Tasopoulos, *Διόρθωσις χωρίου τοῦ Ξενοφῶντος*, Athena 59, 1955, 76/77

TAVO: *Tübinger Atlas des Vorderen Orients*, Wiesbaden

TEICHER-MATHIEU: F.Teicher-Mathieu, *Les idées religieuses de Xénophon*, Thèse de licence Univ.de Liége 1934/35

TEODORSSON: S.T.Teodorsson, *Heißhunger, Pneuma des Schnees und etesische Winde*, in: Teodorsson (Hrsg.), *Greek and Latin Studies in memory of Caius Fabricius* (Studia Graeca et Latina Gothoburgiensia 54), 1990, 122-33

THEMELIS: P.G.Themelis, Σκιλλοῦς, Arch. Delt. 23, 1968, 284-292

v.THIELMANN: M.v.Thielmann, *Streifzüge im Kaukasus, in Persien und in der asiatischen Türkei*, Leipzig 1875

THOMPSON: D.Thompson, *The passage of the Ten Thousand through Cilicia. Anabasis 1 II 11-22*, PP 19, 1964, 22-25

TIEDT: H.Tiedt, *Die Anabasis des Xenophon und die griechische Periegese*, Diss.Göttingen 1923 (masch.)

TREVES: P.Treves, *Per la cronologia di Senofonte*, in: Mélanges Desrousseaux, Paris 1937, 459-73

TRÜMPNER: H.Trümpner, *Klearchos, Militarist oder Soldat? Ein Beitrag zur politischen Gemeinschaftskunde*, AU X 3, 1967, 5-18

TÜRKEI [mil.]: Generalstab des Heeres, *Militärgeographische Angaben über die Türkei* , Bildheft, Berlin 1941

VELKOW: V.Velkow, *Geschichte und Kultur Thrakiens und Moesiens. Gesammelte Aufsätze*, Amsterdam 1988

VOGELSANG: W.J.Vogelsang, *The Rise and Organisation of the Achaemenid Empire. The Eastern Iranian Evidence*, Stud.in the Hist.of the Anc.Near East 3, 1993
WAGNER: J.Wagner, *Seleukeia am Euphrat/Zeugma*, TAVO Beih. R.B.10, Wiesbaden 1976
WALZER: R.Walzer, *Sulla religione di Senofonte*, Annali della scuola norm.super.di Pisa, Ser.II vol.V, 1936, 17-32
WdF: *Wege der Forschung*, Darmstadt
WDI: *Westnik Drevnej Istorii, Revue d'Histoire ancienne*, Moskau
WEBER: S.H.Weber, Voyages and Travels in the Near East made during the XIX Century, Princeton 1952
WEHRLI: F.Wehrli, *Antike Gedanken über Voraussagung der Zukunft*, in: Festschrift K.Meuli, Basel 1951, 225-232
WENCIS: L.Wencis, *Hypopsia and the structure of Xenophons Anabasis*, CJ 73, 1977, 44-49
WENDT: W.Wendt, *Mit Xenophon von Meer zu Meer. Geographische, historische und kulturelle Begleitstoffe zur Anabasis (Buch I-IV)*, Münster 1932
WESTLAKE: H.D.Westlake, *Decline and Fall of Tissaphernes*, Historia 30, 1981, 257-279
WEYNAND: R.Weynand, *Der Aufmarsch der Heere zur Schlacht von Kunaxa*, NJbb.f.Ant.u.d.Bild.4, 1941, 106-112
WIEDERISCH: A.Wiederisch, *Prosopographie der Griechen beim Perserkönige*, Diss.Breslau 1922
WIESNER: J.Wiesner, *Die Thraker*, Stuttgart 1963
WILAMOWITZ: U.v.Wilamowitz-Moellendorff, *Der Glaube der Hellenen*, Darmstadt ²1955
WILAMOWITZ [7.8.1]: U.v.Wilamowitz-Moellendorff, Lesefrüchte, Hermes 54, 1919, 65/66
WILBRAHAM: R.Wilbraham, *Reise von Erserum nach dem Wan-See und Tauris*, in: KOCH [*Armenien*] 195-280
WILSON: D.R.Wilson, The historical geography of Bithynia, Paphlagonia and Pontus in the Greek and Roman periods. A new survey with particular reference to surface remains still visible, Diss. Oxford 1960 (masch.)
WOOD: N.Wood, *Xenophon's theory of leadership*, C&M 25, 1964, 33-66
WORONOFF: M.Woronoff, *Villages d'Asie Mineure et promenade militaire dans l'Anabase de Xénophon*, Ktema XII, 1987, 11-17
WS: *Wiener Studien. Zeitschrift für klassische Philologie*, Wien
ZIMMERMANN: W.Zimmermann, *Nachwort*, in MÜRI, 1990, 488-500

Stichwörter zum Literaturverzeichnis

Abfassungszeit: Breitenbach [1639-44], Bruns [142], Kappelmacher, Marschall, McLaren, Sinko [171], Sorof [578]
Anabasis [allgemein]: Breitenbach [1579-1656], Cawkwell, Cicchitti, Erbse, Høeg, Kaiser, Robert, Roy [*evidence*], Strauss, Zimmermann
Anaxibios: Roisman
Arabien: Donner, Retsö
Arbeitsweise: Breitenbach [1649-1655], Tiedt
Armenien: Ainsworth [Asia minor], Curzon, Drögemüller, Grothe, Koch, Lehmann-Haupt, Lynch, Pietschmann, Rohrbach, Sinclair, Wilbraham
Ausgaben, Übersetzungen und Kommentare: Antrich-Usher, Boucher, Dindorf, Guida, Hude, Kühner, Manfredi [Anabasi], Marchant, Masqueray, Mather, Müri, Rehdantz
Byzantion: Mueller-Wiener
Einzelstellen: 1.1-3: Boas, Kramer, **1.2.11**: Ramsay, **1.2.11-22**: Thompson, **1.2.31**: Boas, **1.3**: Heyrman, Stégen, **1.4.10 ff.**: Lendle [Thapsakos], **1.4.18**: Smilda, **1.5.1-3**: Johnston, **1.5.10**: Schuppe, **1.6**: Stégen, **1.7.3 ff.**: Plumpe, **1.8**: Stégen, **1.8.5**: Gugel, **1.8.18**: Gemoll, **1.9**: Bruns [142-144], **1.9.15**: Erbse, **1.10.12**: Bonner, **2.1.14**: Phabes, **2.3.16**: Scott, **2.6**: Bruns [137-142], Klauk, **2.6.1-15**: Trümpner, **2.6.16-29**: Sorof, **2.6.21-29**: Bluck [123-26], Breitenbach [1643/44], Morrison, **3.1-2**: Rinner, **3.1.15-25**: Klug, **3.2.8-32**: Klug, **3.2.11-13**: Plumpe, **3.2.17**: Erbse, **3.2.24**: Oldfather, **3.4.16**: Phabes, **4.2.5**: Boas, **4.5.7**: Teodorsson, **4.5.9-6.3**: Roloff, **5.2.30**: Charitonides, **5.3.7-13**: Morr [Sprachgebrauch], **5.4.29** u.**32**: Planhol, **Bücher 5-7**: R.C.Horn, Marziano, **6.1.14-17**: Stoop, **6.4.1**: Tasopoulos, **7.8.1**: Wilamowitz, **7.8.8**: Fogazza, Wiederisch, **7.8.25**: Lehmann-Haupt, Bivar
'Feldherrnporträts': Bluck [123-126], Breitenbach [1643/44], Bruns [137-142], Klauk, Morrison, Roisman, Trümpner
'Felltrompete': Baines
Geographisches: Adams, Ainsworth [Asia minor], Banse, Bell, Drögemüller, Grothe, Handbook, Hellenkemper, Janke, Lynch, Manfredi, v.Moltke, Münscher, Musil, Obermeyer, Olshausen, Pietschmann, Sinclair, TAVO, Wilson
Harmene (Armene): Stoop
Herakleia Pontike: Hoepfner
Kalpes Limen: Manfredi (242-45), Stronk
Komposition: Delebecque [Athenes], Gemoll [Schriftsteller], Kingsbury, Klug, Lossau, Montgomery, Rinner, Wencis
Korsote: Du Mesnil du Buisson
Kulturhistorisches: Baines, Cichorius, Höckmann, Hörig, Leschhorn, Mallowan, Sinclair, TAVO

Kunaxa (Schlacht): Bigwood, Boucher, Gugel, Kromayer [Schlachtfelder IV 221-42, Schlachtenatlas Griech.Abt.Bl.4, Erläut. 21-24], Lendle [Kunaxa], Pancritius, Weynand
Kyros d.Jüngere: Cousin, Plumpe
Kyzikos: Hasluck, Ehrhardt (40-42)
Lochagen: Nussbaum
Marschstrecken: Ainsworth, Belck, Farrell, Garzetti, Gassner, v.Hoffmeister, Karbe, Kiepert, Kinneir, Koch, Lehmann-Haupt, Lendle [Babylonien, Karduchen], Manfredi, Münscher, Safrastian, Schaffer, Robiou, Segl, Strecker, Thompson, Wendt
'Medische Mauer': Barnett, Killick, NAPR I 1987, II 1989
Mesopotamien: Adams [Land, Heartland], Ainsworth [Asia minor], Bell, Chesney, Dillemann, Handbook, Killick, Lane, Lloyd, Mallowan, V.Manfredi, Matthews, Musil, NAPR, Obermeyer, Stein, TAVO
Militärisches: Anderson [Military], Best, Bittner, C.Bonner, R.J.Bonner, Boucher, Diesner, Foss, Fuller, Gemoll [Soldat], Glomblowski, Howell, Jacks, Kromayer/Veith, Marinovic, v.Moltke, Nakamura, Nussbaum [captains], Pancritius, Parke, Perlman, Plumpe, Pritchett, Rahe, Roy, Schaffer, Tänzer, Wood, Woronoff
Nachleben: Laum, Münscher, Keseling, Skard, Sokolowski
Peltasten: Best, Lissarrague
Pergamon: Radt
Perinthos: L.Robert
Politisches: Dandamaev, Hirsch, Knauth, Luccioni, Morr, Scharr, Starr, Vogelsang
Pontosgebiet: Banse, Bryer-Winfield, Cumont, Danoff, Ehrhard, Fränkel, French, Kinneir, Marek, Maximowa, Munro, Planhol, Stoop, Stronk
Pyrrhiche: Latte, Poursat
Rechtsfragen: Behrend, Busolt, Laum, Lipsius, Sokolowski
Reiseberichte: Ainsworth, Arundell, Chandler, Chesney, Cholet, Cumont, Curzon, Grothe, Guse, Hamilton, Hell, v.Hoffmeister, Janke, Kinneir, Koch [Armenien, Wanderungen], Lehmann-Haupt, Lynch, v.Moltke, Petermann, Pietschmann, L.Robert, Sachau, Scurla, Weber, Wilbraham
Religion: Hörig, Hornblower, Nilsson, Schnyder, Teicher-Mathieu, Walzer, Wehrli, Wilamowitz
Salmydessos: Stronk
Skillus: Behrend, Curtius, Delebecque, Laum, Meyer, Papachatzes, Partsch, Philippson, Sokolowski, Themelis, Wilamowitz
Söldner: Best, Diesner, Lissarrague, Marinovic, Parke, Raeck, Roy
Sophainetos: Bux, Gwynn, v.Mess, Schrömer
Stilistisches: Bigalke, Bruns (137-144), Fränkel, Frick, Gautier, G. Horn, Lange, Lossau, Rinner
Strategen: Nakamura
Tendenz: Breitenbach [1644-1649], Cawkwell, Cicchitti, Delebecque [Notes], Dürrbach, Erbse, Garzetti, Körte, Mesk, Morr

Themistogenes: Breitenbach [1644/45], Høeg, MacLaren, Sinko
Thrakien: Best, Danoff/Danov, Isaak, Kazarow, Kreiser, Loukopoulou, Velkow, Wiesner
Tissaphernes: Foss, Westlake
Tiribazos: Meloni
'Tollhonig': Hess, Lehmann Haupt [II 816-822], Krause
Topographisches: Boas, Bryer-Winfield, Curtius, Danoff/Danov, Delebecque [Scillonte], French, Hellenkemper, Hoepfner, Jones, Kreiser, Leaf, Lendle [Thapsakos], Manfredi, Maximowa, Meyer, Müller-Wiener, Papachatzes, Partsch, Philippson, Radt, Ramsay, L.Robert, Sinclair, Stoop, Stronk, Themelis, Wagner, Woronoff
Überlieferung: Castiglioni, Erbse, Lundström, Persson, Svensson (vgl. auch die Vorreden in den kritischen Ausgaben)
Verpflegungswesen: Tänzer
Waffentanz: Latte, Poursat,
Xenophon [allgemein]: Anderson, Breitenbach, Croiset, Delebecque, Higgins, Hirsch, Howell, Jaeger [226-54], Lesky, Luccioni, Nickel, Römisch
Die 'Zehntausend': Delebecque [Notes], Masqueray, Nussbaum, Perlman

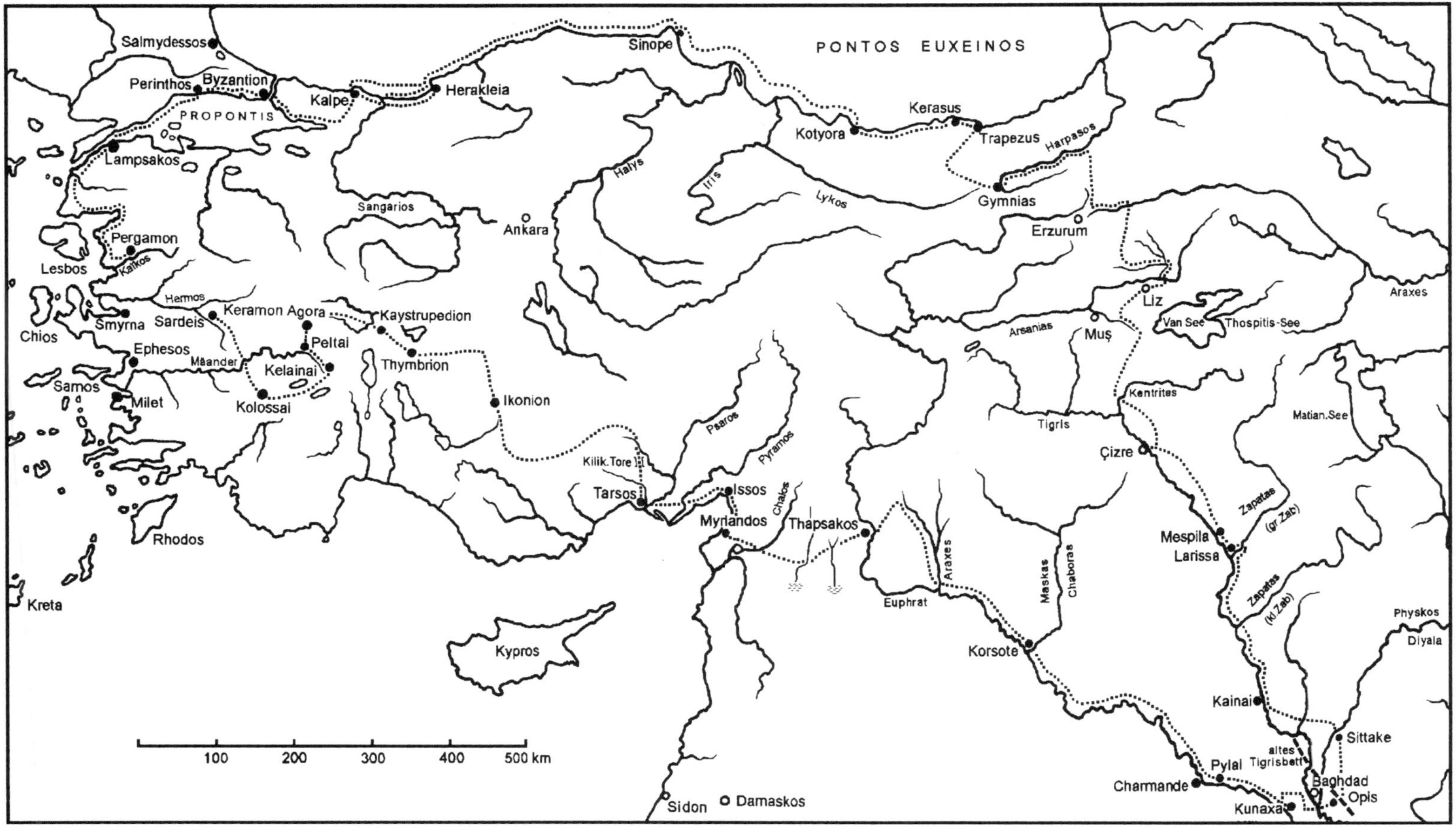
PONTOS EUXEINOS
Salmydessos
Sinope
Perinthos
Byzantion
Kalpe
Herakleia
PROPONTIS
Kerasus
Kotyora
Trapezus
Harpasos
Lampsakos
Halys
Iris
Lykos
Gymnias
Sangarios
Ankara
Erzurum
Pergamon
Lesbos
Kaikos
Hermos
Keramon Agora
Kaystrupedion
Araxes
Liz
Smyrna
Sardeis
Van See
Thospitis-See
Chios
Ephesos
Peltai
Arsanias
Muş
Mäander
Kelainai
Thymbrion
Samos
Milet
Kolossai
Ikonion
Kentrites
Matian.See
Tigris
Paaros
Pyramos
Çizre
Kilik.Tore
Tarsos
Issos
Chalos
Zapatas
(gr.Zab)
Myriandos
Thapsakos
Mespila
Larissa
Rhodos
Araxes
Maskas
Chaboras
Zapatas
(kl.Zab)
Kreta
Euphrat
Physkos
Kypros
Korsote
Diyala
Kainai
100
200
300
400
500 km
Sittake
altes
Tigrisbett
Pylai
Baghdad
Charmande
Opis
Sidon
Damaskos
Kunaxa

Einleitung

Der Kommentar will in erster Linie der sachlichen Interpretation und der inhaltlichen Erklärung der «Anabasis» dienen, während grammatische und sprachliche Erläuterungen, denen in den sogenannten Schulkommentaren besonderes Gewicht zukommt, hier weitgehend ausgespart sind. Auch textkritische Fragen spielen nur ausnahmsweise eine Rolle.

Einen wichtigen Bestandteil des Kommentars stellen die zahlreichen Karten und Pläne dar, auf denen die Märsche der 'Zehntausend' anfangs Tag für Tag, später zumindest in groben Zügen verfolgt werden können. Die 'Stathmoi', also die Lagerplätze am Ende einer Tagesstrecke, sind mit fortlaufenden Nummern versehen, soweit Xenophon selbst mit ihrer Hilfe sein Itinerar strukturiert hat; die Nummern der von Xenophon nicht genannten, aber nach meinem Urteil sicher ergänzten Stathmoi werden durch *Sternchen* (*) gekennzeichnet, diejenigen der unsicher ergänzten durch *Kreuzchen* (+), diejenigen der zu athetierenden Stathmoi durch *eckige Klammern* ([...]).

Natürlich sollen die Karten und Pläne nur ein allgemeines und vereinfachtes Bild vermitteln. Es wird nicht der Versuch gemacht, in ihnen Feinheiten der Geländebeschaffenheit, der Wegeführung, der Flußverläufe u.ä. exakt darzustellen - zumal nicht für den babylonischen Raum, in dem durch die immer wieder neu angelegten Kanalsysteme und die gelegentlichen Verlagerungen der großen Ströme Euphrat und Tigris in neue Betten die Verhältnisse sehr unübersichtlich und im Detail nicht rekonstruierbar sind; jedoch werden auch für diesen Bereich die wesentlichen Sachverhalte, ohne deren Kenntnis der Bericht Xenophons unverständlich bleiben muß, im Kommentar und in den zugehörigen Plänen (teilweise nur in der Gestalt von Hypothesen) dargestellt. Es sei in diesem Zusammenhang angedeutet, daß erst die Wiederentdeckung der sogenannten 'medischen Mauer' (2.4.12) die entscheidende Voraussetzung für alle Überlegungen, welche die Märsche in Babylonien betreffen, geschaffen hat.

Anders geartet sind die Probleme, welche sich der Rekonstruktion der Märsche durch die östliche Türkei (von der Invasion in das Karduchenland bis nach Trapezus am Schwarzen Meer) entgegenstellen. Hier haben sich zwar die Landschaftsstrukturen nicht geändert, aber durch verschiedene Gebiete bestehen mehrere naturgegebene Routen, von denen nur eine die damals benutzte sein kann. In der älteren Literatur haben zahlreiche Forscher, nachdem manche von ihnen strapaziöse Reisen durch die in Betracht kommenden Gegenden durchgeführt hatten, heftige Fehden über das richtige Verständnis des xenophontischen Berichtes ausgefochten und Karten veröffentlicht, in denen teilweise sehr voneinander abweichende Routen eingezeichnet sind (vgl. S. 221 Abb. 37, S.237 Abb. 43).

Zu dem ganzen Komplex der Marschkartierung ist jetzt mit besonderem Nachdruck auf die ausführlich begründete, durchgehend in Karten dokumentierte und mithilfe zahlreicher Fotos verdeutlichte neue Rekonstruktion der gesamten Marschstrecke von Sardeis bis Pergamon hinzuweisen, die V. MANFREDI vorgelegt hat. Wenn im vorliegenden Kommentar eine an manchen Stellen aus Teilstükken verschiedener Vorschläge zusammengesetzte Marschroute angenommen wird, so beruht diese Lösung auf dem Versuch, alle im Text enthaltenen Hinweise aufzufinden, ernst zu nehmen und unter Verwertung vor allem der Autopsieberichte der älteren Forschungsreisenden, die noch vor der Anlage moderner Straßen in der Türkei unterwegs waren, in die Wirklichkeit zu übertragen.

Ich möchte an dieser Stelle jedoch ausdrücklich hervorheben, daß die Rekonstruktion des Marschweges der 'Zehntausend' eine zwar gemäß der ganzen Anlage der «Anabasis» notwendige, aber bei weitem nicht die einzige Aufgabe ihrer Kommentierung ist. Sie geht einher mit Erläuterungen zu ethnographischen und kulturhistorischen Fragen, die an vielen Stellen des Berichtes in den Vordergrund rücken. Hier versucht der Kommentar das zum Verständnis des Textes notwendige Wissen - nicht mehr ! - zu vermitteln. So werden zum Beispiel die kurzen Beschreibungen der Ruinenstätten von Nimrud und Ninive (3.4.7 und 10) nicht zum Anlaß genommen, ausführlich die Geschichte dieser berühmten Städte und die Ergebnisse der in ihnen durchgeführten Ausgrabungen darzustellen; vielmehr soll der Blick des Lesers die ausgedehnten Ruinenlandschaften ungefähr in der Perspektive Xenophons zu erfassen versuchen, unterstützt durch schlichte Zeichnungen des heutigen Zustandes, der sich aufs Ganze gesehen nur unwesentlich von dem Zustand um 400 v.Chr. zu unterscheiden scheint.

Die bildliche Erläuterung in der Form von Zeichnungen (nicht von Fotos) ist hier und auch sonst gewählt, um deutlich zu machen, daß es nicht um die präzise Dokumentation von Sachverhalten, sondern um die Vergegenwärtigung von (teilweise sehr vage formulierten und ungenauen) Eindrücken des Tagebuchschreibers Xenophon und von allgemeinen landschaftlichen Gegebenheiten geht. Überdies ist es so möglich, sehr verschiedenartige Vorlagen, vor allem auch alte Fotos, die in den Originalpublikationen oft sehr verschwommen und in kleinem Maßstab wiedergegeben sind, in einen einigermaßen einheitlichen (anspruchslosen) Stil zu überführen.

Besondere Probleme ergeben sich im Hinblick auf die geographischen Namen, deren Schreibweise in der wissenschaftlichen Literatur außerordentlich großen Schwankungen unterworfen ist; insbesondere in der Türkei haben sich inzwischen fast alle geographischen Namen geändert, so daß es schwierig und manchmal unmöglich ist, Orte, die in älteren Werken genannt werden, auf den modernen Karten wiederzufinden. Für die östliche Türkei können die Indices, die SINCLAIR seinem Werk beigegeben hat (IV 431 -488), für Thrakien die von KREISER erarbeitete Tabelle zu Rate gezogen werden (vgl. durchgehend auch MANFREDI). Im ganzen aber muß ich um Verständnis dafür bitten, daß es mir nicht gelungen ist, in diesem Bereich eine überzeugend konsequente Lösung zu finden.

Eine sehr wichtige Rolle spielt ferner der militärische Aspekt, der die «Anabasis» über weite Strecken hin prägt. Hier sind neben den normalen Grundlagen der Heeresorganisation und der Kampf- und Marschtaktik vor allem die taktischen Neuerungen von Interesse, die im Kreis der Offiziere (offenkundig unter wesentlicher Mitarbeit Xenophons) spontan aus bestimmten Situationen heraus entwickelt wurden. Sie werden im Kommentar ausführlich erörtert, bei Bedarf unter Zuhilfenahme von Schemazeichnungen, die manche Einzelheiten leichter als Worte verdeutlichen können. Besondere

Bedeutung kommt natürlich auch der Rekonstruktion der Schlacht von Kunaxa zu.

In diesem Zusammenhang tritt nun auch der breite Komplex der literarischen Gestaltung des Geschehens ins Blickfeld. Xenophon beschreibt die militärischen Aktionen nicht nur der Sache nach, sondern stellt auch ihre Anlässe dar und läßt nicht selten seine Leser an der Entwicklung neuer Konzepte dadurch direkt teilnehmen, daß er die darüber geführten Diskussionen in wörtlicher Rede nachzeichnet. Hier sind Fragen der Glaubwürdigkeit, des apologetischen Hintergrundes, der Charakterisierung der Redner und überhaupt der rhetorischen Gestaltung aufzuwerfen. Die «Anabasis» eröffnet als ein nach periegetischem Modell organisierter und zugleich literarisch anspruchsvoller autobiographischer Bericht über ein weltgeschichtlich unbedeutendes, von den Teilnehmern jedoch als unbeschreibliches Abenteuer erlebtes Ereignis eine Sonderform der zeitgeschichtlichen Historiographie. Die erzählerischen Mittel, mit deren Hilfe Xenophon sein neuartiges Vorhaben verwirklicht hat, sollen durch die Kommentierung transparent gemacht werden. Besondere Aufmerksamkeit verdienen dabei natürlich auch die aus dem Rahmen des Berichtes herausfallenden 'Porträts' des Kyros (1.9) und der Strategen Klearchos, Proxenos und Menon (2.6) sowie die zahlreichen wörtlich referierten Reden.

Zur Klärung der Frage, welchem literarischen Genos die «Anabasis» zuzuordnen ist, scheint es mir sinnvoll, vergleichsweise die Reiseberichte der neuzeitlichen Forscher heranzuziehen. Wenn wir zum Beispiel die wenigen Worte, die in der «Anabasis» der Überschreitung des großen Zab gewidmet sind (3.3.6: *"Danach frühstückten sie und überschritten den Zapatosfluß..."*) in Beziehung zu den Schwierigkeiten setzen, welche von den Reisenden des 18. und 19. Jahrhunderts im Zusammenhang mit demselben Vorhaben beschrieben werden (vgl. S. 166/167), wird deutlich, daß Xenophon sich mit großer Nüchternheit auf die Wiedergabe des Faktischen beschränkt und nicht den Versuch gemacht hat, die Wirkung seiner Darstellung durch die Hervorhebung von spannungsgeladenen Begleiterscheinungen des Geschehens zu erhöhen. Dieser immer wieder zu beobachtende Verzicht auf die Ausmalung oder auch nur die Andeutung der gewaltigen Schwierigkeiten, mit denen die Griechen (jedenfalls nach Kunaxa) Tag für Tag zu kämpfen hatten, hängt doch wohl mit der tieferen Zielsetzung der «Anabasis» zusammen: sie sollte nach dem Konzept Xenophons ein Geschichtswerk im klassischen Sinn darstellen.

Vermutlich knüpfte Xenophon dabei an das einzige Geschichtswerk an, in dem bereits ein über weite Entfernungen führender Marsch großer Heeresmassen beschrieben wurde, die «Historien» Herodots. Dort wird ja der Zug des Xerxes von Kritalla bis nach Athen (der sich teilweise auf der Straße, die auch Kyros benutzte, abspielte: vgl. Herod. 7.26-32 mit Anab.1.2.5-7) unter der Nennung zahlreicher Ortsnamen und mit vielen Hinweisen auf topographische Einzelheiten detailreich dargestellt. Unabhängig davon berichtet Herodot jedoch auch noch ausführlich über die sogenannte 'Persische Königsstraße' von Sardeis nach Susa mit ihren 111 Stathmoi, die 450 Parasangen (Marschstunden) entsprachen (5.52/53), und lieferte damit ein der Sache angemessenes Vorbild für die Grundanlage der «Anabasis». Insofern ist hier, durch Herodot vermittelt, in gewissem Sinn auch der Einfluß der Periodosliteratur erkennbar - aber alles in allem scheint mir die Zuordnung der «Anabasis» zum literarischen Genos der Historiographie durch Xenophon selbst außer Frage zu stehen.

Dem Kommentar ist ein relativ ausführliches (aber natürlich nicht vollständiges) *Literaturverzeichnis* beigegeben, das durch *Stichwörter zum Literaturverzeichnis* ergänzt wird. Beide Listen sollen dem interessierten Leser den Zugang zu einer intensiveren Beschäftigung mit der «Anabasis» im ganzen oder mit einzelnen sie betreffenden Problemen erleichtern. Das relativ weitläufig angelegte *Literaturverzeichnis* enthält neben philologischer Fachliteratur zu Xenophon und insbesondere zur «Anabasis» auch zahlreiche Hinweise auf archäologische, geographische, völkerkundliche und kulturhistorische Arbeiten sowie ältere Reiseberichte, die zu ihrem Verständnis beitragen können. Im Kommentar selbst wird eine durchgängige Auseinandersetzung mit der wissenschaftlichen Literatur nicht angestrebt und nur gelegentlich auf einzelne Arbeiten im Zusammenhang mit besonderen Problemen verwiesen.

Tatsächlich wendet er sich nicht nur, vielleicht nicht einmal in erster Linie, an die Gelehrten und Spezialisten, sondern vielmehr an alle diejenigen, die sich der «Anabasis» aus unbefangenem Interesse für ihren Inhalt zuwenden. Ihnen möchte er bei dem Versuch, die abenteuerlichen Vorgänge während des Kyros-Zuges nach Babylonien und während des strapaziösen Heimmarsches der 'Zehntausend' lebendig nachzuvollziehen und die tiefer gehenden Anstöße, welche das Erlebnis des Orients in Xenophon hervorgerufen hat, zu erkennen, behilflich sein - auch dann, wenn sie auf zweisprachige Ausgaben oder sogar nur auf Übersetzungen angewiesen sind. Im besonderen möchte er jedoch dafür werben, der «Anabasis» im gymnasialen (und universitären) Griechischunterricht wieder einen festen Platz einzuräumen - nicht nur, weil an ihr die griechische Sprache vorzüglich geschult werden kann (dafür bieten die traditionellen Schulkommentare reichliches Material), sondern auch, weil der spannungsgeladene Inhalt, wenn er der Sache angemessen interpretiert wird, die Schüler (und Studenten) in ihren Bann zu ziehen und schließlich sogar in einem tieferem Sinn, als es zunächst vielleicht den Anschein hat, zu belehren vermag. Sie werden dabei in *"die ganze griechische Welt mit all ihren Besonderheiten"* eingeführt, wobei wir uns *"hier in der glücklichen Lage [befinden], daß wir sie zugleich in der Begegnung mit dem Orient sehen, dessen Bewältigung im geistigen wie politischen Sinn die gesamte Geschichte der Antike erfüllt"* (RÖMISCH 75).

Xenophons «Anabasis» verdient aus verschiedenen Gründen eine genauere Lektüre. Dazu möchte dieser Kommentar anregen.

Buch 1

1.1.1 In äußerster Kürze informiert Xenophon seine Leser über die Hintergründe des Kyroszuges. Dareios (der vor seiner Inthronisierung Ochos hieß) war einer der 17 'unechten' Söhne Artaxerxes' I. Er war mit seiner Stiefschwester Parysatis verheiratet und gelangte nach dem Tod des Vaters durch die Ermordung eines seiner Brüder (der seinerseits zunächst den legitimen Thronfolger Xerxes II. nach kurzer Regierung aus dem Weg geräumt und die Macht an sich gerissen hatte) Ende 424 oder Anfang 423 auf den Thron und nannte sich fortan Dareios II. Das Ehepaar hatte zahlreiche Kinder. Der älteste Sohn, Arsakes oder Arsikas, war schon vor der Machtergreifung geboren, sein jüngerer Bruder Kyros erst danach. Aus dieser Konstellation erklärt sich zum Teil ihr Streit um den Thron. Auf der einen Seite stand der Anspruch des 'erstgeborenen' Sohnes, den Dareios II. anerkannte, als er wegen einer todbringenden Krankheit im Jahre 404 die Nachfolge regeln mußte: er überantwortete Arsakes (der sich dann Artaxerxes II. nannte), die Herrschaft. Auf der anderen Seite stand der Anspruch des ersten 'in Purpur geborenen' wirklichen Königssohnes, den sich seinerzeit Dareios I. zu eigen gemacht hatte, als er nicht seinen an Jahren ältesten Sohn Artobazanes, sondern den ersten der nach der Inthronisierung geborenen Söhne, Xerxes I., zum Thronfolger bestimmte.

1.1.2 Die Betrauung des noch sehr jungen Kyros mit der Herrschaft über Lydien, Großphrygien und Kappadokien sowie mit dem Oberbefehl über die Truppen Kleinasiens hängt offenkundig mit einer Korrektur der persischen Politik gegenüber Griechenland zusammen. Diese war bisher im wesentlichen durch Tissaphernes, der vor Kyros die Satrapie in Sardeis und das Amt des militärischen Oberbefehlshabers innehatte, beeinflußt worden. Tissaphernes setzte zunächst voll auf die spartanische Karte; es gelang ihm, 412 und 411 mit den Spartanern Verträge abzuschließen, durch welche die Griechenstädte des jonischen Küstenstreifens praktisch wieder uneingeschränkt den Persern überantwortet wurden. Bald aber kam es zu Spannungen zwischen den Vertragspartnern (Tissaphernes hielt gewisse Verpflichtungen nicht ein), die durch Alkibiades, der inzwischen in Sardeis Zuflucht gesucht hatte, noch geschürt wurden: dieser brachte den Gedanken auf, der Satrap könne durch ein Ausspielen Spartas gegen Athen und umgekehrt den persischen Interessen dienen. Tatsächlich knüpfte Tissaphernes nun auch Beziehungen zu Athen an. Aber diese Schaukelpolitik bewährte sich nicht. Eine spartanische Gesandtschaft führte 409 Beschwerde beim Großkönig, der schließlich im Sommer 407 für klare Verhältnisse sorgte: Tissaphernes wurde seiner Ämter enthoben (in seinem Einflußbereich blieben lediglich die griechischen Küstenstädte) und an seiner Stelle der junge Kyros eingesetzt mit der klaren Anweisung, künftig ausschließlich Sparta zu unterstützen. * Tissaphernes scheint sich nach seiner Entmachtung (zumindest zeitweise) am Hof des Kyros in Sardeis aufgehalten und es verstanden zu haben, den Eindruck eines loyalen Freundes zu erwecken. * Nach Hell. 2.1.8/9 wurde Kyros von seinem Vater aus einem anderen Grund nach Hause zitiert: um sich zu rechtfertigen, weil er zwei Vettern hatte hinrichten lassen, die bei einem Besuch an seinem Satrapenhof nicht, wie es für die Besucher des Großkönigs vorgeschrieben war, die Hände in den Ärmeln ihrer Gewänder verborgen hatten. Wenn diese Nachricht zutrifft, hätte Kyros schon vor dem Tod des Vaters durch diesen schroffen Akt überheblicher Anmaßung seinen Anspruch auf die Thronfolge angemeldet und so den Konflikt mit dem Bruder bewußt selbst provoziert. * Xennias aus Parrhasia in Arkadien stand als Oberbefehlshaber aller griechischen Söldnergarnisonen in den jonischen Küstenstädten (1.2.1) in einem anderen Abhängigkeitsverhältnis zu Kyros als die gezielt für den Putschversuch angeworbenen Feldherren. Vermutlich rechnete er damit, von Kyros stärker protegiert, vielleicht sogar mit dem Oberbefehl über die ganze griechische Heeresabteilung betraut zu werden. Tatsächlich lief ihm aber Klearchos - mit Billigung des Kyros (1.3.7, 4.7) - sehr schnell den Rang ab. * Neben den griechischen Söldnertruppen gab es in den Städten auch stehende einheimische Truppen unter persischer Führung. Für den Fall, daß sie im Rahmen größerer Unternehmungen gemeinsam operieren sollten, waren Sammelplätze eingerichtet. Für Kleinasien war dies die Ebene von Kastolos im lydischen Grenzgebiet gegen Mysien, vermutlich nicht weit von Sardeis entfernt.

1.1.3 Dareios starb im Winter 405 oder 404 in Babylon. Bei der unmittelbar folgenden Inthronisierung des Arsakes als Artaxerxes II. Mnemon waren Kyros und Tissaphernes anwesend. Dabei kam es zu einem dramatischen Vorfall: Tissaphernes erreichte durch die Beschuldigung, Kyros trachte dem neuen Großkönig nach dem Leben, dessen Verhaftung und Verurteilung zum Tod. In der Überlieferung (Ktesias FGrHist 688 F 16 [59], Plutarch, Artax. 3) herrscht Übereinstimmung, daß es sich um eine Verleumdung handelte. Nähere Einzelheiten finden sich bei Plutarch: danach bediente sich Tissaphernes bei seinem Verleumdungsversuch eines Priesters, der bei der Erziehung des jungen Kyros eine Rolle gespielt hatte und offenbar deutlich zum Ausdruck brachte, daß er wie viele andere Perser lieber Kyros auf dem Thron sehen würde. Unter dem Einfluß dieser allgemein verbreiteten Stimmung fand Tissaphernes dann mit der Beschuldigung, Kyros wolle seinen Bruder während der Weihezeremonie im Tempel von Pasagardai töten, Glauben. Daß das Todesurteil nicht vollstreckt wurde, hatte Kyros dem temperamentvollen Einsatz seiner Mutter zu verdanken, deren Einfluß am Hof damals offenbar sehr groß war. Möglicherweise konnte auch der Verdacht, den Tissaphernes sicher sehr diplomatisch formuliert hatte, überzeugend ausgeräumt werden; dafür spricht die Rückkehr des Kyros in seine Satrapie.

1.1.4 Vermutlich hat Xenophon mit der Annahme recht, daß die Absicht des Kyros, den Königsthron mit Gewalt zu erobern und so seinen, wie er glaubte, legitimen Anspruch durchzusetzen, vor allem mit der entehrenden Behandlung durch den Bruder in der Verleumdungsangelegenheit motiviert war. Ebenso mit der weiteren Annahme, daß die aktive Unterstützung des Kyros durch Parysatis, die prominente Anführerin der Pro-Kyros-Partei am Hof, für sein Vorhaben von größter Bedeutung war: ohne das Wissen um starke und einflußreiche Kreise, die tatsächlich Kyros als Thronfolger favorisierten, hätte der Putschversuch schwerlich ins Werk gesetzt werden können.

1.1.5 Die Besucher vom Hofe versuchte Kyros vermutlich im wesentlichen durch Geschenke und vor allem durch das Versprechen künftiger Wohltaten zu seinen Gunsten zu beeinflussen, ohne seine eigentlichen Absichten offenzulegen. Trotzdem brachte er die Betroffenen durch sein Verhalten in eine schwierige, um nicht zu sagen lebensgefährliche Zwangslage. * Zum hier zugrundeliegenden Begriff der 'Freundschaft' im Sinne einer sehr pragmatisch verstandenen Hilfsbereitschaft auf Gegenseitigkeit vgl. zu 1.9.20. * Das militärische Training und die Bindung an die eigene Person (durch entsprechende Wohltaten und Versprechungen) bezieht sich auf die in Sardeis selbst stationierte Leibgarde des Satrapen, die später in der Tat als einzige Truppe aufopferungsvoll für Kyros gekämpft hat. Zur Sache vgl. Kyrup. 1.6.19 ff.

1.1.6 Der Satrapie des Kyros hatten sich die jonischen Städte, die ursprünglich Tissaphernes nach seiner Entmachtung noch belassen worden waren, aus freien Stücken angeschlossen. Die Herrschaft des Tissaphernes beschränkte sich nun fast nur noch auf Karien. Der Gedanke, daß er die abtrünnigen Städte mit Waffengewalt zurückerobern würde, war nicht abwegig und darf als unverdächtiger Vorwand für die Verstärkung der griechischen Garnisonen mit Elitetruppen gelten.

1.1.7 In noch höherem Maß trifft dies auf die Belagerung von Milet zu, wo die Sammlung und der Einsatz von Truppen mit dem Verhalten des Tissaphernes (der die Stadt 402/401 unter Mithilfe der im Frühjahr 405 vertriebenen Demokraten erobert und seinerseits die von Lysandros eingesetzten Machthaber vertrieben hatte) überzeugend motiviert werden konnte. Griechische Söldner standen damals im Orient offenbar in erheblichen Mengen zur Verfügung.

1.1.8 Tatsächlich verhielt sich Kyros unabhängig davon, ob der Großkönig auf seine Forderung eingegangen ist, wie der rechtmäßige Satrap der jonischen Städte. Es wirft ein bezeichnendes Licht auf die damals schwache Stellung Artaxerxes' II., daß er nicht für Stabilität an der wichtigen Westgrenze seines Riesenreiches sorgte, sondern den Dingen einfach ihren Lauf ließ.

1.1.9 Klearchos, der Sohn des Rhamphias, aus Sparta war ohne Zweifel der prominenteste und erfahrenste griechische Offizier, der Kyros auf seinem Marsch nach Babylonien begleitete. Geboren um 450 (vgl. 2.6.15) nahm er 412/11 an dem Unternehmen der Peloponnesier gegen den Hellespont teil (Thuk. 8.8.2, 39.2, 80.1-3), befehligte in der Schlacht bei Kyzikos (410) einen Teil der Landtruppen (Diod. 13.51.1-6), brachte 409 Byzantion in seine Hand und verteidigte es 408 gegen die athenische Belagerung. Als die Stadt im Winter 408/07 durch Verrat wieder den Athenern zufiel, befand er sich gerade bei Pharnabazos, dem Satrapen der Daskylitis, um dessen Unterstützung zu erwirken, und entging so der Gefangenschaft. Im Jahr 406 nahm er an der Schlacht bei den Arginusen teil. Als Byzantion 403 die Spartaner um die Entsendung eines Feldherrn zur Bekämpfung der Thraker und zur Herstellung der innenpolitischen Stabilität ersuchte (Diodor 14.12.2 ff.), wurde Klearchos mit dieser Aufgabe durch die Ephoren betraut, benutzte seine Machtstellung jedoch vor allem zur blutigen Abrechnung mit der Partei, welche 408 die Stadt verraten hatte. Schließlich verurteilten ihn die Spartaner wegen Ungehorsams zum Tode und vertrieben ihn mit Waffengewalt aus Byzantion. Damals flüchtete er zu Kyros, der ihn in seine Dienste nahm und mit der Sammlung eines Heeres beauftragte, das bis zum Beginn seines eigenen Unternehmens mit dem Kampf gegen die Thraker beschäftigt war (vgl. 2.6.1-15). Vermutlich hat Klearchos den Putsch des Kyros zwar als zum Tod verurteilter Flüchtling, aber doch mit heimlicher Billigung der spartanischen Regierung unterstützt. Ob Kyros ihn schon zu diesem frühen Zeitpunkt in seine Pläne einweihte (nach 3.1.10 war er der einzige Grieche, der Bescheid wußte), muß offen bleiben. * Der Dareikos (Stater) war die maßgebliche Goldmünze der persischen Währung. Sein Gewicht betrug 8,41 Gramm, d.h. 1/60 der sogenannten 'leichten' königlichen Gewichtsmine von 505 Gramm. 300 Dareiken entsprachen dem Wert von 10 babylonischen Silbertalenten (vgl. 1.7.18), wobei im persischen Reich der Goldwert auf das $13^{1/3}$-fache des Silberwertes festgelegt war. Nach heutigen Verhältnissen (1 Kilogramm Gold kostet durchschnittlich DM 22000) hätte der Dareikos einen Wert von etwa DM 185.-; 10000 Dareiken entsprächen heute also fast zwei Millionen DM. Es ist klar, daß abstrakte Umrechnungen dieser Art zur Ermittlung des tatsächlichen aktuellen Kurswertes antiker Münzen nur bedingt herangezogen werden können.

1.1.10 Aristippos, ein Schüler des Gorgias (Platon, Menon 70a), gehörte dem vornehmen thessalischen Geschlecht der Aleuaden an, das in Larisa residierte und sich durch seine promedische Haltung in den Perserkriegen die Freundschaft der Perser, aber auch den Haß des thessalischen Volkes und vieler Griechen überhaupt zugezogen hatte. Gegen Ende des peloponnesischen Krieges gewann die Gegenpartei offenbar so großen Einfluß, daß Aristippos gezwungen war, mit Hilfe eines von Kyros finanzierten Heeres um die Macht zu kämpfen, vor allem wohl gegen die Herren von Pherai. Das Kommando über diese Söldnertruppe übertrug Aristippos seinem noch jungen Landsmann Menon (2.6.28), mit dem er erotische Beziehungen unterhalten haben soll.

1.1.11 Proxenos aus dem böotischen Theben, auch ein Schüler des Gorgias (2.6.16), war mit dem etwa gleichaltrigen Xenophon von Jugend an befreundet (3.1.4). Bei welcher Gelegenheit er zum Gastfreund des Kyros wurde, ist unbekannt. Es ist kaum anzunehmen, daß er sich schon längere Zeit vor 401 im kleinasiatischen Raum befand (vgl. 2.6.16-20). * Pisidien, eine fruchtbare, wasserreiche Berglandschaft in den westlichen Ausläufern des Taurosgebirges, in der rauhe Hirten und Bauern in großer Selbständigkeit ohne Unterwerfung unter die persische Herrschaft lebten, stellte für die nördlich angrenzende Satrapie des Kyros sicher stets einen gewissen Unruheherd dar (vgl. 2.5.13). Der Plan, dorthin zur Sicherung der Südgrenze eine Strafexpedition zu unternehmen, konnte kaum auf Mißtrauen stoßen. * Sophainetos aus Stymphalos in Arkadien, der als ältester Feldherr am Zug des Kyros teilnahm (5.3.1, 6.5.13), veröffentlichte wie Xenophon eine (leider verlorene) Schrift mit dem Titel «Kyrou Anabasis» (FGrHist 109). Die vier kurzen Erwähnungen im geographischen Lexikon des Stephanos von Byzanz (unter den Lemmata: *Karduchen*, *Taocher*, *Physkos* und *Charmande* = einziges wörtliches Zitat, vgl. zu 1.5. 10) sind wenig aussagekräftig. Es ist jedoch nicht auszuschließen, daß der aus Ephoros entnommene Bericht Diodors über das Kyrosunternehmen (14.19-31) teilweise auf Sophainetos zurückgeht. * Über Sokrates aus Achaia gibt es keine weiteren Nachrichten. Nach 1.2.3 war er bereits an der Belagerung von Milet beteiligt.

1.2.1/2 Die Sammlung des Heeres muß sich über einen längeren Zeitraum hingezogen haben, da die einzelnen Truppenkörper zum Teil große Entfernungen überwinden mußten. Den weitesten Weg hatte Menon, der Anführer der in Thessalien für Aristippos aufgestellten Heeresabteilung, zurückzulegen. Tatsächlich schloß er sich erst in Kolossai (Stathmos 4) der Armee an, Klearchos sogar erst in Kelainai (Stathmos 7), wo Kyros einen vollen Monat auf das Eintreffen der letzten über Land anrückenden griechischen Kontingente wartete (1.2.9). Über die Anzahl der Milet-Flüchtlinge macht Xenophon keine Angaben (vermutlich waren es nicht sehr viele; jedenfalls ist nicht anzunehmen, daß sie eine eigene Abteilung bildeten, vgl. 1.2.9).

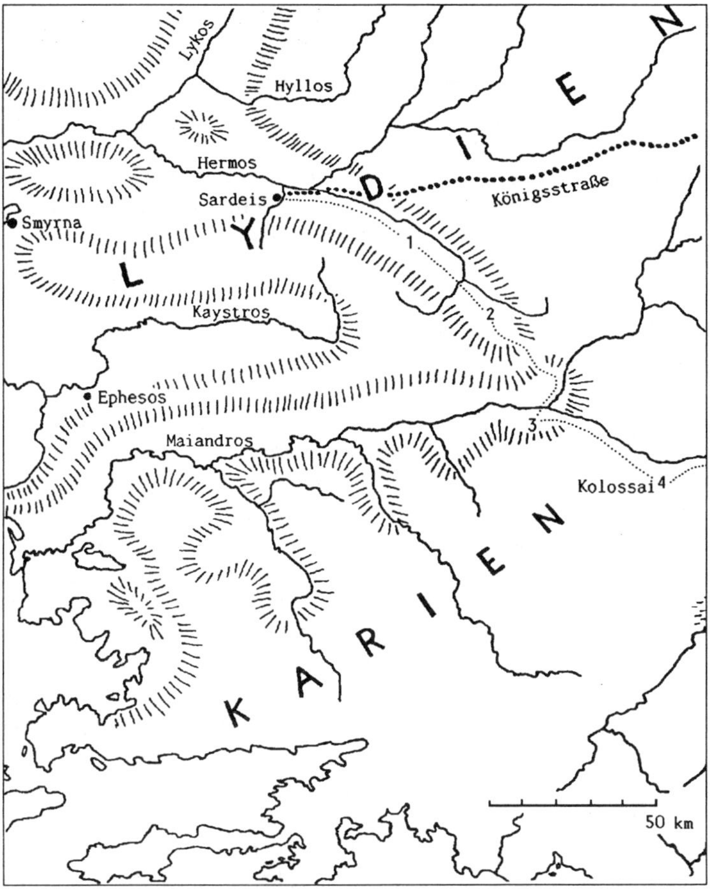

1. Stathmoi 1 - 4 (1.2.5/6)

1.2.3 Für die in Sardeis zusammengezogenen griechischen Söldnerabteilungen vermerkt Xenophon die Stärke in grob abgerundeten Zahlen. Neben den oben bereits genannten Anführern taucht hier noch Pasion aus Megara auf, der offenbar, ähnlich wie Xennias, schon vorher in Kyros' Diensten stand: die Familien beider Männer wohnten in Tralleis (1.4.8), etwa 80 km südlich von Sardeis. Beide haben auch gemeinsam in Myriandos (Stathmos 43) die Gelegenheit zur Flucht ergriffen.

1.2.4 Tissaphernes kam mit seiner Reitertruppe wesentlich schneller voran als Kyros, so daß Artaxerxes bereits Monate vor der Schlacht über die Vorbereitungen des Putschversuches unterrichtet war und Gegenmaßnahmen einleiten konnte. Dennoch vermochte er die Sammlung seiner Truppen nicht rechtzeitig abzuschließen (vgl. 1.7.12). Das erklärt sich daraus, daß einerseits bereits die Nachrichtenübermittlung einige Zeit beanspruchte, andererseits aber vor allem die Soldaten erst auf die über das Reich verteilten Sammelplätze einberufen und dann von dort geschlossen, zum Teil über große Entfernungen, nach Babylonien geführt werden mußten. Im Grunde begann damals für beide Seiten ein Wettlauf mit der Zeit.

1.2.5 <u>St. 1, 2, 3</u> Während man früher das Datum des Abmarsches von Sardeis aufgrund der Parasangen- und Stathmoiangaben exakt auf den 6.3.401 v.Chr. festlegen zu können glaubte, sind inzwischen erhebliche Zweifel an dem ganzen chronologischen Gerüst der «Anabasis» geäußert worden (vgl.GASSNER 1-12 zur Chronologie der «Anabasis» im ganzen; Referat der Ergebnisse bei LENDLE [Karduchen] 210/11 Anm.12; kritische Anmerkungen zu GASSNERs These bei MANFREDI 212-15). Tatsächlich kann die Festlegung von Ereignissen auf einzelne Tage wohl keine ernstliche Glaubwürdigkeit beanspruchen. Dennoch aber muß jeder Analyse dieses Werkes die von Xenophon gewählte Einteilung seines Materials nach Stathmoi (**St.**), also Rastplätzen (bzw. Tagemärschen, die an Rastplätzen endeten) zu Grunde gelegt werden. Sie werden in diesem Kommentar durchnumeriert und dienen neben den Kapitelangaben, insbesondere in Verbindung mit den eingelegten Karten, als Hilfen zur Strukturierung der Schrift. Den Stathmoi sind am Anfang regelmäßig und in formelhaften Wendungen, später nur noch lückenhaft Parasangenangaben (P.) zugeordnet, also Hinweise auf die zurückgelegten Wegstunden, denen je nach den Umweltbedingungen (Straßen- und Wetterverhältnisse, Flach- oder Bergstrecken usw.) verschieden große Marschleistungen entsprechen. Als ein für einen längeren Zeitraum durchzuhaltendes Normalmaß bei mittelguten Bedingungen dürfen etwa 4-5

Karte S.13

km gelten. * Kyros schlug entsprechend seinem Vorwand (1.2.1) die Richtung auf Pisidien ein. Die Straße führte von Sardeis aus am Nordrand des Boz Dağlari über Salihli, Alaşehir (Philadelphia) und Sarigöl bis an die Wasserscheide, stieg dann ins Mäandertal ab und erreichte den hier etwa 60 m breiten Fluß nach etwa 117 km in der Gegend von Sarayköy (= **St. 3**). Für die Marschstrecke von Sardeis bis Kelainai (**St. 7**) kann Herodot (7.26, 30/31) verglichen werden, weil die persische Armee im Jahr 480 auf derselben Straße in umgekehrter Richtung marschierte. Danach (7.31) muß Kyros auf diesem ersten Streckenabschnitt die für den dort erzeugten Platanensirup berühmte Stadt Kallatebos passiert haben. *
Im Jahr 1765 zog auch CHANDLER während seiner auf Kosten der *Gesellschaft der Dilettanti* zu London durchgeführten Forschungsreise nach Kleinasien auf der viel benutzten Karawanenstraße über Philadelphia (Alaşehir) nach Sardeis. Sein lebendiger Bericht über den letzten Streckenabschnitt, der dem ersten 7-8 stündigen Tagemarsch des Kyros bis zum Stathmos **1** entspricht, sei hier zitiert: "*Philadelphia wird, wegen seines zum Farben vortrefflichen Waßers, und weil es an einer der Hauptstraßen nach Smyrna liegt, sehr häufig, besonders von den Armenischen Kaufleuten besucht. Der Khan, in welchem wir unsere Herberge fanden, war sehr unrein, aber voller Reisenden. Fast stündlich kamen Maulthiere an, und wurden abgeladen in dem inneren Hofe. Da regelmäßig eine Karwane nach Smyrna geht, und an bestimmten Tagen zurückkömmt, so waren wir sehr unruhig und in Furcht einer Ansteckung. Die Nachrichten, die man hier von der Pest und den Verwüstungen hatte, die sie anrichtete, waren von der Art, daß sie den Unerschrockensten vor Grauen und Entsezen zittern machen konnten. Wir brachen um neun Uhr Morgens von Philadelphia nach Sardes auf, das, nach dem Antoninischen Itinerarium, acht und zwanzig Meilen davon entfernt ist. Zu unsrer Linken lag der Tmolus, eine Reihe unebener, abgesonderter, und sandiger Hügel, grün und anmuthig, ehedem mit Reben bedeckt, nun aber vernachläßigt. Hinter ihnen ragte ein hoher mit Schnee bedeckter Bergrücken hervor. Die Ebene an den Seiten des Hermus, der sie durchströmt, ist reich an Waßer, das von den Bergen herabfließt. Sie ist groß, schön und bebaut, hat aber wenige Dörfer, da die Turkomannen sie in Besiz genommen haben, die in dieser Gegend für Diebe, aber nicht zum Morden geneigt gehalten werden. Ihre Hütten waren nicht zu zählen, wie ihr Vieh. Nach einer Stunde hielten wir bey einem schönen Springbrunnen an. Die Zisterne war ein*

Karte S.13

Sarkophagus mit Blumenbändern ausgeschnizt. An einem stand auf Griechisch: des Appius, und auf einem alten Begräbnisplaze dabey lagen verschiedne Marmorfragmente. Wir reisten viertehalb Stunden Nordwestwärts und eben so lang Westwärts. Auf der Straße begegneten uns zahlreiche Karwanen, meistens aus Maulthieren bestehend, oder wir sahen sie zur Seite derselben auf den grünen Weiden grasen, unterdeß ihre Last auf dem Boden lag; die Reisenden aßen, oder schliefen gruppenweise in dem Grase. Gegen Sonnenuntergang schlugen wir unser Zelt auf, und langten, nach einem Ritte von zwey Stunden in derselben Richtung, den folgenden Tag zu Sardes an, das nun Sart heißt".

1.2.6 St. 4 Der 8-Stundenmarsch nach Kolossai (nördlich von Honaz) über eine Entfernung von etwa 42 km (MANFREDI 28) stellt eine Gewaltleistung dar, die unter der Aussicht auf eine vorgesehene Ruhepause möglich war. Unterwegs wurde bei Kydrara, wo die Straße nach Karien abzweigte, die phrygisch-lydische Grenze überschritten (Herod. 7.30.2, 31). * Zur Charakterisierung der durchzogenen Städte verwendet Xenophon formelhafte Wendungen wie *groß und wohlhabend, groß und menschenreich* usw.; die Hervorhebung der Bewohnung ist unter dem Gesichtspunkt zu sehen, daß während des Marsches auch zahlreiche *verlassene Städte* passiert wurden, v.a. im Orient, wo wegen Wassermangels, zu starker Erhöhung des Siedlungshügels, Vertreibung der Bevölkerung u.ä. immer wieder Wüstungen entstanden, die als Stathmoi zwar einen gewissen Schutz, aber keine Möglichkeiten zur Lebensmittelversorgung boten. Zu den später häufig genannten Dörfern und Dorfgruppen vgl. WORONOFF. * Menon, der von Thessalien aus Sardeis nicht mehr rechtzeitig erreicht hatte, schloß sich hier in Kolossai der Hauptmacht an, die ihre Pause offenbar in Erwartung seines Eintreffens, auf eine Woche ausdehnte. Der Hinweis auf die olynthischen Peltasten könnte dafür sprechen, daß Menon auf dem Landweg nach Sardeis gezogen war und unterwegs Anwerbungen vorgenommen hatte.

1.2.7/8 St. 5, 6, 7 Der Weg führte jetzt in einem leichten Bogen am Südufer des Lykos entlang zum Acigöl und an der Stadt Anaua vorbei (vgl. Herod. 7.30.1) weiter ostnordostwärts nach Kelainai (**St. 7**) in der Nähe von Dinar. Im Laufe der drei Tage wurden etwa 90 km zurückgelegt. Da in Kelainai ein voller Monat Pause eingeschoben wurde, darf man voraussetzen, daß Xenophon

Karte S.13, 17,

die Örtlichkeiten, die er beschreibt, aus eigener Anschauung kannte. Der Mäander entspringt aus mehreren Quellen bzw. Quellseen, deren Abflüsse sich vereinigen. Wahrscheinlich entspricht der Diner Su dem Marsyas Xenophons; in der Nähe seiner Quellen scheinen die Reste der Akropolis von Kelainai zu liegen, an deren Fuß das befestigte Schloß des Großkönigs anzusetzen ist. Zur Marsyasgeschichte vgl. Ovid, Metam. 6.382 ff., Fasti 6.697 ff.

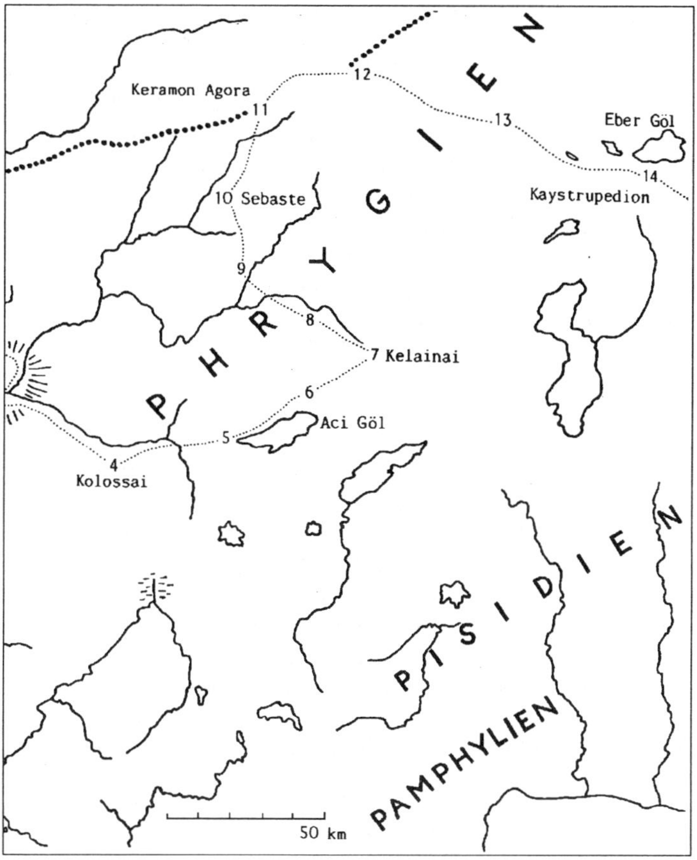

2. Stathmoi 4 - 14 (1.2.7-12)

1.2.9 Während der langen Pause in Kelainai trafen weitere griechische Söldnereinheiten ein, darunter am wichtigsten das starke Kontingent, das Klearchos von der Chersonnes heranführte. Während Sosis nur hier erwähnt wird, wirft die Nennung des Arkaders Sophainetos ein Problem auf: nach 1.2.4 war er bereits in Sardeis mit 1000 Hopliten zur Armee gestoßen. Hier liegt wahrscheinlich ein Irrtum Xenophons (weniger wahrscheinlich ein Fehler der Überlieferung) vor. Man hat ansprechend vermutet, daß der Arkader Agias, dessen Truppen nach seiner Gefangennahme durch Tissaphernes (2.6.30) Kleanor übernahm (3.2.47), in Wahrheit gemeint sei. Er ist der einzige Stratege, über dessen Ankunft bei Kyros keine Nachricht erfolgt. * Die Zählung im Wildpark (11000 Hopliten, 2000 Peltasten) führt zu einem anderen Ergebnis als die Addition der zuvor aufgeführten Zahlen: Xennias ca. 4000 Hopl., Proxenos ca. 1500 Hopl., 500 Pelt., Sophainetos 1000 Hopl., Sokrates ca. 500 Hopl., Pasion 300 Hopl., 300 Pelt., Menon 1000 Hopl., 500 Pelt., Klearchos 1000 Hopl., 1000 Pelt., Sosis 300 Hopl., Sophainetos [= Agias] 1000 Hopl.; Summe: 10600 Hopliten, 2300 Peltasten. Da Xenophon nur abgerundete Zahlen (als kleinste Einheit: 200) verwendet, liegen die Differenzen aber wohl noch im Unschärfebereich. Man hat auch erwogen, daß die Flüchtlinge aus Milet, von deren Eintreffen in Sardeis 1.2.2 berichtet wird, eine eigene Hoplitenabteilung bildeten, die bei der Musterung mitgezählt wurde. Wahrscheinlicher ist es allerdings, daß sie in den Kontingenten von Sokrates und Pasion aufgegangen waren.

1.2.10 <u>St. 8, 9</u> Von Kelainai aus hätte der Marsch gegen Pisidien in südöstlicher Richtung fortgesetzt werden müssen. Tatsächlich aber gab Kyros hier diese Tarnung auf und zog im Mäandertal, am Westrand des nach Nordwesten gerichteten Gebirgszuges, wieder nordwärts, um Anschluß an die weiter nördlich verlaufenden West-Ost-Straßen, welche den Verkehr in den Orient vermittelten, zu gewinnen. Dieser Nordmarsch wird von Xenophon nicht als erstaunlich kommentiert. Eigentlich hätte hier schon auffallen müssen, daß die Pisider nicht das Ziel des Feldzuges sein konnten. Vermutlich wurde inzwischen Lykaonien als neues Angriffsziel genannt (vgl.1.2.19). Jedenfalls behauptet Xenophon (3.1.10), daß erst mit dem Einmarsch in Kilikien (1.2.21/22) den meisten Teilnehmern klar wurde, daß Kyros den Großkönig angreifen wollte. Peltai (**St. 9**) ist wohl in der Nähe von Işikli, am Gebirgsfuß, anzunehmen. Pro Tag wurden etwa 25 km zurückgelegt. * Die *Lykaia* waren

Karte S.17

ein altes arkadisches Fest zu Ehren des Zeus Lykaios, das aus einer Opferfeier (die in Arkadien am Aschenaltar auf dem Berg Lykaios, nicht weit von Olympia entfernt, begangen wurde) und aus Kampfspielen (Wettlauf, Ringkampf, Faustkampf, Pankration) bestand. Statt der in der Heimat als Siegespreise üblichen Bronzegeräte (Dreifüße u.ä.) setzte Xennias goldene Striegel aus, die auf einem derartigen Zug von den Siegern leichter mitgeführt werden konnten. Für die Zeit des Festes läßt sich nur allgemein aus unserer Stelle das Frühjahr erschließen.

1.2.10/11 St. 10, 11, 12, 13, 14 **St.10** ist in der Nähe von Sivasli (Sebaste), **St.11** östlich von Uşak, vielleicht bei Islamköy anzusetzen. Dort traf Kyros auf die 'Persische Königsstraße', die aus ziemlich genau westlicher Richtung auf kürzestem Wege durch die Ebene von Uşak direkt aus Sardeis kam und weiter in einem großen Bogen nördlich um die zentrale Salzwüste herum zu den 'kilikischen Toren' (vgl. **St. 31**) führte. Der Ortsname 'Topfmarkt' weist auf die handelspolitische Bedeutung der Stadt hin. Kyros folgte der 'Königsstraße' wohl nur einen Tagemarsch weit. Während diese dann nordostwärts auf Pessinus zulief, bog er bei **St.12** nach Südwesten in Richtung auf Prymessos (südwestlich von Afyon) ab und benutzte nun die Straße, die damals schon einen Teil des Orienthandels nach Westen vermittelte und später die 'Königsstraße' an Bedeutung weit übertraf. **St. 14** (Kaystrupedion) ist vermutlich in der Ebene am Ebergölü anzusetzen, ungefähr 140 - 150 km östlich von Keramon Agora. Nach Xenophons Angabe ließ Kyros seine Truppen auf dieser Strecke drei Tage hintereinander je 10 Stunden (zu etwa 5 km) marschieren - eine fast unglaubliche (auch in der «Anabasis» einmalige) Energieleistung (falls nicht ein Fehler der Überlieferung oder ein Irrtum Xenophons vorliegt): möglicherweise erklärt sich die Bereitschaft der Truppen zu dieser Anstrengung aus dem Versprechen des Kyros, dort den ausstehenden Sold zu zahlen. Immerhin waren seit dem Abmarsch aus Sardeis bereits etwa zwei Monate vergangen. Vermutlich konnte Kyros innerhalb seiner Satrapie die Verpflegung durch Requirieren der benötigten Lebensmittel sicher stellen, so daß die griechischen Söldner noch nicht auf ihr persönliches Geld angewiesen waren. Daß sich dennoch Unmut breit machte, ist gut verständlich.

1.2.12 Kilikien stellte damals keine Satrapie im üblichen Sinn, sondern eine Art Vasallenstaat, deren Dynasten den Namen Syen-

Karte S.17

nesis trugen, unter der Aufsicht des persischen Großkönigs dar. Erst durch das zwiespältige Verhalten des letzten bekannten Syennesis im Zusammenhang mit dem Kyros-Zug dürfte es zum Erlöschen dieses Sonderstatus gekommen sein. Bei dem folgenreichen Vorgang scheint Epyaxa eine entscheidende Rolle gespielt zu haben (vgl. 1.2.26). Sie war Kyros mit ihrer Eskorte, die anscheinend größere Geldbeträge transportierte, über viele hundert Kilometer entgegengereist, offenkundig um zu erreichen, daß er Kilikien womöglich auf seinem Marsch nicht berührte. In der Tat war der kiliksche Vasall an sich zum Widerstand gegen den Usurpator verpflichtet, sah aber bei Berücksichtigung der Größe der heranrückenden Kyros-Armee voraus, daß dies schwere Zerstörungen seines Landes nach sich ziehen würde. So entschloß er sich, nachdem Kyros in Kilikien eingetroffen war, zu einem riskanten Doppelspiel: er schickte (nach Ktesias FGrHist 688 F 29, 58, vgl. auch Diodor 14.20.2 ff.) einen Sohn an der Spitze des offiziellen militärischen Kontingents seines Landes dem Großkönig zu Hilfe und stellte gleichzeitig ein privat finanziertes zweites Kontingent unter der Führung eines anderen Sohnes Kyros zur Verfügung (vgl. 1.2.27). Die Begleitmannschaft Epyaxas bestand merkwürdigerweise zum Teil aus Bewohnern der pamphylischen Stadt Aspendos. Dies läßt sich am einfachsten mit der Annahme erklären, daß Epyaxa von Tarsos aus die Küstenstraße über Selinus, Side, Aspendos, Syllion, Perge nach Kormasa in Pisidien benutzt und in Aspendos für den Marsch in das pisidische Gebiet eine zusätzliche Schutztruppe rekrutiert hatte. Offenbar bestand in der Residenz in Tarsos die Befürchtung, daß Kyros von Pisidien aus über Pamphylien nach Kilikien marschieren könnte. Vermutlich hatte Tissaphernes auf seiner Durchreise (vgl. 1.2.4) den Syennesis über den geplanten Pisidienzug des Kyros und seine eigenen Vermutungen über dessen eigentliches Ziel unterrichtet und dadurch die strapaziöse Reise der Königin, die Kyros möglicherweise persönlich kannte, angeregt. Daß das Auftauchen einer so hochgestellten Fürstin im Feldlager, wo sie dann noch fast zwei Wochen lang Kyros Gesellschaft leistete, bei den Soldaten zu entsprechenden Gerüchten führte, ist nur zu verständlich.

1.2.13 St. 15, 16 Thymbrion (**St. 16**) ist südlich des Sees von Akşehir am Fuß des Sultan Dağlari (wohl in der Nähe der Stadt Akşehir) anzusetzen. Die einige Kilometer vor der Stadt liegende Quelle von Olou Bounar (Ulupinar, vgl. MANFREDI Abb.6) dürfte der hier erwähnten Midas-Quelle entsprechen. Diese Lokalisierung

Karte S.17

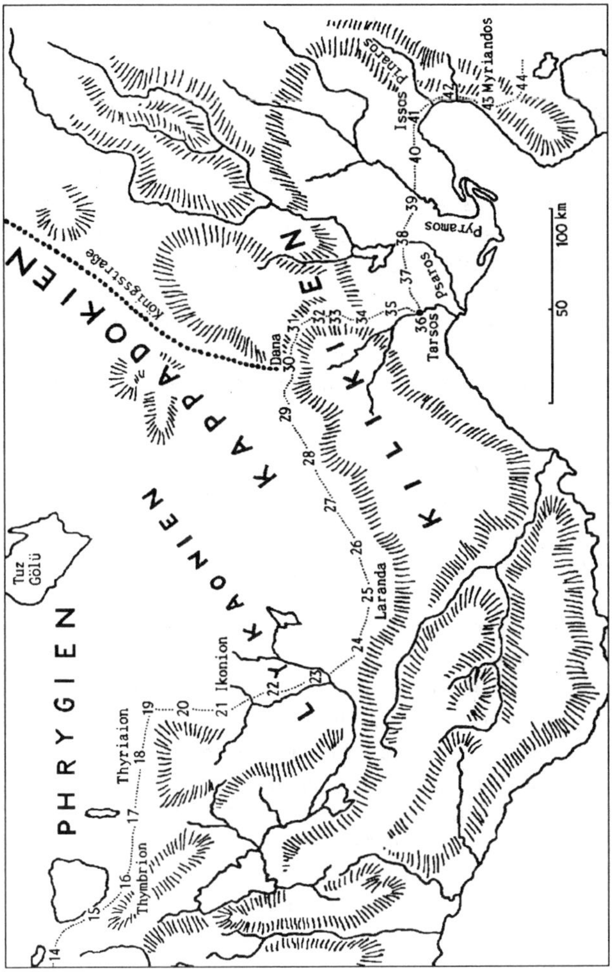

3. Stathmoi 14 - 44 (1.2.11 - 1.4.9)

der Quelle, wo der mythische Vorfahr des phrygischen Königshauses Midas den alten Silenos durch Beimischung von Wein zum Quellwasser berauscht gemacht und gefangen genommen haben soll, gibt allerdings nur Xenophon (offenbar nach lokalen Angaben), während Pausanias (1.5.4) eine entsprechende Quelle bei Ankyra kennt und Herodot (8.138.3), der die Phryger aus Europa nach Kleinasien eingewandert sein läßt (7.73), die Geschichte am Fuß des makedonischen Berges Bermion (bei Aigai) ansiedelt.

1.2.14 **St. 17, 18** Über Tyraion (oder Tyriaion, **St. 18**) führte die Straße, der Kyros folgte, nach Ikonion (**St. 19**), dessen Lage durch die heutige Stadt Konia zweifelsfrei festgelegt ist. Mit Rücksicht auf die Parasangenangaben Xenophons, nach denen die Strecke durch Tyraion im Verhältnis 1 : 2 geteilt wurde, hat man den Ort bei Ilgin lokalisiert, bis dort eine Inschrift gefunden wurde, aus welcher der Ortsname Lageine gewonnen werden konnte. Daraufhin wurde Tyraion etwa 25 km ostsüdöstlich von Ilgin bei Duraghan (Durnar) vermutet, wodurch allerdings die Strecke bis Ikonion ungefähr in zwei gleichgroße Hälften geteilt wurde. Überdies ist kaum verständlich, warum die Straße so tief in das südliche Bergland hineingeführt haben sollte, anstatt dem Nordrand der Berge zu folgen (wie die modernen Verkehrswege). Daher ist **St. 18** wohl doch weiter westlich anzusetzen, wo sich auch ebenes Gelände für die große Heerschau findet (auch MANFREDI 56/7 identifiziert Tyriaion wieder mit Ilgin; vgl. seine Abb.7: La "piana della parata militare").

1.2.15 Kyros nahm keinen Einfluß auf die Formation der griechischen Phalanx, die sich entgegen der üblichen Kampfpraxis nicht acht, sondern nur vier Mann tief staffelte, dadurch aber eine imponierende Länge von fast drei Kilometern erreichte. Die Formulierung macht deutlich, daß die Kontingente der einzelnen Feldherren als selbständige Einheiten aufzufassen sind, die jetzt erstmalig zum Zweck der Musterung in einer zwischen den Feldherren vereinbarten Reihenfolge nebeneinander aufmarschierten. Im späteren Ernstfall waren die Flügelpositionen umgekehrt besetzt (1.8.4): inzwischen hatte Klearchos seine führende Rolle im Kreis der Feldherren erreicht.

1.2.16 Die einheimische Heeresgruppe, deren Truppenkörper vermutlich in 'vollen Karrees' aufgestellt waren (vgl. zu 1.8.9), ließ Kyros an sich vorbeiziehen, während er die Front der griechischen Phalanx, die ja keine Marschformation darstellte, im Wagen abfuhr. Gegenüber den unterschiedlich bewaffneten und uniformierten persischen Soldaten, die anstelle von Helmen flache, weiche Tiaren und anstelle von Harnischen tief herabfallende Jacken trugen, muß die lange Reihe der einheitlich uniformierten griechischen Hopliten mit ihren bronzenen Helmen und Beinschienen,

Karte S.21

den vielfach metallbeschlagenen Lederpanzern, unter denen die roten Chitone bis auf die Kniee herabhingen, und den kostbar verzierten Schilden (die während des Marsches durch Futterale geschützt wurden) einen überwältigenden Anblick geboten haben.

1.2.17/18 Der Dolmetscher Pigres rief im Auftrag des Kyros die Feldherren, die sich während des Aufmarsches der Phalanx bei ihren Truppen befanden, zu einer Besprechung zusammen und übermittelte ihnen den Wunsch nach einer kampfmäßigen Vorführung. Diese wurde mit einer entsprechenden Information der Mannschaften durch ihre Offiziere vorbereitet (was in der gegebenen Situation notwendig war, da ein nicht erläuterter Angriffsbefehl unabsehbare Folgen gehabt haben könnte) und dann durch das jedem Soldaten bekannte Trompetensignal eingeleitet. Die Phalanx hatte quer vor dem riesigen Zeltlager, das auf jedem Stathmos errichtet wurde, Aufstellung genommen und führte nun ihren Scheinangriff, der nach kurzer Zeit spontan in Laufschritt überging (vgl. 1.8.18), in Richtung auf die Zelte durch - mit dem Erfolg, daß die tausende von Händlern und sonstigen Angehörigen des Trosses, die vom Lager aus die Musterung beobachtet hatten und über die Hintergründe des bedrohlich wirkenden Manövers nicht unterrichtet waren, in panische Angst gerieten. Natürlich stärkte diese eindrucksvolle Demonstration griechischer Disziplin das Vertrauen des Kyros in seine Elitetruppe.

1.2.19 <u>St. 19, 20, 21, 22, 23, 24, 25, 26</u> Hinter Ikonion begann die Landschaft Lykaonien, die im Norden von Phrygien, im Westen von Pisidien, im Osten von Kappadokien und im Süden von Kilikien umschlossen wurde. Kyros behandelte Lykaonien als feindliches Gebiet. Nach 7.8.25 stand es damals zusammen mit Kappadokien unter der Herrschaft des Mithradates. Da jedoch nach 1.9.7 Kyros außer der lydischen Satrapie auch Phrygien und Kappadokien als Satrap verwaltete, kann Mithradates nur als sein Untersatrap tätig gewesen sein. Er nahm jedenfalls am Zug des Kyros teil und galt als einer seiner getreusten Anhänger (2.5.35, 3.3.2), schlug sich nach dessen Tod aber auf die andere Seite, führte nach der Gefangennahme der griechischen Führungsspitze im Auftrag des Tissaphernes Verhandlungen mit den Griechen (3.3.1 ff.) und trat schließlich am großen Zab sogar in den militärischen Kampf gegen die 'Zehntausend' ein (3.3.6 ff.). Möglicherweise herrschte damals in Lykaonien, das nach dem Gesagten noch in die außergewöhn-

Karte S.21

lich große Satrapie des Kyros hineingehört haben muß, Aufruhr gegen die persische Herrschaft, so daß der Durchzug der Armee zugleich als Strafexpedition angelegt wurde.

1.2.20 <u>St. 27, 28, 29, 30</u> Die Marschstrecke durch Lykaonien, deren Ausgangspunkt Ikonion festliegt, muß von zwei Überlegungen aus zu bestimmen versucht werden: (1) Bevor die Armee durch Kappadokien nach Dana marschierte, also spätestens bei Verlassen des als feindlich behandelten lykaonischen Gebiets (= **St. 26**), wurde Epyaxa *"auf dem schnellsten Wege"* nach Kilikien entsandt - offensichtlich nicht auf der üblichen Straße durch die 'kilikischen Tore'. (2) Nächster Fixpunkt ist die große und reiche Stadt Dana, vier Tagemärsche hinter der lykaonisch-kappadokischen Grenze und (nach 1.2.21) einen Tagemarsch vor den 'kilikischen Toren'. Von Ikonion aus bestanden theoretisch zwei Möglichkeiten, zum Eingang in die 'kilikischen Tore' bei Pozanti zu gelangen, entweder quer durch die leblose Salzwüste oder in einem großen Bogen südlich um sie herum, an den Nordausläufern des Tauros entlang (über Lystra - Kybistra). Es kann wohl keinem Zweifel unterliegen, daß Kyros die zweite bequemere Route gewählt und daß er von dieser aus Epyaxa auf einer Nebenstraße vorausgeschickt hat, vermutlich auf derjenigen, die östlich von Laranda abzweigte und über Arslankoy die Küste in der Nähe von Soloi [heute Mezetli] erreichte und wesentlich kürzer war als die andere Route, die von Laranda über das Gebirge und dann im Tal des Göksu nach Seleukeia [Silifke] führte (vgl. MANFREDI 68). Schwieriger ist die Lage von Dana zu bestimmen. Der Ort wird (obwohl der Name Dana ausschließlich bei Xenophon erscheint) üblicherweise mit Tyana identifiziert, dessen Ruinen bei Kemerhisar, wenige Kilometer südlich von Bor, angenommen werden. Dies setzt voraus, daß Kyros von der direkten Straße zu den 'kilikischen Toren' ein erhebliches Stück (zwei volle Tagemärsche) nach Nordosten abgewichen sein müßte, um in Tyana die 'Königsstraße' zu erreichen, auf welcher man in drei Tagen (80-90 km) zu den 'Toren' marschieren konnte. Dieser sachlich kaum zu begreifende (allenfalls mit der geplanten längeren Ruhepause in der kappadokischen Stadt zu begründende) Umweg läßt sich nun allerdings mit den Angaben Xenophons nicht in Übereinstimmung bringen (vgl. 1.2.21). Deshalb hat man auch erwogen, Dana auf dem direkten Weg zu lokalisieren, etwa bei Zeive (ungefähr 10 km östlich von Ulukisla), wo die von Tyana kommende 'Königsstraße' sich mit der Straße aus Ikonion vereinig-

Karte S.21

te. Dort sind freilich bisher keine Reste aus achämenidischer Zeit nachgewiesen. Die Frage muß im Zusammenhang mit dem folgenden Bericht Xenophons über den Einmarsch nach Kilikien wieder aufgeworfen werden. * Die Hinrichtung des Megaphernes, eines Persers von höchstem Rang, sowie eines Statthalters in Dana könnte mit der politischen Situation in Lykaonien zusammenhängen, wo anscheinend Rebellion gegen die Herrschaft des Kyros bestand (vgl. 1.2.19).

4. Die 'kilikischen Tore', südlicher Ausgang (1.2.22/23)
(Umzeichnung nach Foto von P.HERRMANN, Frühjahr 1956)

1.2.21 <u>St. 31, 32</u> Von Dana (**St. 30**) aus wurde der Versuch des Einmarsches in Kilikien unternommen. Am ersten Tag rückte das Heer bis *"in die Ebene"* vor dem eigentlichen Paßweg vor und schlug dort das Lager auf (**St.31**). Dabei kann es sich nur um die 6

Karte S.21

km lange und 3 km breite Ebene etwa 4 km südöstlich von Pozanti handeln, die ungefähr 35 km von Zeive entfernt ist (was einem sehr starken Marschtag entspricht; von Tyana aus wären drei Tagemärsche erforderlich, um bis an diese Stelle zu kommen). Die eingeschobene Beschreibung des steilen, für Fahrzeuge benutzbaren, aber bei Verteidigung absolut unpassierbaren Paßweges trifft auf die berühmte Enge des Gülek Bogazi (= *Hals, Schlucht*) genau zu. Die Straße ('Königsstraße') führte von Pozanti zunächst zu der kleinen Hochfläche von Tekir hinauf, welche die Wasserscheide zwischen dem Pozanti Su (Cakir suyu) und dem Gülek Bogazi Su (Tarsos Çayi = Kydnos) bildet, in dessen sich immer mehr verengenden Tal schließlich die 'Tore' selbst mit einer Breite von nur noch 4 - 5 m und seitlichen Steilwänden, die bis zu 200 m Höhe aufragen, erreicht werden. Im Inneren erweitert sich der Paß zunächst auf 7-8 m, verengt sich dann aber erneut am südlichen Ausgang. Ob der Durchmarsch noch am selben Tag, als der Bote in **St. 31** eintraf, erfolgte, oder erst am nächsten Tag, ist dem Text nicht zu entnehmen. Ebensowenig, woher dieser Bote kam. Möglicherweise handelt es sich um einen vorausgeschickten Kundschafter, der Informationen bei der einheimischen Bevölkerung eingeholt hatte. * Zu Tamos vgl. 1.4.2.

1.2.22 Kyros marschierte zunächst problemlos in das Gebirge hinauf, sah dann die Zelte der abgerückten Kilikier und begann von dieser Stelle aus (ἐντεῦθεν) den Abstieg nach Tarsos, der durch die zuvor schon beschriebenen 'kilikischen Tore' führte. Der Bericht entspricht den tatsächlichen Verhältnissen. Die Straße stieg zunächst in steilen Serpentinen auf die Hochfläche von Tekir (ca. 1300 m ü.M.) hinauf; etwa 5 km vor dem Gülek Bogazi, wo der Abstieg beginnt, ist der eigentliche Eingang des Passes (ca. 1050 m ü.M.) bereits sichtbar. Dort standen noch die offenbar Hals über Kopf geräumten Zelte der kilikischen Wachposten. Der weitere Bericht Xenophons wird dadurch verunklärt, daß in die Beschreibung des Abstieges nach Tarsos bereits eine Charakterisierung der fruchtbaren, landwirtschaftlich reich genutzten Ebene südlich und östlich der Stadt Tarsos (die selbst im Übergangsbereich vom Gebirge ins Flachland liegt), d.h. der vom Tauros und Amanos umzogenen aleïschen Ebene, einbezogen ist. Xenophon versucht den sachlichen Zusammenhang dadurch wieder herzustellen, daß er am Anfang von 1.2.23 κατέβαινεν durch καταβὰς aufnimmt (was allerdings, wörtlich verstanden , die Aussage eher verunklärt).

Karte S.21

1.2.23 St. 33, 34, 35, 36 Während die Phrase καταβὰς ἤλασε (= κατέβη) im Sinne der Wiederaufnahme von κατέβαινεν (*"er begann abzusteigen"*) voll verständlich ist, widersprechen die Worte διὰ τούτου τοῦ πεδίου klar dem Sachverhalt: der Marsch führte von der Hochfläche von Tekir durch das Gebirge hinunter bis nach Tarsos, wo die Ebene begann. Entweder liegt hier ein Irrtum Xenophons vor oder aber (mir wahrscheinlicher) der Einschub eines frühen kritischen Lesers der «Anabasis», dessen Hand sich öfter nachweisen läßt. Seit eh und je hat es Befremden erregt, daß Kyros vier Tagemärsche mit 25 Marschstunden bis nach Tarsos gebraucht haben soll, obwohl die Strecke von den 'Toren' aus nur 45 km beträgt. Deswegen wurde z.B. die Möglichkeit erwogen, daß Kyros durch die Berge östlich der 'Tore' (Anasha Dag) in das Tal des Cakir abgestiegen, diesem bis Adana gefolgt und dann in nordwestlicher Richtung nach Tarsos zurückmarschiert sei (RAMSAY), oder daß die Zählung der vier Stathmoi von Tyana, nicht von den 'Toren' aus zu verstehen sei (RUGE, RE VA1, 1934, 50, jetzt auch MANFREDI [74/75], der *"una lacuna nei codici relativamente a questo passo"* für möglich hält und mit den folgenden vier Tagemärschen rechnet: *"Kemer hissar - Çaykavak gecidi - Ciftehan - Gülek boghaz (Porte Cilicie) - Tarsous"*). Wenn man Bedenken hat, diesen Ausweg einzuschlagen, führt vielleicht folgende Erwägung weiter. Der erste Stathmos **33** dürfte unmittelbar hinter dem südlichen Ausgang des Passes anzusetzen sein. Wegen der Enge des Weges muß der Durchmarsch der ganzen Armee und ihres riesigen Trosses mindestens einen vollen Tag beansprucht haben. Um die dadurch eintretende gefährliche Zersplitterung der Truppen (die ja immer noch mit einem Angriff der Kilikier rechnen mußten) aufzufangen, wird die Spitze am folgenden Tag nur ein kleines Stück (vielleicht 10 km) weitergerückt sein, damit auf dem neuen Stathmos **34** in offenerem Gelände zumindest die Kampftruppen wieder vereinigt werden konnten (vgl MANFREDI Abb. 11 mit einem Blick auf die in die kilikische Ebene absteigenden Hänge). Dann folgte ein normaler Marschtag von etwa 25 km (**St. 35**) und wurde am nächsten Vormittag nach einem 10 km-Marsch Tarsos (**St. 36**) erreicht. So könnte es gewesen sein. Eine Schwierigkeit scheint sich jedoch im Hinblick auf die Parasangenangabe zu ergeben. 25 Marschstunden erscheinen für die Strecke vom Tekir-Plateau bis nach Tarsos selbst dann, wenn man im Paßbereich mit stundenlangen Stauungen rechnet, zu viel. Für die 45 km hinter dem Paß mögen etwa 10-12 Stunden aufgewendet worden sein. Im Bereich

Karte S.21

des Passes selbst, für den im Normalfall 2 Stunden angesetzt werden, mögen durch Stauungen 4-5 Stunden verbracht worden sein, so daß man den ganzen Marsch für den einzelnen Mann auf insgesamt 14-17 Stunden veranschlagen mag. Wenn wir jedoch voraussetzen, daß unter Parasangen keine Strecken, sondern die Marschstunden, die zwischen den Stathmoi auf der Straße verbracht wurden, zu verstehen sind - auch diejenigen, in denen nicht marschiert, sondern auf die Möglichkeit zum Weitermarsch gewartet wurde -, sind die fehlenden Parasangen schnell untergebracht. Jedenfalls aber haben wir mit Tarsos wieder einen festen Punkt erreicht. Der bis Tarsos schiffbare Kydnos floß damals mitten durch die Stadt. Nach einer schweren Überschwemmung ließ Justinian ihn östlich um das Stadtgebiet herumführen und schuf so den heutigen Zustand. Der Königspalast in Tarsos wird noch einmal von Athenaios (Deipn. 13.50, p.586c) erwähnt: dort wohnte eine Zeitlang die berühmte Hetäre Glykera, die Harpalos, der vergnügungssüchtige Schatzmeister Alexanders, aus Athen anreisen und wie eine Königin auftreten ließ.

1.2.24 Der Hinweis darauf, daß die Bewohner von Soloi (einer ursprünglich griechischen Kolonie etwa 37 km südwestlich von Tarsos) und Issos (auf der weiteren Marschroute nach Osten, **St.41**, vgl.1.4.1) ihre Städte nicht verlassen hatten, beruht auf Autopsie: Soloi durchzog Menon in Begleitung der Epyaxa, die es nicht vermocht hatte, die Flucht ihres Gemahls zu verhindern.

1.2.25 Das mysteriöse Verschwinden von 100 Hopliten aus der Abteilung Menons (die aus 1000 Hopliten und 500 Peltasten bestanden hatte, 1.2.6) läßt die Schwierigkeiten während des Gebirgsmarsches deutlich werden. Beide angegebenen Gründe sind einleuchtend: zum Zwecke der Plünderung hinter dem Gros zurückgebliebene Einheiten konnten in dem unwegsamen Gebirgsmassiv wohl schnell die Orientierung verlieren, in existenzielle Not geraten und dann zu Opfern der landeskundigen Bergsiedler, die ihre geringe Habe natürlich erbittert verteidigten, werden. * Die Kontingente der einzelnen Feldherren waren in mehrere von Lochagen geführte Lochoi (Kompanien) aufgeteilt, die als die taktischen Grundeinheiten der Armee gelten müssen. Ihre Mannschaftsstärke schwankt in der «Anabasis» zwischen 50 Mann (an unserer Stelle) und 400 Mann (aus 6.2.12 in Verbindung mit 6.2.16 ergibt sich, daß bei der Neuorganisation des Heeres in Herakleia

Karte S.21

Einheiten von etwa 400 Mann Größe geschaffen wurden, die 6.3.2 als *Lochoi* bezeichnet werden, aber unter dem Kommando neu gewählter Strategen standen). Als Normgröße sind 100 Mann anzusetzen (3.4.21, 4.8.15).

1.2.26 Daß es zu spontanen Plünderungen in der Stadt und im Palast als Rache für den Verlust der 100 Kameraden kam, paßt zu der Charakterisierung Menons, der seine Truppen nicht in diszipliniertem Gehorsam hielt (2.6.27). So verbreiteten die ersten in Tarsos einrückenden Griechen der Kyros-Armee Angst und Schrecken bei den Kaufleuten, die sich in der Hoffnung auf lukrative Geschäfte der allgemeinen Evakuierung nicht angeschlossen hatten und nun erleben mußten, wie ihre Waren geplündert wurden. Möglicherweise beteiligten sich auch noch Einheiten aus dem Hauptkontingent an den Ausschreitungen (vgl. 1.3.14). Erst Kyros stellte die Ordnung wieder her. Daß unter den eingetretenen Umständen sein Versuch, mit dem Syennesis in Kontakt zu kommen, erst nach der Gewährung einer Sicherheitsgarantie (und unter dem Einfluß der Epyaxa) zum Erfolg führte, ist verständlich. In seinen stolzen Worten läßt der kilikische Fürst die besondere Rolle, die er im Vergleich mit normalen Satrapen spielte, deutlich hervortreten.

1.2.27 Nach Ktesias (vgl. zu 1.2.12) marschierte von Tarsos aus sogar ein kilikisches Kontingent in der Armee des Kyros mit. In der Praxis des Schenkens versuchte der Prinz bereits in die Rolle des Großkönigs zu schlüpfen, mit dessen Geschenken sich wohl zahlreiche der persischen Vornehmen schmückten: von Halsbändern und Ketten ist die Rede bei jenen Männern aus dem Gefolge des Kyros, die im Morast versunkene Wagen wieder flott machten (1.5.8), ebenso bei Artapates, dem getreusten Anhänger des Prinzen, der sich in der Schlacht bei Kunaxa mit seinem goldenen Dolch über dessen Leiche das Leben nahm. * Die griechischen Soldaten hatten bei ihren Plünderungen auch Gefangene gemacht und damit einen von Kyros nicht autorisierten Akt besonderer Grausamkeit begangen in einem Land, mit dem kein Kriegszustand herrschte. Diese Sklaven, die für ihre jeweiligen Besitzer ein kostbares Gut, ein bei Gelegenheit verkäufliches Kapital, darstellten, waren offenbar unauffindbar im griechischen Troß verschwunden - jedenfalls aber konnte Kyros auch keinen Versuch riskieren, dort nach ihnen fahnden zu lassen: für ein solches Unterfangen war die Lage in der griechischen Heeresabteilung inzwischen zu explosiv geworden.

Karte S.21

1.3.1 Die Meuterei der griechischen Truppen, die nur dank der geschickten Verhandlungstaktik Klearchs nicht zum Abbruch des Kyros-Zuges führte, mußte spätestens in dem Augenblick eintreten, als nach mehrtägiger Pause der Abmarsch aus Tarsos nicht nach Westen, nach Pisidien, sondern nach Osten erfolgen sollte. Die Truppen verweigerten den Gehorsam, weil sie jetzt merkten, daß sie bei der Anwerbung getäuscht worden waren. Schließlich versuchte Klearchos den Abmarsch zu erzwingen: er ließ seine Truppen marschfertig antreten, setzte sich mit seiner privaten kleinen Tragtierkolonne (wie sie wohl jeder Offizier und auch Xenophon für seine persönliche Habe zur Verfügung hatte) an die Spitze und begann loszumarschieren. Aber er kam trotz mehrfacher Versuche nicht von der Stelle, sondern wurde durch die lebensgefährlichen Steinwürfe der Meuterer festgehalten. Gegenüber der Solidarität des Unwillens war auch die von den Soldaten an sich gefürchtete und respektierte Persönlichkeit Klearchs (vgl. 2.6.8 ff.) machtlos.

1.3.2 Klearchos beherrschte, wie alle Griechen, auch die Mittel des Körpers zur Unterstützung der Rede. Daß ein knochenharter fünfzigjähriger General vor seinen Mannschaften in Tränen ausbricht, mag für heutige Verhältnisse unmöglich und auch für die damalige Situation verwunderlich erscheinen - aber den Einsatz der Tränen als Kampfmittel zur Durchsetzung eigener Interessen kannte man zum Beispiel aus Gerichtsverhandlungen und wohl auch anderen Versammlungen. Das Verfahren, das Klearchos jetzt, nachdem sein persönliches Vorbild wirkungslos geblieben war, einschlug, macht deutlich, wie schwierig (für persische Beobachter geradezu unbegreiflich) die Kommandoverhältnisse innerhalb der Söldnertruppen waren. Es gab keinen 'Kadavergehorsam' des einzelnen Mannes, der dazu führte, daß er blindlings die Befehle seiner Vorgesetzten ausführte, es gab auch für die Offiziere keine Möglichkeit, unwillige Truppen durch Zwangsmaßnahmen zu disziplinieren, weil keine starke und unbedingt zuverlässige 'Militärpolizei' zur Verfügung stand. Die Offiziere waren auf ihre Überredungskraft angewiesen oder mußten gar zum Mittel der Bestechung greifen.

1.3.3-19 Die ausführliche Darstellung der Meuterei und ihrer Beilegung durch Klearchos ist in zweifacher Hinsicht aufschlußreich: erstens, weil sie einen deutlichen Einblick in gewisse Einzelheiten

Karte S.21

der schwierigen Kommandoverhältnisse innerhalb der griechischen Söldnertruppen ermöglicht, zweitens, weil sie als ein Musterbeispiel für die Erzählkunst Xenophons gelten kann. [1] Die Truppenführer beriefen bei Bedarf ihre Mannschaften zu Versammlungen nach dem Vorbild von 'Volksversammlungen' ein, in denen jeder Teilnehmer seine Meinung zu anstehenden Problemen frei äußern und in die allgemeine Diskussion eingreifen konnte. Darüberhinaus hatte die Versammlung das Recht, Beschlüsse zu fassen, an welche die Truppenführer gebunden waren. Wenn die Soldaten nicht gehorchen *wollten*, konnten keine Befehle durchgesetzt werden (vgl. § 6). Offiziere und Mannschaften verstanden sich als gleichberechtigte Bürger eines demokratischen Staates, in dem die Offiziere die Rolle der weisungsgebundenen Exekutivorgane spielten. Bei diesen Versammlungen kam es, wie im politischen Leben, nicht nur auf die tatsächliche Überzeugungskraft der Reden, sondern auch auf die geschickte Manipulation der Masse in Richtung auf die eigenen Ziele an, etwa durch vorher abgesprochene Diskussionsbeiträge. Im vorliegenden Fall ging es um die schwerwiegende Frage, ob die Söldnerschaft für Kyros wegen Täuschung bei der Anwerbung beendet werden solle. Die Diskussion wurde von Klearchos und einigen namentlich nicht genannten Rednern, die zum Teil im Auftrag Klearchs handelten (vgl. § 13), geführt und endete schließlich mit dem vernünftigen Vorschlag, Kyros selbst durch eine Delegation über seine Absichten zu befragen. [2] Xenophon zeichnet den Verlauf der Diskussion unter Einfügung von wörtlichen Reden Punkt für Punkt nach und entfaltet dabei eine große Erzählkunst und psychologische Einfühlungskraft. Denn natürlich stammen die Formulierungen und zum Teil wohl auch die Argumente Klearchs und der anderen Redner von ihm, der im späteren Verlauf seines Werkes immer häufiger selbst als Redner in Erscheinung tritt. Die raffinierte Anlage der Rede Klearchs, der *"den Soldaten verspricht, ihnen überall hin zu folgen, in seiner Argumentation aber die Notwendigkeit zu bleiben bekräftigt"*, wurde schon in der Antike beobachtet (Ps.Dionys v.Halikarnaß, Ars rhet. 302/03) und als Nachahmung der Rede interpretiert, mit der Phoinix in der «Ilias» (9.433-605) den grollenden Achilleus umzustimmen versucht. Sehr geschickt entwickelt Klearchos zunächst Gedanken, die in den Soldaten ein schlechtes Gewissen ihm gegenüber erzeugen sollten: sie stürzten ihn in einen schweren Gewissenskonflikt, der ihn zu einem moralisch verwerflichen Verhalten zwang, dem Verrat an seinem Gastfreund und Wohltäter Kyros. Vor diesem Hintergrund erreichte er dann die Beendigung der

Karte S.21

Meuterei mit der pathetisch ausgemalten bedingungslosen Verknüpfung seines Schicksals mit dem seiner Soldaten: *ich gehe, wohin ihr geht, und erdulde mit euch zusammen, was kommen wird!* Weil die Soldaten diese nicht wirklich eindeutigen Worte als Ablehnung eines Marsches gegen den Großkönig interpretierten, faßten sie wieder Vertrauen zu ihrem Kommandeur. Darüberhinaus galt er nun bei den Griechen überhaupt als 'Hoffnungsträger', dem sich spontan große Teile der von Xennias und Pasion befehligten Truppen, die schon länger in Kyros' Diensten standen, anschlossen. Klearchs Einheit vergrößerte sich dadurch auf über 4000 Mann und umfaßte jetzt mehr als ein Drittel der gesamten griechischen Heeresgruppe. Nach der Darstellung Xenophons (§ 8) stand Klearchos insgeheim in Kontakt mit Kyros, der über die Meuterei seiner Elitetruppen mit Recht beunruhigt war. Hier taucht die schwierige Frage auf, ob Xenophon die Vorgänge zugunsten Klearchs, zu dem er offenbar bewundernd aufblickte, ein wenig frisiert hat. Öffentlich hat dieser jedenfalls die Aufforderung des Kyros zu einem Gespräch ausgeschlagen, das Soldverhältnis mit Kyros ausdrücklich für beendet erklärt (§ 9) und die Diskussion über die Möglichkeiten eines Rückmarsches eröffnet (§ 11). In der Stilisierung Xenophons bezieht er in seine Erwägungen allerdings die Gegenargumente unterschwellig so raffiniert mit ein, daß sie als Stichworte für die anschließende Diskussion dienen konnten. Hier kommt ersichtlich die Argumentationskunst des sophistisch gebildeten Intellektuellen, nicht die des rauhen Haudegens, zum Tragen. Zu diesem paßt es eher, daß er seine Leute, die ihr eigenes Heil von seinen Führungsqualitäten erhofften, mit der plumpen Drohung irritierte, er werde das Kommando abgeben, wenn der Rückmarsch beschlossen werde (§ 15).

1.3.20 Abrokomas war der *Karanos* der syrischen Gruppe des persischen Heeres. Daß Kyros damals wirklich über Nachrichten verfügte, Abrokomas stehe am Euphrat, ist unwahrscheinlich. Nach 1.4.5 rechnete er mit seiner Verteidigung der kilikisch-syrischen Grenze, 6 Tagemärsche von Tarsos entfernt (**St. 42**). Daß Abrokomas sich dort in der Nähe befunden hatte, geht aus der Tatsache hervor, daß 400 griechische Hopliten sich seinem Oberbefehl entzogen und in Issos (**St. 41**) zu Kyros übergingen (1.4.3). Allerdings wurde später auch bekannt, daß Abrokomas, der zunächst offenbar nach Westen (vielleicht bis Issos) vorgerückt war, sofort den Marsch nach Babylonien antrat, als er über das Eindringen

Karte S.21

des Kyros in Kilikien informiert wurde. Vielleicht gelangten solche Nachrichten während der 20-tägigen Pause auch nach Tarsos. Jedenfalls aber entspricht die Entfernungsangabe (12 Tagemärsche für die Strecke Tarsos - Euphrat) nicht den Tatsachen: Kyros benötigte 19 Stathmoi. Es hat den Anschein, daß Kyros damals, obwohl er es besser wußte, zur Beruhigung der Soldaten die Lage etwas beschönigte. Seine Erklärung, der Zug richte sich gegen Abrokomas, war eine glatte Lüge und wurde sicher von kaum einem Griechen geglaubt; sie ließ das Unternehmen jedoch zunächst, in Beantwortung der Frage der Soldaten (1.3.18), als militärische Aktion im üblichen Rahmen erscheinen. Das Versprechen, am Euphrat über das weitere Vorgehen erneut zu beraten, hat Kyros in Thapsakos (**St. 55**) eingelöst (1.4.11/12).

1.3.21 Sowohl in Tarsos als auch später in Thapsakos wurde die Zustimmung der Söldner zum Weitermarsch gegen den Großkönig im Grunde nur durch finanzielle Versprechungen erreicht. Tatsächlich verdingten sich die Söldnerhaufen ausschließlich zum Zweck des Geldverdienens an beliebige Soldherren und taten ihre Arbeit ohne inneres Engagement für die Sache. Im vorliegenden Fall verlangten sie gewissermaßen einen 'Risikozuschlag' wegen der besonders gefährlichen und schwierigen Aufgabe, die sie bewältigen sollten (vgl. 1.3.19).

1.4.1 <u>St. 37, 38, 39, 40, 41</u> Der Psaros ist mit dem Seihun-Çayi zu identifizieren, **St. 38** also etwa bei Adana anzusetzen, 35 km von Tarsos entfernt. **St. 39** lag am Pyramosfluß, dem Djihan (Geihun), der in fünf Marschstunden zu etwa 5 km erreicht wurde. Am übernächsten Tag wurde das Biwak bei Issos (**St. 41**) aufgeschlagen. Trotz vieler Bemühungen war es lange Zeit nicht gelungen, die durch die Schlacht von 333 v.Chr. so berümte Stadt zu lokalisieren. Inzwischen konnte der verlassene Siedlungshügel Kinet Hüyük, etwa 4,5 km nordwestlich der Mündung des Deli Çayi (Pinaros) und 500 m hinter der Küste (der auf älteren Karten als 'Tumulus Karakaja' = *schwarzer Stein* erscheint) mit Issos identifiziert werden (vgl. HELLENKEMPER). Der oblonge Hügel erhebt sich etwa 20 m über die Ebene; sein Plateau hat heute eine Länge von etwa 150 m und ist bis zu 70 m breit; seine Hänge fallen allseitig in einem Winkel bis zu 45° steil ab. Man kann sich anhand dieser Maße gut verdeutlichen, was Xenophon unter einer *großen Stadt* versteht: nach heutigen Vorstellungen handelt es sich um ei-

Karte S.21

nen kleinen, dicht auf dem frühgeschichtlichen Hügel zusammengedrängten Ort, dessen Dimensionen jedoch von keinem anderen Siedlungshügel im Vorland des Amanos erreicht werden, so daß man davon ausgehen darf, daß das frühe Issos die zentrale Rolle in dieser Landschaft spielte. Nach der Schlacht wurde es in Nikopolis umbenannt, verlor jedoch bald danach seine führende Stellung, als Ἀλεξάνδρεια κατ᾽ Ἴσσον (Iskenderun) gegründet wurde und Aigaiai immer mehr den Handel an sich zog.

1.4.2 Nach der Darstellung Diodors (14.19.4) hatte Kyros eine Gesandtschaft nach Sparta geschickt und unter Hinweis auf die persische Unterstützung im peloponnesischen Krieg um Hilfe bei einem Feldzug gebeten, den er gegen die vom Großkönig abgefallenen Herrscher Kilikiens zu führen beabsichtige. Die Spartaner beauftragten daraufhin ihren Nauarchen Samos (oder Samios: vgl. Hell. 3.1.1; der hier auftauchende Name Pythagoras ist unerklärlich), nach Ephesos zu fahren und sich mit 25 Trieren Kyros anzuschließen. Außerdem stellten sie noch 800 Fußsoldaten unter der Führung von Cheirisophos zur Verfügung. Die Leitung der 50 Schiffe starken Gesamtflotte auf ihrer Fahrt zu dem kilikischen Hafen Issos hatte der Ägypter Tamos; er war 412/11 Unterstatthalter des Tissaphernes in Jonien gewesen, wurde dann ein treuer Gefolgsmann des Kyros und beteiligte sich an dessen Belagerung Milets (vgl. zu 1.1.6/7) und nun auch an der Sammlung der Truppen für den Zug gegen Artaxerxes; im Landheer diente einer seiner Söhne, Glus (vgl. 2.1.3, bei Diodor 14.35.3 heißt er Gaos) als Offizier im engsten Stab des Kyros; Tamos kehrte später aus Angst vor Tissaphernes in seine Heimat Ägypten zurück, fand dort jedoch durch König Psammetich, der sich in den Besitz seiner Habe bringen wollte, mit der ganzen Familie außer Glus den Tod (vgl. Diodor 14.35.3). Abgesehen von den Zahlenangaben stimmen die Berichte von Xenophon und Diodor gut miteinander überein.

1.4.3 Das Heer vermehrte sich gegenüber der letzten Zählung (1.2.9) in Issos um 1100 Hopliten, erreichte nun also - nach Abzug des in Kilikien eingetretenen Verlustes (1.2.25) - eine Stärke von 12000 Hopliten und 2000 Peltasten. * Daß griechische Söldner nicht nur von Kyros, sondern auch von anderen persischen Heerführern angeworben worden waren, ist nicht verwunderlich. Sie galten als zuverlässige und einsatzbereite Soldaten und standen nach dem Ende des peloponnesischen Krieges offenbar in großen

Karte S.21

Mengen zur Verfügung. Möglicherweise sollten die griechischen Hopliten, die sich in Issos der Kyros-Armee anschlossen, die 'kilikisch-syrischen Tore' (1.4.4) verteidigen, während das Gros der Armee des Abrokomas bereits den Marsch nach Babylonien angetreten hatte.

1.4.4 St.42 Die 'kilikisch-syrischen Tore' stellten einen Strandpaß dar, durch den die Straße von Issos zum Beilan-Paß verlief, dem stark frequentierten südlichen Amanos-Übergang, hinter dem der Weg sowohl nach Süden (Antiocheia, Laodikeia usw.) als auch nach Osten zum Euphrat offenstand. Die Straße führte zunächst über die felsigen, bis ans Meeresufer reichenden Ausläufer des Amanos und stieg dann in die etwa 3,5 km weit nach Süden (bis zum sogenannten 'Jonaspfeiler') reichende, durchschnittlich 500-1000 m breite, im Osten von Steilhängen begrenzte Strandebene hinab, durch welche zwei schmale Flüsse (der Mersin-Su und der Merkes-Su oder Sari-Saki-Su, der jetzt am Fuß des Gebirges eine scharfe Wendung nach Süden nimmt, in der Antike jedoch möglicherweise im Unterlauf die westliche Richtung beibehielt und dem Karsos Xenophons entspricht) fließen. Im südlichen schmaleren Teil der Ebene sind die Reste mehrerer Mauerzüge aus römischer und späterer Zeit erkennbar, die von den Gebirgshängen bis an die Küste reichten und wohl die Linienführung der Sperrmauern, die Xenophon beschreibt, nachvollziehen (vgl. JANKE 17 ff.).

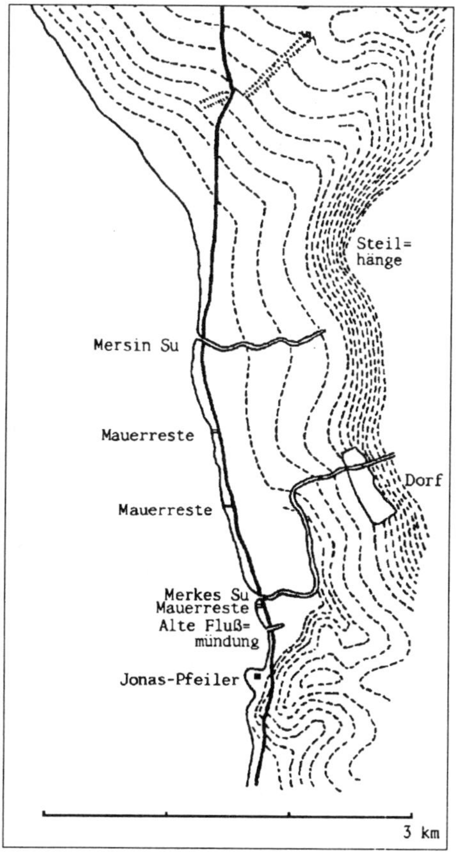

5. Die 'kilikisch-syrischen Tore' (nach JANKE, Beilage 1,1b)

Karte S.21

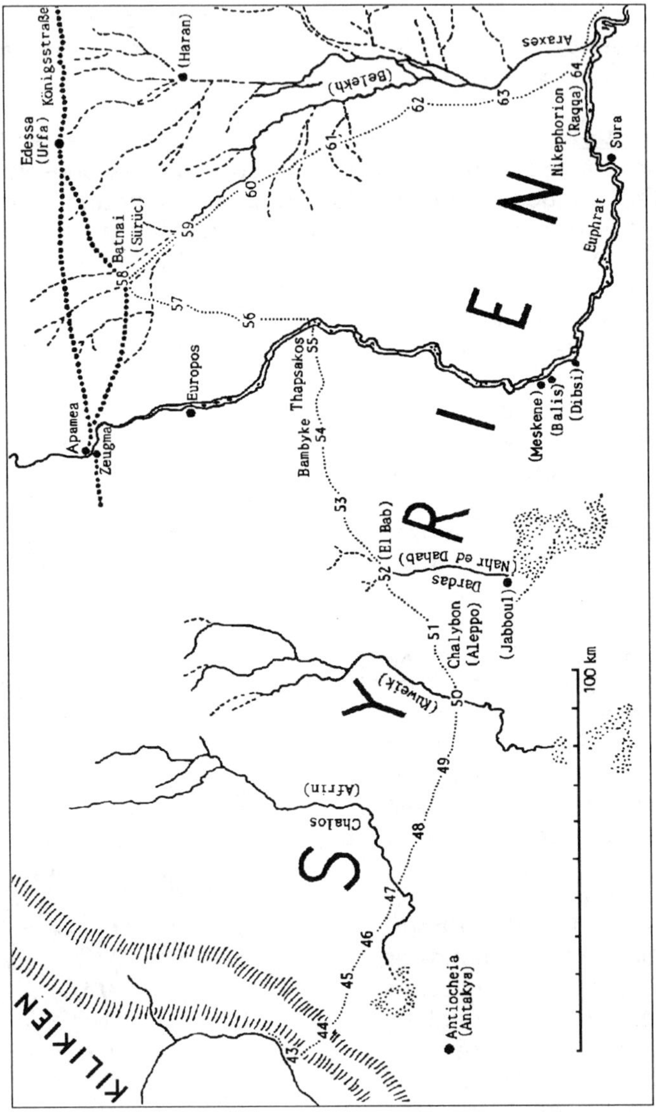

6. Stathmoi 43 - 64 (1.4.6 - 1.4.19)

1.4.5 Kyros hatte ursprünglich (bei der Planung des Unternehmens) damit gerechnet, daß Abrokomas den Strandpaß sperren würde, und deshalb ein Landungsmanöver von See aus vorbereitet. Inzwischen wußte er jedoch (von den griechischen Überläufern), daß Abrokomas bereits am Euphrat stand und nach Babylonien marschieren wollte. Der Paß konnte also ohne Schwierigkeiten durchzogen werden.

1.4.6 St. 43 Myriandos (dessen kleinasiatische Endung -ανδος später zu -ανδρος gräzisiert wurde = *Zehntausendmännerstadt*) lag in der Nähe von Iskenderun (Alexandrette); möglicherweise ist der Ort in einem Ruinenhügel 13 km südwestlich dieser Stadt zu suchen. Später scheint die im Auftrag Alexanders neu gegründete Stadt Alexandreia kat' Isson (= Iskenderun), die zum Ausgangspunkt der großen Karawanenstraßen Mesopotamiens werden sollte, aber bald von Antiocheia und Seleukeia überflügelt wurde, die Handelsfunktionen des alten Hafenplatzes Myriandos übernommen zu haben.

1.4.7 Xennias begleitete Kyros, der ihn zum Kommandanten aller griechischen Söldner in den Städten seiner Satrapie ernannt hatte, bereits im Jahr 405/404 mit einer Hoplitentruppe auf dessen Reise zu seinem sterbenden Vater (1.1.2). Er nahm also seit längerem eine wirkliche Vertrauensstellung ein und führte überdies ursprünglich das bei weitem größte Kontingent (4000 Mann) der griechischen Heeresgruppe an. So ist die Vermutung, daß er sich durch das Verhalten des Kyros (und des Klearchos) in Tarsos (1.3.7) persönlich verletzt und herabgesetzt fühlte, nicht abwegig. Auch Pasion hatte schon bei der Belagerung von Milet (1.1.7) mitgewirkt (1.2.3), stand also gleichfalls bereits etwas länger als die meisten anderen Feldherren in Kyros' Diensten. Beide benutzten die günstige Gelegenheit der Hafenstadt Myriandos, sich unter Mitnahme ihres ganzen Privatbesitzes aus dem Staub zu machen. Ihr Verhalten wurde von den anderen Griechen offensichtlich nicht einheitlich verurteilt. Die Stimmung im griechischen Lager war seit der Meuterei in Tarsos von Spannungen wohl nicht nur gegenüber Kyros, sondern auch innerhalb des Kreises der Feldherren geprägt.

1.4.8 Kyros gab ein von Xenophon gebührend hervorgehobenes Beispiel seines Großmutes. Obwohl er die Verfolgung technisch

Karte S.36

leicht hätte durchführen können und obwohl er wußte, daß die beiden Flüchtlinge nach Tralleis am Mäander zu ihren Familien wollten (die sich dort in der Obhut der dem Satrapen ergebenen Stadtbesatzung befanden), rechnete er ihnen ihre früheren Verdienste höher an als ihr gegenwärtiges Fehlverhalten. Durch den demonstrativen Verzicht auf Vergeltung gewann er erneute Sympathien bei den anderen Griechen.

7. Blick vom Beilan-Paß über den See von Antiochien auf die nordsyrische Felsenlandschaft (Nachzeichnung nach SACHAU [Euphrat] 149)

1.4.9 **St. 44, 45, 46, 47** Der Marsch führte von Myriandos über den steilen und rauhen Beilan-Paß an den Chalos-Fluß, der mit dem Afrîn zu identifizieren ist. Die dazwischen liegende Amiq-Ebene (el ʿAmk), die inzwischen teilweise versumpft und von einem See bedeckt ist, stellte damals eine reich bewirtschaftete und besiedelte Kulturlandschaft dar; SACHAU, der auf dem Rückweg von seiner Orientexpedition im April 1880 vom höchsten Punkt des Paßweges aus in die Ebene hinunterblickte, beschreibt anschaulich seine Eindrücke, die denen der Griechen etwa entsprochen haben dürften: *"Man geniesst von dort aus den letzten Blick über die weit ausgedehnte Wasserfläche des Sees und die grüne Niederung rings umher, die auf allen Seiten von Gebirgen eingefasst ist. Wer Syrien auf dem Bêlân-Pass nach dem ersten Blick landeinwärts beurtheilen wollte, müsste es für ein Paradies halten. Soweit ich die Berge...übersehen konnte, fand ich sie mit einer reichen Vegetation von Gras, Blumen, Sträuchern und Bäumen be-*

Karte S.36

deckt; es wäre unmöglich, sich nach dem Alma-Dâgh eine Vorstellung von der unbeschreiblichen Kahlheit und Wildheit der Felsengebirge des mittleren Syriens zu machen" [Syrien 464]. * Die Ebene war der Königinmutter Parysatis *"zum Gürtel gegeben"*. Damit wird auf die dem Großkönig zustehende Möglichkeit angespielt, Teile des jährlich von den Satrapien zu entrichtenden Tributs an bestimmte Personen zu vergeben. Der Begriff *Gürtel* scheint sich deshalb für solche Lehen eingebürgert zu haben, weil die persischen Gürtel mit ihrem kostbaren Edelsteinschmuck gleichsam den Inbegriff des persönlichen Reichtums darstellten. Nach Platon (Alkib.I 123b3 ff.) und Cicero (Verr.II 3.33) waren die Städte des zu Lehen gegebenen Gebietes geradezu auf die einzelnen Garderobenbedürfnisse abgestimmt: die eine Stadt lieferte das Geld für Stirnbänder, die andere für Halsschmuck, die nächste für Schuhe usw. Aber auch zur Befriedigung anderer Bedürfnisse konnte der Großkönig Städte zu Lehen geben. So stellte Artaxerxes die Einnahmen aus den Städten Lampsakos, Magnesia und Myus Themistokles zur Verfügung, um ihm Brot, Wein und Zukost zu garantieren. * Der Hinweis auf die heiligen Fische und Tauben spielt auf den Kult der syrischen Landesgöttin Atargatis, der *Dea Syria* schlechthin, an; über sie wurden verschiedene aitiologische Legenden zur Erklärung der Tatsache, daß die Syrer keine Fische aßen und die Tauben für göttlich hielten, erzählt. So sollen Fische aus dem Euphrat ein großes Ei an Land geschoben haben, aus dem, nachdem es von einer Taube ausgebrütet worden war, die *Dea Syria* zum Vorschein kam. Nach einer anderen Legende (Diodor 2.4.3 ff., Ovid Met. 4.46, 5.331) stürzte sich Atargatis nach einem Fehltritt mit einem schönen syrischen Jüngling in den heiligen Teich und wurde in einen Fisch verwandelt; die aus dieser Liebe entsprossene Tochter Semiramis sei von Tauben genährt worden.

1.4.10 <u>St. 48, 49, 50, 51, 52</u> Das nächste Etappenziel, das Schloß und der Park des Satrapen von Syrien und Assyrien, Belesys (vgl. 7.8.25), an den Quellen des Dardas-Flusses, ist in der Gegend der heutigen Stadt El Bab anzunehmen, einer fruchtbaren und wasserreichen Oase in wüstenartiger Umgebung (vgl. FARELL 153, dagegen denkt MANFREDI [102] an die Gegend von Doliche, 80 km weiter nördlich und rekonstruiert dementsprechend auch eine andere Marschstrecke; die Differenz hängt mit der Thapsakosfrage zusammen). Hier vereinigen sich zwei kleine, weiter nördlich

Karte S.36

entspringende Quellflüßchen zu dem Nahr ed Dahab, auf welchen die Breitenangabe Xenophons für den Dardas (30 m) zutrifft. Während des Fünftagemarsches mußten etwa 90 km überwunden werden. **St. 50** ist bei Aleppo anzusetzen.

1.4.11-13 **St. 53, 54, 55** Die weitere Marschstrecke muß sich an der Lage von Thapsakos (**St. 55**) orientieren. Diese bedeutende Stadt, die vor der Gründung von Seleukeia-Zeugma (vgl. WAGNER) die wichtigste Übergangsstelle über den Euphrat in Syrien darstellte, ist an sehr verschiedenen Stellen vermutet worden (vgl. MUSIL 217-20, HONIGMANN [RE V A.1, 1934, 1272-1280], FARELL, LENDLE [Thapsakos], MANFREDI). Die Vorschläge reichen von Birecik und Europos im Norden über die Gegend des großen Euphratkniees bei Meskene - Dibsi - Samuma bis nach Hammam (Sura) und Raqqa und sogar noch weiter südöstlich nach Ed Dêr. Daß die drei letzten Vorschläge sich mit der Entfernungsangabe Xenophons nicht vereinbaren lassen, ist leicht erkennbar. Dasselbe gilt für Birecik in der Nähe von Apamea-Zeugma (MANFREDI 106/07). Dagegen sind die Entfernungen von El Bab nach Europos und zum Euphratknie ungefähr gleich groß (Luftlinie etwa 65 - 70 km); beide Strecken könnten in drei stärkeren Tagemärschen überwunden werden. Gegen die in der Forschung früher überwiegend vertretene Lokalisierung von Thapsakos am Euphratknie hat FARELL Einspruch erhoben und sich für Europos ausgesprochen. In der Tat stimmt diese Lokalisierung mit den weiteren Angaben Xenophons weit besser überein als die südlicheren Ansätze (vgl. 1.4.19 und 1.5.4). Es ist zu vermuten, daß von El Bab aus auch eine Verbindung nach Europos bestand, für den Fernverkehr wichtiger war aber eine andere durch die Oase führende Straße, die von der Küste über Aleppo nach Bambyke, eine bedeutende Handelsstadt (die in hellenistischer Zeit in Hierapolis umbenannt wurde und heute Mennbidj heißt) lief und von dort in einem starken Tagemarsch den Euphrat-Übergang bei Qal'at-en-Nidjm (wo die lange Zeit bestehende Fährverbindung inzwischen durch eine Brücke ersetzt wurde) erreichte. Jenseits des Flusses zog die Straße weiter über Batnai (Sürüc) nach Edessa (Urfa) am Rande der Gebirgszüge, welche die syrische Wüste nach Norden begrenzen. Edessa (beziehungsweise die Vorgängersiedlung) war eine Station auf der großen Ost-West-Fernstraße, die über Nisibis vom Tigris herkam und für Jahrhunderte den Verkehr zwischen Babylonien/Persien und dem Westen vermittelte. Es ist zu vermuten, daß diese Straße

Karte S.36

bis in die Alexanderzeit hinein von Edessa aus auf der südlichen Trasse (die auch Kyros benutzte) über Batnai, Bambyke, den Amanos-Paß von Beilan und den Strandpaß der 'kilikisch-syrischen Tore' nach Issos und Kilikien führte, bis sich später im Zusammenhang mit dem Ausbau des Euphrat-Überganges bei Seleukeia-Zeugma um 300 v.Chr. der Verkehr mehr auf die nördliche Trasse verlagerte. Thapsakos lag also wahrscheinlich in der Gegend von Qal'at-en-Nidjm, wo auch in römischer Zeit ein Übergang bestand (vgl. STEIN, Karte nach I 368), und noch im Mittelalter die Karawanen von Harran (Carrhae) nach Syrien den Fluß regelmäßig auf Booten überquerten (später wurde der etwas weiter nördlich liegende Übergang bei Tell Ahmer bevorzugt, vgl. BELL). SACHAU ist im November 1879 von Mennbidj nach Qal'at-Nidjm geritten und hat den Eindruck, den auch die Griechen gehabt haben müssen, beschrieben: am frühen Nachmittag *"senkte sich der Weg allmählig zum Euphrat hinab. Kurz vor Kal'at-Nidjm...passirten wir einen verfallenen Muhammedanischen Kirchhof.... Auf schmalem, aber gutem Wege zwischen den Felsen hinabreitend erreichten wir 3 Uhr den Fuss der Burg Kal'at-Nidjm, die wir schon seit einiger Zeit gesehen hatten. Von dort aus sah ich zum ersten Mal den Euphrat, den breiten, in mehrere Arme zertheilten, friedlichen, gewaltigen Strom und jenseits desselben das rothbraune, vegetationslose, wenig einladende, hügelige Felsenterrain Mesopotamiens.... Für den Uebergang ist der Euphrat bei Kal'at-Nidjm besonders geeignet, da dort zwei Inseln im Fluss liegen, die durch kurze Schiffsbrücken leicht mit einander und mit den beiden Ufern verbunden werden können"* [Syrien 153/54]. * Die Mitteilung des Kyros, daß Babylon das Marschziel sei, hat vermutlich keinen Griechen überrascht. Der dennoch aufkommende und sich vor allem gegen die eigene Führung richtende Unmut der Söldner wurde mittels finanzieller Versprechungen besänftigt. Die in Aussicht gestellte Erfolgsprämie von 5 Silberminen (wie sie seinerzeit offenbar auch den 300 Hopliten des Xennias gezahlt worden war, vgl. 1.1.2) entsprach dem Wert von 25 Golddareiken, betrug nach heutigem Goldwert also etwa DM 4625,- (vgl. jedoch oben zu 1.1.9).

1.4.13-16 Naturgemäß zogen sich die Verhandlungen der griechischen Heeeresführung mit Kyros und mit ihren eigenen Truppen über eine längere Zeit (vielleicht mehrere Tage) hin, bevor der Beschluß zum Weitermarsch mehrheitlich gefaßt wurde. Die Sonderaktion Menons erfolgte vermutlich, unbemerkt von den anderen,

Karte S.36

am frühen Morgen, so daß das übrige Heer noch am selben Tag, nachdem die Abstimmung positiv verlaufen war, die Durchfurtung des Flusses in Angriff nehmen konnte. Menon erweist sich in seiner Argumentation als raffinierter Sophist, der geschickt an die materialistischen Instinkte seiner Soldaten appellierte und bei seinem Coup von vornherein die großzügige Dankbarkeit des Kyros, die allgemein bekannt war, einkalkulierte - sogar für den Fall, daß die Griechen die Gefolgschaft für Kyros aufkündigen würden. Man kann nicht sagen, daß Menon hier besonders abstoßend gezeichnet wird: zwar hatte er natürlich vor allem sein eigenes Image als besonders eifriger und zuverlässiger Gefolgsmann des Kyros im Auge und rechnete mit einer hohen Belohnung, holte aber zugleich doch auch für seine Soldaten das Beste aus der schwierigen Situation heraus (wenngleich diese sich freilich vorerst mit Versprechungen für die Zukunft zufrieden geben mußten). Jedenfalls kann diese Episode nicht als Baustein für die spätere gehässige Abrechnung Xenophons mit Menon (2.6.21-29) dienen. Im übrigen trägt Xenophon erst später (1.4.18) einen wesentlichen weiteren Grund für den Aufenthalt in Thapsakos nach: Abrokomas hatte die Fährschiffe, die hier normalerweise zur Flußüberquerung dienten, nach dem Übersetzen seines Heeres verbrennen lassen. Vor diesem Hintergrund stellt die riskante Sonderaktion Menons und seiner Truppe eine wirklich bemerkenswerte Leistung dar. * Glus (oder Glos), ein Sohn des Ägypters Tamos, spielte im Heer des Kyros die Rolle eines Ordonnanzoffiziers, der offensichtlich wegen seiner Griechischkenntnisse (neben dem Dolmetscher Pigres, vgl. 1.2.17, 1.5.7, 1.8.12) den Kontakt zur griechischen Heeresgruppe vermittelte; er gehörte zum engsten Stab des Prinzen. Nach dessen Tod übernahm er dieselbe Funktion im Stab des Ariaios (vgl. 2.1.3, 2.4.24).

1.4.17/18 Der ungewöhnlich niedrige Wasserstand des Euphrat ist denkbar nur am Ende der jährlichen Trockenperiode, im September, nicht im August oder gar Juli - dies ist eines der wesentlichen Argumente, die GASSNER zu seinen Korrekturen am Zeitplan des ganzen Unternehmens geführt haben. Daß eine problemlose Durchfurtung möglich war, hängt aber natürlich auch mit der Breite des Flußbettes bei Thapsakos zusammen. Vielleicht hat Xenophon sie mit über 700 m ein wenig überschätzt; möglicherweise ist aber auch (wie häufig im Mittellauf des Flusses) mit Inselbildung und dadurch bedingter Verbreiterung zu rechnen - wie zu der Zeit, als SACHAU an Ort und Stelle war; dieser erwähnt auch, daß dort

Karte S.36

"das Euphrat-Thal...so breit (ist), dass man auch mit dem besten Fernglas sich drüben nicht genau orientieren kann" [Syrien 155]. *
Der Gedanke, daß ein Gewässer durch sein Verhalten einem Herrscher gleichsam huldigt, taucht zum Beispiel auch in der Alexander-Historiographie auf (Kallisthenes FGrHist 124 F 31).

1.4.19 St. 56, 57, 58, 59, 60, 61, 62, 63, 64 Der Neuntagemarsch durch Syrien endete am Fluß Araxes, der die Grenze zu Arabien markierte. Aus 1.5.1 geht hervor, daß **St. 64** am Euphrat lag und daß der Marsch erst von hier aus (nicht schon von Thapsakos aus, wie z.B. MANFREDI, Karte 5, annimmt) am Fluß entlang führte. Da Xenophon die Märsche in Flußnähe immer sehr sorgfältig vermerkt, muß zwingend gefolgert werden, daß die syrische Strecke Binnenland durchquerte und erst bei **St. 64** den Euphrat erreichte, offenkundig etwa an der Stelle, wo der Araxes in diesen mündete. Nach dem Gesagten ist klar, daß der Araxes dem heutigen Belîkh (nicht, wie öfter behauptet wird, dem Khâbûr) entspricht, und daß **St. 64** in der Gegend von Raqqa anzusetzen ist. Die von Kyros benutzte Straße ist nach den «Mansiones Parthicae» Isidors mit großer Sicherheit rekonstruierbar. Isidor rechnet für die Strecke von Apamea bis Nikephorion (Kallinikion = Raqqa), eine Gründung Alexanders des Großen oder des Seleukos Nikator, quer durch das Binnenland acht Tagemärsche zu je 3, 4 oder 5 Schoeni, insgesamt 31 Schoeni (= 166 km). Die Mündung des Araxes liegt etwa 17 km südöstlich von Raqqa, aber der Fluß nähert sich bei der Stadt stark dem Euphrat an, der seinerseits durch seine Überschwemmungen bewirkt, daß die Landenge zwischen beiden Gewässern sumpfig und morastig ist. Das Biwak wurde also wohl tatsächlich in der fruchtbaren und reich besiedelten Gegend von Raqqa aufgeschlagen, wo die Proviantvorräte für den jetzt beginnenden Wüstenmarsch aufgefüllt werden konnten. Die Abweichung von der bequemen Nordroute nach Babylonien und die Benutzung der viel schwierigeren, aber wesentlich kürzeren Euphrat-Nordauferstraße lassen die Absicht des Kyros erkennen, möglichst schnell und überraschend in Babylonien einzutreffen. Tatsächlich langte Abrokomas, der wenige Tage vor Kyros in Thapsakos gewesen und von dort aus auf der Nordroute weitergezogen war, erst nach Kyros am Ziel an. Zusätzlich dürfte Kyros bei seiner Planung berücksichtigt haben, daß Abrokomas die an der Nordroute vorhandenen Proviantvorräte aufbrauchen beziehungsweise vernichten würde, so daß bei Benutzung dieser Straße mit großen logisti-

Karte S.36

schen Problemen gerechnet werden mußte (vgl. FARELL, LENDLE [Thapsakos]. Auf der Strecke von Raqqa (**St. 64**) bis Ed Dêr (gegenüber von **St. 68**) ist SACHAU im Dezember 1879 mit seiner Expedition entlangezogen und hat eine sehr ausführliche Beschreibung angefertigt [Syrien 241-333], aus der einige Auszüge zitiert seien. *"Ragga liegt auf dem Rande der Geest, sodass man von der Südmauer direct zu der Euphrat-Niederung hinabgeht, einer ausgedehnten, sandigen, mit Moorpflanzen bewachsenen Ebene, die wohl zu Zeiten hohen Wasserstandes ganz überschwemmt sein mag. Der Euphrat, der Ragga gegenüber auf einer Fähre überschritten werden kann, ist noch eine halbe Stunde entfernt und in Ragga nicht sichtbar"* [241]. ... *"Das Euphrat-Thal von Ragga nach Dêr bietet wenig Belehrung und wenig Abwechslung, ausgenommen etwa die Ḥamme. Es hat nur eine sehr spärliche Bevölkerung von armseligen Arabern, deren Dörfer meist im Tamarisken-Gestrüpp nicht weit vom Euphrat liegen, wo sie schwer zu finden sind. Von Zeit zu Zeit stösst man auf den Fluss selbst, kann ihm aber wegen der Windungen seines Laufes nie lange folgen; vielfach reitet man durch die Tamarisken des Flussthals, die zum Theil als Gestrüpp, zum Theil als niedrige und sehr gelichtete Waldungen auftreten, mehr aber noch auf dem angrenzenden etwas höher gelegenen und gegen Ost ansteigenden, unfruchtbaren und vegetationslosen Sandboden"* [249]. ... (1½ Stunden nach dem Aufbruch in Ragga) *"kamen wir ...an den Euphrat, der mich dort an die Elbe bei Dresden erinnerte, und ritten durch die Tamarisken nach der Furthstelle (Makhâda) des Belîkh, der 15-20 Fuß breit und so tief ist, dass das Wasser den Pferden bis an den Bauch reichte. Hätten wir noch einige Tage in Ragga gewartet und es wäre Regen gefallen, so wäre es unmöglich gewesen den Belîkh zu überschreiten. Er wird in jener Gegend auf der Ostseite von niedrigen Sandhügeln begleitet"* [249/50]. Die einzige landschaftlich interessante Partie der Strecke durchquerten die Griechen zwischen den Stathmoi **66** und **67**, wo der Euphrat seinen Weg durch ein felsiges Plateau nimmt. SACHAU beschreibt die Stelle folgendermaßen [255]: *"Um 12.20 hatten wir das Ende der Ebene erreicht und befanden uns am Fuss der Berge, am Eingang des Défilés, genannt Elḥamme. Die Euphrat-Ufer, hier ein Felsengebirge von beträchtlicher Höhe, treten nahe an den Fluss hinan und senken sich an vielen Stellen in ziemlich steilen Wänden. Die Breite des Thals beträgt an den engsten Stellen kaum 10 Min., an den breitesten kaum 20 Min.; die Länge des ganzen Défilés, das mich an den Mit-*

Karte S.36

telrhein zwischen Bingen und Coblenz erinnerte, beträgt vier Stunden. Auf beiden Seiten des Stromes, der hier stürmisch durch sein eingeengtes Bett fliesst, ist auch an den engsten Stellen noch Raum für eine breite Fahrstraße".

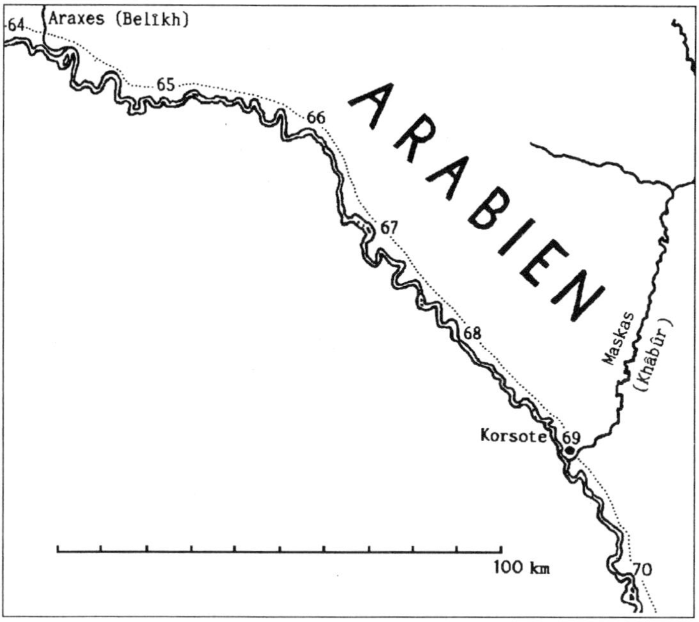

8. Stathmoi 64 - 70 (1.4.19 - 1.5.5)

1.5.1-3 <u>**St. 65, 66, 67, 68, 69**</u> DONNER versucht nachzuweisen, daß Xenophon die Bezeichnung 'Arabien' für das östliche Mesopotamien zu Unrecht verwendet habe, da in diesem Gebiet damals offensichtlich noch keine arabischen Nomaden mit den für sie charakteristischen Kamelen beobachtet wurden; deren Eindringen habe erst im 2. und 1. Jahrhundert v.Chr. begonnen (vgl. Plinius NH 5.20/21, 6.31/2). Xenophon könne die Bezeichnung aus älteren Autoren, die das Gebiet zwischen dem Sinai und dem südlichen Babylonien als Arabien beschrieben (z.B. Herodot) fälschlich auf das östliche Mesopotamien übertragen haben. RETSÖ widerlegt diese These nach meinem Eindruck überzeugend. * Die Partie verdeutlicht Xenophons Blick für naturkundliche Phänomene und seine präzise Beobachtungsgabe, die in der Nachfolge breit

Karte S.45

interessierter Forscher wie Hekataios oder Herodot zu sehen ist. Wildwachsende Wermutarten werden für diese Gegend auch von Amm. Marc. 25.8.6 und neuzeitlichen Reisenden bezeugt. Die Schnelligkeit des Wildesels (Onager) wird auch von anderen antiken Autoren hervorgehoben, ebenso der delikate Geschmack seines nahrhaften Fleisches (vgl. JOHNSTON). Der Wahrheit entspricht auch die (später oft wiederholte) Beobachtung Xenophons, daß die Strauße im schnellen Lauf ihre Stummelflügel wie Segel benutzen und von Reitern kaum eingeholt werden können. Das von Xenophon gerühmte Fleisch der huhngroßen, unbeholfenen Trappen wurde in der späteren Literatur als ungenießbar oder jedenfalls als schwerverdaulich angesehen.

1.5.4 St. 69 Der Maskas entspricht dem heutigen Khâbûr und die verlassene Stadt Korsote, deren Umfeld offenkundig landwirtschaftlich genutzt wurde (noch heute sind beide Uferstreifen des unteren Khâbûr sehr fruchtbar) etwa dem späteren Kirkesion auf der Landzunge, die der Khâbûr an seiner Mündung mit dem Euphrat bildet. Daß an dieser günstigen, von den beiden wasserreichen Flüssen geschützten Stelle seit alter Zeit immer Ansiedlungen bestanden, ist anzunehmen. Verschiedene Namen von Örtlichkeiten in dieser Gegend werden genannt (Nabagath, Chabora, Qarqisiya); der Ausbau des kleinen Ortes zu der mit Mauern und Türmen ausgestatteten Grenzfestung Kirkesion (heute Abû Serai) erfolgte erst durch Diokletian. Die von FARELL vorgeschlagene, meines Erachtens evident richtige Identifizierung von Korsote mit Kirkesion ersetzt die Erwägungen früherer Forscher, die unter der falschen Voraussetzung, daß Thapsakos am Euphratknie bei Meskene (oder östlich davon) gelegen habe und der Araxes Xenophons im Khâbûr wiedergefunden sei, Korsote weiter östlich lokalisierten und, da dort kein Nebenfluß des Euphrat mehr existiert, im Maskas einen künstlichen Kanal sahen, den Xenophon mit einem natürlichen Fluß verwechselt haben müßte. Man hat an den inzwischen völlig ausgetrockneten Dawrin-Kanal gedacht, der hinter der Khâbûrmündung vom Euphrat ausging und bei den Steilfelsen von Al Ersi (oder Al Arsi) wieder in ihn zurückkehrte; in der am Fuß dieser Felsen liegenden Ruinenstätte At Tawi, 90 km von der Khâbûrmündung entfernt, vermutete MUSIL (222) Korsote.

1.5.5 St. 70, 71, 72, 73, 74, 75, 76, 77, 78, 79, 80, 81, 82 Auf dem Dreizehntagemarsch vom Khâbûr bis nach Pylai (**St. 82**), dem

Karte S.45

Tor nach Babylonien, wurden mindestens 355 km bewältigt (wenn man Pylai mit Al Aswad gleichsetzt, wie z.B. MUSIL [223]) oder etwa 360 km (wenn man Nafata annimmt, wie z.B. KROMAYER [Schlachtfelder 222]; MANFREDI [125] lokalisiert es nur *"grosso modo nella zona di Habbaniye"*). Auf der unwirtlichen Wüstenstrekke, die teilweise weiter ab vom Fluß durch eine felsige, von zahlreichen kurzen tiefen Schluchten zerschnittene Landschaft führte, betrug die tägliche Marschzeit über nahezu zwei Wochen hin sieben Stunden (zu je 4 - 5 km) - eine fast unglaubliche, nur aus der existenziellen Not heraus erklärliche Energieleistung (vgl. 1.5.7). Das grausame Schicksal der praktisch bis zum Hungertod vorwärts getriebenen und dann notgeschlachteten Lasttiere tritt aus dem Bericht Xenophons eindrucksvoll vor Augen. Nicht einmal der einheimischen Bevölkerung gewährte das karge Land ausreichend Nahrungsmittel: sie verarbeitete das poröse, viel kristallinen Gips enthaltende Steinmaterial, aus dem hier die Flußufer bestanden, zu Mühlsteinen als Tauschobjekte für Getreide. Für diese Anwohner des Euphrat bedeutete natürlich der Durchzug der riesigen Marschkolonne, die sich aus dem Lande zu ernähren versuchen mußte, eine entsetzliche Hungerkatastrophe.

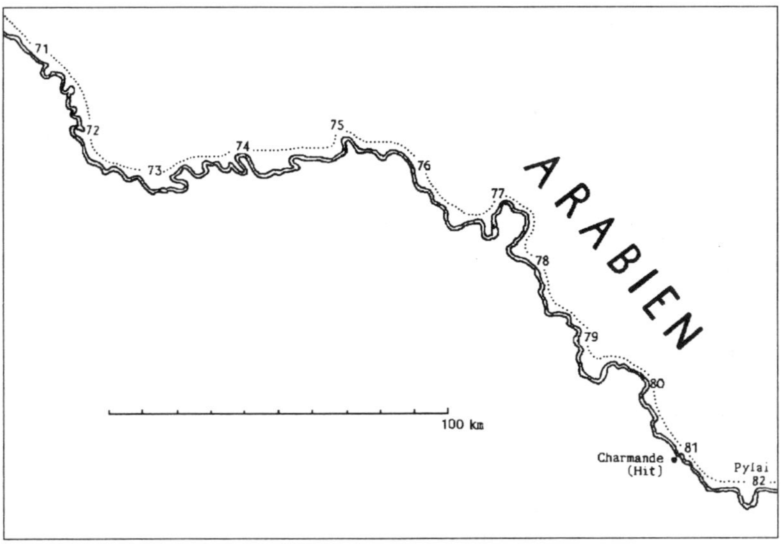

9. Stathmoi 71 - 82 (1.5.5 - 1.6.11)

1.5.6 Das Grundnahrungsmittel Getreide, das wohl im Troß auf Wagen (vgl. 1.10.28) und auch von den einzelnen Personen als Mehrtagesration im Handgepäck mitgeführt wurde, konnte aus dem Lande nicht ergänzt werden, so daß ein akuter Notstand eintrat, der durch das Fleisch der notgeschlachteten Tragtiere überbrückt werden mußte. Denn die lydischen Kaufleute (nach Herodot 1.155 hatten die Perser die Lyder, um ihren kämpferischen Charakter zu zähmen, zum Handel animiert und mit einem Verbot des Waffentragens belegt), die vermutlich auf jedem Stathmos im Bereich der persischen Truppen einen Markt eröffneten, nutzten die verzweifelte Situation schamlos aus: für etwas über zwei Kilo Mehl (d.h. zwei normale Tagesrationen) verlangten sie 30 Obolen, den Wochensold eines einfachen Soldaten.

1.5.7/8 Zu Glus vgl.o. zu 1.4.13-16. Die hier beschriebene Szene hat Xenophon wohl persönlich beobachtet. Vielleicht darf aus seinem Bericht gefolgert werden, daß Kyros (zumindest gelegentlich) zwischen der persischen und der griechischen Heeresgruppe reiste, vermutlich in engerem Kontakt mit den leitenden griechischen Offizieren, deren Gruppe sich Xenophon angeschlossen hatte. Die bedingungslose Unterwerfung der persischen Vornehmen unter die Wünsche des Prinzen wird von Xenophon breit ausgemalt - als Gegenbild gegen die Fälle beängstigender Disziplinlosigkeit auf griechischer Seite, aber auch als Baustein für die zusammenfassende Würdigung des Prinzen (vgl.1.9).

1.5.9 Die Begründung Xenophons für die Eile, die Kyros an den Tag legte, ist überzeugend. Tatsächlich hatte der Großkönig bis zum Tag der Schlacht die Sammlung seiner Truppen, die aus sehr weit voneinander und von Babylon entfernten Gegenden herbeigeführt werden mußten, noch nicht beenden können (vgl. 1.7.12).

1.5.10 Die große, blühende Stadt Charmande (**St. 81**) wird nur hier erwähnt. Sie muß einen Tagemarsch oberhalb von Pylai (**St. 82**) in einer fruchtbaren Landschaft mit Dattelpalmenplantagen und Hirseanbau am Südufer des Euphrat gesucht werden. Im einzigen wörtlichen Zitat aus der «Anabasis» des Sophainetos (FGrHist 109 F 4) wird die Stadt *"an den babylonischen Toren jenseits des Flusses Euphrat"* lokalisiert. Am ehesten möchte man an die Gegend von Hit denken (so auch MANFREDI 126; Ramadi, das früher gelegentlich erwogen wurde, kommt nicht in Frage, da es östlich von

Karte S.47

Pylai liegt). MUSIL (223) vermutet in dem von Xenophon angegebenen Namen eine Zusammensetzung aus Karm (= *Weingarten*) und Ande, *"the original name of the town"*, die er in der gewaltigen Ruine von Adde südwestlich von Al Aswad auf dem rechten Euphratufer wiederfinden will. * Die Flöße zur Flußüberquerung, welche die Soldaten aus ihren Zeltplanen herstellten und mit trokkenem Gras füllten (vgl. eine moderne Parallele bei SCHUPPE), sind den landesüblichen 'Keleks', deren tragendes Element aufgeblasene Häute bildeten (vgl. 3.5.9), nachempfunden. Offenbar nahmen einige geschäftstüchtige Soldaten (anscheinend aus der Abteilung Klearchs) das Herbeischaffen der Lebensmittel über den Fluß in die Hand und richteten dann auf ihrem Ufer einen Markt ein, auf dem sie ihre Waren an die Kameraden (natürlich mit Gewinn !) weiterverkauften. Dabei kam es zum Streit, den Klearchos auf seine Weise beilegte.

1.5.11/12 Mit der körperlichen Züchtigung eines Soldaten aus der Abteilung Menons überschritt Klearchos nicht nur ohne Zweifel seine Kompetenzen, sondern demonstrierte auch einen Führungsstil (vgl. 2.6.9/10), den gerade die Soldaten Menons nicht gewohnt waren (vgl. 2.6.27). Bei einem Inspektionsritt Klearchs noch am selben Tag (vermutlich wurde hier eine längere Erholungspause, die Xenophon nicht erwähnt, eingelegt, vgl. zu 1.7.18) entlud sich die aufgestaute Wut der Soldaten Menons mit einer Heftigkeit, die dem Leser die besondere Schwierigkeit der Kommandoverhältnisse in dieser aus Söldnerhaufen zusammengewürfelten Truppe deutlich vor Augen treten läßt. * Der Begriff στράτευμα ist hier auf die Truppenkörper der Strategen, die jeweils selbständige Einheiten bildeten, angewendet; an anderen Stellen bezieht er sich auf die griechische Heeresgruppe als ganze (z.B. 1.2.18) oder sogar auf die Kyros-Armee insgesamt (z.B. 1.6.2).

1.5.13 Daß Klearchos seine Einheit, die inzwischen fast die Hälfte der griechischen Heeresgruppe umfaßte, gegen die Truppen Menons in regelrechte Alarmbereitschaft versetzte, mag als Überreaktion erscheinen, ist aber doch verständlich: unter den gegebenen Umständen mußte in der Tat befürchtet werden, daß Störungen der Disziplin unabsehbare Folgen haben könnten; für jeden einzelnen Mann des Heeres, das sich nach den anstrengenden Wüstenmärschen der letzten Wochen in einem allgemein desolaten Zustand befand, war jetzt nach der Hungerperiode die Versor-

Karte S.47

gung mit Lebensmitteln von existenzieller Bedeutung; dafür aber war er auf den spontan entstandenen Markt angewiesen, der sich natürlich nach den Gesetzen von Angebot und Nachfrage regelte und dadurch erheblichen Konfliktstoff enthielt: die einen verdienten hier an der Not der anderen. Daß es da leicht zu einer Explosion kommen konnte, ist nachzuvollziehen. Dennoch hat erst Klearchos selbst durch sein Verhalten die wirklich bedrohliche Krise, die ernstliche Gefahr eines 'Bürgerkrieges' im griechischen Lager, ausgelöst.

1.5.14-17 Xenophon befand sich sicher an der Seite des Proxenos und hat miterlebt, als dieser mit seinen gerade in den Biwakraum einrückenden Hopliten einen Keil zwischen die Einheiten Klearchs und Menons schob und sich auf eine Diskussion mit Klearchos einließ, der er allerdings nicht gewachsen war. Kyros befand sich anscheinend, wie 1.5.8, zwischen der vorausmarschierenden griechischen Heeresgruppe, deren Nachhut Proxenos befehligte, und seinen eigenen Truppen, die nun hinter ihm heranströmten. Seine Argumentation macht deutlich, wie realistisch er die Situation einschätzte. Die augenblickliche Stabilität beruhte nur auf der aus persischer Sicht homogen erscheinenden griechischen Abteilung. Kyros rechnete nicht mit echter Solidarität und Einsatzbereitschaft seiner einheimischen Truppen, die zu einem Unternehmen, das sie nicht im geringsten interessierte, zwangsweise aufgeboten worden waren.

1.6.1 Die persische Reitereinheit war offenbar von Osten her bis an die babylonische Grenze bei Pylai (**St. 82**) vorgerückt, um den Anmarsch der Kyreer zu beobachten und zu melden sowie beim Rückzug im babylonischen Bereich die von der Euphrat-Norduferstraße aus erreichbaren Ressourcen, vor allem auch das zu Heu vertrocknete Gras, das den Tieren als Nahrung diente, zu vernichten. * Die Geschichte des Orontas (1.6.1-11) kannte Xenophon in allen Einzelheiten aus dem Bericht, den Klearchos als Teilnehmer an der Gerichtsverhandlung seinen Freunden erstattete. Auf die früheren Konflikte mit Orontas und sein eigenes Verhalten ihm gegenüber weist Kyros selbst 1.6.6 und 7 hin.

1.6.2 Das Verhalten des Orontas entspricht der realistischen Lagebeurteilung durch Kyros (1.5.16). Vermutlich gaben nur wenige der persischen Vornehmen, die Kyros notgedrungen auf seinem

Karte S.47

Marsch begleiteten, dem Putschversuch eine echte Chance. Manch einer von ihnen mag überlegt haben, wie er noch im letzten Augenblick aussteigen und dem Großkönig ein Zeichen seiner Loyalität geben könnte, um spätere harte Bestrafung zu vermeiden. Der offenbar spontan aus der Situation heraus entwickelte Plan des Orontas war an sich überzeugend ausgedacht: insbesondere schien es wichtig, die tatsächliche Ankunft der Kyros-Armee in Babylonien so lange wie möglich geheim zu halten, um den Überraschungseffekt ausnutzen zu können (vgl. 1.5.9).

1.6.3 Der Brief wurde bei der Gerichtsverhandlung vorgelesen und für Klearchos offenbar ins Griechische übersetzt; überhaupt ist anzunehmen, daß Pigres dem griechischen Feldherrn während des ganzen Verfahrens als Dolmetscher zur Verfügung stand.

1.6.4 Kyros berief nach dem Vorbild der persischen Hofgerichtsbarkeit, die von den sieben königlichen Richtern wahrgenommen wurde, ein entsprechendes Richterkollegium ein, das in diesem schweren Fall von Hochverrat das Urteil sprechen sollte. Zur Absicherung der Gerichtsstätte - seines Zeltes - ließ er charakteristischerweise nicht seine Leibwache, sondern griechische Hopliten aufmarschieren. Das Verbum κελεύειν unterstreicht die Dringlichkeit seiner Bitte um Hilfe an das Kollegium der Feldherren, bedeutet aber nicht die Erteilung eines Befehls: Kyros hatte keine Befehlsgewalt über die griechischen Feldherren.

1.6.5 Daß Klearchos als zusätzliches Mitglied mit Rederecht in das Richterkollegium berufen wurde, muß tatsächlich als ein Zeichen seines hohen Ansehens und seiner Vertrauenswürdigkeit bei den Persern betrachtet werden. Er erstattete nach dem Abschluß der Verhandlung einen Bericht an die *Freunde*, worunter wohl Cheirisophos, Proxenos sowie andere hohe Offiziere und wohl auch Xenophon zu verstehen sind.

1.6.6 Dareios II. hatte Kyros im Jahr 408 oder 407 v.Chr. als Satrapen von Lydien, Großphrygien und Kappadokien sowie als Oberbefehlshaber der Truppen, deren Sammelplatz die Ebene von Kastolos war, eingesetzt und ihm Orontas als Gefolgsmann zugeteilt. In der neuen Residenz Sardeis kam es dann jedoch offenbar zu einem Aufruhrversuch des Orontas gegen den noch sehr jungen Prinzen - nach Kyros' eigener Auffassung auf Betreiben sei-

Karte S.47

nes älteren Bruders Artaxerxes (der vermutlich die Position des wichtigsten Satrapen im Westteil des Reiches und vor allem des *Karanos* über ein Viertel der Reichstruppen als Gefahr für seine eigene Karriere ansah). Das Zerwürfnis zwischen den beiden Brüdern scheint also noch zu Lebzeiten ihres Vaters, mehrere Jahre vor dem in der «Anabasis» beschriebenen Unternehmen des Kyros, begonnen zu haben.

1.6.7 Offenbar nahmen die nördlich an Lydien angrenzenden Myser die persische Herrschaft nicht widerstandslos hin (vgl. 1.9.14); Orontas schloß sich den Aufständigen an, aber es kam abermals zu einer Versöhnung - diesmal sogar am heiligen Altar der Artemis, vermutlich im Artemision von Sardeis. Es spricht für die Naivität des Prinzen, daß er auch zum zweitenmal den Treueschwur des Orontas akzeptierte und ihm sogar jetzt, im direkten Machtbereich des Großkönigs, Vertrauen schenkte. Allerdings waren inzwischen mehrere Jahre vergangen, in denen sich Orontas anscheinend nicht verdächtig gemacht hatte.

1.6.8 Die Gesprächsführung weist Kyros als einen Mann von unbedingter Zuverlässigkeit aus, der sein einmal gegebenes Wort stets unverbrüchlich hielt (vgl. 1.9.7). Xenophon war offenkundig davon fasziniert, wie überzeugend er Orontas zum Eingeständnis seiner Schuld hinführte und ihm (sowie den übrigen Anwesenden) auf diese Weise eine praktische Lektion in Gerechtigkeit erteilte.

1.6.9 Klearchos empfahl natürlich die sofortige Hinrichtung des Orontas mit der Begründung, daß dann *"nicht mehr der Zwang besteht, auf ihn aufzupassen, sondern wir, was diesen betrifft, freie Zeit gewinnen, um unseren willigen Freunden hier Gutes zu tun"* (Text codd. F [Vat.1335] und M [Ven.Marc.511]). Er machte sich dabei geschickt die Denkweise des Kyros zu eigen, indem er nicht nur die Bestrafung des Übeltäters forderte, sondern auch die dadurch ermöglichte Belohnung der loyalen Anhänger zur Sprache brachte. Die Verwendung des Plurals ἡμῖν läßt erkennen, wie eng sich Klearchos schon dem innersten Kreis um Kyros zugehörig fühlte.

1.6.10 Die Berührung des Gürtels bedeutete das Aussprechen des Todesurteils (vgl. Diodor 17.30). Unter den sieben ausgewählten Richtern befanden sich auch Verwandte des Orontas; mögli-

Karte S.47

cherweise trifft dies (nach 1.6.1) sogar auf Kyros selbst zu. * Die Proskynese der früheren Untergebenen vor ihrem zum Tod geführten Herrn könnte Xenophon, der sicher mit vielen anderen vor dem Zelt auf den Ausgang des Verfahrens wartete, mit eigenen Augen gesehen haben. Derartige für die Griechen sonderbare Verhaltensweisen haben sein Bild von den Persern wohl wesentlich geprägt.

1.6.11 Die Vorgänge, die sich im Zelt des Artapates (der später in der Schlacht sein Leben für Kyros opferte, 1.8.28) abspielten, haben naturgemäß die Phantasie der griechischen Beobachter stark beschäftigt. Möglicherweise erklärt sich das spurlose Verschwinden des Orontas daraus, daß die von Herodot (7.114) erwähnte persische Bestrafungsmethode des Lebendig-Eingrabens angewendet wurde. Artapatas wird hier und 1.8.28 als *"der treuste der Skepterträger des Kyros"* bezeichnet, bekleidete, also ein hohes Amt, das üblicherweise nur Eunuchen innehaben durften (vgl. Kyrup. 7.3.15, 8.1.38, 8.3.15; vgl. auch Semonides 7.69, wo σκηπτοῦχος nahezu auf eine Stufe mit τύραννος gestellt wird).

1.7.1 Die **<u>St. 83, 84, 85</u>** lagen an der Euphrat-Norduferstraße, der letztere wohl einige Kilometer nordwestlich von Saqlawiya, wo die Straße, die zuvor vermutlich auf den Uferhöhen des Euphrat entlang führte, den Fluß direkt erreichte und fortan begleitete. Kyros rechnete jetzt mit der Schlacht, weil er aus seiner Landeskenntnis heraus wußte, daß seine Truppen am nächsten Tag auf das erste zur Verteidigung geeignete große Hindernis, einen (zur Zeit gerade trocken gelegten) Bewässerungskanal, stoßen würden. Bereits um Mitternacht begannen die Vorbereitungen zur Schlacht mit der Aufstellung (und zugleich Musterung) des Heeres. Es setzte sich zusammen aus der griechischen und der einheimischen Heeresgruppe, die jeweils eigene taktische Einheiten mit rechtem und linkem Flügel bildeten. Auf die Ordnung der griechischen Heeresgruppe nahm Kyros nur insofern Einfluß, als er dringend darum bat (ἐκέλευε), Klearchos möge den rechten, Menon den linken Flügel übernehmen; bei der schlachtmäßigen Vorführung des griechischen Heeres vor Epyaxa in Tyriaion (1.2.15, **St. 18**), war es noch umgekehrt gewesen - inzwischen hatte Klearchos nicht nur eine besondere Vertrauensstellung bei den Persern erworben, sondern auch die größte Abteilung unter seinem Kommando vereinigt (vgl.1.5.13). Bei dem bevorstehenden Unternehmen kam es, wie Kyros wußte, in erster Linie auf den Durchbruch über die Land-

Karte S.54

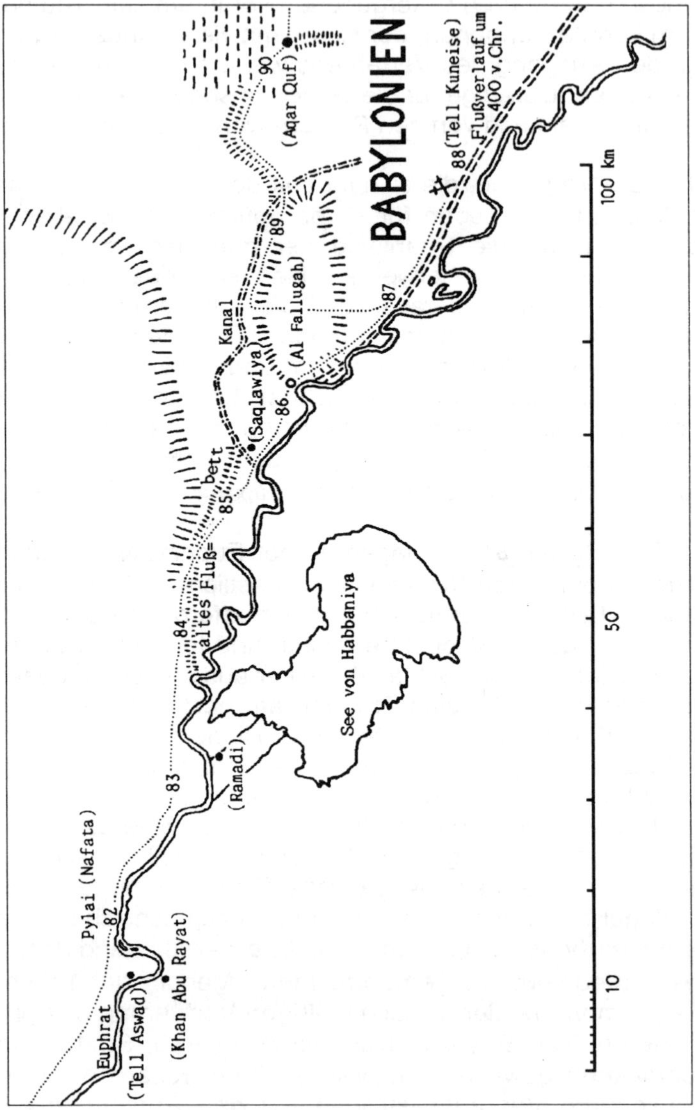

10. Stathmoi 82 - 90 (1.5.5 - 2.3.14)

brücke des Kanals unmittelbar am Euphratufer (vgl. 1.7.15) an. Für diese Aufgabe war die Eliteeinheit Klearchs wie keine andere Truppe geeignet. Hinsichtlich der Aufstellung der einheimischen Heeresgruppe läßt sich aus dem Ablauf der weiteren Ereignisse folgern, daß Ariaios auf dem linken Flügel, Kyros auf dem rechten Flügel, angelehnt an die Abteilung Menons, Position bezog.

1.7.2 Nach der Aufstellung wurden die Truppen gezählt oder eher geschätzt (vgl. 1.7.10), so daß Kyros über die Größe seiner Streitmacht informiert war. Aufgrund der Aussagen von Überläufern, die im Morgengrauen eintrafen, konnte er sich auch ein ungefähres Bild von den weit überlegenen Massen der Soldaten des Großkönigs machen. Man möchte vermuten, daß der Großkönig zunächst tatsächlich beabsichtigte, die Invasion bereits im nördlichen Grenzbereich Babyloniens abzuwehren, und deshalb mit seinen inzwischen gesammelten Truppen auf der Euphratstraße nach Nordwesten über Kunaxa (vielleicht sogar über Al Fallugah) hinaus marschiert war. So konnten sich im Laufe der Nacht Überläufer bis zum Stathmos **85** durchschlagen. Dann aber trat (was die Überläufer nicht wissen konnten) Artaxerxes noch einmal den Rückzug in Richtung auf Sippar an, vor allem wohl, weil er das Eintreffen weiterer Abteilungen abwarten wollte. Jedenfalls aber schien jetzt aus der Sicht des Kyros der Entscheidungskampf unmittelbar bevorzustehen. Auf seinen Wunsch hin trat nun der Offiziersrat der Griechen zusammen, ein Gremium von über hundert Personen, um über den Schlachtplan zu beraten. Dabei legte Kyros vermutlich dar, daß der Kampf sich an einem Kanal abspielen würde, und daß der Durchbruch auf dem äußersten rechten Flügel erzielt werden müßte.

1.7.3 Durch Proxenos erhielt Xenophon Informationen über die Verhandlungen im Offiziersrat und über die Grundzüge der Kampfparänese, in deren Argumentation Kyros geschickt die Kampfmoral und das Freiheitsbewußtsein der Griechen einbezog. Tatsächlich waren (neben den Leibwachen der beiden Kontrahenten) später im Kampf die griechischen Söldner die einzigen (durch die Erwartung hoher Belohnungen) motivierten Kämpfer und wogen das Mehrfache an gänzlich unmotivierten βάρβαροι auf. In dem Hinweis auf *"die Freiheit, die ihr erworben habt"*, könnte eine Erinnerung an die glorreiche Abwehr der persischen Invasionen von 490 und 480 mitschwingen. Von dieser Zeit an verband sich in Persien wohl das

Karte S.54

Bild des griechischen Soldaten mit der Vorstellung von unbändiger Kampfbereitschaft und bedingungslosem Todesmut. Ob Kyros allerdings wirklich so weit gegangen ist, seinen persönlichen Philhellenismus dadurch zu verdeutlichen, daß er die griechische Freiheit über allen materiellen Besitz und seine ganze eigene Situation stellte, daß er also lieber ein einfacher freier Grieche als ein noch so mächtiger und reicher Perser sein zu wollen vorgab, möchte man in Zweifel ziehen, obwohl Xenophon ihn diesen irrealen Wunsch als allgemein bekannt hinstellen läßt.

1.7.4 Mit zwei weiteren Argumenten versucht Kyros die Einsatzbereitschaft der Griechen zu steigern: die numerische Überlegenheit und das übliche laute Kampfgeschrei seiner Landsleute beim Anmarsch (das in der Schlacht bei Kunaxa überraschenderweise fehlte, 1.8.11) dürfe nicht über ihre notorische Feigheit, die der Prinz mit vornehmer Zurückhaltung umschreibt, hinwegtäuschen; ferner verspreche er den griechischen Söldnern für den Fall mutigen und siegreichen Kampfes große Geschenke. Mit dem an den Schluß der Paränese gestellten Versprechen schlug Kyros genau in die richtige Kerbe: diese Söldner ließen sich nicht durch den Gedanken an die Freiheit Griechenlands, sondern nur durch die Aussicht auf materielle Gewinne motivieren. Kampf war ihr Geschäft, und er wurde 'geliefert', wenn die Kasse stimmte. Als eine von ihm offenbar besonders propagierte Form der Belohnung weist Kyros zunächst allgemein, dann detailliert auf die Möglichkeit hin, daß Griechen in seiner Verwaltung hohe Ämter übernehmen (und dadurch auf Dauer gewaltige Reichtümer erwerben) könnten. Es scheint mir denkbar, daß dieser Vorschlag damals wirklich ernst gemeint war. Im Falle eines Sieges mußte der Usurpator an möglichst vielen Punkten des Reiches zuverlässige und ihm verpflichtete Männer in führende Positionen bringen, um Gegenaktionen zu unterbinden. Ob allerdings die Überschwemmung der Staatsverwaltung mit griechischen Troupiers von der traditionsbewußten persischen Oberschicht widerstandslos hingenommen worden wäre, ist eine andere Frage.

1.7.5 Vielleicht sprach Gaulites (wie man vermutet hat) auf Anstiften von Kyros. Jedenfalls gab er diesem durch seinen Einspruch die Möglichkeit, den vorher nur allgemein angedeuteten Gedanken im einzelnen zu erläutern. Der Einspruch aus dem Mund eines dem Kyros ergebenen Flüchtlings klingt nun allerdings

Karte S.54

in der Tat so frei und kühn, daß man wirklich an ein abgekartetes Spiel oder aber an die freie Komposition des Schriftstellers denken muß, der dem Gedanken an eine nur in der Notsituation vorgetäuschte Dankbarkeit später in seinem 'Kyrosporträt' ein ganz anderes Bild entgegensetzt (vgl. 1.9.7-10). Die zweite Erwägung, daß es Kyros nach dem Sieg an Möglichkeiten, seine Versprechungen einzulösen, fehlen könnte, wird von ihm selbst im folgenden sofort widerlegt. Beide Befürchtungen mögen allerdings im Kreis der griechischen Söldner ernstlich in Betracht gezogen worden sein.

1.7.6/7 Die Erwägungen des Kyros sowohl über die Größenverhältnisse des persischen Reiches als auch über die Verteilung der Machtpositionen an die *Freunde* des jeweiligen Großkönigs müssen für griechische Ohren sehr fremdartig geklungen haben. Es ist offensichtlich auch eines der Ziele der «Anabasis», bei der griechischen Leserschaft ein objektives Verständnis für die persische Kultur, die Xenophon sehr beeindruckt hat, zu wecken.

1.7.8/9 Die Reaktionen zeigen, daß Kyros mit seinen materiellen Versprechungen die gewünschte Wirkung erzielen konnte. Daß von Seiten der hohen Offiziere sogleich persönliche Vereinbarungen über ihre 'Gewinnbeteiligung' getroffen wurden, entspricht der Art ihres Engagements für das Kyros-Unternehmen. In dieses Bild paßt auch der Versuch der griechischen Gesprächspartner, Kyros von der persönlichen Teilnahme am Kampf in vorderster Front (wie es der persischen Tradition entsprach) abzuhalten und durch seine Postierung hinter der griechischen Phalanx gleichsam die Garantie für sein Leben zu übernehmen. Denn ein toter Kyros würde ihnen seine Versprechungen nicht mehr erfüllen können. Daß im Grunde das ganze Unternehmen, auf das sie sich eingelassen hatten, auf die Unversehrtheit der Person des Prinzen abgestellt war, wurde den Griechen jetzt unmittelbar vor dem Entscheidungskampf endgültig klar. Die vage Hoffnung Klearchs, das Eintreffen der Invasionsarmee in Babylonien könne bereits so viel Schrecken verbreiten, daß der Großkönig freiwilig auf den Thron verzichte, mußte Kyros zunichte machen. Dabei ist aus seinen Worten eine gewisse Hochachtung zumindest für den persönlichen Mut seines Bruders herauszuhören.

1.7.10 Die Zahlen für die griechische Heeresgruppe dürften im ganzen korrekt, wenn auch abgerundet sein. Die erste Zählung in

Karte S.54

Kelainai (1.2.9, **St. 7**) hatte 11000 Hopliten und etwa 2000 Peltasten ergeben. In Issos (1.4.3, **St. 41**) waren weitere 700 Hopliten unter Cheirisophos sowie 400 Hopliten, die aus der in Phoinikien stationierten Einheit des Abrokomas desertiert waren, hinzugekommen (= 12100 Hopliten). 100 Hopliten hatten im kilikischen Taurosgebirge den Tod gefunden (1.2.25); mit weiteren Verlusten auf dem Marsch durch Krankheit und Erschöpfung ist zu rechnen (aber schwerlich in der Größenordnung von 1000 Mann). Zu den Leichtbewaffneten sind zum Beispiel noch die 40 Reiter Klearchs (1.5.13) und vielleicht auch Soldaten, die bei der ersten Zählung als Hopliten gerechnet worden waren, diesen Status aber inzwischen verloren hatten (etwa durch den Verkauf ihrer Rüstung in den Notzeiten des Anmarsches) hinzuzurechnen. Die glatte Zahl von 100000 einheimischen Soldaten dürfte auf überschlägiger griechischer Schätzung beruhen und ist sicher erheblich übertrieben (vielleicht waren es 30000) - aber den Eindruck von unermeßlicher Größe mag die viele Kilometer lange Kolonne der Perser mit den zahlreichen Troßwagen, den langsam mitziehenden Tragtierabteilungen und vor allem den tausenden von Begleitpersonen auf die Mitglieder der straffer organisierten griechischen Heeresgruppe gemacht haben. Xenophon hat weder auf dem Marsch noch während der Schlacht von diesen Massen ein klares Bild gewonnen. Man darf davon ausgehen, daß er mit ihnen auch niemals in Berührung gekommen ist; seine Kontakte zu den Persern beschränkten sich auf den innersten Kreis um Kyros, der zum Teil sogar aus Griechen bestand.

1.7.11-13 Die Berechnung der Stärke des königlichen Heeres geht von der Annahme aus, daß es sich aus vier gleichgroßen Heeresgruppen von je 300000 Mann und 50 Sichelwagen zusammensetzte. Dahinter steht die Information, daß die von den Satrapien gestellten Kontingente der persischen Reichsarmee sich jährlich an mehreren über das Reich verteilten Sammelplätzen zur Musterung einzufinden hatten. Der Sammelplatz für den kleinasiatischen Armeebezirk war die kastolische Ebene (vgl. 1.1.2). Als Oberbefehlshaber (*Karanos*, vgl. Hell.1.4.3) fungierte hier zunächst Tissaphernes, dann Kyros, nach dessen Putschversuch wieder Tissaphernes. Als weitere *Karanoi* werden Abrokomas, dessen Truppen sich in Phoinikien zu sammeln hatten, sowie Gobryas, der auf babylonischen Kontrakttäfelchen als Statthalter von Akkad erwähnt wird, und Arbakes, der nach 7.8.25 Satrap von Medien war,

Karte S.54

genannt. Wenn wir diese Informationen akzeptieren, ergibt sich eine relativ ausgewogene Verteilung der vier Armeebezirke über das Reich hin. Aus dem Vorgetragenen folgt, daß die Zahlenangabe Xenophons theoretisch konstruiert und praktisch unverbindlich ist. Vielleicht darf man in diesem Punkt Ktesias, dem griechischen Leibarzt Artaxerxes' II., vertrauen, der von 400000 Soldaten spricht (FGrHist 688 F 22). Auf jeden Fall waren die königlichen Truppen der Invasionsarmee numerisch weit überlegen. * Abrokomas befand sich mit seiner Heeresgruppe zu der Zeit, als Kyros den Euphrat bei Thapsakos (1.4.17, **St. 55**) überquerte, noch vor diesem, verschwand dann von der Bildfläche und tauchte erst fünf Tage nach der Schlacht in Babylonien auf. In den Kommentaren wird vermutet, daß er absichtlich seinen Marsch verzögerte und Kyros aus dem Wege ging, weil er die Enscheidung des Thronstreites abwarten wollte. Nun darf jedoch als sicher vorausgesetzt werden, daß er weder vor noch hinter Kyros auf der Euphrat-Norduferstraße entlang zog: dafür hätten, ganz abgesehen von der Notwendigkeit einer Begegnung, die Ressourcen des Wüstenlandes nicht ausgereicht (vgl. die Argumentation des Ariaios 2.2.11). Abrokomas hat nach der Euphratüberquerung also die 'Königsstraße' benutzt, welche die syrische Wüste nördlich umging, den Tigris bei Cizre im Fährbetrieb überschritt und dann beim Übergang über die Diyala bei Me-Turran auf die Fernstraße Ekbatana - Babylon stieß. Daß Kyros diese bequemste Route nicht benutzen würde, konnte Abrokomas nicht wissen. Er mochte sogar geglaubt haben, seinen Marsch nicht allzu sehr forcieren zu müssen, solange seine Nachhut keine Anzeichen vom Herannahen der Invasionsarmee ausmachte.

1.7.14 Offenbar ließ Kyros am Morgen seine Truppen in der Phalanxformation, die während der nächtlichen Musterung aufgebaut worden war, abrücken - mit einer Frontbreite von mehreren Kilometern (so wie später auch Artaxerxes mit seiner fertig entwikkelten Phalanx anmarschierte, vgl.1.8.8/9). Diese schwierig zu dirigierende und nur langsam vorankommende Marschformation schien deshalb gerechtfertigt, weil Kyros mit der Entscheidungsschlacht im Laufe des Vormittags rechnete, einmal aufgrund der Aussagen der Überläufer, dann aber vor allem aufgrund seiner Geländekenntnis: er wußte, daß wenige Kilometer hinter Stathmos **85** ein großer Kanal vom Euphrat abzweigte, der sich als erste Stellung zur Verteidigung Babyloniens anbot. Dieser Kanal war, wie

Karte S.54

Kyros ebenfalls wußte, zur Zeit durch Zuschütten der Mündung trocken gelegt und wurde durch Ausgraben des eingeschwemmten Sandes gereinigt und wieder auf die richtige Tiefe gebracht (eine notwendige Prozedur, der alle Kanäle von Zeit zu Zeit unterzogen werden mußten). Auf Xenophon und die Griechen überhaupt machte er deshalb verständlicherweise den Eindruck eines künstlich angelegten Verteidigungswerkes. In Wahrheit handelte es sich um einen Vorläufer des späteren Nahr Isa beziehungsweise Saqlawiya-Kanals, der in einem alten Euphratbett nördlich der Erhebung von Al Fallugah nach Osten führte. Den Querschnitt (etwa 9 x 5,3 m) konnte Xenophon später bei der Besichtigung der Anlage abschätzen; über seine Länge erhielt er Auskunft von den Landeskennern (besonderes Interesse verdient der Hinweis, daß der Graben bis an die 'Medische Mauer' herangereicht haben soll, vgl. dazu 2.4.12).

1.7.15 Die Partie ἔνθα - ἔπεισιν wird zu Recht getilgt. Sie macht den Eindruck eines nachträglichen Einschubs, der durch die Erwähnung des Grabens provoziert wurde. Auf welche Kanäle zu welcher Zeit sich die Angaben beziehen, ist unklar. Mit Sicherheit verkehrt wird die Fließrichtung des Wassers angegeben: alle Kanäle, die südlich von Ramadi vom Euphrat abzweigten, flossen auf den wesentlich niedriger liegenden Tigris zu. * Die 6 m breite Landbrücke direkt am Euphratufer stellt die zur Trockenlegung des Kanals zugeschüttete Mündung dar. Dieses Verfahren wurde bei den Euphratkanälen immer wieder angewendet, um der Versandung Einhalt zu gebieten (vgl. Strabon 16.1.10). Die Kanäle wuchsen dabei durch die stets erneute Aufschüttung der Uferränder immer höher über ihre Umgebung, bis es rationeller war, sie ganz aufzugeben und neue Betten zu graben.

1.7.16/17 <u>**St.86**</u> Die Hypothese Xenophons, daß der Großkönig diesen Graben *"anstelle eines Bollwerks machte"*, muß wohl nicht in dem Sinne ausgelegt werden, daß Xenophon meinte, der Großkönig habe bei der Nachricht vom Herannahen der Kyros-Armee den Graben völlig neu ziehen lassen; vielmehr scheint er zu vermuten, daß der vorhandene Kanal in aller Eile als Bollwerk zur Verteidigung hergerichtet worden war (etwa durch Vertiefung der Sohle, steiles Abgraben der Ränder u.ä.). * Daß Artaxerxes seine Truppen weder vor noch hinter dem Kanal aufgestellt hatte, bedeutete für Kyros eine große Überraschung. Nach Überquerung

Karte S.54

der schmalen Landbrücke beobachteten die Soldaten des rechten Flügels jedoch zahlreiche Spuren nicht nur von Pferden (wie 1.6.1), sondern auch von Menschen, die sich dort aufgehalten hatten und wieder abgezogen waren. Anscheinend hatten zumindest Teile der königlichen Armee dort zeitweilig Stellung bezogen, aber die Ankunft des Feindes nicht abgewartet, vermutlich, weil der Großkönig der Stärke seiner inzwischen eingetroffenen Kontingente noch nicht vertraute. Gegen Mittag machte die Spitze der Marschkolonne ein Stück weit hinter dem Graben in Stathmos **86** Quartier.

1.7.18 Der Grieche Silanos aus Ambrakia, der später gegen Xenophon intrigierte (5.6.16-18, 29, 34) und sich in Herakleia selbständig machte (6.4.13), diente Kyros als offizieller Seher. Seine elf Tage zurückliegende Weissagung dürfte auf einem der letzten Stathmoi vor Pylai (**St. 82**), unmittelbar vor dem Einmarsch in Babylonien, erfolgt sein. Daß in Pylai oder bereits auf dem vorhergehenden Stathmos gegenüber von Charmande (**St. 81**), wo sich Gelegenheit zur Proviantnahme ergeben hatte, eine mehrtägige (von Xenophon nicht erwähnte) Pause eingelegt wurde, darf mit Sicherheit angenommen werden. Hier mußten die Soldaten wieder zu Kräften gebracht und auf den bevorstehenden Kampf eingestellt werden. Einer Aussage über diesen Kampf diente auch das Opfer, in dessen Verlauf Silanos seinen präzisen Hinweis gab. Man kann sich vorstellen, mit welcher Spannung der letzte Tag der von dem Seher genannten Frist in Verbindung mit der spontanen Zusatzvorhersage des Kyros selbst erlebt wurde. Die außerordentlich hohe Belohnung von zehn Talenten, die Kyros bar in der Form von 3000 Golddareiken auszahlen ließ, vermochte Silanos während der ganzen Zeit des Rückmarsches der 'Zehntausend' zu bewahren (5.6.18).

1.7.19/20 <u>St. 87, 88</u> Die Reaktion des Kyros, der seinen Bruder ja genau kannte (vgl. 1.7.9), ist objektiv schwer verständlich und wohl am ehesten psychologisch zu erklären: die sehr bestimmt erwartete Schlacht am Graben hatte überraschenderweise nicht stattgefunden, stattdessen deuteten Spuren auf einen Rückzug der Feinde hin, gerade an dem Tag, an dem die vom Seher vorausgesagte Phase der Kampflosigkeit ablief. Hier schien göttliche Fürsorge für das Anliegen des Prinzen erkennbar zu werden - obwohl doch in Wahrheit gerade umgekehrt aus der Sicht des Se-

Karte S.54

hers jetzt wieder mit Kampf gerechnet werden mußte. Aber die Lösung der Spannung, welche der problemlose Einmarsch in das babylonische Gebiet mit sich gebracht hatte, war nun in einen naiven Zweckoptimismus übergegangen, der dann freilich zu einem für den weiteren Ablauf der Ereignisse katastrophalen Fehlverhalten führte. Kyros versäumte es nämlich, zusammen mit seinem Stab und den griechischen Feldherren eine neue, auf eine normale Feldschlacht abgestellte Strategie zu entwickeln. Er kannte ja den üblichen Aufbau der persischen Schlachtreihe und wußte, daß es im Kampf vor allem auf das Zentrum, wo der Großkönig stand, ankam. Als Konsequenz aus dieser Überlegung hätte er in seiner eigenen Schlachtreihe die stärkste Einheit (die Griechen, vor allem die Söldner Klearchs) gegenüber dem gegnerischen Zentrum plazieren müssen. Statt planmäßiger Vorbereitung auf die immerhin noch mögliche (bei nüchterner Lagebeurteilung sogar unvermeidche) Entscheidungsschlacht ließ Kyros Schlamperei einreißen und die Truppen aus dem gefechtsbereiten Marsch allmählich wieder zum Reisemarsch mit seinen Erleichterungen (Transport der schweren Schilde auf Wagen) zurückkehren. Wenn auch vielleicht Xenophon um des dramatischen Kontrastes zu der gleich eintreffenden Alarmmeldung willen das Bild des sorglos dahinziehenden Heeres übertrieben gezeichnet haben mag, im Kern trifft seine Darstellung das Richtige: Kyros fühlte sich, je mehr er sich Babylon annäherte, umso sicherer bereits als Sieger in der Auseinandersetzung mit seinem Bruder. Der erste der beiden hier erwähnten Tagemärsche endete auf Stathmos **87**, der zweite erreichte sein Ziel, Stathmos **88**, nicht mehr.

1.8.1 Die *"Zeit des vollen Marktes"* ist der spätere Vormittag, etwa von 10 bis 12 Uhr. Um diese Zeit traf üblicherweise die Spitze der weit auseinander gezogenen und viele Kilometer langen Marschkolonne, die bei ausgehender Nacht aufgebrochen war, am Tagesziel (Stathmos) ein und begann das Biwak aufzuschlagen, in welches dann später stundenlang die weiter hinten marschierenden Truppen und der Troß einströmten. Der hier ins Auge gefaßte und schon in der Nähe liegende Stathmos **88** war eine Ortschaft an der nach Sippar - Babylon führenden Fernstraße, vermutlich Kunaxa (Plut. Artax. 8.2), das wohl am ehesten mit Tell Kuneise (Al Knesje) zu identifizieren ist. Wahrscheinlich verlief der Euphrat damals weiter östlich als heute; möglicherweise wurden Teilstücke seines alten Bettes später bei der Anlage von Kanälen (z.B. des Ridhwaniya-Kanals) ausgenutzt. Wirkliche Sicherheit läßt sich in

Karte S.54

solchen Fragen nicht gewinnen, weil Verlagerungen des Hauptstromes in der von Kanälen durchzogenen Schwemmlandebene häufiger eingetreten sind und praktisch keine datierbaren Spuren hinterlassen haben. Immerhin ist jedoch bekannt, daß König Nabopolassar (626-605 v.Chr.) den Euphrat, der sich nach Westen verlagert hatte, künstlich wieder in die Nähe der Stadt Sippar zurückführen ließ. Wenn Kunaxa in Tell Kuneise wiedergefunden ist, kann der 1.10.12 genannte Hügel nur dem 9-10 km östlich davon liegenden Tell Agar, der sich etwa 3,5 m über seiner Umgebung erhebt, entsprechen. Die von BARNETT [16/17] vorgeschlagene und von MANFREDI [137; Karte 9] übernommene Identifizierung von Kunaxa mit Nuseffiat nordöstlich von Tell Kuneise (vgl. Karte S. 100) hat nach meinem Urteil wenig für sich. * Pategyas hatte offenbar im Auftrag des Kyros den neuen Stathmos begutachten sollen und dabei das bereits in Schlachtordnung aufgestellte und langsam vorrückende Heer des Großkönigs in der Ferne entdeckt.

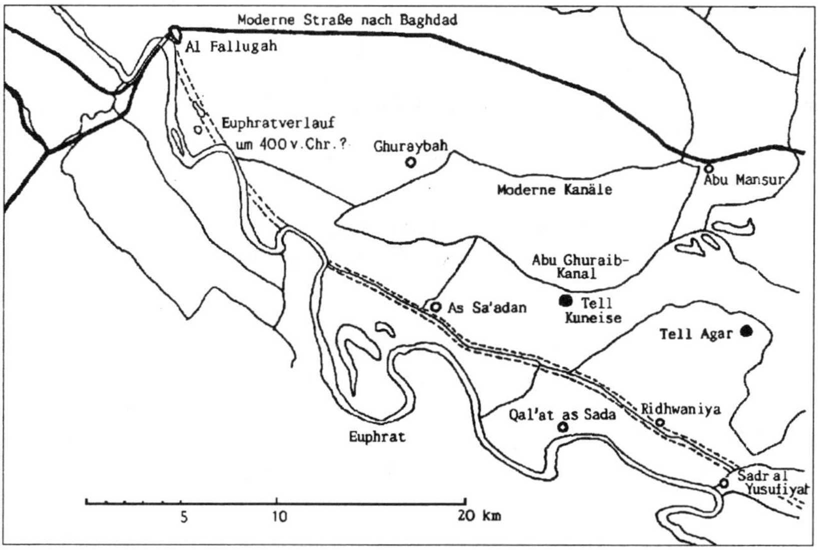

11. Die Lage von Tell Kuneise (Kunaxa) und Tell Agar (1.8.1, 1.10.12)

1.8.2/3 Die Entwicklung aus der Marschordnung in die Phalanx stellte für die ungeübten einheimischen Truppen sicher ein sehr

Karte S.54

schwieriges Unternehmen dar. Sie mußten zunächst die schweren Waffen von den Wagen holen und dann unter Führung ihrer Offiziere zum Teil über Kilometer hin in ihre Positionen einrücken. Auch bei den disziplinierten Griechen verbreitete sich Unruhe, obwohl realistischerweise noch mit Stunden bis zum Zusammenstoß zu rechnen war. Aber die Plötzlichkeit, mit der die Vision vom bereits kampflos errungenen Sieg zerstob, tat ihre Wirkung. Der junge Prinz scheint in diesem Augenblick der Unruhe zwar persönlich die Nerven behalten zu haben, aber die Anordnung, jeder möge nun seinen Platz einnehmen, leitete die für ihn unheilvolle Entwicklung ein.

1.8.4 Die Truppen richteten sich in der Eile nach dem für den Übergang über den Graben entwickelten Aufstellungsplan. Den rechten Flügel des Gesamtheeres nahm die griechische Heeresgruppe ein, die ihrerseits als autonome Einheit einen rechten und einen linken Flügel bildete. Ihr rechter Flügel unter dem Kommando des Klearchos stand in der Nähe des Flusses, von dem aus sich die Gesamtfront über mehrere Kilometer hin in die Ebene hinein erstreckte. Klearchs Kontingent umfaßte damals mindestens 3000 Mann (vgl.1.3.7, 1.4.7), wahrscheinlich aber sogar 5300 Mann, da vermutlich die restlichen Truppen des Xennias und Pasion nach der Flucht dieser beiden Feldherren in Myriandos (1.4.6, **St. 43**) bei Klearchos Anschluß gesucht hatten. Xenophons Platz neben Proxenos, dessen 1500 Hopliten bei der üblichen Anordnung in 8 Gliedern nicht ganz 200 m Frontbreite einnahmen, war dann ziemlich genau im Zentrum der nahezu 1½ km langen griechischen Phalanx, mindestens aber 400 m von ihrem rechten Ende entfernt. **καὶ τὸ στράτευμα** scheint ein späterer Bearbeiter in den Text eingefügt zu haben (vgl. LENDLE [Kunaxa] 441 Anm.41).

1.8.5-7 Aus dem Bericht über die einheimische Heeresgruppe ergeben sich folgende Informationen: Zwischen dem rechten Flügel der griechischen Hopliten und dem Fluß standen noch 1000 paphlagonische Reiter, die bei einer Aufstellung in vier Gliedern 500 m Frontbreite einnahmen (bei mehr Gliedern entsprechend weniger) und etwa 2000 griechische Peltasten, die bei Normalaufstellung in 8 Gliedern etwa 250 m einnahmen. Die übrigen einheimischen Truppen (mindestens wohl 30000 Mann) bildeten den linken Teil der Gesamtfront unter Führung des Ariaios, der selbst an der Spitze einer Reitereinheit (vgl. 1.9.31) auf dem äußersten

Karte S.54

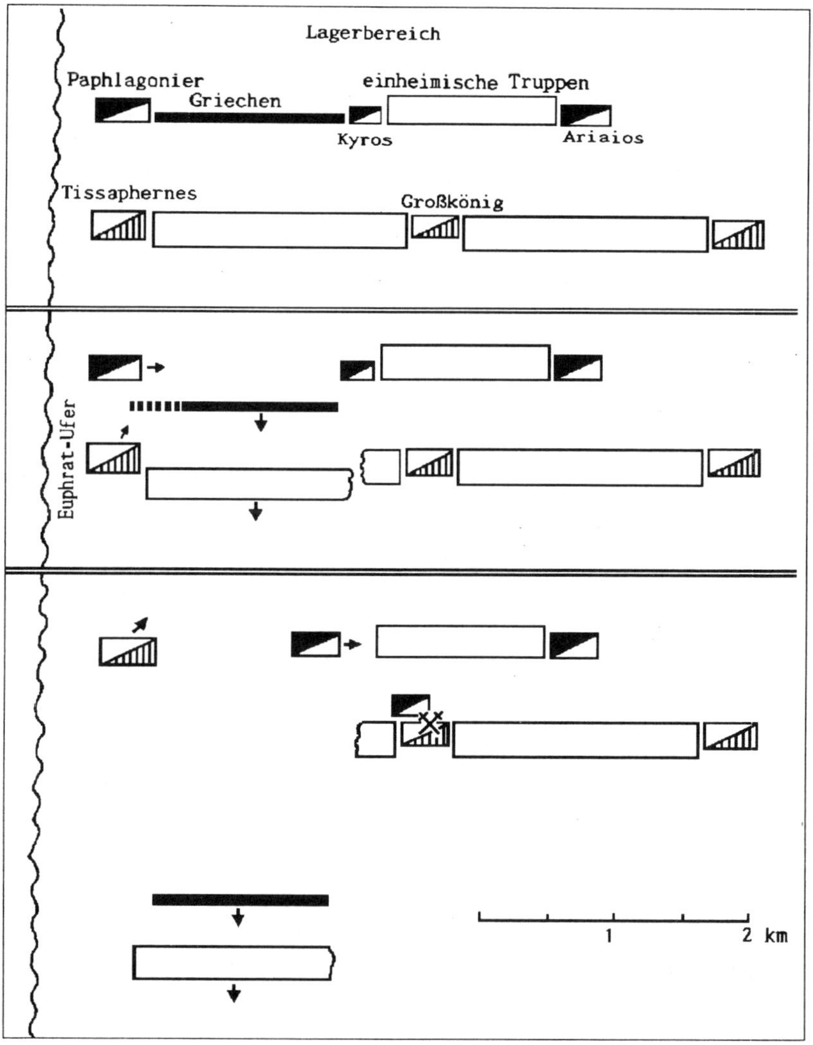

12. Die Schlacht bei Kunaxa: *oben*: Aufmarsch der Heere zur Schlacht, *Mitte:* Der griechische Angriff, *unten*: Kampf der Leibgarden im Zentrum

Karte S.54

linken Flügel stand. Zwischen der griechischen und der einheimischen Heeresgruppe nahm Kyros mit seiner 600 Mann starken Elitereiterei Aufstellung (Xenophon hat hier, fasziniert durch seine eigene Beschreibung der Bewaffnung dieser Reiter und ihrer Pferde das eigentliche Ziel des Satzes - die Angabe der Position des Kyros in der Phalanx - aus den Augen verloren; aber diese Position ergibt sich zwingend aus dem Schlachtverlauf; man hat auch erwogen, ob hinter ἑξακόσιοι die Angabe κατὰ τὸ μέσον ausgefallen ist; dies halte ich jedoch für weniger wahrscheinlich). Alles in allem ergibt sich aus dem Bericht das Bild einer nach persischer Tradition zum Kampf aufgestellten Armee: mit Reitermassen auf den Flügeln, der Elitereiterei des Königs (in diesem Fall des Thronanwärters) im Zentrum und den schweren Fußtruppen dazwischen. Durch die Abordnung der Paphlagonier auf den rechten Flügel neben die Griechen versuchte Kyros offenbar, die beiden so ungleichen Heeresgruppen wenigstens äußerlich zusammenzubinden. *

Daß die griechischen Peltasten zwischen den Hopliten Klearchs und den Paphlagoniern standen, ergibt sich aus 1.10.7; daß sie hier jedoch unter dem Oberbegriff τοῦ βαρβαρικοῦ aufgeführt werden, ist merkwürdig und hat zu der Erwägung geführt, daß diese Phrase als Einschub zu verstehen sei (LENDLE [Kunaxa] 437, dagegen GUGEL). * Der Hinweis, daß Kyros *"mit unbedecktem Haupt"* in den Kampf gezogen sei, widerspricht der durch Plutarch erhaltenen Nachricht des Ktesias (FGrHist 688 F 20.4), er habe eine Tiara getragen, und auch der allgemeinen persischen Sitte. Da Xenophon jedoch unmittelbar vor Beginn des Kampfes noch mit Kyros gesprochen hat (1.8.15), darf man seine Aussage schwerlich bezweifeln. Entweder bezieht sich ψιλήν hier nur auf das Fehlen des Helms, oder aber der Prinz vollzog den Erkundungsritt an der griechischen Front entlang tatsächlich barhäuptig und setzte erst, als er sich wieder auf seinem Posten befand, die (steile ?) Tiara auf. * Daß die Panzerreiter mit Helmen ausgerüstet waren, erachtete Xenophon als auffällig und mitteilenswert, weil die Perser üblicherweise keine Helme, sondern flache Tiaren trugen (vgl. Herod. 7.61.1, 5.49.3 in Verbindung mit Hesych s.v. τιάρα [= κυρβασία]). * Den Satz λέγεται - διακινδυνεύειν hat WYTTENBACH zu Recht getilgt, weil die Einleitung mit *"man erzählt"* dem Augenzeugen Xenophon nicht zugeschrieben werden kann. Sachlich ist die Aussage haltbar, wenn man ψιλαῖς auf das aus griechischer Sicht kaum vorstellbare Fehlen fester Helme bezieht.

Karte S.54

1.8.8 Die Staubwolke der durch die Ebene heranrückenden feindlichen Phalanx wurde am frühen Nachmittag, vielleicht gegen 14 Uhr, sichtbar, nach 1.10.19 noch vor dem Frühstück, das an diesem Tag offenbar erst auf dem neuen Stathmos eingenommen werden sollte (nach anderen Stellen wurde der Marsch meistens einmal im Laufe des Vormittags zur Bereitung des Frühstücks unterbrochen). Man spürt dem Bericht Xenophons die Spannung an, mit welcher er das eindrucksvolle Manöver beobachtet hat, und muß die Anschaulichkeit seiner Darstellung bewundern: man sieht förmlich die Blitze vor Augen, welche von den blank geputzten Speerspitzen, Harnischen, Metallbeschlägen der gepanzerten Pferde usw. je nach ihrer Bewegung vor dem dunklen Hintergrund aufstrahlten und wieder verloschen. Dann traten allmählich die durch eine einheitliche Farbgebung und Bewaffnung (vor allem mit verschieden großen und geformten Schilden) unterscheidbaren Truppenkörper ins Blickfeld. Bis der langsam marschierende (1.8.11) Gegner bis auf etwa 600 m heranwar (1.8.17), darf man wohl annehmen, daß mindestens eine Stunde für die Beobachtung des Schauspiels zur Verfügung stand.

1.8.9 Xenophon überschaute von seinem Standort aus (vgl. zu 1.8.4) nur den linken Flügel der feindlichen Armee und nennt die Einheiten, die man damals identifizieren konnte. Im weiteren Geschehen spielte lediglich die Reitertruppe des Tissaphernes noch eine Rolle. Die Aufstellung nach einzelnen Völkerschaften, die auf eine bestimmte Kampfweise (Schwerbewaffnete, Bogenschützen, Schleuderer usw.) spezielisiert und entsprechend ausgerüstet waren, ergab ein buntscheckiges Aussehen und eine von Einheit zu Einheit sich ändernde Kampfmethode und Kampfkraft der persischen Armee, von der sich die homogene Hoplitenphalanx der Griechen, die nur auf den Flügeln (hier situationsbedingt allein auf dem rechten Flügel) durch leichte Truppen ergänzt wurde, signifikant unterschied. Ein weiterer ins Auge springender Unterschied betraf die Formation der Truppen: die griechische Phalanx stand wahrscheinlich (wie üblich) acht Mann tief, die persischen Truppen (vermutlich auch die einheimische Heeresgruppe des Kyros) waren dagegen in 'vollen Karrees' aufgestellt, d.h. in tief gestaffelten und voll mit Soldaten besetzten Vierecken - eine Kampfformation, welche den Griechen damals noch unbekannt war (Beispiele finden sich erst bei Alexander dem Großen; dagegen wurde das 'offene Karree', in welchem die Kampftruppen den Troß ringsum ein-

Karte S.54

schlossen, unter bestimmten Umständen von den Griechen als Marschformation angewendet, auch von den 'Zehntausend' auf ihrem Rückmarsch, vgl. 3.2.36). Aus diesen Erwägungen läßt sich folgern, daß den 11000 Hopliten der nicht ganz 1½ km langen griechischen Phalanx je nach der Tiefe der 'vollen Karrees' die drei- bis vierfache Menge an königlichen Truppen gegenübergestanden haben kann, ohne daß eine entsprechend große Verlängerung der persischen Phalanx eintrat. Wenn wir auch bei den einheimischen Truppen des Kyros mit einer Aufstellung in 'vollen Karrees' rechnen, dürften diese kaum mehr, wenn nicht sogar weniger Raum als die Griechen eingenommen haben, so daß die ganze Front der Kyros-Armee mit Reitern und Leichtbewaffneten auf eine Länge von etwa 3½ - 4 km zu veranschlagen ist. Die Front der Armee des Großkönigs dürfte mit ihrem rechten Flügel vielleicht 500 - 1000 m übergestanden haben.

1.8.10 Aus der genauen Beschreibung der *"sogenannten Sichelwagen"*, die Xenophon in der «Kyrupädie» (6.1.29, 6.2.17) gibt, lassen sich folgende Einzelheiten entnehmen: die starken Räder der Wagen saßen auf dicken Achsen, von deren Enden nach außen je eine Sichel von 2 Ellen (etwa 90 cm) Länge hervorstand; weitere entsprechende Sicheln ragten von den Achsen aus nach unten (die Räder müssen also einen Durchmesser von mehr als 4 Ellen, d.i. ungefähr 2 m, gehabt haben); über den Achsen erhoben sich turmartig aus schweren Hölzern errichtete Wagenkästen, deren Schutzwehren den schwer gepanzerten und Helme tragenden Wagenlenkern bis zu den Ellenbogen reichten. Die Wunderwaffe erwies sich später als völlig wirkungslos.

1.8.11 Anspielung auf die Ansprache, die Kyros auf Stathmos **85** an die Griechen gerichtet hatte (1.7.4). Dort betraf allerdings der Hinweis auf das Geschrei (was Xenophon hier nicht berücksichtigt) den eigentlichen Angriff, nicht den langwierigen, über Kilometer führenden Anmarsch in die Ausgangsposition, der sicherlich üblicherweise schweigend vollzogen wurde

1.8.12/13 Kyros hatte inzwischen längst erkannt, daß die Aufstellung seiner Truppen grundsätzlich falsch war. Der Großkönig befand sich mit seinen Leibtruppen ein Stück weit außerhalb des linken Flügels der griechischen Phalanx, würde also von deren Angriff, falls dieser, wie üblich, direkt nach vorne gerichtet war, garnicht betroffen werden. Sein Versuch, diesen Fehler in letzter Sekunde zu korrigieren und Klearchos mit der griechischen Heeresgruppe (so ist στράτευμα hier zu verstehen) zu einem Schrägangriff gegen das feindliche Zentrum zu animieren, mißlang. Er vermochte in den wenigen Augenblicken, die bis zum Beginn der Kampfhandlungen noch blieben, den griechischen Feldherrn nicht davon zu überzeugen, daß es in diesem Fall tatsächlich nur auf das Zentrum oder vielmehr sogar nur auf die Person des Großkönigs ankam, daß die Bewegungen aller übrigen feindlichen Truppen bedeutungslos waren und jedenfalls spätestens in dem Augenblick in Flucht übergehen würden, wo sich die Nachricht vom Tod, von der Gefangennahme oder der Flucht des Großkönigs verbreitete. Klearchos konnte zwar von seinem Standort aus in etwa 2 km Entfernung die Reitermasse des feindlichen Zentrums erkennen, erkundigte sich auch nach dessen Verhältnis zum linken griechischen Flügel, lehnte aber aufgrund der Antwort (*"außerhalb des linken griechischen Flügels"*) den Schrägangriff ab, um nicht die Flankendeckung durch den Fluß zu verlieren. * Die Forschung hat sich lange Zeit durch die Angabe Xenophons in der Parenthese, daß der Großkönig sogar *außerhalb des linken Flügels der Kyros-Armee* gestanden habe, irritieren lassen. Erst KROMAYER ([Schlachtfelder] 236 ff.) hat nachgewiesen, daß hier ein Irrtum des Erzählers vorliegt. Xenophon hat seine Kombination aus der korrekten Angabe des Kyros heraus entwickelt, sicherlich im guten Glauben, da er von den mehrere Kilometer entfernten Enden der beiden Schlachtreihen natürlich keine eigene Anschauung hatte. Psychologisch läßt sich der Fehlschluß wohl so erklären, daß Xenophon einerseits die Leistung der Griechen größer erscheinen läßt (sie haben keinen Augenblick gezögert, gegen eine derartige Übermacht anzustürmen), andererseits die Weigerung Klearchs, einen Schrägangriff gegen das feindliche Zentrum zu führen, verständlich macht (ein solcher Angriff hätte einen mehrere Kilometer langen Marsch zwischen den Fronten, mit der ungedeckten Seite in Feindrichtung, bedeutet, der keinem verantwortungsbewußten Heerführer zumutbar war). Die Tendenz, Klearchos gegen die offenbar bald einsetzenden Angriffe wegen der sogenannten Befehlsverweigerung zu verteidigen, läßt sich auch sonst in der «Anabasis» beobachten (vgl. zu 2.6.7, 2.6.15).

1.8.14 Vermutlich war der Aufbau der Phalanx im Bereich der einheimischen Truppen des Kyros weit weniger vorangeschritten als bei den Griechen. Aber zu dem hier ins Auge gefaßten Zeitpunkt waren die beiden Schlachtreihen wohl noch fast einen Kilometer von einander entfernt, so daß die meisten Truppen ihre Positionen noch hätten einnehmen können, wenn die Griechen nicht überraschenderweise allzu früh zum Angriff angetreten wären. * Kyros befand sich auf dem Rückweg von seinem vergeblichen Gespräch mit Klearchos und passierte dabei die Einheit des Proxenos, die etwa im Zentrum der griechischen Phalanx stand.

1.8.15 Xenophon erwähnt sich hier zum erstenmal selbst, während er erst später (3.1.4-10) darüber berichtet, wie es zu seiner Teilnahme am Unternehmen des Kyros gekommen ist. Er befand sich zu Pferd vermutlich in der Nähe seines Freundes Proxenos, der wohl am rechten Flügel seiner Hoplitentruppe, gleichfalls in Hoplitenrüstung, stand. Xenophon war kein Mitglied der Phalanx, sondern nahm beobachtend als Zivilist mit voller Bewegungsfreiheit an dem Unternehmen teil (während der Schlacht befand er sich wahrscheinlich im Rücken der vorwärts stürmenden Phalanx). Seine Frage an Kyros, ob er den Griechen irgendetwas mitteilen solle, beantwortete dieser mit einem Hinweis auf die günstigen Opfer und die günstigen Zeichen der Opfertiere. Trotz des panikartigen Aufmarsches hatte Kyros also noch die vor kritischen Situationen übliche Opferzeremonie mit der rituellen Schlachtung von Tieren durchführen und durch die Opferpriester interpretieren lassen. Die *Sphagia* waren Tieropfer, nach deren Abschluß die Kadaver durch Verbrennen oder Vergraben völlig beseitigt wurden. Sie dienten dem Versuch, den unheilvollen Einfluß dämonischer Mächte vor schwierigen Unternehmungen zu befriedigen und dabei ein Omen für den künftigen Verlauf zu gewinnen, indem man vor allem das Verhalten des Opfertiers vor der Schlachtung, dann die Form und Höhe der bei der Verbrennung der Eingeweide entstehenden Flamme, die Art und Richtung des Aufplatzens der Gallenblase u.ä. beobachtete.

1.8.16 Während des Gesprächs lief die vermutlich vom rechten Flügel (Klearchos) ausgegangene Parole, die von Mann zu Mann laut weitergegeben wurde, vom linken Flügel aus wieder zurück an ihren Ausgangspunkt. Sie diente in diesem Fall vor allem der Stärkung des Kampfesmuts, weniger als Maßnahme zur gegenseitigen Identifizierung (immerhin aber konnte man auch in der gegnerischen Phalanx möglicherweise auf griechische Söldner stoßen).

Kyros wunderte sich zu Recht darüber, daß die Parole ohne sein Wissen bereits bei den Griechen umlief, da er bis zum Beginn der Kampfhandlungen noch mit einer längeren Frist rechnete und wohl auch angenommen hatte, daß man die Parole gemeinsam festlegen werde. Nicht nur aus diesem Detail wird deutlich, daß die griechische Phalanx ein umso stärkeres Eigenleben entfaltete, je näher der Augenblick des Kampfes kam. Für Kyros, der den Wortlaut der Parole zwar nachträglich akzeptierte und sich voll zu eigen machte, muß diese Erkenntnis dennoch beängstigend gewesen sein.

1.8.17 Die griechische Phalanx begann selbständig ihren Angriffsmarsch, als der Abstand zum Gegner immerhin noch etwa 600 m betrug - auch dies ein beredtes Zeichen für die fehlende Abstimmung innerhalb der Gesamtarmee. Daß zu Beginn des Angriffs der *Paian* (auf Ares Enyalios, vgl.Schol.Thuk.4.43.3) angestimmt wurde, entsprach allgemeiner griechischer Sitte und ist für viele Schlachten bezeugt. Ob hier vor dem Antritt die ganze Phalanx einen einheitlichen (kurzen) Anruf des Gottes ausstieß, oder ob die einzelnen Stämme, die ja in geschlossenen Kontingenten kämpften, ihre jeweils eigenen Paiane ertönen ließen, muß offen bleiben.

1.8.18 Der von dem Schlachtruf ἐλελεῦ oder ἀλαλά begleitete Angriffslauf, der seit der Schlacht von Marathon (vgl. Herodot 6.112.1) in der griechischen Kriegsgeschichte vielfach bezeugt wird, begann hier offenbar früher als geplant. Er durfte nur kurz sein, da er für die schwer gepanzerten Hopliten eine erhebliche Anstrengung bedeutete, bevor sie in ihre eigentliche Aufgabe, den Nahkampf, eintreten konnten. Man gewinnt den Eindruck, daß die griechische Phalanx sich jetzt, als nach monatelangen Märschen endlich der Augenblick des Kampfes gekommen war, nicht mehr zurückhalten ließ. Klearchos, der mit seinen Truppen vermutlich nach spartanischer Sitte in diszipliniertem Gleichschritt möglichst nahe an den Gegner heranrücken wollte, mußte sich natürlich dem allgemein einsetzenden Sturmangriff anschließen.

1.8.19 Der persische linke Flügel hielt dem Angriff schon nicht mehr stand, bevor noch die ersten Geschosse, die Schleudersteine der Schleuderer, danach die Pfeile der Bogenschützen, ins Ziel trafen (bei etwa 200-300 m Abstand). Diese Angaben beziehen sich auf die Leichtbewaffneten, die rechts neben den Hopliten aufgestellt waren und den Angriff in der Phalanxformation mitmachten. Dagegen blieben die 1000 paphlagonischen Reiter, die den Raum zwischen den Leichtbewaffneten und dem Euphrat ausgefüllt hatten, offenkundig stehen, ebenso wie das gesamte übrige einheimische Heer. Jedenfalls werden die Paphlagonier künftig nicht mehr erwähnt, während Tissaphernes später an der Stelle, wo sie ursprünglich aufgestellt waren, problemlos durchreiten konnte. Sie haben offenbar nach dem überraschend eingeleiteten Angriff der Griechen ihre Position am Flußufer aufgegeben und Anschluß an Kyros gesucht, nicht ganz 2 km landeinwärts, während die griechische Phalanx sich im Verlauf des Vorrückens vermutlich etwas nach rechts zog, um die Frontlücke (v.a. mit Hilfe der locker ausschwärmenden Leichtbewaffneten) notdürftig zu schließen. * In den Zurufen, bei der Verfolgung des mühelos geworfenen Gegners aus dem Laufschritt in Schritt überzugehen und die ursprüngliche Phalanxformation herzustellen, sind die Versuche der Offiziere zu erkennen, ihre Truppen wieder voll in die Hand zu bekommen.

1.8.20 Von den Sichelwagen waren die Wagenlenker abgesprungen und hatten sich der allgemeinen Flucht angeschlossen. Die führerlosen Gespanne brachen blindlings durch die Linien, ohne Schaden anzurichten. Die griechische Phalanx, die zwischen den einzelnen Abteilungen ohnehin gewisse Zwischenräume zum Manövrieren aufwies, hatte sich in der Zwischenzeit so gelockert, daß ohne Schwierigkeiten Gassen für die durchrasenden Sichelwagen gebildet werden konnten. * Daß auf griechischer Seite überhaupt keine Verluste eintraten, ist angesichts der Tatsache, daß es zu keinem Kampf kam, nicht verwunderlich; aber auch die Perser dürften (es sei denn durch ihre eigenen Sichelwagen) kaum Ausfälle gehabt haben. Dasselbe gilt wohl auch für die anderen Flügel der beiden Heere, wo es (außer im Zentrum) ebenfalls nur geringe Gefechtsberührung gegeben zu haben scheint, bevor die Flucht der Kyreer einsetzte (immerhin zog sich Ariaios eine Verwundung zu, 2.2.14). Ktesias (FGrHist 688 F 22) beziffert allerdings die persischen Verluste nach der offiziellen Version auf etwa 9000, nach seiner eigenen Vermutung sogar auf über 20000 Tote - aber diesen Zahlen kann man, wie so vielen seiner präzise aussehenden Aussagen, kein Vertrauen schenken.

Karte S.54, Schlachtplan S.65

1.8.21 Informationen über die Vorgänge im Zentrum dürfte Xenophon durch Prokles und Glus erhalten haben (vgl. 2.1.3). Der eindrucksvolle Sieg der Griechen über den linken Flügel der Perser mag im ersten Augenblick Freude und Siegesbewußtsein bei Kyros und seiner Umgebung ausgelöst haben. Als aber die Griechen von der Verfolgung nicht abließen, sondern sich immer weiter vom zentralen Ort des Geschehens entfernten, dürfte dem Prinzen klar geworden sein, daß die einzige Truppe, mit der er den Großkönig selbst leicht hätte schlagen können, für die Entscheidung ausfallen würde. Er wußte jetzt, daß er auf sich alleine angewiesen war. Der Großkönig hatte bisher noch nicht auf die eingetretene Lage reagiert. Zwar war der linke Flügel seiner Phalanx abgerissen, aber die meisten seiner Truppen standen, nachdem der Vormarsch ins Stocken geraten war, nach wie vor unbeschädigt an ihrem Platz.

1.8.22 Xenophon hebt den Unterschied der persischen zur griechischen Schlachtaufstellung, nach welcher die Führer jeweils auf dem rechten Flügel ihrer Einheiten standen, deutlich hervor und gibt zwei überzeugende Begründungen für die Mittelposition des persischen Großkönigs. Dabei ist freilich zu berücksichtigen, daß es in den griechischen Armeen dieser Zeit kein zentrales Oberkommando gab, das in einer einzigen Person bestand.

1.8.23 Xenophon wiederholt hier noch einmal seine fehlerhafte Vorstellung vom weiten Überragen des rechten persischen Flügels (vgl. zu 1.8.13), vielleicht um den Mut des Kyros im folgenden umso strahlender hervortreten lassen zu können. * Beide Heere standen sich offenbar eine Zeitlang bewegungslos gegenüber. Überraschenderweise nutzten die einheimischen Truppen des Kyros die durch den griechischen Sieg auf persischer Seite eingetretene Verunsicherung nicht zu einem entschlossenen Angriff aus. Aber es wäre wohl verkehrt, auch nur die geringste Kampfwilligkeit bei diesen Truppen vorauszusetzen. Ob Ariaios, als ihm die Ereignisse auf dem rechten Flügel zur Kenntnis kamen, überhaupt versucht hat, einen Angriff einzuleiten, ist mehr als unwahrscheinlich. Jedenfalls übernahm schließlich der Großkönig die Initiative, indem er den Rest seines verstümmelten linken Flügels nach links vorzuziehen begann, um so zwischen die beiden auseinandergerissenen Heeresgruppen des Kyros zu gelangen. Jetzt spätestens mußte dieser persönlich eingreifen, wenn er die Chance des Zufalls noch wahrnehmen wollte.

1.8.24/25 Die philhellenische Begründung für den mutigen Angriff des Prinzen mag so von Prokles und Glus geäußert worden sein. Tatsächlich aber ging es dem Großkönig wohl eher um die einheimische Heeresgruppe des Kyros, die er jetzt von beiden Seiten in die Zange nehmen und mit seinen überlegenen Massen vernichten konnte. * Zwischen den berittenen Leibtruppen der beiden Kontrahenten fand der einzige kurze, aber blutige Kampf während dieser Schlacht statt. Die 6000 persischen Reiter zogen sich nach dem Tod ihres Kommandanten Artagerses zurück und gaben damit Artaxerxes und sein Gefolge schutzlos dem Gegner preis. In diesem Augenblick lag der Sieg für Kyros in der Luft - aber im alles entscheidenden Moment fehlten ihm nicht nur die Griechen, sondern auch seine 600 Reiter, die sich im Eifer der Verfolgung zerstreut hatten. Er war am Schluß seines ehrgeizigen Unternehmens, für das er ein halbes Jahr und länger zehntausende Soldaten bezahlt und versorgt hatte, ganz auf sich allein und den kleinen Kreis seiner getreuesten Anhänger gestellt.

1.8.26 Anscheinend kam es tatsächlich zum persönlichen Zusammenstoß zwischen beiden Brüdern, wobei Artaxerxes eine Wunde davon trug, die Ktesias gewiß richtig beschrieben hat (der Speer drang zwei Finger tief ein, so daß der Großkönig vom Pferd stürzte). Dieser aus einer knidischen Arztfamilie stammende Grieche, der in persische Gefangenschaft geraten war und dann Artaxerxes jahrelang als Leibarzt diente, nahm in dessen Umgebung an der Schlacht teil und muß den Angriff des Kyros miterlebt haben. Sein Bericht über die Schlacht von Kunaxa und den Tod des Kyros ist in gekürzter, aber immer noch sehr umfänglicher Form in Kap.11 der «Artaxerxesvita» Plutarchs (FGrHist 688 F 16.64-67) erhalten, muß allerdings wegen der bekannten Manier des Pseudohistorikers, um der psychagogischen Wirkung willen bedenkenlos die Tatsachen zu verfälschen oder Einzelheiten selbständig zu erfinden, für die historische Rekonstruktion weithin als wertlos angesehen werden. Dennoch waren die 23 Bücher der «Persika» des Ktesias für die damaligen Griechen das Standardardwerk über Persien; auch Xenophon hat es eingesehen, ließ sich aber durch dessen sensationslüsterne Machart in der Sachlichkeit seiner Darstellung nicht beeinflussen.

1.8.27 Über die genauen Umstände von Kyros' Tod wußte offenbar niemand etwas Sicheres (der ausführliche Bericht des Ktesias, *"in dem er den Mann wie mit einem stumpfen Messer nur mühsam zu Tode quälte"* - so das Urteil Plutarchs -, beruht so gut wie ausschließlich auf freier Phantasie; das wird schon daraus deutlich, daß er den ersten Speerwurf auf Artaxerxes durch Ariaios, der in Wahrheit mehrere Kilometer vom Zentrum entfernt auf dem linken Flügel der Kyros-Armee stand, ausführen läßt). So viel aber scheint sicher zu sein, daß der Prinz durch einen Lanzenstich unter dem Auge schwer verwundet wurde und dann in dem mörderischen Getümmel, das sich zwischen den engsten Vertrauten der beiden Brüder abspielte, zu Tode kam. Die genaue Bestimmung der Verwundung entnahm Xenophon wiederum dem Buch des Ktesias, der das später abgeschlagene Haupt des Prinzen (1.10.1) selbst gesehen hat. Nach seinem Bericht zog sich Kyros diese Verwundung allerdings erst bei beginnender Dunkelheit zu, als er siegestrunken auf seinem scheuenden Pferd durch die persischen Reihen galoppierte, dabei seine Tiara verlor und unerkannt von dem Speer eines gewissen Mithridates getroffen wurde. Er stürzte vom Pferd und wurde von Eunuchen (die den wilden Ritt also begleitet haben müßten) fortgeführt; dann wurde ihm durch einen Speerwurf von hinten die Kniekehle aufgeschnitten, so daß er mit der verwundeten Schläfe auf einen Stein aufschlug und starb. Aus dieser ganzen phantastischen Geschichte ist vielleicht nur das eine Faktum zu entnehmen, daß Ktesias, der mit dem verwundeten Großkönig und einigen wenigen Begleitern auf einem kleinen Hügel in der Nähe Zuflucht gesucht hatte, später an der Leiche des Kyros auch eine Kniekehlenverletzung diagnostizierte

1.8.28/29 Die äußere Aufmachung des Artapates kannte Xenophon sicher aus eigener Anschauung. Daß dieser sich mit seinem goldenen Dolch - vermutlich einem Ehrengeschenk des Kyros, vgl. 1.2.27 - über dem Leichnam seines Herrn selbst den Tod gegeben haben könnte, würde mit seiner Charakterisierung als einem besonders getreuen Gefolgsmann (1.6.11) in Übereinstimmung stehen. Jedenfalls hätte er, wenn er unverwundet in die Hände des Gegners gefallen wäre, keine Chance gehabt, mit dem Leben davonzukommen. Man spürt, daß Xenophon den bedingungslosen Einsatz der vornehmsten Männer des Gefolges für ihren Herrn bewundernswert fand, und daß er versuchte, diese Stimmung auch bei seinen griechischen Lesern, denen ein solches Verhalten gegenüber einem anderen Menschen fremd war, zu erzeugen (vgl. auch 1.9.30/31).

1.9.1-31 Das sogenannte 'Kyrosporträt' stellt ein besonderes Glanzlicht der «Anabasis» dar. Es handelt sich dabei nicht um eine Kurzbiographie, sondern um ein auf die Führungsqualitäten des Kyros ausgerichtetes Persönlichkeitsbild. Diese Qualitäten werden aus bestimmten, von Xenophon als wesentlich empfundenen Eigenschaften heraus entwickelt. Zusätzlich ist jedoch zu berücksichtigen, daß in der Darstellung sowohl reale als auch fiktive Bestandteile enthalten sind, so daß der pädagogisch-protreptische Modellcharakter des Kapitels deutlich in den Vordergrund tritt: Xenophon will offensichtlich seine athenischen Landsleute auf dem Weg über die Gestalt des jüngeren Kyros mit einem gesellschaftlichen System bekanntmachen, das er für geeignet hielt, zur Wiedergesundung der nach seinem Urteil entarteten Verhältnisse in Athen beizutragen. In gewissem Sinn ist das 'Kyrosporträt' der «Anabasis» also mit der «Kyrupädie», dem umfangreichsten Werk Xenophons, zu dem sich viele Verbindungen nachweisen lassen, vergleichbar. Tatsächlich verkörperte in Wahrheit nicht der jüngere, sondern der ältere Kyros II. die hier von Xenophon beschriebene ideale Monarchie.

1.9.1 Kyros II. (der 559 König der Perser wurde, das persische Weltreich begründete und 529 im Kampf gegen die Massageten den Tod fand [Herodot 1.214.3]) setzt den von keinem Nachfolger je wieder erreichten Maßstab, an dem der zu früh gestorbene (vgl. Oikon. 4.18) jüngere Kyros (423-401) zu messen ist. Dessen Kennzeichnung als vom Schicksal begnadeter idealer König und Herrscher richtet sich gegen Artaxerxes, seinen älteren Bruder, der statt seiner den Thron innehatte. Zugleich macht schon dieser Überschriftsatz deutlich, daß es im folgenden nicht um den *Menschen*, sondern um den *Herrscher* Kyros gehen wird. Für die hohe Einschätzung des jungen Prinzen als des (nach Kyros II.) besten denkbaren Königs beruft sich Xenophon auf das übereinstimmende Zeugnis aller, *"die mit ihm in engeren Kontakt gekommen zu sein glauben"*, etwa Klearchos oder Proxenos oder auch griechisch sprechende Perser, denen er seine Informationen verdankte. Xenophon selbst hat Kyros sicher öfter gesehen, war ihm auch nach seinem Eintreffen in Sardeis von Proxenos vorgestellt worden (3.1.8), dürfte aber kaum mehr als die 1.8.15-17 referierten Worte mit ihm gewechselt haben.

1.9.2 Der erste Teil der Darstellung, mit dem die Begründung der vorhergehenden Aussage eingeleitet wird, steht unter dem Stichwort 'Erziehung' und betrifft die Lebensphasen des Knaben (1.9.2-5) und des Epheben (1.9.6), in welchen in allen Kulturen durch Erziehungsmaßnahmen der Charakter des künftigen Mannes geprägt wird. Für die griechischen Leser besonders überraschend ist die Mitteilung, daß Kyros *"zusammen mit seinem Bruder* [Artaxerxes] *und den anderen Knaben"* erzogen wurde. Dieser Punkt, der für Xenophon ein vorbildliches Merkmal des persischen Erziehungswesens darstellt, wird anschließend ausführlich erläutert.

1.9.3/4 Folgende Einzelheiten, die im Gegensatz zum attischen Erziehungswesen stehen, werden hervorgehoben: [1] Die gemeinsame Erziehung aller Knaben der elitären persischen Oberschicht fand direkt am Hof des Großkönigs statt, abgesondert von der großen Masse des Volkes, deren Bildungsgang (sofern man davon überhaupt sprechen kann) ohne Interesse ist. Demgegenüber gab es im attischen Erziehungswesen im unteren Bereich eine Art allgemeine Volksschule, deren Lehrer freilich auf der sozialen Stufenleiter einen sehr niedrigen Platz einnahmen, im oberen Bereich dagegen eine weitgehende Individualisierung mit privat bezahlten Hauslehrern und jenen kleinen Zirkeln, die sich gegen Entrichtung eines Honorars um Sophisten oder Philosophen oder Rhetoren scharten. Im hier dargestellten persischen Erziehungssystem spielten 'Lehrer' im Sinne des Wortes überhaupt keine Rolle. [2] Der Begriff *"an den Türen des Großkönigs"* ist wörtlich zu nehmen: die privilegierten Knaben und Prinzen standen auf dem Hof vor dem offenen Eingang in den Saal, in welchem der Großkönig seine Regierungsgeschäfte vollzog. Sie sahen und hörten, wie er Gesandtschaften empfing, Ehren verteilte, Strafen verhängte, Recht sprach usw. Ihr Lernen orientierte sich am Vorbild des höchsten Repräsentanten des Staates - ein für griechisches Denken kaum vorstellbares Verhalten. [3] Als in der Praxis erreichte Ziele werden genannt σωφροσύνη (wohl vor allem in der Bedeutung *Anstand und Sitte*, wie der Gegenbegriff αἰσχρόν nahelegt), *Gerechtigkeit* (so kann man den Inhalt von § 4 zusammenfassen) und, auf beides gegründet, die Fähigkeit sowohl zu *herrschen* als auch zu *gehorchen*. Hier werden die Unterschiede zum attischen Erziehungswesen (das sich in der Formalausbildung und der Konzentration auf das Training des Intellekts festgefahren hatte) besonders deutlich.

Wie sehr dieses Thema Xenophon fasziniert hat, wird daraus erkennbar, daß er in der «Kyrupädie» (1.2.2-16) ausführlich darauf zurückkommt und manche Einzelheiten nachträgt. So erfahren wir dort, daß ähnlich wie am Hof des Großkönigs auch in den einzelnen Städten die Knaben durch das Vorbild der Älteren, denen sie etwa bei der Rechtsprechung zuschauten, lernten: sie gingen in die Schule, um die Gerechtigkeit zu lernen, *"so wie bei uns, um die Buchstaben zu lernen"* (Kyrupäd. 1.2.6). Vor allem aber schuf dieses Erziehungssystem eine für die politische Praxis wesentliche Voraussetzung: schon die Kinder lernten herrschen und gehorchen, das heißt zwei komplementäre Fähigkeiten, welcher eigentlich vor allem die Bürger einer Demokratie wie Athen bedurften. Denn hier spielte ja ein und derselbe Bürger im ständigen Wechsel mal die Rolle des πολίτης ἄρχων, mal die des πολίτης ἀρχόμενος, ohne ernstlich durch eine entsprechende Erziehung auf seine Aufgaben vorbereitet worden zu sein. * Was Xenophon hier als besondere Vorzüge des persischen Erziehungswesens am Beispiel des jüngeren Kyros propagiert, setzt natürlich eine andere als die demokratische Staatsform voraus, nämlich die (ideale !) Monarchie mit den Repräsentanten einer kleinen aristokratischen Elite in den führenden Positionen - und es kann wohl keinem Zweifel unterliegen, daß Xenophon selbst im tiefsten Inneren weit mehr mit dieser Staatsform als mit der Demokratie sympathisierte. Es kann allerdings auch keinem Zweifel unterliegen, daß das hier beschriebene persische Erziehungssystem allenfalls von dem älteren Kyros II. verwirklicht worden und inzwischen längst wieder zerfallen war. Das Schlußkapitel der «Kyrupädie» (8.8) ist dem Nachweis gewidmet, wohin dieser Zerfall geführt hat. Zwar sei, heißt es 8.8.13, die Erziehung der Knaben *"an den Türen"* beibehalten worden, aber sie lernten dort jetzt nicht mehr Gerechtigkeit, sondern Bestechlichkeit, Unrecht und Giftmord. Mit anderen Worten: Xenophon projiziert hier das altpersische ideale Erziehungssystem auf den jüngeren Kyros, um diesen als Vermittler von Gedanken benutzen zu können, die er seinen Lesern nahebringen wollte.

1.9.5 Zu dem Prinzip, daß die *Knaben* (d.h. Jugendliche bis zum Alter von 16-17 Jahren, vgl. Kyrup. 1.2.8) sich ausgewählten älteren Männern unterzuordnen hatten, äußert sich Xenophon in der «Kyrupädie» (1.2.5) genauer. Die Reitkünste des Kyros konnte er vermutlich aus eigener Anschauung beurteilen; jedenfalls ist in der «Kyrupädie» von Reitstunden der Knaben nicht die Rede. Dagegen wird dort ausdrücklich (1.2.8) die Ausbildung im Speerwurf und Bogenschießen als Bestandteil des Lehrprogramms für die Knaben erwähnt: In allen Disziplinen erwies sich der junge Prinz nach dem Urteil der Gewährsleute als der eifrigste, lernwilligste und beste Schüler.

1.9.6 Die (hier indirekt angedeutete) Altersstufe des Epheben begann (nach Kyrup. 1.2.8) im 17. oder 18. Lebensjahr und dauerte zehn Jahre (danach folgten die Altersstufen der Männer, τέλειοι ἄνδρες [25 Jahre] und der Älteren, γεραίτεροι, vgl. Kyrup. 1.2.13). Nach Kyrup. 1.2.9 wurden die Epheben gruppenweise vom Großkönig auf die Jagd, die als besonders gute Vorbereitung für den Einsatz im Krieg galt, mitgenommen. Der Kampf mit der Bärin dürfte ein wirkliches, durch sichtbare Narben beglaubigtes Detail aus dem Leben des Prinzen sein. Wann es sich ereignete, geht aus dem Text nicht hervor: es dient hier ja nur zur Illustrierung des Mutes und der risikofreudigen Jagdleidenschaft des Kyros. Nebenbei wird am Schluß schon auf eine andere Eigenschaft (die später ausführlich besprochen wird, vgl. 1.9.11-19) hingewiesen: das gerechte und großzügige Belohnen einer guten Tat.

1.9.7 Die Einsetzung des Kyros als Satrap von Lydien, Großphrygien und Kappadokien sowie als Oberbefehlshaber (*Karanos*) der kleinasiatischen Truppen, deren Sammelplatz im Alarmfall die kastolische Ebene war (vgl. 1.1.2), kann nur im Jahr 408 oder 407 erfolgt sein. Wenn andererseits die Behauptung des Ktesias (FGrHist 688 F 17.4) zutrifft, er habe von Parysatis selbst gehört, daß sie Kyros erst als Königin, d.h. frühestens im Jahr 423, geboren habe, war dieser bei der Übernahme der Satrapie 15 oder allenfalls 16 Jahre alt, gehörte also noch nicht einmal in die Gruppe der Epheben. Das läßt sich wiederum mit der 1.9.2 gegebenen Information, er habe die Knabenerziehung mit seinem Bruder durchlaufen, nicht vereinbaren: Artaxerxes soll nach 46-jähriger Herrschaft (404 - 358) im Alter von 86 oder sogar 94 Jahren gestorben sein, was einen Altersunterschied von zwei bis drei Jahrzehnten zu Kyros bedeutet. An welchen Stellen die Tradition von der Wirklichkeit abweicht, ist nicht mehr aufzuklären. * Als erste wesentliche Charaktereigenschaft des idealen Herrschers Kyros wird seine absolute Vertrauenswürdigkeit bei Verträgen, Verabredungen und Versprechungen (absteigende Klimax) dargestellt (1.9.7-10).

1.9.8 Wenn sich Städte spontan in seine Abhängigkeit begaben (vgl. 1.1.6), taten sie dies im blinden Vertrauen auf sein Versprechen, er werde sie korrekt zu behandeln, ohne daß sie sich auf irgendwelche Rechtsansprüche berufen konnten. Dasselbe traf für einzelne Personen zu, mit denen er Verabredungen traf oder denen er Versprechungen machte - wie wohl auch zahlreichen Griechen, deren Hoffnungen allerdings durch den frühen Tod des Prinzen zunichte gemacht wurden. Der subjektive Charakter des Vertrauens, das ehemalige Kriegsgegner in mit Kyros abgeschlossene Verträge setzten, wird durch ἄν angedeutet - in Wahrheit waren in dieser Zeit, wie Xenophon in der «Kyrupädie» (8.8.2/3) ausführt, Eide und Abmachungen kaum noch etwas wert.

1.9.9/10 Als Beispiel für seine unbedingte Vertrauenswürdigkeit wird das Verhalten des Kyros gegenüber den milesischen Emigranten angeführt. Tatsächlich überließ er diese nicht ihrem Schicksal - vor allem freilich deshalb, weil sich hier ein guter Vorwand für die Sammlung eines Heeres für den Marsch gegen den Großkönig gewinnen ließ (vgl. 1.1.7).

1.9.11/12 Der Überschriftsatz für die Darstellung der zweiten hervorstechenden Eigenschaft des Satrapen Kyros scheint aus dem Inhalt des im folgenden referierten (unerfüllt gebliebenen) Gebetes heraus entwickelt zu sein. Die Übertrumpfung derjenigen, die ihm Gutes getan hatten, durch größere Wohltaten wird nicht weiter belegt (1.9.22 erfolgen einige Andeutungen unter dem Stichwort 'Verhältnis zu den Freunden'), dagegen die Fülle der ihm geradezu aufgedrängten guten Taten hervorgehoben. Konkret könnte Xenophon zum Beispiel an Epyaxa und den Syennesis von Kilikien gedacht haben, die große Geldsummen an Kyros aushändigten (1.2.12 und 27), ferner an die führenden Männer der jonischen Städte, die ihre Gemeinden seiner Obhut anvertrauten, und schließlich an die griechischen Söldnergeneräle und die engen persischen Vertrauten, die Leib und Leben in seinen Dienst stellten - alle in der Hoffnung, daß Kyros ihnen ihre guten Taten doppelt und dreifach vergelten würde.

1.9.13 Die brutale Bestrafung von Verbrechern durch Verstümmelung hat sich in fundamentalistisch orientierten Gebieten des Orients bis heute erhalten. Auf dem Zug durch die Satrapie des Kyros scheint Xenophon viele Opfer dieser grausamen Justiz gesehen zu haben, die ihr Leben nun als armselige Bettler verbringen mußten. Allerdings hatte dieses harte Durchgreifen dazu geführt, daß hier Überfälle und Straßenraub (die andernorts den Reisenden wohl schwer zu schaffen machten) stark zurückgegangen waren. Einheimische und Fremde konnten, wenn sie sich selbst keines Verbrechens schuldig machten, ungefährdet überall hinreisen und dabei mitnehmen, was mitzunehmen für sie von Vorteil war - ohne die Angst haben zu müssen, es unterwegs abgenommen zu bekommen.

1.9.14/15 Das Verhalten des Kyros gegenüber den Soldaten konnte Xenophon sowohl aus der eigenen Erfahrung als auch aus Berichten über frühere Kriegszüge ableiten. Im Rahmen von (kleineren) Strafexpeditionen gegen die Unruhestifter in seiner Satrapie, im Süden die Pisider, im Norden die Myser (zwei Volksstämme, die sich der persischen Herrschaft zu widersetzen suchten, vgl. 2.5.13, 3.2.23 und 24), hatte der junge Satrap besonders einsatzfreudige Offiziere zu *"Herrschern über das unterworfene Gebiet"* gemacht, d.h. zu Bürgermeistern über Dörfer und Städte, die er in seine Gewalt bringen konnte: eine kluge Maßnahme, die einerseits der politischen Stabilisierung in den Randzonen der Satrapie dienen sollte, andererseits aber den Geehrten die Möglichkeit zur persönlichen Bereicherung auf Kosten der einheimischen Bevölkerung eröffnete. Aus ihr ließ sich seine Maxime ablesen: *"die tüchtigen Männer sollen die reichsten sein, die schlechten aber deren Untertanen"*. Unter den *schlechten* sind die für ihre Freiheit kämpfenden Rebellen zu verstehen - gesehen aus der Sicht des Kyros, der jedoch andererseits selbst, wie alle Bewohner des persischen Reiches, ein unfreier Untertan (δοῦλος) des Großkönigs war (1.9.29, 2.5.38). Auf die griechischen Leser der «Anabasis» muß die korrekt skizzierte persische Gesellschaftsform sehr befremdlich gewirkt haben, da sie mit dem Begriff δοῦλος weit engere Vorstellungen verbunden haben dürften. In der folgenden Bemerkung wird die realistische Urteilsfähigkeit Xenophons erkennbar: die Bereitschaft vieler Soldaten, sich für Kyros einzusetzen, war keineswegs uneigennützig; sie beruhte vielmehr ausschließlich auf der Erwartung einer Belohnung, die ihrerseits voraussetzte, daß man den Satrapen irgendwie auf sich aufmerksam machte.

1.9.16-19 Der neue Abschnitt setzt den Gedanken, daß Kyros die tüchtigen Männer besonders reich machen wollte, unter Einführung des Begriffes der *Gerechtigkeit* und ihres Verhältnisses zum Gewinnstreben fort. Gewinnstreben aber wird in nüchterner Erkenntnis der Wirklichkeit als das Grundmotiv sowohl der Söldneroffiziere als auch der zivilen Verwalter, die sich in ein Abhängigkeitsverhältnis zu Kyros begaben, ohne Beschönigung herausgestellt. Kyros erkaufte sich den Diensteifer seiner Untergebenen mit Belohnungen für alle Handlungen, die ihm nützten (und insofern *gerecht* waren) - im eklatanten Gegensatz etwa zu den Verhältnissen in Athen, wo umgekehrt die reichen Männer ihre Vermögen für den Staat aufwandten ('Leiturgien') und dafür höchstens einen symbolischen Dank erwarten durften. Kyros verfügte deswegen über ein *"zuverlässiges Heer"*, weil ihm ein (in diesem Sinn) *gerechtes* Offizierskorps zur Verfügung stand; die *Gerechtigkeit* der Verwalter bestand vor allem in der Fähigkeit, aus ihren Verwaltungsbezirken (möglichst große) Staatseinnahmen zu erzielen, was natürlich zugleich mit einer Vermehrung ihres Privatvermögens einherging: dieses galt in den Augen des Kyros als *gerecht* erworben und durfte ohne Angst vor Konfiskationen offen zur Schau gestellt werden und wurde von Kyros sogar noch durch Schenkungen vergrößert. Wer allerdings sein Vermögen verheimlichte, machte sich nach diesem Wertesystem einer Ungerechtigkeit schuldig und mußte mit entsprechenden Sanktionen des Satrapen rechnen. Xenophon war persönlich vor allem von dem Gedanken fasziniert, daß nach diesem System die Bestrafung der bösen durch die Belohnung der guten Taten ergänzt wurde, und sah darin eine Erziehungsgrundlage zum Beispiel für Pferde (vgl. Hippike 8.13, 10.12, 11.5), aber offenbar auch für seine Angestellten in Skillus (vgl. Oikon. 14.7, wo er seine eigenen Erfahrungen durch Ischomachos zum Ausdruck bringen läßt: Menschen, die sehen, daß sie durch korrektes Verhalten Vorteile erlangen und ihren Reichtum vermehren können, enthalten sich deshalb - und nicht aus Angst vor Strafe - trotz allen Gewinnstrebens des Unrechttuns; vgl. auch Oikon. 4.4 ff.).

1.9.20/21 Der ganze Schluß des Kapitels steht unter dem Stichwort *Freundschaft* und betrifft damit jenen Aspekt, der Xenophon seinerzeit vor allem zu seiner Reise nach Kleinasien bewogen hatte: Proxenos hatte ihm in seinem Einladungsbrief ja versprochen, *"er werde ihn, wenn er komme, dem Kyros zum Freund machen"* (3.1.4). Die wesentlichen Inhalte des zugrundeliegenden Freundschaftsbegriffes werden gleich am Anfang des Abschnitts aufgedeckt: Kyros nahm bestimmte Männer in den exklusiven Kreis seiner Freunde auf, beobachtete ihr Verhalten und ließ dann, wenn er sie als loyale und brauchbare Mitarbeiter für geplante Unternehmungen einschätzte, der Freundschaft mit ihnen die beste Pflege angedeihen (während er, was hier nicht ausdrücklich gesagt wird, Mitarbeiter, die sich als unbrauchbar erwiesen, wieder aus seinem Freundeskreis entfernte). Freundschaft in diesem Sinn beruht ausschließlich auf der Basis gegenseitiger Nützlichkeit; sie hat weder etwas zu tun mit uneigennütziger Hilfsbereitschaft noch auch mit einer seelischen oder geistigen oder erotischen zwischenmenschlichen Beziehung.

1.9.22/23 Im folgenden beschreibt Xenophon, wie Kyros die Freundschaft *"pflegte"*: durch die Weitergabe von Geschenken, die er selbst in großer Menge erhielt, unter Berücksichtigung der persönlichen Interessen seiner Freunde (einem Pferdeliebhaber schenkte er ein Pferd und keinen Goldschmuck). In diesem Zusammenhang tauchen Argumente auf, die in den Ohren griechischer Demokraten gewiß recht fremdartig klangen, auf einen orientalischen Potentaten aber wohl tatsächlich zutreffen (*"...er halte schön geschmückte Freunde für den größten Schmuck eines Mannes ..."*).

1.9.24-27 Der von Xenophon hervorgehobene Gedanke, daß Kyros stärker als andere den Wunsch hatte, seinen Freunden Gutes zu tun, führt ein wenig über die utilitaristische Grenze hinaus in die seelische Dimension der Freundschaft hinein. Dem entsprechen auch die Beispiele seiner spontanen, von persönlichen Widmungen begleiteten Geschenke, die keinen materiellen Wert hatten, aber ein persönliches Band zwischen Schenker und Beschenktem herstellten. Um diese Form der Freundschaftspflege voll würdigen zu können, mußte der Beschenkte allerdings über ein gewisses Untertanengefühl verfügen, wie es die persischen Freunde des Kyros selbstverständlich hatten - nicht aber die griechischen Söldneroffiziere, denen sicher während des langen Marsches nach Babylonien öfter Kostbarkeiten aus der Küche des Prinzen zugingen. Vielleicht sind die in direkter Rede wiedergegebenen Widmungen tatsächlich wörtliche Zitate, die Xenophon aus eigener Erfahrung kannte. Ganz sicher gehören die Heusendungen zu den Erfahrungen, welche einige der Griechen, etwa Klearchos und Xenophon selbst (3.3.19), unterwegs machten (vgl. 1.5.5). Zu der Sitte als solcher vgl. Kyrup. 8.2.4 ff.

1.9.28 Diese dritte Form der von Kyros praktizierten Freundschaftspflege, die Auszeichnung seiner Freunde durch öffentlich sichtbare Gespräche (vgl. Kyrup. 8.3.20), setzt wieder die monarchische Struktur des persischen Staates voraus: in den Augen der Zuschauer übertrug sich ein Teil vom Ansehen und der Würde des hohen Herrn auf diejenigen, mit denen er vor aller Augen einige Worte wechselte. Wie anders waren etwa die Verhältnisse in Athen! Da brachte das Gespräch mit dem 'Archon eponymos', vielleicht dem Nachbarn um die Ecke, sicherlich nicht die geringste Steigerung der eigenen Würde. Xenophon kommt aufgrund der vorgetragenen Argumente abschließend zu dem Urteil, daß Kyros von allen Menschen wohl *"die meisten Freunde hatte"* (so ist πεφιλῆσθαι zu verstehen, wobei der zugrundeliegende Freundschaftsbegriff zu beachten ist)

1.9.29-31 Zum Schluß wird das Bild des Kyros dadurch abgerundet, daß die Wirksamkeit seiner Freundschaftspflege durch das Verhalten der Freunde während des Feldzuges an zwei Beispielen illustriert wird (vgl. auch Oikon. 4.18/19). Zur Geschichte des Orontas vgl. 1.6.1-11; zur Bedeutung des Begriffes δοῦλος vgl. zu 1.9.14/15; zu den Vorgängen beim Tod des Kyros vgl. 1.8.25-29. Die *"sogenannten Tischgenossen"* (vgl. Kyrup. 7.1.30) stellten wohl den innersten Kern der persischen Freunde des Kyros dar, seine ihn begleitenden engsten Berater und Günstlinge, welche zusammen mit ihm speisen durften. Außerordentlich geschickt findet Xenophon mit dem Hinweis auf die Sonderrolle des Ariaios den Übergang aus dem eingeschobenen Persönlichkeitsbild zurück in den Bericht.

1.10.1 Die Verstümmelung der Leiche des Kyros, insbesondere das Abschlagen der rechten Hand, das nach Plut. Artax.13.2 [Ktesias FGrHist 688 F 20] einer *"gewissen persischen Sitte"* entspricht, kann als die gebührende, auch am Leichnam noch zu vollziehende Strafe für den blasphemischen Aufstand gegen den amtierenden Großkönig, den 'Stellvertreter der Götter', verstanden werden. Nach 3.1.17 ließ Artaxerxes später die abgetrennten Gliedmaßen auf einer Stange befestigen und zur Schau stellen. *

Nach der Beendigung des heftigen Kampfes im Zentrum rückten

die Truppen des Großkönigs, der durch seine Verwundung wohl an der persönlichen Führung verhindert war, in den Beute versprechenden Lagerbereich vor, während gleichzeitig die einheimische Heeresgruppe des Kyros, als sich die Nachricht vom Tod des Prinzen verbreitete, fluchtartig das Schlachtfeld räumte und zu Stathmos **87** zurückkehrte. Ernstliche Kämpfe scheinen bei diesen Vorgängen nicht stattgefunden zu haben.

1.10.2/3 In den Lagerbereich war bereits kurz vorher Tissaphernes, der mit seiner Reitertruppe am Euphratufer den rechten Flügel der Kyreer kampflos durchbrochen hatte (1.10.7), eingedrungen (2.3.19) und fand dort nun wieder Anschluß an die Hauptmacht, deren Kommando er wahrscheinlich in Vertretung des Großkönigs übernahm. Bis er die spontan zum Plündern ausgeschwärmten Truppen wieder unter Kontrolle und zu einer neuen Phalanx formiert hatte, mag mindestens eine Stunde vergangen sein. In dem allgemeinen Chaos wurde auch der Harem des Kyros in Mitleidenschaft gezogen, dem mehrere Griechinnen angehörten: neben der jüngeren offenbar auch eine ältere Frau aus Milet und dann vor allem die Favoritin des Prinzen, welche im Heer als *"die Phokäerin"* bekannt war; über ihr Schicksal sind wir durch verschiedene Quellen (Ailian var.hist. 12.1, Plut. Artax. 26.3-5 und Perikl. 24.7) recht gut unterrichtet. Sie war die Tochter des freien Bürgers Hermotimos aus Phokaia in Jonien und hieß entweder (die Quellen widersprechen sich in diesem Punkt) *Aspasia* mit dem zusätzlichen, auf ihre blühende Gesichtsfarbe anspielenden Kosenamen *Milto*, oder *Milto* und wurde erst von Kyros, als sie in dessen Harem gelangte, *Aspasia* genannt. Nach ihrer Gefangennahme bei Kunaxa geriet sie in den Harem des Artaxerxes und behielt dort lange die Gunst des Großkönigs und des Hofes. Als um 362 Artaxerxes' ältester Sohn Dareios zum Thronfolger ernannt wurde, erbat er sich Aspasia als Herrschaftsgabe, die der König nach persischer Sitte nicht ablehnen durfte. Dieser kam der Bitte dementsprechend zwar nach, machte die Frau aber kurz darauf zur Priesterin der Artemis Anaitis, verpflichtete sie damit zu einem keuschen Leben und entzog sie so dem Zugriff seines damals schon etwa fünfzigjährigen Sohnes. Dieser, der in die offenbar immer noch sehr attraktive Frau ernstlich verliebt war, zettelte daraufhin eine Verschwörung gegen seinen Vater an, die jedoch entdeckt und mit seiner Hinrichtung geahndet wurde. * Das griechische Lager dürfte die einzige Stelle im Troß gewesen sein, die von einer kleinen Mannschaft energisch und erfolgreich verteidigt wurde. Es wirkt im Gewühl der fliehenden oder plündernden orientalischen Massen wie eine Insel der Sicherheit, wenn es freilich auch nicht unbehelligt von Plünderungen blieb (vgl. 1.10.18).

1.10.4 Die Entfernung der beiden Schauplätze des Geschehens voneinander (deren Akteure sich, obwohl sie nur Teilsiege errungen hatten, bereits als Sieger über den Gegner insgesamt fühlten) betrug fast 5½ km - weit genug, daß jeder Kontakt verloren gegangen war.

1.10.5 Die Nachricht vom Einbruch der Perser in den Lagerbereich, die wohl durch Meldereiter übermittelt sein muß, brachte die Phalanx zum Stehen. Erst jetzt erkannten die Griechen, daß die Schlacht außerhalb ihres Bereiches einen problematischen Verlauf genommen hatte. Allerdings scheint ihnen das ganze Ausmaß der Katastrophe noch nicht klar geworden zu sein, denn andernfalls hätten Klearchos und Proxenos (wohl in Anwesenheit Xenophons) schwerlich erwägen können, nur eine Teiltruppe zur Unterstützung der Lagerbesatzung abzustellen. In der Zwischenzeit hatten die persischen Offiziere ihre Truppen aus dem geplünderten Lagerkomplex wieder herausgetrieben und neu aufgestellt. Damit trat die Schlacht in ihre zweite Phase ein.

1.10.6 Die Truppen des Großkönigs marschierten auf derselben Spur, auf der sie angerückt waren, zurück, um sich mit ihrem abgerissenen linken Flügel wieder vereinigen zu können. Der erste Eindruck aus griechischem Blickwinkel, der einen frontalen Zusammenstoß erwarten ließ, stellte sich beim Näherkommen der persischen Phalanx als Irrtum heraus. Aber natürlich mußte die griechische Phalanx trotzdem ihre Kampfrichtung umorientieren, vermutlich mittels des sogenannten 'Kontremarsches' (ἐξελιγμός), bei welchem die Rottenführer nach einer Kehrtwendung an ihren Rotten (στίχοι) entlang gingen und alle Hintermänner ihnen folgten, so daß die guten Soldaten der vorderen Glieder und die Offiziere und Unteroffiziere des ersten Gliedes (nun allerdings jeweils am linken Ende ihrer Einheiten) wieder vorne standen. Hier aber kam es nicht zum Zusammenstoß, sondern die Perser zogen in knappem Abstand außerhalb des früheren linken, nach dem Kontremarsch rechten Flügels der griechischen Schlachtreihe vorbei: für einen Augenblick trat die paradoxe Situation ein, daß beide Heere

Karte S.54, Schlachtplan S.65, 87

in einer langen, durch eine kleine Lücke unterbrochenen Linie, aber in jeweils entgegengesetzter Angriffsrichtung, nebeneinander standen. Während des Anmarsches schlossen sich diejenigen Perser, die vom Angriffslauf der griechischen Phalanx überrollt worden waren und sich nach ihrer Ergebung (vgl. 2.1.6) im Rücken der Griechen befunden hatten, als niemand mehr auf sie aufpaßte, natürlich wieder ihren eigenen Leuten an.

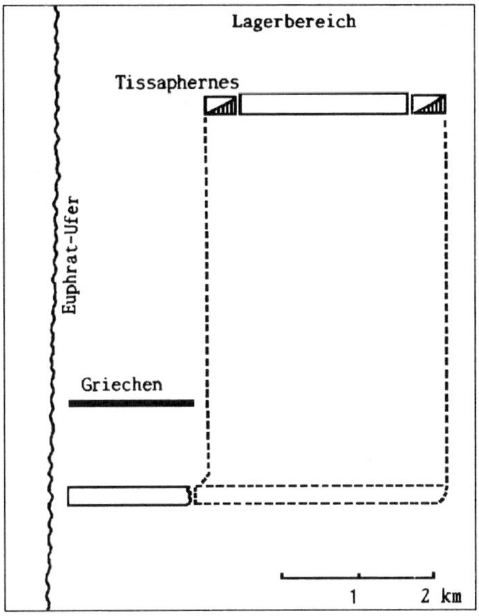

13. Die Schlacht bei Kunaxa: Der persische Umgehungsmarsch (1.10.5-10)

1.10.7 Zum Flankendurchbruch des Tissaphernes vgl. 1.8.19. Er setzt das Loch voraus, das auf dem äußersten rechten Flügel der griechischen Front durch das Zurückbleiben der paphlagonischen Reiter entstanden und von den Peltasten durch Ausschwärmen notdürftig abzudichten versucht worden war. Dank der dadurch eingetretenen Lockerung der ursprünglich dichten Phalanxaufstellung konnten die Reiter durch einfaches Auseinandertreten durchgelassen werden, so daß (auf beiden Seiten) keine Verluste eintraten. Allerdings kamen die Peltasten hier (entgegen ihrer eigentlichen Funktion als Fernkämpfer) mit dem Gegner in direkte Berührung, ließen sich aber dadurch nicht irritieren, sondern setzten ihre Wurfspieße zum Einstechen und Dreinschlagen auf Roß und Reiter ein. Ihr Anführer Episthenes aus Amphipolis, einer makedonischen Stadt am Strymon, wird (in einem Teil der Überlieferung) noch einmal 4.6.1 erwähnt.

1.10.8 Tissaphernes hat später (vgl. 2.3.19) den Griechen seine Aktion selbst beschrieben, so daß Xenophon hier aus erster Hand berichten kann. Tissaphernes sagte damals, er habe sich *"in eurem Lager"* mit dem Großkönig vereinigt und meint damit offenkundig die große, von den Persern geplünderte Ansammlung des Trosses der Kyreer, innerhalb deren auch die Griechen ihr erfolgreich verteidigtes eigenes Lager eingerichtet hatten. Wenn an unserer Stelle nur von dem *"Lager der Griechen"* die Rede ist, wird ein falscher Eindruck erweckt: in dieses Lager ist weder der Großkönig noch Tissaphernes eingedrungen. Gelegentlich, wenn sich der Blick Xenophons ganz auf die griechische Perspektive verengt, entstehen soche unscharfen Formulierungen.

1.10.9 Der Augenblick der 'paradoxen Situation' (vgl. zu 1.10.6) ging zur großen Erleichterung der Griechen ohne Gefährdung des exponierten Flügels vorüber. Als den Feldherren klar geworden war, daß der seltsame Marsch der Perser (der mindestens eine Stunde dauerte) nicht auf einen Frontalangriff, sondern auf einen Vorbeimarsch hinauslief, traten sie (zumindest einige von ihnen) in fieberhafte Beratungen darüber ein, wie die (anscheinend beabsichtigte) beidseitige Umklammerung des Flügels verhindert werden könnte. Ihr (nicht realisierter) Verfahrensvorschlag lautete, den Flügel zu *"entfalten"* oder *"abzurollen"* und den Fluß als Rükkendeckung zu gewinnen. Das schwierige Manöver bestand darin, daß die Phalanx am feindseitigen Flügel rottenweise abgebrochen und unter Herausziehen nach rechts mit Beibehaltung der Kampfbereitschaft bis an das Euphratufer zurückgenommen, also insgesamt um 90° geschwenkt werden sollte (ein ähnliches, auf beiden Flügeln durchgeführtes Manöver, bei dem die zurückgenommenen Einheiten jedoch zur Vertiefung der Phalanx hinter dem Zentrum Stellung bezogen, beschreibt Xenophon in der «Kyrupädie» [7.5. 3/4] als ἀναπτύσσειν τὴν φάλαγγα).

1.10.10/11 Jetzt wird die Absicht des persischen Umgehungsmarsches klar: nach dem Vorbeimarsch (παραμειψάμενος) sollte der ungeschlagene rechte Flügel kehrt machen und sich mit dem linken Flügel, der inzwischen zum Stehen gekommen war, wieder zu der ursprünglichen gewaltigen Phalanx vereinigen, der gegenüber die zahlenmäßig weit unterlegenen Griechen kaum noch eine Chance haben konnten. Aber die Perser hatten nicht mit der Zähigkeit und dem unerschütterlichen Kampfeswillen der alten Söldner gerechnet, für die es jetzt um Leben und Tod ging. Nachdem sie (was Xenophon nicht erwähnt) die Phalanx mittels des Kontremarsches wieder umgruppiert hatten, leiteten sie sofort den Angriff ein - mit demselben Ergebnis wie beim erstenmal: der Gegner wandte sich zur Flucht, ohne es zum Kampf kommen zu lassen. So mißlang der Versuch der Perser, die Griechen noch am Abend des Schlachttages zu vernichten, weil diese ohne wirklichen Einblick in die Lage die Initiative ergriffen, jene aber, durch die vorhergegangene Flucht oder die Plünderungen demoralisiert, durch gewaltige Marschleistungen ermüdet und im Bewußtsein, daß die Griechen ohnehin verloren waren, das Schlachtfeld unwürdig schnell räumten. Die (vermutlich nur sehr kurze) Verfolgung endigte bei einem Dorf, hinter dem sich ein Hügel erhob.

1.10.12/13 Der Erdhügel hat bei der Suche nach dem Schlachtfeld meistens eine entscheidende Rolle gespielt. Von den verschiedenen Vorschlägen scheint mir der Tell Agar, einige Kilometer östlich von Tell Kuneise (= Kunaxa) bei weitem den Vorzug zu verdienen. Kunaxa selbst lag an der Straße nach Sippar - Babylon, die neben dem damals weiter östlich als heute (etwa auf der Linie des späteren Ridhwaniya-Kanals) orientierten Euphrat entlang lief (vgl. zu 1.8.1). Das Schlachtfeld erstreckte sich offenbar in der leicht nach Osten abfallenden Ebene südlich des Abu Ghuraib-Kanals, über die sich lediglich im Osten der Tell Agar, von dem aus ein schmaler Sattel bis zum Euphrat reicht, um wenige Meter erhebt. Während die persischen Fußtruppen sich in eiligem Rückzug nach Südosten befanden, machten die Reiter auf dem Hügel und dem anschließenden Sattel noch einmal Halt. In ihrem Schutz wurde auch der verwundete Artaxerxes zurückgebracht, dessen Feldzeichen einige Leute erkannt zu haben behaupteten: einen goldenen Adler, der auf einem langen Spieß (πέλτη) in die Höhe gestreckt wurde (in der «Kyrupädie» [7.1.4] beschreibt Xenophon das Feldzeichen des älteren Kyros ebenso und fügt hinzu, daß dasselbe Zeichen auch zu seiner Zeit noch von den persischen Großkönigen verwendet werde, vgl. BONNER).

1.10.14-19 Lykios aus Syrakus wird nur hier erwähnt; er gehörte zu den wenigen Griechen, die (wie auch Xenophon) den Angriff zu Pferde im Rücken der Phalanx mitmachten. * Das Bild der im Abenddämmer rastenden, völlig erschöpften Hopliten tritt dem Leser deutlich vor Augen. Ebenso wird ihm die Ratlosigkeit der Offiziere, die nicht den geringsten Einblick in die Gesamtlage hatten, aber an dem Sieg des Kyros anscheinend keinen Augenblick zweifelten, bewußt. Ihre Erwägungen über die Gründe dafür, warum der Kontakt zu ihm, der ja unmittelbar neben ihrem linken Flügel

Karte S.54, 63, Schlachtplan S.65, 87

gestanden hatte, vollständig abgebrochen war [16], lassen die unüberschaubare Ausdehnung des staubbedeckten Schlachtfeldes erahnen. * Nach Diodor (14.24.4) sollen die Griechen um die zweite Nachtwache wieder bei ihrem Troß eingetroffen sein; allerdings fügt Diodor hinzu, sie hätten zuvor viele Perser getötet, dann, schon bei Dunkelheit, ein Siegeszeichen aufgestellt und den Rückmarsch angetreten - Details, die von dem Augenzeugen Xenophon nicht bestätigt werden: dadurch wird auch die scheinbar so präzise Zeitbestimmung für das Eintreffen beim Troß fragwürdig. Jedenfalls aber beanspruchte der Rückmarsch (5 ½ km) sicher 1 - 2 Stunden; als *"Zeit des Abendessens"* ist der frühe Abend anzusetzen. * Zu den Plünderungen vgl. 1.10.2/3; natürlich hatte die kleine Schutzmannschaft nicht die ganze Masse der Traglasten und Wagenladungen, die im Lagerbereich des Trosses versammelt waren, vor dem Ansturm der beutehungrigen Perser retten können, sondern mußte sich vor allem auf den Schutz der zahlreichen Nichtkombattanten konzentrieren. Die hier erwähnten 400 Wagen mit Notverpflegung für die Griechen befanden sich weit außerhalb des griechischen Einflußbereiches in dem chaotischen Gewimmel des persischen Trosses - wenn sie nicht überhaupt nur in der Phantasie der Soldaten existierten (vgl. ROY 311 Anm.93). Möglicherweise nahm dieses Gerücht seinen Ausgang von der sicherlich großen Wagenkolonne, in welcher Kyros seine eigenen Versorgungsgüter mitführte.

Buch 2

2.1.1 Es besteht kein Zweifel, daß dieser Rückblick auf den bisherigen Bericht nicht von Xenophon, sondern - wie auch die entsprechenden Rückblicke am Beginn von vier weiteren Büchern (3.1.1, 4.1.1-4, 5.1.1, 7.1.1) - von einem Interpolator stammt (vgl. zu 6.3.1). Im Unterschied zu diesen Interpolationen werden die sonstigen Zusammenfassungen, in welchen konkrete Zahlen und Namen genannt werden (2.2.6, 5.5.4, 7.8.25/26), unabhängig von der Frage ihrer Autorschaft in die Kommentierung einbezogen.

2.1.2/3 Ohne Einblick in die tatsächliche Lage, aber überzeugt vom Sieg des Kyros, beschlossen die Strategen den Weitermarsch in Richtung Babylon. Offenbar gingen sie davon aus, daß Kyros sich mit seinen Truppen bereits vor ihnen befinde - obwohl sie ja von der Wachmannschaft ihres Lagers über die Plünderung des Trosses und die Flucht großer Teile der einheimischen Heeresgruppe unterrichtet waren. Erst durch Prokles und Glus erfuhren sie die volle Wahrheit. Während Glus als Ordonnanzoffizier des Kyros bereits in Erscheinung getreten ist (1.4.16 und 5.7), taucht Prokles hier zum erstenmal auf. Er war ein Nachkomme (wahrscheinlich ein Enkel) des spartanischen Königs Damaratos, der zu den Persern geflüchtet war, nachdem man ihn im Jahre 491 auf Betreiben seines Mitkönigs Kleomenes als 'illegitim' abgesetzt hatte. Der Flüchtling war damals von Dareios I. freundlich aufgenommen und mit der Herrschaft über Pergamon, Teuthrania, Halisarna und wahrscheinlich auch Gambrion beschenkt worden (Hell. 3.1.6, Herodot 6.70, Athen. Deipn. 1.29F); seine Nachkommen blieben dort bis in die hellenistische Zeit hinein an der Macht. Prokles, der sich dem Zug des Kyros angeschlossen hatte, kehrte offenbar zusammen mit Ariaios in seine Heimat zurück. Als Xeno-

Karte S.54

phon im Sommer 399, kurz bevor er die restlichen 'Kyreer' an Thibron übergab, von Pergamon aus einen privaten Beutezug gegen die Burg des reichen Persers Asidates unternahm und dabei in große Bedrängnis geriet, eilte Prokles ihm zu Hilfe (7.8.17) und schloß sich dann auch selbst Thibron an - ein persischer Vasall, der seine griechische Abkunft nicht verleugnete.

2.1.4/5 Aus den Worten Klearchs spricht einerseits großes Selbstvertrauen und Stolz auf den im Kampf errungenen Sieg über die Perser, andererseits aber auch eine gewisse Verzweiflung: hinter dem offenbar spontan entwickelten, realitätsfernen Vorschlag, nunmehr einfach Ariaios anstelle des gefallenen Kyros mit Waffengewalt auf den Thron des Großkönigs zu erheben, steht der Gedanke, man könne so dem langwierigen Feldzug, der mit dem Tod des Prinzen seinen Sinn verloren hatte, doch noch zu einem positiven Abschluß verhelfen. Für Klearchos und die Griechen überhaupt bedeutete die Vorstellung, trotz ihres Sieges die Rolle des Verlierers spielen zu müssen, zunächst eine unerträgliche Zumutung, da sie ihrer schlichten Weltanschauung (*die Herrschaft gehört denjenigen, welche in der Schlacht siegen*) zuwiderlief. Man kann sich allerdings fragen, ob Klearchos selbst seinem Vorschlag, den Ariaios natürlich ablehnte [2.2.1], wirklich ernsthaft eine Chance eingeräumt hat (wie Xenophon zu glauben scheint: *"Klearchos aber erwartete die Rückkehr"* sc. des Cheirisophos und Menons - oder vielleicht sogar des Ariaios?).

2.1.6 Die *"Überläufer"* waren 1.10.6, die *"geflochtenen"* und die *"hölzernen Schilde"* 1.8.9 erwähnt worden; unter den *"Wagen"* sind die 1.10.18 genannten, von den Persern geplünderten Fouragewagen zu verstehen. Aus solchen Stellen wird erkennbar, wie bewußt Xenophon seinen Bericht auf leichte Lesbarkeit und Kohärenz hin komponiert hat. Überdies gelingt es ihm hier mit wenigen Worten, das lebhafte Geschehen, das sich an diesem Vormittag im griechischen Biwak abspielte, plastisch vor Augen zu stellen.

2.1.7/8 Nach Diodor 14.25.1 war Phalinos aus Zakynthos der Leiter der persischen Delegation, welche die Kapitulation der Griechen entgegennehmen sollte; vielleicht ist die betonte Hervorhebung, daß er als *einziger* Grieche dieser Delegation angehörte, im Sinne einer versteckten Polemik gegen Ktesias zu verstehen: dieser scheint in seinen «Persika» (FGrHist 688 F 23) behauptet zu

Karte S.54

haben, er habe damals Phalinos begleitet - eine *"pure Lüge"*, wie Plutarch [Artax.13.5] sicher zu Recht feststellt. Nur in der «Anabasis» wird berichtet, daß Phalinos als militärischer Berater im Stab des Tissaphernes tätig war, und zwar als Experte für Taktik und für die Ausbildung im Kampf mit schweren Waffen. Derartige Experten zogen damals wie die Sophisten durch die Lande und boten ihre Kurse (gegen Bezahlung) an. Xenophon erwähnt in den «Memorabilien» [3.1.1] einen gewissen Dionysodoros, der in Athen aufgetaucht sei und sich erboten habe, die *"Feldherrnkunst zu lehren"*; tatsächlich aber beschränkte sich sein Kursus auf die *"Taktik"* [3.1.5], und diese bestand in nichts anderem als in Anweisungen für die Aufstellung eines Heeres in Schlachtordnung (τάττειν [3.1.11]). Von demselben Dionysodoros sowie seinem Bruder Euthydemos ist im platonischen Dialog «Euthydemos» die Rede als Lehrern in der Kunst des *Fechtens in schwerer Rüstung* [271d] und der *Feldherrnkunst* überhaupt [273c], aber auch in der *Kunst des Argumentierens und Redens* [272a] und neuerdings sogar in der *Kunst, die Tugend den Menschen aufs beste und schnellste zu vermitteln* [273d]. Im Dialog «Laches» nennt Platon als weiteren großspurig auftretenden Lehrer der *Kunst, in schweren Waffen zu fechten*, einen gewissen Stesileos [183c] - der allerdings im Ernstfall lächerlich versagt habe [183d-184a]; auch in den «Nomoi» [7.813e, 8.833e] verweist er auf solche Lehrer. Xenophon kommt in der Lak.pol. [11.8] noch einmal auf die *Hoplomachen* zu sprechen und deutet an, daß sie das von den spartanischen Truppen vorzüglich beherrschte Manöver der *Paragoge*, also der Entwicklung einer Einheit aus der Marsch- in die Phalanxposition, als besonders schwierig hinstellten. In den Kreis derartiger (von Xenophon aus ironischer Distanz betrachteter) sophistischer Wanderlehrer, die sich auf die Technik des Hoplitenkampfes spezialisiert hatten, ist auch Phalinos einzuordnen. * Die Aufforderung zur bedingungslosen Kapitulation mit Aushändigung der Waffen an den Sieger wird durch den Hinweis, die Gefangenen könnten ja am Hof des Großkönigs versuchen, *"sich etwas Gutes zu verschaffen"*, ergänzt (dieselbe Formulierung *"sich etwas Gutes verschaffen"* verwendet Xenophon in der Botschaft, die er nach der Vertreibung der Kyreer aus Byzantion an Anaxibios aufsetzte, 7.1.31; zu εὑρίσκεσθαι in diesem Sinn vgl. auch Arrian, Anab. 1.7.16, 2.25.5, 3.17.11, 3.21.8, 3.30.8). Der formelhafte Begriff *"an den Türen des Großkönigs"* (vgl. 1.9.3) soll die Möglichkeit der demütigen Bitte um Gnade im Rahmen der Rechtsprechung des Großkönigs

Karte S.54

(dessen Sklaven die Gefangenen sein würden) andeuten - eine schändliche Zumutung für die Griechen, die sich nicht grundlos als Sieger fühlten, sondern tatsächlich ihren Gegner spektakulär in die Flucht geschlagen hatten.

2.1.10/11 Kleanor wird hier dem Kreis der Strategen zugerechnet, obwohl er erst später [3.1.47] für Agias in das Strategenamt einrückte; vielleicht war er zwar Lochage, aber zugleich der älteste ὑποστράτηγος [vgl. zu 3.1.32-34] und genoß wegen seiner Erfahrung bei den (zum Teil noch recht jungen) Strategen eine gewisse Vertrauensstellung. Seine militärisch knappe Antwort läßt an Deutlichkeit nichts zu wünschen übrig. Der gebildetere Proxenos entwickelte dagegen eine ironisch gefärbte sophistische Argumentation, die Phalinos freilich mit vernünftigen Erwägungen widerlegte: in der Tat befanden sich die Griechen - mitten im direkten Einflußbereich des Großkönigs, von unermeßlichen persischen Truppenmassen umgeben und am Rückmarsch durch unüberschreitbare Flüsse gehindert - in einer verzweifelten Lage: dem Anschein nach waren sie dem Großkönig auf Gedeih und Verderb ausgeliefert.

2.1.12/13 Während in den sogenannten *codices meliores* der Name *Theopompos* überliefert wird, steht in den sogenannten *deteriores* der Name *Xenophon* - offenkundig im Sinne einer aus dem Zusammenhang heraus entwickelten Konjektur. Diese Annahme schließt jedoch keineswegs aus, daß sich Xenophon (der erst später [3.1.4] seine Teilnahme am Zug bekannt gibt und künftig häufig unter seinem richtigen Namen auftritt) hier selbst unter einem Pseudonym zitiert. Da andererseits der 2.1.14 verwendete Begriff ἔφασαν gegen seine persönliche Teilnahme an dem Gepräch spricht, wäre der Gedanke zu erwägen, ob er nicht die hier vorgetragene Argumentation gleichsam deshalb, weil sie ihm so gut gefiel, aus freien Stücken in das Referat jener Verhandlungen eingebaut hat. Im übrigen ist wohl durchaus damit zu rechnen, daß manche der (jüngeren) Offiziere daheim durch die sophistische Lehre gegangen waren.

2.1.14 Bei Diodor (14.25.1-6) ist das Gespräch der griechischen Feldherren mit Phalinos breit ausgestaltet, wobei teilweise enge Übereinstimmungen, teilweise aber auch erhebliche Abweichungen im Vergleich mit der xenophontischen Darstellung zu beobachten

Karte S.54

sind. Im Wortlaut so gut wie identisch ist der Inhalt der Kapitulationsaufforderung, die Phalinos vorträgt, sehr ähnlich die Argumentation des xenophontischen Theopompos, die bei Diodor jedoch dem Proxenos in den Mund gelegt ist; dessen Überlegungen in der «Anabasis» trägt bei Diodor zum Teil ein (von Xenophon an keiner Stelle erwähnter) Feldherr Sophilos vor. Außerdem treten dort noch Sokrates aus Achaia und auch Klearchos als Redner auf. Aus Klearchs von Xenophon erwähnter Aufforderung an die übrigen Feldherrn, sie möchten während seiner Abwesenheit *"antworten, was sie für das ehrenhafteste und beste hielten"*, ist in der Darstellung Diodors die Reminiszenz an eine (von Herodot nicht überlieferte) Botschaft geworden, welche Leonidas bei den Thermopylen den Abgesandten des Xerxes, die die Auslieferung der Waffen forderten, aufgetragen haben soll: *"wir glauben, daß wir dann, wenn wir mit Xerxes Freundschaft schließen sollten, mit unseren Waffen bessere Bundesgenossen wären, wenn wir aber zum Kampf gegen ihn gezwungen würden, mit ihnen besser kämpfen könnten"*. Das in diesen (dem historischen Leonidas völlig unangemessenen) Worten enthaltene Angebot einer Bundesgenossenschaft kann in der Argumentation der anonymen Redner, die Xenophon als *"die weich werdenden"* charakterisiert, indirekt wiedergefunden werden; tatsächlich ist aber auch die Botschaft, die Klearchos nach dem Abschluß der Diskussion dem Großkönig übermitteln läßt [2.1.20], mit ganz ähnlichen Worten formuliert. Er erweist sich hier als ein sehr diplomatischer Unterhändler. *
Aegypten war im Jahr 525 durch Kambyses dem persischen Reich einverleibt worden, versuchte aber mehrfach vergeblich, sich durch Aufstände zu befreien (486-84, 463-54); im Jahr 404 gelang es dann Amyrthaios von Sais (dem einzigen König der 28. Dynastie), das persische Joch abzuschütteln. Durch den Kyroszug (und den persisch-spartanischen Krieg) konnte die geplante Rückeroberung nicht durchgeführt werden. Dem Vorschlag, diese leidige Angelegenheit für den Großkönig zu erledigen und sich dadurch seiner Verfolgung zu entziehen, kann eine gewisse Raffinesse nicht abgesprochen werden.

2.1.15-20 In dem referierten Dialog versucht Klearch den Unterhändler Phalinos mit dem Appell an seine griechische Herkunft und an seinen Ehrencodex sowie mit dem Hinweis darauf, daß man in Griechenland sein Verhalten gegenüber den in Not geratenen Landsleuten sorgfältig registrieren werde, recht plump auf emotio-

Karte S.54

naler Ebene zu einer Antwort, die dieser naturgemäß nicht geben konnte, zu bewegen. Tatsächlich erweist sich dann aber Phalinos als der intellektuell weit überlegene Gesprächspartner; seine Antwort ist ein Musterbeispiel sophistischer Rhetorik: einerseits erteilt er den von Klearch gewünschten Ratschlag tatsächlich, erklärt aber zugleich seine Realisierung für praktisch ausgeschlossen, andererseits empfiehlt er seinen Landsleuten, sich unter Ausnutzung der ihnen verbliebenen Möglichkeiten zu retten - auch im Wege der Vereinbarung mit dem Großkönig. Diese Antwort kann man wohl verschieden auslegen; jedenfalls aber bringt sie nicht unverhohlen den Vorschlag, die Griechen sollten ihre Waffen ausliefern und sich bedingungslos den Persern unterwerfen, zum Ausdruck. Klearchs Erwiderung ist klar und eindeutig: eine Auslieferung der Waffen kommt unter keinen Umständen in Betracht. Vielmehr wird dem Großkönig die Alternative *Freundschaft* (im Sinn von gegenseitiger Nützlichkeit, vgl. 1.9.20/21) oder *Krieg* angeboten (vgl. 2.1.14).

2.1.21-23 In der lebendig ausgemalten Diskussion über die Frage des aktuellen Waffenstillstandes erweist sich Klearchos als sehr geschickter Unterredner, der zu keiner bindenden Antwort zu provozieren war. Da es eher unwahrscheinlich ist, daß Xenophon den Wortlaut der von ihm in wörtlicher Rede referierten Gespräche in seinem Tagebuch festgehalten hat, ist in solchen Fällen von der Nachschöpfung durch den Schriftsteller aus der Erinnerung auszugehen - allerdings, wie ich glaube, in enger Anlehnung an *die Gesamttendenz des wirklich Gesagten* (Thuk.1.22.1). Das taktisch kluge Verhalten des Klearchos in der schwierigen Situation scheint Xenophon sehr beeindruckt zu haben und ist auch tatsächlich eindrucksvoll.

2.2.1-3 Klearchos ließ auch in diesem Fall die an Ariaios zu überbringende Antwort offen, obwohl er seine Entscheidung bereits getroffen hatte. Beide durch den Ausgang der Opferzeremonie offenbar eindeutig bewertbar gewordenen Verhaltensmöglichkeiten, die er auf der abendlichen Offiziersversammlung vortrug, führten allerdings zu der Alternative *Krieg* in der informellen Abmachung mit dem Großkönig (sie sind 2.1.23 mit den Worten ἀπιοῦσι ...καὶ προϊοῦσι exakt gekennzeichnet). Die von Klearchos erwähnte Information, daß sich der Großkönig bereits jenseits des nur zu Schiff überschreitbaren Tigris befinde, könnte zu diesem Zeitpunkt

Karte S.54

allenfalls auf Artaxerxes persönlich und seine Leibgarde zutreffen, nicht aber auf die Masse der persischen Truppen. Falls es sich nicht nur um ein Gerücht ohne tatsächlichen Hintergrund handelte, wäre auch zu erwägen, ob hier ein anderer Wasserlauf, zum Beispiel ein vom Tigris nach Westen gerichteter Kanal, gemeint ist. Angesichts der Unmöglichkeit, Fragen dieser Art zu beantworten, sollte man sich immer wieder klar machen, daß den Griechen damals jener detailreiche Überblick über eine Landschaft aus der Vogelperspektive, den uns heute jeder Handatlas vermittelt, nicht zur Verfügung stand. Sie waren auf den eigenen Augenschein und auf die Informationen von Einheimischen oder sonstigen Landeskennern angewiesen und konnten eventuelle Fehlinformationen nicht anhand von Landkarten kontrollieren.

2.2.4/5 Ein sehr kurz gefaßter, klar durchdachter, eindeutiger Befehl Klearchs. Er besteht aus zwei Teilen. Im ersten Teil werden die Offiziere aufgefordert, zu ihren Truppen zurückzukehren und die Soldaten dazu zu veranlassen, noch vorhandene Lebensmittel zu verzehren. Im zweiten Teil wird für die weitere zentrale Befehlsübermittlung das üblicherweise *Anhalten zur Rast!* bedeutende, jedem Soldaten bekannteTrompetensignal verabredet und angekündigt, daß es in gewissen Abständen dreimal ertönen werde; es bedeute dann [1] *Zusammenpacken!*, [2] *Lasttiere beladen!*, [3] *Der Spitze folgen!* und zwar in einer für die Situation entworfenen unüblichen Marschordnung: die Hopliten sollten auf der rechten Flanke den zwischen ihnen und dem Euphrat vorrückenden Troß gegen mögliche Angriffe abschirmen. Die spontane Unterordnung der übrigen Offiziere unter das Kommando Klearchs beruhte ausschließlich auf dessen starker Persönlichkeit, in der sich überragende Führungsqualitäten mit großem, durch langjährige Erfahrung geprägtem militärischem Sachverstand und Besonnenheit vereinigten. Xenophon hat später in einem ausführlichen Porträt (2.6.1-15) das Besondere dieses von ihm sehr bewunderten Offiziers in Worte zu fassen versucht.

2.2.6 Merkwürdigerweise geht die wohl von Xenophon selbst stammende (ἦλθον = 1.Ps.Sing.; vgl. zu 5.5.4) Berechnung der bisher zurückgelegten Tagemärsche nicht von Sardeis, sondern von Ephesos aus. Nach der in diesem Kommentar durchgeführten Zählung entsprach der Ort der Schlacht (Kunaxa) dem Stathmos **88**. Hinzuzurechnen wären noch die drei Tagemärsche von Ephesos

Karte S.54

bis Sardeis (vgl. zu 3.1.8), so daß sich zu der hier genannten Zahl 93 nur eine Differenz von zwei Tagemärschen ergibt. Xenophon rechnet für die Strecke von Sardeis bis zum Stathmos **86** mit 519 Parasangen sowie für die Distanz zwischen den Stathmoi **87** und **88** mit 4 Parasangen (vgl. 1.10.1). Wenn wir dieselbe Zahl auch für die Distanz zwischen den Stathmoi **86** und **87** zugrundelegen, ergeben sich insgesamt 527 Parasangen von Sardeis bis Kunaxa. Auch hier entsteht eine gewisse (aber noch tolerable) Differenz zwischen den Angaben im Text und an dieser Stelle, da die zusätzlichen 8 Parasangen für die Strecke Ephesos - Sardeis nicht ausreichen würden. Die schematische Umrechnung der Parasangen in Stadien geht von der Gleichung 30 Stadien = 1 Parasang [= etwa 5.5 km] aus (vgl. 5.5.4, 7.8.26) und ist nach allem, was wir über den Parasang im Sinne einer Marschstunde wissen (vgl. zu 1.2.5), in dieser Form unzulässig. Plutarchs (Artax. 8) Entfernungsangabe Kunaxa - Babylon (500 Stadien = etwa 92 km) entspricht den tatsächlichen Verhältnissen ziemlich genau, während die hier nach dem Hörensagen genannte Zahl (360 Stadien = etwa 66 km) weit hinter ihnen zurückbleibt.

2.2.7 Miltokythes wird nur hier erwähnt. Es scheint nicht völlig ausgeschlossen, daß er mit dem thrakischen Fürsten Miltokythes identisch ist, der 359 ermordet wurde. Der Verlust der 40 thrakischen Reiter wurde als besondere Schwächung empfunden (vgl. 2.4.6, 3.3.16), die man später durch die Neuaufstellung einer kleinen Reitertruppe (3.3.19/20) auszugleichen versuchte.

2.2.8 Der erste Biwakplatz des Rückmarsches war zugleich der letzte des Anmarsches (**St. 87**), ungefähr 10 km südwestlich von Al Fallugah; der Marsch dürfte etwa 4 Stunden beansprucht haben (vgl.1.10.1). Von diesem Platz aus sind alle weiteren Marschstrekken in Babylonien zu berechnen. Die Griechen schlugen für den Rest der Nacht kein Lager mehr auf, sondern ruhten in Marschordnung, d.h. auch ohne Verpflegung. Gleichzeitig versammelte sich der Offiziersrat, um mit Ariaios über weitere Maßnahmen zu beraten. Es wurde ein Symmachievertrag abgeschlossen mit der wichtigen Sondervereinbarung, daß sich die landeskundigen Perser zur Übernahme der Führung nach Jonien verpflichteten.

2.2.9 Die aufwendige blutige Opferzeremonie noch während der Nacht zur Eidesleistung macht deutlich, wie unverbrüchlich sich die

Karte S.54

Griechen der persischen Bundesgenossenschaft versichern wollten. Für das Auffangen des Blutes der Opfertiere in einem Schild findet sich bei Aischylos (Sieben gegen Theben 43 ff.) eine mythische Parallele: auch die Sieben ließen das Blut eines Stieres in einen Schild laufen und besiegelten ihren Bund mit einem Eid, während sie die Hände in das Blut tauchten. Sie verpflichteten sich dabei, den Eid bis zum eigenen Tod unverbrüchlich zu halten - eine ähnliche Eidesformel dürfte damals von den 'Kyreern' angewendet worden sein. Die in das Blut eingetauchten Waffen symbolisierten die Selbstverfluchung für den Fall des Meineides.

2.2.10/11 Verständlicherweise dachte man auf griechischer Seite zunächst an einen Rückmarsch auf der Anmarschroute, die man aus eigener Erfahrung kannte. Aber die Gegenargumentation des Ariaios ist völlig überzeugend. Die *"letzten 17 Tagemärsche"* beziehen sich auf die Zeit nach der Verproviantierung in Korsote (1.5.4): 13 Tage von Korsote (**St.69**) bis Pylai (**St.82**), 4 Tage von Pylai bis hinter den Graben (1.7.14, **St.86**). Ariaios plante für den Rückmarsch zwar einen längeren Umweg, versprach aber zugleich eine gesicherte Lebensmittelversorgung. Offensichtlich beabsichtigte er, Babylonien nach Norden zu verlassen: das war in der Tat die einzige in Frage kommende Route, da der Euphrat, wie die Griechen wußten (2.4.6), gegen den Widerstand der Feinde nicht überquert werden konnte. Dasselbe galt natürlich auch für den Tigris (vgl. 2.2.3). Von den möglichen Nordrouten kann wohl der Marsch durch das Wadi Tharthar oder über eine der die Wüste in nordwestlicher Richtung durchquerenden Karawanenpisten ausgeschlossen werden. Vielmehr ist anzunehmen, daß Ariaios nach einigen Eilmärschen den Tigris bei Samarra erreichen und dann auf der Westuferstraße, d.i. der großen Handelsstraße Babylon - Assur - Ninive aufwärtsziehen wollte, bis er am Nordrand der Wüste (bei Cizre) auf die nach Westen führende 'Königsstraße' stieß (vgl. LENDLE [Babylonien]).

2.2.12 Die Marschgeschwindigkeit ist erfahrungsgemäß von der Größe einer Marschkolonne abhängig; je größer andererseits die Kolonne ist, desto schwieriger wird die Lebensmittelbeschaffung - zumal dann, wenn eine vorausziehende Kolonne sich bereits aus dem Land verproviantiert hat. Die Argumentation des Ariaios ist abermals stichhaltig. Sein Vorschlag, mit Hilfe einiger Gewaltmärsche den notwendigen Sicherheitsabstand zu den Verfolgern zu

Karte S.54, 100

gewinnen, entspricht den Gegebenheiten der Lage. Allerdings scheint er vorauszusetzen, daß der Beginn des Abzuges aus Babylonien vom Gegner unbemerkt vonstatten gehen könnte.

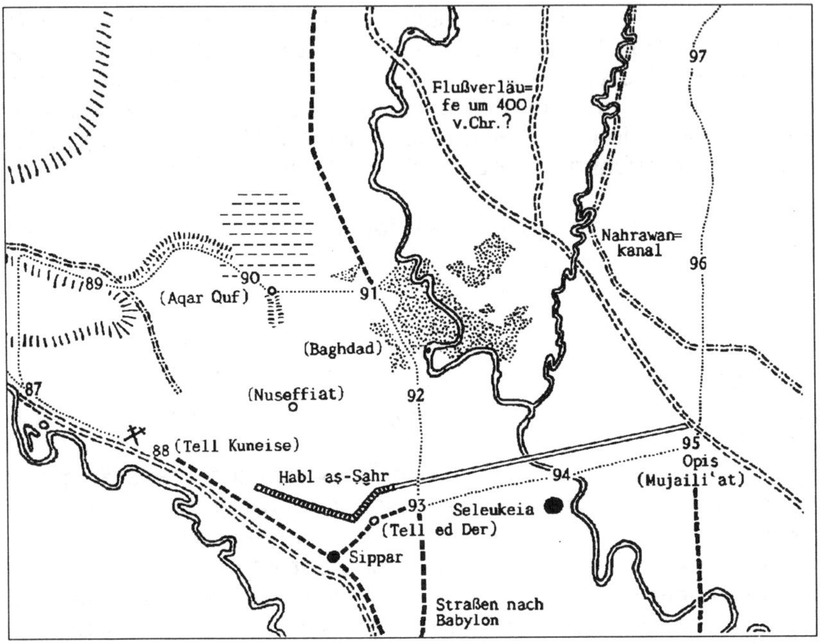

14. Stathmoi 88 - 97 (1.7.20 - 2.4.25)

2.2.13 Die Griechen hatten zu diesem Zeitpunkt den ganzen Ernst ihrer Lage noch nicht durchschaut: sie waren die Sieger in der Schlacht gewesen und empfanden es als demütigend, nun vor den Besiegten die Flucht zu ergreifen. Aber offenbar gelang es Ariaios, sie von der Zweckmäßigkeit seines Planes zu überzeugen; überdies hatten sie ja im Symmachievertrag (2.2.8) Ariaios und den Persern die Führung bedingungslos übertragen. Beachtenswert ist die gehobene bildhafte Ausdrucksweise, in der Xenophon sein persönliches Urteil formuliert: ungeachtet der entsetzlichen Strapazen und der großen Verluste, die das spätere Scheitern dieses Planes mit sich brachte, empfand er im nachhinein diese Entwicklung, gemessen an der vielleicht glücklicheren, aber mit dem Makel der Flucht belasteten Heimkehr, als *"besser"*. * Der Auf-

Karte S.54, 100

bruch erfolgte mit Sonnenaufgang in Nordrichtung, also auf die Erhebung von Al Fallugah hinauf. Nach der von den Landeskennern ausgearbeiteten Planung sollten bei Sonnenuntergang, etwa 12 Stunden später, *"Dörfer des babylonischen Gebietes"* erreicht werden. Wenn wir für den vorgesehenen und auch durchgeführten Gewaltmarsch 7-8 reine Marschstunden (Parasangen) rechnen (vgl. ähnlich große Marschleistungen in 1.5.1 und 1.5.5), müßten sich die Zieldörfer ungefähr 30 km weit vom Ausgangspunkt entfernt befunden haben, wobei der Marsch selbst offenbar durch weitgehend unbesiedeltes Gelände führte. Weiterhin wird hinsichtlich der angestrebten Dörfergruppe (2.2.15/16) ausdrücklich ihre Lage (noch) *"im babylonischen Gebiet"* betont - vermutlich deshalb, weil wir uns im nördlichen Grenzbereich Babyloniens zu Medien befinden. Der Marsch führte wahrscheinlich jenseits der Erhebung von Al Fallugah im alten Euphratbett Al Hûr ostwärts bis in die Gegend von Al Ashâbi (**St. 89**, Vorschlag von MUSIL, 225), von wo aus die Tigriswestuferstraße in zwei Tagemärschen zu erreichen war.

2.2.14/15 Die Anwesenheit feindlicher Truppen in dieser nördlichen Gegend bedeutete offenbar für Ariaios und die Griechen eine gänzlich unerwartete und dramatische Überraschung. Ihre Vermutung, daß sich das Lager des Großkönigs selbst in der Nähe befinde, war jedoch schwerlich richtig. Artaxerxes dürfte sich mit seinem Gefolge und seinen Leibtruppen nach dem Tod des Kyros und damit dem völligen Scheitern des Usurpationsversuchs sofort auf die Heimreise begeben haben, zumal er wegen einer Verwundung der ärztlichen Versorgung bedurfte (vgl. 1.8.26). Die Vernichtung oder Vertreibung der 'Kyreer' konnte er seinen Militärs, insbesondere Tissaphernes, überlassen. Daß Tissaphernes, dessen Reitereinheit vermutlich den wesentlichen Bestandteil der hier angetroffenen Truppen ausmachte, einen Angriff gegen Ariaios und die Griechen beabsichtigte, ist kaum wahrscheinlich. Viel eher ist anzunehmen, daß er die Dörfer (**St. 89**), die auf der auch von persischer Seite richtig erkannten Fluchtroute der 'Kyreer' lagen, mit voller Absicht für die Proviantnahme unbrauchbar machte und in Rauch aufgehen ließ, um so die Invasoren durch Aushungern in die Kniee zu zwingen. Tatsächlich hatten die Griechen seit dem Tag der Schlacht praktisch keine Verpflegung mehr zur Verfügung gehabt; jetzt aber lag ein mehrtägiger Wüstenmarsch vor ihnen, der ohne ausreichende vorherige Versorgung nicht zu überstehen war.

Karte S.54, 100

2.2.16 St. 89 Der die Vorhut anführende Klearchos erweist sich (wieder einmal) als besonnener und selbstbewußter General, der seine Möglichkeiten nüchtern einschätzte. In der Tat waren die Griechen seit der Schlacht nur für wenige Stunden zur Ruhe gekommen und litten unter Hunger. Die Stimmung in der Truppe war angespannt und explosiv und wurde durch die bittere Erkenntnis, daß die ersehnten Quartierdörfer völlig ausgeplündert waren, noch verschärft.

2.2.17 Xenophon liefert eine lebendige Schilderung der chaotischen Zustände, die von Sonnenuntergang an im Lagerbereich (**St. 89**) herrschten, als in der Dunkelheit nach und nach die ermatteten Einheiten eintrafen und weder die Möglichkeit zum Biwak noch zum Anzünden von Lagerfeuern vorfanden. Es gelingt ihm, die Geräusche während dieser unruhigen Nacht in der Phantasie hörbar werden zu lassen. Man vermutete am nächsten Morgen vielleicht zu Recht, daß feindliche Lagerplätze aufgrund des bedrohlich wirkenden Lärms, der aus dem nicht durch die sonst üblichen hunderte von Lichtpunkten identifierbaren Aufenthaltsbereich der 'Kyreer' herüberdrang, in der Nähe geräumt worden waren.

2.2.18 Die von den Griechen angestelten Erwägungen über das Verhalten des Großkönigs (oder wohl eher seines Bevollmächtigten) sind aus ihrer Sicht heraus verständlich und vielleicht auch zutreffend. Offenbar nahmen sie an, daß der Großkönig mit einem neuerlichen Angriff der Griechen rechnete und diesem durch das Angebot eines Waffenstillstandes zuvorkommen wollte (vgl. 2.3.1).

2.2.19-21 Die sich während der Nacht unter den ungeordnet umherirrenden Truppen entwickelnde panikartige Angst war im Begriff, den völligen Zusammenbruch der militärischen Disziplin herbeizuführen. Hier mußte Klearchos seinen Einfallsreichtum, seine Menschenkenntnis und seine Unerschrockenheit unter Beweis stellen, um die bisher wohl schwerste Krise der griechischen Heeresgruppe zu meistern. Offenbar hatte das Vertrauen der Soldaten in die Führung unter den dramatischen Umständen der letzten Tage, gefördert durch die körperliche Überanstrengung und das Ausbleiben der erhofften und von den Persern versprochenen Proviantnahme am Zielort des Gewaltmarsches, schweren Schaden genommen. * Tolmides aus Elis ist der einzige besonders prominente *Herold* im Heer, der namentlich genannt wird (vgl. noch

3.1.46). Tatsächlich ist jedoch davon auszugehen, daß ebenso wie Klearchos auch die anderen Generäle ihre Befehle durch Herolde an die Truppen übermittelten (vgl. 4.1.13, 6.4.15, 6.4.23, 7.1.7). * Erst in der Morgendämmerung konnte Klearchos die Einrichtung des Waffenplatzes veranlassen, die üblicherweise natürlich sogleich nach Erreichen des jeweils neuen Stathmos am Nachmittag, bei Tageslicht, erfolgte. Der Waffenplatz war das organisatorische Zentrum des unbefestigten Lagers, da die einzelnen Einheiten in unmittelbarer Nähe ihrer in Reih und Glied abgelegten Waffen, vor allem der großen Hoplitenschilde (nach denen der Waffenplatz als τὰ ὅπλα bezeichnet wurde, vgl. 2.4.15, 3.1.3, 3.1.33, 5.7.21) Biwak bezogen (vgl. 3.1.3) und im Alarmfall schnell einsatzbereit waren. Durch die beschriebene Maßnahme stellte Klearchos praktisch die ins Wanken geratene Disziplin wieder her. Daß er sich bei der Organisation des Waffenplatzes nicht an der Marschformation, sondern an der bei Kunaxa bewährten Phalanxformation orientierte, zeigt, daß er mit der Möglichkeit militärischer Auseinandersetzungen an diesem Tag rechnete. Ähnlich verhielten sich bei gegebener Lage auch andere Heerführer, zum Beispiel Alexander der Große (vgl. Arrian Anab. 1.13.3, 3.9.5).

2.3.1/2 Im Begriff ἔφοδος *Anmarsch* schwingt die Komponente *Angriff* mit. Nach der (ausdrücklich als eigene Interpretation gekennzeichneten) Ansicht Xenophons hatte der unbeirrte Marsch der Griechen in die Dörfer des Stathmos **89** die Perser so sehr verunsichert, daß sie nun einen regelrechten Waffenstillstand anboten und damit die realitätsferne Aufforderung zur bedingungslosen Unterwerfung vom Vortag aufhoben. Tatsächlich war der persischen Seite inzwischen wohl klar geworden, daß hier ein Sonderfall vorlag, der nicht nach dem üblichen Muster orientalischer Verhaltensweisen im Umgang mit dem Großkönig zu regeln war. * Klearchos, der sich am Waffenplatz befand und die richtige Umsetzung seines Befehles beaufsichtigte, ließ sich durch das Auftauchen der persischen Unterhändler nicht aus der Ruhe bringen. Kaltblütig nahm er sich die Zeit, welche die Waffenaufnahme und der Aufmarsch zur Phalanx benötigten. * Die Vorposten befanden sich wohl einige hundert Meter vor dem Lager, insbesondere vor dem Waffenplatz (vgl. 2.4.15), so daß die dort wartenden Unterhändler vermutlich die Vorgänge bei den Griechen nicht im einzelnen erkennen konnten.

Karte S.54, 100

2.3.3 Klearchos ließ die Phalanx eine *"dichte"* Aufstellung nehmen, eine Formation, die zur Elementartaktik der Phalanx gehörte und als πύκνωσις bezeichnet wurde (vgl. die Beschreibung des Manövers, das die Phalanx Philipps in der Schlacht bei Kynoskephalai im Jahr 197 v.Chr. durchführte, bei Polybios 18.24.8). Die Phalanx bot nun einen kompakten, durch keine Zwischenräume unterbrochenen, in der Tiefe auf 16 Glieder verdoppelten, in der Länge auf die Hälfte verkürzten Anblick. Hinter diesem undurchdringlichen, in seiner völligen Gleichmäßigkeit tatsächlich höchst eindrucksvollen Block der Hopliten verschwanden alle dem Troß zuzurechnenden Nichtkombattanten, welche durch ihre Buntschekkigkeit das schöne Bild hätten stören können. Das hier deutlich werdende 'Imponiergehabe' setzt sich in dem Auftritt der Strategen mit ihren Leibwachen aus ausgewählten Soldaten fort: körperliche Schönheit und schmuckvolle Ausrüstung galten auch im militärischen Bereich als persönliche Auszeichnung und sollten hier durch ihre Massierung die gegnerischen Gesandten beeindrucken.

2.3.4-6 Die Alternative 'Kampf oder Frühstück' als Voraussetzung für den Abschluß eines Waffenstillstandes läßt ungeachtet ihrer pointierten Formulierung die schwierige Lage der Griechen erkennbar werden. Es ging für sie jetzt in erster Linie tatsächlich um das pure Überleben, notfalls unter Inkaufnahme eines Verzweiflungskampfes. Daß die persische Seite die explosive Gefährlichkeit der Lage erkannte und durch das Angebot von Lebensmitteln zu entschärfen versuchte, spricht für die Klugheit des maßgeblichen Verhandlungspartners, vermutlich des Tissaphernes.

2.3.7-9 Korrekt klärt Klearchos zunächst ausdrücklich den Umfang des ins Auge gefaßten Waffenstillstandes, unter Verwendung des in derartigen Zusammenhängen gebräuchlichen Terminus ἰόντες καὶ ἀπιόντες für die bevollmächtigten Unterhändler der beiden Parteien (vgl. 2.3.4), denen üblicherweise zunächst freies und sicheres Geleit zugesichert wurde (vgl. Thuk. 4.118.6).

2.3.10 Der Marsch führte durch ebenes Gelände mit wasserführenden Kanälen, von denen Klearch vermutete (2.3.13), daß sie absichtlich geflutet worden seien. In Wahrheit handelte es sich wohl um Entwässerungsgräben, mit deren Hilfe die große Senke nördlich von Aqar Quf (Dur Kurigalzu), die ohne Wasserregulierung versumpft und sich zeitweilig sogar zu einem regelrechten See auf-

Karte S.54, 100

gefüllt hat, für die landwirtschaftliche Nutzung (Dattelpalmen, Getreideanbau) geeignet gemacht wurde. * Das Wort αὐλών taucht in der «Anabasis» nur hier auf. Da Xenophon (nach 2.4.13) das künstliche Kanalsystem in Babylonien nach *Kanälen* (διώρυχες), größeren und kleineren *Gräben* (τάφροι) und *Rinnen* (ὀχετοί) unterteilte, scheint er hier unter αὐλῶνες wohl natürliche Vertiefungen zu verstehen, die sich in der feuchten Senke trotz des Entwässerungssystems immer wieder mit Wasser füllten.

2.3.11/12 Der vorweggenommene Beitrag zum Persönlichkeitsbild Klearchs (2.6.1-15) verdeutlicht eindrucksvoll an einem Beispiel seinen eigenwilligen Führungsstil (vgl. dazu 2.6.8-14).

2.3.13 Die Überlegung Klearchs ist an sich naheliegend, da die Trockenperiode, in der das Land künstlich bewässert wurde, seit gut einem Monat beendet war; die hier geschilderten Vorgänge spielten sich Ende Oktober/Anfang November 401 ab.

2.3.14 St. 90 Die schließlich erreichten Dörfer lagen vermutlich in der Gegend von Aqar Quf. Der dort reichlich vorhandene Vorrat des Grundnahrungsmittels Getreide bedeutete die Rettung des Heeres. Der aus Datteln gewonnene *Palmwein* (der 1.5.10 genauer als *"aus der Dattel der Palme hergestellter Wein"* beschrieben wird) dürfte sich durch große Süßigkeit und Alkoholreichtum ausgezeichnet haben, während das Getränk, das als *"aus Datteln gekochter Weinessig"* bezeichnet wird, sauer schmeckte. Tonfässer voller *Palmwein* erwähnt schon Herodot (1.194.3) als bevorzugt auf dem Wasserweg nach Babylon transportierte Handelsobjekte; in Ägypten wurde nach seiner Darstellung (2.86.4) *Palmwein* bei der Mumifizierung von Leichen zum Auswaschen der von den Eingeweiden befreiten Bauchhöhle verwandt.

2.3.15/16 Die Ernte der großfruchtigen bernsteinfarbenen späten Dattelsorten (die in Griechenland nicht zur Reife kamen) erfolgte Ende Oktober/Anfang November (GASSNER 11, vgl.dazu MANFREDI 214). * Unter dem *"Hirn der Palme"* ist die Endknospe der Gipfeltriebe der Palme zu verstehen, die als sogenannter 'Palmkohl' gegessen wurde. Ihrem Verzehr soll das Heer Alexanders des Großen beim Marsch durch Karmanien vor allem seine Rettung verdankt haben (Strabo 15.2.5). Daß Dattelpalmen, denen

Karte S.54, 100

die Gipfeltriebe zur Gewinnung von 'Palmkohl' abgeschnitten werden, absterben, ist eine richtige Beobachtung Xenophons.

2.3.17 Mit dem Eintreffen der hochrangigen persischen Gesandtschaft wurden die entscheidenden Verhandlungen zwischen beiden Seiten eingeleitet. Jetzt standen sich die 2.3.4 angekündigten, zum Abschluß des endgültigen Vertrages (der den vorläufigen Waffenstillstand ablösen sollte) bevollmächtigten Unterhändler gegenüber. Als offizielle Sprecher der Delegationen fungierten Tissaphernes und Klearchos, deren Ausführungen jeweils in der Muttersprache erfolgten und durch einen Dolmetscher in die andere Sprache übersetzt wurden.

2.3.18/19 Wie weit Xenophon in den folgenden wörtlichen Reden den Gang der Verhandlungen korrekt wiedergegeben hat, läßt sich naturgemäß nicht sicher sagen, aber die Wahrscheinlichkeit spricht doch dafür, daß zumindest die Gesamttendenz der Diskussionsbeiträge richtig erfaßt ist (vgl. 2.1.21-23). Demnach verwies Tissaphernes zunächst auf seine bisherigen Kontakte zu Griechenland (vgl. zu 1.1.2), um die Glaubwürdigkeit seines überraschenden Vorschlages, er wolle die Griechen heil nach Hause geleiten und sich so dankbare Anerkennung in Griechenland verschaffen, zu unterstreichen. Ferner teilte er mit, daß der Großkönig unter Anerkennung der Verdienste, die er sich bei der Vereitelung des Putschversuches in der Tat erworben hatte (vgl. 1.2.4, 1.10.7), den Vorschlag wohlwollend zur Kenntnis genommen habe. Tissaphernes' Argumentation ist im ganzen überzeugend und macht jedenfalls nicht den Eindruck, daß hier ein perfides Täuschungsmanöver mit dem Ziel, die Griechen in Sicherheit zu wiegen und bei der ersten sich bietenden Gelegenheit zu vernichten, in die Wege geleitet werden sollte. Vielmehr scheint sich Tissaphernes tatsächlich als Belohnung für seinen Einsatz die (aus dem üblichen Rahmen allerdings herausfallende) Gunst erbeten zu haben, auf seinem Rückmarsch zur Westküste Kleinasiens die griechischen Söldner mitnehmen zu dürfen - gewiß nicht aus reiner Menschenliebe oder aus Philhellenismus, sondern in der Hoffnung, später einen Teil von ihnen in die eigenen Dienste nehmen zu können.

2.3.20 Am Schluß steht die Frage nach dem Motiv des griechischen Angriffs, von deren Beantwortung der Großkönig offenbar seine endgültige Entscheidung über das Schicksal der Invasoren

Karte S.100

abhängig machen wollte. Dem gutgemeinten Rat des Tissaphernes, man möge die Antwort möglichst diplomatisch formulieren, kam die griechische Delegation nach sorgfältiger Beratung in hervorragender Weise nach.

2.3.21-23 Die von Klearchos vorgetragene Rechtfertigungsargumentation lautet: [1] Der Marsch der Griechen gegen den Großkönig beruhte auf Täuschung durch Kyros. [2] Trotzdem fühlten sich die Griechen an die getroffenen Abmachungen gebunden und wurden im Augenblick der Gefahr nicht zu Verrätern an ihrem bisherigen Wohltäter. [3] Mit dem Tod des Kyros ist für sie jeglicher Grund, mit dem Großkönig Krieg zu führen, entfallen. [4] Sie werden jetzt nach Hause ziehen und eventuelle Angriffe während des Marsches mit Waffengewalt abwehren, ihnen erwiesene Wohltaten dagegen mit entsprechenden Wohltaten vergelten. In dieser Argumentation verbindet sich die (den Tatsachen entsprechende) Schuldabweisung auf Kyros mit einem Bekenntnis zur unbedingten Vertragstreue, mit der Bekräftigung des ehrlichen Friedenswillens gegenüber den Persern und mit dem selbstbewußten Hinweis auf das von ihnen repräsentierte militärische Potential, das hier unausgesprochen dem Großkönig zur Nutzung angeboten wird.

2.3.24/25 Durch die Eröffnung eines von einheimischen Händlern beschickten Marktes, auf dem Lebensmittel gekauft (oder gegen Wertsachen eingetauscht) werden konnten, wurde die Versorgung des Heeres wieder normalisiert; für die Deckung des ersten Bedarfes hatten die Perser ja eine kontrollierte Plünderung zugelassen (2.3.14) - eine kluge Maßnahme angesichts der vom Hunger gequälten und entsprechend aggressiven Söldnermasse. *
Die Verzögerung der Rückkehr des Tissaphernes dürfte einerseits damit zusammenhängen, daß sich der Großkönig bereits in Babylon befand und dort aufgesucht werden mußte, andererseits aber wohl auch mit den innenpolitischen Widerständen, die Tissaphernes bei seinem Eintreten für die Griechen zu überwinden hatte. Sie wurden vermutlich von streng nationalistisch orientierten Personen des Hofstaates, die aber wohl das militärische Debakel von Kunaxa nicht in der Front miterlebt hatten, geleistet und behinderten die pragmatische Lösung des Problems, für die der Großkönig selbst jedoch schließlich gewonnen werden konnte.

Karte S.100

2.3.26/27 Der Vertrag, den Tissaphernes mit den Griechen abschloß, war für diese außerordentlich günstig und hätte ihre problemlose Rückkehr ermöglicht, wenn er später nicht gebrochen worden wäre. Allerdings bedeutete er die Übergabe der Führung des Rückmarschunternehmens mit allen Konsequenzen an Tissaphernes: dieser bestimmte fortan die Marschroute und die Stathmoi. Andererseits garantierte er die Verpflegung durch die Einrichtung von Märkten oder ersatzweise die Erlaubnis zur Konfiskation von Lebensmitteln aus dem Land und räumte damit die größte Schwierigkeit, vor der die Griechen standen, aus dem Weg. Die einzige Bedingung, zu deren Einhaltung sich diese verpflichten mußten, bestimmte, daß der Marsch *"wie durch Freundesland"* ohne Plünderungen durchgeführt wurde - eigentlich unter den gegebenen Umständen eine Selbstverständlichkeit.

2.3.28 Nach Fertigstellung des Vertragsentwurfes wurde von den Griechen der 'Offiziersrat' einberufen, dem alle Strategen und Lochagen (insgesamt über hundert Personen) angehörten, und in diesem Kreis über den Entwurf beraten und abgestimmt. Auf der Basis dieses zustimmenden Beschlusses konnte dann der Vertrag feierlich ratifiziert werden, wobei die persische Seite durch Tissaphernes und den Schwager des Großkönigs, die griechische durch den gesamten Offiziersrat vertreten wurde. Beide Vertragsparteien verpflichteten sich unter lauter Anrufung ihrer Eidgötter dazu, die Vertragsbestimmungen einzuhalten, und besiegelten den Schwur durch Handschlag. Ob auch das sonst übliche Trankopfer, die Ausschüttung ungemischten Weins, vollzogen wurde, geht aus dem Text nicht hervor. Vielleicht wurde es hier durch den nicht unbedingt zum Ritual gehörenden Handschlag ersetzt.

2.3.29 Tissaphernes war zwar zum Abschluß des Vertrages bevollmächtigt, mußte aber noch die endgültige Genehmigung des Großkönigs einholen sowie die Rückkehr seiner eigenen Truppen vorbereiten. Darüberhinaus vereinigte er, wie sich später herausstellt (2.4.8), für die erste Teilstrecke des Marsches seine Truppen mit denen des Satrapen von Ostarmenien, Orontas. Es ist nicht erstaunlich, daß die Abwicklung dieser Maßnahmen einen längeren Zeitraum beanspruchte.

2.4.1/2 Ariaios und die persische Heeresgruppe des Kyros waren zuletzt 2.2.14 erwähnt worden. Danach konzentrierte sich das

Karte S.100

Interesse Xenophons ausschließlich auf die griechische Kolonne, die praktisch ohne engeren Kontakt mit Ariaios agierte und zum Beispiel ihre eigenen Verträge mit der Gegenseite abschloß. Jetzt, während der dreiwöchigen Wartezeit auf die Rückkehr des Tissaphernes, verbreiteten sich bei den Griechen jedoch Gerüchte über beunruhigende Vorgänge im benachbarten Lager der Perser, die darauf hindeuteten, daß ihr Abfall zum Großkönig bevorstand. Sie lösten unter den Griechen verständlicherweise große Befürchtungen aus.

2.4.3-7 Die von den Kritikern vorgetragenen Argumente basierten auf der Grundüberzeugung, daß der mit Tissaphernes abgeschlossene Vertrag über sicheres Heimgeleit ein Täuschungsmanöver darstelle und die in Wahrheit beabsichtigte Vernichtung der Griechen vorbereiten solle. Sie forderten den sofortigen Abmarsch, unter Bruch des mit Tissaphernes abgeschlossenen Vertrages. Klearchos war offensichtlich auch selbst verunsichert, brachte aber nach reiflicher Überlegung vor allem praktische Einwände gegen dieses Verhalten zur Sprache. In ihnen sind in der Tat die entscheidenden Schwierigkeiten, mit denen die Führung im Fall des selbständigen Abmarsches rechnen mußte, aufgelistet: [1] die Verpflegungsproblematik, [2] das Fehlen landeskundiger Führer, [3] der Abfall des Ariaios zum Großkönig, [4] die Unüberschreitbarkeit des Euphrat und sonstiger Flüsse sowie [5] das Fehlen einer Reitertruppe. Dieselben (und einige zusätzliche) Erwägungen trägt Xenophon noch einmal 3.1.2 zur Erklärung der Mutlosigkeit vor, die sich nach der heimtückischen Dezimierung der Führungsspitze durch die Perser (2.5.32) im Heer verbreitete - um sich dann selbst ins Spiel zu bringen (3.1.4) als denjenigen, der die Griechen aus ihrer Mutlosigkeit aufrüttelte. Es scheint mir sicher, daß er in diesem sehr bewußt komponierten Zusammenhang auf jene Argumente zurückgreift, die (nach seinen Tagebuchnotizen) Klearchos bei der Diskussion auf Stathmos **90** tatsächlich vorgetragen hatte.

2.4.8 Tissaphernes war inzwischen in Babylon gewesen und dort vom Großkönig in besonderem Maß ausgezeichnet worden (vgl. Diod. 14.26.4): Artaxerxes setzte ihn nicht nur wieder in seine früheren Ämter als Satrap und Karanos von Kleinasien ein, sondern soll ihm (nach Diodor) auch eine seiner Töchter zur Frau gegeben haben (wenn hier nicht eine aus dem Mißverstehen des xenophontischen Textes entstandene Verwechslung mit Orontas vorliegt,

Karte S.100

s.u.). * ὡς εἰς οἶκον ἀπιών kann sowohl die tatsächliche Absicht ("...*um nach Hause abzurücken*") als auch die vorgetäuschte Absicht ("...*als ob er nach Hause abrücken wolle*") ausdrücken. Vielleicht will Xenophon hier wirklich aufgrund seiner Kenntnis der späteren Ereignisse Argwohn gegen Tissaphernes im Leser erwekken. Tatsächlich hat später Ephoros (bei Diod. 14.26.5) die Sache entsprechend dargestellt:Tissaphernes habe bei jenem Aufenthalt in Babylon den Zorn des Großkönigs auf die Griechen bemerkt und ihm daraufhin versprochen, er werde sie alle töten, wenn er ihm dafür Truppen zur Verfügung stelle und sich mit Ariaios wieder aussöhne; denn von diesem würden die Griechen während des Marsches verraten werden usw. Xenophons Bericht über die Fakten selbst enthält nach meinem Urteil jedoch keine versteckten Hinweise auf ein bereits jetzt geplantes Komplott. Eher spricht die Tatsache, daß Orontas, dem Artaxerxes seine Tochter Rhodogune (vgl. Plut. Artax. 27) zur Ehe gegeben hatte, seine junge Frau auf dem Marsch mitführte, dafür, daß man nicht mit einem jedenfalls verlustreichen Vernichtungskampf rechnete. Ferner liegt es nicht nahe anzunehmen, daß Tissaphernes die schwierigen bilateralen Probleme, die auf ihn als den neuen Satrapen Kleinasiens zukamen, absichtlich mit einem blutigen Massaker an zehntausend Griechen einleiten wollte. * Über die Größe der vereinigten persischen Truppenmassen kann nur spekuliert werden; es ist jedoch anzunehmen, daß sie die der Griechen deutlich übertraf.

2.4.9 An der Spitze der Kolonne befand sich Tissaphernes mit seiner Reitertruppe, dann folgten die Fußtruppen des Orontas und Ariaios, am Schluß, durch einen weiten Sicherheitsabstand von den Persern getrennt, die Griechen. Der Aufbruch der mehrere zehntausend Mann und einen großen, teilweise aus Fuhrwerken bestehenden, Troß umfassenden Gesamtkolonne muß sich über viele Stunden hingezogen haben, so daß die Griechen sich wohl erst gegen Mittag in Marsch gesetzt haben dürften. Vor dem Aufbruch hatten sie sich auf einem von Tissaphernes organisierten Markt mit Proviant versorgen können. Zur Marschstrecke vgl. zu 2.4.12.

2.4.10/11 Die griechische Kolonne stellte einen selbständigen Marschkörper dar, der unter dem Geleit eigener Führer ohne Sichtkontakt mehrere Kilometer hinter den Persern herzog und auch im Abstand von mindestens vier Kilometern ein eigenes Lager bezog.

Karte S.100

Der Argwohn ist angesichts der numerischen Überlegenheit der persischen Truppen und der weit verbreiteten Angst vor einem Hinterhalt wohl verständlich - zumal Ariaios inzwischen ganz offen zur persischen Seite übergegangen war.

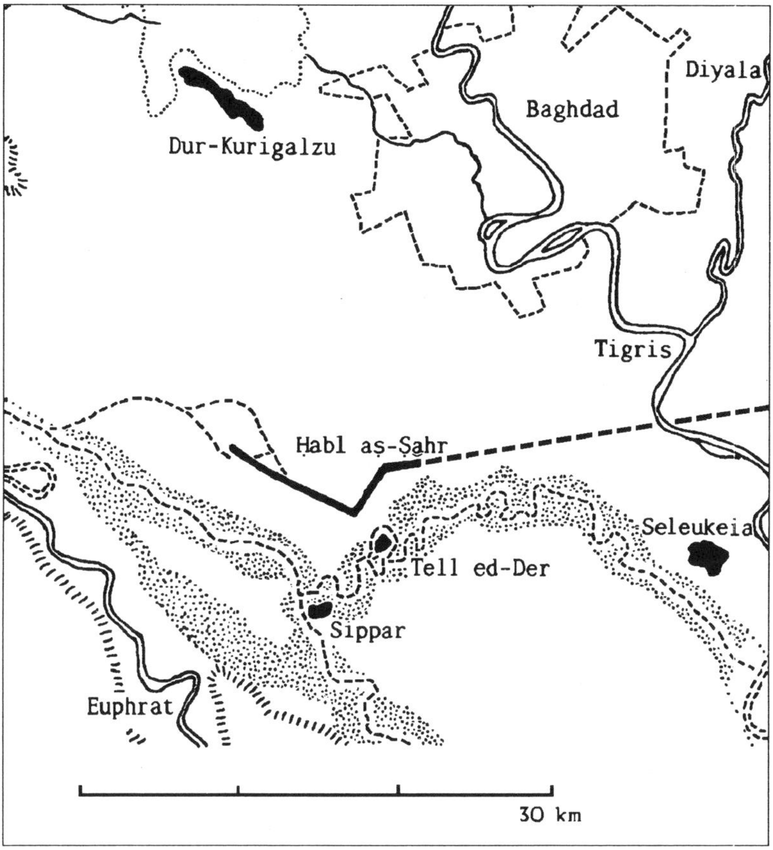

15. Die 'Medische Mauer' (2.4.12)
Lageskizze zum Ḥabl aṣ-Ṣaḥr nach NAPR 2 Fig.7, Kanäle nach NAPR 1, 41 Fig.17 (*punktiert*: antike Flußtäler; *gestrichelt*: Kanäle um 1860 [BEWSHER], vgl. auch MATTHEWS 150 Map 5)

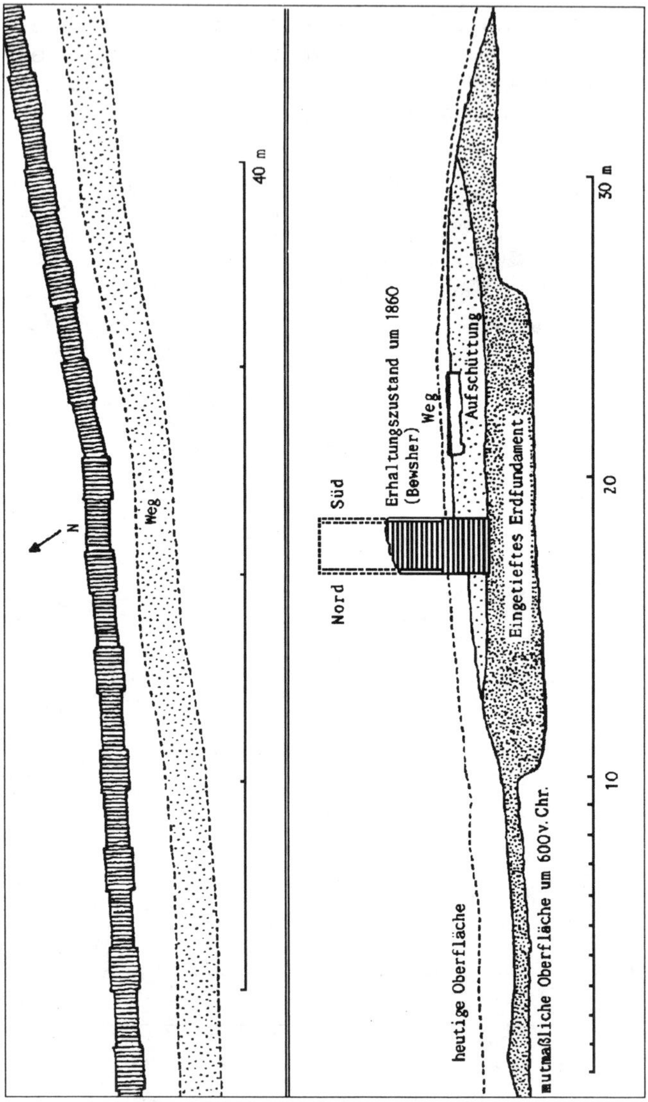

16. Die 'Medische Mauer' (2.4.12)
Grundriß und Querschnitt des Ḥabl aṣ-Ṣaḫr nach NAPR 2 Fig.7 B und C

2.4.12 <u>St. 91, 92, 93</u> Die Durchquerung der 'Medischen Mauer' erfolgte wohl am Abend des dritten Marschtages. Die Mauer, über deren Verlauf früher viele, zum Teil phantastische Hypothesen aufgestellt wurden (vgl. WEISSBACH, RE XV, 1931, 68-79), ist inzwischen sicher identifiziert mit dem Ḥabl aṣ-Ṣaḫr (*Strang von Steinen*), von dem Reste etwa 20 km südwestlich von Baghdad erhalten sind. Diese heute nur noch über etwa 15 km hin als schwache Bodenerhöhung erkennbare Maueranlage aus der Zeit Nebukadnezars II. (605-562 v.Chr.) reichte vom Ufer des Euphrat, der damals vermutlich auf der Linie des späteren Yusufiya-Kanals anzusetzen ist, nördlich von Sippar (Abu Habba) bis zum Ufer des damals weiter östlich fließenden Tigris oberhalb von Upe (= Opis, vgl. u. zu 2.4.13). Sie folgte (in dem untersuchten Abschnitt) den Windungen des 2-4 km weiter südlich verlaufenden Bettes eines alten Euphratarmes, der zur Zeit Nebukadnezars II. möglicherweise ausgetrocknet und durch einen künstlichen Kanal ersetzt war. Die Anlage wurde schon in den 60er Jahren des 19. Jahrhunderts von dem englischen Leutnant J.B.BEWSHER wiederentdeckt und 1867 veröffentlicht: damals erhoben sich die Mauerreste noch *"about 6 feet above the level of the soil"*. Erst in neuerer Zeit ist die wissenschaftliche Untersuchung aufgenommen worden: 1983-85 haben englische und belgische, 1986 Schweizer Forscher Grabungen durchgeführt. Inzwischen liegen zwei Hefte der 'Northern Akkad Project Reports' (NAPR 1 1987, 2 1989) vor, in denen die Grabungsergebnisse von zahlreichen Fachleuten im einzelnen dargestellt werden. Die Mauer erhob sich auf einem aus homogenem Material bestehenden Erdfundament von etwa 16-17 m Breite, das etwa 1 m in die Ebene eingetieft war. Sie bestand aus gebrannten Lehmziegeln in den Ausmaßen von etwa 34x34x8 cm, von denen im unteren Bereich (der von einer gleich zu erwähnenden Aufschüttung weitgehend verdeckt wurde) jeweils 5 in der Breite lagen (= etwa 1.75 m), im oberen Bereich 4 (= etwa 1.40 m). Diese Breite läßt auf eine durchschnittliche Höhe der Mauer von etwa 5.5 m schließen. Die einzelnen Ziegellagen waren durch Bitumenschichten miteinander verbunden. Südlich der Mauer war eine etwa 80 cm dicke und 12 m breite Aufschüttung über dem Erdfundament erkennbar, in der zahlreiche Bruchstücke von Ziegeln, Asphaltbrokken, Scherben, Tierknochen und auch die Reste einer Sichel gefunden wurden. Auf ihr lief in einem Abstand von 1-2 m hinter der Mauer ein etwa 2 m breiter, auf einem Ziegelfundament errichteter und aus in Asphalt verlegten Ziegeln bestehender Weg. Ein Ver-

Karte S.100

gleich dieser Grabungsergebnisse mit den Angaben Xenophons [in Asphalt verlegte gebrannte Ziegel, 20 Fuß = etwa 6 m Breite, 100 Fuß = etwa 30 m Höhe, 20 Parasangen = etwa 80 km Länge] macht es wahrscheinlich, daß sich das Bauwerk zur Zeit des Durchmarsches der 'Kyreer' bereits im Zerfall befand. Allerdings konnte die Bautechnik an den damals sicher noch höher als zu Bewshers Zeit aufrecht stehenden unteren Partien klar abgelesen werden. Die Breitenangabe entspricht ziemlich genau dem Bereich von Mauer und Pflasterweg gemeinsam; vielleicht faßte Xenophon den Weg aufgrund des überall herumliegenden Ziegelschutts als Bestandteil der Mauer auf und ließ sich dadurch auch zu seiner völlig unrealistischen Höhenschätzung verleiten. Man könnte auch vermuten, daß die Straße, auf welcher die Kolonne marschierte, in einer breiter konstruierten Toranlage durch die Mauer geleitet wurde. Derartige ursprünglich bewachte Durchlässe müssen für die großen Fernstraßen zwingend vorausgesetzt werden. * Aus der Identifizierung des Ḥabl aṣ-Ṣaḫr mit der 'Medischen Mauer' Xenophons ergibt sich die Konsequenz, daß der Dreitagemarsch (**St. 91, 92, 93**) nach Süden, in Richtung Babylon, führte und sich vermutlich auf der großen (über Jahrhunderte hin benutzten) Fernstraße vollzog, die von dort aus den Tigris aufwärts bis zum Nordrand der Wüste zog. **St. 91** ist dann östlich von Aqar Quf, wo die West-Ost-Straße, welche die 'Kyreer' zuletzt benutzt hatten, in die große Fernstraße einmündete, anzusetzen, **St. 92** einen Tagemarsch weiter südlich, **St. 93** jenseits der 'Medischen Mauer' an einer Stelle, wo die Querverbindung von Sippar am Euphrat nach Opis am Tigris sich mit der Nord-Süd-Fernstraße kreuzte. MANFREDI (vgl. Karte 9) verzichtet für die Märsche vom Schlachtfeld, das er bei Nuseffiat ansetzt, bis nach Sittake auf genaue Lokalisierungen, zeichnet jedoch versuchsweise einen merkwürdigen Zikzakkurs ein, der sogar zweimal durch die Medische Mauer führt.

2.4.13 St. 94, 95 Die Bedeutung der West-Ost-Straße von Sippar zum Tigris erhellt aus der Tatsache, daß sie zwei größere Kanäle auf fest installierten Brücken überquerte. Beide Kanäle zweigten vom Tigris ab, müssen also im wesentlichen in Süd- bzw. Südwestrichtung verlaufen sein. Der zweite bedeutendere Kanal ist offenbar (nach 2.4.21/22) später wieder in den Tigris eingemündet. Zum Tigrisverlauf um 400 v.Chr. können nur Vermutungen angestellt werden. Auf jeden Fall ist er (in dem uns hier interessierenden Abschnitt südlich von Baghdad) gute 10-15 km weiter östlich

Karte S.100

als heute anzusetzen. Von entscheidender Bedeutung für die Rekonstruktion des antiken Landschaftsbildes ist die Lokalisierung von Sittake (**St. 95**), 2.7 km westlich des Flußbettes und etwa 8 Marschstunden (ca. 32 km) von der Stelle entfernt, an der die 'Medische Mauer' durchzogen wurde. Diese Entfernungsangabe paßt erstaunlich genau auf die Ruinenstätte von Mujailiʿat (etwa 15 km nordöstlich von Ktesiphon), wo dicht nebeneinander die Überreste von zwei bedeutenden Siedlungen erkennbar sind: einmal der etwa 100000 m² umfassende Bezirk einer Großstadt, die offenbar über viele Jahrhunderte hin bis zum Ende der neubabylonischen Zeit (um 540 v.Chr.) bewohnt war und dann aufgegeben wurde (ADAMS [Land] Nr.590); damals entstand etwa 600 m nordöstlich eine neue, etwas kleinere Stadt von etwa 80000 m² Fläche mit kreisförmiger Anlage und einer Ausbuchtung nach Nordnordwest, die bis ins 3. Jahrhundert n.Chr. hinein blühte (ADAMS [Land] Nr.588). Dies war in achämenidischer Zeit weit und breit die einzige Siedlung mit Stadtcharakter: das Sittake Xenophons. Die anscheinend so klare Identifizierung wird nun allerdings dadurch wieder zunichte gemacht, daß Mujailiʿat aus verschiedenen Gründen (die hier im einzelnen aufzuzählen zu weit führen würde; vgl. LENDLE [Babylonien] 214-19, 221/22; J.A. BLACK in NAPR 1 18/19) völlig überzeugend mit der alten Stadt Upe oder Upi, dem griechischen Opis, gleichgesetzt wird. Oberhalb von Upe soll nach babylonischen Quellen die Mauer Nebukadnezars (Xenophons 'Medische Mauer') den noch in seinem alten Bett fließenden Tigris, der nach griechischen Quellen bis hierhin schiffbar war, erreicht haben. Die Stadt verlor ihre Bedeutung erst, als der Tigris seinen Lauf nach Westen verlagerte und die dort um 300 v.Chr. von Seleukos I. neu gegründete Metropole Seleukeia zum Zentralort der ganzen Region wurde. Da Xenophon Opis erst später (2.4.25) und zwar vier Tagemärsche (**St. 96, 97, 98, 99**) vom Tigris entfernt erwähnt (an einer Stelle, an der allem Anschein nach Sittake zu lokalisieren ist), ist die schon von früheren Forschern gelegentlich geäußerte Vermutung, er habe die beiden Ortsnamen miteinander vertauscht, unvermeidlich. Stathmos **95** ist also in Wirklichkeit in der Nähe von Opis, nicht von Sittake, anzusetzen.

2.4.14 Der Grund für die besondere Erwähnung des dicht bewaldeten Parkes als auch für die vage angedeutete Relativierung der Aussage, daß die Perser den Tigris bereits überschritten hätten, ergibt sich aus 2.4.16.

Karte S.100

2.4.15-17 Durch den Hinweis auf Menon deutet Xenophon erste Zweifel an der Glaubwürdigkeit des Boten an - doch wohl zu Recht: denn ein nächtlicher Angriff persischer Truppen auf das schwer bewachte und dank seiner Organisation in kürzester Frist kampfbereite griechische Lager lag außerhalb jeder realistischen Möglichkeit. Ebenso unwahrscheinlich ist der Gedanke, daß Tissaphernes durch Beseitigung der Schiffsbrücke über den Tigris (deren Vorhandensein ein starkes Indiz für die Bedeutung der Straße ist, welche die Marschkolonne benutzte) die Griechen auf Stathmos **95** festnageln wollte. Vielmehr ist zu vermuten, daß hier primitive Störversuche persischer Kreise, welche mit der von Tissaphernes angestrebten pragmatischen Lösung des Griechenproblems nicht einverstanden waren, vorliegen. Sie wollten die Griechen verunsichern und bei ihnen Mißtrauen gegen Tissaphernes säen - was ihnen auch bestens gelungen ist.

2.4.18-20 Der anonyme junge Mann, der die Kunst des logischen Denkens beherrschte, argumentiert hier als Gegenspieler des mutlosen Generals Klearchos ähnlich besonnen wie 2.1.12 ein junger Athener, der in den *codd.meliores* den Namen Theopompos, in den *codd.deteriores* den Namen Xenophon trägt und von seinem Gesprächspartner Phalinos mit den Worten *"Du gleichst einem Philosophen, junger Mann..."* angesprochen wird. Offenkundig hat Xenophon an beiden Stellen junge Männer vor Augen, die durch eine sophistische Denkschulung gegangen waren - von der Art, wie er selbst einer war. Es erhebt sich die Frage, ob ein in wörtlicher Rede gestalteter Dialog, wie er sich auf Stathmos **95** abgespielt haben soll, von Xenophon aufgrund seiner Tagebuchnotizen relativ wahrheitsgemäß rekonstruiert worden ist oder ob er sich des von Herodot in die Historiographie eingeführten Verfahrens, die Entscheidung über schwierige Sachverhalte durch fiktive Reden transparent zu machen, bedient hat. An unserer Stelle wird auffälligerweise der Name des besonnenen jungen Mannes nicht genannt - verbirgt sich vielleicht der Schriftsteller selbst hinter ihm, der erst, nachdem er sich 3.1.4 namentlich in das Geschehen eingeführt hat, immer wieder unter seinem richtigen Namen als der besonnene Ratgeber der Griechen auftritt?

2.4.21/22 Obwohl durch die Auswertung von Satelittenaufnahmen und durch Feldforschungen der ungefähre Verlauf zahlreicher inzwischen ausgetrockneter Kanäle und die Lage einer Fülle von

Karte S.100

Siedlungen verschiedener Zeiträume in Babylonien erkannt werden konnten (vgl. ADAMS [Land] und [Heartland]), ist es natürlich nicht möglich, den hier gemeinten Kanal zu identifizieren. Mit großer Wahrscheinlichkeit ist er östlich des heutigen Tigrisbettes zu suchen (falls dieses nicht überhaupt aus ihm hervorgegangen ist). Jedenfalls lassen sich in dem ins Auge zu fassenden Gebiet nordwestlich und südöstlich von Opis mehrere Siedlungen, die um 400 v.Chr. bewohnt waren, nachweisen - allerdings (außer Opis) keine größeren Städte, sondern eher Dörfer. Unter den gegebenen Umständen ist es jedoch müßig, weitergehende Vermutungen anzustellen.

2.4.23/24 Die Breite des Flusses, dessen Bett ja inzwischen vollständig im Schwemmland verschwunden ist, kann nur ungefähr aufgrund der Angabe, daß die Brücke aus 37 Schiffen bestand, erschlossen werden. Sie dürfte etwa der Breite des heutigen Tigris (an dieser Stelle zwischen 250 und 450 m variierend) entsprochen haben.

2.4.25 St. 96, 97, 98, 99 Der Marsch führte vom Tigris fort offensichtlich auf der Ekbatanastraße nach Norden. Nunmehr kann endgültig gefolgert werden, daß Tissaphernes die riesige Marschkolonne der persischen und griechischen Truppen und ihres Trosses auf die 'Königsstraße' bringen wollte, welche die Ekbatanastraße etwa bei Me Turran/Qizil Rabat (Galula) im Diyalatal jenseits des Jebel Hamrin kreuzte. Der Fluß Physkos ist mit der Diyala zu identifizieren, deren Bett im Unterlauf zu dieser Zeit allerdings einige Kilometer weiter westlich als heute verlief. Die ungefähre Streckenführung der Straße kann anhand der achämenidischen Siedlungen hypothetisch rekonstruiert werden. Sie erreichte nach vier Tagemärschen den Physkos und folgte ihm von da an auf dem Weg nach Ekbatana. Dabei mag die Frage, ob die Hauptroute hier den Fluß auf der Brücke überquerte oder (wie die heutigen Verkehrswege) auf dem südlichen Ufer entlangzog, offen bleiben. Die Übergangsstelle scheint sich in der Nähe der Ruinenstätte von Imam Sheik Jabir, der einzigen in achämenidischer Zeit blühenden Stadtsiedlung des in Frage kommenden Gebiets (ADAMS [Land] Nr. 37), befunden zu haben. Hier ist also das xenophontische Opis (**St. 99**), in Wahrheit die Stadt Sittake zu lokalisieren. Sittake, der ursprüngliche Zentralort der Landschaft Sittakene, lag östlich des Tigris im Binnenland, vermutlich an der großen Ekbatanastraße,

Karte S.100, 118

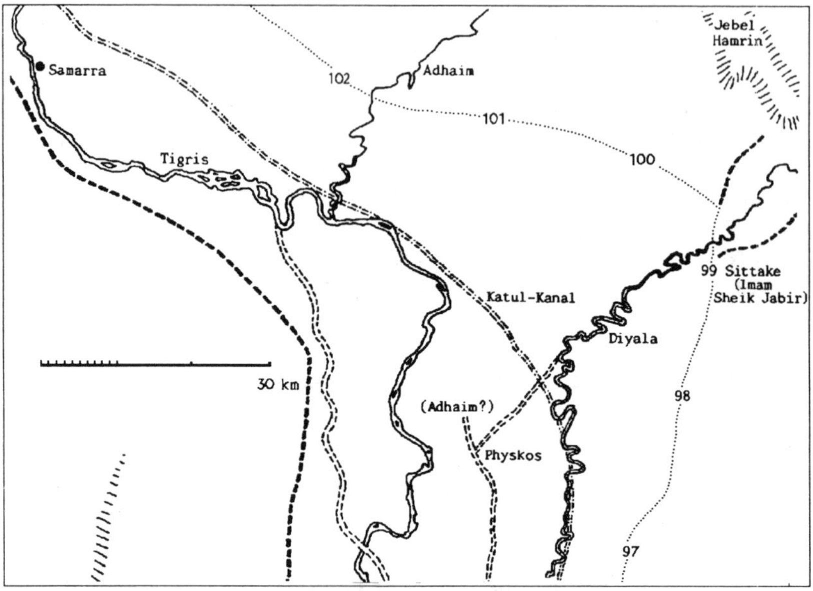

17. Stathmoi 97 - 102 (2.4.25 - 27)

wie auch die seleukidische Nachfolgegründung Artemita, die wahrscheinlich in dem Ruinenhügel von Karastel (ADAMS [Land] Nr. 74), etwa 15 km südlich von Imam Sheik Jabir, wiedergefunden ist. Daß Xenophon Opis mit Sittake verwechselt hat, nimmt auch MANFREDI (150) an; er identifiziert im weiteren jedoch den Physkos nicht mit der Diyala, sondern mit dem Adhaim, lokalisiert Sittake (Xenophons Opis) an der Einmündung des Adhaim, Opis (Xenophons Sittake) in der Nähe der Einmündung der Diyala in den Tigris (152) und läßt die Griechen am Fluß entlang von der einen zur anderen Stadt marschieren (vgl. die Karten 9 und 10; hier = **St. 96-99**). Diesem Vorschlag stehen jedoch wesentliche Hinweise Xenophons entgegen: 2.4.25 ἀπὸ δὲ τοῦ Τίγρητος..., 27 διὰ τῆς Μηδίας..., 28 ἐντεῦθεν [= **St.105**] δ' ἐπορεύθησαν...τὸν Τίγρητα ποταμὸν ἐν ἀριστερᾷ ἔχοντες. * Die Begegnung mit dem neuen persischen Heer vor Opis (in Wahrheit: Sittake) auf der Ekbatanastraße unterhalb ihrer Kreuzung mit der von Susa nach Sardeis ziehenden 'Königsstraße' führte offenbar zu einer im Text nicht angedeuteten dramatischen Reaktion der griechischen Führungsspitze: sie entschloß sich, von der durch Tissaphernes vorge-

Karte S.100, 118

gebenen Route (dessen persische Truppenkontingente befanden sich bereits auf der 'Königsstraße') selbständig abzuweichen und über eine einsame Wüstenpiste (**St.100-105**) wieder Anschluß an den Tigris zu suchen.Tatsächlich bedeutete dieses aus militärischer Sicht sehr verständliche Verlassen der vereinbarten Marschroute in gewissem Sinn den Bruch des mit Tissaphernes feierlich abgeschlossenen Vertrages (2.3.26-28) und schürte das Mißtrauen der Perser gegenüber den Griechen. Jedenfalls wurde Tissaphernes dadurch zur Änderung seiner Pläne gezwungen. Er ließ offenbar die schweren Fußtruppen auf der 'Königsstraße' weitermarschieren, bis diese sich der von den Griechen benutzten Strecke am Ostufer des Tigris entlang hinter Ninive (**St. 116**) annäherte. Erst hier wurde die persische Gesamtarmee wieder gesichtet (3.4.13, **St. 117**), vorher kam es zu Zusammenstößen nur mit Reitern und Leichtbewaffneten, die offenbar unter der Führung von Tissaphernes selbst auf die Uferstraße übergewechselt waren. *

Vermutlich existierten neben den 13 echtbürtigen Nachkommen Dareios' II. noch zahlreiche unechtbürtige, von denen der eine oder andere am Hof Artaxerxes' II. eine Rolle gespielt haben mag. Dieser selbst soll 115 unechtbürtige Söhne gehabt haben.

2.4.26 Der Marsch in Kolonne zu zwei Mann galt als Zeichen der Friedfertigkeit (vgl. Hell. 3.1.22; in der Tat war eine kampfbereite Phalanx aus dieser Formation nur in einem sehr langwierigen Manöver herzustellen), wurde aber wohl öfter angewendet (vgl. z.B. Hell. 7.4.22). Auf jeden Fall führte er zu einer beeindruckenden Kolonnenlänge: 10000 Mann benötigten etwa 5 km. Allerdings ist wohl vorauszusetzen, daß die Griechen damals in einem gehörigen Sicherheitsabstand an der aufmarschierten persischen Armee vorbeizogen: nur aus einer gewissen Entfernung konnte die schmale Kolonne das Bild beängstigender Größe vermitteln. *

Möglicherweise war die neue persische Armee erst nach der Schlacht von Kunaxa in Marsch gesetzt worden, um die demoralisiert zurückströmenden Truppen für den Fall eines Entscheidungskampfes zu ergänzen. Tatsächlich war ja die Lage nach der Schlacht sehr unübersichtlich: beide Seiten beanspruchten (je nach der Sichtweise sogar zu Recht) den Sieg für sich. Jedenfalls mußte die persische Führung, solange sich das griechische Söldnerheer noch im Kernland des Reiches befand, mit militärischen Auseinandersetzungen rechnen. Vielleicht war der Weitermarsch der Armee mit Rücksicht auf die von Tissaphernes inzwischen mit

Karte S.118, 120

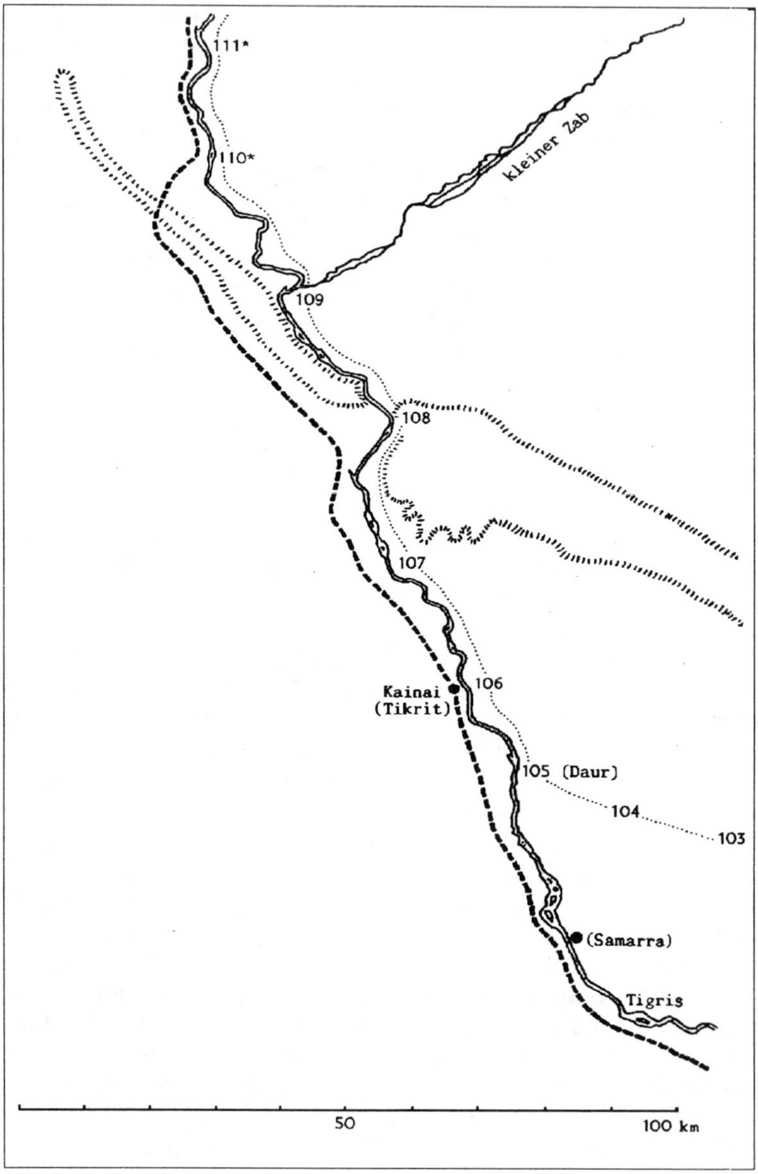

18. Stathmoi 103 - 111* (2.4.27 - 2.5.1)

den Griechen getroffene Vertragslösung vorläufig unterbrochen worden.

19. Bau eines Keleks (2.4.28)
Umzeichnung nach LEHMANN-HAUPT I 341 (um 1900)

2.4.27 **St. 100, 101, 102, 103, 104, 105** Die Dörfer der Parysatis am Tigris sind in der Gegend von Daur zu lokalisieren, die ungefähr 120 Marschkilometer durch unbesiedeltes Wüstengebiet von der Übergangsstelle über den Physkos (**St. 99**) getrennt ist. Daß der Marsch quer durch Binnenland führte, ergibt sich aus dem nackten Ausdruck *"einsame Tagemärsche"* in Verbindung mit dem Hinweis (2.4.28), daß die folgenden Märsche *"mit dem Tigris zur Linken"* stattfanden. Die Gegend um Daur war auch später noch ein bevorzugtes Schafzuchtgebiet (OBERMEYER 142, BARNETT 25). Offenbar standen die Einnahmen aus diesen Dörfern Parysatis zur persönlichen Verfügung, wie die Einnahmen aus den Dörfern am Chalos-Fluß, von denen es genauer heißt, daß sie ihr *"zum Gürtel gegeben waren"* (vgl. zu 1.4.9). Die Freigabe der Dörfer zur Plünderung durch Tissaphernes (der also mit seiner Reitertruppe wieder in der Nähe war) anstelle der Organisation eines ordentlichen Marktes muß als ein sehr unfreundlicher Akt gegenüber Parysatis angesehen werden, die offenbar bestimmten Kreisen der

Karte S.120

persischen Oberschicht wegen ihres engagierten Einsatzes für Kyros (vor und nach seinem Tod) regelrecht verhaßt war.

2.4.28 St. 106, 107, 108, 109 Die große und reiche Stadt Kainai lag wohl an der Stelle des heutigen Tikrit. Der hier (auf Veranlassung von Tissaphernes) eröffnete Markt bedingte den Transport der Waren über den Fluß mithilfe von Keleks, jenen vor allem auf dem Tigris gebräuchlichen traditionellen Flößen, deren Trägerkonstruktionen auf aufgeblasenen Hammel- oder Ziegenbälgen ruhten. Sie dürften etwa dem Bild entsprochen haben, das sich aus den Beschreibungen moderner Reisender, welche die noch zu Anfang des 20. Jahrhunderts viel benutzten Fahrzeuge aus eigenem Augenschein kannten, ergibt. Die Häute der Schafe oder Ziegen wurden mit einem möglichst kurzen Schnitt an der Brust geöffnet, vorsichtig abgezogen und wieder zusammengenäht sowie an den anderen Öffnungen (Kopf, Extremitäten, After) fest zugebunden. Die erstaunlich schnell aufgeblasenen Bälge befestigte man dann in mehreren Reihen an einem Gestell aus Weidenruten oder sonstigen biegsamen Zweigen und richtete darüber einen Boden her, der bei größeren Keleks aus Brettern mit Stroh- oder Schilfauflagen, bei kleineren aus Schilfmatten bestand; für die größeren wurden 300 und mehr Bälge benötigt, für die kleineren 40 - 60. v.THIELMANN [345/46] beschreibt sehr ausführlich die Konstruktion eines derartigen Floßes, das aus 250 Hammelbälgen bestand, die in 10 Reihen zu je 25 Schläuchen angeordnet waren; es überdeckte eine Fläche von 61 m².

2.5.1 St. 110*, 111*, 112*, 113* Mit dem Fluß Zapatas kann nach der Breitenangabe (ca. 120 m) sowie den nach seiner Überschreitung (3.3.6) beschriebenen Marschstrecken nur der 'große' Zab gemeint sein - dieser aber ist von der Gegend von Tikrit aus nicht in drei Tagemärschen zu erreichen. Die Entfernungsangabe trifft hingegen genau auf den 'kleinen' Zab zu; daher scheint mir der Schluß unausweichlich zu sein, daß Xenophon hier der (in der Tat merkwürdigen) Namensgleichheit der beiden Flüsse zum Opfer gefallen ist und die vier Tagemärsche vom 'kleinen' zum 'großen' Zab nicht gesondert erwähnt hat. Vielleicht mißtraute er seinen eigenen Notizen, in denen unmittelbar hintereinander zweimal je 4 Stathmoi mit dem Zielpunkt Zapatas aufgeführt gewesen sein müssen. Möglicherweise versuchte er seine Unsicherheit durch die Verwendung der zeitlich nicht festgelegten Formel μετὰ ταῦτα

Karte S.120

zu kaschieren. Herodot, der in seiner Aufzählung der von der 'Königsstraße' überschrittenen Flüsse auch die beiden Zab nennt (5.52.4) hat den Fehler ausdrücklich vermieden (...δεύτερός τε καὶ τρίτος [sc. ποταμὸς] Ζάβατος ὀνομαζόμενος οὐκ ὠυτὸς ἐὼν ποταμὸς...).

2.5.2-23 Wenn auch anzunehmen ist, daß Xenophon über die bei dem Treffen vorgetragenen Hauptargumente sowohl des Klearchos als auch des Tissaphernes in groben Zügen unterrichtet war (vgl. 2.5.27), müssen beide Reden doch in erster Linie als rhetorische Leistungen Xenophons angesehen werden. Die Rede des Tissaphernes war immerhin so berühmt, daß sie in der theoretischen rhetorischen Literatur als Beispiel verwendet wurde (Ps. Aristeides, Lib.rhet.II 92 SCHMID). * Die Argumentation Klearchs erfolgt in mehreren Schritten: Argwohn der Perser gegenüber den Griechen ist nicht berechtigt, weil [1] Eidbrüchige von den Göttern kompromißlos verfolgt werden (7/8), [2] Tissaphernes das einzige Unterpfand der Griechen für ihre Rettung ist (8-10), [3] Klearchos persönlich aus Gründen der Vernunft die Freundschaft mit dem besonders einflußreichen und mächtigen Perser sucht (10-12), [4] für diesen andererseits das ihm angebotene Kommando über das schlagkräftige griechische Söldnerheer von großem Nutzen sein könnte (12/13), zumal [5] die Soldaten ihm nicht nur wegen des Soldes, sondern auch in Dankbarkeit für ihre Rettung mit aller Kraft dienen würden (14); [6] bei Berücksichtigung dieser Tatsachen kann es garnicht anders sein als daß ein Verleumder das Mißtrauen gegenüber den Griechen bei den Persern gesät hat (15).

2.5.3-6 Klearchos entwickelt einleitend den vernünftigen Gedanken, man müsse Mißtrauen zwischen zwei Vertragspartnern, für dessen Berechtigung auf beiden Seiten keine Indizien erkennbar seien, durch ein offenes Gespräch abzubauen versuchen, bevor ein aus Furcht erwachsener Präventivschlag des einen Partners dem anderen großes Unrecht zufüge. Den inzwischen eingetretenen Zustand bezeichnet er als ἀγνωμοσύναι, was hier wohl im Sinn von *"Mißverständnissen"* zu verstehen ist.

2.5.7/8 Die Heiligkeit der Eide und das unbedingte Vertrauen in die Verfolgung der Eidbrüchigen durch die Götter wird von Klearchos in so kunstvollen Wendungen zum Ausdruck gebracht, daß Tissaphernes, der auf einen Dolmetscher angewiesen war (2.3.

Karte S.120, 165

17), wohl Schwierigkeiten gehabt hätte, sie zu verstehen (vgl. MASQUERAY I 169). Ohne Zweifel spricht hier nicht der historische Klearchos, sondern der Schriftsteller und Sokratesschüler Xenophon, der zum Beispiel den Glauben seines Lehrers an die Allwissenheit und Allgegenwart der Götter in den «Memorabilien» (1.1.19) folgendermaßen beschrieben hat: *"Sokrates glaubte, daß die Götter alles wissen - was man ausspricht, was man tut und was man im Stillen denkt -, daß sie überall gegenwärtig sind und daß sie den Menschen über alle menschlichen Dinge Zeichen geben"*. Der Situation entsprechend wird an unserer Stelle das Bild vom *Krieg mit den Göttern*, dem ein Eidbrüchiger nicht entrinnen könne, verwandt.

2.5.8-10 Nach der Beschwörung des Götterglaubens folgen nun konkrete Argumente, welche einen griechischen Angriff gegen Tissaphernes in der Tat widersinnig erscheinen lassen. Einige dieser Argumente hatte Klearchos schon früher (2.4.5/6) in der Diskussion mit seinen Kameraden in nüchterner Sachlichkeit erörtert - hier erscheinen sie nun in einem merkwürdig verklärten Licht. Schon die Bezeichnung des Tissaphernes als des *"größten Gutes"* der Griechen und als ihres *"Wohltäters"* wirkt übertrieben schmeichlerisch; dasselbe gilt für die Ausgestaltung der Alternative ἄνευ...σοῦ (zum Gegensatzpaar σὺν σοί und ἄνευ σοῦ vgl. Kyrupäd. 5.1.26) mit dem poetisch wirkenden Bild vom *"Marsch durch die Dunkelheit"* (2.4.5 hatte es geheißen: *"wir werden keine Führer haben"*) und dem ängstlichen Gedanken, daß ohne das Geleit durch Tissaphernes *"jeder Haufe furchterregend, am furchterregendsten aber die Einöde"* sein werde. Eigenartig erscheint auch die aus der Sprache des griechischen Kampfsports entnommene Bezeichnung des Großkönigs als des größten ἔφεδρος, der nach dem Tod des Tissaphernes den Kampf gegen die Griechen weiterführen würde. Alles in allem widerspricht der Stil des ganzen Abschnitts völlig dem Bild des harten, geradsinnigen, unerschütterlichen Kriegsmannes Klearchos, das sonst in der «Anabasis» gezeichnet wird. Vielleicht wollte Xenophon durch seine Darstellung die Flexibilität und den ehrlichen Friedenswillen des von ihm hoch verehrten Generals überdeutlich vor Augen führen, um ihn vor mißliebiger Kritik zu schützen.

2.5.10-14 Die Argumentation Klearchs illustriert gut den zugrundeliegenden pragmatischen Freundschaftsbegriff, dem Xenophon

Karte S.165

schon in seinem 'Kyrosporträt' (vgl. 1.9.20 ff.) große Aufmerksamkeit geschenkt hatte. Dazu paßt der sicher den Tatsachen entsprechende und unter den gegebenen Umständen naheliegende Versuch, Tissaphernes als neuen Soldherren zu gewinnen (zu den Mysern vgl. 1.6.7, 1.9.14, 3.2.23/24; zu den Pisidern vgl. 1.9.14, 3.2.23; zu den Ägyptern vgl. 2.1.14). Daß der selbstbewußte Stratege Klearchos allerdings in diesem Zusammenhang Begriffe wie δεσπότης und ὑπηρέται in den Mund genommen und von der *"zu Recht geschuldeten Dankbarkeit"* als dem hauptsächlichen Motiv der Söldner für ihren Dienst gesprochen hat, ist kaum wahrscheinlich. Xenophon hat seiner Rede im ganzen einen übertrieben unterwürfigen Charakter verliehen, doch wohl um herauszustreichen, daß Klearchos buchstäblich alles getan habe, um die Griechen zu retten.

2.5.15 Der Verdacht Klearchs richtete sich nach der Beobachtung Xenophons gegen Menon (2.5.28), der in der Tat dank seiner Bekanntschaft mit Ariaios (2.1.5, 2.2.1) engere Beziehungen zu den Persern, auch zu Tissaphernes (2.5.28), als die übrigen Griechen gehabt zu haben scheint.

2.5.16-23 Tissaphernes stellt nach einem Lob für die *"vernünftige"* Argumentation Klearchs (16) klar, daß die Griechen keinen Anlaß zum Mißtrauen gegenüber den Persern hätten, weil [1] diese aufgrund ihrer Truppenmassen und der Geländebeschaffenheit den Kampf gegen sie gefahrlos hätten führen (17/18) und sie [2] notfalls dem Hungertod hätten preisgeben können (19); angesichts dieser Möglichkeiten wäre es [3] aus ihrer Sicht töricht und vernunftwidrig, ausgerechnet das Verbrechen des Eidbruches auf sich zu laden (20/21); vielmehr sei es [4] sein persönliches Anliegen, sich als treuen Freund der Griechen zu erweisen und ihr Söldnerheer durch Wohltaten als starken und nützlichen Helfer zu gewinnen (22/23). Auch in dieser Rede zieht Xenophon alle Register der rhetorischen Kunst - und überdeckt damit die Unlogik der Argumentation: denn natürlich hätte jeder Angriff der Perser und jede Sperrung der griechischen Marschroute zugleich einen Bruch des Eides bedeutet (vgl. 2.3.26 ...φιλίαν παρέξειν ὑμῖν τὴν χώραν...).

2.5.17/18 Unverkennbar argumentiert hier Xenophon, nicht der historische Tissaphernes, der im Mündungsgebiet des großen Zab

Karte S.165

schwerlich auf *"hohe Berge"* zeigen konnte. Typisch xenophontisch scheint auch die Verwendung des Begriffes ταμιεύεσθαι (*"haushälterisch bestimmen"*) im militärischen Zusammenhang zu sein (vgl. ähnliche Stellen in der Kyrup. 3.3.47 und 4.1.18 sowie im Hipparch. 7.11; bei Thuk. 6.18.3 bezieht Alkibiades den Begriff auf die Ausdehnung der athenischen Herrschaft und stellt ihn in Gegensatz zu ἀνάγκη). Offenbar will Xenophon zum Ausdruck bringen, daß die Perser glaubten, Flußdurchquerungen der Griechen nach ihrem Belieben unterbrechen zu können.

2.5.20/21 Der xenophontische Tissaphernes erweist sich als rhetorisch versierter, scheinbar ethisch orientierter und pädagogisch geschickter Redner. Es gelingt ihm, den Beweis zu erbringen, daß es widersinnig und unvernünftig von den Persern wäre, die beschworenen Eide zu brechen. Ein solches Verhalten, das manchmal unter gewissen, hier nicht vorliegenden Voraussetzungen von moralisch schlechten Menschen an den Tag gelegt wird, würde *"frevelhaften"* (ἀσεβής) *"Meineid"* (ἐπιορκία) gegenüber den Göttern, *"schimpflichen"* (αἰσχρός) *"Vertrauensbruch"* (ἀπιστία) gegenüber den Menschen bedeuten.

2.5.22/23 Im Schlußabschnitt läßt Tissaphernes seine Rede zu poetischer Größe aufsteigen. Er erweist sich als das Gegenteil eines Meineidigen; sein ganzer ἔρως ist es vielmehr, den Griechen ein treuer, zuverlässiger Freund zu werden. Wenn Kyros bei der 'Anabasis' sein Vertrauen in die Söldner ausschließlich auf den Soldzahlungen errichten mußte, so will er sich bei der 'Katabasis' auf ihre durch seine Wohltaten erreichte Stärke stützen, d.h. sein Vertrauen auf ihre Freundschaft (deren praktische Nützlichkeit noch einmal angedeutet wird) setzen. Stilistischer Gipfelpunkt des Ganzen ist dann das kühne Bild von der *"steilen Tiara im Herzen"*; das zugehörige Scholion lautet: μεταφορικῶς εἶπεν ἀντὶ τοῦ ὑγιᾶ καὶ ὀρθὴν ἔχειν τὴν γνώμην δύναται ὁ συμμάχων καὶ φίλων εὐνοίᾳ θαρρῶν ὥσπερ ἐγὼ δυναίμην ὑμᾶς. Möglicherweise geht diese Deutung nicht weit genug. Vielleicht sollte der Leser den Eindruck gewinnen, daß Tissaphernes seine (mithilfe der Griechen erreichbare) Machtposition insgeheim tatsächlich mit derjenigen des Großkönigs in Vergleich setzte - natürlich zur Täuschung der griechischen Offiziere, deren Gefangennahme er vorbereiten wollte. Der von manchen Interpreten erwogene Gedanke, Tissaphernes habe durch die Metapher andeuten wollen, daß er, ge-

Karte S.165

stützt auf das griechische Söldnerheer, selbst den Königsthron erlangen könne, scheint mir jedoch über das Ziel hinauszuschießen.
* Mit spürbarem Stolz legt Xenophon der Metapher (die man doch wohl dem 'audacior ornatus' zuordnen muß) sein Wissen darüber, daß nur der persische Großkönig die Tiara mit aufrechtstehender Spitze tragen durfte (vgl. noch Kyrup. 8.3.13), zugrunde
.

2.5.24-27 Nach der Darstellung Xenophons erklärte Klearchos tatsächlich seine Bereitschaft, den gesamten griechischen Offiziersrat zur Entgegennahme der Erklärung des Tissaphernes in das persische Lager zu führen. Offenbar ließ ihn die Hoffnung, einen Rivalen vor den Augen seiner Kameraden des Verrates und der Verleumdung überführt sehen zu können, alle Vorsicht vergessen. Wenn sich die Dinge wirklich so abgespielt haben, wie sie hier und im folgenden geschildert werden, müßte Tissaphernes mit fast unglaublich skrupelloser Verstellungskunst die Ausschaltung der griechischen Führungsspitze vorbereitet und den vielleicht etwas naiven, aber doch nicht unintelligenten Klearchos zum Mithelfer bei diesem Vorhaben gewonnen haben. Vielleicht hat Xenophon die Rede des Tissaphernes (2.5.16-23) deshalb so übertrieben schmuckvoll stilisiert, weil er selbst Schwierigkeiten hatte, sich die schwer nachvollziehbare Leichtgläubigkeit des von ihm hoch geschätzten Generals rational zu erklären. * Die Phrase ἐν τῷ ἐμφανεῖ wird von einigen Interpreten zu μοι...ἐλθεῖν (*"mihi in conspectum venire, vor mir erscheinen"*: KÜHNER), von den meisten jedoch zu λέξω gezogen (*"werde ich offen...nennen"*: MÜRI; *"je dirai au grand jour"*: MASQUERAY) - sicher zu Recht (vgl. die Parallelstelle bei Thuk. 2.21.2: γῆς τεμνομένης ἐν τῷ ἐμφανεῖ, *"wenn das Land vor aller Augen verwüstet wird"*).

2.5.27-30 Daß sich der Verdacht Klearchs auf Menon richtete, ist naheliegend: er war der einzige griechische Offizier, der durch die Vermittlung des Ariaios mit Tissaphernes ohne die Anwesenheit anderer Griechen gesprochen haben konnte. Fraglich ist jedoch, ob die Vermutung Klearchs bzw. Xenophons richtig ist, Menon habe bei derartigen Gesprächen seine Kameraden als potentielle Eidbrecher verleumdet, um sich bei den Persern lieb Kind zu machen. Vielleicht hat er dort allerdings den Gedanken entwickelt, er selbst sei imstande, die Söldnerarmee dem Kommando des Tissaphernes zuzuführen, wenn Klearchos seines Einflusses beraubt würde, und damit indirekt die Verhaftungsaktion angeregt. Daß an-

Karte S.165

dererseits Klearchos, dem ja de facto - aber auf der Basis eines *freiwilligen* Gehorsams der anderen Strategen - das Oberkommando über die Griechen zugefallen war (2.2.5), Störungen dieses instabilen Zustandes nach Kräften ausschalten mußte, liegt in der Natur der Sache. Bisher hatte er anscheinend gegen Menon nichts Überzeugendes in der Hand und hoffte, sich seiner nun durch die öffentliche Bloßstellung durch Tissaphernes entledigen zu können. Nach der Darstellung Xenophons konnte Klearchos, der sich mit allen Kräften darum bemühte, sämtliche Offiziere in das Lager des Tissaphernes zu bringen, nur durch den Einspruch einiger einfacher Soldaten, die um den Verlust ihrer Anführer fürchteten, zum Nachgeben gebracht werden. Immerhin erreichte er es, daß ihn vier Strategen und 20 Lochagen (d.h. etwa ein Viertel dieser für das Funktionieren der Armee besonders wichtigen Offiziere) begleiteten. Weitere 200 Soldaten gingen mit ὡς εἰς ἀγοράν, *"um den Markt zu besuchen"* (zur Konstruktion vgl. 1.9.23 ὡς εἰς πόλεμον, 4.3.11 ὡς ἐπὶ πῦρ, 6.4.24 ὡς ἐπὶ τὸ λαμβάνειν), also unbewaffnet. Es zeugt von einer wirklich schwer verständlichen Leichtgläubigkeit der Griechen, daß sie keinerlei Vorkehrungen für den immerhin möglichen (und von den einfachen Soldaten noch einmal ausdrücklich formulierten) Fall der arglistigen Täuschung durch die Perser getroffen haben. * Interessanterweise hat Ktesias in seinen «Persika» (FGrHist 688 F 27 [68]) den Vorgang in einem wesentlichen Detail anders dargestellt: Klearchos habe den geplanten Anschlag vorausgesehen und vermeiden wollen, sei aber von der durch Menon manipulierten Menge gezwungen worden, gegen seinen Willen Tissaphernes aufzusuchen - unter dem Zuspruch des Proxenos, der den Ränken Menons schon vorher erlegen sei. Tatsächlich hat Ktesias den todgeweihten Klearchos in Babylon aufgesucht (F 27, 28), so daß geschlossen werden darf, daß wir hier dessen ihn selbst entlastende Version vor Augen haben. Historisch glaubwürdiger ist sicher Xenophons Darstellung. Ob die Aussage des Isokrates (or.5.91), daß der Großkönig [d.h. in seiner Vertretung Tissaphernes] die Griechen durch das Versprechen großzügiger Geschenke an die Offiziere sowie der Auszahlung des Soldes und der Freilassung an die Soldaten zu ihrem Verhalten gebracht habe, einen realen Hintergrund hat, läßt sich nicht klären, aber es würde sowohl zu dem den Griechen bekannten Verhalten einflußreicher persischer Würdenträger als auch zu der den Persern bekannten Mentalität der Söldner passen.

Karte S.165

2.5.31/32 Nach der Darstellung Diodors (14.26.7) wurden die Strategen *"in das Zelt"* des Tissaphernes gerufen, während die Lochagen πρὸς ταῖς θύραις διέτριβον, wobei der Ausdruck *"an den Türen"* in übertragenem Sinn (*am Eingang*) zu verstehen ist. *"Und als nach kurzer Zeit aus dem Zelt des Tissaphernes eine rote Flagge aufgerichtet wurde, ließ dieser im Inneren die Feldherren festnehmen, während [draußen] diejenigen, die dazu eingeteilt waren, die Lochagen angriffen und niedermachten, andere die Soldaten, die zum Markt gekommen waren, töteten".* Die offenkundig exakt vorbereitete Aktion lief dank der Ausnutzung des Überraschungseffektes planmäßig ab. Ihr (nur zum Teil erreichtes) Ziel war es, die oberste Führungsspitze der griechischen Heeresgruppe insgesamt *lebend* in die Hand zu bekommen, um sie der Gerichtsbarkeit des Großkönigs selbst zuführen zu können. Den Tod der Lochagen und Soldaten nahm man dabei in Kauf. Der aus griechischer Sicht des Verrates verdächtigte Menon wurde bei dem Überfall offenbar genauso wie die übrigen Strategen behandelt.

2.5.33 Nach der Beschreibung der Bauchwunde muß es fast als ein Wunder erscheinen, daß der Lochage (vgl. 3.3.5) Nikarchos den mehrere Kilometer weiten Weg bis zum griechischen Lager geschafft hat.

2.5.34-36 Artaozos (dessen Namen Xenophon wie den mancher anderer Personen aus der «Anabasis» in der «Kyrupädie» [6.3.31] wieder verwendet hat) war schon 2.4.16 neben Ariaios als ein den Griechen wohlgesonnener Getreuer des Kyros genannt worden; Mithridates (oder Mithradates) tritt hier zum erstenmal in Erscheinung; 3.3.1 bezeichnet er sich selbst als treuen Anhänger des Kyros und Freund der Griechen, erweist sich dann in Wahrheit jedoch als ihr Feind (3.3.7, 3.4.2/3); nach 7.8.25 soll er Satrap von Lykaonien und Kappadokien gewesen (oder vielleicht aufgrund seiner Verdienste bei der Vertreibung der Griechen geworden ?) sein. Die von einer schwer gerüsteten Schutztruppe begleitete kleine Delegation bestand also nur aus hochrangigen Personen, die der engeren Umgebung des Kyros angehört hatten und den Griechen persönlich bekannt waren - und zusätzlich (wie der als Dolmetscher der Griechen fungierende Perser erkannte) einem Bruder des Tissaphernes, dem wohl die Kontrolle der Verhandlungen oblag: sie wurden ja von Persern geführt, die sich wegen ihrer Verfehlungen rehabilitieren mußten. Die Formulierung der Frage nach einem not-

Karte S.165

falls sogar dem Lochagenstand angehörenden Unterhändler zur Entgegennahme der Weisungen des Großkönigs läßt erkennen, daß die persische Seite von dem durchschlagenden Erfolg ihrer Aktion überzeugt war und mit der vollständigen Demoralisierung der Griechen nach dem Verlust so vieler Offiziere rechnete.

2.5.37 Kleanor hatte sich schon im Gespräch mit Phalinos (2.1.10) als gradliniger, kompromißloser Offizier erwiesen und zeigte dieselbe Haltung auch bei dieser (2.5.39) und anderen Gelegenheiten (3.2.4, 4.6.9); er war eine beeindruckende Persönlichkeit im Kreis der Söldnerführer. Zu dem eher farblos bleibenden Sophainetos vgl. 1.1.11, zu Cheirisophos, der erst später immer deutlicher in den Vordergrund trat, vgl. 3.1.45/46. Zum zweitenmal (vgl. 1.8.15) nennt sich hier Xenophon selbst in der «Anabasis» mit Namen und referiert anschließend (2.5.41) seinen damaligen, sehr besonnenen Diskussionsbeitrag.

2.5.38 Die Unterhändler beider Seiten gingen (begleitet von ihren Dolmetschern) im 'Niemandsland' zwischen dem griechischen Lager und der persischen Schutztruppe so lange aufeinander zu, bis sie sich durch lautes Reden verständlich machen konnten. Dann versuchte Ariaios durch seine wahrheitswidrige Darstellung (weder war Klearchos eines Anschlages überführt noch war er tot noch standen Menon und Proxenos als Denunzianten Klearchs bei den Persern in Ehren) das Vertrauen der Griechen in denjenigen Offizier, auf dessen Führungsqualitäten seit Kunaxa ihre ganze Hoffnung geruht hatte, zu erschüttern und zugleich zwei seiner Kameraden (von Agias und Sokrates ist nicht weiter die Rede; sie werden auch später [2.6.30] nur kurz und nichtssagend gewürdigt) als Mithelfer der Perser hinzustellen. Für Xenophon persönlich muß die Nennung seines Freundes Proxenos in einem Atemzug mit dem der Verleumdung schon zuvor verdächtigten Menon ein schwerer Schlag gewesen sein. Die aus persischer Sicht klar begründete Forderung nach der Ablieferung der Waffen beruhte auf dem (für demokratisch lebende Griechen schwer verständlichen) Gedanken, daß alle Bewohner des persischen Reiches - auch die einflußreichsten Männer der Oberschicht - Untertanen (δοῦλοι, vgl. 1.9.29) des Großkönigs waren, der sich, wenn er das wollte, jederzeit ihres - in Wahrheit: *seines* - Besitzes bemächtigen konnte.

Karte S.165

2.5.39 Nach der Entgegennahme der Erklärung des Ariaios berieten sich die drei griechischen Unterhändler miteinander über die Antwort und bestimmten dann Kleanor zu ihrem Sprecher. Der nahm buchstäblich kein Blatt vor den Mund; völlig uneingeschüchtert und mit aggressiven Formulierungen ging er zum Gegenangriff über und beschuldigte unter Erinnerung an den seinerzeit feierlich abgeschlossenen Vertrag (2.2.8/9) die früheren 'Kyreer' des schäbigen Meineides und sogar des Mordes an den Vertragspartnern - ohne auch nur mit einem Wort auf die von Ariaios erhobenen Beschuldigungen einzugehen, ganz zu schweigen von der Aufforderung, die Waffen auszuliefern. Vielleicht hat Xenophon die sicher auch in Wirklichkeit sehr emotional gefärbte Erwiderung Kleanors noch in dieser Richtung stilistisch verstärkt, um seinen eigenen, diplomatisch formulierten Diskussionsbeitrag (2.5.41) sich davon abheben zu lassen.

2.5.40 Die Anspielung des Ariaios auf offenkundige frühere Aktionen Klearchs gegen Tissaphernes und Orontas und überhaupt alle Perser läßt sich direkt aus dem Text nicht verifizieren; sie dürfte jedoch (ebenso wie der Vorwurf des Vertragsbruches) auf die Abweichung der Griechen von der nach den persischen Planungen vorgesehenen Marschstrecke bei Sittake (**St. 99**) Bezug nehmen (vgl. zu 2.4.25). Dieser von Xenophon an seiner Stelle nicht deutlich gemachte Vorgang stellte einen Bruch des mit Tissaphernes abgeschlossenen Vertrages (2.3.26/27) dar und konnte als ein Versuch der Griechen interpretiert werden, sich eine Gelegenheit zum Angriff gegen die unter der Führung von Tissaphernes und Orontas heimziehenden persischen Truppen zu schaffen.

2.5.41/42 Xenophons wohlabgewogene und in der Sache unangreifbare Erklärung trug einerseits gewiß zur Entspannung der Atmosphäre bei, mußte aber andererseits die persische Delegation in schwere Verlegenheit stürzen. Offenbar prallten in der von ihr ausgelösten langen Diskussion verschiedene Meinungen, die sich nicht zu einem Konzept vereinigen ließen, aufeinander. Vielleicht gab es unter den persischen 'Kyreern' doch den einen oder anderen, der sich persönlich noch an den seinerzeit beschworenen Pakt mit den Griechen gebunden fühlte, die Schwenkung auf die andere Seite nur zur Rettung des eigenen Lebens vollzogen hatte und im tiefsten Inneren die brutale Verhaftungs- und Tötungsaktion ablehnte, dies aber natürlich nur sehr zurückhaltend andeuten konn-

Karte S.165

te. Jedenfalls kehrte die Delegation ohne Ergebnis in der Hauptsache, d.h. ohne die erklärte Bereitschaft der Griechen zur Unterwerfung, in das persische Hauptquartier zurück.

2.6.1-30 In diesem Kapitel macht Xenophon den faszinierenden Versuch, drei ihrem Wesen nach sehr verschiedene Offiziere (Klearchos, Proxenos, Menon) anläßlich ihrer Gefangennahme durch Tissaphernes unter bestimmten Gesichtspunkten zu würdigen. Wie im Fall des 'Kyros-Porträts' (1.9.1-30) handelt es sich nicht um allgemeine Kurzbiographien, sondern um vor allem auf den militärischen Bereich konzentrierte Charakterstudien. Am gründlichsten und am deutlichsten an das Kyros-Porträt angelehnt wird Klearchos analysiert (1-15), relativ kurz Proxenos (16-20), etwas ausführlicher und vom Schema am weitesten abweichend Menon (21-29). In den beiden ersten Analysen geht es vor allem um die (für jeden Offizier fundamental wesentlichen) Führungsqualitäten und ihre Bewährung in der Praxis, um das ἄρχειν (8-15, 19/20); in der Menon-Analyse taucht diese Problematik nur am Rande auf (27) und wird von zahlreichen der Verunglimpfung des Menschen, nicht des Offiziers Menon dienenden Charakterfehlern überlagert.

2.6.1 Die gefangenen Strategen wurden nach Babylon gebracht und in die Hände des Großkönigs gegeben. Nach Diodor (14.27.2) ließ dieser alle töten - außer Menon, dem die Freiheit geschenkt wurde, weil er anscheinend die Griechen hatte verraten wollen. Ktesias (FGrHist 688 F 27 u. 28 = Plut. Artaxerx.18.5) hat in seine romanhaft aufgemachte Darstellung der Vorgänge noch eine Intrige der Stateira gegen die Königinmutter Parysatis, welche ihren Sohn bereits dazu überredet hatte, Klearchs Leben zu schonen, eingebaut; auch er teilt mit, daß Menon damals nicht hingerichtet wurde. * Nach Plut. Artaxerx. 29.5 wurde die Enthauptung bei den Persern durch Abschneiden des Kopfes mit einem *Rasiermesser* (ξυρόν) vollzogen. * Das anschließende Klearchos-Porträt, das mit einem deutlich an den ersten Satz des Kyros-Porträts (1.9.1) anknüpfenden Hinweis auf das übereinstimmende Urteil aller seiner Bekannten eingeleitet wird, ist in nur zwei Themenbereiche unterteilt: [1] seine angeborene Begabung und Leidenschaft für den Krieg (2-7), [2] seine überragenden Führungsqualitäten (8-15).

Karte S.165

2.6.2-6 Begründung für die Charakterisierung Klearchs als φιλοπόλεμος: tatsächlich war, anfangend mit dem peloponnesischen Krieg, sein ganzes Leben mit Kriegszügen ausgefüllt: er liebte den Krieg so sehr, daß er sogar gegen den Willen seines Vaterlandes handelte und die Todesstrafe in Kauf nahm, nur um Krieg führen zu können (zum einzelnen vgl. zu 1.1.9). In einem Trikolon (§ 6) wird abschließend zusammengefaßt, was der Überblick über sein dem Krieg geweihtes Leben erbracht hat: [1] er wählte den Krieg, als er ohne Schande und Nachteile im Frieden hätte leben können (vgl. § 2), [2] er wollte lieber um des Krieges willen Mühen auf sich nehmen als ein bequemes Leben führen (vgl. § 5), [3] er opferte sein Vermögen und seine Einnahmen ausschließlich für den Krieg (vgl. §§ 3, 4 und 5; indirekt wird hier auch schon das Gegenbild Menons angedeutet, dessen ganzes Lebensziel in der Gewinnung persönlichen Reichtums bestand, vgl. § 21). Mit schneidender Schärfe tritt dem Leser die extreme Landsknechtmentalität Klearchs, dessen einzige Leidenschaft ausschließlich dem Krieg galt, vor Augen; in dem kurzen Abschnitt taucht zehnmal der Wortstamm -πολεμ- auf. Xenophon entwickelt dieses (im Grunde bestürzende) Bild ohne die Andeutung eines kritischen Untertons - im Gegenteil: anscheinend hat er die konsequent auf Krieg ausgerichtete Lebensführung Klearchs aus ehrlichem Herzen bewundert.

2.6.7 Der zweite Gesichtspunkt des ersten Themenbereichs πολεμικός kommt relativ kurz weg. Von den drei hier gemachten Aussagen könnten die beiden ersten auch unter dem Oberbegriff φιλοπόλεμος, die dritte unter dem Oberbegriff ἀρχικός (wo sie in etwas abgewandelter Form auch tatsächlich wieder auftaucht, vgl. § 11) subsumiert werden. Aber vor allem der Gedanke, daß Klearchos *"in schwierigen Situationen besonnen handelte"* und seine Truppen *"bei Tag und Nacht gegen die Feinde führte"*, scheint Vorwürfe abwehren zu sollen, die im Zusammenhang mit seinem Verhalten in der Schlacht bei Kunaxa erhoben wurden: seine Weigerung, die Griechen vom Euphrat abzuziehen und schräg gegen das feindliche Zentrum zu führen (1.8.13), wurde später als schwere Verfehlung gegen Kyros, als aus einem übertriebenen Sicherheitsbedürfnis heraus erwachsene Feigheit vor dem Feind und als die eigentliche Ursache für das Scheitern des ganzen Kyros-Unternehmens interpretiert (Plutarch Artaxerx. 8). Man darf mit Sicherheit annehmen, daß derartige Anschuldigungen schon bald nach Bekanntwerden der Vorgänge, vermutlich sogar von Teilnehmern des Zuges selbst, erhoben wurden und dem Ansehen Klearchs schweren Schaden zuzufügen drohten.

2.6.8 Die Führungsqualitäten Klearchs leitet Xenophon ausdrücklich aus seinem *Charakter* (τρόπος) ab und bestimmt sie einleitend als zwei ihm angeborene Fähigkeiten: [1] Er kümmerte sich persönlich, vor allem aber auch erfolgreich um die Versorgung seiner Soldaten mit Lebensmitteln. Dieser ganz praktische Gesichtspunkt war unter den damaligen Verhältnissen (als jeder einzelne Soldat selbst für seine Ernährung sorgen mußte und nicht mit einer Gemeinschaftsverpflegung rechnen konnte) für das allgemeine Ansehen eines hohen Armeeführers von wesentlicher Bedeutung. Xenophon, der im folgenden seine Aussagen über den Führungsstil Klearchs in aller Regel aus in der «Anabasis» geschilderten Vorgängen ableitet, scheint hier vor allem an die schwierige, durch das Verhandlungsgeschick Klearchs erreichte Lebensmittelversorgung der Griechen nach der Schlacht (vgl. 2.3.5-9) zu denken. [2] Er hatte die Fähigkeit, den Gehorsam der ihm unterstellten Truppen durchzusetzen. Auch dies war nichts Selbstverständliches in einer Söldnerarmee. Die Offiziere hatten nicht, wie in den modernen Armeen, einen rechtlichen, notfalls durch militärpolizeiliche Maßnahmen abgesicherten Anspruch auf Gehorsam, sondern mußten unter Einsatz ihrer Persönlichkeit stets aufs neue ihren Führungsanspruch bewähren. Dies war ein Punkt (aus dem weiteren Bereich des Erziehungswesens), der Xenophon in höchstem Maße interessiert hat. Er spielt in den drei Offiziersporträts, die drei sehr verschiedene Methoden zur Gewinnung des Gehorsams der Soldaten exemplarisch vorführen, eine große Rolle, ebenso aber auch in anderen Schriften, wo es etwa um das Verhältnis von Herr und Diener, Mann und Frau oder auch Reiter und Pferd geht.

2.6.9 Die Frage, wie sich Klearchos Gehorsam verschaffte, wird im einzelnen in den §§ 9-14 behandelt. Zur Kennzeichnung der seinem Erfolg zugrundeliegenden Charaktereigenschaft dient der Begriff χαλεπός, der etwa das Gegenteil eines freundlichen, leutseligen, zugänglichen Menschen umschreibt. Er wird in zwei Richtungen näher bestimmt: [1] Schon äußerlich bewirkte Klearchos Gehorsam durch sein finsteres Aussehen (das sich nur in gefährlichen Situationen scheinbar aufhellte, vgl. § 11) und durch seine rauhe Stimme, [2] vor allem aber setzte er das Mittel der harten Bestrafung ein, gelegentlich im Zorn zu Unrecht, in der Regel aber aus prinzipiellen Gründen: sein disziplinarischer Grundsatz war die brutale Strafe für undiszipliniertes Verhalten; nur mit ihrer Hilfe konnten nach seiner Auffassung (die sich offenbar Xenophon und zum Beispiel auch die Offiziere der französischen 'Fremdenlegion' voll zu eigen machten) aus Söldnern brauchbare Soldaten werden.

2.6.10 Klearchs Führungsmaxime, *der Soldat müsse seinen Vorgesetzten mehr fürchten als den Feind*, kannte Xenophon aus dem Gespräch mit Offizieren, vor allem wohl mit Timasion, der sich seine ersten Sporen unter der Führung Klearchs verdient hatte (5.6.24). Jedenfalls handelt es sich nicht, wie Frontinus [4.1.17] fälschlich interpretiert, um immer wieder offen verkündete Drohungen an die Soldaten (*"Clearchus...exercui dicebat imperatorem potius quam hostem metui debere"*). Die unter dieser Maxime zu brauchbaren Soldaten gewordenen Söldner vollzogen [1] ihren (nächtlichen) Wachdienst (in Feindesland) gewissenhaft - aus Angst vor den kontrollierenden Offizieren, [2] *"enthielten sich der Freunde"*, d.h. plünderten nicht den Besitz von Freunden und Bundesgenossen, was an sich gefahrlos geschehen konnte (das Gegenbild ist wieder Menon, vgl. § 24) - aus Angst vor Strafe, [3] griffen den Feind vorbehaltlos an (wie sie ja in der Schlacht bei Kunaxa eindrucksvoll bewiesen hatten). In der Praxis bewährte sich also das auf der Angst vor Strafe aufgebaute Disziplinarsystem Klearchs optimal.

2.6.11-14 Im folgenden wird dieses System noch einmal aus der Sicht der Soldaten bewertet, und zwar differenziert nach ihrer Einstellung zu Klearchos [1] im Augenblick der Gefahr (§ 11), [2] nach Überwindung der Gefahr (§ 12). Xenophon hat klar erkannt, daß im ersten Fall die willentliche Unterordnung der Soldaten unter das Kommando Klearchs nur unter dem Druck der Angst erfolgte, der so weit ging, daß man auf seinem (gleichbleibend finsteren) Gesicht dann eine Art Strahlen erkennen wollte, das Mut und Zuversicht verbreitete. Tatsächlich war dies jedoch nur eine aus der Angst geborene Illusion. In Wahrheit blieb Klearchos *"immer"* derselbe harte, unfreundliche, brutale, ja sogar rohe Unterdrücker seiner Soldaten (ἀεὶ χαλεπὸς ἦν καὶ ὠμός), so daß viele sich nach überstandener Gefahr anderen Söldnerführern anschlossen. Ihr Verhältnis zu ihm war wie das von Schülern zu ihrem Lehrer, genauer zu ihrem Schrecken verbreitenden *Elementar*lehrer, dessen pädagogisches Werkzeug vor allem in einer Peitsche bestand, von der er rücksichtslos Gebrauch machte. Für antike Leser war dieser Vergleich, der im anschließenden γὰρ-Satz (§ 13) noch erläutert wird, sehr aussagekräftig. In beiden Fällen spielten Gesichtspunkte wie Freundschaft oder Wohlwollen keine Rolle, sondern ausschließlich Zwänge, und in beiden Fällen wurde mithilfe brutaler Strafen der absolute Gehorsam der Untergebenen erzwungen. Der Prozeß der Entwicklung der durch die Schule Klearchs gegangenen Söldner zu brauchbaren Soldaten begann nach den ersten gemeinsam errungenen Siegen, wenn sich ihr Mut gegenüber den Feinden und ihre auf der Angst vor Strafen beruhende Disziplin in den eigenen Reihen festigten. Über den Erfolg des von ihm angewandten Verfahrens gab es also keinen Zweifel.

2.6.15 Offenbar stand Xenophon voller Bewunderung vor dem militärischen Talent Klearchs und hielt seinen Führungsstil für angemessen und richtig. Weder Proxenos noch gar Menon erzielten nach seinen Beobachtungen mit ihren anderen Methoden vergleichbare Ergebnisse. Vermutlich hatte Xenophon, wenn man die Zusammensetzung und Mentalität der Söldnereinheiten, die er aus eigener Anschauung kannte, berücksichtigt, mit seinem Urteil recht. Hier half in der Tat nur eiserne, mit äußerster Härte durchgesetzte Disziplin, um aus in der Welt herumvagabundierenden bewaffneten Männern kampfbereite Armeen zu schmieden. Hier war das von ihm in anderen Zusammenhängen bevorzugte Erziehungssystem, *schlechtes* Verhalten zu bestrafen, aber auch *gutes* Verhalten zu belohnen (vgl. z.B. Oikon. 14.7 oder Hippike 8.13, 10.12 und 11.5, wo der *Belohnung* in der Erziehung der Militärpferde ein hoher Stellenwert eingeräumt wird) nicht anwendbar. Der Schlußgedanke, daß Klearchos selbst nicht gerne anderen gehorchte, dürfte wieder auf seine später so heftig kritisierte Verweigerung eines Schrägangriffs in der Schlacht bei Kunaxa abzielen - sie war, so erfahren wir hier, gewissermaßen nicht nur in seiner militärischen φρόνησις, sondern auch in seinem Charakter begründet.

* Viele der in diesem Porträt vorgeführten Eigentümlichkeiten Klearchs lassen sich in der «Anabasis» nachweisen. Aus dem ersten Themenbereich (φιλοπόλεμος, πολεμικός) sind insbesondere Beispiele für die Behauptung zu finden, er sei ἐν τοῖς δεινοῖς φρόνιμος gewesen. Auch wenn hier in erster Linie an sein Verhalten in der Schlacht bei Kunaxa zu denken ist, so bewährte sich seine φρόνησις doch auch in anderen schwierigen Situationen, zum Beispiel bei der Meuterei der griechischen Truppen in Tarsos

(1.3.1 ff.) oder bei der Verhinderung einer Panik auf Stathmos **89** (2.2.19). In diesen Bereich gehören auch seine Maßnahmen zur Täuschung des Gegners, etwa der stockende Vorbeimarsch der in Zweierreihen aufgestellten Truppen bei Stathmos **99** (2.4.26) und auch die Art der Verhandlungsführung mit den Unterhändlern des Großkönigs (2.1.7 ff.). Charakteristisch für ihn als ἀρχικός ist sein Verhalten während des Marsches von Stathmos **89** zu Stathmos **90**, als Kanäle auf selbstgebauten Notbrücken überschritten werden mußten (2.3.10-12): *"und da konnte man genau lernen, wie Klearchos die Aufsicht führte"*; in der linken Hand trug er einen Speer, in der rechten einen Stock, mit dem er auf die lässig arbeitenden Soldaten einschlug - vor allem aber scheute er sich nicht, auch selber in den Schlamm hinunterzusteigen und kräftig mitzuarbeiten und so durch sein Vorbild die anderen anzuspornen. Daß sein Grundsatz, die Söldner durch Strafen zu guten Soldaten zu erziehen, allgemein bekannt war, ergibt sich aus folgender Stelle: als sich Xenophon bei der Reorganisation des Heeres auf Stathmos **113*** für die harte Bestrafung jeder Gehorsamsverweigerung durch die zuständigen Vorgesetzten zusammen mit beliebigen einfachen Soldaten einsetzte (3.2.31), argumentierte er, daß dann *"tausende Klearche anstelle des einen keinem mehr gestatten werden, ein Feigling zu sein"*. Auch wenn Xenophon diese kunstvolle Formulierung erst bei der Ausarbeitung seiner Rede für die Veröffentlichung gewählt haben sollte, so ist doch an dem ihr zugrundeliegenden Faktum nicht zu zweifeln. Wenn wir alle über den ersten Teil der «Anabasis» verstreuten Berichte über das Verhalten Klearchs mit dem hier vorgestellten Porträt vergleichen, stellt sich heraus, daß Xenophon einige erkennbare Züge seines Wesens darin nicht berücksichtigt hat, zum Beispiel die gerade erwähnte Tatsache, daß er nicht nur durch Strafen, sondern auch durch das eigene *Vorbild* Gehorsam herbeiführte, oder jene Einfalt und naive Gutgläubigkeit, die bei seinem letzten Gespräch mit Tissaphernes so erschreckend deutlich zu beobachten sind. Er hat seinen Charakter bewußt auf die nach seinem Urteil für einen spartanischen General wesentlichen Eigenschaften reduziert: Kriegslust und Führungstüchtigkeit. Sein Klearchosporträt ist weit entfernt von einer literarischen Biographie; es ist ein 'Offiziersspiegel', der auf einer Ebene mit dem im Kyrosporträt angelegten 'Fürstenspiegel' zu sehen ist. Es muß als eine große Leistung Xenophons herausgestellt werden, daß er hier (und auch in seinem «Agesilaos») erstmalig den Versuch einer exemplarischen Standortbestimmung verschiedener Individuen unternommen hat

2.6.16-18 Obwohl Xenophon mit Proxenos aus Theben von Jugend auf als 'Gastfreund' (3.1.4) verbunden war, macht er hier nicht den Versuch, seine Schwächen als Mensch und als Offizier zu vertuschen. Vielmehr stellt er die Problematik seines Charakters und seine Unfähigkeit, eine Söldnereinheit richtig zu führen, überdeutlich vor Augen. Als Grundzug seines Charakters wird ein maßloser und durch keine Selbstkritik gezügelter Ehrgeiz erkennbar. Proxenos war offenbar völlig dem Sog der Rhetorik und Philosophie des Gorgias von Leontinoi (ca. 480-380) erlegen und fühlte sich nach der kostspieligen Ausbildung bei diesem berühmten Mann, wie Xenophon mit einem unüberhörbaren kritischen Unterton anmerkt, auch schwierigen praktischen Aufgaben wie dem ἄρχειν gewachsen - zu Unrecht, wie später klar wurde. Ferner suchte er den Kontakt zu den führenden Männern und bemühte sich, die Freundschaft mit ihnen so zu pflegen, daß er mit seinen Wohltaten nicht hinter den ihren zurückblieb (wie Kyros [vgl. 1.9.24], aber völlig abweichend von Klearchos, in dessen Soldatenleben der Begriff 'Freundschaft' nicht vorkam). Man muß sagen, daß das bisher von Xenophon gezeichnete Bild dieses sich aufgrund seiner theoretischen Bildung den anderen überlegen fühlenden und mit aller Kraft nach oben strebenden jungen Mannes wenig sympathische Züge aufweist. Dies gilt auch für die Motive, die für seine Teilnahme am Kyros-Unternehmen angeführt werden: es ging ihm darum, berühmt zu werden, Einfluß zu gewinnen und ein großes Vermögen in die Hand zu bekommen - Motive, die dem Sokrates-Schüler Xenophon eigentlich eher zuwider gewesen sein müssen. Daher ist es verständlich, daß er mit besonderer Betonung das Vorhandensein eines Gefühls für das δίκαιον und καλόν in diesen ehrgeizigen Bestrebungen hervorhebt - was allerdings vor allem auch der Abhebung des Proxenos von (dem ihm in manchen Zügen nicht unähnlichen) Menon dient

2.6.19/20 Proxenos war weder ein φιλοπόλεμος (seine *Liebe* galt vielmehr dem Ruhm, der Macht und dem Geld, nicht dem Krieg, der für ihn nur ein Mittel zur Erfüllung seiner eigentlichen Wünsche war) noch ein ἀρχικός: ihm fehlten die wichtigsten Voraussetzungen, um ein guter Offizier zu sein. Nur die wenigen ihrem eigenen Wesen nach braven und tüchtigen Männer (καλοὶ καὶ ἀγαθοί), die sich ihren Lebensunterhalt als Söldner verdienten, ordneten sich seiner Führung unter und waren ihm sogar zugetan (εὖνοι); hinsichtlich der großen Masse aber bestand eine groteske Verkehrung des Verhältnisses zwischen Führer und Untergebenen, die Xenophon in einem kunstvoll verschränkten Satz anhand der Begriffe *Scham, Scheu* (αἰδώς, αἰσχύνεσθαι) und *Angst* (φόβος) verdeutlicht. Klearchs Maxime (*der Soldat muß vor dem Vorgesetzten Angst haben*) war bei Proxenos, der ernsthaft glaubte, im Umgang mit Söldnern Strafe durch Verweigerung des Lobes ersetzen zu können, auf den Kopf gestellt. Er war in den Händen der üblichen skrupellosen Söldner ein *"leicht zu handhabender"* (εὐμεταχείριστος) Offizier - ein vernichtendes Urteil, das die völlige Inkompetenz des Mannes für die militärische Aufgabe, die er übernommen hatte und der er sich aufgrund seiner Bildung gewachsen fühlte, zum Ausdruck bringt. In der «Anabasis» tritt er nur zweimal als Handelnder in Erscheinung: [1] bei dem auf Stathmos **81** (gegenüber von Charmande) aufkommenden Konflikt zwischen den Truppen Klearchs und Menons (1.5.14/15), wo er mit seiner eigenen gerade einrückenden Hopliteneinheit einen Keil zwischen beiden Parteien bildete (den er allerdings nicht hätte halten können, wenn nicht Kyros selbst den außer sich geratenen Klearchos wieder zur Vernunft gebracht hätte); [2] in der Diskussion mit Phalinos, in die er zwar eingriff (2.1.10), jedoch ohne diesen mit seiner ironisch gefärbten Argumentation verunsichern zu können. Sein Wirken während des Kyros-Zuges bleibt im Dunkeln - im Unterschied zu dem hier gezeichneten Porträt, das überdeutlich das Gegenbild eines guten Offiziers vor Augen stellt. Allerdings sollte man bei der Interpretation berücksichtigen, daß sich der Akzent einiger Aussagen aus der Sicht des anschließenden Menon-Porträts ein wenig verschieben läßt, freilich ohne daß die Gesamttendenz sich verändert.

2.6.21/22 Das Menon-Porträt ist in enger kontrastierender Anlehnung an das Proxenos-Porträt angelegt. Auch Menon war weder ein φιλοπόλεμος noch ein ἀρχικός und also völlig ungeeignet zum Truppenführer. Seine ἐπιθυμίαι waren dieselben wie die des Proxenos: Reichtum, Führungspositionen und Ruhm - aber in dieser veränderten Reihenfolge. War der prägende Charakterzug des Proxenos sein maßloser Ehrgeiz, so der Menons die Gier nach Reichtum, deren Erfüllung auch die beiden anderen Begierden zu dienen hatten. Wie Proxenos pflegte er zur Förderung seiner Karriere die Freundschaft mit besonders einflußreichen Persönlichkeiten, aber nicht in der Weise, daß er an Wohltaten nicht hinter ihnen zurückstehen wollte, sondern weil er unter dem Schutz ihres Einflusses ungestört Unrecht begehen zu können hoffte. Durch Meineid, Lüge und Betrug (§ 22) versuchte er dieselben Ziele zu erreichen, die Proxenos ausschließlich auf gerechtem und ehrenhaftem Wege (§ 18) anstrebte. War Proxenos ein auf seine gorgianische Schulung eingebildeter, mit aller Macht nach oben strebender Ehrzeizling, so Menon ein völlig skrupelloser Verbrecher, dem jedes Mittel recht war, um sein einziges Lebensziel, die Anhäufung von Reichtum, zu verwirklichen. Man spürt schon am Ton dieser ersten Sätze, daß Xenophon nicht ein einigermaßen objektiv wertendes Porträt des Offiziers Menon (wie er es im Fall des Proxenos versucht hatte) liefern, sondern den Menschen Menon in den Augen der Öffentlichkeit förmlich vernichten wollte. Die Frage nach den Ursachen für den hier zutage tretenden abgrundtiefen Haß auf einen früheren Kriegskameraden drängt sich schon jetzt auf, soll aber vorerst noch zurückgestellt werden - zumal sie in Verbindung mit der Tatsache zu behandeln ist, daß derselbe Menon von Platon in dem nach ihm benannten Dialog «Menon» deutlich anders charakterisiert wird.

2.6.23-26 Der folgende Abschnitt kann unter die Überschrift 'Verhalten gegenüber Freunden und Feinden' gestellt werden und nimmt insofern eher Bezug auf das Kyros-Porträt (wo dieses Thema ja eine große Rolle spielt) als auf das Proxenos-Porträt. Deutlich sind hier, meine ich, persönliche Erfahrungen Xenophons erkennbar. *"Herzlich zugetan"* (στέργων) war Menon offensichtlich niemandem. Seine nur vorgetäuschten Freundschaften dienten vor allem dazu, gefahrlos an das Vermögen der sogenannten Freunde heranzukommen. Schon am höhnischen Ausdruck seines Gesichtes konnte man jedoch erkennen. daß er sie in Wahrheit für Dummköpfe hielt. Vor Leuten seinesgleichen war er wie vor schwerbewaffneten Feinden auf der Hut, ehrliche und anständige Männer betrachtete er dagegen als Schwächlinge, die sich leicht ausnutzen ließen, und brüstete sich öffentlich geradezu mit seinen Fähigkeiten, betrügen und Lügen erfinden und über die Freunde lachen zu können - ja er ging so weit, die Anständigen als *"Ungebildete"* zu bezeichnen. Bei einflußreichen Männern setzte er alles daran, die Rolle des engsten Freundes zu spielen, indem er sich den Weg in diese Vertrauensposition skrupellos durch die Verleumdung der wirklichen Freunde bahnte. Hinter dem hier gezeichneten Bild Menons als eines Mannes, der sich listig in das Vertrauen einflußreicher Persönlichkeiten einschlich, und als eines Verleumders und Betrügers derer, die er als seine 'Freunde' bezeichnete, stehen einerseits die Erfahrungen, welche die Griechen mit ihm gemacht hatten. So konnte man seine selbständige Überquerung des Euphrat bei Thapsakos (1.4.13-17), in Wahrheit eine bemerkenswerte Leistung, auch ausschließlich als einen Versuch interpretieren, sich bei Kyros lieb Kind zu machen - und (wie Xenophon 1.4.17 andeutet) Geschenke zu kassieren. Er stand ferner auf gutem Fuß mit dem Marschall des Kyros, Ariaios, und suchte die Bekanntschaft mit Tissaphernes (dem damals sicherlich einflußreichsten Würdenträger auf persischer Seite) - um dann bei ihm Klearchos, mit dem er (obschon als griechischer Stratege eigentlich sein 'Freund') schon früher in Konflikt geraten war (1.5.11-17), zu verleumden. Konkrete Anhaltspunkte für das harte Urteil Xenophons lassen sich also durchaus finden. Andererseits ist jedoch nicht zu übersehen, daß er die Angelegenheit auch und vor allem auf einer tieferen Ebene zu betrachten versuchte. Für den verdorbenen Charakter Menons machte er nicht nur dessen Veranlagung, sondern auch seine Erziehung verantwortlich: er ist nach seiner Darstellung das Musterbild eines durch die sophistische Erziehung entarteten und zum provokativen Zyniker gewordenen jungen Mannes, der die althergebrachten (von Xenophon selbst mit Überzeugung hochgehaltenen) Werte wie Gottesfurcht, Aufrichtigkeit, Bescheidenheit aus tiefster Seele verachtete und dies auch offen verkündete; sie galten ihm als pure Dummheit und Naivität, und wer sie verteidigte, hatte nichts anderes verdient als übers Ohr gehauen zu werden. Er verwies voller Stolz darauf, daß er in sich das *"Talent zum Betrügen"* (ἐξαπατᾶν δύνασθαι) entwikkelt habe und die Kunst beherrsche, *"Lügen zum eigenen Vorteil zu erfinden"* (πλάσασθαι ψευδῆ), um schließlich über die naiven 'Freunde' (nachdem er sie für seine Zwecke ausgenutzt hatte) spöttisch lachen zu können. Menon verkörpert den Typus des damals wohl nicht ganz seltenen Sophistenschülers, der sein Interesse nur auf die radikalen Bestandteile der Lehre beschränkte und nicht in eine wirklich ernsthafte Auseinandersetzung mit ihr eintrat. Solche 'halbgebildete' junge Männer wurden dann leicht Revolutionäre und kompromißlose Verächter der traditionsgebundenen Gesellschaft, für deren Wertesystem sie nur noch Hohn und Spott übrig hatten. Dank ihrer Intelligenz und dialektischen Schulung konnten sie jedoch ihre persönlichen Ziele erreichen - mit Methoden, welche die anderen Menschen als Betrug und Verleumdung, sie selbst aber eher als das legitime Ausspielen ihrer geistigen Überlegenheit über die naiven 'Ungebildeten' bewerteten. In diesem Sinn will Xenophon hier offenbar Menon bloßstellen - im Kontrast zu Proxenos, der zwar auch den Verheißungen der Lehre unkritisch erlegen war, sich aber doch das alte Wertesystem erhalten hatte, der keine dialektischen Hochstapeleien betrieb, sondern - als Offizier - umgekehrt an seiner naiven Gutgläubigkeit scheiterte.

2.6.27 *"Daß er die Soldaten als gehorchende darbot, pflegte er mittels des Kunstgriffes, zusammen mit ihnen Unrecht zu tun, zu erreichen".* Man hat angesichts dieser gezwungenen Formulierung den Eindruck, daß Xenophon den positiv besetzten Begriff ἄρχειν im Zusammenhang mit dem Verhalten Menons nicht in den Mund nehmen wollte. Andererseits geht jedoch aus ihr hervor, daß Menons Einheit, von außen her betrachtet, durchaus diszipliniert wirkte. Auch das Verhalten der Soldaten gegenüber ihrem Strategen (*"Ehrerbietung"* und *"Dienstbarkeit"*) fiel nicht aus dem üblichen Rahmen, aber es beruhte nicht auf seiner Autorität als Offizier, sondern er forderte es von seinen Untergebenen, *"indem er zeigte, daß, wenn es die Umstände mit sich brächten, er den größten Schaden zufügen könnte und dazu entschlossen wäre"* (Übersetzung von KÜHNER mit besonderer Beachtung der eingeschobenen Partikel ἄν). In seinem Zynismus ging er sogar so weit, daß er es Männern gegenüber, die ihn verließen, als *"Wohltätigkeit"* seinerseits bezeichnete, sie während ihrer Dienstzeit nicht zugrundegerichtet zu haben. Aussprüche dieses Inhalts dürfte Xenophon wohl mit eigenen Ohren gehört haben.

2.6.28 Offenbar gab es noch Gerüchte über bestimmte Schandtaten Menons (τὰ...ἀφανῆ), auf deren Wiedergabe hier Xenophon mit der vornehm wirkenden Begründung, ihr Wahrheitsgehalt stehe nicht außer Zweifel, verzichtet - dann aber holt er zum letzten Schlag gegen ihn 'unter die Gürtellinie' aus, indem er sein Sexualverhalten in ein schmutziges Zwielicht rückt: Menon *"erreichte"* es noch *"als aufblühender Jüngling"* von Aristippos (vgl. 1.1.10), das Kommando über seine Truppen zu erhalten, er war eng vertraut mit Ariaios, *"weil dieser sich an schönen Knaben erfreute"*. Obwohl es nicht klar ausgesprochen ist, versteht doch jeder Leser, was Xenophon hier suggerieren will: Menon scheute sich nicht, sogar seinen Körper zur Verfügung zu stellen, um bei einflußreichen Männern seine Ziele zu erreichen. Ob diese Insinuationen auf Wahrheit beruhten, muß dahingestellt bleiben - etwas anderes aber konnten viele Kameraden während des Kyros-Zuges selber beobachten: Menon pervertierte die (als solche von den Griechen durchaus öffentlich anerkannte und in einer Soldatengemeinschaft selbstverständliche) 'Knabenliebe', indem er mit einem älteren (oder wegen seines Bartes zumindest älter wirkenden) Geliebten, dessen Namen zu nennen Xenophon keinen Anstand nimmt, Umgang hatte. So wird das Porträt dieses alle gesellschaftlichen Tabus mißachtenden Mannes mit besonders provozierenden Details aus dem Intimbereich zu Ende geführt.

2.6.29 Offenbar war allgemein bekannt, daß Menon bei der Verurteilung der gefangenen Strategen durch den Großkönig mit dem Leben davonkam - diese Tatsache galt ja vor allem als Indiz für den gegen ihn erhobenen Vorwurf des Verrates seiner Kameraden. Als einziger Zeuge berichtet Xenophon von seiner nachträglichen Bestrafung durch Folterungen, deren Folgen schließlich ein Jahr später zu seinem elenden Tod geführt haben sollen. Die Frage, ob ihm diese Nachricht (die Ktesias nicht verbreitet zu haben scheint) wirklich zu Ohren gekommen ist, oder ob er hier, um dem Leben des verhaßten Mannes einen passenden Abschluß zu geben, aus freier Phantasie gestaltet hat, kann nicht entschieden werden. Jedenfalls war und blieb Menon im fernen Orient verschollen und wurde von keinem Griechen je wieder gesehen. * Denselben Menon läßt nun Platon in seinem Dialog «Menon» mit Sokrates über die Frage, ob die Tugend lehrbar sei, diskutieren, ohne ihm auffällige Züge in der von Xenophon entwickelten Richtung zu verleihen. Dennoch ist er klar wiedererkennbar. Sokrates bezeichnet ihn als einen *"Gefährten"* und den *"Geliebten"* des Aristippos (70a5) und als einen schönen jungen Mann, der selbst noch Liebhaber habe (76b5). Vom Vater her, einem offenbar schwerreichen thessalischen Großgrundbesitzer, stand er im Verhältnis eines 'Gastfreundes' zum persischen Königshaus (78d2/3), woraus sich seine persönlichen Beziehungen zu Männern wie Ariaios (und vielleicht auch seine Verschonung bei der Aburteilung der Strategen) erklären lassen. Er war jedoch auch ein Gastfreund des Atheners Anytos (90b5 u.öfter), des späteren Sokrates-Anklägers (dem Platon in diesem Dialog eine kurze Gesprächspartie einräumt), und weilte vermutlich öfter in Athen, aller Wahrscheinlichkeit nach auch

Ende Januar oder Anfang Februar 402, in welcher Zeit Platon sein Gespräch mit Sokrates angesiedelt zu haben scheint (vgl. MORRISON). Sein eigentlicher Lehrer, dessen Auffassungen er sich völlig zu eigen gemacht hatte, war jedoch Gorgias (71d1/2) - ein Faktum, das Xenophon (der ihn vielleicht seit damals ebenso wie Platon schon persönlich kannte) verschwiegen hat. Darüberhinaus behauptet der platonische Menon sogar von sich selbst, er habe sehr häufig Vorträge vor großem Publikum *"über die Tugend"* gehalten (80b2/3) - scheint also (wenn diese Information der Wahrheit entspricht) zeitweilig den Versuch gemacht zu haben, im sophistischen Lehrbetrieb Fuß zu fassen. Was er unter *"Tugend"* (ἀρετή) verstand, lockt Sokrates in der ihm eigenen Art aus ihm heraus: es ist *"die Fähigkeit, sich das Gute* [τἀγαθά] *zu verschaffen"* (78c1); Sokrates: *"Als Gutes bezeichnest du zum Beispiel Gesundheit und Reichtum?"*, Menon: *"Ja, ich verstehe darunter den Besitz von Gold und von Silber und von Ehrungen in der Stadt und von Ämtern"*. Sokrates: *"Nichts anderes verstehst du unter dem Guten als derartiges?"*, Menon: *"Nein, alles derartige verstehe ich [unter dem Guten]"* (78c5-d1). Hier sind die auch von Xenophon genannten ἐπιθυμίαι (§ 21) Menons klar erkennbar - im folgenden aber kommt es zu einem eklatanten Auseinanderklaffen der beiden Darstellungen: der platonische Menon läßt sich durch die Frage des Sokrates, ob dieser Erwerb *"auf gerechte und gottgefällige Weise"* erfolgen müsse oder auch auf ungerechte Weise erfolgen dürfe, um als Tugend zu gelten, (natürlich!) ein Bekenntnis zur Gerechtigkeit entlocken und stimmt schließlich der weiterführenden Argumentation des Sokrates, daß also auch *"der Verzicht auf den Erwerb von Gold und Silber, wenn er nicht auf gerechtem Wege erfolgt,...Tugend"* sei, mit einem etwas ratlos wirkenden *"so scheint es"* zu (78d3-e6). Der hier zwischen Platon und Xenophon scheinbar verlaufende Graben ist der Graben zwischen der im Gespräch verlautbarten sauberen Theorie und der schmutzigen Praxis. Diese saubere Theorie kommt in dem xenophontischen Porträt nicht vor. Vielmehr wird darin der schmutzigen Praxis in der Gestalt von Unterstellungen und Behauptungen (vgl. z.B. die Finalsätze in § 21, ᾤετο in §§ 22, 24 und 26, ὡς καταγελῶν in § 23, ἠγάλλετο und ἐνόμιζεν in § 26) auch eine schmutzige Theorie unterlegt, die zu Menons höhnischen Grinsen, seinem provozierenden Verhalten überhaupt und seinen schockierenden Aussprüchen (wie dem in § 27 zitierten) passen mochte. Menon hatte sich, das wollte Xenophon als Ergebnis seiner eigenen Erfahrungen zeigen, im wirklichen Leben als charakterlich schlecht und als durch die sophistische Lehre verdorben erwiesen - das letztere war sogar ein Tatbestand, den der platonische Sokrates in seinem Gespräch mit ihm immerhin auch als eine theoretische Möglichkeit in den Raum stellt (92c7-d2). Es spricht nach meinem Eindruck wenig für die Berechtigung der von manchen Interpreten angestellten Überlegung, ob einer der beiden Autoren vom anderen abhängig sei; gewisse Ähnlichkeiten in der Charakterisierung Menons ergeben sich aus der Übereinstimmung des Gegenstandes. Auf der anderen Seite muß die kompromißlos negative Abrechnung Xenophons mit Menon doch wohl persönliche Gründe haben. Möglicherweise hat er selbst schwere Enttäuschungen im Umgang mit ihm erlebt; sicher aber ist jedenfalls, daß er sich in dem zwischen Klearchos und Menon aufgebrochenen Konflikt eindeutig auf die Seite Klearchs geschlagen und Menon für dessen Tod und überhaupt für das persische Vorgehen gegen die griechischen Strategen verantwortlich gemacht hat. Diese Erwägung reicht aus, um seinen noch Jahre nach dem Ereignis lebendigen Haß auf den Verleumder und Verräter zu erklären. * Der Versuch von BRUNS, das Proxenos- und Menon-Porträt an den «Euagoras» des Isokrates anzuknüpfen und daraus Folgerungen für die Datierung der «Anabasis» zu ziehen, muß als gescheitert angesehen werden (vgl. SOROF, BREITENBACH 1643/44).

2.6.30 Von Agias ist außer im Zusammenhang mit seinem Tod in der «Anabasis» überhaupt nicht die Rede (vgl. zu 1.2.9), von Sokrates ist immerhin bekannt, daß er unter die 'Gastfreunde' des Kyros gerechnet wurde (1.1.11) und bereits an der Belagerung von Milet teilgenommen hatte (1.2.3). Beide Männer waren offenbar durchschnittliche Offiziere ohne besondere Auffälligkeiten und werden hier von Xenophon gewissermaßen nur der Vollständigkeit halber genannt - allerdings mit dem noch einmal gegen Menon gerichteten ausdrücklichen Lob, daß sie sich auch im Umgang mit den Freunden nichts zuschulden kommen ließen.

Buch 3

3.1.2 <u>St. 113*</u> Xenophon wiederholt hier allgemeine Erwägungen zur Lage, die er zum größten Teil zuvor (2.4.5/6) schon einmal Klearchos in den Mund gelegt hatte: [1] Die Griechen befanden sich noch immer im Kerngebiet des persischen Reiches, mußten also ständig mit militärischen Angriffen rechnen. [2] Sie waren umgeben von Völkern und Staaten, deren feindselige Einstellung ihnen gegenüber nicht unbedingt aus der Solidarität mit den Persern herrühren mußte, sondern eher aus der natürlichen Angst vor dem Durchzug einer riesigen Kolonne fremder Söldner, von denen Plünderungen, Verschleppungen, Brandschatzungen und vor allem auch die Beschlagnahme der eigenen Lebensmittelvorräte zu erwarten waren. [3] Mit dem Abschluß von 'Passierverträgen' und der bereitwilligen Eröffnung von Märkten war in der Tat realistischerweise kaum noch zu rechnen. [4] Sie waren unvorstellbar weit von ihrer Heimat entfernt; erstaunlicherweise entsprechen 10000 Stadien (etwa 1780 km) ziemlich genau der Luftlinienentfernung von der Mündung des großen Zab in den Tigris bis nach Athen - ein purer Zufall! Die extrem große glatte Zahl soll den griechischen Lesern vor allem die schreckliche Verlorenheit der Marschkolonne in wildfremdem Land vor Augen stellen. [5] Ihnen standen keine wegekundigen Führer für den Rückmarsch (der ja auf jeden Fall auf einer anderen als der Anmarschroute verlief) zur Verfügung - ein schweres Handicap angesichts der Tatsache, daß Landkarten nicht existierten. [6] Unüberschreitbare Flüsse behinderten den Rückmarsch, in erster Linie der Tigris, auf dessen Ostufer sie sich befanden, auf dessen Westufer jedoch (bei **St. 126**) die große Ost-West-Straße am Nordrand der syrischen Wüste, die sie eigentlich erreichen wollten (ein Teilstück der persischen 'Königsstraße') ihren Anfang nahm. Sie führte zum Euphratübergang bei Thapsakos, wo bei normalem Wasserstand ebenso wie hier keine

Karte S.165

Durchfurtung möglich war. Vielmehr konnten diese großen Ströme aus eigener Kraft nicht überwunden werden, wenn die notwendigen Schiffe und Flöße sich in der Hand des Feindes befanden. [7] Die Truppen, die Ariaios für Kyros gegen den Großkönig geführt hatte, waren auf die andere Seite übergegangen (vgl. 2.5.38) und vergrößerten die persische Armee um mehrere zehntausend (wenn auch wenig motivierte) Soldaten. [8] Insbesondere fehlten den Griechen dadurch die berittenen Einheiten, die in der einheimischen Heeresgruppe des Kyros mitgezogen waren: 1000 paphlagonische Reiter (1.8.5), 600 Reiter der Leibwache, die allerdings bei Kunaxa wohl Verluste erlitten hatten (1.8.6), sowie die vermutlich mindestens gleichfalls 1000 Mann starke Reitertruppe, die Ariaios auf dem linken Flügel der Phalanx kommandiert hatte (1.9.31). Aus der zusätzlichen Bemerkung wird deutlich, daß Xenophon den Wert der Reiterei vor allem in der Vollendung eines von den Fußtruppen errungenen Sieges durch Verfolgung und Vernichtung des fliehenden Gegners sah.

3.1.3 Der nüchterne, sachlich völlig zutreffende Katalog der entmutigenden Schwierigkeiten, die einer Heimkehr im Wege standen, geht nun in ein Stimmungsbild über, durch welches die für Xenophon selbst schicksalhafte Nacht charakterisiert wird: am nächsten Tag ergriff er, durch einen Traum aufgerüttelt, die Initiative zur Rettung der Griechen und steht fortan in der «Anabasis» häufig deutlich im Vordergrund des Geschehens. * Symptome der defaitistischen Mutlosigkeit, die sich im Heer verbreitet hatte, waren der Verzicht auf die Bereitung des Abendessens, welche das Sammeln von Brennmaterial und die Entzündung eines Feuers, also persönlichen aktiven Einsatz der Soldaten, voraussetzte, sowie (weit bedenklicher !) gewisse Auflösungserscheinungen der Disziplin: an sich mußten die Truppen in festen Formationen in der Nähe des Waffenplatzes lagern, um schnell einsatzbereit zu sein (vgl. zu 2.2.19-21). In dieser Nacht saßen offenbar viele Soldaten, nachdem sie nicht nur ihre Generäle (Strategen), sondern zum Teil auch die ihnen näher stehenden Kompanieführer (Lochagen) verloren hatten, irgendwo in Grüppchen zusammen und machten sich Gedanken über ihr künftiges Schicksal. Voller Sehnsucht dachten sie an die Heimat, die Eltern (die meisten waren wohl jüngere, unverheiratete Männer), die Ehefrauen und Kinder (dies bezieht sich gewiß vor allem auf die Offiziere). Man muß sagen, daß Xenophon die Stimmung dieser Nacht (als Hintergrund für sein eigenes Er-

Karte S.165

weckungserlebnis) mit einfachen Mitteln sehr plastisch vor Augen zu stellen vermag.

3.1.4 Der Thebaner Proxenos (vgl. 2.6.16-20) und der etwa gleichalte Athener Xenophon waren seit langem 'Gastfreunde', wobei in diesem Fall an die persönliche Freundschaft zweier junger Männer, die sich während ihres 'Studiums' in Athen kennen und schätzen gelernt hatten, zu denken ist. Im allgemeinen diente die Institution der 'Gastfreundschaft', welche einzelne Familien den Mitgliedern befreundeter Familien, die eine andere Staatsangehörigkeit hatten, bei Aufenthalten im eigenen Land gewährten, dazu, den weitgehend rechtlosen Fremden einen gewissen Schutz im Ausland zu verschaffen. * Von Proxenos, der sich in Sardeis befand, traf ein Brief bei Xenophon ein, dessen ungefährer Inhalt sich aus dem kurzen Referat ablesen läßt: er enthielt die Aufforderung, Xenophon möge nach Sardeis kommen; dort werde er ihn am Hof des jungen Satrapen Kyros einführen, eines wunderbaren Mannes, dessen Freundschaft er, Proxenos, ihm vermitteln werde (zum hier einschlägigen Freundschaftsbegriff vgl. 1.9.20). Das Zitat der Formulierung des Proxenos, er schätze Kyros als für sich selbst (noch) bedeutsamer ein als (sogar) sein Vaterland Theben, soll den Freund nicht als Vaterlandsverächter diffamieren, sondern die unbeschreibliche Faszination zum Ausdruck bringen, welche Kyros offensichtlich auf ihn ausübte (es ist zu beachten, daß das Vaterland unter den Sehnsüchten der Soldaten 3.1.3 an erster Stelle genannt wird). In den Freundeskreis einer derart außergewöhnlichen Persönlichkeit Einlaß finden zu können, mußte für einen philosophisch gebildeten und weltoffenen Mann wie Xenophon ein überaus reizvoller Gedanke sein. Daneben ist freilich noch ein zweites Motiv in Betracht zu ziehen; Xenophon hatte in den letzten Jahren des peloponnesischen Krieges offenbar in der athenischen Reiterei gedient, auch unter den sogenannten 'Dreißig', deren Sympathisanten nach der Wiederherstellung der Demokratie 403 in Athen keinen leichten Stand hatten. Vielleicht wollte er also ohnehin gerne für eine Zeitlang aus Athen verschwinden und erhielt nun durch den Brief des Proxenos dazu eine gute Gelegenheit.

3.1.5 Daß Xenophon dem Schülerkreis um Sokrates (wohl eher am Rand) angehörte, ist unbestritten, so daß man also von der Historizität des hier geschilderten Gesprächs mit dem verehrten Lehrer ausgehen darf. Sokrates warf vor allem ein politisches Problem

Karte S.165

auf: machte man sich durch die Aufnahme in den Freundeskreis des Kyros nicht gegenüber Athen schuldig, da dieser in der Schlußphase des peloponnesischen Krieges eindeutig auf der Seite der Lakedämonier gestanden habe? Tatsächlich hatte der junge Kyros unmittelbar nach seiner Einsetzung als Satrap (vgl. 1.1.2) den Lakedämonier Lysandros, der als Nauarch in Ephesos sein Hauptquartier hatte, mit großen Geldmitteln ausgestattet; als dieser daraufhin den Sold seiner Mannschaften erhöhte, kam es zu zahlreichen Desertionen von der athenischen Flotte - und eine athenische Delegation, die mit ihm verhandeln wollte, ließ der Satrap garnicht vor. Über die Sparta-freundliche Haltung des Kyros gab es also keinen Zweifel, und so mußte es in der Tat politisch problematisch erscheinen, wenn ausgerechnet ein dem Ritterstand angehörender, nicht ganz unprominenter Athener kurz nach dem Ende des Krieges seine Freundschaft suchte. Sokrates (dessen patriotische Einstellung zu seiner Vaterstadt hier nebenbei gekennzeichnet wird) empfahl zur Klärung der heiklen Angelegenheit die Befragung des delphischen Orakels. Tatsächlich konnten in Delphi auch Privatleute (nicht nur Regierungen oder Könige) Fragen vorbringen. Wenn der Tag der Antwort auf die in der Regel schriftlich eingereichten Fragen kam (das Orakel arbeitete nur an bestimmten Tagen), wurden die Fragesteller nach dem Vollzug der vorgeschriebenen Opfer in einer durch das Los bestimmten Reihenfolge in das Heiligtum geführt und erhielten dort ihre Antworten ausgehändigt (die häufig noch der Auslegung durch 'Interpreten', die von dieser Tätigkeit lebten, bedurften).

3.1.6/7 Am gewöhnlichsten waren Fragen von der Art: *"Welchen Göttern muß ich opfern, damit...?"*. Die von Xenophon gestellte Frage entspricht also völlig der Norm, obwohl ja klar ist, daß damit die eigentliche Frage bereits vom Fragesteller selbst beantwortet ist. Die Apollonpriester zählten in solchen Routineorakeln dann ein paar Götternamen auf (nach 6.1.22 sollte Xenophon zum Beispiel *Zeus* opfern) und ließen dann die Fragesteller befriedigt nach Hause gehen.

3.1.8 Ein kurzer Satz, in dem eine Fülle von Handlung zusammengedrängt ist: die Durchführung der von Delphi geforderten Opfer, die Vorbereitung der Fernreise (Auswahl der mitzunehmenden-Dienerschaft, Zusammenstellung des Gepäcks), die Einschiffung im Piräus, die mehrtägige Fahrt bis zur Ausschiffung in Ephesos

Karte S.165

(vgl. 6.1.23), die dreitägige Landreise von dort nach Sardeis (vgl. Hell. 3.2.11, Herodot 5.54.2), die Kontaktaufnahme mit Proxenos und die persönliche Bekanntmachung mit Kyros durch ihn. Gleichzeitig näherten sich die Vorbereitungen für einen Feldzug des Satrapen gegen die Pisider ihrem Ende. Xenophon traf also erst kurz vor dem Abmarsch der vereinigten Truppenmassen (1.2.5) in Sardeis ein. Aus dem Text geht implizit hervor, daß Proxenos in seinem Brief (der sicher mehrere Monate vor diesem Ereignis abgesandt worden war) nicht auf den Feldzug hingewiesen, sondern nur zu der Reise nach Sardeis aufgefordert hatte. Xenophon stand also völlig unerwartet vor der Alternative, entweder unverrichteter Dinge wieder nach Hause zu fahren oder Proxenos als Zivilist während des Feldzuges zu begleiten - falls Kyros damit einverstanden war.

3.1.9 Das für Xenophons Schicksal entscheidende Gespräch zwischen dem Oberbefehlshaber Kyros und dem Strategen Proxenos, der sich sehr für das Verbleiben seines Freundes bei der Armee, allerdings ohne militärische Funktionen, einsetzte und sein Ziel auch erreichte. Es wurde zwar kein irgendwie geartetes Dienst- und Soldverhältnis (wie bei den Offizieren und Soldaten) hergestellt (vgl. 3.1.4), wohl aber die Verabredung getroffen, daß sich der Zivilist Xenophon bis zur Beendigung des Feldzuges dem Machtbereich des Satrapen einzuordnen habe. Man spürt, meine ich, der Formulierung an, daß Kyros die Bitte seines Gastfreundes nicht spontan und freudig, sondern nur auf hartnäckiges Drängen erfüllte - verständlicherweise, denn er wußte ja am besten, daß er in Wahrheit nicht eine kurze Strafexpedition gegen Pisidien (vgl.1.1.11), sondern einen langwierigen und gefährlichen Putschversuch gegen den persischen Großkönig in Gang setzte.

3.1.10 Hier wird die apologetische Tendenz der «Anabasis» deutlich. Xenophon legt großen Wert auf die Feststellung, daß weder er noch Proxenos noch sonst ein Grieche (außer Klearchos) das wahre Ziel des Feldzuges kannten. Seine Teilnahme am Zug war keine Provokation gegen die politischen Interessen Athens, sondern die Folge einer raffiniert ins Werk gesetzten Täuschung, der damals ja auch alle griechischen Söldner erlegen waren. Erst durch den Einmarsch in Kilikien, über zwei Monate nach dem Aufbruch in Sardeis, wurde erkennbar, daß Kyros keine militärische Operation im Rahmen seiner Satrapie vorhatte. Zur Meuterei der

Karte S.165

Truppen in Tarsos (**St. 36**) und zu der neuerlichen Nennung eines vorgetäuschten Angriffszieles (Abrokomas) durch Kyros vgl. 1.3.1-21. Dort taucht auch der Gesichtspunkt der *Scham* auf (1.3.10), der in den Diskussionen der Offiziere untereinander offenbar eine wesentliche Rolle gespielt hat - und auch nachträglich gut geeignet ist, ihr (und Xenophons) weiteres Mitmachen mit einem positiven moralischen Akzent zu versehen. Gleichzeitig rückt indirekt Kyros in ein gewisses Zwielicht, so daß eine merkliche Spannung zu dem 'Kyros-Porträt' (1.9), das von anderen als von apologetischen Interessen geprägt ist, zustande kommt. Mit welcher Delikatesse Xenophon dieses für ihn persönlich sehr schwierige Problem behandelt hat, läßt sich hier aus seiner Formulierung ablesen; er sagt nicht: *"So nahm er also an dem Feldzug teil, getäuscht von Kyros"*, sondern: *"...getäuscht - nicht von Proxenos..."*

3.1.11 Träume galten in der Antike immer als Offenbarungen göttlicher Kräfte, so daß sich schon früh die Kunst herausbildete, sie auszudeuten und jedenfalls aussagekräftige von nichtigen Träumen zu unterscheiden; im Laufe der Zeit entwickelte sich eine regelrechte Wissenschaft mit Experten für Traumdeutung und ausführlichen Lehrbüchern. Aber natürlich konnte auch jeder Träumende selbst versuchen, seine Träume zu deuten - Xenophon hat dies jedenfalls getan (vgl. 4.3.8). Sein Referat des Trauminhalts lautet: *"Es schien ihm, daß unter Entstehung von Donner in sein Vaterhaus ein Blitz einschlug und dadurch das ganze [Vaterhaus] in Licht getaucht wurde"*. Daß diese Lichterscheinung nicht, wie man im ersten Augenblick meinen möchte, einen Großbrand symbolisieren soll, scheint sich mir aus der im folgenden vorgetragenen Deutung des Traums durch Xenophon mit Sicherheit zu ergeben.

3.1.12 Xenophon erwägt zwei Auslegungsmöglichkeiten, die beide davon ausgehen, daß der blitzeschleudernde Gott Zeus selbst ihm den Traum geschickt habe (vgl. 6.1.22): einerseits - das ist die spontane Deutung - war die gleißende Lichterscheinung als solche jedenfalls ein starkes Signal der Hoffnung, daß alles sich zum Guten wenden würde; sie war das in auswegloser Situation ersehnte 'Licht in der Finsternis', mehr als nur ein 'Hoffnungsschimmer'. Diese Deutung schließt m. E. ebenso wie die Verwendung der Wörter λάμπεσθαι und φῶς den Gedanken aus, daß Xenophons Traum die (für den Sohn niemals positiv auslegbare) Vernichtung seines

Karte S.165

Vaterhauses in einer Brandkatastrophe zum Inhalt hatte. Dem widerspricht auch die nicht mehr spontane, sondern reflektierte und die tatsächliche gegenwärtige Lage einbeziehende Deutung des Bildes nicht: das Feuer des Blitzes schien rundum alles in Helligkeit zu tauchen - als ob das griechische Lager (das *Vaterhaus*) von Lichtern umstellt sei, welche Hindernisse symbolisierten (konkret gesprochen: von einem geschlossenen Ring der unzähligen Lagerfeuer des weit überlegenen Gegners, aus dem kein Ausweg mehr erkennbar war).

3.1.13/14 Lebendige Vorführung der logischen Gedankenkette, welche der Traum in Xenophon auslöste, während er noch auf seinem Lager lag - für ihn ein Beweis der wirkmächtigen Bedeutung gottgesandter Träume, aber auch für den heutigen Leser die nachvollziehbare Darstellung eines 'Erweckungserlebnisses', das einen Menschen aus lethargischer Ergebenheit in sein Schicksal plötzlich zu energischem Handeln aufgerüttelt hat. Die ersten Überlegungen führen folgerichtig zu dem Gedanken, daß die bisher so zielbewußt ihre Rettung betreibenden Griechen noch vor dem Morgengrauen die Verteidigung gegen den zu erwartenden Angriff der Perser organisieren müssen, wenn sie nicht - durch pures Nichtstun - selbst ihren schändlichen Untergang herbeiführen wollen. Dann tritt ihm - angesichts der allgemeinen Konzeptionslosigkeit verständlich - seine eigene Person vor Augen. Tatsächlich waren nur noch drei Generäle der ursprünglichen Führungsspitze im Heer: der Arkader Sophainetos, ein alter und wenig entschlußfreudiger Mann (5.3.1, 6.5.13), der Syrakusaner Sosis, der während des gesamten Unternehmens niemals (außer bei seiner Ankunft in Kelainai, 1.2.9) in Erscheinung tritt, und der vollbürtige Spartiate Cheirisophos, von dem man am ehesten hätte erwarten können, daß er die Initiative ergriff - aber auch von ihm war in dieser von lähmendem Defaitismus erfüllten Nacht nichts zu hören. So fühlte sich Xenophon selbst ungeachtet seiner Unerfahrenheit, vielmehr im Bewußtsein seiner Herkunft aus der ruhmreichen Stadt Athen durch den Traum zum Handeln aufgerufen - zumal es in den kommenden Stunden ja auch um sein eigenes, noch unerfülltes Leben ging. Er gewährt uns hier einen im ganzen überzeugenden Einblick in sein Denken. Auch wenn er die vorgetragenen Erwägungen in seinem Tagebuch gewiß nicht in der Form, wie wir sie lesen, notiert hatte, so stellen sie doch eine glaubhafte Rekonstruktion der sich damals aufdrängenden Lagebeurteilung dar. Vermutlich vergrößert er im folgen-

Karte S.165

den seine eigene Rolle bei der Wiederaufrichtung des gleichsam am Boden liegenden Heeres, aber es bleibt doch festzuhalten, daß er es offenkundig war, der zunächst die Lochagen des Proxenos, später mit deren Hilfe auch die anderen Offiziere zu energischem Handeln bewog und damit die Voraussetzungen für die Weiterführung des Heimmarsches schuf. Daß dieser Prozeß der Wiederaufrichtung sich in der Gestalt von Reden, Diskussionen und Abstimmungen vollzog, entspricht der Wirklichkeit, ebenso aber auch, daß Xenophon wie wohl kaum ein anderer in dieser Söldnerarmee die Kunst der Rede beherrschte und ihr nicht zuletzt seinen von jetzt an erkennbaren Einfluß auf das Geschehen verdankte.

3.1.15-25 Ansprache Xenophons an die (durch seine Dienerschaft zusammengerufenen) Lochagen des Proxenos, im Höchstfall etwa 20 Offiziere (unter der Annahme, daß der durchschnittliche Lochos etwa 100 Mann umfaßte, vgl. 3.4.21 und zu 1.2.25); durch das eingeschobene πρῶτον wird schon auf die spätere Versammlung aller Offiziere (3.1.32 ff.) vorausgewiesen.

3.1.15-18 Psychologisch geschickt stellt Xenophon zunächst das gegensätzliche Verhalten der beiden feindlichen Parteien vor Augen: während die Perser (nach seiner Interpretation) den Krieg erst dann *"sichtbar werden ließen"* (d.h. die griechische Führungsspitze in ihre Gewalt brachten), nachdem sie ihre militärischen Vorbereitungen für den Entscheidungskampf planmäßig abgeschlossen hatten, verharrten die völlig auf sich allein gestellten Griechen in unentschlossenem Nichtstun und lieferten sich dadurch selbst der Gefahr aus, kampflos in die Hände des Großkönigs zu fallen. Daß dies jedoch unter den gegebenen Umständen keine erträgliche Gefangenschaft, sondern Marter und Tod für alle bedeuten würde, läßt sich aus dem Verhalten des Großkönigs gegenüber seinem eigenen Bruder ableiten: während die Verstümmelung des toten Kyros als solche bereits 1.10.1 erwähnt worden ist (sie erfolgte offensichtlich noch auf dem Schlachtfeld [vgl. Plut. Artax.13] und war den Griechen bekannt), wird hier dem grausigen Bild noch das Detail eingefügt, daß die beiden abgeschlagenen Körperteile auf langen Stangen zur Schau gestellt wurden. Nachdem durch das Vorgetragene die natürliche Angst vor Marter und schmachvollem Tod geschürt und der Wille zum Leben gestärkt worden sind, fällt der Appell, *es muß alles getan werden, damit wir nur ja nicht in seine Hände geraten*, auf fruchtbaren Boden.

Karte S.165

3.1.19/20 Xenophon führt nun (in der Form persönlicher Erwägungen) den Vergleich zwischen beiden Parteien auf der Ebene der Versorgungslage weiter; sie war für die Perser vorzüglich, für die Griechen aber (so stellt er es dar) trotz des Vertrages schlecht - weil diese sich unverbrüchlich an die seinerzeit geschworenen Eide (2.3.28) hielten.

3.1.21/22 Durch die Erwähnung der Eide kommen die Götter mit ins Spiel - und auf dieser Ebene fällt der Vergleich eindeutig zugunsten der Griechen aus. Jetzt verwendet Xenophon ein Bild aus dem im griechischen Denken fest verankerten agonalen Bereich: um die in der Mitte des Kampfplatzes aufgestellten Preise (konkret die 3.1.19 aufgezählten unermeßlichen Güter Persiens) werden die Parteien kämpfen, aber man darf zuversichtlich davon ausgehen, daß die als Kampfrichter fungierenden Eidgötter den Sieg natürlich nicht den eidbrüchigen Persern zusprechen werden, sondern den Griechen, die sich sogar noch in größter Not an ihren Eid gebunden fühlten. Das ist ein gutes Argument, um durch die Erinnerung an das bisher religiös korrekte Verhalten die Zuversicht auf den Beistand der Götter auch in künftigen Kämpfen zu stärken.

3.1.23 Es folgt der konkrete Abschluß des Vergleiches der beiden Parteien miteinander: die bessere körperliche Kondition und die größere Kampfmoral liegen eindeutig bei den griechischen Söldnern - und sie waren auch bisher schon siegreich (Kunaxa !). Insgesamt muß man der von Xenophon entwickelten Argumentation einen geschickten und einfühlsamen Aufbau zugestehen: sie erhebt sich vom Beweis der Notwendigkeit zum eigenen Handeln bis zu religiös begründeter Siegeszuversicht.

3.1.24/25 In Vorbereitung des überraschenden Abschlusses seiner Ansprache appelliert Xenophon nun an das Standesbewußtsein und den Stolz der versammelten Lochagen, die durch Ergreifen der Initiative ihre Führungsqualitäten vor aller Augen beweisen würden. Dann bringt er sich selbst ins Spiel und macht den Vorschlag, ihm die führende Position in ihrem Kreis anzuvertrauen - und gibt unmißverständlich zu verstehen, daß er gegebenenfalls auch eine Wahl zum Strategen annehmen würde. Ein riskanter Vorschlag! Er lief ja darauf hinaus, daß kampferprobte Berufssoldaten sich einem jungen Zivilisten unterordnen sollten, der bisher nur als enger Freund ihres Generals Proxenos in Erscheinung ge-

Karte S.165

treten war. Andererseits würden sich aber wohl schwierige persönliche und disziplinarische Probleme ergeben haben, wenn plötzlich einer aus dem Kreis der bisher gleichberechtigten Lochagen sich über die anderen hätte erheben und ihnen Weisungen erteilen wollen. Überdies sprachen mehrere Pluspunkte dafür, Xenophon zunächst einmal als Sprecher ihres Kreises zu akzeptieren: er stammte aus der berühmten Stadt Athen, gehörte dort der gehobenen Schicht der Ritter an und führte während des Kyros-Unternehmens, wie man ja sehen konnte, ein Leben mit eigener Dienerschaft und eigenen Reitpferden, das dem der anderen Generäle entsprach; vermutlich galt er auch als ein Mann mit ähnlich freundlichem Charakter wie Proxenos, nicht als harter Leuteschinder; jedenfalls aber hatte er durch seine Ansprache gerade bewiesen, daß er intelligent, einfallsreich, nach vorne blickend und redegewandt war und somit über Eigenschaften verfügte, die ein Anführer, der den Aufbruch aus einer ausweglos erscheinenden Situation zustande bringen sollte, haben mußte.

3.1.26-32 In der Auseinandersetzung mit dem einzigen Lochagen, der sich gegen seine Betrauung mit der führenden Rolle aussprach, konnte Xenophon sogleich beweisen, wie er mittels der Überzeugungskraft sophistischer Rhetorik eine ganze Gruppe von Offizieren auf seine Linie festzulegen vermochte. Es gelang ihm, gegen Apollonides (dessen Vorschlag, trotz allem mit dem Großkönig noch weiterzuverhandeln und sich nicht auf einen nach seinem Urteil aussichtslosen Kampf einzulassen, vielleicht doch eine zumindest diskussionswürdige Alternative darstellte), nachdem er ihm das Wort abgeschnitten hatte, den Abscheu seiner bisherigen Kameraden zu lenken. Aufgrund seiner die Emotionen aufwühlenden Argumentation erschien der Vorschlag nun als eine Empfehlung, die Griechen wissentlich in Tod und Folter zu schicken. Als Xenophon am Schluß eine Art griechisches Nationalbewußtsein (das sich unter dem Erlebnis der feindseligen fremden Welt in dem zusammengewürfelten Söldnerhaufen wohl wirklich entwickelt hatte) beschwor, verkündete Agasias, einer der häufig erwähnten Hoplitenlochagen des Proxenos (3.1.31, 4.1.27, 4.7.11, 5.2.15, 6.1.30, 6.2.7, 6.4.10, 6.6.7, 6.6.17, 7.8.19), seine Beobachtung. Die durchbohrten Ohren sprachen für lydische Herkunft, allerdings nicht unbedingt für eine Sklavenvergangenheit, da sich auch vornehme freie Lyder ihre Ohren zum Tragen von Ohrringen durchstechen ließen. Jedenfalls zog Agasias aus seiner Beobachtung den Schluß, daß Apollonides, obwohl er den bötischen Dialekt sprach,

Karte S.165

kein Böoter und überhaupt kein Grieche sei (als der er bisher unangefochten gegolten hatte). Die sogenannten *codices meliores* überliefern in diesem Zusammenhang merkwürdigerweise οὔτε τῆς βασιλείας οὔτε τῆς Βοιωτίας...οὔτε τῆς Ἑλλάδος, während der Vat.gr.1335 s.XII (F), der die Familie der sogenannten *codices deteriores* anführt, die Worte οὔτε τῆς βασιλείας nicht enthält. Man könnte erwägen, daß in diesen der Sache nach tatsächlich unverständlichen Worten der Name einer böotischen Siedlung, die Apollonides als seine Heimatstadt angegeben hatte, steckt. Mithilfe dieses zusätzlichen Arguments gelang es Xenophon leicht, die Entfernung des oppositionellen Lochagen aus dem Offiziersdienst (und womöglich sogar seine Degradierung zum Packknecht) zu erreichen.

3.1.32-34 Der Waffenplatz war sicher stets durch Feuer beleuchtet, so daß er sich als Tagungsort für eine nächtliche Versammlung anbot. Der Begriff ὑποστράτηγος taucht in der «Anabasis» nur hier auf; nach 5.6.36 scheint er denjenigen Lochagen zu bezeichnen, der bei Abwesenheit des στρατηγός dessen Aufgaben übernahm (vgl. auch 6.4.11: Neon, der ὑποστράτηγος des Cheirisophos, wurde nach dessen Tod zum στρατηγός gewählt). Der 'Alterspräsident' der Versammlung, Hieronymos von Elis (vgl. noch 6.4.10, 7.1.31), vielleicht der ὑποστράτηγος des Proxenos, übergab nach kurzer Erklärung das Wort an Xenophon, der sich als überzeugender Anwärter auf eine Führungsposition bereits empfohlen hatte und das gemeinsame Anliegen dank seiner Redekunst am besten vermitteln konnte.

3.1.35-44 In seiner militärisch kurzen Ansprache an die Offiziere wiederholt Xenophon seine Aufforderung, daß jetzt alles getan werden müsse, um nicht in die Hände des Großkönigs zu fallen, und erinnert an die besondere Verpflichtung der privilegierten Anführer gegenüber den Soldaten. Es folgen zwei konkrete Vorschläge: erstens muß sofort das Offizierkorps durch Nachwahlen auf den Sollstand gebracht werden, damit im Heer wieder Disziplin und Ordnung, die unabdingbaren Voraussetzungen für seine Rettung, einkehren; zweitens müssen die Soldaten auf einer einzuberufenden Versammlung durch ihre Offiziere ermutigt und zum entschlossenen Handeln aufgerüttelt werden: von der Kampfmoral der Soldaten (nicht von ihrer Menge oder Stärke) hängt der Sieg ab! Der plakativ formulierte, auf den natürlichen Lebenswillen des Men-

Karte S.165

schen abzielende Schlußgedanke, daß im Krieg nach der Erfahrung der Kampf um einen ruhmvollen Tod am ehesten das Überleben garantiert, ist vorsorglich gegen diejenigen gerichtet, die vielleicht immer noch die Möglichkeit einer Verhandlungslösung im Auge haben - ohne zu erkennen, daß diese sie einem schmählichen Tod ausliefern wird. Die von Xenophon ausgegebene Parole lautet: *ihr Offiziere müßt euch in dieser Stunde der Entscheidung als heldenhafte Kämpfer erweisen und durch euer Vorbild die Kampfmoral der Truppen auf den Höhepunkt führen!*

3.1.45/46 Die lobende Anerkennung durch Cheirisophos, zu dem Xenophon bisher offenbar keinen näheren Kontakt hatte, bedeutet gewissermaßen die persönliche Aufnahme des Zivilisten in das Führungsgremium der Armee, in dem jetzt der Spartaner Cheirisophos anstelle seines in persischer Hand befindlichen Landsmannes Klearchos die Rolle des leitenden Offiziers zu spielen begann. Er war bisher noch nicht besonders hervorgetreten (immerhin hatte Klearchos ihn am Tag nach der Schlacht bei Kunaxa mit einigen anderen zu Ariaios, der sich auf Stathmos **87** befand, geschickt, um über das weitere Vorgehen zu verhandeln [2.1.5] - doch wohl ein Beweis für das besondere Vertrauen, das er in ihn setzte), entwickelte sich aber während der kommenden Ereignisse immer deutlicher zum maßgeblichen, eng mit Xenophon kooperierenden Anführer des Zuges. Auch hier organisiert er sofort mit kurzen Befehlen die Durchführung der von Xenophon vorgeschlagenen Maßnahmen, ohne zuvor in eine Debatte einzutreten.

3.1.47 Die Wahlen der neuen Offiziere erfolgten offenbar durch die überlebenden Offiziere der Heeresabteilungen, welche ihre Generäle verloren hatten. Während deren Nachfolger namentlich aufgezählt werden, wird über die Nachfolge der etwa 20 zu Tode gekommenen Lochagen (2.5.30) nichts gesagt. Möglicherweise wurden sie garnicht alle ersetzt, sondern ihr Ausfall durch die Zusammenlegung kleinerer Lochoi (wie derjenigen in der Abteilung Menons, die nur 50 Mann umfaßten, 1.2.25) kompensiert. Von den neugewählten Generälen, die vermutlich - außer Xenophon - aus dem Kreis der Lochagen stammten, gewinnt Xanthikles das geringste Profil; wir hören später von ihm lediglich, daß er bei dem Sondergerichtsverfahren, das in Kotyora über die Generäle veranstaltet wurde (5.7.34-8.26), wegen der Veruntreuung von Frachtgeldern zur Erstattung von 20 Minen verurteilt wurde (5.8.1). Die-

Karte S.165

selbe Strafe mußte auch Philesios bezahlen (5.8.1), ein schon älterer Mann (5.3.1), der - wie viele andere - heftig gegen die Koloniegründungspläne Xenophons (5.6.15) protestierte (5.6.27), während der kritischen Situation in Byzantion an der Gesandtschaft zu Anaxibios, dem Befehlshaber der dort liegenden spartanischen Flotte, teilnahm (7.1.32) und später, als Xenophon sich zur Abreise entschloß, beim Heer blieb (7.2.1). Kleanor, gleichfalls ein älterer Mann (2.1.10) und deshalb wohl auch der Wortführer der Griechen bei ihrem ersten Zusammentreffen mit Ariaios nach der Gefangennahme Klearchs und der anderen Offiziere (2.5.39), vertrat gegenüber den Persern dieselbe harte Linie wie Xenophon (3.2.4-6) und genoß nicht nur dessen Vertrauen (6.4.22), sondern erwiderte es auch (7.5.10). Das deutlichste Bild läßt sich von Timasion gewinnen, einem aus der Troas verbannten Mann (5.6.23) etwa im Alter Xenophons (3.2.37), der unter dem Kommando des Klearchos und Derkylidas schon militärische Erfahrungen im westlichen Kleinasien gesammelt hatte und vermutlich mit Rücksicht darauf zunächst gemeinsam mit Xenophon die Nachhut der Marschkolonne befehligte (3.2.37); später, am Schwarzen Meer, führte er die Opposition gegen die Koloniegründungspläne Xenophons an (5.6.19-33), behielt aber dennoch dessen Vertrauen: er war der Kommandant der kleinen Reitereinheit, die Xenophon aufgestellt hatte (6.3.17 und 22, 6.5.28, 7.3.46), und weigerte sich, den Zug nach Salmydessos ohne Xenophon mitzumachen (7.5.10); es war allgemein bekannt, daß er in seinem Gepäck kostbare erbeutete Trinkgefäße und Perserteppiche mitführte (7.3.18).

3.2.1-39 Ausführlicher Bericht über die auf Vorschlag Xenophons im Morgengrauen einberufene Heeresversammlung, in welcher die Kampfmoral der Soldaten für die militärische Auseinandersetzung mit den Persern durch die Offiziere aufgebaut werden sollte. Er besteht aus drei Teilen: [1] kurze Kampfparänese des Cheirisophos (3.2.1-3), [2] ausführlichere Ansprache des Kleanor (3.2.4-6), [3] lange Rede Xenophons (3.2.7-39) mit drei Unterbrechungen: [a] spontanes Gebet an die Götter (3.2.9), [b] erste Abstimmung auf Veranlassung des Cheirisophos (3.2.33), [c] zweite Abstimmung auf Veranlassung Xenophons (3.2.38). Der Ablauf der Veranstaltung dürfte im großen und ganzen richtig wiedergegeben sein, natürlich abgesehen davon, daß Xenophon seine aus dem Stegreif gehaltene Rede für die Veröffentlichung kunstvoll ausgearbeitet hat.

Karte S.165

3.2.1-3 Der wortkarge Cheirisophos, ein Mann der Tat, leitet die Notwendigkeit zum Kampf ohne Umschweife aus einer ungeschminkten Beurteilung der Lage ab; seine Alternative lautet: entweder Sieg und Rettung oder ehrenhafter Tod auf dem Schlachtfeld - unter keinen Umständen aber persische Gefangenschaft.

3.2.4-6 Kleanor appelliert durch die ausführliche Erinnerung an das meineidige und die Götter verhöhnende Verhalten sowohl des Großkönigs selbst als auch des Tissaphernes als auch vor allem des Ariaios (eines schäbigen Verräters an den Göttern, an Kyros und an den Griechen) nicht nur an den Glauben der Soldaten, daß die Götter sich die Mißachtung durch die Perser nicht gefallen lassen werden, sondern auch an ihre Vernunft: mit derart skrupellosen und unzuverlässigen Partnern kann man keine Vereinbarungen treffen, sondern nur kämpfen! Beide Redner, deren Argumente Xenophon in seinen früheren Beiträgen vorbereitet hatte, richten in Übereinstimmung mit der Zielsetzung der Versammlung ihr Hauptaugenmerk darauf, in den Soldaten jeden Gedanken an Kapitulation zu unterdrücken und stattdessen die Bereitschaft zum Kampf auf Leben und Tod aufzubauen.

3.2.7 Später erzählte man, daß die Rüstung Xenophons damals uneinheitlich zusammengestellt gewesen sei: so habe er zu einem attischen Panzer einen argolischen Schild getragen (Ailian var.hist. 3.24; dort wird auch die zur sprichwörtlichen Anwendung geeignete Argumentation Xenophons referiert). Jedenfalls haftet dem Auftritt des soeben zum Strategen gewählten Zivilisten, der jetzt zum erstenmal vor tausenden von Soldaten sprach, eine gewisse (sicherlich kalkulierte) Theatralik an.

3.2.8/9 Xenophon hatte das große Glück, daß in dem Augenblick, als er in Fortführung der Argumentation Kleanors die im Kampf zu erwartende Hilfe der Götter beschwor, einer der Zuhörer laut hörbar niesen mußte und damit das ganze Auditorium in einen religiösen Taumel versetzte. Niesen galt im griechischen Volksglauben in der Regel als ein gutes Vorzeichen, durch das ein Gott (im vorliegenden Fall ohne Zweifel *Zeus der Retter*) den Menschen seine Hilfe ankündigte. Xenophon, ein ohne Anfechtungen gläubiger, in den alltäglichen Religionsausübungen erfahrener und nunmehr auch öffentlich von den Göttern ausgezeichneter Mann, brachte mit seiner sofortigen Initiative zu Dankopfern das ganze

Karte S.165

Heer hinter sich. Einen besseren Einstand in sein neues Amt hätte er sich nicht wünschen können.

3.2.10-17 Nach der Unterbrechung beginnt Xenophon seine Rede erneut mit dem religiösen Argument, kann nun aber mit größerer Zuversicht die Hilfe der Götter versprechen. Von hohem emotionalem Wert für die Kampfparänese ist der anschließende Rückblick auf die Perserkriege, in denen die an Zahl weit unterlegenen Griechen über die unermeßlichen Massen der Perser glorreiche Siege errungen und ihre Freiheit erfolgreich verteidigt hatten. Man kann erwägen, ob die besonders nachdrückliche Hervorhebung der athenischen Kampfleistung erst bei der schriftlichen Komposition der Rede in apologetischer Absicht erfolgt ist (das von Herodot nicht erwähnte Ziegenopfer für Artemis findet sich noch bei Plut. Mor. 862 B/C, Schol.zu Aristoph. Ritter 660 und Ailian var.hist. 2.25). Die historische Linie mündet in die Erinnerung an den eigenen grandiosen Sieg von Kunaxa; die Perser sind seitdem mit dem Schandmal der Flucht gezeichnet, das nunmehr auch den abgefallenen früheren 'Kyreern' aufgedrückt werden kann. Der Gedanke, daß diese zwar gewaltigen, aber fluchtwilligen Massen einem Angriff nicht standhalten werden, ist eine zum Kampf motivierende Folgerung aus den bisherigen Erfahrungen.

3.2.18/19 Tatsächlich stellte das Fehlen einer Reitertruppe ein großes Handicap für die Griechen dar, weil die Verfolgung zurückweichender Feinde nur mit ihrer Hilfe möglich war (vgl.3.3.16-20). Xenophon, selbst ein begeisterter und sachkundiger Militärreiter, versucht hier die mit Recht verunsicherten Fußtruppen (die aus eigenem Augenschein wußten, daß den Persern tausende von Reitern zur Verfügung standen) durch seine witzige Argumentation zu beruhigen und von ihrer Angst zu befreien, obwohl ihm und den anderen Offizieren die Bedrohlichkeit der Situation vollkommen bewußt war (vgl.2.4.6, 3.1.2).

3.2.20-26 Vorschläge zur Lösung der - neben dem Reiterproblem - noch bestehenden drei tatsächlichen Schwierigkeiten, welche den Rückmarsch (die Kampfbereitschaft als solche wird als wiederhergestellt vorausgesetzt) behindern könnten: die Gewinnung landeskundiger Führer, die Proviantnahme, die Überschreitung von Flüssen. Sie waren bereits von Klearchos erwogen (2.4.5/6) und zu Beginn des 3.Buches (3.1.2) noch einmal aufge-

Karte S.165

zählt worden. Xenophon empfiehlt jetzt der Armee (unter den gegebenen Umständen zu Recht !), sich unterwegs alles Notwendige mit Anwendung von Gewalt zu verschaffen und, wenn es sein muß, lange Umwege in Kauf zu nehmen, um Flüsse im Oberlauf durchfurten zu können. Sein überraschender Vorschlag, sich äußerstenfalls sogar im Herrschaftsbereich des Großkönigs anzusiedeln und die Freiheit im Kampf mit den Persern zu behaupten wie die Myser und Pisider (vgl. 1.1.11, 2.5.13, Hell. 3.5.26) sowie die Lykaonier (vgl.1.2.19), wird von ihm selbst als eine Art Kriegslist interpretiert, mit deren Hilfe man den Großkönig zur Unterstützung beim Heimmarsch aufstacheln könne. Man darf aber wohl vermuten, daß Xenophon durch die breite Gegenüberstellung vom möglichen Versinken im orientalischen Luxus- und Genußleben und der selbstauferlegten Pflicht, in die (an Persien gemessen *arme*) griechische Heimat zurückzukehren, sich gegenüber seinen Lesern als wirklich patriotischer Grieche darstellen will.

3.2.27/28 Es folgen einschneidende Vorschläge zur Reorganisation des Heeres für den großen Marsch und die dabei zu bestehenden Kämpfe. Tatsächlich beeinträchtigte die Wagenkolonne, die bisher dem Transport des Gepäcks und zum Beispiel auch der schweren Lederzelte gedient hatte, nicht nur das (je nach den Erfordernissen zu variierende) Tempo der Marschkolonne, sondern auch ihren Bewegungsspielraum: sie machte die Benutzung von befahrbaren Straßen notwendig, während Tragtiere und menschliche Lastträger auch über Saumpfade und sogar durch unwegsames Gelände geführt werden konnten. Die radikale Umgestaltung des Gepäcks in Traglasten, die nur noch das Nötigste enthielten (vor allem Ersatzwaffen, ferner Eß- und Trinkgeschirr, Kochtöpfe, Wassereimer und gewisse Lebensmittelvorräte), sowie der Verzicht der Soldaten auf Marscherleichterungen bedeutete die Umwandlung der schwerfälligen Marschkolonne in eine stets einsatzbereite Kampfgruppe. Der Vorschlag bedeutete allerdings auch, daß viele Beutestücke und private Besitztümer, für die keine Transportmöglichkeiten mehr bestanden, zurückgelassen werden mußten. Man kann nicht umhin zu sagen, daß die von Xenophon sehr sachverständig in die Wege geleitete Reorganisation des Heeres der schwierigen Situation angemessen war und letzten Endes den Grundstein zum Erfolg des Rückmarschunternehmens gelegt hat.

Karte S.165

3.2.29-31 Die schwierige Situation, in der sich die Griechen befanden, konnte nach der richtigen Auffassung Xenophons nur mit absoluter Disziplin gemeistert werden. Insbesondere durfte nicht die geringste Befehlsverweigerung und keine Verletzung der militärischen Ordnung (etwa das eigenmächtige Verlassen des Gliedes, die λιποταξία) geduldet werden. Xenophon macht nun den rechtlich nicht unproblematischen Vorschlag, derartige Vergehen sollten durch von Fall zu Fall spontan gebildete Standgerichte, die aus dem Vorgesetzten des Delinquenten und einem beliebigen, zufällig in der Nähe befindlichen Soldaten bestanden, sofort geahndet werden - nach dem Vorbild des wegen seiner Strenge gefürchteten, aber zugleich Zuversicht verbreitenden Klearchos. Vermutlich hatten die Generäle ein gewisses, eher in ihrer Autorität als in festen Rechtsnormen liegendes Disziplinarstrafrecht über ihre Leute, aber kaum Möglichkeiten, es gegen Widerstand durchzusetzen, da sie über keine 'Militärpolizei' verfügten. Ob das von Xenophon vorgeschlagene Verfahren je angewendet wurde, ist aus der «Anabasis» nicht erkennbar - wohl aber, daß Xenophon persönlich häufiger Soldaten geschlagen hat und sich später dafür rechtfertigen mußte (vgl.5.8.1-21); dabei beklagt er sich ausdrücklich darüber, daß ihm kein Soldat geholfen habe (5.8.21).

3.2.32/33 Auf Anregung Xenophons setzte Cheirisophos, als keine weitere Diskussion zustande kam, die vorgeschlagenen Maßnahmen sofort in Kraft, indem er einen einstimmigen Beschluß der Versammlung herbeiführte. Das angewandte Verfahren entsprach dem in den Volksversammlungen der griechischen Demokratien üblichen: in ihnen hatten alle Freien unabhängig von Rang und Stand Rede- und Stimmrecht; von ersterem machten allerdings, wie hier die Verwendung des Imperativs τολμάτω zeigt, die kleinen Leute wohl selten Gebrauch (zu ἰδιώτης = *einfacher Soldat* vgl. 1.3.11, 5.7.28).

3.2.34-38 Während die Griechen bisher, unter den Bedingungen des mit den Persern abgeschlossenen Vertrages, offenbar - wie üblich - in langgezogener Kolonne mit dem nur schwach gesicherten Troß am Schluß marschiert waren, mußte nach der Ansicht Xenophons jetzt die Marschtaktik umgestellt werden, damit die von hinten zu erwartenden Angriffe abgewehrt werden konnten. Der plastische Vergleich mit den zugleich aggressiven und feigen Hunden soll nicht nur den Gegner herabsetzen, sondern auch verdeut-

Karte S.165

lichen, worauf es ankommt: die Nachhut mußte in die Lage versetzt werden, durch schnelle Gegenangriffe hinten immer wieder Luft zu schaffen - so wie der Wanderer immer wieder durch kurze Drohgebärden die feigen Hunde von sich wegtreibt. Xenophons Vorschlag lautete, künftig im Karree zu marschieren und den Troß in die Mitte zu nehmen, d.h. aus der bisher mehrere Kilometer langen Kolonne einen kompakten waffenstarrenden Block von wenigen hundert Metern Seitenlänge zu machen. Unter der Voraussetzung, daß etwa 10000 Hopliten in Phalanxtiefe den Rahmen des Karrees bildeten (also insgesamt 1250 Glieder zu 8 Mann), ergibt sich rechnerisch eine Flankenlänge von je 312 Mann, die etwa ebenso viele Meter an Raum beanspruchten. Der freie Innenbereich, der den Tragtieren, Lastenträgern, Ärzten, Sehern, Dirnen, Kaufleuten, Kranken, Sklaven, kurzum dem *großen Haufen*, und wohl auch einzelnen Abteilungen der Leichtbewaffneten (vgl. 3.3.7) zur Verfügung stand, umfaßte dann etwa 87600 m^2, mehr als 8½ Hektar (vgl.S. 180, Abb. 27). Diese Marschtaktik hatte während des peloponnesischen Krieges Brasidas gelegentlich für den Rückzug unter Gefechtsbedingungen angewandt (Thuk. 4.125.2); später, im Jahr 394, bediente sich Agesilaos (gewiß auf Anraten Xenophons, der sich an seiner Seite befand) derselben Taktik für den Vormarsch durch die thessalischen Ebenen nach Boiotien, der ständigen Rückenangriffen ausgesetzt war (Hell. 4.3.4). In die allgemeine Marschtaktik fand dagegen das Karree, das ein möglichst hindernisfreies Gelände voraussetzt, keinen Eingang. * Xenophons weiterer Vorschlag, für die vier Phalangen des Karrees Kommandanten einzusetzen, zielte auf eine Straffung der Kommandoverhältnisse ab. Unter den gegebenen Umständen war es in der Tat sinnvoll, die bisher bestehende Selbständigkeit der jeweils auf ihren General eingeschworenen Truppenkörper im Interesse des Ganzen abzubauen und die demokratische Struktur, nach der jeder militärischen Entscheidung eine Beratung und Abstimmung im Kreis der Generäle vorauszugehen hatte (vgl. 6.1.12), zumindest für den Augenblick ein wenig aufzuweichen. Allerdings lag der Gedanke, den Oberbefehl der gesamten Marschkolonne offiziell *einer* Persönlichkeit anzuvertrauen (faktisch teilte ihn sich Cheirisophos mit Xenophon), damals noch jenseits jeder Vorstellung - und als er später, in Harmene, einmal in die Tat umgesetzt wurde (6.1.17-33), scheiterte der Versuch bereits nach einer Woche (6.2.12). * Vermutlich waren die von Xenophon vorgeschlagenen Namen zuvor im kleinen Kreis abgesprochen worden, ebenso die auffällige Doppelbesetzung der Nachhut-Führung: offenbar sollte

Karte S.165

dem so plötzlich zum Offizier aufgestiegenen Zivilisten ein trotz seiner Jugend schon kampferfahrener, durch die Schule des Klearchos gegangener Troupier (vgl. 3.1.47) an die Seite gestellt werden.

3.2.39 In der Schlußparänese werden noch einmal in plakativer Formulierung die wesentlichen Argumente miteinander verknüpft: Mut ist die Voraussetzung für die Heimkehr, Sieg im Kampf ist die Voraussetzung für das Überleben und - nun folgt überraschend noch ein bisher zurückgehaltener, aber wohl besonders wirksamer Appell an die Beutegier der Söldner - für den Gewinn materieller Güter, d.h. für das Erreichen des eigentlichen Zieles eines Söldnerdaseins.

3.3.1-5 Bei der Verbrennungsaktion kam es zu einem gewissen Austausch der notwendigen Utensilien: unter dem Druck der Ereignisse hatte sich also eine Art Solidaritätsgefühl entwickelt, hinter dem der normalerweise herrschende Egoismus zurücktrat. Während der Bereitung des Frühstücks (früher als gewöhnlich - aber in dieser Nacht hatte kein Grieche ein Auge zugetan; überdies konnten die ohnehin brennenden Feuer ausgenutzt werden) erschien Mithradates, der früher treue Freund des Kyros (2.5.35), um die Absichten der Griechen auszukundschaften. Er stand dabei offenkundig unter dem Druck der persischen Seite (die ihm hier die Gelegenheit zur Wiedergutmachung seines Unrechts bot), erreichte durch seine Argumentation jedoch nur, daß der erste moderate Beschluß der Führungsspitze durch die Erklärung des *"unversöhnlichen Kriegszustandes"* ersetzt wurde. Gemäß dieser schärfsten aller möglichen Kriegserklärungen wurden keine eigenen Herolde mehr zum Feind ausgesandt noch Herolde der Gegenseite empfangen, sondern jeder Perser automatisch als Feind betrachtet. Bisher hatte es offenbar durchaus gewisse Kontakte zwischen den Griechen und Persern, die gelegentlich zur Fahnenflucht führten, auf der unteren Ebene gegeben. Als prominentester Flüchtling wird der Lochage Nikarchos namentlich genannt - ein schwer verwundeter Mann: er war am Tag zuvor als einziger Offizier dem Massaker der Perser entkommen, mit aufgeschlitztem Bauch, *"die Eingeweide in seinen Händen haltend"* (2.5.33). Er hatte praktisch keine Überlebenschance, jedenfalls nicht auf einem Marsch, wie er den Griechen bevorstand. Als er sich nachts von einigen Getreuen

Karte S.165

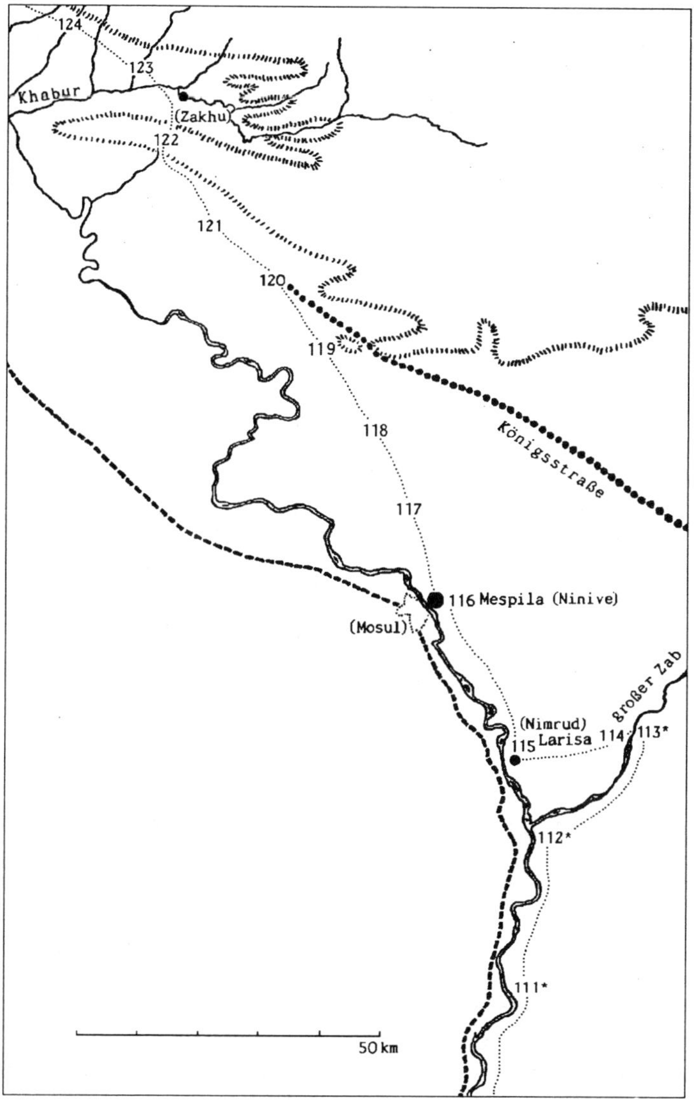

20. Stathmoi 111*- 124 (2.5.1 - 3.4.23)

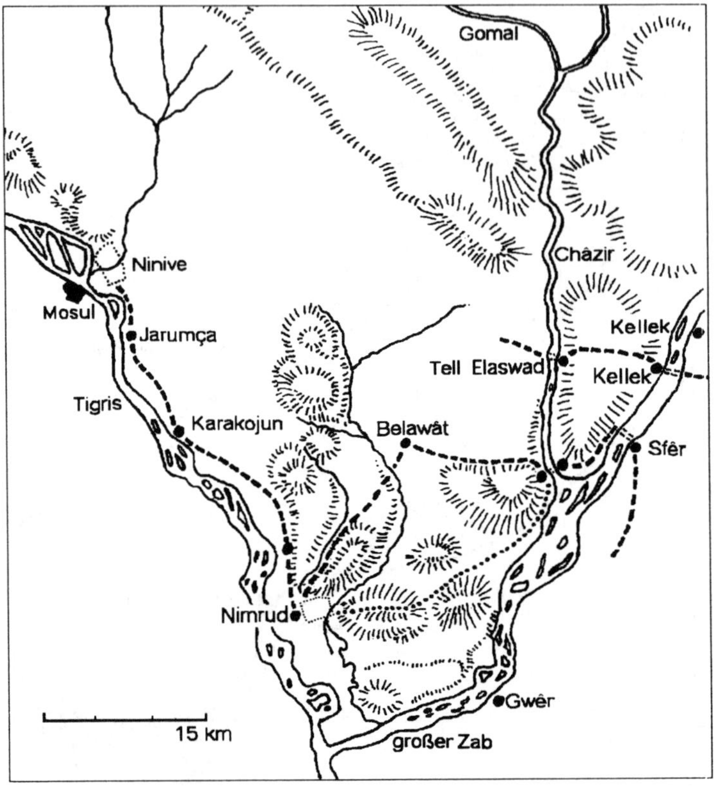

21. Übergänge über den großen Zab, 1898 (nach SACHAU [Euphrat] Tafel IV)

zu den Persern hinübertragen ließ, mag ihn eine vage Hoffnung auf ärztliche Betreuung in ihrem Lager dazu bewogen haben.

3.3.6/7 Die Breite des (großen) Zab wird 2.5.1 mit etwa 120 m angegeben. Diese Zahl bezieht sich auf die damals wasserführende Hauptrinne des insgesamt wesentlich breiteren Flußtales. Der Übergang erfolgte nicht (wie heute) 15 km oberhalb der Mündung in den Tigris bei Al Quwayr (Gwêr), sondern noch weiter flußaufwärts. Die lapidare Aussage διαβάντες τὸν Ζαπάτον ποταμόν läßt die Schwierigkeiten nicht erkennen, die bei diesem Unternehmen vermutlich zu überwinden waren. Mehrere moderne Reisende, die auf dem Weg nach Mosul den Fluß überqueren mußten, haben

Karte S.165

darüber berichtet. NIEBUHR (II 347) unternahm das Wagnis im März 1766: *"...Denn der Fluss war jezt so gross, daß es unmöglich war hindurch zu reiten, und es war hier kein Fahrzeug, als nur die Kelleks der Jesidîer aus dem gegenüberliegenden Dorfe Abd el asis.... Unterdeß ward meine Bagage und die Sattel von meinem Pferde und Mauleseln auf den Kellek getragen, ich legte mich oben darauf, der Strom war sehr reissend, ich vermuthete, daß ich mit samt meinen beyden Charonen, die meiner damaligen Meynung nach, den Teufel anbeteten, von jeder Welle verschlungen werden würde; kam aber endlich mit Gottes Hülfe glücklich ans andere Ufer. Die Lastthiere mußten alle durch den Fluß schwimmen...".* 89 Jahre später, im März 1855, als PETERMANN (II 321/22) übersetzte, hatte sich nicht viel geändert: *"...Durch den ersten Arm desselben mußten wir bis auf eine Sandinsel reiten. Hier waren Kellekdschi's, welche uns überfahren sollten, aber einen enormen Preis dafür verlangten....Die Pferde und Maulthiere mussten über den tiefen und reissenden Strom schwimmen, geleitet von einem Mann, der mit ihnen durchschwamm...".* Auch wenn wir voraussetzen, daß im Januar/Februar, als die Griechen den großen Zab überschritten, der Wasserstand niedriger als im März war, sollte man sich doch in Zusammenhängen wie diesem immer wieder einmal klar machen, daß Xenophon in der «Anabasis» die ungeheueren Strapazen des monatelangen Marsches fast überhaupt nicht angedeutet hat. Hier bieten die Berichte der (frühen) modernen Reisenden gute Ergänzungsmöglichkeiten. Dies gilt natürlich in besonderem Maße auch für die Rekonstruktion der Marschroute im einzelnen. Der früher üblicherweise benutzte Übergang (mit Hilfe von Keleks) erfolgte bei Sfêr oder einige Kilometer weiter flußaufwärts bei Kellek. Eine weitere Möglichkeit bestand bei Gwêr (Al Quwair), wo heute die Straße den Fluß überquert. Daß die zuletzt genannte Stelle für Xenophon nicht in Betracht zu ziehen ist, ergibt sich aus seinem Itinerar; zu diesem paßt jedoch vorzüglich der Übergang bei Sfêr. Nach einem Marsch von nur 25 Stadien, etwa 4½ Kilometern [3.3.11], erreichten die Griechen die Dörfer, die ihnen als Stathmos [**114**] dienten. Sie lagen in unmittelbarer Nähe einer **χαράδρα** [3.4.1], die am nächten Morgen überschritten wurde. Dabei kann es sich nur um das (damals vielleicht trocken liegende) Bett des Châzir handeln, das zwischen dem Tell Leben (dem Zentrum des Stathmos) und Kezek Chân von der Piste durchquert wird. SACHAU, der die Strecke im Februar 1898 auf dem Weg von Mosul nach Arbela benutzt hat, berichtet [Euphrat 110]: *"Von Be-*

Karte S.165

lawât ritten wir nach dem Dorfe Kezek-Chân am Ghâzir, furteten den Fluss, besuchten den ganz isoliert im Ackerfelde sich erhebenden Tell Leben und setzten nördlich davon bei dem Dorfe Essfêr auf einem Fährboot über den Zâb. Jeder dieser beiden Flüsse hat in dieser Gegend wie auch noch weiter nördlich, wo die Strasse Arbela - Mosul sie kreuzt, ein ausserordentlich breites Bett, dessen Boden mit Felsblöcken bedeckt ist. Ihr klares, durchsichtiges, hellgrün strahlendes, reissend fliessendes Wasser hat einen köstlichen Geschmack. Das Bett des Zâb war damals nur zum kleinsten Teil mit Wasser bedeckt, aber dennoch nicht furtbar". * Auf dem westlichen Ufer wurde erstmals das Karree gebildet und in Marsch gesetzt. Zielpunkt war eine Gruppe von Dörfern, die nur etwa 3½ Kilometer entfernt sein sollten (vgl. 3.2.34; tatsächlich waren es [nach 3.3.11] 4½ km). Der Überfall des Mithradates legte die Schwächen der neuen Marschtaktik offen. Während die in der Phalanx stehenden Hopliten den gegnerischen Angriffen mit Distanzwaffen hilflos ausgesetzt waren, konnten die eigenen Fernkämpfer nicht wirksam reagieren: die Bogenschützen, die für ihre Arbeit beide Hände benötigten, keinen Schild trugen und deshalb im Schutz der Phalanx aufgestellt waren, schossen zu kurz, die mit dem leichten Schild (πέλτη) ausgerüsteten Speerwerfer (Peltasten), die offenbar, wie auch sonst öfter, in die Phalanx integriert waren, konnten natürlich weder die hin und her galoppierenden Reiter noch die Schleuderer erreichen. Über die Schußweiten lassen sich nur Vermutungen anstellen: Pfeilschüsse dürften vielleicht bis etwa 60 m noch Wirkungen erzielt haben, weiter flogen jedenfalls die mittels der Schleuder, einem in der Mitte zur Aufnahme des Geschosses verbreiterten Leder- oder Flechtwerkriemen, durch Rundumschwung beschleunigten Stein- oder Bleikugeln (vgl. 4.3.29).

3.3.8-10 Der schließlich von Xenophon (nach Absprache mit Timasion ?) durchgeführte Gegenangriff war aus den im Text sachlich analysierten Gründen von vornherein zum Scheitern verurteilt, bedeutete aber durch die Öffnung der Karreerückseite eine große Gefährdung für die ganze Marschkolonne: die erste militärische Aktion des neu ernannten Feldherrn erwies sich als schwerer taktischer Fehler.

3.3.11-15 <u>St. 114</u> Xenophon akzeptierte die berechtigten Vorwürfe der Kommandanten der drei übrigen Phalangen; tatsächlich

Karte S.165

hatte er sich (wenn auch aus Fürsorge für die ihm anvertrauten Soldaten, die vermutlich selbst zum Gegenangriff drängten) zu einer unentschuldbaren Disziplinlosigkeit hinreißen lassen. Allerdings leitete er aus deren glücklicherweise nicht katastrophalen Ausgang sofort die richtigen Konsequenzen ab und forderte die Aufstellung von Spezialeinheiten zur wirksamen Abwehr der Störangriffe, die (trotz geringem personellem Aufwand) den Marsch des Karrees so sehr behindert hatten, daß es den Biwakraum erst am Abend erreichte, obwohl er nur einige Kilometer entfernt war.

3.3.16-18 Die detaillierten Erwägungen zur Aufstellung einer Schleudererabteilung gewähren Einblicke sowohl in militärhistorische und waffentechnische Einzelheiten als auch in die schwierigen Kommandoverhältnisse innerhalb der Söldnerarmee. Bestimmte 'leichte' Kampftechniken wurden in einzelnen Landschaften besonders gepflegt, so die Technik des Schleuderns von den Rhodiern (vgl. 3.4.15), des Bogenschießens von den Kretern (vgl. 1.2.9, 3.3.7, 4.2.28), des Speerwerfens von den Thrakern (vgl. 1.2.9) usw. Während die Speerwerfer wegen ihres Schildes πελτασταί im eigentlichen Sinn waren, können die beiden anderen Gruppen, deren Kampftechnik das Tragen von Schilden ausschloß, unter den Bezeichnungen ψιλοί und γυμνῆτες zusammengefaßt werden (vgl. z.B. 3.4.26, 5.2.12). Im Hinweis auf die sehr unterschiedlichen Schußweiten der persischen und rhodischen Schleuderer wird eine damals ganz moderne waffentechnische Entwicklung erkennbar: Schleuderkugeln aus Blei (deren Schußweite auf etwa 400 m geschätzt wird) scheinen erst gegen Ende des 5. Jahrhunderts in größerem Umfang aufgekommen und von den rhodischen Spezialisten anstelle der bisher üblichen Steingeschosse eingesetzt worden zu sein (leicht zu sammelnde Steine blieben aber natürlich auch bei den Griechen immer noch ein unerschöpfliches Munitionsreservoir, vgl. 5.2.12). Jedenfalls war die neuartige Schleudertechnik der Rhodier der althergebrachten der Perser weit überlegen - und diese Erfahrung hat offenbar Tissaphernes später dazu bewogen, in seiner Satrapie Serien derartiger Bleigeschosse, in die sein Name eingeprägt war, für seine griechischen Söldner gießen zu lassen (vgl. FOSS). Es folgt ein Stufenplan zur Realisierung des Vorschlages: [1] vorhandene Schleudern ausfindig machen und aufkaufen, [2] neue Schleudern gegen Bezahlung herstellen lassen, [3] Freiwillige für die neue Spezialeinheit durch das Versprechen von Vergünstigungen (etwa die Entlastung

Karte S.165

vom Wachdienst u.ä.) anzuwerben versuchen - *"vielleicht werden dann einige auftauchen, die uns helfen können"*. Das ist ein beredtes Beispiel für die Schwierigkeiten, vor denen die Offiziere der Söldnerarmee immer wieder standen; sie konnten solche Maßnahmen nicht mittels Befehlen oder Abkommandierungen durchsetzen, sondern mußten finanzielle oder sonstige Anreize bieten und dann auf deren Wirksamkeit hoffen. Immerhin meldeten sich damals gegen 200 Freiwillige.

3.3.19/20 Die Aufstellung der Reitertruppe erfolgte am nächsten Tag. Dazu wurden alle auffindbaren Pferde, sowohl die Privatpferde des Klearchos und Xenophons als auch die eingefangenen und in den Besitz ihrer Fänger übergegangenen und von ihnen als Tragtiere benutzten Beutepferde zusammengetrieben und einer Musterung unterzogen. Für die konfiszierten Beutepferde wurden Lastochsen zugeteilt. **Δοκιμάζειν** ist der terminus technicus für die Musterung von Pferden und Reitern im Hinblick auf ihre Verwendbarkeit im Militäreinsatz. Tatsächlich mußten Kriegspferde ja hoch belastbar, einsatzfreudig, schnell und vor allem zuverlässig beherrschbar sein: für die Überprüfung dieser Eigenschaften war der Pferdeexperte Xenophon der richtige Mann (welche Anforderungen an Militärpferde zu stellen und wie diese auszubilden sind, hat er später mit großem Sachverstand in seiner Fachschrift «Hippike» dargestellt). Aber natürlich mußte auch überprüft werden, ob die Freiwilligen über eine ausreichende Reiterfahrung verfügten. Die sich vermutlich über den ganzen Tag hinziehenden Pferde- und Reitervorführungen boten den Zuschauern sicher ein abwechslungsreiches Schauspiel. Insgesamt wurden 50 Pferde und Reiter für diensttauglich befunden und mit Trensen und Reitdecken beziehungsweise mit Lederharnischen (σπολάδες) ausgerüstet, wie sie auch von den Hopliten benutzt wurden: daraus ist zu folgern, daß die neuen Reiter vor allem aus leichtbewaffneten Einheiten (vielleicht sogar aus dem Kreis der 'Schildträger' und sonstigen Nichtkombattanten) stammten. * Der 3.4.48 erwähnte schwere θώραξ...ἱππικός scheint ein Metallpanzer von der Art, wie ihn Xenophon in der Hippike 12.1-7 beschreibt, gewesen zu sein; da es völlig unwahrscheinlich ist, daß in der nur aus Fußtruppen bestehenden Marschkolonne 50 derartige Spezialpanzer mitgeführt wurden, sollten die Worte καὶ θώρακες mit MATTHIAE als erklärende Glosse aus dem Text gestrichen werden; vgl. Pollux 7.70 σπολὰς ἀντὶ θώρακος. * Der (Xenophon sicher von früher her persönlich be-

Karte S.165

kannte) Athener Lykios spielte mit seinen Reitern bei der schwierigen Überquerung des Kentrites eine wichtige Rolle (4.3.22 und 25) und befand sich in dem dramatischen Augenblick, als vom Berg Theches aus zum erstenmal das Schwarze Meer gesichtet wurde, an der Seite Xenophons bei der Nachhut (4.7.24)

3.4.1-6 Auf dem geplanten Weg zum Tigris mußte eine Schlucht, offenbar das trocken liegende Bett des Châzir (vgl.o. zu 3.3.6/7), durchschritten werden. Das Hindernis scheint sich ganz in der Nähe des Lagers befunden zu haben, so daß die Überquerung im frühen Morgengrauen ohne Störung durchgeführt und auf der anderen Seite wieder das Karree gebildet werden konnte. In Reaktion auf die eigenmächtige Verhaltensweise Xenophons zwei Tage zuvor waren diesmal die gegen den erwarteten Rückenangriff gerichteten Abwehrmaßnamen im einzelnen durch klare Einsatzbefehle vorab geregelt. Auf diese Weise wurde sichergestellt, daß die Rückseite des Karrees unter allen Umständen in verteidigungsfähigem Zustand blieb - etwa dadurch, daß nur die äußeren vier Glieder der Phalanx zusammen mit bestimmten Peltasteneinheiten und vor allem den Reitern zum Gegenangriff antraten. Die neue Taktik führte zu einem überwältigenden Erfolg, weil die zur Verfügung stehende Verfolgungsstrecke (1.4 km) den Peltasten (von den Reitern ganz zu schweigen) ausreichte, die zunächst bis auf Schußweite (etwa 200 m) herangelassenen und jetzt fliehenden Fußsoldaten einzuzuholen, und weil die Steilhänge der Schlucht sich nun als schweres Hindernis erwiesen - vor allem für die persischen Reiter: man kann sich leicht ausmalen, welches Chaos in dem 1000 Pferde starken Pulk hier durch gestürzte und in Panik geratene Tiere angerichtet wurde. Aus militärischer Sicht ist es allerdings schwer verständlich, daß (geschätzte) 1000 persische Reiter und 4000 Leichtbewaffnete von 50 griechischen Reitern bei ihrem ersten Einsatz, vielleicht etwa 1200 relativ langsam vorrückenden Hopliten und einigen hundert Peltasten derart spektakulär in die Flucht geschlagen werden konnten. Offenbar steckte seit Kunaxa den Persern die Angst vor der Unerschrockenheit und Kampfkraft der griechischen Söldner tief in den Knochen; hinzu kam hier das Moment der vollständigen Überraschung - zumal dann, wenn die in § 2 vorgetragenen Gedanken des Mithradates (wie zu vermuten ist) aus den Aussagen der Gefangenen abgeleitet sind.

Karte S.165

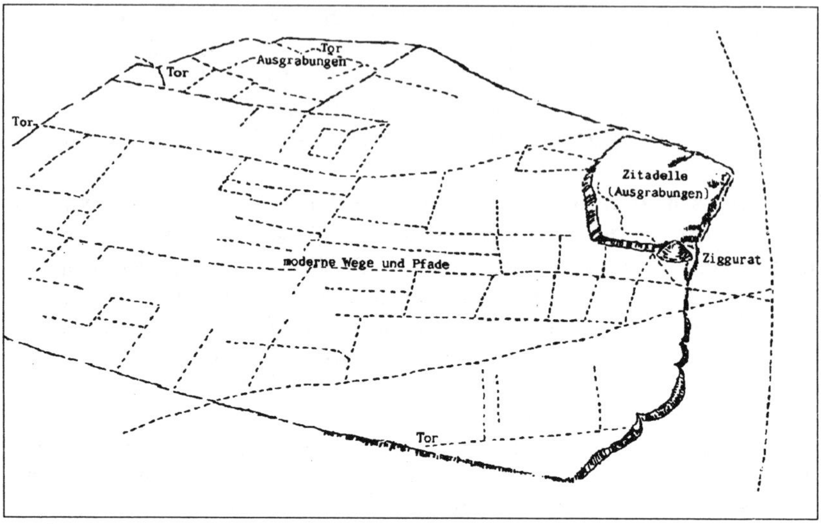

22. Kalchu (Kalach, Nimrud - Larisa, 3.4.7). Umzeichnung nach Luftaufnahme (MALLOWAN I 34 Abb.2)

3.4.7-9 <u>**St.115**</u> Larisa ist mit Kalchu (Kalach), dem heutigen Nimrud, zu identifizieren. Die von Assurnasirpal II. (883 - 859) erbaute Stadt lag mit ihrer Westflanke ursprünglich direkt am Tigris (der sein Bett inzwischen um etwa 2 km nach Westen verlagert hat). Sie bedeckte ein Areal von etwa 357 Hektar, aus dem in der Südwestecke das Plateau der Zitadelle mit ihren Palästen (24 Hektar) aufragte. Diese Erhebung war aus einem Schutthügel, der von früheren Siedlungen stammte, durch Aufhöhung und Umkleidung mit Mauerwerk künstlich geschaffen worden. Vor dem nördlichen Ende des Plateaus ragte eine kleine Ziggurat (Stufenpyramide) auf. Die ganze Stadt wurde im Jahr 614 durch eine medische Armee unter dem König Kyaxares vollständig vernichtet, lag also bereits über 200 Jahre in Trümmern, als Xenophon vor Ort war. Dennoch ist davon auszugehen, daß insbesondere der mit Steinquadern und Lehmziegeln verkleidete Sockel der Zitadelle zu seiner Zeit noch weit besser als heute erhalten war. Offensichtlich hatte Xenophon vor allem die Westseite des Plateaus bei seiner Beschreibung vor Augen. Dort erhob sich aus dem alten Flußbett eine bis zu 10 m hohe, leicht nach innen geneigte, aus (im oberen Bereich sauber geglätteten) Kalksteinblöcken errichtete

Karte S.165

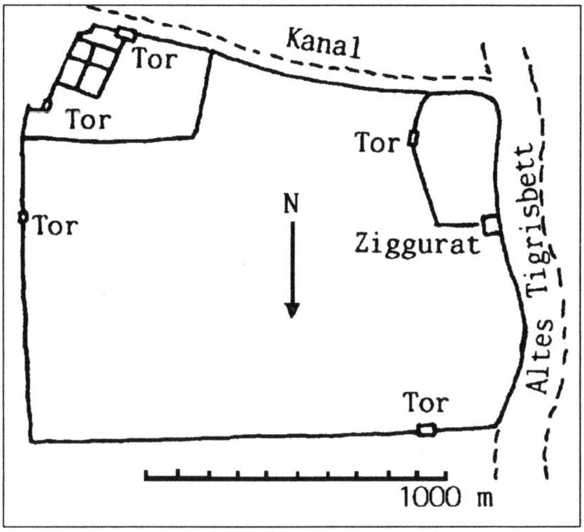

23. Kalchu (Kalach, Nimrud - Larisa, 3.4.7). Übersichtsplan nach LLOYD 248 Abb. 139

Kaimauer, welche den etwa 6.5 m breiten steinernen Kai selbst abstützte. Seine Rückwand wurde durch eine vor den abgegrabenen und geglätteten Abhang des Schutthügels gesetzte Lehmziegelmauer bis zur Höhe des Niveaus der Zitadelle (6-7 m) gebildet. Darüber ragten dann die etwa 13 m hohen Festungsmauern auf. Insgesamt erreichte hier die Maueranlage ursprünglich eine Höhe von etwa 30 m, der die Schätzung Xenophons (100 Fuß) gut entspricht. Xenophon war übrigens der letzte Mensch, der (vor Beginn der Ausgrabungen durch A.H.LAYARD im Jahr 1845) über die Anlage berichtet hat *"and jotted down for posterity notes, substantially accurate..."*, wie der letzte Ausgräber M.E.L.MALLOWAN (I 81) feststellte. Das Breitenmaß (25 Fuß = ca. 7.5 m) könnte sich auf den Kai beziehen, während die geschätzte Umfangsangabe (zwei Marschstunden, also etwa 8 km) erstaunlich genau mit der Länge der Umfassungsmauern des gesamten Stadtgebietes (etwa 7.6 km) übereinstimmt. Die weithin sichtbare Ruine der Ziggurat ist jetzt noch etwa 43 m hoch (Xenophon spricht von 2 Plethren, also etwa 59 m) und stellt nur noch den Lehmziegelkern der ursprünglich sauber umkleideten und durch Treppenaufgänge zugänglichen Stufenpyramide dar. Da Xenophon die eigentliche Stadt anscheinend mit der Zitadelle identifizierte, kann seine Lokalisierung der Ziggurat *"neben der Stadt"* als korrekt bezeichnet wer-

Karte S.165

24. Kalchu (Kalach, Nimrud - Larisa, 3.4.7), Westseite, Zitadelle mit Ziggurat (Umzeichnung nach MALLOWAN I 34 Abb. 3)

den. Unrichtig sind dagegen seine historischen Anmerkungen zur Zerstörung Nimruds: der Ort fand sein Ende beim Übergang der Herrschaft von den Assyrern an die Meder, nicht von den Medern an die Perser; derselbe Fehler wiederholt sich 3.4.11/12 im Hinblick auf den Untergang Ninives. Xenophon dachte zu Unrecht an Kyros II. ('den Großen'), der von der Mitte des 6. Jahrhunderts an Medien und nach und nach ganz Kleinasien in persische Hand brachte. Mit dem Namen des tatsächlichen Zerstörers, des medischen Königs Kyaxares, verband sich die Kunde vom Abbruch eines Krieges gegen den lydischen König Alyattes, weil während der Schlacht plötzlich eine - von Thales vorausgesagte - Sonnenfinsternis (wahrscheinlich diejenige vom 28. Mai 585) eintrat (vgl. Herodot 1.74.2). Vielleicht liegt dort der Hintergrund für die hier erzählte Geschichte. Aufgrund welcher Voraussetzungen Xenophon die verlassene Stadt mit dem griechischen Namen Larisa versah, ist nicht überzeugend aufzuklären.

3.4.10-12 St.116 Während des 6-Stundenmarsches mußten etwa 30 km zurückgelegt werden. Zielpunkt war die von einer Ringmauer umgebene Großstadt Mespila am östlichen Tigrisufer, die ohne jeden Zweifel mit Ninive, der berühmten und berüchtigten Hauptstadt Assyriens im 7. Jahrhundert v.Chr., zu identifizieren ist. Diese uralte Stadt, die zunächst jahrhundertelang im Schatten von Assur gestanden hatte, war damals für kurze Zeit zum Wirtschafts- und Machtzentrum der östlichen Welt aufgestiegen, bis sie im Sommer 612 durch die vereinigte Armee der Meder und Babylonier eingenommen und so gründlich verwüstet wurde, daß Xenophon 200 Jahre später ihre historische Bedeutung nicht mehr erkannte. Der von ihm überlieferte Name Mespila ist *"wahrscheinlich zu erklären als aram. mespilâ 'Niederung'; ein Teil der Einwohner*

Karte S.165

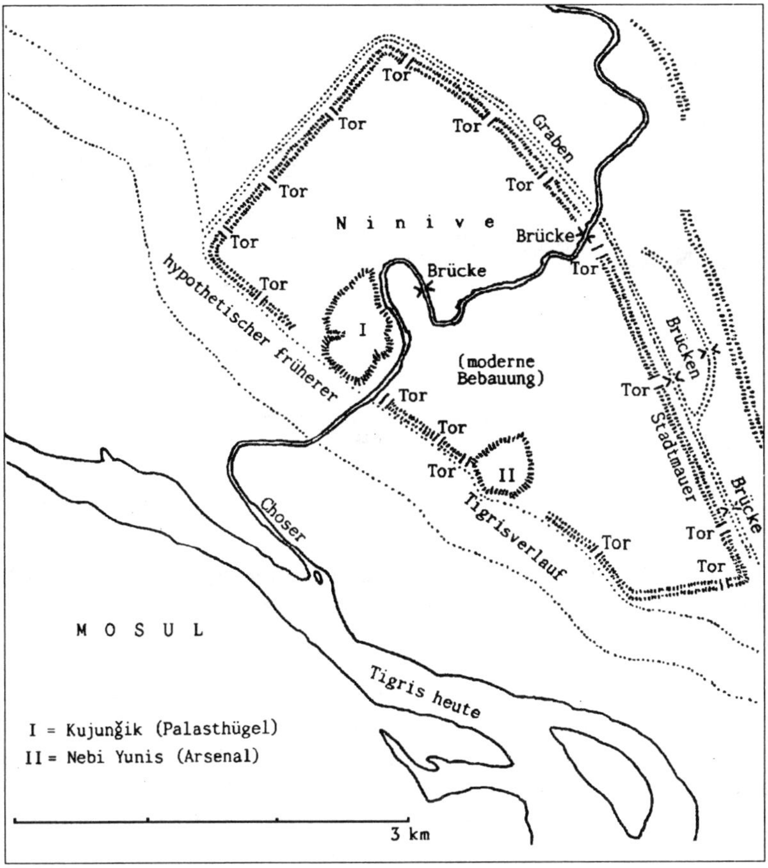

25. Ninive (Mespila, 3.4.10), Plan nach Sumer 23, 1967, 80 Pl. I in Verbindung mit Iraq 52, 1990, 73 Fig. 4

von N. hat wohl nach der Katastrophe in der Flußniederung auf dem westlichen Tigrisufer eine Ansiedlung gegründet, aus der später Môsul erwuchs" (E.P.WEIDNER, RE XVII 1, 1936, 641). Das Stadtgebiet, dessen etwa 12.4 km langer Mauerring sich noch als Wall deutlich im Gelände abzeichnet, erstreckt sich heute etwa 1.5 km östlich des Tigris (der ursprünglich unmittelbar an der Westmauer entlang floß) auf einem Areal von 670 Hektar; die Stadt war also fast doppelt so groß wie Nimrud. Sie wird von einem Nebenfluß des Tigris, dem Choser, durchflossen und wurde von einer

Karte S.165

26. Ninive (Mespila, 3.4. 10), Nachzeichnung nach C.H.GORDON, *Geschichtliche Grundlagen des Alten Testaments*, Wiesbaden ²1961, 240, Taf. XIII: der Palasthügel Kujunğik

mit vielen Türmen versehenen und von 15 schwer befestigten Toren durchbrochenen Mauer, vor der (zumindest auf der Ostseite) ein wassergefüllter Graben und noch eine äußere Mauer angelegt waren, umzogen. Im Stadtinneren (das inzwischen zu großen Teilen modern überbaut ist) erheben sich zwei markante Hügel, der Kujunğik (750 m lang, 375 m breit, 30 m hoch), auf dem mehrere Königspaläste und Tempel ausgegraben worden sind, sowie 1.5 km weiter südöstlich der kleinere Nebi Junus, unter dem das assyrische Arsenal verborgen ist. Auf der Spitze dieses Hügels erhob sich ein moslemisches Heiligtum als Zentrum eines kleinen Dorfes, so daß Ausgrabungen größeren Stils nicht möglich waren. Zur Zeit Xenophons stellte die Stadt ein gewaltiges Ruinenfeld dar (die Schätzung des Umfanges auf 6 Marschstunden ist allerdings deutlich übertrieben), erst nach der makedonischen Eroberung des Zweistromlandes entstand dort wieder eine befestigte Siedlung, die bis ins Mittelalter hinein existierte. Xenophon berichtet, daß sich zur Zeit seines Besuches 15 m breite und (geschätzt !) 30 m hohe Lehmziegelmauern auf einem Fundament (Querschnitt: 15 x 15 m) aus geglättetem Muschelkalkblöcken erhoben hätten. Die zu-

Karte S.165

grundeliegenden Beobachtungen könnte er am ehesten am Südabhang des Kujunğik-Hügels, der etwa 30 m über dem Tigris aufragte und in die Stadtbefestigung einbezogen war, gemacht haben (vgl. MANFREDI Abb. 24). Daß Xenophon die Hintergründe für den Untergang der assyrischen Städte nicht durchschaut hat, ist schon im Zusammenhang mit Nimrud (3.4.7) erwähnt worden. Möglicherweise verdankt er die merkwürdige Geschichte von Medeia (*der Mederin*), einer Frau des persischen Großkönigs, die nach Ninive geflohen war, als die Meder ihre Herrschaft an die Perser verloren (und die dann die Belagerung der Stadt miterlebte?) einem so phantasievollen Autor wie Ktesias (FGrHist 688) - mit historischer Wirklichkeit hat sie jedenfalls nichts zu tun.

3.4.13 **St.117** Die Straße führte hinter Mespila (Ninive, Mosul), wie auch heute, vom Tigris fort in nordwestlicher Richtung durch das hügeliger werdende Binnenland vor den Randgebirgen zum Zakhu-Paß (**St. 122**). Der normale Tagesmarsch von etwa 16 - 18 km wurde durch den drohenden Aufmarsch der riesigen persischen Truppenmassen zwar behindert, aber dennoch bis zum geplanten Stathmos, einer Gruppe von Dörfern (3.4.17, **St. 117**) durchgeführt. Aus dem Bericht ist zu folgern, daß die Formulierung εἰς τοῦτον δὲ τὸν σταθμόν *"auf dem Marsch zum Halteplatz"* oder *"in den Tagemarsch hinein"* bedeuten muß. Die unübersehbare Truppenansammlung bestand nach den Beobachtungen der Griechen (deren Karree inzwischen Halt gemacht und sich auf den Kampf vorbereitet hatte) aus den 500 Reitern des Tissaphernes (1.2.4), der Armee des Orontas (2.4.8; Stärke unbekannt), den von Ariaios angeführten ursprünglichen 'Kyreern' (1.7.10; vielleicht 30000 Mann einschließlich der Berittenen), dem *"großen Heer"*, dem die Griechen bei Opis (in Wahrheit: Sittake, **St.99**) begegnet waren (2.4.25), und Truppen des Großkönigs, die nach ihrem Einsatz bei Kunaxa nicht in Babylonien geblieben, sondern dem Oberbefehl des Tissaphernes unterstellt worden waren. Ob diese Analyse korrekt ist, mag dahingestellt bleiben (vielleicht beruht sie auf Gefangenenaussagen).

3.4.14/15 Tissaphernes entwickelte seine Truppen beim Anmarsch von hinten in der Form einer Zange, um das Karree an drei Seiten zu umschließen. Die einheitlich überlieferte Fassung τὰς μὲν τῶν τάξεων εἶχεν ὄπισθεν καταστήσας (in cod. C ist ursprünglich fehlendes εἶχεν durch Korrektur nachgetragen) kenn-

Karte S.165

zeichnet den Vorgang genau: Tissaphernes baute zunächst seine Front gegenüber der rückwärtigen griechischen Phalanx auf und ließ sie dort halten; im zweiten Schritt rückten andere Truppen rechts und links vor und bezogen gegenüber den Flanken des Karrees Stellung. Die Griechen ließen sie bis auf Schußweite herankommen, setzten dann ihre überlegenen Fernwaffen ein und erreichten dank einer extrem hohen Trefferquote den schleunigen Rückzug des Gegners. Die rhodischen Schleuderer (3.3.20) operierten dabei offenbar als geschlossener Truppenkörper (zu διατάττειν vgl. 1.7.1) mit der verheerenden Wirkung einer Maschinengewehr-Kompanie. Der im größten Teil der Überlieferung zu τοξόται hinzugesetzte Begriff Σκύθαι ist schwerlich im Text zu halten. Jedenfalls kann er sich nicht auf die Volkszugehörigkeit beziehen, da als griechische Bogenschützen (auch in diesem Zusammenhang, vgl. 3.4.17) die Kreter genannt werden. Vermutlich handelt es sich um eine in den Text eingedrungene Randbemerkung eines Lesers, der an die berüchtigten skythischen Bogenschützen (zunächst 300, später sogar 1000 Staatssklaven) dachte, die in Athen Polizeidienst verrichteten (die in einigen Codices auftauchende Variante σκυθοτοξόται ist ein, vielleicht nach ἱπποτοξόται gebildetes, Phantomwort).

3.4.16/17 Der überlieferte Text καὶ τῶν πλείστων τοξοτῶν (in Cod.C ist ursprünglich fehlendes πλείστων nachgetragen) bringt zum Ausdruck, daß die rhodischen Schleuderer größere Entfernungen als die persischen Schleuderer und die meisten (aber nicht *alle*) persischen Bogenschützen erreichten. Diese Aussage ist unter der Annahme, daß sie unterwegs noch nicht über Bleikugeln (Blei fanden sie erst auf dem Stathmos) verfügten, korrekt und wird durch die Fortsetzung voll bestätigt: einzelne persische Pfeile erreichten trotz des Abwehrfeuers der Schleuderer die griechischen Reihen, wurden aufgesammelt und dienten den kretischen Bogenschützen (die kleinere und deshalb kürzer schießende Bögen als die Perser verwendeten, vgl. 3.3.7 und Herodot 7.61.1) als Munition für das Üben von Weitschüssen in hohen ballistischen Kurven.

3.4.18 Hier stellt sich die Frage, warum Tissaphernes trotz seiner erdrückenden Überlegenheit den Rückzug anordnete, sich mit Geplänkel zufrieden gab und keine Entscheidungsschlacht riskierte. Sicherlich mußte er einerseits die Kampfunwilligkeit der persi-

Karte S.165

schen Truppen, die offenkundig größten Respekt vor den Griechen hatten, bei seinen Planungen berücksichtigen; andererseits könnte es jedoch auch so sein, daß er die ihm aufgetragene Vernichtung der Marschkolonne garnicht ernstlich ins Auge gefaßt hatte, sondern sie nur aus dem Zweistromland vertreiben und dann ihrem Schicksal überlassen wollte. So konnte er, der künftige Satrap Westkleinasiens, seine neue politische Tätigkeit aufnehmen, ohne mit dem Brandmal des 'Griechenschlächters' gezeichnet zu sein.

3.4.19-23 Aufgrund der während des Marsches an Engstellen gemachten Erfahrungen wurde die hintere Phalanx des Karrees reorganisiert, um ihre Kampfbereitschaft auch in solchen Situationen zu gewährleisten. Die Beschreibung der Schwierigkeiten, welche sich beim Zusammendrücken des Karrees bis (äußerstenfalls !) auf die Breite einer normalen Marschkolonne (etwa zum Überschreiten einer Brücke) und seiner neuerlichen Entfaltung zur alten Form ergaben, wenn gleichzeitig Rückenangriffe abgewehrt werden mußten, ist so plastisch, daß sie keiner Erläuterung bedarf. Die neu aufgestellte Truppe diente als eine Art Überdruckventil, das sich bei Druck von den Seiten her gleichsam vorwölbte und beim Nachlassen des Druckes bei ununterbrochener Abdichtung der Lücke wieder in seine Ausgangsposition zurückkehrte. Die Spezialtruppe hatte ihren Platz in der Mitte der hinteren Phalanx, wo sie (wenn wir der Einfachheit halber für den Lochos mit 96 statt mit 100 Mann in 8 Gliedern rechnen) eine Frontlänge von 72 Mann (6 x 12) einnahm; rechts und links setzte sich die Phalanx noch mit jeweils etwa 120 Mann fort. Die Lochoi waren, wie üblich, in zwei Züge (πεντηκοστύς) von 48 Mann unterteilt, die ihrerseits aus je zwei Enomotien mit drei Reihen von 8 Mann bestanden. Wenn eine Engstelle zu passieren war, blieb die Sondereinheit (ganz oder teilweise) hinter der Phalanx zurück und schuf so den nötigen Raum für das allmähliche Zusammendrücken des Karrees bis auf die von Fall zu Fall verschiedene Mindestbreite. Während dieses außerordentlich gefährlichen Manövers blieb die kurze, aber die zusammengedrückten Flanken des Karrees überragende und umschließende 600-Mann-Phalanx als kampfbereite Nachhut zur Abwehr von Rückenangriffen stehen. Wenn sich das Karree nach der Überwindung des Hindernisses wieder nach rechts und links entfaltete, konnte die dabei in der Rückfront notwendigerweise entstehende Lücke je nach ihrer Breite durch Einrücken der Lochoi κατὰ λόχους (d.h. in der üblichen Marschformation, in der vier

Karte S.165

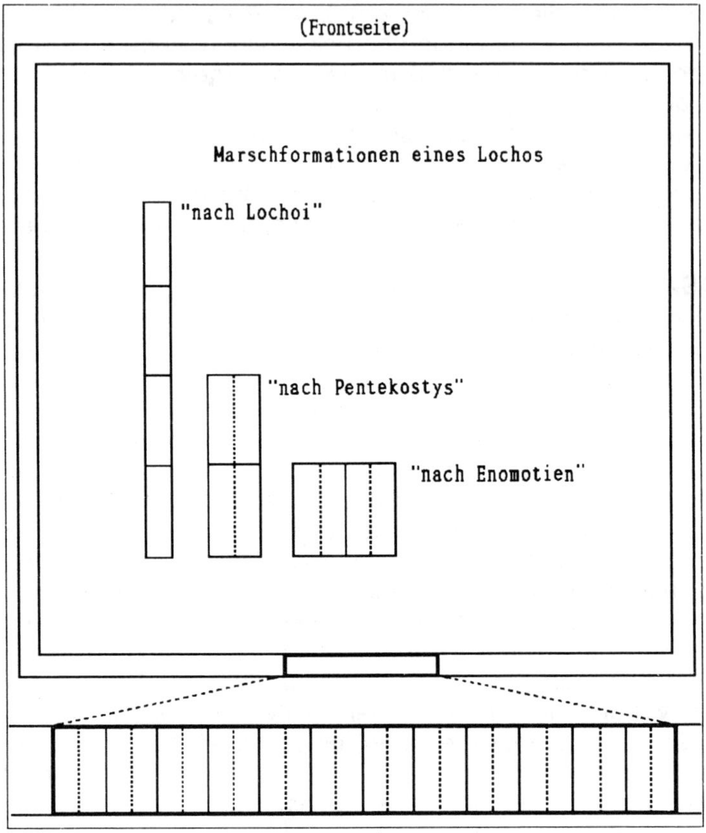

27. Das Marschkarree (3.2.26); unten (*vergrößert*): die Spezialeinheit in der rückwärtigen Phalanx (3.4.21-23)

Enomotien hintereinander in Dreierreihen marschierten: das war zum Beispiel beim Überschreiten schmaler Brücken notwendig) oder κατὰ πεντηκοστύς (also mit je zwei Enomotien neben- und hintereinander) oder κατ' ἐνωμοτίας (d.h. in voller Phalanxaufstellung mit den vier Enomotien nebeneinander) geschlossen werden. Vermutlich hat Xenophon selbst, der ja zusammen mit Timasion das Kommando über die hintere Phalanx führte, diese klug durchdachte Neuorganisation vorgeschlagen und realisiert. Da über die nächsten Tagemärsche (**St. 118-121**) keine besonderen

Karte S.165

Vorkommnisse berichtet werden, hat sie sich in der Praxis offenbar bewährt.

3.4.24-31 St.118, 119, 120, 121, 122 Auf der letzten Marschstrecke vor Erreichen des Zakhu-Passes, die bereits durch die Ausläufer der Zakhu-Berge führte und erhebliche Anforderungen an die Aufrechterhaltung der Karree-Formation gestellt haben muß, kam es zu einem erfolgreichen Überfall der persischen Fernkämpfer. Diese folgten offenbar dem griechischen Karree in kurzem Abstand und nutzten endlich einmal, unter den Peitschenschlägen ihrer Offiziere (vgl. Herodot 7.22.1, 7.56.1, 7.223.3) die günstige Gelegenheit, ihre Geschosse ungefährdet aus überhöhter Position in die hilflos unter ihnen ausgebreitete Menschenmasse entsenden zu können. Die Gegenwehr der eigenen Fernschützen, die sich nicht mit Schilden decken konnten, brach schnell zusammen, und die von den Hopliten vorgetragenen Entlastungsangriffe blieben wirkungslos, kosteten aber viel Kraft. Hier lernten die Griechen zum erstenmal die völlige Hilflosigkeit einer (in der Feldschlacht so unüberwindlichen) Hoplitenphalax gegenüber leichtfüßigen und sich elastisch den jeweiligen Erfordernissen anpassenden Fernschützen in bergigem Gelände kennen - eine bittere Erfahrung, die sie künftig noch häufig (und zwar mit, im Unterschied zu den Persern, hoch motivierten Partisanen, die ihr eigenes Land verteidigten) machen mußten. Nach der Entsendung einer Peltasteneinheit, die noch oberhalb der Verfolger in den Berghängen Position bezog, brachen diese ihre Störaktionen kampflos ab. So konnten die Dörfer am Paß (**St. 122**), die sich um ein *"königliches Gebäude"* scharten, ohne weitere Verluste erreicht werden, während die beiden Überfälle vor allem bei denen, die über keine Deckungsmöglichkeiten verfügten, zu zahlreichen Verwundungen geführt hatten. Unter den *"acht Ärzten"* (3.4.30) sind wohl vorwiegend in der praktischen Wundbehandlung erfahrene Männer und selbst ernannte Sanitäter zu verstehen, die Einschüsse und Prellungen auswaschen und verbinden, aber keine Operationen durchführen konnten. Sie hatten offenbar alle Hände voll zu tun. Jedenfalls bedeutete die Notwendigkeit, künftig (zum Teil nicht gehfähige) Verwundete mitnehmen zu müssen, eine erhebliche zusätzliche Belastung für die Kolonne (vgl. 3.4.32). * Der Widerspruch zwischen κώμας πολλάς und ἡ κώμη (3.4.24) ist vermutlich so zu erklären, daß das Hauptdorf, in dem sich auch das *"königliche Gebäude"* befand, von kleineren Siedlungen und Höfen um-

28. Der Zakhu-Paß von Süden (3.4.24). Nachzeichnung nach LEHMANN-HAUPT II 1.229

geben war. Die Straße, der das Karree auf den letzten Etappen folgte, ist wohl mit der 'Königsstraße' zu identifizieren, so daß es naheliegt, in dem auffälligen Gebäude einen der festen Stathmoi dieser Fernstraße (Herodot 5.52.1 βασιλήιοι...καταλύσιες) zu sehen. Dafür spricht die vom Staat betriebene Bevorratung mit Lebensmitteln und Pferdefutter, die zugleich allerdings wohl auch der dem Satrapen obliegenden Verproviantierung der Truppen diente (vgl. Kyrup. 8.6.3, Oikon. 4.5/6).

3.4.31-34 St.123 Die Straße führte jetzt über den Zakhu-Paß hinüber in die Khâbûr-Ebene und dann in nordwestlicher Richtung weiter zum Tigristal. SACHAU, der im Februar 1880 von Mosul aus ungefähr auf derselben Strecke wie die Griechen nach Cizre geritten ist, beschreibt seinen ersten Eindruck von der Khâbûr-Ebene folgendermaßen [Syrien 372/73]: *"Als wir an der Seite des Baches den Djebel Zâkhô hinabritten, bot sich unseren bewundernden Blicken eine Landschaft von unbeschreiblicher Grossartigkeit dar. Im NW, N und O schneebedeckte, hohe Gebirge, deren Spitzen sich eine über die andere thürmten, das Hochgebirge von Kurdistân, und zunächst gerade vor uns der massive Rücken des Djûdî, auf dem nach Muslimischer Sage die Arche Noah's sitzen geblieben; unter demselben das schmale, liebliche Khâbûr-Thal, das gegen den Tigris hin sich bedeutend erweitert, durchflossen von dem breiten, vielfach gewundenen Silberstreifen des Flusses".*

* Aufgrund der im Text klar erläuterten Sachverhalte wurde hier eine neue Marsch- und Kampftaktik angewendet, indem der

Karte S.165, 184

unermüdlich folgende und mit störenden Fernschüssen angreifende Gegner nicht mehr während des Marsches vorübergehend abgewehrt, sondern von spontan eingerichteten Biwakräumen aus offensiv zurückgejagt wurde. Die Vorteile dieser neuen, in der eng besiedelten Khâbûr-Ebene möglichen Taktik liegen auf der Hand. Man darf allerdings nicht übersehen, daß Tissaphernes auch hier nicht die Entscheidungsschlacht mit den Griechen suchte; es entsteht vielmehr eher der Eindruck, daß er sie unter dem Einsatz relativ schwacher Kräfte und praktisch ohne eigenes Risiko gleichsam aus dem Land ekeln und den Karduchen in die Arme treiben wollte. Dazu paßt die Mitteilung, daß die persische Hauptarmee einen Sicherheitsabstand von über 10 km zu der griechischen Marschkolonne einhielt. Nur die Leichten und (wo es das Gelände erlaubte, Berittene) waren tagsüber im Kontakt mit dem Gegner, zogen sich abends jedoch gleichfalls zum allgemeinen Lagerplatz zurück.

3.4.35 In der «Kyrupädie» [3.3.26/27] berichtet Xenophon doch wohl aufgrund seiner eigenen Erfahrungen, daß zu seiner Zeit die Perser, wenn sie ein Feldlager anlegten, dieses mit einem Graben umgaben; *"denn sie wissen, daß ihre Reiterei bei Nacht einen Unruheherd darstellt und auch sonst nicht einsatzfähig ist. Denn sie haben ihre Pferde mit Fußfesseln an den Futterkrippen stehen und wenn einer zu ihnen hingeht, ist es ein Stück Arbeit, die Pferde bei Nacht [von ihren Fußfesseln] zu lösen, ein Stück Arbeit, sie aufzuzäumen, ein Stück Arbeit, sie zu satteln, ein Stück Arbeit, selbst den Panzer anzulegen - absolut unmöglich aber ist es, aufzusitzen und durch das Lager zu reiten"*. Deshalb würden rundum Gräben angelegt, um sich notfalls verteidigen zu können.

3.4.36/37 <u>St. 123, 124, 125, 126</u> Durch die mehrere Stunden beanspruchende Verlegung des Stathmos während der ersten Nachtstunden um etwa 10½ km ergab sich zur persischen Armee ein Abstand von über einem Tagemarsch, der nicht leicht aufzuholen war. Mit großer Anschaulichkeit versetzt Xenophon seine Leser in die Situation dieses Abends. Zunächst hören wir, wie bei den Persern der Befehl *Fertigmachen zum Abrücken!* durchläuft (sie waren ja kaum 300-400 m entfernt). Dann ertönt der laute Ruf des griechischen Herolds *Gepäck aufnehmen!* und führt auf der anderen Seite zu einer gewissen (beabsichtigten !) Verwirrung und Ver-

Karte S.165, 184

zögerung. Schließlich, als schon die Dämmerung hereinbricht, rükken beide Kolonnen - die relativ kleine Einheit der persischen Leichtbewaffneten und das riesige, von Menschen und Tieren wimmelnde Karree der Griechen - in entgegengesetzten Richtungen ab. Zwei Tage lang konnten die Griechen ihren Vorsprung halten, dann waren die Perser ihnen wieder auf den Fersen und hatten mit leichten Truppen bei Nacht sogar unbemerkt ihr Lager umgangen und eine Höhenstellung besetzt, von der aus sie die zum Tigris führende Straße beherrschten. Xenophon verwendet zur Charakterisierung des Geländes den Begriff ἀκρωνυχία ὄρους, um die Steilheit des von unten offenbar nicht angreifbaren Berggipfels zu betonen. Mit anderen Worten: der Tigris war, wenn diese Stellung in persischer Hand blieb, nicht ohne erhebliche Verluste zu erreichen.

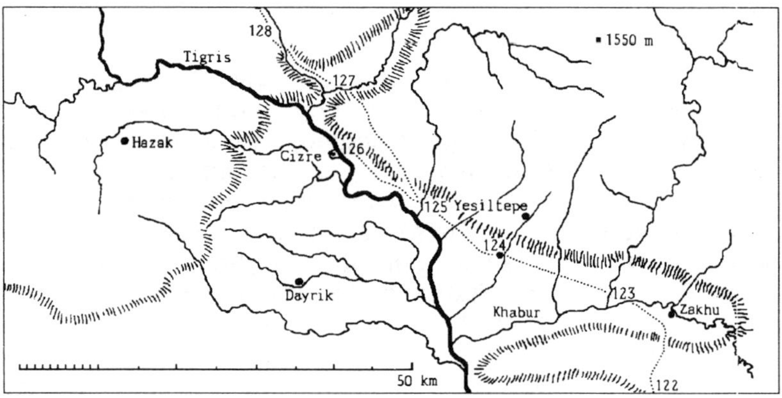

29. Stathmoi 122 - 128 (3.4.24 - 4.1.14)

3.4.38-43 Aus dem Gespräch zwischen Cheirisophos und Xenophon läßt sich die topographische Situation präzisieren: das griechische Karree war unterhalb eines höheren Berges zum Halten gekommen, von dessen Gipfel aus die weiter vorn in Marschrichtung liegende persische Stellung über einen Sattel erreicht werden konnte, wenn es gelang, diesen Berggipfel mit eigenen Truppen zu besetzen. Die vorauszusetzende Situation entspricht den Verhältnissen im Tigristal kurz unterhalb der Stelle, wo der Fluß durch die Gebirgsformationen bricht. Dort schieben sich immer wieder Bergzungen in die relativ schmale Flußebene hinein, über welche die Straße (in Richtung auf Cizre) hinwegführt. Aus dem Bericht von SACHAU über die Strecke von Nahrawân (= **St. 124**) bis nach Djezîre (= Cizre, **St. 126**) seien einige Auszüge zitiert [Syrien 376/77]: *"(Wir) verließen... Nahrawân und ritten über die langsam sich senkende Ebene ... und kamen ... zu dem Tigris-Bach Bâzâmir. Kurz vor seiner Mündung spaltet er sich in zwei Arme, auf der sich ein mit den Ruinen einer Burg bedeckter Hügel erhebt ... Die wellige rothbraune Ebene von Nahrawân, deren Ende wir damit erreicht hatten, ist von Nahrawân bis hier zum grössten Theil bebaut. An der Mündung des Bâzâmir sah man saftiges Wiesengrün und stattliche Pappelpflanzungen (Haur), welche am Tigris weiter aufwärts wie in den Thälern seiner Nebenflüsse sehr häufig vorkommen und eine Hauptzierde der Landschaft bilden. Um 10.25 befanden wir uns auf dem Berge hinter dem Bach Bâzâmir und unmittelbar am Tigris, der dort halb so breit sein mag wie die Elbe bei Dresden. Die Burg am Bâzâmir versperrte das Tigris-Thal gegen Süden. Von dort an treten die westlichen Ausläufer des Djûdî-Systems unmittelbar an den Tigris hinan, während seine hohen, schneebedeckten Spitzen in weitere Ferne zurücktreten. Am Tigris, dessen Westufer ebenfalls hügelig ist, entlang reitend kreuzten wir ... den Bach Nerdûsh ... (Eine Stunde später) konnten wir nicht mehr am Tigris entlang reiten, sondern mußten eine felsige Anhöhe von 400 Fuss Höhe überschreiten, deren Nordfuß wir (eine Stunde später) erreichten.... (Dann) ritten wir weiter durch eine fruchtbare Niederung, wo wir.... auf dem Westufer des Tigris einen gewaltigen Bogenbau sahen, den letzten Rest einer alten Brücke, welche einstmals über den Tigris führte. Ge-*

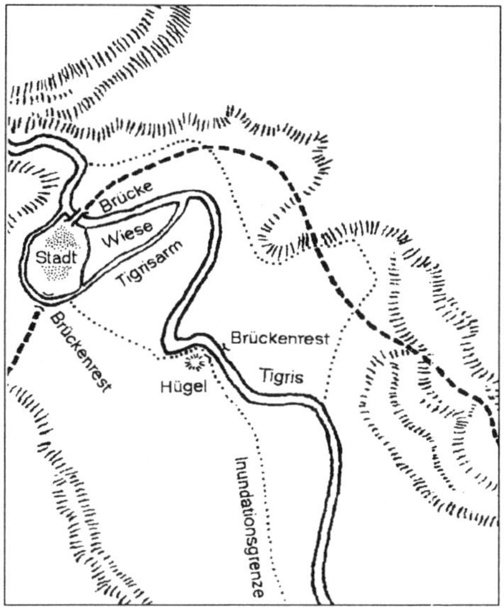

30. Straßenführung bei Cizre um 1880 (Nachzeichnung nach SACHAU [Syrien], Abb. auf S. 379)

Karte S.184

genüber dieser Brücke auf der Ostseite liegt eine halbmondförmige Ebene...". Auf der genannten felsigen Anhöhe könnten sich die von Xenophon geschilderten Ereignisse abgespielt haben. *

31. Das Tigristal bei Cizre (Nachzeichnung nach MANFREDI Abb. 26)

Die wörtliche Wiedergabe des Gesprächs der beiden Generäle (die inzwischen de facto gemeinsam das Kommando über die Griechen übernommen hatten), läßt ihren verschiedenen Charakter deutlich hervortreten: dem erfahrenen Haudegen (*"wir kommen nicht vorbei, wenn wir diese Leute nicht herunterhauen"*) steht der argumentierende, abwägende, höfliche Intellektuelle gegenüber, der sich hier plötzlich (fast möchte man sagen: zu seinem eigenen Schrecken) mit einer schwierigen und kraftkostenden Sonderaufgabe (der Erstürmung und Einnahme eines Berggipfels vor dem Gegner) konfrontiert sah. Überdies waren ihm die Truppen fremd, die Cheirisophos aus der vorderen Phalanx für das Unternehmen zur Verfügung stellte, darunter eine Eliteeinheit von 300 Hopliten, die vermutlich in der Mehrzahl Peloponnesier waren und den vorlauten athenischen Zivilisten, der sich nun als Offizier aufspielte, mit Skepsis betrachteten. Mit der Aufstellung dieser Eliteeinheit scheint Cheirisophos an den Brauch der Spartaner angeknüpft zu

Karte S.184

haben, ihrem König eine Art Leibgarde von 300 sogenannten *Rittern*, die als Hopliten kämpften, beizugeben (vgl. Lak.Pol. 4.3, Herodot 8.124.3, Thuk. 5.72.4).

3.4.44-49 Der Wettlauf zum Gipfel wurde von beiden Parteien wie bei einer Sportveranstaltung mit lauten Anfeuerungsrufen unterstützt. Während die große Masse der Perser, die Xenophon in der Ferne hatte auftauchen sehen (3.4.39), vermutlich in weitem Abstand hinter dem Karree stehengeblieben war, hatte Tissaphernes seine Reitertruppe nach vorne geführt und konnte die Vorgänge an den Berghängen beobachten. In seiner aufmunternden Paränese spricht Xenophon merkwürdigerweise nur die Familienväter an (nicht auch die jungen Männer, die zu ihren Eltern heimkehren wollen, vgl. 3.1.3), wohl deshalb, weil bei der Bergbesteigung im Eiltempo vor allem die älteren Söldner Ermattungserscheinungen zeigten. Der Zwischenfall mit dem Sikyonier Soteridas (oder: -des), sicher einem Hopliten aus der Eliteeinheit des Cheirisophos, ist ein Beispiel für die Schlagfertigkeit, mit der Xenophon häufiger kritische Situationen durch sein persönliches Verhalten entschärfte und sich der Solidarität der Soldaten versicherte (hier allerdings fast auf Kosten eines körperlichen Zusammenbruchs; zum Reiterharnisch vgl. zu 3.3.20).

3.5.1-6 **St.126** Im folgenden sind vier getrennte Bewegungsvorgänge zu beobachten: [1] Cheirisophos setzte das Karree wieder in Marsch und bezog in der Tigrisebene das Lager in einem an der Straße ('Königsstraße') liegenden Dorf (**St. 126**), [2] Tissaphernes bog von dieser Straße, auf der er bisher hinter den Griechen hergezogen war, ab und erreichte auf einem Nebenweg die reich besiedelte Flußebene ein paar Kilometer südlich der Griechen, [3] die von ihren Kameraden abgeschnittenen persischen Leichtbewaffneten versuchten einzeln durch die Berghänge hinter die Griechen und zu ihren Leuten zu gelangen, [4] Xenophon trat mit seiner Truppe den geordneten Abstieg vom Berg an und marschierte zum neuen Stathmos. Unterwegs traf er mit Soldaten der Vorhut zusammen, die unter der Führung des Cheirisophos selbst von einem Einsatz in der Flußebene, wo inzwischen die meisten Dörfer in Flammen standen, zurückkehrten. Wieder lassen sich aus dem Gespräch die verschiedenen Charaktere der beiden Feldherren ablesen.

Karte S.184

3.5.7 Das Dorf (**St. 126**) lag offenbar direkt am Flußufer; tatsächlich handelt es sich um die (etwa gegenüber der heutigen Stadt Cizre, dem früheren Djezireth-Ibn-Omar, zu lokalisierende) Straßenstation, an der die Benutzer der 'Königsstraße' den Tigris im Fährverkehr überschritten und jenseits am Nordrand der Wüste entlang weiter nach Westen zogen. Die Beschreibung der topographischen Situation entspricht den tatsächlichen Verhältnissen: hier treten die bis zu 1500-2000 m aufragenden karduchischen Berge auf der rechten Seite immer näher an den Fluß heran, der auf der linken Seite ein nur zu Schiff überquerbares Hindernis darstellt (vgl. die Schilderung, die SACHAU [Syrien 377/78] gibt: *"Von unvergleichlicher Grossartigkeit ist der Anblick der Landschaft, die man von der [nach Cizre hineinführenden] Brücke aus nach Norden überschaut. Die hohen, schneebedeckten Berge drängen sich nicht weit nördlich von Djezîre zusammen und bilden einen finsteren, grossartigen Felsenkessel, der mich an das Westende des Königssees erinnerte"*). Schiffe aber standen offenkundig nicht zur Verfügung; man hatte sie vermutlich ans andere Ufer geschafft, das überdies von feindlichen Truppen besetzt war. Der Offiziersrat, der auf seiner Lagebesprechung zunächst nur über die Möglichkeiten einer Flußüberquerung diskutierte, kam zu keinem Ergebnis.

3.5.8-12 Normale Keleks hatten die Griechen bereits auf dem Tigris gesehen (2.4.28), so daß der Gedanke, unter Verwendung des ihnen zugrundeliegenden Prinzips eine schwimmende Brücke zu bauen, nahelag. Die ausführliche Konstruktionsbeschreibung bedarf keiner weiteren Erläuterung. Ob das schwankende Bauwerk, wenn es realisiert worden wäre, der Strömung des Flusses hätte standhalten können, mag dahingestellt bleiben; daß seine Tragfähigkeit jedoch für Menschen und Tiere ausgereicht hätte, unterliegt keinem Zweifel.

3.5.13-17 Die Rückverlegung des Lagers um einen Tagemarsch (**St. 125**) und die Verbrennung der Dörfer am Fluß (im Sinne der Empfehlung des Cheirisophos, 3.5.6) sind Indizien dafür, daß die griechische Führung keine realistische Möglichkeit mehr sah, die 'Königsstraße' weiterhin benutzen zu können. Das merkwürdige Manöver muß bei den persischen Beobachtern größte Irritationen ausgelöst haben: wollten die Griechen wieder dahin marschieren, wo sie hergekommen waren? In Wahrheit dürfte dieser Stathmos vor allem wegen einer Straßenkreuzung für die Griechen von Inter-

Karte S.184

esse gewesen sein: von Südosten nach Nordwesten durchzog ihn die 'Königsstraße', der sie auf den letzten Etappen gefolgt waren; von Süden her erreichte ihn eine Nebenstraße, die von den Dörfern der Tigrisebene herkam; nach Norden verließ ihn einer der wenigen Wege, die den spärlichen Verkehr in die Karduchenberge hinein vermittelten. Die beiden letzten Wege sind zwar nur hypothetisch erschlossen, entsprechen jedoch den topographischen Gegebenheiten und werden indirekt durch die Auskünfte der aufgegriffenen und ausgefragten Einwohner bestätigt. Das Protokoll des Verhörs läßt deutlich erkennen, daß die griechischen Offiziere vor allem an Auskünften über die Situation im Norden interessiert waren - das war in der Tat die einzige Himmelsrichtung, die für den Weitermarsch in Frage kam. Die schließlich von dem Gremium beschlossene Planung sah vor, daß möglichst schnell Armenien, das von den Landeskennern als verkehrsmäßig gut erschlossen hingestellt wurde, erreicht werden sollte. Aufgrund der erhaltenen Informationen war allerdings klar, daß die vorher zu überwindende (relativ kurze) Strecke durch das Gebiet der Karduchen aus verschiedenen Gründen große Risiken barg. Dennoch scheinen sich die Offiziere der Hoffnung hingegeben zu haben, bei diesen unabhängigen Bergbewohnern wegen ihres Kampfes gegen den Großkönig auf eine gewisse Sympathie rechnen und vielleicht mit ihnen sogar einen Passiervertrag abschließen zu können.

3.5.18 Das Lager (**St. 125**) war durch eine relativ ebene Fläche (vgl. 4.1.5) vom Fuß des Gebirges mit dem erkennbaren Paßweg getrennt. Dabei handelt es sich wohl um die Ebene eines der kleinen Tigrisnebenflüsse, des Bâzâmir, an dessen Ufer der Stathmos vermutlich angelegt war. Die Entfernung zum Paß könnte dann etwa 1 km betragen haben. Damit die Invasion in das Karduchengebiet überfallartig und unerwartet erfolgen konnte, wurde das Verhör der Gefangenen, obwohl es in Wahrheit nur um Informationen über die Nordroute ging, auf alle Himmelsrichtungen ausgedehnt: so konnte man eventuell mithörende Spitzel über die wirklichen Absichten täuschen. Die Aktion wurde bereits für die bevorstehende Nacht geplant und entsprechend vorbereitet. Der den üblichen Ablauf umdrehende Befehl, sich nach dem Abendessen marschfertig zu machen, die Tragtiere zu bepacken und so zu ruhen, wurde nicht laut durch den Herold oder durch die entsprechenden Trompetensignale übermittelt, sondern mittels der παράγγελσις mündlich von Abteilung zu Abteilung weitergegeben (vgl. 1.8.3 und 15,

Karte S.184

4.1.5 und 16, 5.1.12) und blieb so dem Gegner verborgen. Jedermann hatte in dieser Nacht das Bild der rauhen Gebirgskette vor Augen und erinnerte sich der Geschichte von dem persischen 120000-Mann-Heer, das dort spurlos verschwunden war; man kann sich unschwer in die Stimmung versetzen, in welcher die Soldaten das Morgengrauen erwarteten. Tatsächlich ist hier ein markanter Einschnitt in der Geschichte des Rückmarsches der 'Zehntausend' zu machen. Während sie bisher auf guten Straßen durch reich besiedeltes Land, ohne Verpflegungsprobleme und nahezu unangefochten vom Gegner der Heimat entgegengezogen waren, begann hier der Marsch ins Ungewisse, der vor allem an Cheirisophos und seine Männer, welche die Route festlegen und geeignete Stathmoi ausfindig machen mußten, höchste Anforderungen stellte.

Karte S.184

Buch 4

4.1.5/6 Der Eilmarsch bis zum Gebirgsfuß erfolgte wohl in der Karree-Formation, die bereits am Abend vorher eingenommen worden war. Am Paßeingang staute sich die Masse und wurde nun nach und nach in eine schmale, sich über viele Kilometer hinziehende Marschkolonne mit dem Troß in der Mitte umorientiert. Die Spitze übernahm Cheirisophos (vgl. 3.2.37), dem außer seinen Hopliten jedoch auch alle Leichtbewaffneten zugeteilt worden waren. Diese Maßnahme stellte offenbar einen ersten Versuch dar, sich auf die neuen Erfordernisse eines Gebirgsmarsches durch unbekanntes Gelände einzustellen. In der Tat bedurfte man vorne schneller und beweglicher Truppen zur Rekognoszierung des Marschweges und der Biwakmöglichkeiten, zur Flankensicherung in den Berghängen und zur flexiblen Abwehr etwa erfolgender Überraschungsangriffe. Auch Xenophon, der Kommandant der Nachhut, mußte die etwa 500 Leichtbewaffneten, die ihm bisher zur Verfügung gestanden hatten, an Cheirisophos abgeben. Es stellte sich freilich schnell heraus, daß hinter dieser Umorganisation (der völligen Entblößung der Nachhut von leichten Truppen) eine krasse Fehleinschätzung der Lage stand: die Griechen hatten bisher noch keine Erfahrungen mit den Besonderheiten des ihnen bevorstehenden Partisanenkampfes sammeln können.

4.1.7 <u>St. 127</u> Cheirisophos hatte die erste Paßhöhe vermutlich schon während des Vormittags, ohne auf Widerstand zu stoßen, überschritten und den Abstieg in das abfallende und besiedelte Gebiet angetreten, offenbar auf einem Weg, der nach der Überquerung des Kizilsutales in nordwestlicher Richtung in die Massive der eigentlichen Bohtanberge hineinführte. Die Dörfer des Stathmos dürften sich vor allem an den Nordhängen des dem Tal vorge-

Karte S.184

lagerten Bergzuges befunden haben. Auf diese kleinen Dörfer wurden nun im Laufe des Tages die einzelnen Abteilungen der Kolonne jeweils, wenn sie den schmalen Paß (τὸ ὑπερβάλλον sc. τὸ ἄκρον) durchschritten hatten, zum Biwakieren eingewiesen. Durch die Formulierung *"in den Schluchten und Winkeln der Berge"* charakterisiert Xenophon den für die Griechen neuartigen Typus der versteckten Gebirgsdörfer der Karduchen auf eine lebendige und fast poetische Weise (vgl. Homer, Ilias 10.190). Nach MANFREDI, der den Einmarsch in der Gegend von Cizre beginnen läßt, korrespondiert das Tal des Rusor gut mit dem xenophontischen Bericht über den ersten Marschtag (182, vgl. Abb. 27 und 28). Gemäß seiner Rekonstruktion mußte am dritten Tag der sich südwestlich erstreckende Bergrücken des Herakol dağ auf einem Paß, den die Karduchen zu sperren versuchten (vgl. 4.1.20-2.22), überwunden werden. Auf der anderen Seite konnte im Tal der Zorawa weitermarschiert werden, bis der Kentrites bei dem Dorf Beloris erreicht wurde (185/186); an dieser Stelle läßt MANFREDI dann die Griechen den Kentrites überqueren (vgl. Abb.30), nach Siirt marschieren (189; 32 km) und von dort auf das Westufer des Bitlissu gelangen (191). Dieser Auffassung kann ich mich u.a. auch deshalb nicht anschließen, weil mir der Bericht 4.2.24-27 den kontinuierlichen Marsch in einem Flußtal auszuschließen scheint.

4.1.8/9 Die gut organisierte Invasion hatte die Karduchen offenbar tatsächlich völlig überrascht, so daß sie erst vor den Augen der anrückenden Griechen Hals über Kopf ihre Häuser verließen, ohne ihre Habe noch in Sicherheit bringen zu können. Während dort jeder Soldat seine Lebensmittelvorräte wieder auffüllte, wurde auf Befehl der Führungsspitze auf den Gewinn von Beute und Sklaven demonstrativ verzichtet (obwohl sich die Metallgefäße, die in dieser Gegend auch heute noch vielfach anstatt irdenem Geschirr in Gebrauch sind, gut zum Mitnehmen und späterem Verkauf eigneten) - aus einem einleuchtenden Motiv: aufgrund der Schonung der Karduchen erhofften sich die Griechen den Abschluß eines 'Passiervertrages' mit ihnen, so daß sie *wie durch befreundetes Land* (d.h. ohne gegenseitige Bekämpfung und mit dem Angebot einheimischer Märkte zum Lebensmittelkauf) marschieren konnten. Ihre Versuche, mit den geflüchteten Dorfbewohnern (deren Sympathie sie aufgrund ihres Kampfes gegen den Großkönig gewinnen zu können glaubten) in Kontakt zu kommen - vermutlich über griechisch-persische Dolmetscher - schlugen allerdings völlig fehl.

Karte S.184

Nun war jedermann klar, daß eine Zeit schwieriger Kämpfe bevorstand.

4.1.10/11 Der Angriff auf die Schlußmänner der Nachhut während des Abstieges war die spontane Aktion einiger weniger Karduchen, die aus ihren Verstecken heraus den Vorbeizug der riesigen Marschkolonne beobachtet und richtig erkannt hatten, daß die mit Hieb- und Stichwaffen für den Nahkampf ausgerüsteten Hopliten schnellen Überfällen aus gehöriger Entfernung nichts entgegensetzen konnten. Daß schwer gepanzerte Hopliten zu wehrlosen Opfern einer Handvoll entschlossener, aus dem Hinterhalt kämpfender Partisanen werden konnten, muß für die Griechen (die mit den Massen der sie verfolgenden Perser bisher relativ problemlos fertig geworden waren) eine bittere Erfahrung gewesen sein. Mit realistischer Nüchternheit stellt Xenophon fest, daß ein organisierter Großangriff der Karduchen für die Griechen wahrscheinlich den Untergang bedeutet hätte - eine richtige Lagebeurteilung, aus der am nächsten Morgen erhebliche Konsequenzen abgeleitet wurden. * Die weit auseinandergezogene Kolonne kam nur langsam voran, weil der Paßweg wie ein Nadelöhr wirkte: wenn an der engsten Stelle nur noch drei oder vier Mann nebeneinander gehen konnten, umfaßte allein die Schlange der 12000 Soldaten 3-4 km, diejenige des Trosses mit den Tragtieren, Lastträgern, Sklaven usw. mindestens genau soviel. Welche Schwierigkeiten sich daraus für die militärische Führung, insbesondere auch für die Verständigung zwischen Vor- und Nachhut, ergaben, ist leicht zu erkennen. * Die Anlage der Feuer auf den Berghängen rings um den griechischen Biwakbereich interpretiert Xenophon im Sinne eines Signalsystems, mit dessen Hilfe sich die zunächst in alle Richtungen geflüchteten Karduchen über ihre Standorte gegenseitig unterrichteten (vgl. 5.12.13). Durch den Konjekturvorschlag συνεβόων (LÜDERS nach 6.3.6, vgl. auch 5.4.31) würde nicht nur das bedrohliche Bild der rundum in der Dunkelheit flackernden Lichtpunkte (vgl. 3.1.12) zunichte gemacht, sondern auch ein der Sache nach unwahrscheinlicher Vorgang beschrieben: die durch laute Zurufe gesteuerte Sammlung der Karduchen an einer Stelle noch während der Nacht.

4.1.12/13 Der Offiziersrat faßte im Morgengrauen zwei einschneidende Beschlüsse, die wohl in den Beratungen des engeren Führungskreises während der Nacht in Reaktion auf die Erfahrun-

Karte S.184

gen im Verlauf des Invasionstages vorbereitet worden waren: [1] Reduzierung der Tragtierkolonne auf die unbedingt notwendigen und kräftigsten Tiere (Ochsen, Pferde, Maulesel), [2] Freilassung aller in der letzten Zeit (d.h. nach Kunaxa) durch Kriegsgefangenschaft gewonnenen Sklaven. Beide Beschlüsse griffen tief in die Interessensphäre des einzelnen Mannes ein: viele Offiziere und Soldaten büßten jetzt Beutestücke und persönliche Habe ein, die bisher von der Tragtierkolonne mitgeschleppt worden waren, und mußten Sklaven, die sie bei früheren Brandschatzungen in ihren Besitz zu bringen und bisher als lebendes Kapital, das bei Gelegenheit zu verkaufen war, mühsam am Leben zu halten vermocht hatten, ohne Entgelt aufgeben. Beide unpopuläre Maßnahmen zeigen, daß sich die Führung keinen Illusionen mehr über die Gefährlichkeit des jetzt beginnenden Marschabschnittes hingab. Wie ernst diese Reduzierung des Trosses genommen wurde, geht auch aus der Tatsache hervor, daß die Maßnahmen nicht als Befehl der Strategen, sondern als Mehrheitsbeschluß des Offiziersrates, den also auch die Lochagen mittrugen, ins Werk gesetzt wurde. Die folgenden Hauptargumente wurden zur Begründung des Beschlußantrages in der Offiziersversammlung vorgetragen und wohl auch der Allgemeinheit bekanntgegeben: die jetzt auszuscheidenden Bestandteile des Trosses führten [1] zu einer Verlangsamung des Marschtempos, [2] zu dem Ausfall der für die Sklaven abzustellenden Wachmannschaften in den bevorstehenden Kämpfen, [3] zu einer wesentlichen Verschärfung des Ernährungsproblems; auch wenn man διπλάσια gewiß nicht wörtlich nehmen soll, läßt sich doch folgern, daß die Menschenmasse durch die kriegsgefangenen Sklaven um viele hunderte, wenn nicht an die tausend Personen angewachsen war.

4.1.14 <u>St. 128</u> Das Frühstück wurde an diesem Tag unüblicherweise noch im Stathmos eingenommen, weil in den Morgenstunden davor die beschlossene Reduzierung des Trosses (im wesentlichen wohl von den Lochagen) organisiert werden mußte. Die Kontrollen, die sicher viele Stunden in Anspruch nahmen, erfolgten an der ersten Engstelle, durch welche die Marschkolonne offenbar unmittelbar hinter dem Biwakbereich ziehen mußte. Während die Offiziere mit größerem Widerstand gegen ihr Vorgehen gerechnet hatten, erkannten die Mannschaften selbst die Schwierigkeiten der Lage und verhielten sich überraschend diszipliniert. Für das Umgehen des Befehls aus erotischen Gründen zeigt Xenophon deutlich

Karte S.184

Verständnis. Indirekt darf man aus dieser Bemerkung folgern, daß bisher natürlich auch ältere und abgehärmte Frauen mitgeschleppt worden waren. Man sollte sich das Elend und die Not vor Augen führen, die hinter dem ganzen Vorgang stecken. Das bescheidene Leben der bäuerlichen Familien, deren Dörfer von den Griechen gebrandschatzt worden waren, wurde durch die Verschleppung vor allem der Mütter und der heranwachsenden Jugendlichen (kleinere Kinder, die noch keinen Verkaufswert darstellten, überließ man sicherlich einfach ihrem Schicksal) brutal zerstört. Diese armen, von den Strapazen des langen Fußmarsches mitgenommenen Frauen befanden sich inzwischen weit von den Ruinen ihrer Heimatdörfer entfernt, wußten nichts über das Schicksal ihrer damals entkommenen Angehörigen und mußten nun versuchen, sich bettelnd durch fremdes, feindseliges Land in ihre Heimat zurückzuschlagen.
* Es ist anzunehmen, daß der neue Stathmos, den die Griechen nach anstrengenden Gebirgsmärschen schließlich bezogen (**St. 128**), nur noch aus armseligen, von ihren Bewohnern ausgeräumten und verlassenen Hütten bestand.

4.1.15/16 Im Laufe der Nacht entwickelte sich ein solches Unwetter, daß morgens über das Einlegen eines Ruhetages diskutiert wurde. Aber der Biwakraum bot nicht genügend Nahrungsmittel für einen weiteren Tag. Das ist ein deutliches Indiz für die zentrale Bedeutung der Verpflegungsbeschaffung insbesondere während des Gebirgsmarsches; man war häufig gezwungen, von der Hand in den Mund zu leben. Die ungeheuer schwierige Aufgabe des Cheirisophos und seiner Lochagen, von denen jeden Nachmittag die Einweisung der Kolonne in einen Stathmos mit ausreichenden Lebensmittelvorräten erwartet wurde, kommt in der Darstellung Xenophons (der die Dinge aus seiner Sicht als Kommandant der Nachhut schildert) bei weitem zu kurz. * Inzwischen hatte die Aggressivität der Karduchen gegenüber dem Vortag deutlich zugenommen. Sie führten jetzt unter Ausnutzung ihrer Geländekenntnisse einen regelrechten Partisanenkrieg gegen die auf engen Gebirgswegen langsam dahinziehende Marschkolonne, insbesondere gegen die Nachhut. Da die Hopliten nur mit direkten Gegenangriffen reagieren konnten, ergab sich am Zugende nun ein kräftezehrendes und das Marschtempo verlangsamendes häufiges Kehrtmachen der Schlußmänner, durch das die leichtfüßigen karduchischen Bogenschützen und Schleuderer freilich immer nur für kurze Augenblicke vertrieben werden konnten (ihre Kampfweise wird

Karte S.196

4.3.31 prägnant mit ἐπιδραμεῖν καὶ φεύγειν umschrieben). Um bei solchen Gelegenheiten eine Abtrennung der Nachhut vom Gros zu verhindern, mußte Xenophon immer wieder die Spitze zu Haltepausen bewegen. Seine Meldungen wurden durch die Kolonne hin durchgerufen (zur παράγγελσις vgl. 3.5.18), vermutlich in der Gestalt imperativischer Infinitive: ὑπομένειν - *Anhalten!* Das war in der Tat die einzige Methode, welche die mehrere Kilometer betragende Entfernung bis zur Spitze in Minutenschnelle überwinden konnte (Meldereiter kamen wegen der Enge des mit Menschen und Tieren vollgestopften Marschweges wohl kaum in Betracht).

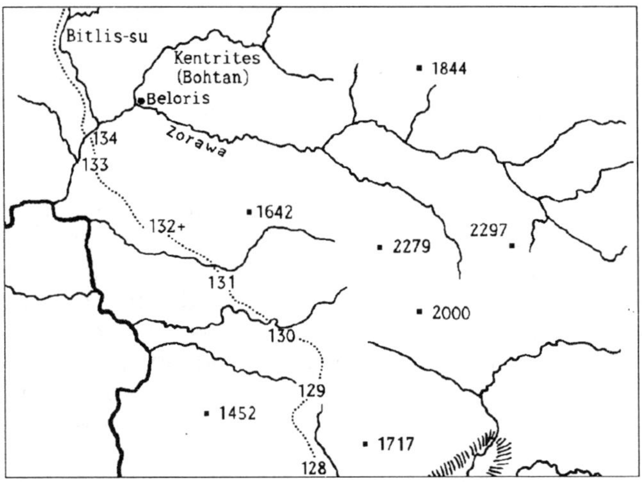

32. Stathmoi 128 - 134 (4.1.14 - 4.3.6)

4.1.17/18 Der im folgenden berichtete Sonderfall, daß Cheirisophos nicht anhalten, sondern die Gegenaufforderung ἕπεσθαι - *Folgen!* zurückmelden ließ, stand Xenophon bei der Abfassung der «Anabasis» noch so lebhaft vor Augen, daß er den Zeitpunkt aus seiner Erinnerung heraus einfach mit *"damals"* bestimmte. Auch in der weiteren Erzählung ist sein persönliches Engagement sehr deutlich zu spüren. Die fast unlösbare Aufgabe der Nachhut bestand jetzt darin, sowohl den Anschluß an das eilig weiterziehende Gros zu halten als auch die ständigen Überfälle der Karduchen durch Gegenangriffe abzuwehren. Es kann unter diesen Um-

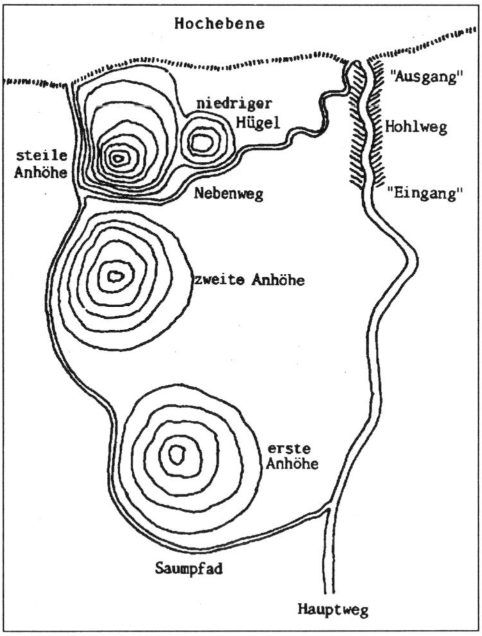

33. Der Durchbruch auf die Hochebene (4.1.20 - 2.22), schematische Geländeskizze

ständen nicht verwundern, daß der hinhaltende Rückzug bald in eine fluchtartige Absetzbewegung überging, die erst im Lagerbereich zum Stehen kam. Den beiden vorher nicht erwähnten Hopliten, die den nachdrängenden Karduchen schwerverwundet oder bereits tot in die Hände fielen und nicht einmal mit symbolischen Totenehren versehen werden konnten, setzt Xenophon durch ihre Nennung ein unvergängliches Denkmal. Beide Verwundungen bezeugen die ungeheuere Durchschlagskraft, welche die karduchischen Bogenschützen ihren großen Pfeilen auf kurze Distanz zu verleihen vermochten (vgl. 4.2.27).

* Lederharnische (σπολάδες) gehörten zur normalen Ausrüstung der Hopliten (vgl. 3.3.20).

4.1.19/20 St. 129 Der Stathmos war ein Lagerplatz im Freien; die Marschkolonne richtete sich rechts und links der Straße im Gelände für die Nacht ein. Der Stil der Darstellung (Subjektswechsel ὑπέμενεν, ἠναγκάζοντο, Übergang aus indirekter in direkte Rede) läßt erkennen, wie lebendig Xenophon die dramatische Szene bei der Abfassung seines Berichtes wieder vor Augen trat. Cheirisophos forderte ihn damals auf, er möge seinen Blick auf die Berge richten (βλέπε) und begreifen (ἴδε), daß das ganze Gelände völlig unzugänglich sei. Die topographische Situation kann nach den im Text gemachten Angaben relativ genau rekonstruiert werden. Vom Halteplatz aus war eine schroffe Gebirgskette erkennbar, über welche ein einziger steiler Weg (1.20, 1.23, 2.6, 2.8) führte, offenkundig die Fortsetzung des Weges, den die Marschkolonne bisher be-

Karte S.196

nutzt hatte. Er führte durch einen vom Beobachtungsplatz aus deutlich sichtbaren *"Ausgang"* (1.20, 2.1, 2.2) auf eine Hochebene (2.16), die reich besiedelt war (2.22). In seinem letzten Teil hatte er den Charakter eines steil aufwärts gerichteten *"Hohlweges"* (2.3), dessen *"Eingang"* (2.3) durch Steinlawinen gesperrt werden konnte. Der zweite von dem karduchischen Gefangenen genannte Weg, ein für die Tragtiere gut gangbarer (2.9), wenn auch schmaler Saumpfad (2.6, 2.13), war vom Beobachtungspatz aus nicht überschaubar. Er führte bogenförmig (2.5) an den Berghängen entlang zunächst bis zu einer Stelle, wo ein Seitenweg (2.6) abzweigte, der neben dem *"Ausgang"* des Hauptweges auf die Ebene hinausführte (2.6), und endete selbst bald nach dieser Gabelung auf der Hochebene (2.16). Über der Wegegabelung erhob sich eine *"steile Anhöhe"* (1.25, 2.1, 2.6, 2.14, 2.15, 2.16, 2.20), deren Hänge auf der einen Seite auf die Hochebene abfielen (2.20). Von ihrem Gipfel aus konnten Teile des Saumpfades überblickt werden (2.15). Der steilen Anhöhe gegenüber befand sich eine niedrigere Erhebung (2.18); von zwei ähnlichen Hügeln wurde auch der Saumpfad vorher überragt (2.10, 2.12, 2.13), so daß von ihnen aus Benutzer des Pfades angegriffen werden konnten.

4.1.21/22 Nachdem Cheirisophos trotz des Eilmarsches die Besetzung des Passes durch die Karduchen nicht hatte verhindern können, waren die Griechen in eine höchst prekäre Lage geraten: der anscheinend einzige Weg, der nach der Aussage der Führer (vielleicht griechischen Kaufleuten oder Abenteurern, die in dieser Gegend schon einmal unterwegs gewesen waren) über das unzugängliche Gebirgsmassiv auf die Rettung verheißende Hochebene führte, war von starken feindlichen Kräften gesperrt, ein längerer Aufenthalt an Ort und Stelle aber oder auch ein Rückmarsch auf dem bisher verfolgten Weg kam aus Mangel an Verpflegung nicht in Betracht. Tatsächlich gab es keine Alternative zum gewaltsamen Durchbruch über den Paß, dessen praktische Unmöglichkeit jedoch jedermann vor Augen stand, falls es wirklich keinen anderen Weg gab. Nun hatten jedoch die Hopliten der Nachhut während des hinhaltenden Rückzuges eine Kampftechnik entwickelt, die es ihnen ermöglichte, zumindest einmal an die auf Distanz bedachten karduchischen Leichtbewaffneten direkt heranzukommen (fluchtartiges Verschwinden um eine Wegbiegung, Verstecken, plötzlicher Überfall auf die nachdrängenden Verfolger) und ihren Vorsatz zu verwirklichen, Gefangene als landeskundige Führer zu gewin-

Karte S.196

nen. Unverkennbar soll die kunstvoll komponierte Episode nicht zuletzt die Selbsteinschätzung Xenophons, der sich sogar noch in den schwierigsten Situationen als vorausschauende und an das Wohl des Ganzen denkende Führerpersönlichkeit erwies, verdeutlichen.

4.1.23-25 Es wurde versucht, die Gefangenen durch Drohungen und wohl auch Schläge und Folterungen gefügig zu machen. Die Verständigung mit den Karduchen, die, wie das Verhör des zweiten Gefangenen beweist, sogar über schwierigere Sachverhalte möglich war, erfolgte vermutlich auf dem Umweg über das Persische (vgl. 4.1.9; vgl. auch 4.5.10 und 34). Die Abschlachtung des ersten Gefangenen, aus dem nichts herauszubringen war, vor den Augen seines Kameraden macht deutlich, welche Verzweiflung sich der Griechen bemächtigt hatte. Der zweite Gefangene wurde nicht nach den Schwierigkeiten des von ihm genannten zusätzlichen Weges im allgemeinen befragt, sondern nach Stellen, an denen *"schwer vorbeizukommen war"* (δυσ-πάρ-ιτον), wenn sie in feindlicher Hand waren. Man spürt, daß die Griechen sich aufgrund ihrer bisher gemachten Erfahrungen auf den Partisanenkampf einzustellen begonnen hatten und die richtigen Fragen stellten. Die Antwort war eindeutig (ἀδύνατον...παρελθεῖν) und für die taktische Planung des Durchbruchmanövers bestimmend: ohne ein vorher erfolgreich durchgeführtes Kommandounternehmen war auch dieser Weg nicht benutzbar. Aus der späteren Darstellung geht übrigens hervor, daß die Griechen diesem Mann noch eine weitere für ihre Planung wesentliche Information verdankten: daß nämlich unter der den Umgehungsweg bedrohenden steilen Anhöhe ein Fußpfad abzweigte, der nahe beim Ausgang des Hauptweges auf die Hochebene führte.

4.1.26-28 Der Offiziersrat wurde einberufen, um für das von den Strategen als notwendig erachtete Kommandounternehmen Lochagen als Anführer zu gewinnen (die Apposition πελταστάς entspricht dem Genetiv τῶν πελταστῶν). Die Hoplitenlochagen, die sich freiwillig zur Verfügung stellten, waren bergerfahrene und offenkundig miteinander rivalisierende (vgl. 4.7.12) Arkader, die sich einzeln oder gemeinsam öfter für derartige Sondereinsätze meldeten und als mutige Offiziere bekannt waren (vgl. z.B. 4.7.8-12). Wichtiger aber ist, daß sie alle drei der Einheit Xenophons entstammten (vgl. 4.7.8/9). Dies scheint mir für die Rolle, die dieser in-

Karte S.196

zwischen im Führungskreis der Marschkolonne spielte, sowie für die persönliche Anerkennung und Ausstrahlungskraft, die er bei seinen Leuten besaß, aufschlußreich zu sein. Die 'freiwillig' mitziehenden Soldaten dürften vor allem aus Angehörigen derjenigen Lochoi bestanden haben, deren Lochagen das Kommando übernommen hatten. Für die folgenden Ereignisse ist also mit einer stark reduzierten Nachhut zu rechnen. Allerdings muß Kallimachos zusätzlich noch erhebliche Mengen anderer Soldaten zum Mitmachen motiviert haben, bis die Gesamtzahl von 2000 Mann erreicht war. Kallimachos besaß offenbar tatsächlich bei den Truppen ein besonderes Ansehen, was später auch darin zum Ausdruck kam, daß er öfter an schwierigen Gesandtschaften beteiligt (5.6.14, 6.2.7) und schließlich einer der Haupträdelsführer der Revolte gegen Cheirisophos und Xenophon bei Herakleia wurde (6.2.9-12). Der Peltastenlochage Aristeas übernahm später (4.6.20) zusammen mit zwei anderen Lochagen wiederum freiwillig die Führung einer Kommandoeinheit mit ganz ähnlichen Aufgaben. Man möchte vermuten, daß auch er ursprünglich zu den von Xenophon übernommenen Truppen des Proxenos gehört hatte, nun aber, wie alle Leichtbewaffneten, zur Vorhut abkommandiert war.

4.2.1 Mit δείλη ist der Spätnachmittag (etwa gegen 17 Uhr) gemeint (der Eintritt der völligen Dunkelheit wird 4.2.4 erwähnt). Die Mitglieder der Kommandoeinheit mußten das Abendessen, die einzige Mahlzeit an diesem Tag, schnell einnehmen (ἐμ-φαγόντας), bevor sie einem ungewissen Schicksal entgegen in den verregneten Abend hinein abrückten. Üblicherweise dürfte die Anfertigung der täglichen Hauptmahlzeit im neuen Biwak mit Holzsuchen, Feuermachen, Kornmahlen usw. Stunden in Anspruch genommen haben. * Der Operationsplan für das Unternehmen lautete: [1] Die Nachhut führt am Abend zur Ablenkung des Gegners einen Scheinangriff gegen den Paß durch; [2] gleichzeitig rückt die Kommandoeinheit über den Saumpfad ab, nimmt [3] die 4.1.25 gekennzeichnete Anhöhe ein und hält sie während der Nacht besetzt; [4] bei Tagesanbruch greift sie (über den von Xenophon bisher nicht erwähnten Seitenpfad, vgl. zu 4.1.20) unter Abgabe eines Trompetensignals die Besatzung des Paßausganges von hinten her an; [5] daraufhin beginnen die Haupttruppen von unten mit dem Angriff über den Paßweg; [6] der letzte Punkt ergibt sich indirekt aus der Darstellung der folgenden Ereignisse: die Nachhut geleitet unter-

Karte S.196

dessen die Tragtierkolonne auf dem Saumpfad bis auf die Hochebene (vgl. 4.2.9 ff.).

4.2.2-4 Das Ablenkungsmanöver der Nachhut wurde durch das für die Karduchen sichtbare Vorrücken auf dem Hauptweg eingeleitet, so daß bei ihnen der Eindruck entstehen mußte, der Paß solle von unten her freigekämpft werden. Am Eingang in den Hohlweg wurden dann bis in die Dunkelheit hinein Angriffsversuche demonstriert, die zum Ablassen von Steinlawinen führten. Die zu deren Charakterisierung verwendeten Begriffe machen deutlich, daß es sich bei den Steinen nicht um kantige Felsbrocken handelte, die beim Herunterrollen hängenbleiben und womöglich später abgelassene Lawinen aufhalten konnten, und daß sie in Mengen, die man nur mit *"Wagenladungen"* umschreiben kann, zur Verfügung standen. Die Darstellung der karduchischen Sperrmaßnahmen läßt erkennen, daß auf dem Hauptweg der Zugang tatsächlich nicht oder nur unter hohen Verlusten erkämpft werden konnte: den Verteidigern stand eine optimale, von der Natur selbst geschaffene Bergstellung zur Verfügung. Geschickt wurde die Aufmerksamkeit des Gegners durch das scheinbare Auskundschaften weiterer Einbruchsmöglichkeiten in die Schlucht von den Seiten her durch einzelne Lochagen beschäftigt, so daß die Karduchen dies als Vorbereitung eines nächtlichen Überfalls ansehen mußten und tatsächlich auch die ganze Nacht über keine Ruhe fanden.

4.2.5-9 Während der Hauptweg den Höhenunterschied durch die steile Schlucht auf kurze Distanz überwand, zog sich der von der Kommandoeinheit benutzte Saumpfad (vgl. 4.1.24) in Windungen an den Berghängen entlang. Von der gemäß den Angaben des Führers an der Wegekreuzung erwarteten, offenbar völlig überraschten Wachmannschaft konnten einige Männer entkommen, so daß die Tatsache des Umgehungsmarsches nunmehr dem Gegner bekannt war. Punkt 3 des Operationsplanes (4.2.1) wurde nicht realisiert - ein Versäumnis, das am nächsten Tag Xenophon in große Schwierigkeiten brachte. Er entschuldigt es damit, daß die Truppen irrtümlich geglaubt hätten, die befohlene Höhe eingenommen zu haben. Tatsächlich handelte es sich jedoch, wie er selbst später bei Tageslicht feststellen mußte (4.12.14), um eine außerordentlich steile Erhebung, die bei Nacht zu besteigen wohl kaum möglich gewesen wäre. Im ersten Morgengrauen begann die Kommandoeinheit mit dem Vormarsch über den schmalen (erst

Karte S.196

hier erwähnten, aber bei der Entwicklung des Operationsplanes bereits bekannten) Seitenweg. Es zeugt von der Gestaltungskraft Xenophons, daß der aus dichtem Nebel heraus mit dem Trompetensignal und lautem Kampfgeschrei eingeleitete Angriff seinen Überraschungseffekt selbst auf den Leser nicht verfehlt. Da die Karduchen ihrer bisherigen Taktik (Vermeidung des Nahkampfes) treu blieben, glückte das Unternehmen leichter als man wohl erwartet hatte. Vom Gros trafen erstaunlicherweise die seitlich des Weges in den unzugänglichen und schroffen Berghängen mit gegenseitiger Hilfe aufsteigenden Truppen schneller auf der Paßhöhe ein als die Truppen der Vorhut, welche den Hohlweg selbst benutzten. Wahrscheinlich war dieser durch die vielen über Nacht abgelassenen Steinlawinen der Karduchen fast unpassierbar geworden. Aus den hier gemachten guten Erfahrungen mit Marschbewegungen abseits des Weges entwickelten die Griechen später eine regelrechte Kampftaktik für Paßübergänge, die sich vorzüglich bewährt hat (vgl. 4.2.25/26, 4.6.5-27).

4.2.9-21 Sehr ausführlich und anschaulich berichtet Xenophon über die Schwierigkeiten, welche der ihm zugefallene Punkt 6 des Operationsplanes (Geleit der Tragtierkolonne über den Saumpfad auf die Hochebene) wider Erwarten mit sich brachte. Offensichtlich sollte die (nach der Abgabe von Freiwilligen stark geschwächte) Nachhut durch diese scheinbar leichte und gefahrlose Aufgabe für die besonderen Belastungen, denen sie am Vortag ausgesetzt gewesen war, entschädigt werden. Da die «Anabasis» nach unserem heutigen Verständnis nicht zu den Geschichtswerken im eigentlichen Sinn, sondern zu den autobiographischen Kriegsmemoiren zählt, ist die Hervorhebung eigener Leistungen und Abenteuer legitim und sollte nicht zum Nachteil Xenophons gerügt werden.

4.2.9-13 Falls die auf dem ersten Hügel versammelten Karduchen von ihrer beherrschenden Position aus die Kolonne vorbeiziehen ließen und erst hinter den Schlußmännern der Nachhut den Weg abriegelten, hätte dies die Unterbrechung jeglicher Verbindung zu den Haupttruppen, deren Spitze unterdessen im Angriff über den Paßweg vorrückte und vielleicht bereits den Durchbruch geschafft hatte, bedeutet. Offenbar wurde in einer Lagebesprechung Xenophons mit den Lochagen seiner Vorhut der Gedanke, den Umgehungsmarsch abzubrechen und Anschluß an die Haupttruppen zu suchen, kurz erwogen, aber mit Rücksicht auf die Tiere

Karte S.196

wieder aufgegeben und stattdessen der Angriff eingeleitet. Allerdings kann der Entschluß, eine von vorzüglichen Bogenschützen und Schleuderern besetzte Anhöhe mit Hopliten zu stürmen, den Offizieren nicht leicht gefallen sein. Aber die Situation ließ ihnen keinen anderen Ausweg. Sie mußten auf die demoralisierende Wirkung der sich diszipliniert vorarbeitenden Kolonnen und die Beibehaltung der bisherigen Taktik auf karduchischer Seite (Flucht vor dem Beginn des Nahkampfes) vertrauen. Die eigene Angriffstaktik stellte eine bislang unübliche, von Xenophon offenbar spontan aus den Gegebenheiten des Geländes entwickelte Alternative zur Phalanxtaktik dar: die einzelnen Abteilungen rückten mit gewissen Abständen nebeneinander in schmaler Marschformation mit den Offizieren und Unteroffizieren im ersten Glied in den Flanken des Berges aufwärts, wobei sie einen Teil (vermutlich die vom Weg abgewandten Hänge) absichtlich für den Rückzug der Verteidiger offen ließen. Ein ähnliches Verfahren wurde später beim Angriff gegen die Bergfestung der Kolcher (4.8.9-19) auf ausführlich begründeten Vorschlag Xenophons hin in großem Stil angewendet, ferner in modifizierter Form gegen eine Bergfestung der Ostmossynoiker (5.4.22). Als kurz nach der Rückkehr der erfolgreichen Sturmtruppen bereits die zweite feindlich besetzte Bergkuppe sichtbar wurde, erkannte Xenophon, daß der Umgehungsweg durchgehend von den Karduchen (welche die Verteidigung des Passes inzwischen aufgegeben und sich in die Wildnis des Gebirges zurückgezogen hatten) kontrolliert wurde, daß also das Geleit der Tragtierkolonne sich nun als der gefährlichste Teil des ganzen Durchbruchunternehmens erwies. Er mußte sich (aus den im Text klar angegebenen Gründen) zur Entsendung einer Besatzungstruppe auf den soeben geräumten Hügel entschließen - eine Maßnahme, deren Bedeutung schon daran abzulesen ist, daß drei Lochagen mit ihrer Durchführung betraut wurden; ihre Namen werden nur im vorliegenden Zusammenhang (vgl. noch 4.2.17) genannt. Auch die zweite Kuppe wurde durch den Einsatz von Steilkolonnen vom Feind geräumt, so daß die Tragtierkolonne weiterziehen konnte. Deren Länge läßt sich nur ungefähr veranschlagen: wenn wir mit 250-300 Tieren, die auf dem engen Saumpfad hintereinander gehen mußten, den zugehörigen Treibern und vielleicht noch einzelnen Gruppen des übrigen Trosses rechnen, dürfte sie weit mehr als einen Kilometer betragen haben.

Karte S.196

4.2.14-16 Der Bericht über die Vorgänge, die sich bei der Besetzung der dritten, besonders steilen Anhöhe abspielten, stellt ein aufschlußreiches Beispiel für den reihenden Erzählstil Xenophons dar: zunächst referiert er ein unverständliches Verhalten der Feinde (*freiwillige Räumung einer Höhenstellung*), dann eine damals von den Griechen erwogene Erklärungshypothese (*die Feinde befürchteten wohl, eingeschlossen zu werden*), dann die tatsächliche Ursache (*die Feinde konnten von oben beobachten, was sich hinten abspielte, und wollten die in Schwierigkeiten geratene Nachhut der Tragtierkolonne angreifen*), dann die Grundlage dieser Tatsachenbehauptung (*Xenophon konnte, nachdem er den Gipfel bestiegen hatte, die Landschaft ebenso wie der Feind vorher überblicken*). * Offenbar hatte Xenophon (der zu diesem Zeitpunkt noch nichts über die Vorgänge am Ende seiner Einheit wußte) Anlaß zu der Annahme, daß der Weg bald in die Hochebene einmünden würde, und hielt es deshalb für vertretbar, die weitere Führung der Tragtierkolonne an (ältere) Lochagen mit den letzten noch verfügbaren Mannschaften abzugeben und selbst mit einer Gruppe seiner jüngsten Soldaten die kraftkostende (wenn auch im Augenblick ungefährliche) Besteigung der Steilkuppe durchzuführen. Die Tragtierkolonne, die durch die Notwendigkeit der Entsendung der Besatzungstruppen ins Stocken geraten war, sollte jetzt zügig weiterziehen, damit auch die Nachhut sich wieder sammeln und zu Xenophon selbst aufschließen konnte.

4.2.17-21 Aus dem dramatischen Bericht des Archagoras (der etwa eine Viertelstunde gebraucht haben mag, bis er sich an der Tragtierkolonne vorbei bis zu Xenophon durchgeschlagen hatte) geht hervor, daß die Karduchen an der ersten Anhöhe (mit vermutlich großer Überlegenheit an Kämpfern) entgegen ihrem bisherigen Verhalten zum Angriff auf die kleine Besatzung übergegangen waren - mit blutigem Erfolg. Ihr Ziel war jetzt, nachdem der Paßweg in griechischer Hand war, die Tragtierkolonne, deren Ende sich noch in der Nähe der ersten Anhöhe befand. Es spricht für die Geschicklichkeit Xenophons, daß er mit den sich vor seiner eigenen Stellung versammelnden Karduchen durch Zurufe einen vorläufigen Vertrag, der sich natürlich nur auf die Gefallenen und das Verhalten der *ihm* unterstellten Truppen bezog, abschließen konnte (er wurde später [4.2.23] noch einmal offiziell für die Gesamtheit vereinbart). Die Tragtierkolonne dürfte inzwischen (nicht zuletzt dank dem Zeitgewinn, den Xenophon durch seine Verhandlungen

Karte S.196

herausholte) zum größten Teil die Hochebene bereits erreicht haben. Dem feindlichen Zugriff war jetzt nur noch die kleine Besatzung auf dem steilen Berggipfel ausgesetzt. Man hat den Eindruck, daß die Bewohner der Hochebene, die den Durchbruch nicht hatten verhindern können, nun ihre verzweifelte Wut an den letzten Griechen, die noch nicht in Sicherheit waren, auslassen wollten. Dabei ist zu berücksichtigen, daß der mündlich vereinbarte Vertrag sich vermutlich noch nicht weit herumgesprochen hatte. Die Flucht der letzten vom Gipfel wird von Xenophon überproportional breit ausgemalt, weil er selbst daran beteiligt war; Nebensächlichkeiten dieser Art traten ihm öfter bei der Abfassung seines Berichtes lebhaft vor Augen. In diesem Zusammenhang wird zum einzigen Mal in der «Anabasis» ein *"Schildträger"* erwähnt. Tatsächlich ist aber vorauszusetzen, daß die Offiziere insgesamt und die Hopliten zum größten Teil (wenn nicht alle) über Schildträger verfügten (die also bei Erwägungen über die Größe der Marschkolonne einzukalkulieren sind). Daß sie sich während des Marsches in der Nähe ihrer Herren befanden, ist anzunehmen, daß sie diese aber auch bei Einsätzen wie der (zunächst allerdings kampflosen) Besteigung des Berggipfels begleiteten, ergibt sich aus unserer Stelle. Eurylochos war vermutlich einer der Hoplitenlochagen oder -unterführer, der zum Freundeskreis der arkadischen Offiziere gehörte (4.7.11) und sich nicht nur bei militärischen (vgl. 4.7.11/12), sondern auch bei politischen Aufgaben (vgl. 7.1.32, 7.6.40) bewährte.

4.2.22/23 **St.130** Der von der wiedervereinigten Marschkolonne bezogene Stathmos erscheint nach den überstandenen Strapazen wie ein Schlaraffenland: viele schöne Häuser, reichliche Lebensmittel, Wein im Überfluß. Verputzte Zisternen zur Aufbewahrung von Wein gab es in Griechenland wohl in Gaststätten (vgl. Aristoph. Ekkl. 154 mit Scholion), hier dagegen sogar in Privathäusern! In Verhandlungen mit den Repräsentanten der Karduchen wurde erreicht, daß die Gefallenen aus der Einheit Xenophons, die auf der ersten Anhöhe zurückgeblieben waren (4.2.17), herbeigeschafft und beerdigt werden konnten. Es liegt in der Natur der Sache, daß dabei nur die notwendigsten Zeremonien stattfanden; insbesondere ist anzunehmen, daß Xenophon einen kurzen 'Epitaphios' zum Andenken an seine Kameraden hielt. Man kann sich weiter fragen, welches Schicksal wohl dem ausgetauschten Führer von seinen Landsleuten bereitet wurde.

Karte S.196

4.2.24-27 **St.131, 132+** Der Handelsweg, dem die Marschkolonne jetzt ohne einheimische Führer weiter folgte, führte in nordwestlicher Richtung über die zahlreichen ost-westlich auf den Tigris zulaufenden Bohtanberge zur Furt über den Kentrites (Bohtan-Su) nach Armenien hinein. Dabei waren immer wieder Paßübergänge und natürliche Engstellen zu überwinden, an denen die Karduchen den Vormarsch zu stoppen versuchten. Xenophons Angaben zu den einzelnen Stathmoi sind jetzt nicht mehr so präzise wie vorher. 4.3.2 spricht er von sieben Marschtagen im Gebiet der Karduchen. Davon lassen sich fünf Stathmoi im Text klar nachweisen: **St. 127** [4.1.11], **St. 128** [4.1.14], **St. 129** [4.1.19], **St. 130** [4.2.22], **St. 133** [4.3.1]; indirekt ist **St. 131** aus unserer Stelle [4.2.24] zu ermitteln. Der noch fehlende **St. 132+** läßt sich am ehesten in dem anschließenden Bericht über die fortan praktizierte Taktik des Gefechtsmarsches unterbringen. Das hier beschriebene, vermutlich weitgehend von Xenophon konzipierte Verfahren einer gut funktionierenden Kooperation zwischen Vor- und Nachhut kann als die Umsetzung der Erfahrungen, welche die Griechen bei dem ersten Durchbruchunternehmen gesammelt hatten, betrachtet werden. Sie machten sich jetzt die Kampfmethoden der Karduchen zu eigen, indem sie selbst abseits des Weges in den Berghängen aufstiegen und von überhöhten Stellungen aus die Verteidiger der Pässe (die ihrer Gewohnheit gemäß Nahkämpfe vermieden) angriffen. Allerdings wagten es die Karduchen inzwischen sogar, die Kolonne in offenerem Gelände direkt anzugreifen. Tatsächlich konnten sie sich aber schon bei wenigen Metern Distanz vor den Hopliten sicher fühlen, die nun ihre schweren Schilde auch während des Marsches mitschleppen und auf ständige Überfälle, die sie nicht verhindern konnten, gefaßt sein mußten.

4.2.28 Die Bögen der von Xenophon wegen ihrer Kampfkraft objektiv hoch bewerteten karduchischen Bogenschützen bleiben mit etwa 1.2 m Länge hinter modernen Sportbögen (1.65 - 1.95 m) zurück, während die etwa 1 m langen Pfeile die im modernen Sport üblichen Pfeile um etwa 30 cm übertreffen. Die Ausmaße der bei den Griechen üblichen Bögen und Pfeile waren deutlich geringer. Die Fixierung des Bogenendes mit dem linken Fuß bei gespreizter Beinstellung und leicht gebückter Körperhaltung ermöglichte den karduchischen Bogenschützen eine besonders starke Spannung mit entsprechender Durchschlagskraft und Zielgenauigkeit. Nach Diodor 3.8.4 und Arrian, Ind. 16.6, spannten die Aithioper und die

Karte S.196

Inder ihre manngroßen Bögen auf dieselbe Weise. Die Griechen konnten die großen Pfeile mit ihren kleineren Bögen offenbar nicht verschießen, sondern funktionierten sie zu Wurfspießen um, indem sie in der Mitte eine kleine Schlinge anbrachten: in diese steckten sie zwei Finger, um den Spieß beim Wurf in Rotation zu versetzen und dadurch zielsicherer zu machen. Die ursprünglich 200 kretischen Bogenschützen, die Klearchos mitgebracht hatte (1.2.9) - ihr Anführer Stratokles wird nur hier genannt - konnten es aus alter Tradition heraus mit den Karduchen am ehesten in der Beherrschung der Bogenkunst aufnehmen, zumal es bei diesen Abwehrkämpfen um relativ kurze Schußdistanzen ging (Weitschüsse waren nicht ihre Stärke, vgl. 3.3.7 und 15); überdies galten sie als gute Läufer (vgl. 4.8.27, 5.2.29), die allenfalls imstande waren, die schnellfüßigen Karduchen einmal einzuholen.

4.3.1/2 St. 133 Die erreichten Dörfer lagen am Westrand des karduchischen Berglandes, das von hier ab in die Flußebene des Kentrites, des Grenzflusses zu Armenien (Bohtan-Su) abfiel. Das Gelände, in dem sich die folgenden Ereignisse abspielten, läßt sich aus den Angaben im Text einigermaßen genau rekonstruieren. Die vom Gebirgsfuß ausgehende Ebene erreichte nach etwa 1100-1200 m [4.3.1] das Ufer des Flusses, der hier durchschnittlich etwa 60 m breit war [3.1]. Auf der armenischen Seite lag jedoch die eigentliche Uferböschung [3.5] noch einmal 90-120 m zurück, so daß eine (bei Hochwasser überschwemmte, zur Zeit trocken liegende) Flußniederung entstand. Von ihr führte ein einziger rampenartiger Weg, der auf Xenophon den Eindruck künstlicher Herrichtung machte [3.5 und 21], auf die Böschung hinauf. Offenkundig handelte es sich dabei um die Fortsetzung des Handelsweges, dem die Griechen bisher gefolgt waren; er überwand hier in einer allerdings ziemlich tiefen [3.6] Furt den Kentrites und setzte sich jenseits ins armenische Binnenland hinein fort [3.20]. Die Flußniederung dehnte sich noch etwa 700-800 m flußaufwärts aus [3.16], dann fielen auf der armenischen Seite die vom Hochwasser angenagten Uferfelsen selbst direkt ins Flußbett ab [3.11 und 17], das hier relativ flach [3.12 und 21], aber vermutlich auch wesentlich breiter als 60 m war. * Um die Wiederauffindung der Furt und der Übergangsstelle haben sich zahlreiche Forscher an Ort und Stelle bemüht, zuletzt MANFREDI (vgl. zu 4.1.10/11). Von den Vorschlägen sind wohl diejenigen, welche die Furt oberhalb der Einmündung des Bitlis-Su in den Bohtan-Su (auf der Höhe oder süd-

Karte S.196

34. Die Übergangsstelle über den Kentrites (4.3.1/2) (Nachzeichnung nach LEHMANN-HAUPT I 352); *oben*: die armenische Seite [ganz links die Mündung des Hassynik], *unten*: die karduchische Seite

lich von Siirt) annehmen, auszuschließen. Die größte Wahrscheinlichkeit kommt dem Ansatz der Furt etwa in der Mitte zwischen der Einmündung des Bitlis-Su in den Bohtan-Su und der Einmündung des Bohtan-Su in den Tigris zu, an einer Stelle unmittelbar nördlich des Hassynik-Tales, etwa 2 km oberhalb des kleinen Dorfes Mutyt (LEHMANN-HAUPT). Dort tritt auch heute noch die Bergstraße durch das Karduchenland aus dem Gebirge heraus, während sich im Westen das Plateau des Chaldi-Dağ zwischen Arzen-Su und Bohtan-Su erstreckt (vgl. 4.4.1). * Mit wenigen Worten gelingt es Xenophon, die frohe Stimmung der Soldaten über das glückliche Ende des strapaziösen Gebirgsmarsches lebendig werden zu lassen. Man sieht gleichsam vor Augen, wie die Gruppen in ihren Quartieren bei einem guten Abendessen beisammen sitzen, sich über die Erlebnisse der vergangenen Woche unterhalten und dann in friedlichen Schlaf sinken - ohne zu ahnen, was ihnen noch bevorstand.

4.3.3/4 Geplant war die Durchfurtung des Kentrites offenbar als Überraschungsmanöver wie seinerzeit die Invasion in das Land der Karduchen; sie sollte im Morgengrauen beginnen, wurde jedoch durch die zu dieser Zeit bereits hinter der Furt aufmarschierten

Karte S.196

Sperrtruppen verhindert. Aus dem Ablauf der Ereignisse ergibt sich klar, daß die feindlichen Reiter direkt auf der trocken liegenden Flußniederung am Wasser standen, um das Durchfurten selbst zu verhindern, während die Fußtruppen etwa 100 m hinter ihnen am oberen Rand des Steilufers Stellung bezogen hatten, um für den Fall, daß die Flußüberschreitung trotz allem glückte, das weitere Vordringen auf dem Handelsweg über die Rampe ins Landesinnere unmöglich zu machen. Unter den gegebenen topographischen Verhältnissen war diese Stellung gut gewählt: das schroffe Steilufer konnte von unten her, wenn überhaupt, nur unter schweren Verlusten genommen werden. * Orontas, ein Schwiegersohn Artaxerxes' II. (vgl. 2.4.8, 3.4.13) war der Satrap von Ostarmenien. Diese Satrapie (mit der Nr. XVIII nach der Ordnung Dareios' I., vgl. Herodot 3.94.1) war in seiner Familie, die von Hydarnes (einem der sieben vornehmen Perser, die im Jahr 522 Dareios bei der Beseitigung des Magiers Gaumata in Medien geholfen hatte) abstammte, erblich. Er hatte mit seinen Truppen anscheinend an der Schlacht von Kunaxa teilgenommen und dann den Rückmarsch zunächst auf derselben Route wie die Griechen, auf dem Plateau östlich des Tigris, gemeinsam mit Tissaphernes durchgeführt (vgl. 2.4.8, 2.5.40, 3.4.13). Beide hatten dann wohl, als die Marschverhältnisse durch die Gebirgslandschaft auf der Ostseite schwierig wurden, auf die Westseite des Tigris übergesetzt und von dort aus verhindert, daß auch die Griechen diesen üblichen Weg nach Westen benutzten (vgl.3.5.12). In der inzwischen vergangenen Woche war er (vermutlich über Midyat - Hasankeyf auf einem etwa 150 km langen Weg) von Westen her bis zur Kentritesfurt vorgerückt, über die nach seinen richtigen Erwartungen die Griechen den Einmarsch nach Armenien versuchen würden. Die dort aufmarschierten Truppen, die wahrscheinlich erst kurz vor den Griechen eingetroffen waren, hatten also große Strapazen hinter sich und waren schwerlich zu energischem Kampf gegen die Griechen (deren Siegeslauf bei Kunaxa sie miterlebt hatten) motiviert. Artouchas wird nur hier erwähnt; vielleicht war er der Anführer der chaldäischen Söldnertruppe innerhalb des von Orontas befehligten armenischen Gesamtaufgebots. Die armenischen Marder hatten ihre Wohnsitze östlich der Tigrisquelle sowie der Landschaften Bagrauandene und Gordyene unterhalb von Kotaia (vgl. Strabo 11.13.3, Ptolem. 5.12.9). Die Chaldäer (in Wahrheit: Chalder) waren ein Volksstamm im Grenzbereich von Armenien, der sich ebenso wie die Karduchen dem Großkönig nicht unterworfen (5.5.17), aber doch Orontas eine Söldnertruppe, der der Ruf hervorragender Tapferkeit

Karte S.196

vorausging, zur Verfügung gestellt hatte. Xenophon äußert sich ausführlicher über sie in der «Kyrupädie» [3.1.34, 3.2.1 und 4 ff., 3.3.1 ff., 7.2.3 ff.], wobei hinter ihrem Einsatz im Romangeschehen (Kyros gewinnt sie als Bundesgenossen gegen die Assyrer) seine eigenen Erinnerungen und seine persönliche Sachkenntnis stehen. Er erwähnt dort [3.2.7] auch ihre Bereitschaft, sich wegen ihres kriegerischen Charakters und ihrer Armut jedem, der ihrer bedürfe, als Söldner zur Verfügung zu stellen (vgl. auch 3.2.25), und nennt Flechtwerkschilde und je zwei Lanzen als ihre Bewaffnung. An unserer Stelle bezeichnet er diese Flechtwerkschilde als *"groß"* - im Unterschied zu den relativ kleinen Schilden aus Flechtwerk, die von manchen Peltasten benutzt wurden. Zur Chaldäer-, Chalder-Chalyberfrage vgl. S. 266 zu 4.7.15-17.

4.3.5-7 St. 134 Die Situation gleicht im Prinzip der am Karduchenpaß: an beiden Stellen war nur *"ein einziger Weg"* zu sehen (vgl. 4.1.20). Hier hielten jedoch die Griechen einen sofortigen Durchbruchversuch für angezeigt - zu Unrecht! Die von Xenophon aufgezählten Gründe für das Scheitern des Versuchs machen deutlich, daß diese Furt auch ohne feindliche Gegenwehr schwer zu überschreiten war. Allerdings dürften sich die Verhältnisse im Flußbett von Jahr zu Jahr durch die vom hochgehenden Wasser mittransportierten Steine verändert haben. Unter dem bereits vormittags am Flußufer an der Furt aufgeschlagenen Feldlager ist wohl lediglich eine abteilungsweise organisierte Ausbreitung der Massen im Gelände mit der Anlage von Feuerstellen usw. zu verstehen. Der eigentlich naheliegende Rückzug in die alten Quartierräume kam wohl nicht nur wegen der in großer Zahl dort versammelten Karduchen, sondern auch deswegen, weil diese Dörfer beim Abzug wahrscheinlich niedergebrannt worden waren, nicht in Betracht. Durch die dreimalige emphatische Wiederholung von δρῶσι verdeutlicht Xenophon, daß sich jetzt Mutlosigkeit nicht aufgrund von vermuteten oder erwarteten Schwierigkeiten, sondern aufgrund von Beobachtungen, die damals jedermann mit einem Rundblick vom Lagerbereich aus anstellen mußte, ausbreitete.

4.3.8/9 Der Traum ist leicht deutbar als illusionäre Wunscherfüllung des Träumenden im Vollzug der Bemühungen seines Unterbewußtseins, sich von den Fesseln zu befreien, welche ihn und mit ihm die ganze Marschkolonne an den Ufern des Kentrites festhielten. Xenophon jedoch, der Träume rückhaltlos als Impulse für ei-

Karte S.196

gene Entscheidungen akzeptierte (vgl. 3.1.11-14, 6.1.22), verstand ihn natürlich in Übereinstimmung mit dem allgemeinen Glauben als deutliche Offenbarung der göttlichen Fürsorge. Der Traum gewann dann aber auch tatsächlich schicksalhafte Bedeutung, weil er Xenophon und durch seine Vermittlung die anderen Offiziere aus ihrer Lethargie herausriß und zu energischem Handeln antrieb. Schon in der allerersten Morgendämmerung, noch vor dem Erscheinen der Morgenröte, eilte Xenophon zu Cheirisophos, zu dem er ein besonderes Vertrauensverhältnis entwickelt hatte, um ihn an seiner hoffnungsfrohen Stimmung teilhaben zu lassen. In der Tat hing von der Dynamik dieser beiden Männer im wesentlichen das Schicksal der ganzen Marschkolonne ab. Durch das sofort von einem oder mehreren der am Zug beteiligten Priester vollzogene Opfer wollten sich die Offiziere der Bestätigung und Zustimmung der Götter zu der durch den Traum angekündigten Rettung versichern und mögliche Gegenkräfte befriedigen und dadurch ausschalten. Daß es sich hier um ein Opfer aus dem Bereich der sogenannten θυσίαι ἄγευστοι handelt, wie sie in besonders kritischen Momenten (auch gerade vor Kämpfen, in denen es um Leben und Tod ging) dargebracht wurden, ist klar. Nachdem das Opfertier (meistens wohl ein Lamm, Ferkel oder eine Ziege) getötet worden war und sein Blut an die Erde abgegeben hatte, wurde es verbrannt. Die Art und Weise, wie sich beim Verbrennen der Eingeweide die Flamme entwickelte, wurde als Zeichen verstanden und ausgedeutet. Im vorliegenden Fall traten von Anfang an in der Opferzeremonie keine Störungen auf (was an sich schon als positive göttliche Verlautbarung gelten konnte) und waren die beobachteten Zeichen günstig (ein äußerst ungünstiges Zeichen wäre es zum Beispiel gewesen, wenn die Flamme nicht hätte brennen und das Fleisch nicht hätte aufzehren wollen). Der anschließend erteilte Befehl zur Bereitung des Frühstücks unmittelbar nach Sonnenaufgang ist ganz ungewöhnlich. Offenbar rechneten die Offiziere nach dem günstigen Verlauf des Opfers nun ganz sicher mit dem Gelingen des Überquerungsmanövers an diesem Tag und wollten möglichst schnell in die Ausführung eintreten. Von einem neuen Konzept für das Manöver ist nicht die Rede; anscheinend wollte man in dem Bewußtsein, daß diesmal die Götter helfen würden, wieder einen energischen Angriff über die Furt vortragen.

Karte S.196, Plan S.212

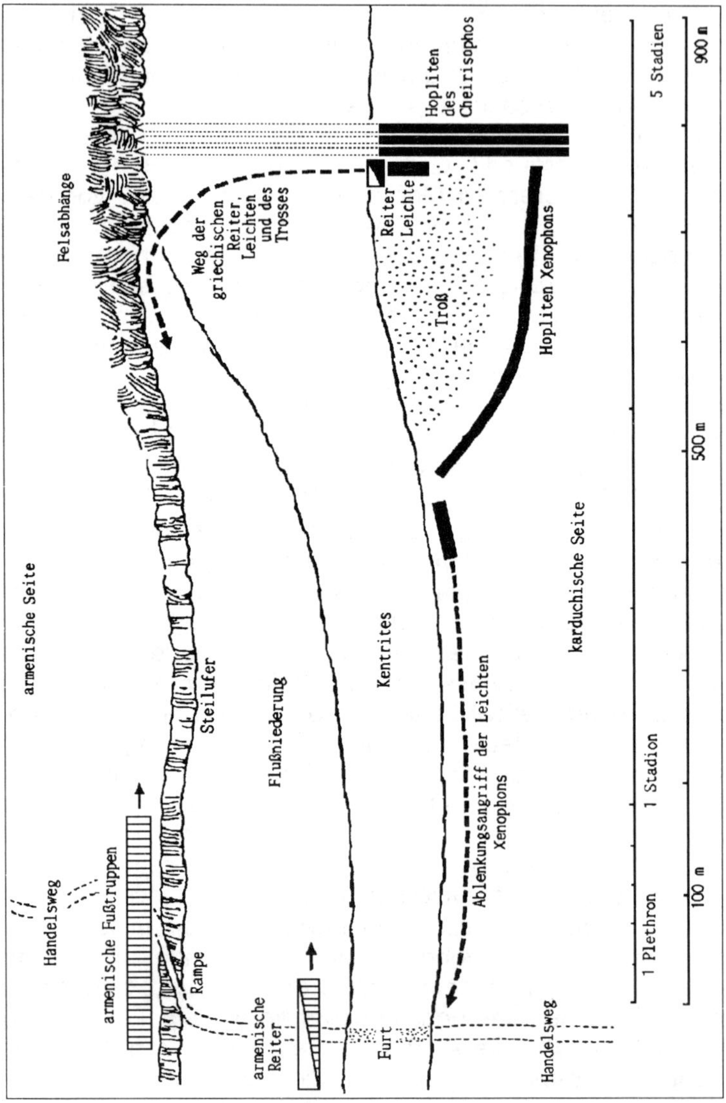

35. Die Überquerung des Kentrites (4.3.14 - 34)

Karte S.196, Plan S.212

4.3.10-12 Das hier geschilderte Detail ist ein schönes Zeugnis für die Einstellung Xenophons zu der von ihm übernommenen militärischen Aufgabe: offenkundig war es ihm (dem Zivilisten!) gelungen, die Soldaten mit Vertrauen auf seine Führungsqualitäten zu erfüllen, nicht zuletzt dadurch, daß er für dienstliche Angelegenheiten immer ansprechbar war. Er scheint sich völlig mit seiner Aufgabe identifiziert zu haben (wohl im Unterschied zu manchen anderen hohen Offizieren) und war dadurch auch tatsächlich zu bewundernswerten Leistungen, die er freilich in seinem Bericht auch gebührend herausgestrichen hat, fähig. Die Erzählung der Jünglinge macht deutlich, daß auch für die Bereitung des Frühstücks (nicht nur des Abendessens) Feuer notwendig waren und daß das nötige Brennholz manchmal von weit her geholt werden mußte (hier beträgt die Entfernung fast 1 km vom Zentrum des Lagers). Sicher waren hunderte von Feuern zu unterhalten, um allen Mitgliedern der Marschkolonne zu einer Mahlzeit zu verhelfen. Hinter dem Entschluß der jungen Soldaten, die Durchquerung des Kentrites auf eigene Faust zu wagen, standen zwei Erwägungen: [1] die beobachteten Personen mußten hier soeben den Fluß überschritten haben; [2] wenn Greise, Frauen und kleine Mädchen dazu in der Lage waren, mußte die Überquerung an dieser Stelle auch für sie (und also auch für die ganze Marschkolonne) möglich sein. Bei den beobachteten Personen dürfte es sich um eine in der Nähe wohnende Karduchenfamilie gehandelt haben, die (nachdem ihre waffenfähigen Mitglieder sich den Partisanen angeschlossen hatten) aus Angst vor den Massen fremder Menschen, die plötzlich die Kentritesebene bevölkerten, ans andere Ufer flüchtete, dort ihre mitgeschleppte Habe versteckte und sich selbst in die Wildnis zurückzog, um in sicherer Entfernung abzuwarten, bis die Luft wieder rein war. Man möchte es fast als tragische Ironie bezeichnen, daß ausgerechnet diese armen Leute ihre Kleiderbündel bei der Rückkehr nicht mehr vorfanden. Mit der Zusatzbemerkung, daß aufgrund der Geländeformation ein feindlicher Reiterangriff ausgeschlossen sei, wollten die Soldaten ihre Einschätzung der Situation (hier sei eine Durchfurtung ungefährlich) auch von der militärischen Seite her absichern.

4.3.13-15 Die von Xenophon, den jungen Soldaten und später auch Cheirisophos ausgebrachten Trankopfer und die an die Götter gerichteten Dankgebete und Bitten um glückliche Vollendung des bevorstehenden Unternehmens scheinen über das übliche Ritual hinauszugehen. Tatsächlich wurde auch die praktische Durchführung der Kentrites-Überquerung selbst, nachdem die Götter den Griechen schon dreimal so deutlich ihre Hilfe signalisiert hatten, mit einer bei keiner anderen Gelegenheit erwähnten religiösen Zeremonie eingeleitet (4.3.18/19). Man gewinnt aus dem Bericht den Eindruck, daß damals Xenophon und viele seiner Kameraden die (auch in der Realität) schicksalhafte Bedeutung dieses Flußüberganges wirklich tief empfunden und sein Gelingen als einen großen Beweis göttlicher Fürsorge verstanden haben: das Erreichen von Armenien war, so glaubten sie, der Anfang ihrer gottgewollten Rettung. * Inoffiziell hatte sich inzwischen für Cheirisophos und Xenophon eine hervorgehobene Führungsposition entwickelt, aus der heraus sie der Gesamtheit Befehle geben und den Strategenrat (der offiziell unter Gleichberechtigung aller Mitglieder das Führungsgremium der Marschkolonne darstellte) einberufen konnten, wenn sie es für notwendig hielten. Ihre bisher erbrachten Leistungen wurden also von den übrigen Offizieren in der Praxis honoriert. Eigentlich war unter den außerordentlich schwierigen Umständen des Rückmarsches von der Sache her die Aufgabe des kollegialen Prinzips zugunsten der Einsetzung eines weisungsberechtigten Oberbefehlshabers dringend geboten. Tatsächlich aber hielt man, jedenfalls nach außen hin, starr an den alten Strukturen fest, nach denen das Heer in mehrere selbständige und autarke Truppenkörper zerfiel, die jeweils nur auf ihren Strategen eingeschworen waren (zu einem späteren Reformversuch vgl. 6.1.17 ff.). * Das auf einen Zwei-Fronten-Kampf ausgelegte Konzept für die Kentrites-Überquerung, auf das sich der Strategenrat einigte, kann (unter Einbeziehung des Berichtes über den tatsächlichen Ablauf des Unternehmens) folgendermaßen rekonstruiert werden: [1] Die kämpfende Truppe wird in zwei Abteilungen aufgeteilt und unter das Kommando des Cheirisophos (Kampfgruppe I einschließlich der 50 Pferde starken Reiterei) und Xenophons (Kampfgruppe II) gestellt. Zwischen beiden Kampfgruppen finden die Tragtiere und der Troß ihren Platz. [2] In dieser Formation marschiert die gesamte Kolonne unter Führung der beiden jungen Soldaten zu der von diesen entdeckten Übergangsstelle. [3] Dort überschreitet zunächst die Kampfgruppe I den Fluß; gleichzeitig führen leichte Truppen der Kampfgruppe II auf der karduchischen Seite einen Ablenkungsangriff gegen die eigentliche Furt durch. [4] Nach der Gewinnung eines 'Brückenkopfes' auf der armenischen Seite durch die Kampfgruppe I setzen die Tragtiere und der Troß über, während die Kampfgruppe II die im Rücken zu erwartenden

Karte S.196, Plan S.212

Angriffe der Karduchen abwehrt. [5] Am Schluß überquert auch die Kampfgruppe II den Fluß auf der neu entdeckten Furt, notfalls unterstützt von leichten Truppen der Kampfgruppe I, die im 'Brükkenkopf' nicht mehr benötigt werden. Das mit mehreren Über- raschungseffekten aufwartende Konzept trägt wohl vor allem die Handschrift Xenophons, der sich später bei der Realisierung des Punktes 5 noch eine besonders raffinierte Kriegslist einfallen ließ (4.3.29).

4.3.16-18 Während die armenischen Reiter flußaufwärts ritten, bis sie am Ende der Flußniederung zum Stehen kamen, müssen wohl auch Abteilungen der Fußtruppen aus der vorbereiteten Stellung zur Sperrung des Furtweges abgezogen und in den Felsen oberhalb der späteren Übergangsstelle postiert worden sein. Denn es ist nicht anzunehmen, daß Orontas vorsorglich eine sich über fast einen Kilometer erstreckende Frontlinie aufgebaut haben sollte, wenn er nur mit Kämpfen an der Furt rechnete. Jedenfalls dürfte allein schon durch die unerwarteten (und zunächst unerklärlichen) Bewegungen der griechischen Marschkolonne das Verteidigungskonzept der Armenier nachhaltig in Verwirrung geraten sein. Die im folgenden beschriebene zeremonielle Einleitung des Überquerungsmanövers durch Cheirisophos entspricht in wesentlichen Punkten einer spartanischen Sitte, die Lykurg eingeführt haben soll: im Angesicht des Feindes opferte der spartanische König vor seiner aufmarschierten Phalanx, deren Mitglieder sich alle bekränzt hatten, der Artemis Agrotera eine Ziege, dann wurde zum Klang der Flöten der sogenannte *Marschpaian* (ἐμβατήριος παιάν) angestimmt und dabei im Rhythmus des Liedes in äußerster Disziplin der Angriffsmarsch der Phalanx eingeleitet (vgl. Lak.pol. 13.8 und Hell. 4.2.20, ausführlicher Plut. Lykurg. 22.4/5). Man spürt der Schilderung Xenophons deutlich an, daß die durch die Vorzeichen ohnehin aus der Alltäglichkeit herausgehobene Kentrites-Überquerung damals von den Griechen als der Vollzug eines göttlichen Willens empfunden und deshalb nach dem ehrwürdigen spartanischen Ritual durchgeführt wurde. Vermutlich marschierten am Flußufer nur drei Steilkolonnen nebeneinander auf, da über die Breite der flachen Stelle ja keine Erkenntnisse vorlagen. Die von den Hopliten abgelegten Obergewänder blieben natürlich nicht auf dem karduchischen Ufer zurück: das ist ein indirektes Zeugnis für das Vorhandensein von 'Schildträgern' oder Dienern der Schwerbewaffneten. Schließlich wurden noch *"Schlachtopfer"* (σφάγια) dargebracht; dabei wurde den Opfertieren der Hals nach dem Durchschneiden nach unten gedrückt, damit das Blut dahin, wo man es haben wollte, fließen konnte - hier also in den Fluß hinein, um Gegenkräfte, welche die Überquerung behindern könnten, milde zu stimmen.

4.3.19-21 Offenbar mußten, was nicht selten vorkam, mehrere Tiere geschlachtet werden, bis die Priester mit dem Ergebnis zufrieden waren. Dann wurde der 'Marschpaian' angestimmt und der Marsch durch das Wasser im Schritt, unter exakter Beibehaltung der ursprünglichen Aufstellung, eingeleitet. Wie üblich ging dann aber bald der Gesang in Alala-Geschrei über. Die zusätzliche *Ololyge* der Hetären bedeutet im rituell geprägten Zusammenhang der Kentrites-Überquerung möglicherweise mehr als nur ein einfaches schrilles Schreien, nämlich laute Bittrufe der Frauen, die dadurch bei den Göttern Unterstützung für die Soldaten herbeiflehen wollten. Der Ablenkungsangriff Xenophons war zeitlich genau mit dem Beginn der eigentlichen Durchfurtung der Kampfgruppe I koordiniert und sorgte dadurch plangemäß im entscheidenden Augenblick für Verwirrung auf der armenischen Seite (vgl. Polyainos 1.49.4 und Frontinus 1.4.10). Das beabsichtigte Ergebnis trat prompt ein: die armenischen Reiter flüchteten zunächst bis zu der einzigen auf die Uferböschung hinaufführenden Rampe an der eigentlichen Furt zurück und setzten dann auf dem damit erreichten Weg den Rückzug in die Berge hinein, wo sich ihr Lager befand, fort.

4.3.22/23 Zu Lykios vgl. 3.3.20; Aischynes, ein Akarnane, wird 4.8.18 noch einmal als Anführer einer etwa 600 Mann starken Peltasteneinheit erwähnt. Die Reiter und Leichtbewaffneten überquerten den Fluß nicht geradeaus in Richtung auf die Uferfelsen, sondern schräg in Richtung auf das Ende der Flußniederung zu und näherten sich nun auf der Verfolgung der Rampe. Dort machten sie vermutlich trotz der aufmunternden Rufe der Hopliten erst einmal Halt und warteten ab, bis Cheirisophos die Uferfelsen in seiner Gewalt hatte und damit die allgemeine Flucht der Armenier einleitete. Dann nahm Lykios mit seinen Reitern die Verfolgung wieder auf (4.3.25). Cheirisophos ließ die Flußniederung links liegen und stieg in den Uferfelsen selbst an der Stelle, wo er sie erreicht hatte, auf. Von der so gewonnenen Höhenstellung aus konnte er die noch auf der Uferböschung postierten Verteidiger flußabwärts bis zum Weg zurücktreiben und so die Niederung, die er als Sammelraum für den Troß benötigte, von Anfang an bergwärts sichern. Die Armenier rafften sich angesichts der unerwartet glatt verlaufenden Durchfurtung zu ernsthaften Abwehrkämpfen nicht mehr auf. Das taktisch kluge Verwirrspiel der Griechen scheint sie völlig entnervt zu haben.

4.3.24/25 Als Xenophon zu seiner Kampfgruppe zurückeilte, waren die Hopliten des Cheirisophos noch in der Durchfurtung begriffen, während die Reiter und Leichtbewaffneten bereits das andere Ufer erreicht hatten; gleichzeitig formierten sich in der Ferne die Karduchen zum Angriff. Hier und im folgenden versucht Xenophon den synchronen Ablauf mehrerer Handlungen nebeneinander darzustellen. Tatsächlich gelingt es seiner Gestaltungskunst, dem Leser ein Gefühl für die hektischen Aktivitäten, die damals auf beiden Seiten des Kentrites herrschten, zu vermitteln. Der Lagerplatz der Armenier befand sich wohl nicht weit oberhalb der Furt an der Straße, die bald hinter den Uferbergen offenbar in etwas freieres Gelände hinausführte (vgl. 4.4.1). Er wurde so überstürzt geräumt, daß kostbare Teile der Ausrüstung zurückblieben und den Griechen unversehrt in die Hände fielen.

4.3.26 Jenseitiger Sammelplatz der Nichtkombattanten und der Tragtierkolonne war die Flußniederung, über deren Rampe später der Weitermarsch angetreten wurde. Der Troß durchquerte den Fluß also auf den Spuren der Reiter und Leichtbewaffneten. Währenddessen ließ Xenophon seine schweren Truppen, die bisher in Marschformation gestanden und so wohl den Sammelraum des Trosses am Ufer gegen die karduchische Seite hin abgeschirmt hatten, eine Wendung gegen die über die Ebene näher kommenden Karduchen vollziehen und dann kampfbereit Halt machen. Weil er seine damals an die Lochagen ausgegebenen Befehle genau referiert, ist es möglich, den für die griechische Elementartaktik wesentlichen Vorgang der Umorientierung mehrerer Lochoi aus der Marsch- in die Phalanxaufstellung in allen Einzelheiten zu verfolgen. Zunächst marschierten demnach die vier beim Marsch hintereinander angeordneten Enomotien eines Lochos nach links nebeneinander auf, so daß nun jeder Lochos einen Block von 12 Offizieren und Unteroffizieren in der Front sowie 8 Mann Tiefe darstellte. Nachdem die Lochoi auf die richtigen Ab-

Karte S.196, Plan S.212

stände aufgerückt waren und Halt gemacht hatten, vollzogen dann auf das zweite Kommando hin die Offiziere und Unteroffiziere an der Spitze ihrer Rotten eine Viertelkreisdrehung nach rechts um den Standort ihres Lochagen und stellten so in Feindrichtung die geschlossene Phalanx her, während die Schlußmänner nun mit dem Rücken zum Fluß standen.

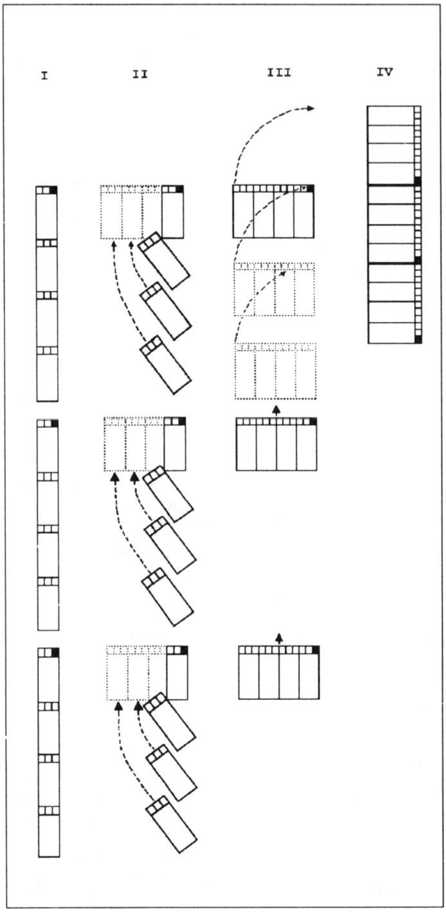

36. Die Entwicklung von drei Lochoi aus der Marschformation [I] über das Einrücken der Enomotien nach links in die Phalanxposition [II], das Aufmarschieren auf die richtigen Abstände und Einschwenken der Front [III] in die feindwärts geschlossene Phalanx [IV]

4.3.27 Nach der Auffassung Xenophons orientierten die Karduchen ihr Verhalten an zwei Beobachtungen: [1] Sie sahen, daß die letzten Kolonnen des Trosses mit der Durchfurtung begonnen hatten, so daß jetzt nur noch die Kampfgruppe II auf dem karduchischen Ufer stand; [2] diese wirkte auf sie jetzt wesentlich kleiner als vorher. In der Tat hatte die Phalanxaufstellung eine Verkürzung des Truppenkörpers um fast zwei Drittel gegenüber der Marschformation mit sich gebracht. Darüberhinaus entfernten sich entgegen dem Befehl zahlreiche Soldaten der Kampfgruppe von ihrem Posten (vgl. 4.3.30), so daß auch eine tatsächliche Verringerung der Menge eintrat. Daraufhin rückten die Karduchen unter (bisher nicht gehörten) Kampfgesängen schneller vor - nicht um mit den Griechen in eine Schlacht Mann gegen Mann einzutreten, sondern um rechtzeitig am Ufer zu sein, wenn auch die letzten Soldaten während der Durchfurtung in ihren Verteidigungsmöglichkeiten behindert sein würden. In diesem Fall mußte man auf griechischer Seite realistischerweise noch einmal mit schweren Verlusten durch die karduchischen Bogenschützen und Schleuderer rechnen. Xenophon fand jedoch für das riskante Überquerungsmanöver eine raffinierte Lösung, die er aus berechtigtem Stolz in aller Breite darstellt (4.3.28-34). Die Rücksendung der Leichtbewaffneten nach dem Gewinn des Brückenkopfes zur Unterstützung der Kampfgruppe II war vermutlich ein Detail des vorher verabredeten Operationsplanes. Jedenfalls übernahm Xenophon sofort das Kommando über sie und baute ihren Einsatz in sein Konzept ein.

4.3.28/29 Der durch den Meldegänger über den Fluß gebrachte Befehl ordnete an, daß die Leichtbewaffneten in zwei Abteilungen, deren Abstand voneinander der Breite der xenophontischen Phalanx entsprach, am Ufer Aufstellung nehmen sollten: so hatten sie freies Schußfeld vor sich und behinderten später beim eigenen Vorrücken nicht die den Fluß durchquerenden Truppen der Kampfgruppe II. Dabei sollten die Speerwerfer die Speere abwurfbereit, mit zwei Fingern in der Wurfschlaufe (vgl. 4.2.28), die Bogenschützen die Pfeile auf die Sehne aufgesetzt (vgl. 5.2.12) halten; beide Begriffe drücken die sofortige Schußbereitschaft aus (ähnlich wie bei modernen Schußwaffen das Kommando *'Entsichern'*). Xenophons Plan basierte auf der Erwartung, daß die Karduchen auf den scheinbar spontan, ohne Angriffssignal, eingeleiteten Sturmangriff mit schneller Flucht reagieren und dann, wenn plötzlich das *Angriffs*signal ertönte (das sie schon öfter, zum Beispiel beim Angriff der Kommandoeinheit auf den Paß [4.2.7] gehört hatten) in Panik geraten und die Flucht beschleunigen würden. Sie konnten ja nicht wissen, daß es diesmal im Sinn einer Kriegslist angewendet wurde und die Bedeutung hatte: *Halt! Rechtsum kehrt marsch! Dauerlauf!* unter Verzicht auf jegliche Rückwärtsverteidigung. Durch die einheitlich rechtsum vollzogene Kehrtwendung wurde verhindert, daß man sich etwa mit den Schilden gegenseitig ins Gehege kam. Besonders gefährdet waren jetzt die Offiziere und Unteroffiziere des ursprünglich ersten Gliedes, während der Erfolg des Unternehmens wesentlich von den meist schon etwas älteren Schlußmännern, die das Tempo der Rotten bestimmten, abhing.

Karte S.195, Plan S.212

Dem schnellsten von ihnen wurde eine öffentliche Belobigung in Aussicht gestellt.

4.3.30-34 Zahlreiche Soldaten Xenophons überquerten entgegen dem klaren Befehl unter fadenscheinigen Begründungen den Fluß zusammen mit den letzten Gruppen des Trosses - eine schwere Disziplinlosigkeit, die unter den gegebenen Umständen zwar nicht entschuldbar, aber doch verständlich erscheint: der bei weitem größte Teil der Marschkolonne befand sich bereits in Sicherheit jenseits des Flusses - warum sollten die letzten jetzt ihr Leben noch einmal im Kampf mit den Karduchen, die ihnen gewiß nicht über den Kentrites folgen würden, aufs Spiel setzen, anstatt ebenfalls so schnell wie möglich das andere Ufer zu gewinnen? Insgesamt aber bewährte sich die Kriegslist mit dem ins Gegenteil verkehrten Trompetensignal, so daß auf griechischer Seite nur wenige Verwundungen (vor allem bei den entgegeneilenden Leichtbewaffneten, die sich voller Wut auf einen so nicht geplanten Schußwechsel mit den noch am Ufer ausharrenden Karduchen einließen) zu beklagen waren. Man darf sich allerdings nicht ausmalen, welche Katastrophe hätte eintreten können, wenn es den wenigen aufmerksamen Karduchen gelungen wäre, ihre Kameraden zur Rückkehr an den Fluß zu bewegen.

4.4.1-5.2 **St. 135-147** Zur Ermittlung der Marschstrecken vom Übergang über den Kentrites bis zum Erreichen des Euphrat sind die folgenden Angaben heranzuziehen: [1] am ersten Marschtag (5 P.) war das Gelände - gemessen an dem Gebirgscharakter der karduchischen Strecke - eben und wies nur leichte Hügel auf (4.1, **St. 135**), [2] am zweiten und dritten Marschtag wurden die *"Quellen"* (= Quellflüsse) des Tigris überschritten (4.3, insgesamt 10 P., **St. 136, 137**), [3] am sechsten Marschtag wurde der Teleboas, an dessen Ufer viele Dörfer lagen, erreicht (4.3, insgesamt 15 P., **St. 138-140**), [4] drei weitere Tagemärsche führten durch eine Ebene (4.7, insgesamt 15 P., **St. 141-143**), [5] vom letzten Stathmos aus führte der Weg in Berge hinein, die in etwa einem Tagemarsch Abstand einen engen Paß aufwiesen (5.1, **St. 144**), [6] von dort wurde in drei weiteren Tagemärschen durch einsames Gebiet der Euphrat erreicht (5.2, insgesamt 15 P., **St. 145-147**). Die hier zunächst beschriebene Durchquerung des Tauros in nördlicher Richtung war nach der übereinstimmenden Auffassung der Landeskenner nur auf zwei Pässen möglich: [1] dem Tachtali-Paß, der über

Karte S.196, 224

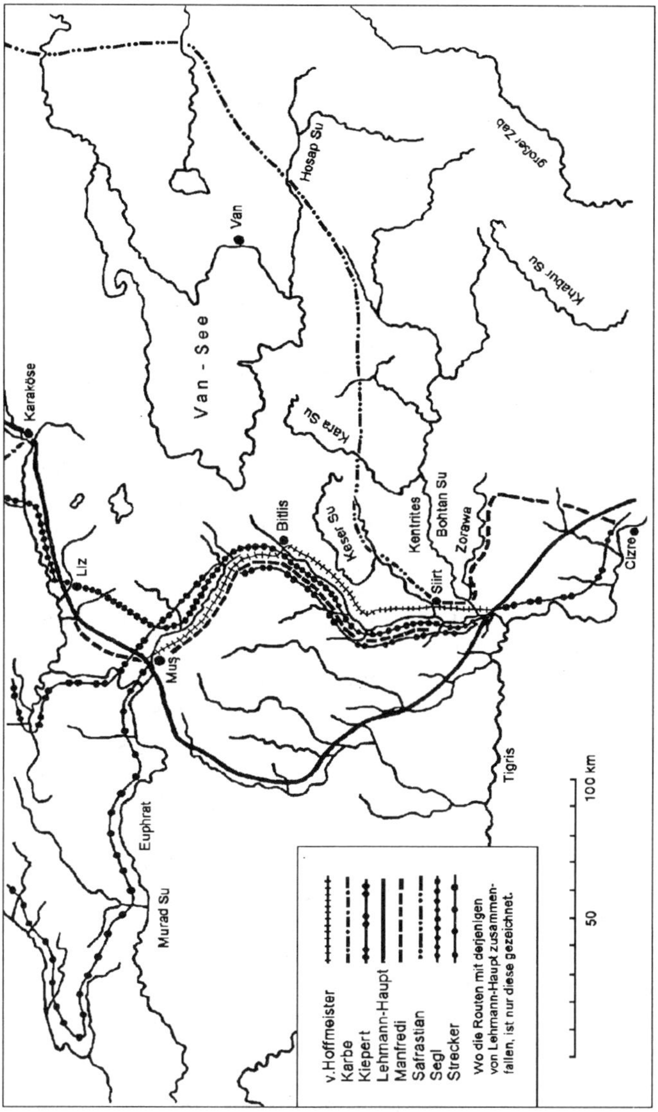

37. Die Marschstrecken vom Kentrites (4.4.1) bis zum Euphrat (4.5.2): vereinfachte Übersicht über verschiedene Routenvorschläge

Karte S.224

die am Bitlis entlang führende Straße erreicht wird und den Zugang zu der vom Kara-Su (= Teleboas) durchflossenen Ebene von Muş an ihrem südöstlichen Ende vermittelt (KOCH, KIEPERT, v.HOFFMEISTER, BOUCHER, SEGL, MANFREDI), [2] dem Gozme-Gedik-Paß, der etwa 75 km nordwestlich des Tachtali-Passes im Verlauf einer Straße liegt, die zunächst dem Tal des Arzen-Su, später des Kulp-Su folgt und die Ebene ganz in der Nähe von Muş selbst, wenige Kilometer vor der Einmündung des Kara-Su in den Euphrat, erreicht (KARBE, BELK, LEHMANN-HAUPT). Die Länge der ersten Strecke beträgt etwa 90 -100 km, die der zweiten etwa 200 km. Auf beiden Strecken waren kleinere Flüsse zu überschreiten, die als 'Quellflüsse des Tigris' verstanden werden können, da der Tigris sich ja aus zahlreichen Nebenflüssen speist. Jedenfalls galten seit der Antike der Bohtan und der Bitlis-Su als Quellflüsse des östlichen Tigrisarms, der bei Til in den Westtigris einmündet. Insofern konnten die verschiedenen Zuflüsse des Bitlis-Su, welche die Griechen auf dem Marsch zum Tachtali-Paß überqueren mußten, als Tigrisquellen aufgefaßt werden. Auf der anderen Strecke führte der Weg über einige Zuflüsse des Batman-Su, eines bedeutenden Nebenflusses des Westtigris. Tatsächlich entspricht das Itinerar Xenophons nach meinem Urteil aber nur der ersten Strecke durch den Tachtali-Paß. Hier führen die 30 Parasangen vom Kentrites zum Teleboas zu einer Stundenleistung von 3-3.5 km, die dem Marsch auf einem im oberen Teil engen und steilen Weg durchaus angemessen ist. Auf der anderen Strecke ergibt sich dagegen rechnerisch eine durchschnittliche Stundenleistung von etwa 6½ km, die außerhalb jeder Realisierungsmöglichkeit liegt. Es kommt hinzu, daß die drei durch die Teleboas-Ebene führenden Tagemärsche (**St. 141-143**) nur dann im Gelände unterzubringen sind, wenn die Ebene an ihrem südöstlichen Ende betreten und der erste Lagerplatz (**St.140**) bald hinter dem Tachtali-Paß, etwa bei Çukur bezogen wurde. Von dort aus erstreckt sich die Ebene bis zum Euphrat in einer Länge von etwa 60 km, welche aber von den Griechen nicht ganz durchmessen wurden. Vielmehr bezogen sie ihr drittes Lager (**St. 143**) zwar noch in der Ebene, aber am Fuß von Bergen, welche sie in den nächsten Tagen auf einer Paßstraße durchquerten. Dabei kann es sich nur um die Straße handeln, die von Muş herkommend das Çatakmassiv, welches die Ebene vom Euphrat bis zum Nemrut Dağ nach Nordosten begrenzt, hinaufsteigt und jenseits die kleine Ebene von Liz erreicht, von wo aus sie am Südufer des Euphrat entlang weiter nach Malazgirt führt.

Karte S.224

Stathmos **144** ist dann unmittelbar hinter dem Çatak-Kamm, Stathmos **145** in der Ebene von Liz, Stathmos **147** etwa 30-40 km weiter stromaufwärts bereits auf dem Nordufer des Euphrat anzusetzen. Die hier im ganzen angenommene Streckenführung entspricht derjenigen, die SEGL (16-31) begründet und gegen die scharfen Angriffe von LEHMANN-HAUPT (v.a. im Gnomon 4, 1928) verteidigt hat (v.a. in den Blättern f.d.Bayer.Gymnasialschulwesen 65, 1929, 149-15). Zur Kritik an SAFRASTIAN, der den Hosap Su mit dem Teleboas identifizieren will, vgl. MANFREDI 192/93.

4.4.1/2 **St. 135** Nach dem Kentrites-Übergang, der den ganzen Vormittag in Anspruch genommen hatte, nahmen die Griechen wieder ihre gewohnte Marschformation auf und vollzogen am Nachmittag noch ein volles Marschpensum von fünf Stunden. Der Stathmos (den LEHMANN-HAUPT in der Gegend von Redwan, etwa 30 km westlich des Kentrites ansetzen wollte - sowohl auf der falschen Route als auch in einer völlig unrealistischen Entfernung) dürfte etwa 20 km flußaufwärts im Bitlis-Tal gelegen haben, vielleicht etwa an der Stelle, wo die alte Straße nach Siirt abzweigte. In dem großen Dorf sind Xenophon neben dem *"königlichen Gebäude"* des Satrapen, das vermutlich auch als Lebensmitteldepot für die Truppenversorgung diente, vor allem die Türmchen auf den Häusern aufgefallen. Sie lassen sich nach Parallelen aus der Zeit des 19. Jahrhunderts als kleine, nach einer Seite offene quadratische Aufbauten auf den Flachdächern verstehen, die *Dshihan-Nüma* (*Weltschau*) genannt wurden, weil man von dort aus einen schönen Weitblick hatte. Man darf es wohl als eine zeitlose Sitte in dieser Gegend ansehen, daß man die sommerlichen Abendstunden gerne auf den Dächern zubrachte (vgl. WENDT 147).

4.4.3 **St. 136, 137, 138, 139, 140** Die Festlegung sowohl der genauen Marschstrecke als auch der Stathmoi im einzelnen ist schwierig, aber es spricht viel dafür, daß in der Gegend von Duhan (**St. 137**) und Bitlis (**St. 139**) gelagert wurde, ehe über den Tachtali-Paß die Ebene erreicht und endlich wieder ein richtiger Stathmos eingerichtet werden konnte, etwa bei Çukur (**St. 140**). Den Teleboas (= Kara-Su, *Schwarzwasser*) bezeichnet Xenophon als *"schön"*, weil er trotz seiner Kleinheit die Möglichkeit zur Anlage zahlreicher Dörfer in seiner Talebene bot; auch heute ist die Ebene von Muş (Fläche etwa 60 x 20 km) reich besiedelt.

Karte S.224

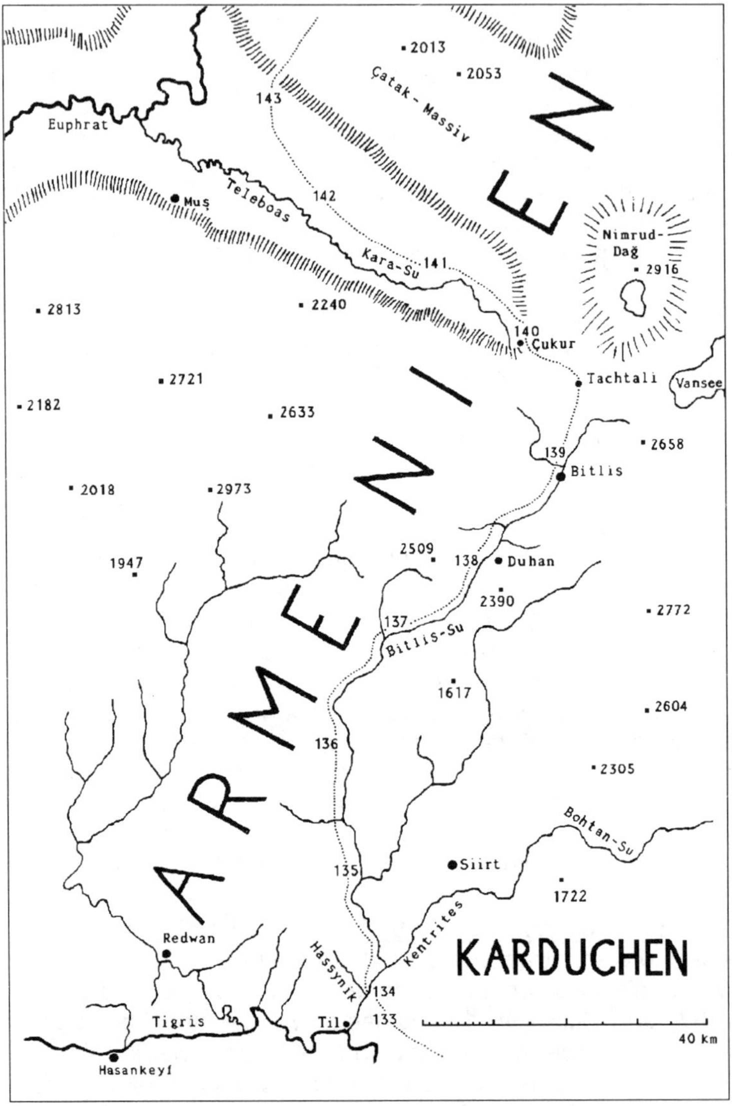

38. Stathmoi 133 - 143 (4.3.1 - 4.4.7)

39. Die Schlucht des Bitlis-Su, südlich von Duhan (Umzeichnung nach PIETSCHMANN 217)

4.4.4 Die Satrapie Westarmenien wird in der geographischen Schlußzusammenfassung (7.8.25) als das Gebiet der Phasianer und der sonst nicht genannten Hesperiten umschrieben. In der Satrapieneinteilung des Dareios trug sie die Nr. XIII (Herodot 3.93.1). Der damalige Satrap Tiribazos hat nach Plutarch [Artax. 7.3] den Großkönig unmittelbar vor der Schlacht von Kunaxa zum Kampf gegen Kyros ermuntert und ihn während der Schlacht, als sein Pferd erstochen wurde, auf ein anderes Pferd gehoben (Artax. 10.1 nach Deinon, FGrHist 690 F 17). Durch diese Tat gewann er die dankbare Freundschaft des Großkönigs und wohl auch das Vorrecht, diesem grundsätzlich aufs Pferd helfen zu dürfen. Auf die persische Sitte des *"Hinaufgeworfenwerdens"* auf das Pferd (ἀναβάλλεσθαι ὑπ' ἄλλων) weist Xenophon auch in seinen hippologischen Schriften hin (Hippike 6.12, Hipparch. 1.17) und empfiehlt sie unpäßlichen oder älteren Reitern. Im übrigen gehörte Tiribazos zu den wirklich herausragenden persischen Persönlichkeiten seiner Zeit, dessen Bedeutung auch von den Griechen anerkannt wurde (vgl. Diodor 15.2.1, Plut. Artax. 24; vgl. MELONI).

Karte S.224

40. Straße von Duhan nach Bitlis (Umzeichnung nach PIETSCHMANN 224 (vgl. 6.6.5)

4.4.5/6 Auch Tiribazos hatte also, wie Orontas, den Rückmarsch in seine Satrapie beendet. Wie dieser war er über die Marschstrecke der Griechen informiert und erwartete sie mit einer Reitereskorte an der Grenze seiner Satrapie, jenseits des Tachtali-Passes. Im Unterschied zu Orontes wollte er es jedoch nicht auf einen Kampf ankommen lassen und bot für den Marsch durch seine Satrapie einen Passiervertrag an, der die Griechen vorerst ihrer dringendsten Sorgen enthob. Der Vertrag wurde nach Beratung und Zustimmung im Strategenrat mit dem üblichen Zeremoniell abgeschlossen. Dazu gehörte sicher ein Trankopfer, das mit einer Verfluchung der Vertragsbrüchigen ausgeschüttet wurde, ferner wohl die eidliche Verpflichtung beider Seiten, die vielleicht durch Handschlag besiegelt wurde (vgl. 2.3.26-28). Jedenfalls muß Tiribazos zu dieser Zeremonie mit den griechischen Strategen im 'Niemandsland' zwischen den beiden Parteien zusammengetroffen sein.

4.4.7/8 **St. 141, 142, 143** Der Marsch führte durch die Ebene von Muş am Ufer des Teleboas entlang bis an die Stelle, wo die Straße von Muş nach Liz - Malazgirt auf das Çatak-Massiv hinaufzusteigen begann (**St. 143**). Auf dessen Kamm, etwa einen Tagemarsch vom letzten Stathmos entfernt, befand sich das Feldlager

Karte S.224, 232

der Fußtruppen des Tiribazos (vgl. 4.4.20). Vermutlich kehrte er selbst auch nach dem Abschluß der Verhandlungen dorthin zurück, während seine Reitereskorte die griechische Marschkolonne in einem Abstand von etwa 1.5 km begleitete. Trotz der idealen Quartierverhältnisse (viele gut bevorratete Dörfer rundum) schlugen die Griechen alle drei Stathmoi im Freien auf, offenkundig aus Mißtrauen gegen den Satrapen, der bei einer Verteilung der Kolonne auf verschiedene Dörfer bei einem Überfall leichteres Spiel haben würde. Die Lage verschlechterte sich dramatisch durch die während der Nacht einsetzenden starken Schneefälle (bisher hatten die Griechen nur mit heftigem Regen zu kämpfen gehabt). Da der Marsch durch dieses Gebiet nicht (wie man früher annahm) im November 401, sondern - nach den Untersuchungen von GASSNER - eher im März 400 stattfand, handelt es sich hier um einen heftigen Einbruch des Nachwinters, wie er im armenischen Hochland nicht selten beobachtet wird. Jedenfalls wurde am Morgen nach der furchtbaren Schneenacht, in der kaum jemand zum Schlafen gekommen sein dürfte, mit Rücksicht auf die Wetterlage (wie 4.1.15) darüber beraten, ob man weitermarschieren oder einen Ruhetag einlegen sollte. Die Entscheidung fiel für den Ruhetag, was allerdings die Auflösung der Kolonne in ihre einzelnen Abteilungen und deren Einweisung in jeweils ein Dorf mit sich brachte. Dabei mußte jeder Stratege (wohl im Unterschied zum Normalfall, wo befreundete Offiziere die Nächte gern in gemeinsamen Quartieren verbrachten) die Kommandantur des mit seinen Truppen belegten Dorfes übernehmen, um notfalls die Verteidigung gegen nächtliche Angriffe leiten zu können.

4.4.9/10 In der Aufzählung der vorgefundenen Lebensmittel spiegelt sich die Fruchtbarkeit und der Reichtum der Ebene von Muş wider, wo große Weide- und Ackerflächen zur Verfügung standen; unter ἱερεῖα ist allgemein *Schlachtvieh* zu verstehen; aus 4.4.13 ergibt sich, daß auch Schweine gehalten wurden. Offenbar wurde auch ausgedehnter Weinanbau mit Rosinenproduktion sowie Gemüseanbau betrieben - ein Schlaraffenland, verglichen mit den Erzeugnissen des kargen Karduchengebietes. Die beunruhigende Beobachtung des Scheins vieler Feuer in den Çatakhängen wurde von Leuten gemacht, die sich während der Schneenacht nicht im Feldlager befunden hatten. Vermutlich waren sie bei ihren Streifzügen in die Umgebung vom unerwartet einsetzenden Schneefall überrascht worden und hatten die Nacht draußen verbringen müssen. Als sie morgens zurückkehrten (die Marschkolonne hatte sich inzwischen auf die Dörfer verteilt) und von ihren Beobachtungen berichteten, wurden die Feuer zu Recht mit Tiribazos in Verbindung gebracht, dessen Reiter inzwischen verschwunden waren. Der daraufhin gefaßte Entschluß, die kommende Nacht erneut unter freiem Himmel zuzubringen, bezeugt das tiefe Mißtrauen der Griechen gegenüber ihrem Vertragspartner. Jedenfalls mußten die Soldaten ihre kaum bezogenen Quartiere schnell wieder verlassen, was manche in eine solche Wut versetzte, daß sie die Häuser niederbrannten.

4.4.11-13 Aus der lebendigen Beschreibung des tief eingeschneiten Biwaks läßt sich die tödliche Gefahr ablesen, die in dieser Nacht über den Griechen schwebte: durch das lethargische Daliegen in der scheinbaren Wärme unter der Schneedecke wurde die Unterkühlung der Körper befördert, bis die für den Erfrierungsvorgang typische Schlafneigung eintrat, die, wenn sie nicht energisch bekämpft wird, zu unüberwindlicher Schlafsucht, Ohnmacht und schließlich zum stillen Erlöschen der Lebenskraft führt. Xenophon hat die Symptome einer beginnenden allgemeinen Erfrierung exakt beobachtet, auch an sich selbst (vgl. 5.8.15). Durch seine Initiative hat er sicher dazu beigetragen, daß die sich anbahnende Katastrophe noch abgewendet wurde. Das Einreiben mit Schweineschmalz und anderen vorgefundenen Ölen (anstelle des in Griechenland üblichen Olivenöls) diente an diesem Morgen vor allem auch der intensiven Massage der unterkühlten Körper und muß als eine unter den gegebenen Umständen außerordentlich zweckmäßige Maßnahme angesehen werden. Man darf aber wohl allgemein davon ausgehen, daß während des Wintermarsches die einzige Körperpflege der Griechen oft genug nur im Einölen bestanden hat.

4.4.14 Erst die dritte Nacht durften die Mitglieder der Marschkolonne unter Dach verbringen. Mit Genugtuung beobachtet Xenophon die ausgleichende Gerechtigkeit des Schicksals gegenüber denjenigen, die entgegen dem mit den Armeniern abgeschlossenen Vertrag die ihnen am Vortag zugewiesenen Häuser niedergebrannt hatten.

4.4.15-18 In der gleichen Nacht führte der nur hier erwähnte Demochares, vermutlich ein Lochage, einen Spähtrupp in die Hänge

Karte S.224, 232

des Çatakmassivs, ein Mann, der sich den Ruf eines zuverlässigen Beobachters erworben hatte. Obwohl niemand die Richtigkeit seiner Beobachtungen kontrollieren konnte, vertraute man seiner auf die Fakten beschränkten Berichterstattung. Er scheint bis in die Nähe des armenischen Lagers vorgedrungen und dort auf den umherschweifenden Perser gestoßen zu sein. Die Beschreibung seiner Waffen zielt vor allem auf die für die Griechen ungewöhnliche Streitaxt, deren Aussehen Xenophon seinen Lesern durch den Hinweis auf bildliche Amazonendarstellungen verdeutlicht. Er könnte dabei an das berühmte Gemälde des Mikon (eine Darstellung der Amazonomachie) gedacht haben, das im Theseion in Athen aufbewahrt wurde und nach dem Ausweis der davon abhängigen Vasenbilder zum erstenmal mit der Streitaxt kämpfende Amazonen zeigte (ihre normale Bewaffnung bestand aus Pfeil und Bogen sowie einem Schwert); oder an die noch berühmtere Amazonenschlacht, die Phidias auf dem Schild der Athena Parthenos dargestellt hatte: auch hier tauchen Streitäxte auf, wie sie Herodot für die Massageten (1.215.1) und die skythischen Saken (7.64.2) bezeugt (vgl. auch Herod.4.5.3: in mythischer Vorzeit fiel unter anderem auch eine goldene Streitaxt vom Himmel auf das skythische Land). Nach der Auskunft des Gefangenen verfügte Tiribazos außer über seine einheimischen Truppen auch über Söldnereinheiten, die aus Chalybern und Taochen bestanden. Die Chalyber waren das im Norden an die Armenier angrenzende Volk (vgl.4.5.34), dessen barbarische, sogar den Nahkampf nicht scheuende Wehrhaftigkeit (vgl.4.7.15/16) auf Xenophon großen Eindruck gemacht hat. Anscheinend sind sie mit den zuvor schon erwähnten Chaldaioi (4.3.4) zu identifizieren, nicht aber ohne weiteres mit den 5.5.1 genannten Chalybern, die im pontischen Küstengebiet Eisenbergbau betrieben. Die am Unterlauf des Tortum (vgl. 4.7.1) ansässigen Taochen teilten sich mit den Karduchen (vgl.3.5.16) und den Chaldäern (vgl.4.3.4) den Ruhm, dem Großkönig nicht unterworfen zu sein (vgl.5.7.15). Insgesamt handelt es sich offenbar um das Aufgebot, das Tiribazos dem Großkönig zum Kampf gegen Kyros zugeführt hatte und das nun auf dem Rückmarsch in die Heimat noch einmal mit den Griechen zu tun bekam. Ob Tiribazos wirklich einen Überfall auf die griechische Marschkolonne beabsichtigte, muß dahingestellt bleiben; es ist eher unwahrscheinlich (vgl. 4.4.21).

Karte S.224, 232

4.4.19-22 Um der befürchteten Paßabriegelung durch einen Präventivschlag zuvorzukommen, wurde die gesamte kämpfende Truppe zusammengezogen und sofort in Marsch gesetzt, während der Troß unter dem Schutz einer Wachmannschaft, deren Kommando der älteste General, Sophainetos (vgl.4.5.13, 5.3.1), übernahm, zurückblieb. Dadurch konnte ein wesentlich schnelleres Marschtempo erreicht werden. Die benutzte Straße (Muş - Liz) ist übrigens auch im Bereich des eigentlichen Passes, der eher als eine flache Mulde beschrieben wird, gut gangbar, während das Tal, durch welches die Straße läuft, von der Ebene aus als 'Engpaß' erscheint (vgl. SEGL 26). Das Lager des Tiribazos lag offenbar unmittelbar hinter dem Kamm des Çatak, den die Vorhut der Leichtbewaffneten lange vor dem Gros der auf der verschneiten Strecke nur mühsam vorankommenden Hopliten erreichte. Ihr spontaner Angriff ist nur unter der Voraussetzung erklärbar, daß sich dort erkennbar keine größeren Truppenmassen befanden. Vermutlich hatte die Hauptmacht inzwischen planmäßig den weiteren Rückmarsch angetreten, während sich der Satrap selbst mit seiner Reitereskorte, sonstigen kleineren Kontingenten und seiner persönlichen Dienerschaft noch im Lager befand. Über dieses brach der Angriff der griechischen Leichtbewaffneten überraschend herein. Nach dem ganzen Verlauf der Aktion hat es tatsächlich nicht den Anschein, daß Tiribazos die Griechen überfallen wollte. Er hatte anscheinend weder den Paß selbst mit stärkeren Kräften besetzt (die Leichtbewaffneten fanden beim Übergang nicht den geringsten Widerstand) noch auch sein Lager kriegsmäßig abgesichert. Für seine friedlichen Absichten scheint mir auch die Tatsache zu sprechen, daß er in unmittelbarer Nachbarschaft des Gegners sein feudales Reisezelt hatte aufstellen lassen. Er selbst konnte zwar zu Pferd entkommen, verlor aber einige seiner Männer und Pferde sowie mit seinem luxuriösen Zelt auch einige Diener, die bei der überstürzten Flucht der anderen wohl regelrecht vergessen worden waren. Nach dem überraschend erfolgreichen Abschluß des Unternehmens wurde sofort der Rückmarsch eingeleitet. Das Trompetensignal galt in erster Linie den Leichtbewaffneten unten im Lager des Tiribazos, bis zu welchem die Hopliten nach dem Erreichen des Passes nicht mehr vordrangen, sowie den hinteren Hopliteneinheiten, die noch im Aufstieg zum Paß begriffen waren und nun, wenn kein Stau eintreten sollte, bei der Kehrtwendung die Spitze übernehmen mußten. Bei der Rückkehr ins Lager hatten die

Karte S.224, 232

an dem Unternehmen beteiligten Truppen praktisch zwei normale Tagemärsche hinter sich.

4.5.1/2 <u>St. 144, 145, 146, 147</u> Die Marschkolonne bezog nach der Überwindung des Çatak-Passes ihr Biwak (**St. 144**) vermutlich an derselben Stelle, an der zuvor die Truppen des Tiribazos gelagert hatten. Für den Weitermarsch hatte man aus der Bevölkerung viele Führer aufgeboten, vermutlich deshalb, weil es nun darum ging, die geeignete Euphratfurt und dementsprechend auch den günstigsten Marschweg durch die Gebirgskette, die im Norden das Tal des Euphrat begrenzte und großenteils absolut unübersteigbar war, ausfindig zu machen. Von vornherein auszuschließen war der Gedanke, man könne auf irgendwelchen Saumpfaden über die damals tief verschneite Hochfläche des Bingöl-Dağ und den östlich anschließenden Kamm des Chamur-Dağ-Massivs nach Norden ziehen. Erst weiter im Osten eröffneten sich zwei Möglichkeiten zum Einmarsch in das Gebirge: man konnte entweder im Tal des Hinis bis zum Talkessel von Hinis ziehen, dann den Bergzug zwischen Bingöl-Dağ und Kazbel-Dağ überschreiten und das Tal des Aras, eines der Quellflüsse des Phasis, bei dem Dorf Küllü erreichen (KARBE, SEGL); oder man konnte zunächst im Tal des Euphrat selbst bleiben, den Fluß bei Chadirdodik (einige Kilometer südlich von Karakilise [Karaköse, heute Agri] überschreiten und von dort aus das Phasistal entweder auf einer direkten Nordroute quer durch das Gebirge bei Kagizman erreichen (LEHMANN-HAUPT) oder die nordwestlich ausgerichtete alte Karawanenstraße benutzen, welche von Täbris herkommend über den Delibaba-Paß [=Tahir-Paß] in das Phasistal hinabführte, dieses wenige Kilometer östlich von Köprüköy [Çobandede] erreichte und weiter nach Westen in die Ebene von Erzurum zog (v.HOFFMEISTER). Nach der in diesem Kommentar bisher vertretenen Auffassung, die sich an der pragmatischen Interpretation der täglichen Marschstrecken orientiert, kommt nur die erste Route in Betracht. Die Durchfurtung des Euphrat erfolgte knapp östlich der Einmündung des Hinis, etwa 110 km vor Chadirdodik; die für die Strecke bis dorthin notwendigen fünf Tagemärsche fehlen im Itinerar Xenophons und müssen von den Verfechtern der zweiten Route durch die Annahme übergroßer Marschleistungen ausgeglichen werden. v.HOFFMEISTER (238) läßt die Griechen in der Gegend von Malazgirt, etwa 20 km weiter stromaufwärts als oben angenommen, *"über den dort im Winter etwa 100 m breiten und nur 3/4 m tiefen Euphrat"* gehen

Karte S.232

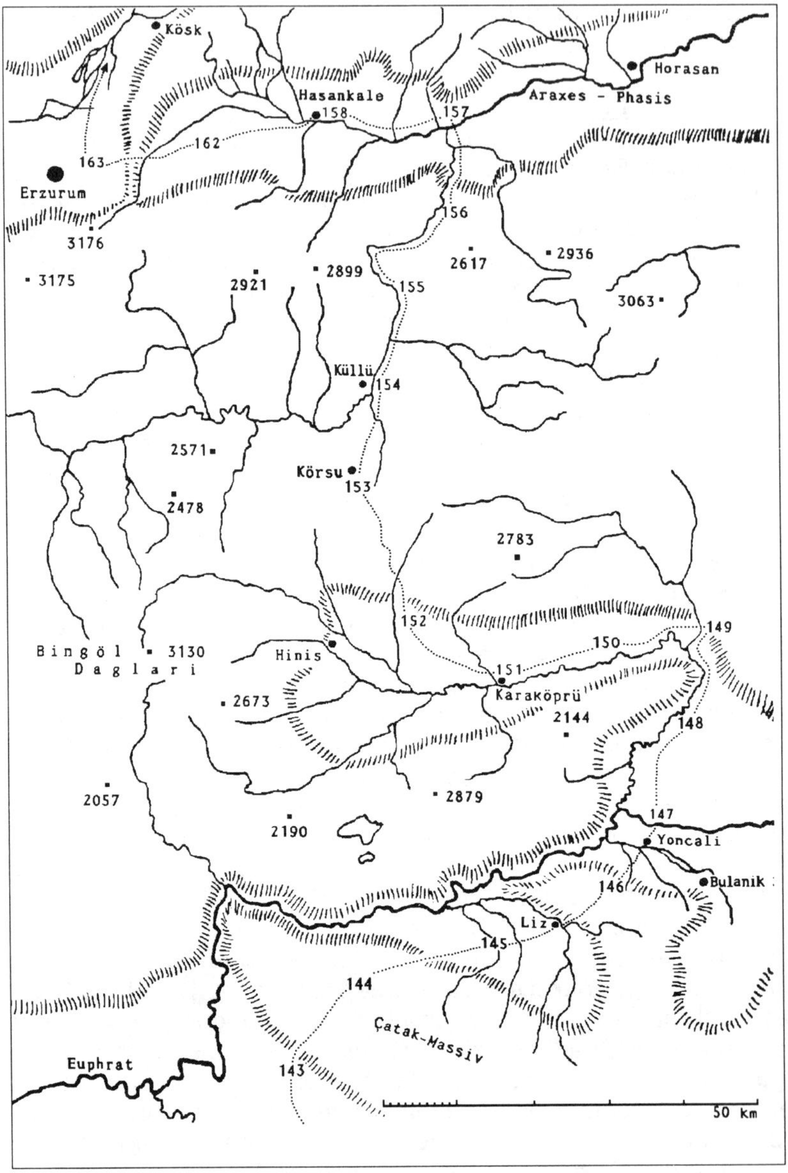

41. Stathmoi 143 -163 (4.4.7 - 4.6.5)

und dann auf dessen westlichen Ufer nach Karakilise [Agri] marschieren - tatsächlich war dort auch später immer eine Furt, von der aus die Straße allerdings nicht nach Karakilise, sondern ins Hinis-Tal weiterführte. Gegen diesen Ansatz spricht jedoch das Itinerar Xenophons: vom Çatak-Kamm bis nach Malazgirt müssen etwa 70 km gerechnet werden - zuviel für 15 Marschstunden, in denen jeweils etwa 4.6 km durch verschneites Gelände zurückgelegt worden sein müßten. Vielmehr ist zwingend damit zu rechnen, daß die Griechen die erste Gelegenheit, wieder die Nordrichtung einzuschlagen und die ihrem eigentlichen Ziel entgegenstehende, aber vom Gelände erzwungene Ostrichtung aufzugeben, ergriffen haben - diese aber bot das Hinis-Tal, in welches man über die Furt nördlich von Yoncali einmarschieren konnte. Diese Flußüberquerung fand natürlich noch am Nachmittag des dritten Tages statt, so daß im Lager am anderen Ufer (**St. 147**) die feucht gewordenen Sachen getrocknet und die unterkühlten Körper an den Feuern wieder erwärmt werden konnten. Die *"Quellen"* des östlichen Euphrat sind von dieser Stelle allerdings (in Luftlinie gemessen) noch 80-120 km entfernt; die entgegenstehende Information der Einheimischen, die dadurch wohl den niedrigen Wasserstand des Flusses erklären wollten, trifft nicht wirklich zu (vgl. aber auch die Argumentation Xenophons 3.2.22, deren Richtigkeit hier beispielhaft erwiesen wird). * Um den Leser nicht durch den ständigen Vergleich aller vorgeschlagenen Routen mit dem Text in Verwirrung zu stürzen, wird im folgenden nur noch die Marschstrecke durch das Hinis-Tal genauer untersucht.

4.5.3-6 <u>**St. 148, 149, 150**</u> Die vom Biwak auf dem Nordufer des Euphrat (**St. 147**) ausgehende Wegstrecke führte durch tief verschneites *"ebenes"* Gebiet und endete nach vier Tagemärschen in einer fruchtbaren Gegend mit Dörfern, wo ausgedehnte Viehzucht sowie Ackerbau und Gemüseanbau betrieben wurden. Die im Vat.987 = A überlieferte Lesart παρασάγγας πέντε, nach der die Griechen an drei Tagen nur fünf Stunden marschierten, kann nicht richtig sein; vielmehr muß πέντε καὶ δέκα (Par. 1641 = B, Vat.1335 = F, Ven.Marc.511 = M) aufgenommen werden. Damit stimmt auch die Überlieferung in der Haupthandschrift Par.1640 = C überein. Dort stand statt τρεῖς - πέντε καὶ δέκα ursprünglich nur τρισκαίδεκα; der häufig eingreifende Korrektor überstrich καί-δεκα, setzte über das erste κ das Zeichen ∴ und schrieb dann, unter Voranstellung desselben Zeichens ∴, an den Rand παρα-

Karte S.232

σάγγας πέντε καὶ... (die Fortsetzung ist durch Beschneiden des Randes verloren gegangen). Er wollte also das Wort τρισκαίδεκα nach τρισ (= τρεῖς) unterbrechen und die ausgefallenen Wörter παρασάγγας πέντε καὶ δέκα einfügen. Anders läßt sich seine Korrektur nicht interpretieren. An jedem der drei Tage sind die Griechen also fünf Stunden marschiert, unter schwierigen Verhältnissen, die ein schnelles Vorwärtskommen nicht zuließen. Wenn wir mit einer Stundenleistung von etwa 3 km, also einer Marschstrecke von insgesamt etwa 45 km rechnen, führten die Märsche des ersten und zweiten Tages ziemlich genau nach Norden über eine hochgelegene wellige Plateaufläche (SEGL 31, SINCLAIR I 288/89) bis etwa an die Stelle, an welcher der Fluß aus der Ostrichtung nach Süden umknickt. Am dritten Tag war die Marschrichtung dann im wesentlichen Westsüdwest; das dritte Biwak (**St. 150**) befand sich am Eingang in den Kessel von Hinis, vielleicht in der Gegend von Güvendik, wo sich die Landschaft wieder weitet. Der für den dritten (besonders schwierigen) Marschtag erwähnte *"Nordwind"* hat in der Diskussion über die richtige Marschstrecke stets eine gewisse Rolle gespielt, weil er einen Marsch in Nordrichtung vorauszusetzen scheint. Tatsächlich würde aber wohl auch ein Nordwest- oder Nordoststurm von Xenophon als *Boreas* bezeichnet werden, ebenso alle aus südlichen Richtungen wehenden Winde als *Notos*: nur diese beiden Windrichtungen finden in der «Anabasis» einmal (5.7.7) Erwähnung. An unserer Stelle kommt jedoch noch eine Erwägung hinzu. Aus dem Bericht scheint mir deutlich hervorzugehen, daß der eisige Nordsturm in der Nacht und am Morgen des dritten Marschtages aufkam und als der Versuch chthonischer Mächte, den Weitermarsch zu behindern, ausgelegt wurde. Das einzige Mittel, um derartige Mächte zu besänftigen, war nach dem griechischen Glauben die rituelle Opferung von Tieren, denen der Hals niedergebeugt und dann die Kehle durchgeschnitten wurde, damit das Blut auf den Boden strömte und so zu den chthonischen Mächten gelangte (*Sphagia*). Diese Zeremonie wurde vor dem Aufbruch aus dem Biwak (**St. 149**) feierlich durchgeführt - mit spürbarem Erfolg, wie der fromme Xenophon hinzufügt. Die später (auf **St. 150**) gemessene Schneetiefe von über 1½ m bedeutete für den Marsch natürlich eine katastrophale Behinderung. Die von Xenophon erwähnten Verluste ergaben sich wohl vor allem an der Spitze, wo die Spur von den Tragtieren und den sie führenden und antreibenden Sklaven getreten werden mußte. Dieses Verfahren wurde auch in moderner Zeit immer an-

Karte S.232

gewandt, wenn Fußtruppen zusammen mit Tragtierkolonnen durch verschneites Gelände marschieren mußten. GUSE, der im ersten Weltkrieg auf türkischer Seite an den Kämpfen gegen die Russen an der Kaukasusfront teilnahm, beschreibt den Vorgang im Zusammenhang mit dem Aufmarsch der Türken im Dezember 1914 folgendermaßen (40): *"Die türkischen Truppen hatten große Anstrengungen hinter sich. ... Große Steigungen waren bei tiefem Schnee und bei Glätte überwunden worden, manche engen Stellen konnten nur zu einem überschritten werden. Die zahlreichen Tragtiere machten den Marsch für die Infantrie noch anstrengender. [Anm.1: Sie treten immer Spur, und es bilden sich bei Steigungen Stufen, aber diese Stufen sind glatt und die Schrittlänge der Tragtiere paßt nicht zu der des Menschen, daher marschiert es sich für die Infantrie auf einem von Tragtieren betretenen Weg im Schnee sehr unbequem.]"*. Zu den schwierigen Wetterbedingungen kam Lebensmittelmangel hinzu (vom Heu für die Tiere zu schweigen; viele von ihnen dürften regelrecht verhungert sein). Schließlich trat unter dem Einfluß der Strapazen und des Hungers eine selbstsüchtige Aushöhlung der Kameradschaftlichkeit ein, unter der vor allem die von Xenophon befehligten Truppen der Nachhut, die erst viele Stunden nach der Anlage des Biwaks in der Dunkelheit eintrafen, zu leiden hatten.

4.5.7-9 Zu der Entstehung und der Therapie des sogenannten *Heißhungers* (*Boulimie*), der nicht mit der heute manchmal auch als Heißhunger bezeichneten Hyperorexie identisch ist, hat sich Aristoteles (Probl. 8.9, 887b) ausführlicher geäußert; er weist auch darauf hin, daß die *Boulimie* besonders bei Kälte auftrete. Gemeint ist hier ein Zustand schwerer Aushungerung, der im Verein mit der Kälte und den allgemein schlechten Umweltbedingungen lebensbedrohliche Ausmaße annahm. In der Tat können Hungerkranke, welche nicht mehr von der Hoffnung auf Rettung aufrecht gehalten werden, in wenigen Tagen 'erlöschen', zumal dann, wenn die Apathie des Erfrierungsvorganges hinzutritt (4.4.11). Offenbar fielen die Leute einfach zu Boden und blieben unansprechbar liegen (auch Aristoteles weist darauf hin, daß sich bei *Heißhunger* Schwäche und die Unfähigkeit zu sprechen einstellen). Xenophon, der richtig erkannte, daß hinter dem körperlichen Zusammenbruch eine Krankheit steckte, konsultierte einen Arzt und wandte dessen Therapievorschlag (sofortige Nahrungszufuhr, die auch von Aristoteles empfohlen wird) mit Erfolg an. Daß er auf eigene Faust in den La-

Karte S.232

sten der Tragtierkolonne Nahrungsmittel requirierte, bezeugt seine Bereitschaft, um der Rettung einzelner Männer willen auch Unannehmlichkeiten in Kauf zu nehmen: denn es handelte sich hier ja um Privatvorräte vor allem wohl der Offiziere.

42. Blick von Süden über die Ebene von Hinis (Nachzeichnung nach LYNCH II Fig. 159)

4.5.9-11 St. 151 Am späten Nachmittag des vierten Marschtages erreichte Cheirisophos mit den vordersten Männern der Vorhut das erste (nennenswerte) armenische Dorf nach dem Euphratübergang, vermutlich in der Gegend von Karaköprü. Es war (mit einer Palisade?) befestigt und gehörte zu einer ganzen Ansammlung von Dörfern, die sich über den westlichen Teil des Hinis-Kessels verteilten. Mithilfe ihrer listigen Verstellung gewannen die Griechen das Vertrauen der Wasserholerinnen (von denen einige Persisch verstanden) und brachten in Erfahrung, daß Tiribazos sich in der Entfernung von einer Wegstunde aufhalte. Falls diese Nachricht stimmte, müßte der Satrap denselben schwierigen Marsch wie die Griechen unmittelbar vor diesen durchgeführt haben - eine eher unwahrscheinliche Annahme. Vielleicht meinten die Frauen nur, daß das für Amtshandlungen benutzte *"königliche Gebäude"* (vgl.4.4.2) etwa eine Stunde von ihrem Dorf entfernt war. Jedenfalls verfügten sowohl dieses als auch die anderen Dörfer, in denen die Griechen später Quartier bezogen, über große Mengen an

Karte S.232

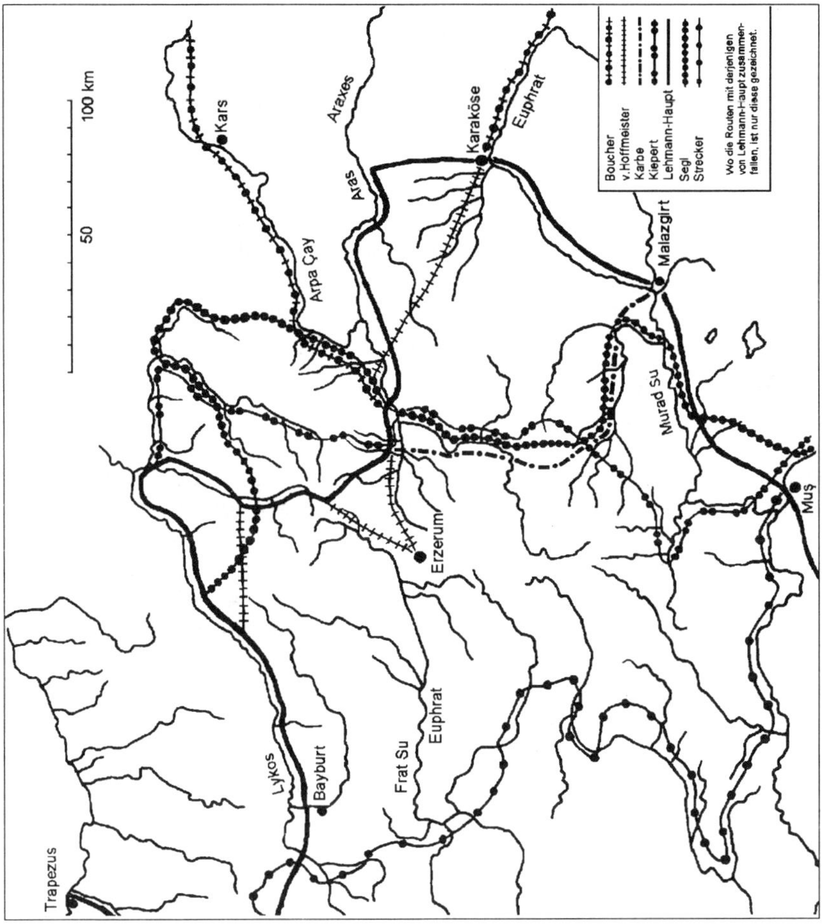

43. Die Marschstrecken vom Euphrat (4.5.2) bis nach Trapezus (4.8.22): vereinfachte Übersicht über verschiedene Routenvorschläge

Lebensmitteln, was nach dem Durchzug von Truppenmassen kaum noch der Fall gewesen wäre. Vermutlich hatte sich das armenische Aufgebot des Tiribazos inzwischen weitgehend zerstreut, während die chalybischen und taochischen Söldner (auf unbekanntem Weg) an die Grenze ihres eigenen Gebietes geeilt waren und dort später die Marschkolonne erwarteten (4.6.5), um ihren

Karte S.232

Durchzug zu verhindern. Tiribazos selbst trat den Griechen nicht mehr in den Weg, sondern scheint sich der Hoffnung hingegeben zu haben, daß die winterliche Witterung ihren Untergang besiegeln werde. Nur die Vorhut fand noch eben bei Einbruch der Dunkelheit Quartier unter festem Dach, während die über mehrere Kilometer auseinandergezogene Marschkolonne (vgl.4.5.22) nicht mehr aufrücken konnte, sondern gruppenweise entlang des Weges biwakierte. An diesem vierten Tag und Abend spielten sich auch die Ereignisse ab, die Xenophon im folgenden (4.5.12-20) aus dem Blickpunkt der Nachhut erzählt (zu Unrecht fügt BREITENBACH [1607] einen weiteren Tag im Schnee ein, an dem nur die Nachhut marschierte; tatsächlich betreffen die Aussagen 4.5.11 οἱ μὴ δυνάμενοι - ἄνευ πυρός und 4.5.20/21 ὅλον οὕτως ἀναπαύοιτο - ἄδειπνοι dieselbe Nacht).

4.5.12-14 Die armenischen Plünderer folgten der entkräfteten Kolonne, hinter der immer wieder zusammengebrochene Tiere zu finden waren, in Hörweite. Die Erwähnung der Ausfälle durch Schneeblindheit, aus der auf sonniges Wetter während dieses Marsches geschlossen werden kann, und Zehenerfrierungen verdeutlicht die ungeheueren Strapazen, unter denen gerade diese Strecke zurückgelegt wurde (vgl. GUSE 42: *"Die Anstrengungen und Entbehrungen waren also außerordentlich. Viele Frostschäden, auch Fälle von Schneeblindheit traten auf"*). Den Mittransport und eine gewisse minimale ärztliche Versorgung der Kranken kann man sich unter den gegebenen Umständen kaum schwierig genug vorstellen. Die von Xenophon beschriebenen Schutzmaßnahmen waren praktisch die einzigen, die von jedermann, der noch die nötige Willenskraft aufbrachte, leicht realisiert werden konnten. Unter dem μέλαν τι ist vielleicht ein aus dunklem Stoff zurecht gemachter Lappen, den man über das Gesicht hängen ließ, zu verstehen. Von wesentlicher Bedeutung ist die Vorschrift, die Füße ständig zu bewegen und trotz der Kälte während der Nachtruhe die Schuhe auszuziehen. Andernfalls konnten tatsächlich deren Riemen, wenn sie in der Kälte steif wurden, in die anschwellenden und gefühllosen Füße einschneiden und offene Wunden verursachen, die den Erfrierungsvorgang mit Frostgeschwüren und Brandbildung sowie schließlich das Absterben des Gewebes beschleunigten. Jedenfalls war es unmöglich, den Marsch mit derartigen Wunden ohne Hilfe fortzusetzen. Die καρβάτιναι waren besonders von Hirten und Bauern getragene Schuhe, die aus einem einzigen Stück rohen

Leders (im vorliegenden Fall wurden sogar frisch abgezogene, ungegerbte Ochsenfelle verwendet) mit einfacher Sohle bestanden und offenbar mit Riemen um den Unterschenkel festgebunden wurden (völlig vergleichbar den sogenannten 'Hufschuhen', welche man Kamelen mit schmerzenden Füßen anlegte; auch sie hießen nach Aristoteles [De animal. hist. 2.1, 499a29] καρβάτιναι). Diese primitiven Ersatzschuhe, welche sich die Soldaten selbst hergestellt hatten, mußten während des Marsches scharf verschnürt werden, damit sie nicht abrutschten. Bei Nacht sollten die Riemen zumindest gelockert werden (auch dies könnte ὑπολύεσθαι bedeuten).

4.5.15 Die warme Quelle, in deren Nähe der Schnee geschmolzen war, wurde von manchen Erklärern bei der Festlegung des Marschweges überbewertet. So hatte KOCH (93) eine warme Quelle bei dem Dorf Baskan am Südfuß des Bingöl-Dağ mit der von Xenophon genannten identifiziert und daraus eine westliche Umgehung des Serafettin-Dağlari abgeleitet, STRECKER sogar seine sehr weit nach Westen ausgebuchtete Route mit Rücksicht auf eine heiße Quelle bei Hatschigan (40° 48' L, 38° 55' B nach SEGL 33 Anm.1) entwickelt. Beide Quellen kommen hier ebensowenig in Betracht wie eine weitere, die bei Hasankale (schon auf der Höhe von Erzurum) beobachtet wurde. Mit SEGL und LEHMANN-HAUPT, die auf ihren Streckenvorschlägen keine warmen Quellen nachweisen können, sollte man die Suche aufgeben und sich den von SEGL (32/33) vorgetragenen Gedanken, daß in einem vulkanisch regen Land mit vielen warmen Quellen, aber auch vielen Erdbeben, wie der östlichen Türkei innerhalb von 2½ Jahrtausenden solche Quellen verschüttet worden oder versiegt sein oder ihre warme Temperatur eingebüßt haben können, zu eigen machen.

4.5.16-21 Die von Xenophon aus der Sicht des Kommandanten der Nachhut geschilderten Vorgänge verdeutlichen einerseits den lethargischen, lebensbedrohenden Erschöpfungszustand, in den Teile der Truppe durch die Einwirkung von Hunger und Kälte inzwischen verfallen waren, andererseits aber auch die Schwierigkeiten, die sich daraus für die Männer der Nachhut ergaben. Hier fand die Aufrechterhaltung der Disziplin an dem physischen und psychischen Zusammenbruch der Soldaten ihre Grenze. Xenophon hat sich in dieser schwierigen Situation offenkundig vorzüglich be-

Karte S.232

währt, indem er zunächst alles daran setzte, die Kranken wieder auf die Beine zu bringen, und, als dies nicht möglich war, durch einen energischen Angriff wenigstens die verfolgenden Plünderer verscheuchte und Hilfe für den nächsten Tag versprach. Nach etwa 700 m Marsch traf er auf die Schlußmänner der Hauptkolonne und bezog nach Erkundung der Lage in ihrer Nähe für die Nacht das Biwak, wie alle anderen (außer der Vorhut) unter freiem Himmel, ohne Feuer und also auch ohne die Möglichkeit, sich Essen zu bereiten - aber unter Einrichtung eines notdürftigen Wachdienstes. Der Bericht läßt mit erschreckender Klarheit erkennen, daß sich die griechische Armee damals in voller Auflösung befand und dem Untergang geweiht war, wenn nicht in kürzester Frist eine erhebliche Verbesserung der Lage eintrat. Während dieser schlimmen Zeit, vielleicht im Zusammenhang mit der Hilfsaktion für die zurückgelassenen Kranken am nächsten Morgen, scheint sich ein Vorgang abgespielt zu haben, über den Xenophon später (5.8. 6-11) ausführlich berichtet: er verhinderte damals mit Schlägen, daß ein Soldat einen nicht mehr marschfähigen Kameraden, den er nach vorn führen sollte, noch lebend einscharrte, um sich seiner zu entledigen.

4.5.22/23 Anscheinend waren die von Cheirisophos ausgesandten Leute der Vorhut, nachdem sie eine Nacht unter Dach verbracht und Verpflegung zu sich genommen hatten, wieder so weit bei Kräften, daß ihnen die Sorge für die Kranken und Entkräfteten anvertraut werden konnte. Nach etwa einer Stunde Marsch traf auch die Nachhut, deren militärische Aufgabe nach wie vor die Sicherung nach hinten war, im Stathmos (**151**) ein. Dieser bot jedoch für die Unterbringung der gesamten Kolonne zu wenig Platz. Notgedrungen wurde deshalb eine abteilungsweise Einquartierung in den umliegenden Dörfern ins Auge gefaßt, da der Truppe unter allen Umständen vor dem Weitermarsch eine Ruhepause zur Auffrischung der Kräfte gegönnt werden mußte. Das Losverfahren war geeignet, bei der Zuweisung der (zuvor nicht rekognoszierten, sondern nur als solche erkennbaren) Dörfer nach dem Prinzip des Zufalls größtmögliche Gerechtigkeit zu garantieren: niemand wußte, ob er günstige oder ungünstige Verhältnisse vorfand.

4.5.24 Zwischen Xenophon und seinem Landsmann Polykrates bestand offenbar ein gewisses Vertrauensverhältnis: zu den Verhandlungen mit Seuthes nahm Xenophon ihn als einzigen seiner

Karte S.232

Lochagen mit (7.2.17 und 29) und schickte ihn später, als es bei Selymbria zu unerfreulichen Auseinandersetzungen wegen ausstehender Soldzahlungen mit den Söldnern kam, als seinen Fürsprecher in die Diskussion. In der augenblicklichen Situation kam es darauf an, das der Abteilung Xenophons zugeloste Dorf, das sicher ein ganzes Stück entfernt war, in einer Überraschungsaktion schlagartig zu besetzen, bevor die Bewohner sich selbst, ihre Habe und ihr Vieh in Sicherheit bringen konnten. Der Handstreich gelang zur vollsten Zufriedenheit. Für die menschliche Sehweise Xenophons ist es charakteristisch, daß er ausdrücklich die erst seit einer Woche verheiratete Tochter des Bürgermeisters und die Abwesenheit ihres Ehemannes *"auf der Hasenjagd"* erwähnt. Solche Nebensächlichkeiten, die Xenophon in seinem Tagebuch festgehalten haben muß, geben der «Anabasis» von Zeit zu Zeit jenen sehr persönlichen und liebenswürdigen Anstrich, der ihre Lektüre so erfreulich abwechslungsreich macht. Hier dient der Hinweis zusätzlich natürlich auch dazu, den Kontrast zu der Beschreibung des fast in einer Katastrophe endenden Schneemarsches der vorhergehenden Tage zu unterstreichen. * Ein Problem wirft die Erwähnung der 17 Fohlen auf, die in diesem Dorf *"als Tribut für den Großkönig"* (vgl. § 34) aufgezogen wurden. Nach § 35 *"nahm sich [Xenophon] selbst [eines] von den Fohlen und gab jedem der anderen Strategen und Lochagen eines"* - das waren über hundert Personen! Diese Aussage ist mit der Mengenangabe *"17"* nicht vereinbar. Es sind verschiedene Vorschläge zur Lösung des Problems gemacht worden: SCHENKL empfahl die Streichung von καὶ λοχαγῶν (vgl.MASQUERAY, der zusätzlich auf 7.5.4 verweist); HUTCHINSON vermutete, daß sich die Begriffe *"Strategen und Lochagen"* nur auf die von Xenophon geführte Abteilung beziehen könnten, während WEISKE die Zahl ἑπτακαίδεκα für korrupt hielt (vgl. DINDORF). In der Tat könnte man hier kaum den Begriff *"königliche Stuterei"* (vgl. SEGL 31) anwenden - zumal dann, wenn man die von Strabon (11.14.9) mitgeteilte Information, daß der Satrap Armeniens jährlich 20000 Fohlen an den Großkönig abführte, als richtig unterstellt. Vielleicht war es so, daß Polykrates mit seinen wenigen Männern, die ja das ganze Dorf besetzt halten mußten, bis die Hauptabteilung eingerückt war, zunächst nur schnell diese kleine Herde als Unterpfand in seine Gewalt gebracht hatte, während sich Xenophon später aus dem Bestand eines größeren Gestütes, das von den Bewohnern des Dorfes tatsächlich betreut wurde, bediente. Wie dem auch sei - jedenfalls betrachtete Xeno-

Karte S.232

phon die Pferde (oder zumindest einen Teil der Pferde) als Beute und brachte damit das Dorf in eine schwierige Lage gegenüber den Persern.

4.5.25-27 Diodors Beschreibung der unterirdischen Wohnungen (14.28.5) entspricht derjenigen in der «Anabasis» so genau, daß sie von dort übernommen sein muß, sei es durch Diodor selbst oder durch seine Quelle oder durch einen Interpolator (so erwogen in der Ausgabe von VOGEL-FISCHER). Auch von modernen Reisenden wurden weitgehend unterirdisch angelegte Wohnungen in Armenien öfter beschrieben (vgl.AINSWORTH [ASIA MINOR] II 364, 376, BOUCHER 217, v.HOFFMEISTER 239, KOCH 94/95 (= WENDT 163), LEHMANN-HAUPT I 266/67 (= WENDT 164/65), II 737/38). Eine besonders ausführliche und den xenophontischen Bericht gut illustrierende Beschreibung wird A.CURZON (141-144) verdankt; aus ihr seien einige Auszüge zitiert: *"Die Art und Weise, wie ein Haus gebaut wird, ist folgende: Zuerst wird der Umfang, der im Durchschnitt einen englischen Morgen beträgt, umstochen und dann der ganze eingeschlossene Raum, ungefähr bis zu einer Tiefe von fünf Fuß, ausgegraben. Ein Theil von funfzig bis hundert Fuß Länge und Breite wird gleich für den Viehstall, den wichtigsten Theil der ganzen Wohnung, abgeschieden. Nun hat man sich schon früher aus weiter Ferne einige Bäume angeschafft, und die Stämme in Stücke von acht bis neun Fuß, der gewöhnlichen Höhe der Zimmer, geschnitten. Diese Stücke dienen dazu, um das Dach des Stalles zu tragen, und werden zu diesem Zwekke in zwei oder vier Reihen eingeschlagen. Die stärkeren Äste legt man, wie sie sind und ohne irgend nur vorher im geringsten behauen zu sein, kreuzweise als Balken von Pfeiler zu Pfeiler, darüber breitet man nun wiederum die dünnen Aeste und endlich darüber das Reisicht, bis sonach also der ganze Baum verbraucht ist. Das Reisicht wird zuweilen vorher in Bündel gebunden und so benutzt. Auf dieses streut man nun Erde und tritt sie möglichst fest, zuletzt legt man die Rasenstücke darüber. Rund um den Stall werden ohne bestimmte Ordnung kleinere Räume angelegt, die ebenfalls, wenn sie irgend einen Umfang von Bedeutung besitzen, ebenso wie der Stall mit Pfeilern gestützt werden* (140/41). ... *Der Rauchfang ist außerhalb nur wenig über dem Boden erhaben und kann mit einem breiten, flachen Steine bedeckt werden, damit kein Schnee oder Regen hereinfällt. Es kommt bisweilen vor, daß auf dem Dache spielende Kinder und die dort grasenden Lämmer*

Karte S.232

44. Armenisches Dorf in der Ebene von Muş (Umzeichnung nach LYNCH II 165 = ROHRBACH Abb.49)

durch den Rauchfang fallen. Diese mehr unterirdischen Wohnungen lehnt man am liebsten an einen Abhang und benutzt dann sogleich die Erde, um sie auf den Seiten aufzuwerfen. Bei dieser Art Häuser zu bauen, darf es auch nicht auffallen, daß man von außen oft gar keine Spur einer Wohnung entdecken kann (142). ...*Wie man schon aus der Beschreibung des Hauses ersehen konnte, ist der bemerkenswertheste und wichtigste Theil der Viehstall, welcher oft gegen sechszig Stück verschiedener Hausthiere fassen kann. Während des ganzen langen Winters verlassen oft die Bewohner ihren Stall nicht ein Mal* (142/43). ... *Neben ihm* [dem Selamlük oder Empfangszimmer] *sind zunächst die Pferde des Herrn angebunden, worauf die Kühe und das übrige Vieh folgen....Die Schafe treiben sich gewöhnlich zwischen den Kühen frei herum, während außerdem aber noch zahlreiches Federvieh den geräumigen Stall bewohnt"* (143). Es konnte vorkommen, daß man sich bereits auf den Dächern der Häuser befand, ohne es zu merken, wenn man nicht auf die in ihrer Nähe aufgetürmten Misthaufen oder aufsteigende Rauchfahnen achtete - zumal dann, wenn eine dichte Schneedecke alles unter sich begrub (v.HOFFMEISTER). LEHMANN-HAUPT (I 266/67) hat miterlebt, wie ein Pferd seiner Expedition plötzlich in der Dunkelheit stürzte: *"Das Pferd war von oben in den Erdhügel eingebrochen, der die Bedachung eines der kurdischen halb unterirdischen Häuser des Dorfes bildete"*. Unter den *"Vögeln"* sind hier *Hühner* zu verstehen, die also

Karte S.232

(natürlich nur in der schlechten Jahreszeit) zusammen mit den anderen Haustieren unterirdisch lebten. * Von den aufgezählten Lebensmitteln ist der *"Gerstenwein"* besonders interessant. Es handelt sich um ein obergäriges Bier, das aus gerösteten Gerstenkörnern (und vielleicht einem Anteil von Spelt, aber ohne Hopfen) hergestellt wurde und durch die natürliche Gärung einen starken Alkoholanteil erlangte. Einen speziellen Namen für dieses in Griechenland wohl neben dem aus Trauben gekelterten Wein nicht sehr gebräuchliche Getränk kannte Xenophon nicht, ebensowenig Herodot, der das in Ägypten viel getrunkene Bier (der Gott Osiris wurde als sein Erfinder angesehen, vgl. Diodor 1.20) gleichfalls als *"aus Gerstenkörnern gemachten Wein"* bezeichnet (2.77.4). Und auch Polybios nennt ein Getränk, das ein iberischer König in silbernen und goldenen Mischkrügen in seinem Palast aufbewahrt habe, *"Gerstenwein"* (34.9.14/15 = Athen. Deipn. 1.28, p.16c). Andererseits sollen, wiederum nach Athenaios (Deipn. 10.67, p. 447 b/c), schon Archilochos, Aischylos und Sophokles den speziellen Namen βρῦτον oder βρῦτος für Bier verwendet haben. Später taucht häufiger der Begriff τὸ ζύθος dafür auf. Nach Armenien gelangte die Kunst der Bierherstellung vermutlich recht früh, als sie sich von Babylonien aus rundum verbreitete. Man hört aus dem Bericht Xenophons deutlich heraus, daß die Griechen das merkwürdige Getränk zunächst skeptisch kosteten, dann Geschmack daran fanden und es, nachdem sie aufgrund übermäßigen Genusses entsprechende Erfahrungen hatten machen müssen, wie Wein behandelten und mit Wasser verdünnten. Die Sitte, Bier durch Röhrchen aufzusaugen, herrschte nach Archilochos Fr.28D auch bei den Thrakern und Phrygern.

4.5.28/29 Das Verfahren Xenophons, den Bürgermeister als Führer für die Marschstrecke bis zum nächsten Volk zu gewinnen, unterscheidet sich wohltuend von der vermutlich üblichen Zwangsverpflichtung aufgegriffener Landesbewohner. Er nahm ihn und seine Kinder zwar in eine Art Geiselhaft, versuchte sich aber seiner korrekten Mitarbeit durch freundliches Verhalten und Versprechungen zu versichern - gemäß seinem Glauben, daß die Menschen vom Unrechttun abgehalten werden können, wenn man ihre guten Leistungen belohnt (vgl. Oikon. 14.7). Durch das Angebot, beim Abmarsch das Haus des Bürgermeisters mit Lebensmitteln anzufüllen, wurde diesem die Sorge genommen, daß seine Familie während seiner möglicherweise längeren Abwesenheit in Schwie-

Karte S.232

rigkeiten kommen könnte - aber bei diesen Lebensmitteln handelte es sich natürlich um die requirierten Vorräte anderer Familien. Insgesamt dürften die Dörfer des Biwakraumes nach der achttägigen Einquartierung der ausgehungerten Marschkolonne ziemlich leergeräumt zurückgeblieben sein. Mit dem Platz, *"wo das Bier vergraben war"*, ist wohl eine Zisterne gemeint, aus der das Getränk bei Bedarf in Mischkrüge geschöpft wurde (vgl. 4.2.22).

4.5.30-32 Durch die plastische und detailreiche Schilderung seines immer wieder unterbrochenen Marsches zu Cheirisophos gelingt es Xenophon, dem Leser den fast unglaublichen Kontrast zu den vergangenen Notzeiten vor Augen zu stellen. Die Söldner scheinen die Stallungen der Bauern förmlich entvölkert und sich dem Wohlleben im Überfluß hingegeben zu haben. Beim Trinken (oder besser: Saufen) verzichteten sie auf die landesüblichen Röhrchen und schlürften das Bier direkt aus den Mischkrügen - wie das Vieh. Die armen Dorfbewohner mußten mitansehen, wie alle ihre Vorräte und ihre Hühner, Ferkel und Lämmer in den Bäuchen der fremden Soldaten verschwanden, und durften dabei vermutlich noch nicht einmal an den Mahlzeiten teilnehmen - mit Ausnahme des Bürgermeisters. Dieser besonnene Mann vermied es jedoch, die ihm aufgedrängte Rolle eines Privilegierten zu seinem Vorteil auszunutzen und beschränkte sich darauf, seine Verwandten mit nach Hause zu nehmen. Er hatte wohl erkannt, daß der bei ihm einquartierte Xenophon keiner jener rohen und unberechenbaren Landsknechte wie die meisten anderen war, sondern eine gewisse Menschlichkeit ausstrahlte.

4.5.33 Als sie bei Cheirisophos eintrafen, feierte dieser (wohl mit seinen Lochagen zusammen) nach dem Essen bereits ein regelrechtes Symposion. Die bei Symposien üblichen Efeu- und Myrtenkränze hatte man notgedrungen durch Heukränze ersetzt. Als Diener, welche auf entsprechende Gesten hin vor allem die Trinkgefäße immer wieder füllen und herumreichen mußten, fungierten armenische Knaben in ihrer Landestracht, der jene erotische Ausstrahlung fehlte, die griechische Symposiasten von ihren leichtgeschürzten jugendlichen Dienern gewohnt waren.

4.5.34 Die Befragung des Bürgermeisters, der sich auf Persisch verständlich machen konnte, diente natürlich im wesentlichen der Planung des weiteren Marschweges. Die als Nachbarvolk genann-

Karte S.232

ten Chalyber waren schon einmal (4.4.18) erwähnt worden: sie stellten im Heer des Tiribazos eine Söldnerabteilung. Ein gewisses Problem ergibt sich aus der Tatsache, daß Xenophon außer diesem noch zwei weitere Völker, durch deren Gebiete die Marschkolonne zog, als Chalyber bezeichnet: das eine lebte nördlich der Taochen am Unterlauf des Tortum (4.7.15-17), das andere östlich der Stadt Kotyora am Schwarzen Meer; es war den Mossynoiken untertan und bestand nur aus wenigen Menschen, welche hauptsächlich Eisenerzbau betrieben (5.5.1) Den hier auftauchenden Fragen einschließlich der Frage nach dem Nebeneinander von Chalybern, Chaldäern und Chaldern ist sehr ausführlich LEHMANN-HAUPT (II 800 ff.) nachgegangen (vgl. das Referat seiner Ergebnisse zu 4.7.15-17).

4.5.35 Von Pferdeopfern der Perser für Helios spricht Xenophon noch einmal in der «Kyrupädie» (8.3.12 und 24): er läßt dort Kyros bei seinem ersten feierlichen Auszug als König mit dem ganzen Hofstaat dem Sonnengott mehrere Pferde opfern (vgl. auch Pausanias 3.20.4 und Philostratos vita Apoll. 1.31). Für die Massageten bezeugen Herodot (1.216.4) und Strabon (11.8.6) derartige Pferdeopfer; nach Pausanias (3.20.4) wurden sie sogar in Griechenland, auf dem Taleton in Lakonien, vollzogen. Bei welcher Gelegenheit sich Xenophon des durch die vorhergegangenen Strapazen verständlicherweise stark erschöpften Pferdes bemächtigt hatte und wie ihm zu Ohren kam, daß es dem Helios heilig sei, muß offen bleiben; vermutlich handelte es sich um einen Schimmel: weiße Pferde galten bevorzugt als Opfertiere für den Sonnengott. Jedenfalls lieferte Xenophons Verhalten wieder einmal einen Beweis für seine Frömmigkeit. Zur Problematik des Schlußsatzes vgl. 4.5.24.

4.5.36 Auf *"die kleinen, aber feurigen Pferde, die im ganzen Kaukasus und in Armenien als für Gebirgspfade besonders geeignet verwendet werden"*, macht LEHMANN-HAUPT (II 779) aufmerksam; die Verbreiterung der Hufe durch übergezogene Beutel nennt KOCH (95) einen *"Gebrauch, der in den Kaukasusländern allgemein ist und auch von den Menschen in Anwendung gebracht wird"* (daß die Kaukasusbewohner sich breite, mit Stacheln versehene Platten aus rohem Leder unterbanden, um auf Schnee und Eis voranzukommen, erwähnt bereits Strabon 11.5.6).

Karte S.232

4.6.1 Einen achttägigen Aufenthalt in den armenischen Dörfern bezeugt auch Diodor (14.29.1). Der Name des Mannes aus Amphipolis, dem der junge Sohn des Bürgermeisters anvertraut wurde, ist hier und in § 3 in den sogenannten *codices meliores* als *Pleisthenes* oder *Kleisthenes*, in den sogenannten *deteriores* als *Episthenes* überliefert. Da Episthenes der einzige sonst noch in der «Anabasis» erwähnte Amphipolite ist (er war der Anführer der Peltasten in der Schlacht bei Kunaxa und wird für sein Verhalten beim Flankendurchbruch des Tissaphernes gelobt: 1.10.7), scheint mir hier eher die Einsetzung seines Namens in den *deteriores* als ein Fehler in den *meliores* vorzuliegen - aber eine sichere Entscheidung ist in solchen Fällen wohl kaum möglich (vgl. auch 7.4.7). Xenophon hat im übrigen, wie sich aus § 3 indirekt ergibt, Pleisthenes (oder Episthenes) in Amphipolis aufgesucht, als er 394 an der Seite des Agesilaos nach Griechenland zog, und zwar auf der auch von Xerxes benutzten Straße (Hell. 4.2.8; Agesil. 2.1), welche den Strymon auf einer berühmten Brücke nördlich der Stadt überschritt (Herod. 7.114.1, vgl. auch Thuk. 4.103.5). Diese hieß wegen ihrer verkehrstechnischen Bedeutung ursprünglich *Neunwege* (ἐννέα ὁδοί) und wurde erst bei der Gründung der athenischen Kolonie 437 in Amphipolis umbenannt (vgl. Thuk. 1.100.3, 4.102.3).

4.6.2/3 <u>St. 152, 153, 154</u> Nach 4.6.4 muß der Marsch von **St. 154** an im Tal des Phasis entlang geführt haben. Dieser Fluß (der Aras, früher auch Pasin- oder Bingöl Su genannt) wird bei dem Dorf Küllü erreicht. LYNCH, der Anfang Dezember 1893 von Hinis (in das er aus südlicher Richtung gelangt war) nach Küllü (23½ miles = 37.8 km) geritten ist, hat den Marschweg eindrucksvoll beschrieben (188-190, vgl. auch WILBRAHAM 159/160). Er führt von Hinis aus nordwärts über einen sich nach Osten erstreckenden Ausläufer des Bingöl Dağ auf ein Plateau hinauf, überwindet anschließend einen querlaufenden Bergzug, der die Wasserscheide zwischen dem südlichen Hinis-Becken und der nördlichen Pasinler-Ebene bildet, führt dann über eine weite Hochebene (1830 m ü.M.) und erreicht schließlich das Tal des Aras, der hier eine Breite von 13-14 m hat. Am westlichen Rand seiner Talsenke liegt Küllü. Für die Überwindung dieser öden und seinerzeit tief verschneiten Gegend benötigten die Griechen drei Tagemärsche; die von ihnen unter schwierigen Bedingungen zurückzulegende Strecke, die ja nicht erst in Hinis begann, dürfte etwa 45 km betragen haben. In der Nacht nach dem Erreichen des Phasistales (als über den weiteren

Karte S.232

Marschweg kaum noch Zweifel bestehen konnten) machte sich der Führer aus dem Staub, zu Recht empört über die unbegründete Züchtigung. In diesem Zusammenhang scheint es zu einer ernsthaften Auseinandersetzung zwischen Xenophon und Cheirisophos gekommen zu sein; dieser, der mit dem Führer an der Spitze marschiert war, hatte seine Wut an ihm ausgelassen, als er der Marschkolonne auch am dritten Tag wieder ein Biwak unter freiem Himmel zumuten mußte; Xenophon, der die Bestrafung grundsätzlich für verkehrt hielt und seinem Schützling immer noch volles Vertrauen schenkte, ermöglichte andererseits durch seine lasche Aufsicht dessen Flucht. Glücklicherweise hatte der Vorfall keine negativen Folgen für den weiteren Marsch - und auch nicht für die weitere Zusammenarbeit der beiden Strategen.

4.6.4 St. 155, 156, 157, 158, [159], [160], [161] Die Erwähnung des Siebentagemarsches mit insgesamt 35 Marschstunden am Phasis entlang wirft für die Rekonstruktion der Route große Probleme auf. Da von besonderen Hemmnissen nicht die Rede ist, muß man mit durchschnittlichen Stundenleistungen von etwa 3 ½ - 4 km, d.h. mit einer Gesamtstrecke von 120 - 140 km rechnen. Diese Entfernung entspricht etwa dem Westmarsch von Kagizman bis Hasankale, den LEHMANN-HAUPT die Griechen im Tal des Araxes-Phasis durchführen läßt - vor allem wohl deshalb, um dem xenophontischen Text gerecht zu werden. Denn wenn die Marschkolonne tatsächlich den weiten Umweg bis an das Euphratknie bei Agri [Karakilissa] gemacht hätte, wäre sie dort auf die westnordwestlich orientierte *"Hauptverkehrsstraße von Persien nach dem Schwarzen Meere"* (v.HOFFMEISTER 239) gestoßen und dieser ohne jeden Zweifel gefolgt, anstatt einen Nebenweg quer durch das Gebirge direkt nach Norden einzuschlagen. Den vielbegangenen Handelsweg läßt sie denn auch v.HOFFMEISTER (240) benutzen und über den Delibaba-Paß (2255 m) den Araxes-Phasis bei Köprüköy [Çobandede], *"bis wohin die Entfernung von Karakilissa 115 km beträgt"*, erreichen - allerdings aufgrund einer falschen Übersetzung: ἐπορεύθησαν...παρὰ τὸν Φᾶσιν ποταμόν heißt nicht *"sie gelangten...an den Phasisfluß"*, sondern *"sie marschierten am Phasisfluß entlang"*. Nach der in diesem Kommentar angenommenen Route wurde bei Küllü der Phasis (in der Gestalt des südlichen Quellflusses Aras, der sich nach etwa 50 km mit dem westlichen Quellfluß vereinigt) erreicht. Ein Siebentagemarsch von Küllü aus flußabwärts hätte die Griechen bis etwa 50 km vor Kagiz-

Karte S.232, 251

man geführt, wo weit und breit nicht der im folgenden erwähnte *"Übergang in die Ebene"* (4.6.5) zu finden ist. Überdies wäre es widersinnig anzunehmen, daß sie, als sie nach drei Tagen das eigentliche, west-östlich verlaufende Araxes-Phasistal erreichten, vier Tage lang nach *Osten*, entgegen ihrer wahren Zielrichtung, marschiert sein sollen. Es bleibt im Grunde nur die Möglichkeit, die Griechen von Köprüköy aus (wo sich die beiden Quellflüsse vereinigen) nach Westen ziehen zu lassen, auf der großen Handelsstraße, die, nachdem sie über den Delibaba-Paß das Araxes-Phasistal erreicht hatte, durch dieses auf die Ebene von Erzurum zustrebte. Aber ein Viertagemarsch mit 20 normalen Marschstunden auf bequemer Straße (= 70-80 km) ist hier am westlichen Quellfluß entlang nicht unterzubringen. Nach dem Gesagten scheint es mir sinnvoll zu sein, auch die Möglichkeit einer Textverderbnis zu überprüfen. Im Referat Diodors (14.29.1) lautet der für unsere Frage interessante Satz: ἐμμείναντες δὲ ταῖς κώμαις ἡμέρας ὀκτὼ παρεγενήθησαν εἰς (oder: πρὸς) τὸν Φᾶσιν ποταμόν. ἐκεῖ δὲ τέτταρας ἡμέρας διανύσαντες διεπορεύοντο τὴν Χάων καὶ Φασιανῶν χώραν. Danach hätten die Griechen nicht sieben, sondern vier Tage am Phasis verbracht: vier Tage aber entsprechen gut der Marschstrecke von Küllü nach Hasankale (etwa 60-65 km, d.h. pro Stunde etwa 3-3½ km), wo die Kolonne sich möglicherweise vom Fluß wieder abgewendet hat. Die von Diodor überlieferte Information stammt aus dem Geschichtswerk des Ephoros, der seinem Bericht über den Zug des Kyros und den Rückmarsch der Griechen (14.19-31, 37) wohl nicht (oder jedenfalls nicht ausschließlich) Xenophons «Anabasis», sondern vielleicht das Werk des Sophainetos und gelegentlich noch andere Quellen (Ktesias) zugrundegelegt hat. Die relativ selten von Diodor referierten Zahlen über Marsch- und Ruhetage stimmen, bis auf wenige Ausnahmen, mit den entsprechenden Zahlen Xenophons überein (auffälligste Ausnahmen: 14.29.1 schiebt Diodor nach der Eroberung der Taocherfestung 15 Ruhetage ein, die Xenophon in der «Anabasis» [zwischen 4.7.15 und 16] nicht erwähnt; 14.29.3 rechnet Diodor von Gymnasia [= Gymnias] 15 Marschtage bis zum Berg Chenion, Xenophon dagegen 4.7.1 nur 5 Marschtage bis zum Berg Theches, der dem Chenion entspricht). Die xenophontische Zahl 7 könnte in der Frühphase der Überlieferung durch einen Lesefehler (ΠII statt IIII) entstanden sein. Aufgrund dieser Überlegungen werden hier drei Stathmoi zwar nicht aus der Zählung herausgenommen, aber gewissermaßen 'athetiert'. MANFREDI, der die Probleme des ar-

Karte S.232, 251

menischen Marschabschnitts ausführlich diskutiert (207 ff.), sieht sich nicht in der Lage, einen exakten Routenvorschlag zu machen: hinter der Euphratfurt (nach seiner Rekonstruktion in der Nähe von Karaköse) zeichnet er in den Karten 14 und 15 versuchsweise die Vorschläge sowohl von BOUCHER als auch von LEHMANN-HAUPT ein, dem er sich von Gymnias (= Bayburt) aus wieder anschließt.

4.6.5 St. 162, 163 Das für die anschließend erzählten Ereignisse vorauszusetzende Gelände läßt sich etwa folgendermaßen rekonstruieren: Die Griechen rückten aus einer Ebene heran [25], über die sich vor ihnen quer ein Bergzug, der aus etwa 5 km Entfernung [6] in einer Breite von ungefähr 10 km [11] sichtbar war, erstreckte. Er mußte auf einem Paßweg, ὑπερβολή, [5, 7, 24] überwunden werden, wenn man in die dahinter liegende Ebene [5] gelangen wollte. Dieser Paßweg, der vom Beobachtungsplatz aus gut eingesehen werden konnte [6], stellte offenbar den einzigen gebahnten Übergang über den Bergrücken (d.h. die Fortsetzung der Straße, auf der die Griechen marschierten) dar. Der Bergrücken selbst war allerdings auch an anderen Stellen zugänglich und diente als Weideland für Ziegen und Rinder [17]. Der eigentliche Paßweg wurde von Höhen überragt, welche eine griechische Kommandoeinheit während der Nacht ohne Schwierigkeiten besteigen konnte [22]. Diese Einheit befand sich dann auf gleicher Höhe wie der Feind [18] oder sogar oberhalb der Paßbesatzung [26]. Es kommt in der «Anabasis» selten vor, daß eine nach der Beschreibung rekonstruierte Landschaft sich in der Wirklichkeit völlig übereinstimmend nachweisen läßt - hier ist es der Fall. Die Griechen befanden sich zunächst in der Pasinler-Ebene, die durch den relativ niedrigen Çobandede-Rücken und den Deve Boyun von der Ebene von Erzurum abgetrennt ist. Dieser Bergzug wirkt, wenn man sich ihm von Osten her nähert, wie eine künstliche Erdaufschüttung zur Verbindung der Gebirge, welche die Pasinler-Ebene im Norden und Süden begrenzen. *"Indeed we seemed to face a completely impregnable position, impossible to circumvent. And from a distance one would think, that the meeting walls of mountain were joined together by a transverse dam. Approaching closer, the road is seen to find a passage between the hills on the south and the adjacent flat-topped mass"* (LYNCH II 196). *"Während die Talebene inmitten der beiderseitigen Randgebirge sich mehr und mehr verengt, scheint sie gerade vor durch einen quer*

Karte S.232, 251

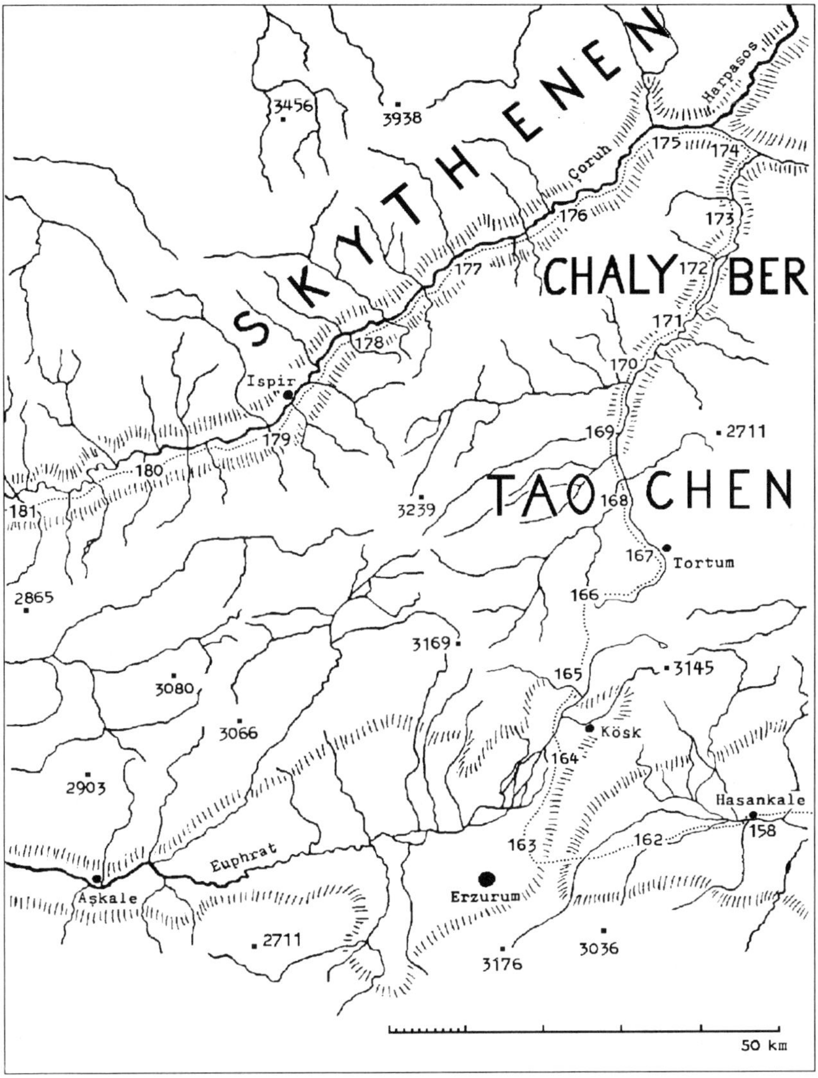

45. Stathmoi 158 - 181 (4.6.4 - 4.7.10)

Karte S.232, 251

über ihr Kopfende gelegten Bergrücken, den die Wasserscheide zwischen dem Aras und westlichen Euphrat bildenden Dewe Boyum, vollständig abgeschlossen. Erst beim Näherkommen erkennt man, daß die Straße sich in langen Schleifen zwischen nördlichen und südlichen Vorhöhen wie in einem weiten Amphitheater nach einer Einsenkung des Gebirgswalles, dem Dewe Boyum Passe selbst, hinanwindet. Dieser liegt 2000 m über dem Meere, mithin 200 m über der Ebene" (v.HOFFMEISTER 93/94; vgl auch PIETSCHMANN 352/53). Von Hasankale (**St. 161**) aus bestanden vor allem zwei Möglichkeiten, in das Tal des Tortum (durch das die Marschkolonne während der nächsten 12 Tage bis zum Harpasos [Çoruh] vorrückte) zu gelangen: entweder blieben sie auf der großen Handelsstraße, überwandten den Bergrücken an seinem Südende über den Deve-boyun-Paß, gelangten in die Ebene von Erzurum und bogen dort auf die Straße in das Tortum-Tal ein (so die Auffassung von v.HOFFMEISTER 243/244); oder sie schwenkten bereits in Hasankale auf eine in nordwestlicher Richtung über das nördliche Ende des Bergrückens führende Straße ein, welche das Tortum-Tal oberhalb von Erzurum, etwa bei Kösk, erreichte (so die Auffassung von LEHMANN-HAUPT II 787/788). Sicher ist jedenfalls, daß sie von Erzurum nicht weiter nach Westen gezogen sind auf einer später viel benutzten Karawanenstraße, die über Pässe am Kop-Dağ, Vavuk-Dağ und Zigana-Dağ nach etwa 280 km Trapezus erreichte. Vielmehr sind sie auf diese Route erst hinter Gymnias (in der Nähe von Bayburt , **St. 183**) gestoßen. Die beiden Tagemärsche können sowohl (mit v.HOFFMEISTER) auf dem Ost-West-Handelsweg stattgefunden haben, so daß sich die im folgenden ausführlich geschilderten Ereignisse am eigentlichen Deve-boyun-Paß abspielten, als auch auf dem direkten Weg ins Tortum-Tal (mit LEHMANN-HAUPT). Eine sichere Entscheidung scheint mir kaum möglich; allenfalls könnte die Formulierung ἐντεῦθεν ἐπορεύθησαν dafür sprechen, daß die Kolonne sich vom Fluß abkehrte, wie es der Vorschlag von LEHMANN-HAUPT vorsieht. Andererseits spricht jedoch meines Erachtens für den eigentlichen Deve-boyun-Paß die Tatsache, daß die feindlichen Truppen bereits aufmarschiert waren, als die Griechen erschienen, was sich doch nur auf die *Haupt*übergangsroute in die Ebene von Erzurum beziehen kann; daß aber an der Stelle oder in der Nähe von Erzurum, in strategisch außerordentlich günstiger Lage, immer eine wichtige Station der Fernstraßenverbindung von Kleinasien nach Persien bestanden hat, darf man wohl als sicher voraussetzen.

Karte S.232, 251

Während der erste Tagemarsch ungestört verlief, wurde der zweite durch die Einnahme des Passes unterbrochen. Jedenfalls ist anzunehmen, daß der schließlich bezogene Stathmos (**St. 163**) mit den 4.6.27 genannten Dörfern jenseits des Bergrückens am östlichen Ende der Erzurum-Ebene zu identifizieren ist. * Chalyber und Taochen waren schon 4.4.18 als Söldner des Tiribazos erwähnt worden. Jetzt ging es um die Verteidigung ihrer eigenen Gebiete, die auf der weiteren Route der Griechen lagen (Taochen: 4.7.1; Chalyber: 4.7.15). Nach Sophainetos (FGrHist 109 F 2) wurden die Taochen von manchen Τάοι genannt; diese Kurzform des Namens steckt vermutlich in fehlerhafter Schreibweise in der Nachricht Diodors (14.29.1), daß die Griechen nach ihrem Aufenthalt am Phasis διεπορεύοντο τὴν Χάων καὶ Φασιανῶν χώραν. Unter den Phasianen, die nach 7.8.25 in die Satrapie des Tiribazos hineingehörten, sind wohl allgemein die Anwohner des armenischen Phasis, also des oberen Araxes und vielleicht auch noch der Gegend von Erzurum (LEHMANN-HAUPT II 789) zu verstehen - so wie 5.6.36 unter den dort genannten Phasianen die Anwohner des kolchichen Phasis; beide Völker haben nichts miteinander zu tun.

4.6.6-27 Die Erkämpfung des Überganges über den Paß hat Xenophon breit ausgemalt, vor allem wohl deshalb, weil er auf seinen eigenen Anteil an der taktischen Planung (mit Recht!) stolz war. Ausführlich wird nach der Beschreibung der ersten Maßnahmen [6] zunächst der Ablauf einer Offiziersversammlung nachgezeichnet, in der mit wörtlich zitierten Redebeiträgen Cheirisophos [7/8, 16, 19], Kleanor [9] und Xenophon [10-15, 17/18] aufgetreten sind. Dann wird die Durchführung des im wesentlichen von Xenophon entworfenen Operationsplanes im einzelnen geschildert. Er knüpft deutlich an die guten Erfahrungen an, welche die Griechen seinerzeit bei der Überwindung des Karduchen-Passes gemacht hatten (4.1.23-2.23). Wieder wird eine Kommandoeinheit aus Freiwilligen zur nächtlichen Vorausbesetzung eines strategisch wichtigen Bergbereiches gebildet [20, 22], ein Signal vereinbart [20], ein Täuschungsmanöver veranstaltet [21] und schließlich am frühen Morgen der Angriff sowohl von der Kommandoeinheit als auch von dem Gros eingeleitet und erfolgreich durchgeführt [23-27]. Die gesamte Aktion stellt ein gutes Beispiel dafür dar, daß die Griechen inzwischen auf die Anforderungen der jeweiligen Feindlage flexibel zu reagieren verstanden; zwar stützten sie sich nach wie vor grundsätzlich auf die Wucht (und wohl auch die abschreckende

Karte S.232, 251

Wirkung) des disziplinierten Angriffs der Hopliten-Phalanx, ergänzten diese traditionelle Taktik jedoch von Fall zu Fall durch flankierende Maßnahmen unorthodoxer Art, an deren Entwicklung aus Erwägungen des sogenannten gesunden Menschenverstandes heraus offenbar Xenophon maßgeblich beteiligt war; sein Vorteil gegenüber den Troupiers bestand vor allem darin, daß er sich nicht von militärischen Klischees einengen ließ, sondern die Lage unvoreingenommen analysierte und dann auf der Grundlage gewisser Anschauungen (die hier in seiner Rede anklingen) seine Vorschläge unterbreitete.

4.6.6 In etwa 5.3 km Entfernung läßt Cheirisophos die Vorhut der in Kolonne marschierenden Truppe anhalten und die nach und nach anrückenden Lochoi durch παράγειν die Phalanx bilden. Im Unterschied zu demselben Manöver (der 'Paragoge') am Kentrites-Ufer (4.3.26) konnten hier die κατ' ἐνωμοτίας umorientierten Lochoi ohne weitere Schwenkung in die Phalanxposition einrücken, da die Feinde direkt in Marschrichtung standen. Die Vorgänge werden in klarer militärischer Terminologie umschrieben. Es gab grundsätzlich zwei Möglichkeiten, ein Heer zu führen: κατὰ κέρας und ἐπὶ φάλαγγος (Kyrup. 1.6.43). Im ersten Fall marschierte die Einheit, die bei dem Zusammenstoß mit dem Gegner einen Flügel der Phalanx (in der Regel wohl den rechten) bilden würde, an der Spitze; es handelt sich also (wie beim Reisemarsch) um den Marsch in Kolonne, der sich aus der Benutzung von Wegen und Straßen notwendig ergibt (vgl. Hell. 7.4.23: οἱ μὲν... κατὰ κέρας, ἅτε καθ' ὁδὸν πορευόμενοι), aber mit der Möglichkeit, im Alarmfall sofort zur Phalanx aufzumarschieren. Die Entwicklung ἐκ κέρατος εἰς φάλαγγα (Kyrup. 8.5.15) mittels der 'Paragoge' gehörte zur Elementartaktik griechischer Armeen.

4.6.7/8 Aus den Worten, mit denen Cheirisophos die Beratungen einleitet, ergibt sich ein Hinweis auf die Tageszeit: das Frühstück wurde normalerweise während einer längeren Marschpause am Vormittag eingenommen. Ferner wird schon aus der Tatsache, daß der Offiziersrat überhaupt einberufen wurde, deutlich, daß Cheirisophos die Situation als sehr schwierig einschätzte. Die von ihm zur Debatte gestellte Alternative für den (in jedem Fall unvermeidlichen, aber doch möglichst risikolos durchzuführenden) Angriff liefert das Stichwort für die beiden folgenden Redebeiträge. Im ganzen ergibt sich der Eindruck, daß Xenophon hier die nüchtern an den Fakten orientierte Lagebeurteilung des wortkargen Strategen und das daraus abgeleitete Beratungsthema recht getreu referiert.

4.6.9 Kleanor gehörte zu den völlig geradlinigen und offensiv denkenden Söldneroffizieren (vgl. 2.5.37). Der Vorschlag, sofort nach dem Frühstück anzugreifen und keinen Tag zu vertrödeln, paßt zu seinem Charakter und ist auch nicht schlecht begründet. Er interpretiert die Bitte des Cheirisophos um Vorschläge, ὅπως ὡς κάλλιστα ἀγωνιούμεθα, kompromißlos im Sinn eines heftigen Angriffs und eines (wenn auch vielleicht zu Verlusten führenden, aber jedenfalls siegreichen) Kampfes Mann gegen Mann:...ὡς κράτιστα ἰέναι ἐπὶ τοὺς ἄνδρας.

4.6.10 Xenophon nimmt den von Kleanor ausgesprochenen Gedanken zwar auf (...ὅπως ὡς κράτιστα μαχούμεθα...), modifiziert ihn aber sogleich um den Gesichtspunkt, daß bei dem Unternehmen durch entsprechende Vorbereitung eigene Verluste nach Kräften vermieden werden sollten. Er interpretiert die Worte des Cheirisophos (...ὡς κάλλιστα...) im Sinne von ὡς ῥᾷστα ὑπερβάλλειν - und das heißt für ihn möglichst ohne Verwundete und Tote. Ungeachtet seiner Berufung zum Strategen eines Söldnerhaufens, der eine gewisse Härte auch gegenüber dem Schicksal seiner eigenen Leute aufbringen mußte, hat sich Xenophon nicht zu einem rücksichtslosen Draufgänger entwickelt, sondern ist im Grunde seines Herzens ein human denkender, besonnener und an seinen ethischen Grundsätzen festhaltender Zivilist geblieben. Hier hat man sogar den Eindruck, daß er auch die geringen Verluste des Gegners als einen erfreulichen Erfolg der von ihm vorgeschlagenen Taktik begrüßte (4.6.26).

4.6.11/12 Mit guten Gründen plädiert Xenophon gegen den von Kleanor empfohlenen offenen Frontalangriff und schlägt stattdessen zur Vorbereitung des eigentlichen Angriffs die heimliche Besetzung einer vom Feind bisher nicht gesicherten Stelle des langen Bergzuges vor. Zur Charakterisierung seines Vorschlages bedient er sich des Begriffes κλέπτειν (*"sich listig etwas aneignen"*), der später der Diskussion mit Cheirisophos noch eine besondere Note verleihen wird (4.6.14-16). Seine antithetisch angelegte Argumentation gipfelt in einem Trikolon, das die Vorzüge eines kampflosen nächtlichen Aufstieges durch unwegsames Gelände den Nachteilen eines Vormarsches auf guter Straße bei Tageslicht, aber unter Kampfbedingungen, gegenüberstellt. Obwohl das Trikolon nicht wirklich kunstgerecht ist, weil der erste und der dritte Punkt der Sache nach weitgehend übereinstimmen (ὄρθιον, τραχεῖα - ὁμαλές, ὁμαλή), bringt es am Schluß durch das Nebeneinander von τοῖς ποσίν und τὰς κεφαλάς noch einmal eine sehr wirkungsvolle Steigerung der bildlichen Ausdruckskraft.

4.6.13 Die Kombination eines nächtlichen Kommandounternehmens mit einem (damals von Xenophon geleiteten) Ablenkungsangriff hatte sich am Karduchenpaß vorzüglich bewährt. Jetzt wurde auf einen wirklichen Scheinangriff verzichtet, dafür jedoch in der Mittagszeit das gesamte Heer noch fast 2 km gegen den Paß in der zuvor schon eingenommenen Phalanxaufstellung vorgezogen (4.6.21) - eine Demonstration bedrohlicher Kampfbereitschaft.

4.6.14/15 Unter den ὅμοιοι sind die Spartiaten, die sich im Vollbesitz der bürgerlichen Rechte befanden, zu verstehen (vgl. Lak. pol. 10.7). Zu der 'spartanisch harten' vormilitärischen Ausbildung der kasernierten Knaben gehörte in der Tat auch die Erziehung zur Verstellung und zum Diebstahl. Man setzte sie zum Beispiel auf Hungerrationen, erlaubte ihnen jedoch, sich Lebensmittel durch κλέπτειν zu verschaffen - ließen sie sich allerdings dabei erwischen, bezogen sie Prügel ὡς κακῶς κλέπτοντες (Lak.pol. 2.6-9; vgl. Plut. Lyk. 17/18). Dieses merkwürdige Erziehungsverfahren dürfte auf die meisten anderen Griechen höchst befremdlich gewirkt haben, galt aber bei den Spartanern als vorzügliche Vorbereitung auf die Anforderungen des Kriegsdienstes. *"Es ist offenkundig, daß einer, der einen Diebstahl beabsichtigt, bei Nacht wachen und bei Tage betrügen und auf der Lauer liegen muß, und daß einer, der etwas wegnehmen will, Beobachtungsposten einrichten muß"*; der Zwang, in dieser Hinsicht Erfindungsreichtum zu entwikkeln, τοὺς παῖδας...καὶ πολεμικωτέρους...ἐπαίδευσεν (Lak. pol. 7/8). Xenophon überträgt hier mit der arglosen Absicht, seine Argumentation ein wenig aufzulockern, diese Sitte als den Inbegriff der spartanischen παιδεία schlechthin auf die gegenwärtige Situation - und provoziert damit einen unerwartet harten Gegenschlag des Cheirisophos.

Karte S.232, 251

4.6.16 Im Grunde fällt Cheirisophos hier ein vernichtendes Urteil über die Einstellung der athenischen Führungsschicht zu ihrem Staat, indem er die Unterschlagung öffentlicher Mittel durch die Amtsinhaber trotz hoher Strafandrohung als die hervorstechende Folge der attischen παιδεία hinstellt. Nach der Rechtslage wurde immer dann, wenn bei der Rechenschaftsablegung (den 'Euthynai') der Beamten derartige Unterschlagungen ans Licht kamen, durch die sogenannten 'Logisten' eine γραφὴ κλοπῆς δημοσίων χρημάτων bei den Thesmotheten eingeleitet; im Falle der Verurteilung mußte der unterschlagene Betrag zehnfach ersetzt werden (Aristot. Athen.pol. 54.2). Es erhebt sich die Frage, warum Xenophon hier den Spartaner Cheirisophos die Korruption in Athen so schonungslos an den Pranger stellen und ihn sogar andeuten läßt, daß dort möglicherweise nicht die fähigsten Männer (οἱ κράτιστοι) an der Macht seien. Das hört sich weder wie eine witzig gemeinte 'Retourkutsche' noch wie ein Wortspiel mit κλέπτειν als rhetorisches Glanzlicht an, sondern wie eine durchaus ernst gemeinte bittere Kritik an den athenischen Zuständen aus dem Mund eines Ausländers, die Xenophon nicht unterdrücken wollte. Die Fortsetzung der Szene spricht nach meinem Eindruck dafür, daß dieser Dialog damals ungefähr so, wie er hier nachgezeichnet ist, stattgefunden haben kann: Xenophon geht mit keinem Wort auf das Gesagte ein, sondern erklärt, nachdem Cheirisophos es unmißverständlich abgelehnt hat, das vorgeschlagene Kommandounternehmen persönlich zu leiten, in kühlem, sachlichem Ton seine Bereitschaft, das riskante Manöver selbst durchzuführen. Er widerlegt dadurch, daß er sich ohne Zögern anschickt, eine gefährliche Aufgabe im Interesse der Gemeinschaft zu erfüllen, das schlechte Bild, das Cheirisophos durch seinen gereizten Redebeitrag von der athenischen Oberschicht in den Raum gestellt hatte.

4.6.17/18 Xenophons Vorschlag läuft darauf hinaus, mit den Truppen der Nachhut abseits des Paßweges eine andere Übergangsmöglichkeit über den Bergrücken zu erkunden, zu sichern und die Besetzung durch Feuerzeichen nach unten zu signalisieren. Unter dem Schutz des hier errichteten Stützpunktes sollte dann am nächsten Tag die ganze Marschkolonne einschließlich des Trosses unter landeskundiger Führung auf Hirtenpfaden ohne Inanspruchnahme des Passes den Berg überqueren. Allerdings rechnete Xenophon selbst nicht ernstlich mit der Notwendigkeit, diesen schwierigen Marsch antreten zu müssen, weil er voraussah,

Karte S.232, 251

daß der Gegner unter dem Druck der neuen Lage seinen Widerstand am Paß bald aufgeben würde.

4.6.19-21 Cheirisophos, der das Wohl des Ganzen im Auge hatte, verhinderte zu Recht, daß sein wichtigster Mitarbeiter Xenophon (vielleicht aus einer gewissen Trotzreaktion heraus) mit der gesamten, auf ihn eingeschworenen Nachhut das nächtliche Kommandounternehmen durchführte. Dies war in der Tat eine Aufgabe für mutige Lochagen, wie am Karduchenpaß - und zwei von denen, die damals dabei gewesen waren, meldeten sich jetzt wieder: Aristonymos und Aristeas (vgl. 4.1.27/28); ihnen schloß sich der nur hier erwähnte Peltastenlochage Nikomachos an.

4.6.22-26 Durch den demonstrativen Anmarsch auf der zum Paß führenden Straße und die nächtliche Besetzung der Höhenstellung geriet das Verteidigungskonzept der Feinde nachhaltig in Verwirrung. Sie mußten im Morgengrauen ihre Truppen aufteilen und sich auf einen Zweifrontenkampf einstellen. Die Vorgänge, die sich nun im Bereich des Deve-boyun-Passes abspielten, beschreibt Xenophon im folgenden sehr klar und kompetent. Zu unterscheiden sind zwei aufeinander abgestimmte Operationen. Zunächst diejenige der Kommandoeinheit, welche von ihrer Höhenstellung aus κατὰ τὰ ἄκρα gegen den Paß vorrückte [23], einen Teil der Verteidiger κατὰ τὰ ἄκρα auf sich zog, mit ihnen κατὰ τὰ ἄκρα in Kampf geriet und sie in die Flucht schlug [24]; später wird diese Abteilung des Feindes kurz τὸ ἄνω...ἡττώμενον genannt [26]. Daß die Kommandoeinheit von Norden her über den Berg kam, ergibt sich aus den Geländeverhältnissen - und hat überdies eine historische Parallele, auf die v.HOFFMEISTER (94) aufmerksam gemacht hat: am 2. November 1877 fanden in dieser Gegend russisch-türkische Kämpfe statt. Dabei umfaßten die Russen den linken Flügel der Türken, die ihre Artillerie auf dem Deve-boyun-Paß und die Infantrie in den Hängen östlich davor postiert hatten, mit einer starken Kolonne, die weit rechts ausholend ins Gebirge aufstieg, und rollten dann die türkische Stellung von Norden her auf - nach demselben taktischen Konzept, dessen sich damals auch die Griechen bedienten. Die zweite Operation spielte sich auf dem Weg (κατὰ τὴν ὁδόν) zum Paß selbst ab, auf dem Cheirisophos bei Tagesanbruch seine Hauptmacht (οἱ ἐκ τοῦ πεδίου) von dem am Vortag bezogenen Biwak aus vorrücken ließ [23]. Nach etwa einer Stunde Marsch noch in der Ebene begann der Aufstieg zum Paß (vgl. die Beschreibung des Weges durch v.HOFFMEISTER 93; vgl. auch LYNCH II 196/97, PIETSCHMANN 353). An der Spitze der Kolonne marschierten Leichtbewaffnete, dahinter folgten im Eilmarsch die Hopliten, die jetzt natürlich die Phalanxformation aufgeben mußten. Aber ihr Einsatz erübrigte sich, da die Gegner unter Hinterlassung ihrer Schilde eilends die Flucht ergriffen. Die ganze Aktion war (vor allem dank dem siegreichen Angriff der Kommandoeinheit) ein voller Erfolg, der schließlich mit dem Einzug in reich bevorratete Dörfer belohnt wurde. * Der kurze Bericht Diodors (14.29.1) über die Erkämpfung des Passes weist einige bemerkenswerte Abweichungen von Xenophon auf: *"Als die Landesbewohner* (deren Gebiete die Griechen zuvor durchzogen hatten, d.h. die Χάοι [= Τάοι = Taochen] und die Phasianen) *sie angriffen, besiegten sie diese in der Schlacht und töteten viele; sie selbst nahmen die Anwesen der Einwohner, die mit Gütern angefüllt waren, ein und verweilten in ihnen 15 Tage".* Übereinstimmend ist bei beiden Autoren von den reichen Vorräten im Stathmos **164** die Rede (Xen.: κώμας πολλῶν ἀγαθῶν γεμούσας, Diod.: κτήσεις γεμούσας ἀγαθῶν), abweichend dagegen von den Verlusten der Feinde (Xen.: ἀπέθανον...οὐ πολλοί, Diod.: πολλοὺς ἀνεῖλον). Ferner lokalisiert Xenophon die Taochen am Oberlauf des Tortum (4.7.1), zu dem die Kolonne erst vom hier erwähnten Stathmos aus marschierte, Diodor dagegen anscheinend im westlichen Teil der Pasinler-Ebene oder am östlichen Ende der Ebene von Erzurum; dementsprechend führt bei ihm die Strecke vom **St. 164** bis zum Harpasos (bei ihm heißt er Harpagos) auch nur durch das Gebiet der Chaldäer (die den Chalybern Xenophons entsprechen) und nimmt (in Übereinstimmung mit Xenophon) 7 Tage in Anspruch. Dieser erwähnt hinwiederum nicht einen (der Sache nach wohl eher unwahrscheinlichen) Zweiwochenaufenthalt im Stathmos, obwohl er sonst größere Marschpausen zu verzeichnen pflegt. Alles in allem ist wohl nicht zu bezweifeln, daß der Bericht Xenophons das größere Vertrauen verdient.

4.6.27 <u>**St. 163**</u> Sowohl der Vollzug des Dankopfers auf dem Paß als auch die Errichtung des Siegeszeichens (vermutlich eines Steinhügels, auf dem die unbrauchbar gemachten Schilde und sonstige Beutestücke abgelegt wurden) geben zu erkennen, daß die glückliche Überwindung des Bergzuges zwischen der Pasinler-Ebene und der Erzurum-Ebene als besonders wichtiges Ereignis eingeschätzt wurde. Von dem am Abend bezogenen Stathmos aus

Karte S.232, 251

bestanden zwei Möglichkeiten, nach Trapezus ans Schwarze Meer zu marschieren. In beiden Fällen mußte der mächtige *"Gebirgsstock, der die Wasserscheide zwischen dem westlichen Euphrat, dem Frat Su, und dem zum Schwarzen Meer fließenden Chorok-Su* [= Çoruh] *bildet* [= Mescit Dağlari]*"* (v.HOFFMEISTER 124), überwunden werden. Die kürzere Strecke führte von Erzurum aus westwärts zunächst bis Ilica, wo ein sehr schwieriger, nur im Hochsommer benutzbarer, über einen etwa 2600 m hohen Paß führender Saumpfad nach Maden und weiter nach Bayburt abzweigte. Die Hauptroute blieb zunächst noch in dem immer enger werdenden Tal des Frat, bis sie hinter Askale ins Gebirge aufzusteigen begann, den Kop Dağ auf einem etwa 2400 m hohen, durch eine enge Schlucht erreichbaren Paß überwand und sich in Maden wieder mit dem Sommerpfad vereinigte. Dies war offenkundig seit eh und je der übliche Handelsweg vom Iran und von Armenien zum Schwarzen Meer (vgl. die plastische Beschreibung bei v.HOFFMEISTER 122-133). Daß die Griechen ihn nicht benutzt haben, ergibt sich aus dem Bericht Xenophons mit Sicherheit. Der Grund dafür kann nur darin liegen, daß sie aufgrund der von ihnen eingeholten Informationen die Erkämpfung des Paßzuganges durch die Schlucht hinter Pirnakapan für allzu schwierig hielten. So nahmen sie lieber den großen Umweg durch das Tortum-Tal in Kauf, das vom nordöstlichen Ende der Erzurum-Ebene aus über einen verhältnismäßig niedrigen Paß erreichbar war. Auf diese Weise umgingen sie den Mescit Dağlari auf relativ bequemen (wenn auch, besonders im ersten Teil, nicht einfachen) Wegen in Flußtälern und trafen schließlich bei Gymnias (**St. 183**, Bayburt) wieder auf den Handelsweg. Allerdings dürften sie wohl kaum damit gerechnet haben, daß der Umweg fast drei Wochen beanspruchen würde. * Der Weg im Tortum-Tal entlang stellte offensichtlich die übliche Verbindung zwischen Erzurum und dem mittleren Çoruh und dann weiter nach Georgien (vgl. STRECKER, Ztschr.d.Ges. f.Erdk.4, 1869, 151) dar. Bei LEHMANN-HAUPT [II 787/88] heißt es: *"...wiederholt wurde mir von den...Gewährsmännern als die gegebene, auch von den Russen im Jahre 1877 benutzte Route von der Ebene von Erzerum zum Djorokgebiet der Weg durch das Kaza Tortum gezeigt und angegeben. Er führt um den Dumli-dagh in nordöstlicher Richtung herum und unten im Tale des nicht weit von der Fratquelle, aber natürlich jenseits der Wasserscheide entspringenden Tortum-su in nordnordöstlicher Richtung bis zu dessen Einmündung in den Olti-tschai, die erfolgt, kurz ehe der letztere*

Karte S.232, 251

sich in den Djorok ergießt. ... Im Tale des Tortum-su finden sich - wie auch im Nordteil der Ebene von Erzerum, wo ich sie sah, - noch Spuren alter Straßenanlagen, die offenbar ins Altertum zurückreichen. Wenn sie auch zur Zeit des Rückzuges der Zehntausend schwerlich schon werden vorhanden gewesen sein, so zeigen sie doch, daß wir es hier mit einem wichtigen und vielgebrauchten Verkehrswege zu tun haben.... Wie stets, so war auch diesmal den Griechen die nordnordöstliche Abbiegung von ihrer nordwestlichen Hauptrichtung durch das Gelände vorgezeichnet". CURZON hat 1843 auf diesem Weg von Erzurum aus eine Exkursion zum Tortum-See (bei **St. 172**) durchgeführt (155-158). Die Reise zu Pferd dauerte drei Tage. CURZON spricht von den *"rocky valleys, where the precipice shot up clear and straight to the height, sometimes we used to judge, of above a thousand feet"*; der Weg führte immer wieder *"through...romantic dells"*, die manchmal auf abenteuerlichen, schmalen Brücken überwunden werden mußten; einen besonders nachhaltigen Eindruck hat der See selbst auf ihn hinterlassen: *"Of all the strange and gloomy scenes that I have witnessed, none have left a deeper impression on my mind than that of the black unfathomable lake of Tortoom. Mountains of dark rock fall sheer down in awful precipices right into these deep still waters on each side..."*. Der Weg führte in den westlichen Höhen am See vorbei und stieg dann ein paar Kilometer hinter seinem nördlichen Ende wieder ins Tal hinab (vgl. SINCLAIR II, Karte nach 276).

4.7.1-18 Die Strecke aus der Ebene von Erzurum bis zum Harpasos (Çoruh) im Tortum-Tal beziehungsweise in seinen Randhöhen entlang, dürfte kaum mehr als 130-140 km betragen haben. Für sie wurden in 12 Tagemärschen (**St. 164 - 175**) 80 Marschstunden aufgewendet, d.h. 6-7 Stunden am Tag mit einem durchschnittlichen täglichen Geländegewinn von jeweils nur 10-12 Kilometern. Zur Erklärung dieses merkwürdigen Phänomens können Zahlenfehler hier nicht unterstellt werden, da die Stathmoi- und die Parasangenangaben sich gegenseitig stützen. Vor allem diese Angaben haben wohl auch manche Forscher dazu veranlaßt, die Griechen den Harpasos erst nach längeren Umwegen oder auf völlig anderen Routen erreichen zu lassen. Tatsächlich macht aber der Bericht Xenophons indirekt deutlich, daß die Marschkolonne hier nur sehr langsam vorangekommen sein kann, da sie unterwegs besonders zeitraubende, sich aus dem Verhalten der Lan-

Karte S.251

deseinwohner ergebende Schwierigkeiten zu überwinden hatte. Die Partie unterstreicht meines Erachtens überzeugend die Tatsache, daß Xenophon den Begriff *Parasangen* vorrangig im Sinn eines *Zeit*maßes verwendet hat, welches die Stunden festhielt, die vom Aufbruch aus dem alten bis zum Eintreffen in dem neuen Stathmos gewissermaßen auf der Straße verbracht worden waren. Im Normalfall konnte bei hindernisfreien Märschen pro Stunde wohl ein durchschnittlicher Raumgewinn von 3-5 Kilometern erzielt werden. Wenn aber, wie hier, aus der Not heraus die Soldaten schon unterwegs (nicht erst vom neuen Stathmos aus) ständig zur Gewinnung von Lebensmitteln in die Seitentäler ausschwärmen und sich überdies, vor allem im Gebiet der Chalyber, den Weg förmlich freikämpfen mußten, kam es notwendigerweise immer wieder zu Stockungen, die zwar vom Zeitaufwand her in die Parasangenzählung eingingen, aber keinen Raumgewinn bedeuteten. Bei Berücksichtigung dieser besonderen, aus dem üblichen Rahmen fallenden Umstände, durch welche der Marsch zum Harpasos behindert wurde, sind die extrem niedrigen Marschleistungen meines Erachtens verständlich.

4.7.1 **St. 164, 165, 166, 167, 168** Das Gebiet der Taochen soweit es von den Griechen berührt wurde, könnte sich etwa von der Wasserscheide nördlich von Kösk bis über Tortum hinaus erstreckt haben. Die ungewöhnliche Konstruktion von εἰς + Akkusativ anstelle des üblichen διά + Genetiv des Völkernamens erklärt sich daraus, daß zunächst noch durch Phasianengebiet marschiert und erst etwa bei **St. 165** die Grenze zu den Taochen überschritten wurde. Deren Hauptwohngebiet scheint allerdings (zumindest später), wenn die Schlußfolgerungen von KOCH (101), KIEPERT (538) und SEGL (38/39) zutreffen, weiter östlich *"das ganze Flußgebiet des Olti-Su* [= Oltu] *bis zum Djoroch* [= Çoruh]*"* umfaßt zu haben: *"Noch heute erinnert an diese Völkerschaft der Gau Tao* [= Tayk] *und der Name des Hauptortes Taoskari oder Tausgerd, Tawasgerd «Tor, Stadt des Tao»"* (SEGL 39). Wenige Kilometer südwestlich dieser Stadt mündet der Tortum in den Oltu, bevor sich dieser etwa 15 km weiter westlich in den Çoruh ergießt. Daß sich vor allem im südlichen Teil des Flußgebietes durch die westwärts gerichteten Täler der zahlreichen Zuflüsse des Oltu das Gebiet der Taochen bis an den Oberlauf des Tortum erstreckt haben kann, ist gut denkbar. Nach den Untersuchungen von LEHMANN-HAUPT (II 791-93) sind in den Taochen *"die ältesten Bewohner von Diaus-*

Karte S.251

Daia[e]ne zu erkennen" (792), ein ursprünglich selbständiges Volk, dessen Gebiet einmal von der Pasinler-Ebene bis zum Schwarzen Meer reichte. Später wurden sie von den Chaldern unterworfen, aber schließlich, wie auch die Chalder, *"durch Einwanderungen und Völkerverschiebungen in einen Teil der Gebirge ihres einstmals weiten Gebietes zurückgedrängt"* (792); dort bewahrten sie gegenüber dem persischen Reich zwar ihre Unabhängigkeit, übernahmen aber als Söldner Kriegsdienste in persischen Verbänden (vgl. 4.4.18). * Der Hinweis auf *"feste Plätze"* als Wohnsitze und zugleich Vorratslager der Taochen, in denen sie ihre *"sämtlichen Lebensmittel"* zusammengetragen hatten, läßt darauf schließen, daß dieses Hirtenvolk über eine Art 'Fluchtburgen' in den Bergen verfügte, welche von den Griechen nicht - wie offene Dörfer - als Stathmoi benutzt und ihrer Vorräte beraubt werden konnten. Als die aus **St. 163** entnommenen und mitgeführten Rationen nach ein oder zwei Tagemärschen aufgebraucht waren, und eine Versorgungskrise eintrat, ergab sich an der Spitze die Notwendigkeit zu energischem Handeln. Und zwar entschloß sich Cheirisophos dazu, nicht eine der festungsartigen Wohnsiedlungen, wo mit heftiger Gegenwehr zu rechnen war, sondern einen von den Taochen an schwer zugänglicher Stelle angelegten, aber offenbar nur schwach besetzten Sammelplatz für ihre Viehherden anzugreifen. Hier konnte er zwar nicht mit dem Gewinn von größeren Mengen an Lebensmitteln im engeren Sinn, wohl aber von Fleisch rechnen, das im Notfall als Verpflegung ausreichen mußte; vor allem aber hoffte er wohl, den Angriff mit geringerem Aufwand durchführen zu können. Xenophon hat die Aktion, die sich dann doch wider Erwarten als sehr schwierig und zeitaufwendig erwies, lebendig und packend nachgezeichnet (4.7.2-14). Aus seinem Bericht läßt sich die folgende Geländeskizze entwickeln: Der anzugreifende Platz war rundum von unüberwindbaren Steilhängen umgeben [2] und verfügte nur über einen einzigen (rampenartigen) Zugang [4], der jedoch von einem hohen Felsen überragt wurde [6]. Von diesem aus konnte der Zugang durch herabgewälzte und -geworfene Steine auf eine Strecke von etwa 45 m [6] praktisch unpassierbar gemacht werden [4]. Der untere Teil dieser Strecke war in einer Breite von etwa 30 m von einem Wäldchen aus hohen, locker stehenden Tannen bedeckt, nur die letzten 15 m, wohl direkt unterhalb des Felsens, boten überhaupt keine Deckungsmöglichkeit [6]. Hinter den Baumstämmen konnten insgesamt ungefähr 70 Mann einen gewissen Schutz vor den herunterrollenden Steinen finden [8].

Karte S.251

Die Geländeskizze macht deutlich, daß hier weder die numerische noch die kampf- und waffentechnische Überlegenheit der Griechen von Bedeutung waren. Dieser Platz konnte nur durch den Einsatz einiger weniger Männer, die dabei ein hohes Risiko eingehen mußten, genommen werden.

4.7.2-7 Als Xenophon mit der Nachhut am Platz des Geschehens eintraf, hatte Cheirisophos bereits stundenlang einander abwechselnde Stoßtrupps unter Inkaufnahme schwerer Verwundungen erfolglos vorgehen lassen, konnte jedoch wegen der katastrophalen Versorgungslage der Marschkolonne das Unternehmen nicht einfach abbrechen. Offenbar erhoffte er sich von Xenophon taktische Beratung für das weitere Vorgehen. Da von den übrigen Strategen in Fällen wie diesem nie die Rede ist, könnte man auf den Gedanken kommen, daß Xenophon auf deren Kosten seine eigene Rolle immer wieder in den Vordergrund geschoben habe. Tatsächlich spricht jedoch wenig für eine solche Vermutung. Der größte Teil der Marschkolonne zog wohl mehr oder weniger stumpfsinnig seiner Wege, während vor allem an der Spitze, aber auch am Schluß von Fall zu Fall schwierige Entscheidungen zu treffen und Kämpfe zu bestehen waren. An Cheirisophos, Xenophon und ihren Lochagen mit den zugehörigen Einheiten hing das Schicksal des Ganzen, und es ist vor allem ihr Verdienst, wenn der Rückmarsch trotz aller Schwierigkeiten schließlich ein gutes Ende fand. * In den sogenannten *codd. meliores* fehlt καὶ πελτασταῖς [3], gewiß zu Unrecht, da eine Trennung von ὀπισθοφύλακες und ὁπλῖται als zwei unter dem Kommando Xenophons operierende Truppen unsinnig ist (es könnte sich um eine alte Athetese handeln, die von 4.1.6 ausging - man darf jedoch zuversichtlich vorauszusetzen, daß die dort beschriebene Regelung, die sich in der Praxis nicht bewährt hatte, inzwischen längst korrigiert worden war). Einen Grund dafür, daß Xenophon hier ausdrücklich die beiden Waffengattungen der Nachhut erwähnt, kann ich allerdings nicht erkennen. * In der Beratung über die anzuwendende Taktik bewährt sich wieder einmal der 'gesunde Menschenverstand', den Xenophon in sein Amt einbrachte: sein Vorschlag lautet, die Taochen mit geringem eigenen Risiko zum Abwerfen ihrer Steinladungen regelrecht zu provozieren, bis sie ihre Vorräte aufgebraucht haben würden und dem Angriff nichts mehr entgegensetzen konnten.

Karte S.251

4.7.8-14 Offenbar übernahm jetzt eine Hopliteneinheit der Nachhut unter der Führung des Lochagen Kallimachos, der an diesem Tag als leitender Offizier das unter den Lochagen wechselnde Kommando über die ὀπισθοφύλακες innehatte, die Durchführung des Unternehmens; und zwar liefen die Männer einzeln in das Wäldchen und gingen dort sogleich hinter den Bäumen in Dekkung. Daß Cheirisophos und Xenophon sich persönlich dem Stoßtrupp beigesellten, zeigt ihre Entschlossenheit, jetzt ein für allemal mit dieser ärgerlichen Angelegenheit zum Abschluß zu kommen. Den Verlauf der Aktion selbst beschreibt Xenophon so plastisch, daß man förmlich dabeizusein glaubt. Während Kallimachos ganz im Sinn des xenophontischen Planes den Abwurf gewaltiger Steinladungen provozierte, entwickelte plötzlich der brennende Ehrgeiz der im Hintergrund wartenden Lochagen eine solche Dynamik, daß sie mit der Absicht, sich gegenseitig zu übertrumpfen, in einem spontanen Sturmlauf in das Innere des Platzes eindrangen. Alle an dem kühnen Unternehmen beteiligten Lochagen, deren Namen Xenophon hier nennt, gehörten der Nachhut an: Agasias, Aineias, Aristonymos, Kallimachos; der Rang des Eurylochos ist unklar: als er Xenophon in der letzten Phase des Kampfes um den Karduchenpaß mit seinem Schild deckte, war er Hoplit (4.2.21), später taucht er zusammen mit Offizieren als Gesandter (7.1.32) und Redner in einer Versammlung (7.6.40) auf; vielleicht war er inzwischen in den Rang eines Lochagen oder Unterlochagen (vgl. 5.2.13) aufgestiegen. Eines haben die fünf Männer jedoch auf jeden Fall gemeinsam: sie stammten alle aus Arkadien und scheinen einen Freundeskreis gebildet zu haben, wie er wohl auch für andere landsmannschaftlich verbundene Offiziere anzunehmen ist. *

Die Angst vor der Versklavung trieb die an das freie Leben in den Bergen gewöhnten Familien, die bisher ihre Herden so erfolgreich verteidigt hatten, in den kollektiven Selbstmord - sicher für sensible und human gesonnene Männer wie Xenophon wirklich ein *"furchtbarer Anblick"* [13]. LEHMANN-HAUPT (II 793) macht darauf aufmerksam, daß *"ähnliches...übrigens auch in den Verteidigungskämpfen der Armenier gegen Türken und Kurden vorgekommen"* sei. Die wenigen Taochen, die damals am Leben blieben, mußten dann ihre Tiere zur Straße hinuntertreiben und miterleben, wie auf dem Stathmos ein Teil von ihnen geschlachtet wurde. Der Rest zog als lebender Proviant zuammen mit der Marschkolonne weiter und stellte in den nächsten Tagen offenbar die einzige Nahrungsquelle dar [17].

Karte S.251

4.7.15-17 St. 169, 170, 171, 172, 173, 174, 175 Nach der Darstellung Xenophons wohnten die Chalyber nördlich der Taochen am Unterlauf des Tortum bis zum Harpasos, dessen Tal bereits von den Skythenen beherrscht wurde. Da Xenophon auch noch in anderen Gegenden von Chalybern spricht (vgl.4.5.34, 5.5.1) und sie überdies einmal offenkundig unter dem Namen Chaldäer erwähnt (vgl. 5.5.17 mit einer deutlichen Anspielung auf 4.7.17) bedarf die Chalyberfrage einer etwas genaueren Darstellung. Diese kann sich an den subtilen Untersuchungen von LEHMANN-HAUPT orientieren, der praktisch die Bände II 1 und 2 seines großen Armenienwerkes den Chaldern gewidmet hat (für unsere Fragestellung besonders aufschlußreich ist das 30. Kapitel: *Verbleib der Chalder, Zug der Zehntausend vom Euphrat bis Trapezunt und Ende der Forschungsreise*, II 687-833). Die Chalder, die ursprünglich das ganze Gebiet zwischen dem Kentrites im Süden und dem Schwarzen Meer im Norden beherrschten, wurden erst durch die Einwanderung der Armenier allmählich in die unzugänglichen und bergigen Teile ihres Landes zurückgedrängt. An verschiedenen Stellen des einstigen großen Verbreitungsgebietes haben sich jedoch noch Anklänge an ihren Namen erhalten, vor allem im Umland von Trapezus (*Chaldia* hieß die von dort aus regierte 8. Militärprovinz des byzantinischen Reiches, ebenso ein Erzbistum der griechischen Kirche mit Sitz in Gümüshane, *Kaldir* oder *Keldir* ein Distrikt des Paschaliks Trapezus), aber auch bei Tabriz (Bezirk Kaldirân) und weiter nördlich bei Kagizman und südlich in der Vansee-Region (Çaldiran) usw. Wenn diese Chalder in der klassischen Literatur überwiegend als Chaldäer bezeichnet werden, so steht dahinter *"eine auf dem Namensanklang beruhende Verwechslung, die allerdings schon sehr früh Platz gegriffen hat..."* (709) - jedenfalls haben sie nichts mit den südbabylonischen Chaldäern zu tun. Auch bei Xenophon erscheinen sie unter dem Namen Chaldäer; diese sind für ihn jedoch wiederum, wie sich aus 5.5.17 ergibt, praktisch identisch mit den Chalybern. Tatsächlich werden die beiden Völker von ihm übereinstimmend als besonders tapfer charakterisiert (vgl. 4.3.4 + Kyrupäd. 3.2.7 über die Chaldäer mit 4.7.15/16 über die Chalyber). Auch hinsichtlich der Bewaffnung sind große Ähnlichkeiten erkennbar (vgl. dieselben Stellen), ebenso hinsichtlich der Wohnstätten (vgl. Kyrupäd. 3.2.10 ff. über die Chaldäer mit Anab. 4.7.17 über die Chalyber). Weiter ist darauf hinzuweisen, daß der Siebentage-Marsch zum Harpasos nach Xenophon durch das Gebiet der Chalyber [4.7.15-18], in der Darstel-

Karte S.251

lung Diodors [14.29.1] jedoch *"durch das Land der sogenannten Chaldaier"* führte (Sophainetos ?). Bei Strabon [12.3.19] schließlich heißt es: οἱ δὲ νῦν Χαλδαῖοι Χάλυβες τὸ παλαιὸν ὠνομάζοντο. Gemeint sind damit die im Hinterland von Trapezus und Pharnakia (an Stelle des alten Kerasus) lebenden Chaldäer, die früher vor allem Silber, heutzutage (= 1. Jahrhundert v.Chr.) Eisen zu Tage förderten und bearbeiteten. Diese Angaben lassen sich ohne weiteres auf die von Xenophon [5.5.1] erwähnte kleine chalybische Volksgruppe beziehen, die westlich von Kerasus am Schwarzen Meer in Abhängigkeit von den Mossynoiken Eisenbergbau betrieb. Diese 'pontischen Chalyber' werden auch in einer ganzen Reihe jüngerer Quellen erwähnt, die aber nach den Untersuchungen von LEHMANN-HAUPT (II 801-803 mit Zitat seiner älteren Arbeiten) letzten Endes auf Hekataios von Milet (FGrHist 1) zurückgehen und einen Zustand repräsentieren, der in die Zeit vor Xenophon gehört. Die These basiert vor allem auf der Tatsache, daß bei den erwähnten Autoren (Ps.Skylax GGM 1.64/65 [§ 86-88], Plinius Nat.hist. 6.4.10/11, Pompon.Mela 1.105/106, Amm.Marcell. 22.8. 20) die Reihenfolge einiger der an der Südküste des Schwarzen Meeres wohnenden Völker von Osten nach Westen *Mossyner [Massyner, Mossynoiken], Tibarener, Chalyber* lautet - in Übereinstimmung mit Hekataios (vgl. F 204: Τιβαρηνοῖσι δὲ πρὸς ἥλιον ἀνίσχοντα Μοσσύνοικοι δμουρέουσιν), aber im Gegensatz zu Xenophon, nach dessen Darstellung die nur noch kleine Volksgruppe der Chalyber [5.5.1] zwischen den Mossynoiken, denen sie untertan waren, im Osten [5.4.1] und den Tibarenern im Westen [5.5.1] ihre Wohnsitze hatten. *"Skylax und die... römischen chorographischen Autoren schildern mithin einen vor Xenophons Zeit liegenden Zustand auf Grund älterer, zum mindesten vor Xenophon niedergeschriebenen Quellen. In der Zeit zwischen deren Niederschrift und dem Rückmarsch der Zehntausend sind also, wie wir aus Xenophons Schilderung erkennen, die Tibarener von Osten her in das Gebiet der westlichsten Chalyber eingedrungen, haben dieses besetzt und die Chalyber auf dessen östlichsten Teil beschränkt. Die dadurch bedingte und möglicherweise durch weitere Bedrängnis seitens der nunmehrigen beiderseitigen mächtigen Nachbarn fortgesetzte Schwächung haben dann schließlich die unkultivierten Mossynoiken benutzt, um sich die spärlichen Reste dieser ihnen kulturell weit überlegenen Chalybergruppe zu unterwerfen und aus ihrer Fertigkeit in der Eisenbearbeitung Nutzen zu ziehen"* (LEHMANN-HAUPT II 803/804). Noch ein zweites Zeugnis

Karte S.251

des Hekataios muß in diesem Zusammenhang betrachtet werden. Stephanos von Byzanz berichtet in seinem geographischen Lexikon unter dem Lemma Χάλυβες folgendes (= FGrHist 1 F 203): Χάλυβες: παρὰ τὸν Πόντον ἔθνος ἐπὶ τῷ ποταμῷ Θερμώδοντι [= Terme Çayi] ...καὶ Χάλυβοι παρ' Ἑκαταίῳ: «Χαλύβοισι πρὸς νότον Ἀρμένιοι ὁμουρέουσι». Dies entspricht der Aussage des armenischen Bürgermeisters [4.5.34]: τὴν δὲ πλησίον χώραν ἔφη εἶναι Χάλυβας. Tatsächlich aber durchzogen die Griechen zunächst ja noch phasianisches und taochisches Gebiet, bevor sie erst jetzt [4.7.15] bei den Chalybern einmarschierten, von denen sie bisher wußten, daß sie im Heer des Tiribazos eine Söldnerabteilung gestellt [4.4.18] und sich an der Verteidigung des Deveboyun-Passes beteiligt hatten [4.6.5]. Der Text Xenophons ist ganz eindeutig: dies ist die erste Begegnung der Griechen mit den wehrhaften Chalybern an der Grenze ihres eigenen Landes. Wenn der Bürgermeister sie als Nachbarvolk der Armenier bezeichnete, so beschrieb er damit (wie auch Hekataios) wohl in groben Zügen nur die allgemeine politische Situation: nördlich der persischen Provinz Westarmenien erstreckte sich nach seinem Wissen im wesentlichen das Gebiet der Chalyber, durch dessen westlichen Randbezirk der Weg nach Trapezus führte; hinter ihrer Aggressivität und Wehrhaftigkeit blieben die anderen nördlichen Völker so weit zurück, daß ihre Aufzählung im einzelnen nicht notwendig erschien.

* Der Bewaffnung der chalybischen Soldaten hat der waffentechnisch sehr interessierte Xenophon große Aufmerksamkeit geschenkt. Ihre aus Leinenstoff angefertigten Koller reichten bis zum Unterleib und waren von der Hüfte abwärts (an der Stelle, wo an den griechischen Leder- oder Leinenpanzern eine einfache oder doppelte Reihe von Lederstreifen [πτέρυγες] zum Schutz der Weichteile angebracht war [vgl. Hippike 12.4]) mit einem Kranz von dicht aneinanderliegenden Seilen [σπάρτα] versehen. Unter dem μαχαίριον ὅσον ξυήλην Λακωνικήν ist eine kurze, gekrümmte Hiebwaffe zu verstehen, die im Unterschied zum Schwert nicht an einem Schulterriemen, sondern am Gürtel getragen wurde. Sie war vergleichbar einem 'Schabmesser' [ξυήλη], einem sichelartig gerundeten und in der Innenrundung geschärften Eisengerät, das man zum Beispiel benötigte, um den Schaft eines Spießes zu glätten (Kyrupäd. 6.2.32). Möglicherweise wurden solche 'Schabmesser' in Sparta bei der vormilitärischen Ausbildung der Knaben verwendet und konnten (wie sich aus 4.8.25 ergibt) zu tödlichen Unfällen führen. Von den weiteren hier genannten Waffen bedarf nur

Karte S.251

noch die Lanze einer näheren Betrachtung. Ihr hölzerner Schaft hatte im Unterschied zu den griechischen Lanzen am Fuß keine Metallhülse (στύραξ), mit der man sie in die Erde stecken und notfalls auch einmal zustechen konnte (στυρακίζειν), sondern war am unteren Ende wohl halbkugelförmig zugeschliffen wie die Lanzen der Mossynoiken (5.4.12). Ihre Länge wird in der Überlieferung einhellig mit etwa 15 Ellen, also gut 6½ Metern angegeben. Es fällt schwer, dieses Maß (fast das Vierfache der Größe eines Mannes) zu akzeptieren. Normale Lanzen dürften etwa 2½ - 3½ m gemessen haben. Die überlange Lanze [ἔγχος ἐνδεκάπηχυ] Hektors (Ilias 6.319 = 8.494) ist natürlich unter poetischem Blickwinkel zu sehen. In der Realität theoretisch vergleichbar sind dagegen die sogenannten *Sarissen*, welche das schwere Fußvolk in der makedonischen Phalanx benutzte. Für die Zeit Alexanders des Großen wird eine Länge von 12 Ellen bezeugt, später betrug sie zeitweilig sogar 16 Ellen (was sich nicht bewährte, vgl. Polyain. 2.29.2), dann 14 Ellen. Voraussetzung für den Einsatz dieser mit beiden Händen gehaltenen Stoßlanzen war allerdings der Aufbau einer disziplinierten Phalanxformation, in der die ersten fünf Glieder ihre Sarissen gefällt, die nachfolgenden über die Schultern der Vordermänner schräg nach oben gerichtet hielten, so daß neben jedem Mann des ersten Gliedes fünf Lanzenspitzen, die um je zwei Ellen (= Abstand der Glieder) hintereinander versetzt waren, dem Feind entgegenstarrten (vgl. Polyb. 18.29/30). *"Die Sarissen-Phalanx war auf den frontalen Angriff mit Anlauf, Massenstoß der Sarissen und nachfolgendem Vorwärtsdringen des tiefen Menschenhaufens berechnet. ... Bei dieser reinen Stoßtaktik gab es kein Halten und weder Raum noch Zeit zu langen Einzelkämpfen und zu kunstgerechtem Fechten. Dazu war der Phalangit mit seiner schwerfälligen Sarisse nicht geeignet..."* (LAMMERS, RE IA 2, 1920, 2527). Daß diese Voraussetzungen auf die Chalyber ganz und gar nicht zutreffen, ist leicht zu erkennen. Ihre Kampfweise entsprach derjenigen der übrigen Völker, deren Gebiete die Griechen durchzogen hatten - mit der bemerkenswerten Ausnahme, daß sie sich sogar auf Nahkämpfe einließen. Sarissenartige Lanzen waren für solche Aktionen völlig ungeeignet. Wenn wir nicht mit einem Zahlenfehler rechnen wollen (PÄTZOLD schlägt πέντε für πεντεκαίδεκα vor, d.i. ε für ιε), wäre zu erwägen, ob die überlangen Lanzen vielleicht von Xenophon bei der Verteidigung der hochgelegenen befestigten Plätze der Chalyber beobachtet wurden. * Zwei weitere Merkwürdigkeiten dieses Volkes hält Xenophon noch für mitteilenswert:

Karte S.251

sie schnitten ihren überwundenen Feinden die Köpfe ab und trugen diese auf dem Marsch mit sich; sie sangen Lieder und führten Tänze auf, sobald die Feinde im Begriff standen, ihrer ansichtig zu werden (vgl. 5.4.17 zum Verhalten der Ostmossynoiken). Von Liedern ist auch beim Angriff der Karduchen die Rede (4.3.27: ἐπῇσαν ᾠδάς τινας ᾄδοντες), und von den Chaldäern heißt es in der «Kyrupädie» [4.3.27], daß sie, als die Armenier in die Nähe kamen, ἀλαλάξαντες ἔθεον, ὥσπερ εἰώθεσαν, εἰς αὐτούς. Derartige Kampflieder mag also Xenophon selbst gehört haben. Anders steht es mit der ersten Nachricht. Es ist wohl mit Sicherheit auszuschließen, daß es bei der von Xenophon geführten Nachhut, die nach § 17 vor allem in Kämpfe mit den nachdrängenden Chalybern verwickelt wurde, zu Ausfällen mit derart spektakulären Begleiterscheinungen gekommen ist. Voraussetzung dafür wäre ja gewesen, daß die Griechen, obwohl sie nicht (wie seinerzeit vor dem Karduchenpaß, 4.1.17/18) zu einem fluchtartigen Rückzug genötigt waren, verwundete oder getötete Kameraden dem Feind überlassen hätten - und daß Xenophon diese gräßliche Verstümmelung seiner Männer einer persönlichen Bemerkung nicht für würdig gehalten hätte. Beides ist mehr als unwahrscheinlich. Daß der Bericht hier tatsächlich nicht auf Autopsie beruht, ergibt sich auch aus dem Hinweis auf die *Märsche* der Chalyber (τὰς κεφαλὰς ἔχοντες ἐπορεύοντο). Die überfallartigen Angriffe der (kleinen) Abteilungen, die nach dem Abzug der Griechen jeweils aus ihren befestigten Städten herunterkamen und die letzten Männer der Nachhut angriffen, können hier nicht gemeint sein. Hinter dem Horrorszenario einer Chalyber-Armee, die nach siegreich bestandener Schlacht die abgeschnittenen Köpfe der niedergemetzelten Gegner (auf den Lanzenspitzen?) während des Marsches zur Schau stellte, steht entweder nur das Hörensagen oder aber (mir wahrscheinlicher) Ktesias, der in seinen «Persika», die Xenophon eingesehen hat [1.8.26/27], vor keinem noch so scheußlichen Bild zurückschreckte, wenn es nur der Befriedigung der Sensationslust diente.

4.7.18 <u>**St. 176, 177, 179, 179**</u> Daß der Harpasos dem Çoruh Nehri entspricht, ist von allen Anabasis-Forschern inzwischen anerkannt. Umstritten ist jedoch die Stelle, an der die Griechen in das Çoruh-Tal einmarschierten. Die Ansätze reichen von der Mündung des Oltu Çay in den Çoruh Nehri im Osten (KIEPERT, LEHMANN-HAUPT) über Chund Otapü (?) etwa 40 km weiter flußauf-

Karte S.251

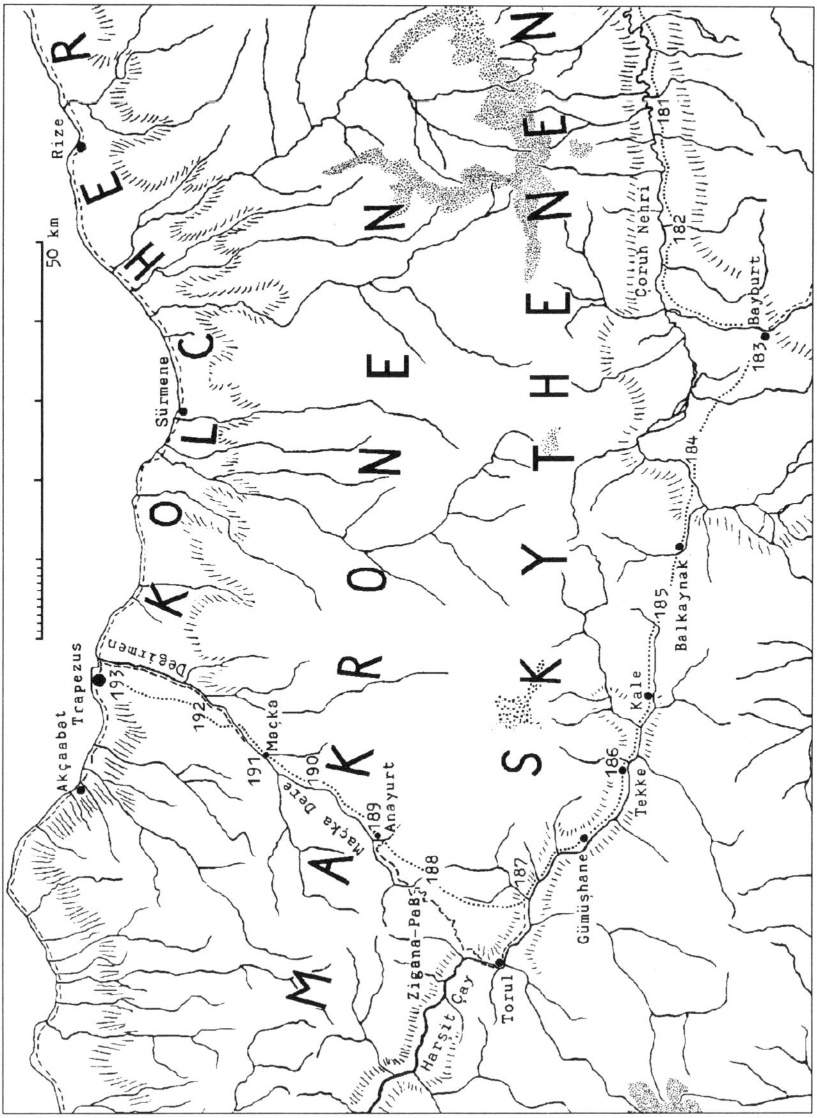

46. Stathmoi 181 - 193 (4.7.19 - 8.22)
[punktiert: über 9000 Fuß = 2743 m hoch]

wärts (SEGL) bis nach Ispir im Westen (v.HOFFMEISTER). Die beiden letzten Routen führen allerdings über enge Saumpfade und Pässe. Überdies scheint mir auch das Itinerar Xenophons eindeutig für den Ansatz von KIEPERT und LEHMANN-HAUPT zu sprechen. Auf das Mündungsgebiet des Oltu Çay dürfte auch die Breitenangabe für den Çoruh (120 m), die weiter stromaufwärts, etwa bei Ispir, noch nicht erreicht wird, ungefähr zutreffen. In der Gegend von Ispir, wo das Çoruh-Tal sich etwas erweitert, ist dann **St. 179** zu vermuten. Während der vier ohne besondere Schwierigkeiten durchgeführten Fünf-Stunden-Märsche wurden etwa 70-80 km zurückgelegt, also normale Stundenleistungen von etwa 3½-4 km erbracht.

4.7.19 **St. 180, 181, 182, 183** Gymnias (**St. 183**) lag an der Stelle von Bayburt oder zumindest in unmittelbarer Nähe dieser Stadt, durch welche der übliche Karawanenweg von Täbris über Erzurum nach Trapezus führte. Auch Marco Polo (2. Hälfte des 13. Jahrhunderts) hat sie auf seiner Reise nach China durchzogen: *"Im Norden des Landes* [= 'Großarmenien'], *an der großen Straße von Tauris* [= Täbris] *nach Trebisonde* [= Trapezus], *liegt das Schloß Paipurth* [= Bayburt], *in dessen Nähe reiche Silbergruben bestehen"* (die erwähnten Silberbergwerke wurden bei Gümüshane, an der Straße etwa 70 km westlich von Bayburt, betrieben). Die von v.HOFFMEISTER, LEHMANN-HAUPT u.a. vorgeschlagene und sicher richtige Identifizierung von Gymnias mit Bayburt bedeutet zwar eine kurze Südabweichung von der allgemeinen Westrichtung, welche die Marschkolonne zuletzt im Tal des Çoruh Nehri eingeschlagen hatte; diese blieb jedoch aus gutem Grund noch einen Tagemarsch im Flußtal, weil sie an dieser Stelle wieder auf die Hauptstraße stieß, die sie vor Erzurum verlassen hatte. Überdies wurde selbstverständlich die Einrichtung des Stathmos in einer großen und reichen Stadt derjenigen in kleinen Dörfern oder gar auf freiem Feld vorgezogen. Gymnias war vermutlich der Zentralort der Skythenen, wohl eines Einwanderervolkes (vgl. TREIDLER, D.kl.Pauly s.v. *Gymnias*), das sich am Harpasos (Çoruh) entlang festgesetzt hatte und offenbar auch über Bayburt und den Vavuk-Paß nach Westen hinaus den Südteil des pontischen Randgebirges für sich beanspruchte - allerdings gegen den Widerstand der einheimischen Bevölkerung. Jedenfalls betrachtete man erst einen kleinen Fluß, der in der Nähe von Hamsiköy, nördlich des Zigana-Passes, in die Maçka mündete, als Grenze zu den die Bergmassi-

Karte S.251, 271

ve selbst bewohnenden Makronen (4.8.1/2). Der Herrscher der Skythenen sah im Durchzug der riesigen Söldnerkolonne eine bequeme Möglichkeit, aufsässigen Ureinwohnern des von ihm vereinnahmten Gebietes eine Lehre zu erteilen.

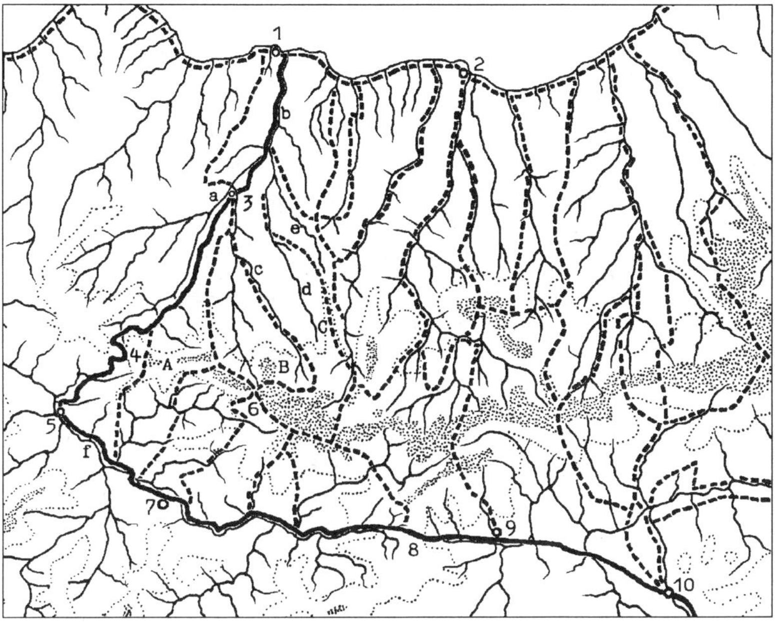

47. Wege über das pontische Randgebirge von Bayburt nach Trapezus (vereinfachte Darstellung nach GASSNER 23 Abb. 13 und 27 Abb.17)

Legende: Dicke Linie: heutige Hauptstraße; gestrichelte Linien: Wege und Gebirgspfade; punktierte Flächen: über 2500 m Höhe; punktierte Linie: 2000 m Höhe; *Ortschaften und Pässe*: 1 Trapezus [Trabzon], 2 Sürmene, 3 Maçka [Çevizlik], 4 Zigana-Paß, 5 Torul [Ardasa], 6 Stavros (Wegekreuz), 7 Gümüshane, 8 Vavuk-Paß, 9 Balkaynak [Balahor], 10 Bayburt; *Flußläufe*: a Maçka, b Degirmen, c Mereymana, d Kalyan, e Kostul, f Harsit, g Korum, h Çoruh; *Berge*: A Zigana Dag, B Kolat Dag, C Karakaban Dag

4.7.20 **<u>St. 184, 185, 186, 187, 188</u>** Von Gymnias (**St. 183**) aus erreichten die Griechen unter der Führung eines Einheimischen am fünften Marschtag den Berg Theches im pontischen Randgebirge,

Karte S.271

48. Die Kunststraße nördlich des Zigana-Passes (Nachzeichnung nach TÜRKEI [mil] Abb.87)

von wo aus das Meer sichtbar war (**St. 188**), marschierten dann in drei Tagen durch das Land der Makronen und bezogen am Abend des dritten Tages nach der Eroberung der Grenzfestung der Kolcher bereits in kolchischen Dörfern Quartier (**St. 189-191**). Nach zwei weiteren Marschtagen erreichten sie das Gebiet der Stadt Trapezus am Schwarzen Meer (**St. 192, 193**). Obwohl der Ausgangs- und der Zielpunkt dieser Marschstrecke feststehen, ist es bisher noch nicht gelungen, ihren Verlauf zweifelsfrei zu ermitteln. Die gründlichste Untersuchung der gesamten Fragestellung wird GASSNER vedankt, der das in Frage kommende Gebiet in den Jahren 1935 und 1938 bereist und die vorhandene Forschungsliteratur intensiv durchgearbeitet hat sowie der Geschichte der hauptsächlichen Wege im pontischen Randgebirge südlich von Trapezus nachgegangen ist (vgl auch BRYER-WINFIELD I 48-53). Die wichtigsten Ergebnisse seiner Forschungen sind die folgenden: [1] Die jetzt benutzte Kunststraße, die von Torul (Ardasa) aus in zahlreichen kühnen Serpentinen den Zigana-Paß (2036 m) überschreitet, dann im Maçka-Tal nach Maçka (Çevizlik) absteigt und von dort am Degirmen entlang östlich von Trabzon ans Meer führt, ist erst nach 1870 angelegt worden. In älteren Reisebeschreibungen wird der Zigana-Paß nirgends erwähnt. Dessen Benutzung (die v.HOFFMEISTER angenommen hat) kommt für die Griechen nicht in Betracht. [2] Der in den letzten Jahrhunderten (vor Anlage der Kunststraße) übliche und von vielen Reisenden benutzte Karawanenweg führte über das nördliche Hochplateau des Kolat Dağ, lief dann auf dem Kamm der zwischen Maçka und Meryemana liegenden Berge entlang, erreichte über einen steilen Abstieg den

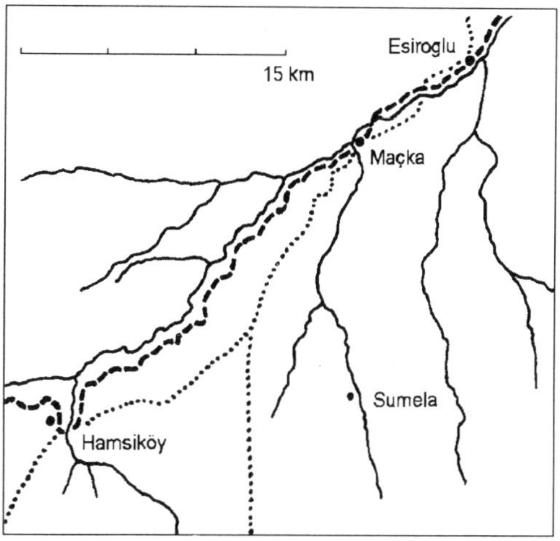

49. Moderne (*gestrichelt*) und alte (*punktiert*) Straßenführung zwischen Hamsiköy und Esiroglu (nach SINCLAIR II 92/93 und GASSNER 27 Abb. 17)

Zusammenfluß der beiden Flüsse bei Çevizlik, stieg auf der anderen Seite wieder in die Berge hinauf und endete schließlich in dem Tal zwischen dem südlichen Stadtteil von Trapezus und dem flachen Hügel Boztepe, auf dem die Griechen ihre Dankopfer darbrachten und sportliche Wettkämpfe veranstalteten (4.8.25-28). GASSNER (28) zitiert eine lebendige Beschreibung dieses Weges von A.CURZON, der ihn von Trapezus aus benutzt hat. Bei dem unmittelbar hinter der Stadt beginnenden Anstieg gehe *"die Straße so steil, daß man sie mehr erklimmen muß, als daß man sie besteigen kann, und daß sie eher einer Leiter gleicht.... Von nun an ist die Karawanenstraße nur ein Pfad, gerade breit genug für ein beladenes Pferd; sie führt durch Bäche und sumpfige Stellen, über Felsen und Berge hinweg und an schroffen Abhängen vorbei, so daß man eher geglaubt haben würde, es sei höchstens ein Pfad für Ziegen....Diese Straße nun ist, man sollte es kaum glauben, die einzige Verbindung zwischen Konstantinopel und Persien. Durch die jähesten Schluchten und über die steilsten Abhänge transportiert man fortwährend alle Waren..."*. Als Alternative zum Kammweg gab es auch einen Weg im Meryemanatal nach Çevizcik, der aber seltener benutzt wurde. Jedenfalls sind diese alten Karawanenwege bei der Suche nach der von Xenophon beschriebenen Marschroute in Betracht zu ziehen.
[3] Auf dem von GASSNER nach der Karte der türkischen Landesaufnahme, Blatt Sivas, 1936, angefertigten Überblick über die das pontische Randgebirge durchquerenden Wege (der nördliche Teil des Karawanenweges ist darin nicht eingetragen) finden sich noch mehrere Trassen, die teils durch die Täler, teils aber auch auf den Bergkämmen entlang führen (nur einige von ihnen lassen sich auf

älteren Karten wenigstens in ihrem ungefähren Verlauf nachweisen). Sie gelten insgesamt als sogenannte 'Sommerstraßen'; tatsächlich handelt es sich sogar eher um Saumpfade, die im Winter (November bis April/Mai) auf den Hochgebirgsstrecken völlig ungangbar sind. Andererseits gewähren vor allem die Kammwege, wenn sie frei von Schnee sind, relativ gute Marschmöglichkeiten. Ein solcher Kammweg, den die Griechen benutzt haben könnten, führte zum Beispiel vom Karakaban Dağ bis ans Meer östlich von Trapezus (vgl. GASSNER 29-33 mit Abb. 18-21). [4] Besondere Probleme wirft die Erwähnung des Meerblickes vom Berg *Theches* (bei Diodor 14.29.3 heißt er *Chenion*) auf. Da von dort aus Trapezus nach 17 Marschstunden (Parasangen) innerhalb von fünf Tagen erreicht wurde, nimmt GASSNER die ungefähre Entfernung zwischen beiden Punkten richtig mit etwa 60 km an, was einer Luftlinienentfernung von etwa 45 km entsprechen dürfte. Diese Annahme trifft auf die Lage des Zigana Dağ, Kolat Dağ und Karakaban Dağ auf der Nordseite des pontischen Randgebirges zu. Daß bei günstiger Witterung vom Zigana Dag und vom Karakaban Dag das Meer zu sehen ist, wird von verschiedenen Reisenden berichtet, für den Kolat Dag scheint eine entsprechende Autopsie nicht nachgewiesen zu sein. Im Bereich dieser Bergkette, die sich vom Zigana-Paß aus in östlicher Richtung erstreckt, dürfte der Theches zu suchen sein. * Von entscheidender Bedeutung sowohl für die Lokalisierung des Berges Theches als auch für die Festlegung des Marschweges ist die Mitteilung Xenophons (4.8.1/2), daß bereits während des ersten Marschtages nach dem Ersteigen des Theches der Grenzfluß zwischen Skythenen und Makronen an einer Stelle, wo dieser in einen linker Hand befindlichen (größeren) Fluß einmündete, erreicht wurde; in der Nähe dieser Einmündung überschritt der Weg, dem die Griechen folgten, den Grenzfluß. Die Karte (Abb. 49) macht deutlich, daß die präzise beschriebene topographische Situation nur auf eine einzige Stelle des gesamten in Frage kommenden Gebietes zutrifft: die Stelle, wo etwa 1½ km östlich von Hamsiköy ein vom Zigana Dağ in westnordwestlicher Richtung fließender kleiner Fluß in die Maçka einmündet. Diesen kleinen Nebenfluß überschritt hier in der Tat ein alter Höhenweg, der westlich der Einmündung des Korum in den Harsit in das Gebirge hinaufstieg, einige Kilometer östlich am heutigen Zigana-Paß vorbei den Gebirgsstock durchquerte, über die nördlichen Hänge nach Hamsiköy hinunterstieg, von dort wieder nach Nordosten in die Höhe führte und als Kammweg schließlich Maçka erreichte. Es scheint mir klar, daß dieser Weg vor dem Ausbau der Serpentinen-

Karte S.271, 273, 275

strecken nördlich und südlich des heutigen Passes die vermutlich günstigste (wenn auch nicht kürzeste) Verbindung vom Tal des Harsit Çay über das Maçka-Tal nach Trapezus darstellte, auf jeden Fall diejenige mit der geringsten Hochgebirgsstrecke. Mit v.HOFF-MEISTER (dessen Irrtum vor allem darin bestand, daß er die moderne Paßstraße für alt und die Maçka für den Grenzfluß zwischen Skythenen und Makronen hielt) bin ich mir so gut wie sicher, daß die Griechen diesen Weg benutzt haben: etwa bei Hamsiköy betraten sie also das Gebiet der Makronen und marschierten unter ihrer Führung flußabwärts, bis sie vor Çevrilik auf die Grenzfestung der Kolcher stießen, diese in ihre Hand brachten und anschließend im Gebiet von Çevrilik ein paar Tage Quartier nahmen, um die Folgen des Tollhonig-Verzehrs auszukurieren (4.8.20/21); der Weg führte dann in den westlichen Bergen über dem Degirmen-Tal weiter nach Trapezus. Die neue Rekonstruktion von MANFREDI (224/25, Abb. 35 und Karte 16), der unter den 4.8.1/2 erwähnten Flüssen den Sobran und den Harsit im Süden des Randgebirges versteht und den Kampf mit den Kolchern (4.8.8 ff.) unmittelbar am Zigana-Paß stattfinden läßt, hat mich nicht überzeugen können. * Auf der hier angenommenen Strecke scheint CURZON im Januar 1844 von Bayburt aus nach Trapezus gereist zu sein. Aus seinem Bericht über die Überquerung des Zigana Dağ auf dem alten Paß bis zum Eintreffen in Trapezus (173-175, 7.-10.Jan.1844) seien einige kurze Auszüge zitiert, welche die (durch die winterliche Situation allerdings noch verschärften) Schwierigkeiten des Weges verdeutlichen können. Solche alten Reiseberichte sind geeignet, auch die physischen Leistungen der Marschkolonne, die Xenophon in der «Anabasis» nur sehr selten und zurückhaltend andeutet, und darüberhinaus antiker Fernreisender überhaupt ins richtige Licht zu rücken. *"On the 7th we got into a fix near a place called Madem Khanlari, in the pass of Zigana Dagh, a worse place than even Hoshabounar: we had been all day scrambling about in rocky ledges, and crossing torrents and snowdrifts, each of which seemed impassable till we went at it with a will: a number of villagers, with axes and ropes, came with us, and worked valiantly in clearing the ice off the narrow shelves of rock, and leading the horses through the most difficult places, where they could hardly stand; sometimes the horses were almost lifted by the men. By the greatest care and exertion none as yet fell over the precipices. ... Without a drawing it is difficult to describe the position we had got into... Beyragdar carried me in his arms till we got to the Strada Reale, good two feet*

Karte S.271, 273, 275

wide... In this way, by slow degrees, we scrambled on our way, till, on the 10th of January...I arrived...at the edge of the table-land, from whence I saw the blue waters of the sea, and at 11 o'clock A.M. I was seated in my room in the quarantine station at Trebizond". * Hier sei noch ein kurzer Auszug aus dem Werk von GUSE (127) zitiert, der schon vor GASSNER zu der Auffassung gekommen war, daß die Griechen nicht über den Zigana-Paß, sondern auf einem alten Kammweg nach Trapezus gezogen seien; er schreibt: *"Auf einem Ritt 1916 kamen wir, d.h. der engere Armeestab, durch einen kleinen griechischen Ort Himera, der ziemlich genau südlich Trapezunt und südlich des Hanges des Küstengebirges liegt. Die türkischen Offiziere des Stabes, die über Xenophon Bescheid wußten, erzählten,...die Einwohner von Himera bezeichneten sich selbst als Nachkommen jener am Azaleeen-honig krank gewordenen Griechen, die damals im Lande geblieben seien... mir schien eine solche Sage, auch wenn sie nicht in allem wörtlich richtig ist, die Erinnerung an einen tatsächlich stattgefundenen Durchzug der Griechen durch jene Gegend zu bewahren. Bei der Ortschaft Himera befand sich nun eine alte steinerne Brücke über einen Wasserlauf... Offenbar lag Himera an einer alten Verkehrsstraße"* .

4.7.21-26 Diese Partie ist wohl die berühmteste der ganzen «Anabasis»: jener erste Blick auf das Meer, der anschwellende Ruf θάλαττα, θάλαττα, und die nun aufbrechende überschäumende Freude und Dankbarkeit der ganzen Kolonne. Die Beschreibung ist so plastisch, daß der dramatische Augenblick dem Leser mit allen Einzelheiten lebendig vor Augen tritt und keiner Kommentierung bedarf. Ja, sie erweckt Erwartungen, welche sich in Wirklichkeit kaum erfüllen. v.HOFFMEISTER, der den Spuren Xenophons folgend von Süden her voller Ungeduld zum Zigana-Paß hinaufzog (*"...mich bewegt nur der eine Gedanke: kann man das Meer sehen? Hier müssen die Griechen marschiert sein, von hier müssen sie das Meer geschaut und Thalatta! Thalatta! gerufen haben, wenn es sichtbar ist..."*, 140), war zunächst enttäuscht, weil ein breiter dunkler Bergrücken nordwärts die Aussicht verstellte. Dann aber wurde ihm gesagt, es gebe in nordöstlicher Richtung rechts abseits der Straße weiter vorne eine Stelle (die einzige weit und breit), von der aus man bei klarem Wetter das Meer sehen könne. Mühsam kletterte er nun über Eis und Schnee eine dreiviertel Stunde lang aufwärts. *"Der Führer war vorausgegangen, hielt oben die*

Hand über die Augen und rief zurück: 'Derja dir', da ist das Meer! Im Nu war alle Müdigkeit verschwunden; ein paar Sätze, und ich stand oben. Eisiger Wind, glitzernder Schnee, über mir weißlicher Himmel, unter mir wallender Nebel und ganz im Norden ein dunstig-blauer Strich. Eilig nehme ich das Glas zur Hand: ich kann mit dem besten Willen nichts anderes erkennen als diesen Dunststreifen; aber die Gendarmen weisen immer wieder darauf hin und wiederholen: 'Es ist das Meer, Herr, es ist das Meer!' Offengestanden war ich etwas enttäuscht; hatte ich mir doch die Sache ganz anders vorgestellt und in unbegreiflichem Außerachtlassen der Entfernung - es sind 50 km Luftlinie bis zum Meere, und so viele müssen es auch sein nach den folgenden Märschen Xenophons - eigentlich erwartet, ganz deutlich eine Wasserfläche vor mir zu finden, womöglich in der Sonne glitzernd und belebt von Dampfern und Segeln!..." (141). In dichterischer Inspiration hat auch Heinrich HEINE in seinem Gedicht *Meergruß* die trennende Entfernung kühn überbrückt (zitiert von WENDT 176):

Thalatta! Thalatta!
Sei mir gegrüßt, du ewiges Meer!
Sei mir gegrüßt zehntausendmal
Aus jauchzendem Herzen,
Wie einst dich begrüßten
Zehntausend Griechenherzen,
Unglückbekämpfende, heimatverlangende,
Weltberühmte Griechenherzen.

Es wogten die Fluten,
Sie wogten und brausten,
Die Sonne goß eilig herunter
Die spielenden Rosenlichter,
Die aufgescheuchten Möwenzüge
Flatterten fort, lautschreiend,
Es stampften die Rosse, es klirrten die Schilde
Und weithin erscholl es wie Siegesruf:
"Thalatta! Thalatta!" ......

v.HOFFMEISTER hatte sein Erlebnis am 11.Mai 1910 in unmittelbarer Nähe des Zigana-Passes, den die Griechen jedoch nicht benutzt haben können, da er erst in der zweiten Hälfte des 19. Jahrhunderts ausgebaut wurde. Aber es ist gewiß nicht zu bezweifeln,

Karte S.271, 273, 275

daß auch von dem einige Kilometer weiter östlich verlaufenden Höhenweg aus Stellen erreichbar waren, die einen Blick auf das Meer ermöglichten. Dieser Weg führte westlich am Hauptgipfel des Zigana Dağ vorbei, der sich bis in eine Höhe von 2650 m erhebt. Hier müßte also nach jenem Steinhügel Ausschau gehalten werden, den die Griechen damals spontan in frommer Dankbarkeit aufschütteten - und von dem viele Forscher glauben, daß er im Gelände noch erkennbar sein müßte. *"Wenn rund 10000 Menschen auch nur je 1 Stein herantragen, so muß bei einer Steinlänge von 20 bis 50 cm, wie sie am Zigana Dag vorkommen, ein Hügel von mindestens 100 cbm Inhalt zustande kommen, der sich nicht übersehen läßt"* (GASSNER 19). In der Tat wollten die Griechen, wie Diodor (14.29.4) schreibt, *"ein unvergängliches Denkmal ihres Feldzuges hinterlassen"*, allerdings (nach seiner Darstellung, die mir angesichts der großen Menschenmasse ein eher realistisches Bild zu vermitteln scheint) in der Gestalt von *mehreren* an einem Platz errichteten großen Steinhügeln, auf denen Beutestücke abgelegt wurden. Diese bestanden (nach Xenophon) lediglich aus etwa 20 unbrauchbar gemachten Schilden. Ferner weihten bei dieser Gelegenheit die Soldaten offenbar den Göttern ihre βακτηρίαι, d.h. die Stöcke, die sie sich zum Abstützen während der schwierigen Gebirgsmärsche angefertigt hatten und derer sie nun nicht mehr zu bedürfen glaubten. Schließlich ist die Rede noch von einer *"Fülle roher Rindshäute"*, die wohl dadurch zusammengekommen ist, daß an Ort und Stelle den rettenden Göttern ein Dankopfer dargebracht wurde. * Möglicherweise hat schon GASSNER 1938 die richtige Stelle gefunden (19, mit Abb. 11): er entdeckte an der Nordwestseite des Zigana Dağ, etwa 2 km vom Paß entfernt, einen *"etwa halbkreisförmigen Steinhügel, der bei einem unteren Durchmesser von etwa 12 m eine Höhe von schätzungsweise 3 m hat, oben flach ist und den Eindruck einer künstlichen Anhäufung von Steinen macht oder machen kann"*. 1985 untersuchte MANFREDI dieselbe Stelle und beobachtete in unmittelbarer Nähe dieses Hügels drei weitere aus großen Steinen offensichtlich künstlich angelegte Haufen. Er hält es mit aller Vorsicht für möglich (*...una lontana possibilià...*, 227), daß wir hier die Überreste des seinerzeit von den Griechen errichteten Steinmals vor uns haben.

4.7.27 Offenbar gab es im Heer eine zentralverwaltete (kleine) Sammlung besonders kostbarer Beutestücke, die nicht in Privatbesitz übergegangen waren, sondern als Sachwerte der Kriegskasse

Karte S.271, 273, 275

für Fälle wie diesen zur Verfügung standen. Die Bereitwilligkeit der Söldner, die Belohnung des geschäftstüchtigen Führers sogar durch private Geschenke zu vergrößern, verdeutlicht die unbeschreibliche Dankbarkeit, die sich an diesem denkwürdigen Nachmittag der Menschen bemächtigt hatte: die Soldaten, heißt es bei Diodor (14.29.4), *"erhoben ihre Hände zu den Göttern und dankten ihnen, als ob sie schon endgültig gerettet wären".*

50. Steinhügel am Zigana Dağ [4.7.25] (Umzeichnung nach MANFREDI Abb.36)

4.8.1/2 <u>St. 189, 190, 191</u> Der Marsch führte zunächst noch durch Skythenengebiet, bis der Aufenthalt am Grenzfluß eintrat. Bei diesem kann es sich nicht, wie man zunächst vermuten möchte, um einen längeren Fluß, der das Skythenen- und das Makronengebiet voneinander trennte, gehandelt haben. Ein solcher Fluß müßte mehr oder weniger ost-westlich orientiert gewesen sein, tatsächlich aber ist die allgemeine Fließrichtung der in das Schwarze Meer mündenden Flüsse des pontischen Randgebirges naturgegeben nordwärts. Außerdem kommt als der *"andere Fluß linker Hand"* wohl nur die Maçka in Betracht, da über die Lokalisierung des Stathmos **191** bei Maçka (Çevizlik) kein vernünftiger Zweifel möglich ist. Der Ausdruck 'Grenzfluß' bezieht sich hier also praktisch

Karte S.271, 273, 275

nur auf die Stelle, an welcher der übliche Handelsweg oder besser Saumpfad den kleinen oben erwähnten Nebenfluß auf einer Furt durchquerte. Daß sich die Worte δι᾽ οὗ ἔδει διαβῆναι sowie οὗτος auf diesen, nicht den größeren Fluß linker Hand (die Maçka), wie manche Interpreten glauben, beziehen, scheint mir aus dem Text klar hervorzugehen. Die Erwähnung dieses größeren Flusses soll ebenso wie die des χωρίον οἷον χαλεπώτατον rechter Hand (ὑπὲρ δεξιῶν *codd.meliores*) die Schwierigkeit der Lage verdeutlichen: der Grenzfluß konnte nicht umgangen, sondern mußte unter allen Umständen überschritten werden. Um den Zugang zur Furt für die riesige Marschkolonne zu verbreitern, wurde damit begonnen, eine Schneise durch den dichten Uferbewuchs (Pappeln? Weiden ?) zu schlagen.

4.8.3 Über die Makronen finden sich in der antiken Literatur einige spärliche Hinweise. Von Hekataios (FGrHist 1 F 206) wissen wir aus dem geographischen Lexikon des Stephanos von Byzanz lediglich, daß er sie im Band *Asien* seiner «Periegese» erwähnt hat. Nach Herodot gehörten sie in die 19. Satrapie des persischen Reiches (3.94.2) und zogen im Rahmen des von dieser gestellten Aufgebotes auch mit Xerxes nach Griechenland (7.78), primitiv ausgerüstet mit hölzernen Helmen, Schilden und kurzen Lanzen mit großen Eisenspitzen. Nach 2.104.3 sollen sie nicht lange vor der Zeit Herodots unter dem Einfluß der benachbarten Kolcher die Sitte der Beschneidung eingeführt haben (vgl. auch Josephos, c.Apion. 1.22). Nach Strabon (12.3.18) lebten oberhalb von Trapezus und Pharnakeia *"die Tibarener und die Chaldaier und die Sanner, die man früher Makronen nannte..."*, allesamt sehr unzivilisierte Völker. Auch nach der Beschreibung Xenophons standen die Makronen zumindest militärisch auf einem niedrigen Niveau. Sie verfügten weder über Pfeil und Bogen noch über Schwerter noch über Panzer (auch von Helmen ist hier nicht die Rede) - mit anderen Worten: sie traten den Griechen nicht als organisierte Truppe entgegen, sondern hatten sich wohl zu ihrer normalen Hirtenkleidung lediglich mit aus Weidengeflecht hergestellten Schilden und Lanzen ausgerüstet und hinter der Furt Aufstellung genommen, um ihr Land gleichsam mit Zähnen und Klauen zu verteidigen. Xenophon erwähnt eigens ihre gegenseitigen Zurufe, um die folgende Szene vorzubereiten.

Karte S.271, 273, 275

4.8.4-7 Dank der Darstellungskunst Xenophons tritt das Ereignis, das sich nun völlig überraschend am Flußufer abspielte, dem Leser plastisch vor Augen. Insbesondere kann die Lebendigkeit der ungeschminkten wörtlichen Reden ihren Eindruck nicht verfehlen. Was zum Beispiel den Offizieren bei ihren Versuchen, Kontakt mit den Karduchen aufzunehmen, nicht gelang (4.1.9) - dieser namenlose Peltast, der plötzlich seine Muttersprache hörte, erreichte es: den Abschluß eines 'Passiervertrages', der von beiden Seiten in landesüblicher Weise durch Lanzentausch besiegelt - und auch eingehalten wurde.

4.8.8 Mit spürbarer Genugtuung berichtet Xenophon von den Auswirkungen dieses diplomatischen Erfolges, an dessen Zustandekommen er nicht unwesentlich beteiligt war. Zwar kann es keinem Zweifel unterliegen, daß die in jeder Hinsicht überlegenen Griechen sich den Übergang über den Fluß auch hätten erkämpfen können, aber dies hätte (wie auf der vorhergehenden Marschstrecke) die ständige Gefechtsbereitschaft (zumindest der Nachhut) zur Abwehr von Partisanenkämpfern und die Notwendigkeit, sich mühsam die Verpflegung aus dem kargen Gebirgsland zu verschaffen, bedeutet. Die Makronen eröffneten jedoch im Rahmen des Vertrages sogar einen (wenn auch nicht sehr abwechslungsreichen) Markt, auf dessen Zustandekommen Xenophon so stolz war, daß er es später in der Diskussion mit den Gesandten aus Sinope (5.5.18) ausdrücklich erwähnte. Zuvor hatte wohl die letzte Möglichkeit zum Kauf von Lebensmitteln in Gymnias (4.7.19, **St. 183**) bestanden. * Bei den hier genannten Kolchern muß es sich wohl um die westlichsten Mitglieder dieses in der Hauptsache weiter im Osten an der Schwarzmeerküste angesiedelten großen Volkes handeln. Es war (nach Herodot 3.97.4) den Persern nicht untertan und mußte keine Abgaben entrichten, sandte aber freiwillig alle vier Jahre dem Großkönig als δῶρα 100 Knaben und 100 Mädchen und stellte auch Xerxes (nach Herodot 7.97) für seinen Griechenlandzug eine Abteilung Soldaten, die mit hölzernen Helmen, kleinen Schilden aus Rindsleder, kurzen Lanzen und Messern ausgerüstet waren, zur Verfügung. Jetzt versuchten sie mit einer offenbar großen Mannschaft, welche die Griechen zum Einsatz ihrer gesamten Streitmacht zwang, den Durchmarsch an die Küste zu verhindern. In der Küstenebene reichte ihr Siedlungsgebiet anscheinend gerade bis an die Ostgrenze von Trapezus, das durch seine Lage auf einem Felsplateau eine natürliche Sperre für die

Karte S.271, 273, 275

weitere Ausbreitung nach Westen (wo ohnehin die Küstenebene sehr schmal wurde) darstellte.

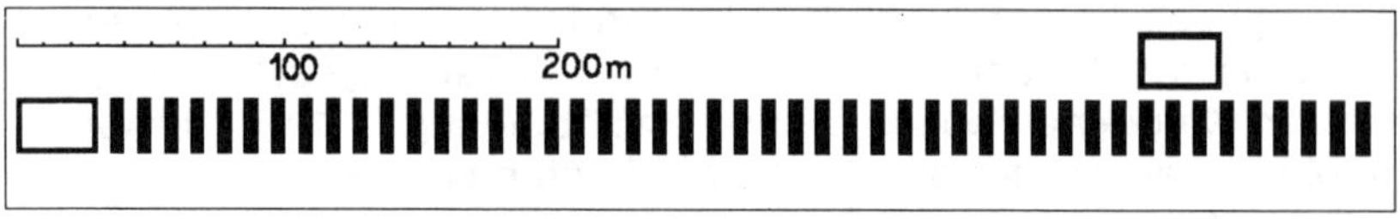

51. Aufstellung der Hoplitenkolonnen und der Leichtbewaffneten auf dem linken Flügel und im Zentrum (4.8.15)

4.8.9-19 Das Schlachtfeld, auf dem sich der kurze, aber langwierig vorbereitete Angriff auf die Kolcher abspielte, läßt sich nach den Angaben Xenophons folgendermaßen rekonstruieren. Es hatte zum Zentrum einen großen, aber nicht sehr steilen, sondern insgesamt besteigbaren Berg [8], vor dem sich das Gelände in die Breite ausdehnte und relativ eben war, so daß die Griechen zunächst die normale Phalanx bilden konnten [9]. Ebenso hatten dort auch die Kolcher eine lange Verteidigungsfront aufzubauen vermocht, die sich quer über den Berg hinzog und mit ihren Flügeln sogar die Flügel der griechischen Phalanx bei tiefer Gliederung (ἐπὶ πολλοὺς τεταγμένοι, zum Beispiel in 16 Gliedern) überragen würde [11]. Es handelt sich um die typische topographische Situation eines 'Kammweges', der immer auf der Wasserscheide blieb (auch dann, wenn unterwegs größere Erhebungen zu überwinden waren) und für den es, wenn man sich erst einmal auf ihm befand, keine Alternative gab. Wenn wir bei den später auf Anraten Xenophons [10] gebildeten 80 Steilkolonnen [15] mit 5 Mann in der Front und jeweils 20 Gliedern hintereinander, ferner mit einem Raumbedarf pro Hoplit von (mindestens) 1 Meter sowie einem Abstand von 5 Metern zwischen den einzelnen Steilkolonnen rechnen, ergibt sich für die gesamte Schlachtreihe eine Länge von etwa 800 Metern, die sich durch Verbreiterung der Steilkolonnen und der Abstände zwischen ihnen beliebig vergrößern ließe (8000 Hopliten würden in der normalen achtgliedrigen Phalanx etwa 1000 Meter, bei tiefer Aufstellung etwa 500 Meter beanspruchen). Auch wenn wir einkalkulieren, daß die Mannschaften auf den Flügeln sich bereits weiter unten in den seitlichen Abhängen des Kammes befanden, muß für den Aufmarsch doch ein ziemlich breiter, sich im oberen Bereich auf den Flanken nur sanft absenkender Bergrücken zur Verfügung gestanden haben. Nach der in diesem Kom-

Karte S.271, 273, 275

mentar vertretenen Marschroute ist die beschriebene Stelle auf dem alten Höhenweg zu suchen, der von Trapezus herkommend südlich von Maçka (Çevizlik) zum Kamm des Bergzuges, der sich zwischen dem Maçka-Tal und dem Tal des in den Westausläufern des Kolat Dağ entspringenden Nebenflusses der Meryemana erstreckte, aufstieg, auf ihm nach Süden zog und sich später in zwei Stränge teilte, den östlichen Sommer- und den westlichen Winterweg, auf dem sich die Griechen befanden. Nach der kampflosen Überwindung der kolchischen Höhenstellung (ἀναβάντες, 19) erfolgte der Abstieg in das Maçka-Tal und dort die Einrichtung des Stathmos (**191**) in zahlreichen Dörfern.

4.8.9-14 Das Treffen der Strategen fand am Standort Klearchs am rechten Flügel der vorsorglich bereits entwickelten Phalanx [14] statt. Die Argumentation Xenophons ist so klar und einleuchtend formuliert, daß sie keiner Kommentierung bedarf. In der Tat war die traditionelle Phalanx, deren Wirkung auf der lückenlosen Geschlossenheit der gleichmäßig vorrückenden Schlachtreihe beruhte, nur für den Kampf in der hindernisfreien Ebene geeignet. Der Einsatz von Steilkolonnen, die in Intervallen aufgestellt waren, hatte sich dagegen in schwierigem bergigem Gelände bereits bewährt (vgl. 4.2.11). Bei dieser Aufstellung entfiel die Notwendigkeit des gleichmäßigen Vorrückens. Vielmehr bedeutete jeder Lochos eine eigene taktische Einheit, die im lockeren Verband mit den benachbarten Truppen selbständig operierte und unter der Führung ihres Lochagen zum Beispiel den günstigsten Weg einschlug oder auch zum Angriff überging [12]. Die Vorteile dieser neuartigen Taktik, die hier Xenophon, ihr Erfinder, überzeugend begründet, liegen auf der Hand. Die Frontlinie konnte weder durch Geländehindernisse zerrissen werden, weil im taktischen Konzept von vornherein flexible Abstände einkalkuliert waren, noch auch vom Gegner durchstoßen werden, weil sich an gefährdeten Stellen die benachbarten Steilkolonnen gegenseitig zu Hilfe kommen konnten. *

Auf dem Rückweg zu seiner Einheit bemühte sich Xenophon, die Kampfbereitschaft der Männer mit dem Bild vom *"roh hinunterschlingen"* anzuheizen - unter Anknüpfung an die berühmten Worte, mit denen Zeus in der «Ilias» (4.35; vgl. auch 22.374) den unersättlichen Haß Heras gegenüber den Troern umschreibt: ...ὠμὸν βεβρώθοις Πριάμον Πριάμοιό τε παῖδας ἄλλους τε Τρῶας....

Karte S.271, 273, 275

4.8.15 Offenbar wurden die Hoplitenlochoi zunächst noch in der Phalanxaufstellung auseinandergezogen, um die Gesamtfront zu verlängern, und erst dann, wenn sie an Ort und Stelle waren, jeweils zu Steilkolonnen umorientiert. Zusätzlich nahmen auf den Flügeln, die am weitesten unten an den Hängen standen und beim Angriff das schwierigste Gelände zu überwinden hatten, Blöcke von je 600 Leichtbewaffneten Aufstellung; sie hatten die Aufgabe, die Flügel der gegnerischen Stellung zu umgehen und aufzurollen. Ein dritter Block von 600 Leichtbewaffneten war merkwürdigerweise im Zentrum, das heißt auf dem Kammweg selbst, plaziert und zwar *vor* den Hoplitenlochoi [18], die dort aus Arkadern bestanden (arkadische Söldner waren besonders zahlreich unter den 'Zehntausend' vertreten, vgl. 6.2.10 und 16). Diese ungewöhnliche Plazierung war hier jedoch insofern unproblematisch, als sich die Leichtbewaffneten für den Fall, daß es zum Handgemenge kommen sollte, durch die Intervalle zwischen den Hoplitenlochoi zurückziehen konnten.

4.8.16-19 Die Griechen rechneten mit einer schweren Schlacht, für die sie die göttliche Hilfe herbeiflehten. Dabei scheinen sie noch einmal das feierliche Gelübde, das sie seinerzeit, als der neugewählte Stratege Xenophon seine erste große Rede hielt, für den Fall ihrer Rettung eingegangen waren (3.2.9), bekräftigt zu haben (vgl. 4.8.25) * Der Schlachtplan bewährte sich vorzüglich. Im Zentrum gelang schneller als erwartet (wenn auch aufgrund einer Fehleinschätzung der Lage) der Durchbruch. Aischynes war bereits im Zusammenhang mit der Überquerung des Kentrites als Peltastenführer namentlich genannt worden (4.3.22). Und der alte Draufgänger Kleanor, der am Deve-boyun-Paß seinen Angriffsplan (4.6.9) nicht hatte durchsetzen können - hier wurde er zum Helden des Tages.

4.8.20/21 Der 'Tollhonig' (deli-bal) aus der Gegend von Trapezus wird von verschiedenen Forschern erwähnt. Besonders intensiv hat sich LEHMANN-HAUPT (v.a. II 816-822) mit ihm beschäftigt. Aus seinem Bericht seien einige Auszüge zitiert: *"In Trapezunt war ich nun in unmittelbarster Nähe der Stätte von Xenophons berühmter Schilderung. Besonders von Herrn und Frau Parmelee* [Mitgliedern der amerikanischen Mission in Trapezus] *hörte ich, daß das Vorhandensein dieses giftigen Honigs wohlbekannt sei, daß man es daher vermeide, Honig zu kaufen, und daß man den* *giftigen Honig auf eine in der Nachbarschaft sehr häufige gelbe Blume zurückführe, von der ich gleich annahm, daß es die nach ihrem Vorkommen im Gebiet des Schwarzen Meeres als Azalea Pontica bezeichnete orangefarbige Azaleenart sei. Das hatte seine Richtigkeit, wie sich in der Folge ergab"* [816]. Bei genaueren Untersuchungen durch Fachleute wurde in den Blüten der Azalea Pontica das sehr giftige Andromedotoxin gefunden [819-21] und dessen Wirkung in Tierexperimenten an Fröschen (*"Brechbewegungen, Zusammensinken des Tieres, krampfartige Bewegungen bei Berührung, fibrilläre Muskelzuckung und endlich vollkommene Lähmung"* [821/22]) und Säugetieren (*"Lähmungserscheinungen an Hunden auch bei subkutaner Injektion, heftiges Erbrechen, Respirationsstörungen, heftige Dyspnoe, Konvulsionen, Tod durch Respirationsstillstand"* [822]) untersucht. *"Die Wirkungen an Fröschen und Säugetieren stimmen in der Hauptsache gut zu Xenophons Schilderungen..., nur daß der Mensch nach dem Genuß des Tollhonigs dem darin vorhandenen Giftstoffe, dem Andromedotoxin, niemals vollkommen erliegt, was sich einerseits aus der ungenügenden Dosis, andererseits aus der größeren Widerstandsfähigkeit der Menschen gegenüber der zu den Versuchen verwendeten kleineren Säugetiere erklären wird"* [822] (vgl. KRAUSE, HESS).

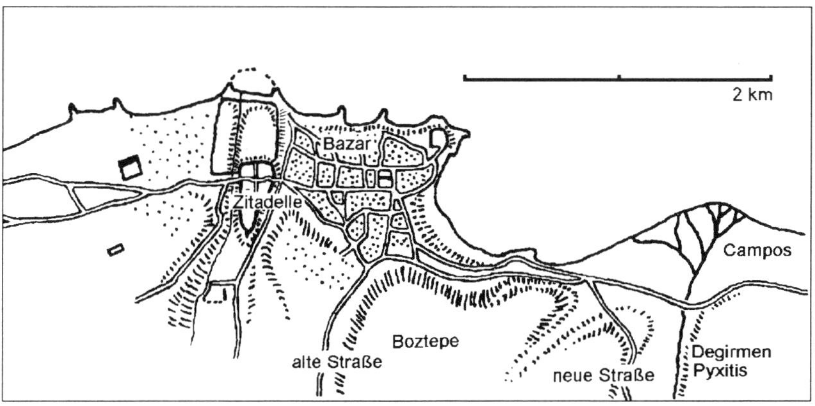

52. Trapezus um 1898 (nach LYNCH I Plan zu S.30)

4.8.22-24 <u>St. 192, 193</u> Der Marsch erfolgte auf dem alten, steilen Handelsweg, der auf der letzten Etappe über die Höhenzü-

Karte S.271, 273

ge westlich des Degirmentales zur Stadt hinunterstieg und ihr Gebiet neben dem Boztepe erreichte, einem oben tafelartig abgeflachten breiten Hügel, auf dem die Griechen vermutlich ihr Lager errichteten, von dem aus sie sich auf die östlich der Stadt liegenden Dörfer der Kolcher verteilten. DANOFF [1034/35] hebt unter Bezugnahme auf Arbeiten der russischen Forscherin M.I.MAXIMOWA hervor,"*daß die Kolcher, die in unmittelbarer Nachbarschaft von Trapezus seßhaft waren, in ihrem Verhalten zu dieser Stadt in 'friedliche' und 'unfriedliche' zerfielen. Aber sowohl die friedlichen als auch die unfriedlichen Kolcher lebten in Dörfern. Die friedlichen Kolcher besiedelten das flache Land in der Umgebung von Trapezus. Infolgedessen trieben sie schon seit früher Zeit nicht nur den Fischfang, sondern auch den Acker- und den Weinbau. Die unfriedlichen Kolcher besiedelten dagegen die Vorgebirgs- und Gebirgslandschaften, die ziemlich weit entfernt von Trapezus lagen, und lebten hauptsächlich von Viehzucht. ... Wiederum die Kolcher und zwar die friedlichen Kolcher waren es, die die Truppen Xenophons mit Kühen, Gerste und Wein belieferten. Aus derselben Stelle bei Xen. Anab. IV 8, 23 erfährt man ferner, daß die Bürger von Trapezus Xenophon beim Vertragsschluß mit den friedlichen Kolchern unterstützten...".* * Trapezus war eine Kolonie Sinopes, einer Pflanzstadt Milets (vgl. 6.1.15). Die Gründungsgeschichte beider Kolonien ist umstritten hinsichtlich der Frage, ob sie bereits vor dem Ansturm der Kimmerier (am Ende des 8. Jahrhunderts) existierten und gegen 630 erneut besiedelt wurden (so DANOFF 1058-63 mit ausführlichem Forschungsbericht, OLSHAUSEN 174-77), oder ob griechische Oikisten überhaupt erst nach dem Kimmeriereinfall, um die Mitte des 7. Jahrunderts, an den Küsten des Schwarzen Meeres Fuß faßten (so EHRHARDT 31-60, MAREK 15). Tatsächlich konnten bisher in Sinope trotz mehrjähriger Grabungen keine kimmerischen Reste nachgewiesen werden (MAREK 18), so daß im Augenblick wohl der zweiten Hypothese die größere Wahrscheinlichkeit zukommt. Jedenfalls mußten zu der Zeit, als Xenophon vor Ort war, sowohl Trapezus als auch die anderen Kolonien Kotyora und Kerasus an ihre Mutterstadt Abgaben leisten (5.5.10). Sie waren offenkundig Sekundärgründungen des auf Seehandel konzentrierten Zentralortes und dienten vermutlich vor allem dem Ausbau des Handelsnetzes ins Landesinnere hinein.

Karte S.271, 273

4.8.25 Ein Opferfest hatten die Griechen Zeus dem Retter und den übrigen Göttern nach der Gefangennahme ihrer Feldherren durch die Perser gelobt, ὅπου ἂν πρῶτον εἰς φιλίαν χώραν ἀφικώμεθα (3.2.9): *"befreundetes Gebiet"* war nun endlich mit der griechischen Stadt Trapezus erreicht. Das Fest setzte sich aus der eigentlichen Opferzeremonie und sportlichen Wettkämpfen zusammen. Beide Veranstaltungen fanden *"auf dem Berg, wo sie biwakierten"*, statt, d.i. dem Boztepe (nicht in einem *Campos* genannten ufernahen Bereich östlich des Degirmen, wo später anscheinend in vorhandenen Siedlungen das Dauerlager aufgeschlagen wurde). Als Opfertiere wurden die geschenkten Rinder geschlachtet - und anschließend gebraten und von den Opfernden verzehrt. Nur einzelne Fleischstücke, Fett und Knochen pflegte man bei den sogenannten Speiseopfern unter Ausgießen von Spenden auf dem Altar als Anteil für die zuvor im Gebet herbeigerufenen Götter zu verbrennen. Nach diesem üblichen Muster dürfte auch das große Opferfest auf dem Boztepe im Sinn einer Massenspeisung abgelaufen sein. Jedenfalls hatte man einen Altar (4.8.28) errichtet, d.h. eine herdartige Aufschüttung aus Steinen (vgl. NILSSON I Taf. 34.2), auf der das Opferfeuer entfacht wurde, das nach dem Abschluß der eigentlichen Zeremonie von den Opfernden auch zum Braten ihrer Fleischstücke verwendet wurde. Als die zentralen Götter des Festes werden Zeus σωτήρ (*"der Retter"*) und Herakles ἡγεμών (*"der Führer"*) als der Schutzherr der Reisenden (vgl. GRUPPE, RE Suppl.III, 1918, 1015) namentlich genannt (vgl. zu ihm auch 6.2.15). In der Tat verkörperten diese beiden Gottheiten wohl am eindeutigsten die Kräfte, auf welche die Griechen ihre Rettung zurückführten. * Die Vorbereitung und Leitung der Wettkämpfe wurde dem mit einer Blutschuld behafteten (vgl. zu 4.7.16) Spartiaten Drakontios übertragen, der später (6.6.30) an der erfolgreichen Bittgesandtschaft zu Kleandros, dem spartanischen Harmosten von Byzantion, teilnahm.

4.8.26 Die abgezogenen Häute der geopferten Rinder stellten einen recht erheblichen Wert dar. Nach den großen Staatsopfern (= Massenspeisungen) in Athen wurden sie zum Besten der Staatskasse verkauft und bedeuteten eine nicht unbeträchtliche Einnahme; Abrechnungen über diese sogenannten δερματικά sind inschriftlich erhalten: IG II² 334 (vgl. NILSSON I 89 und 732). Die Übergabe an Drakontios ist also entweder im Sinn einer Belohnung für seine Mühe zu verstehen (er konnte sie in Trapezus ver-

Karte S.271, 273

kaufen und den erzielten Gewinn behalten) oder aber im Sinn von altertümlichen Preisen für die Sieger im Lauf; im Rahmen der berühmten Episode, wie Hektor vor dem heranstürmenden Achilleus die Flucht ergreift und dreimal vor ihm her die Stadt Troja umkreist, heißt es in der «Ilias» (22.157-161; Übersetzung von W.SCHADEWALDT):

"Da liefen sie vorbei: der fliehend, und der hinterdrein, verfolgend.
Vorn floh ein Tüchtiger, doch es verfolgte ihn ein weit Besserer,
Schnell, denn nicht um ein Opfertier oder um eine Rindshaut
Ging es für sie, wie man sie den Füßen der Männer als Kampfpreis gibt,
Sondern um das Leben liefen sie Hektors, des Pferdebändigers".

Im übrigen beschränkte Drakontios offenbar die Herrichtung der Laufstrecken und des Ringplatzes auf das äußerste Minimum. Seine wörtlich zitierten Aussagen sollen ihn als einen Spartiaten von der ganz harten Sorte charakterisieren. Immerhin aber muß er 600 Fuß (1 Stadion, ca 180-190 m) abgeschritten sein, um die Länge der Läufe festzulegen.

53. Trapezus, der Boztepe von Westen, 1935
(Umzeichnung nach GASSNER 7 Abb.6)

4.8.27 Von den genannten Disziplinen bedarf nur der *Dolichos* einer Erläuterung. Die antiken Angaben über seine Länge bewegen sich zwischen 7 Stadien (ca. 1.3 km) und 24 Stadien (ca. 4.5 km). 8-12 Stadien (ca. 1.5-2.15 km) werden als Trainings- und Durchschnittsmaße genannt (Philostr. gymn. 11, Hero geom. 4.13);

er entsprach also wohl am ehesten unserem heutigen 2000 m Lauf, könnte aber auch bei den Sportwettkämpfen von Fall zu Fall längenmäßig variiert worden sein. Jedenfalls wurde er, da es nicht auf Geschwindigkeit, sondern auf Ausdauer ankam, mit einer anderen Lauftechnik als die Kurzstreckenläufe durchgeführt: *"Jene nämlich* [die Stadion-Läufer] *setzen ihre Schenkel mit den Händen zum scharfen Lauf in Bewegung, indem sie sie gleichsam mit den Händen beflügeln, die Langläufer (δολιχοδρόμοι) aber machen dies nur beim Endspurt, während der anderen Zeit schreiten sie gewissermaßen fast nur aus, wobei sie die Hände vor der Brust in die Höhe halten, wodurch sie zeigen, daß sie kräftigerer Schultern bedürfen"*, Philostrat. gymn. 32). * Hinter παγκράτιον stehen im Parisinus 1640 = C die Worte ἕτεροι καὶ, während in der übrigen Überlieferung an dieser Stelle unschwer eine Lücke zu diagnostizieren ist. Da aber das auf δόλιχον zugeschnittene Prädikat ἔθεον zu den Begriffen πάλην - παγκράτιον nicht paßt, müßte ἕτεροι über den Zwischensatz hinweg auf ἠγωνίζοντο bezogen werden - eine wenig überzeugende Vorstellung. Vermutlich haben wir es also in C mit einer alten Konjektur (oder Randbemerkung) zu tun, durch welche die erkannte Lücke auf kürzeste Weise überbrückt werden sollte.

4.8.28 Die Beschreibung des Pferderennens setzt exakt die topographische Situation am Nordrand des Boztepe voraus. Dieser tafelförmig abgeflachte Hügel senkt sich mit einem relativ steilen Abhang (κατὰ τοῦ πρανοῦς) zum Meer hinunter (auf Abb.53 links erkennbar; vgl. auch zahlreiche, teilweise alte Aufnahmen von Trebizond bei BRYER-WINFIELD II 105a - 192b sowie den *PLan of City c. 1950* = Map III). * Es war ein kompositorisch glücklicher Gedanke, den ersten Teil der «Anabasis» (Bücher 1 - 4) mit dem lebendig ausgemalten Bild des Opferfestes, das die Griechen etwa Ende Mai/Anfang Juni 400 (GASSNER 12) in Trapezus aus Dankbarkeit für ihre Rettung feierten, enden zu lassen. Von hier ab vollzieht sich der weitere Marsch unter neuen, anderen Bedingungen.

Karte S.271, 273

Buch 5

5.1.2-14 Ausführliche Darstellung der Heeresversammlung, auf welcher die Beschlüsse für die Organisation des Weitermarsches nach Westen gefaßt wurden. Der allgemein akzeptierte und auch von Cheirisophos und Xenophon unterstützte Hauptvorschlag läuft darauf hinaus, die letzten Etappen des Heimweges zu Schiff zurückzulegen. Da die Aufstellung einer ausreichend großen Flotte einschließlich der Reise des Cheirisophos nach Byzantion und wieder zurück nach Trapezus einige Zeit beanspruchen würde, mußten auch Vorkehrungen für die Versorgung der Marschkolonne während der Wartezeit (nach 4.8.22 etwa 30 Tage) getroffen werden. Xenophon selbst machte damals einleuchtende Vorschläge zur Organisation der Lebensmittelbeschaffung [6/7], zur Absicherung von Beutezügen [8], zur Einrichtung eines Wachdienstes im Lager [9], zum Kapern von vorüberfahrenden Schiffen [10/11], zur großzügigen Behandlung der festgehaltenen Besatzungen [12] sowie zur Verbesserung der nach Westen führenden Straßen [13]. Alle diese Vorschläge, außer dem letzten, wurden durch Abstimmungen zu Beschlüssen erhoben.

5.1.2/3 Leon oder Antileon (so die sogenannten *codices deteriores* F und M) wird nur hier erwähnt. In seiner Aufzählung der πόνοι, die er endlich hinter sich lassen möchte, spiegelt sich der strapaziöse Alltag der Soldaten während der Märsche in den vergangenen Monaten. Er sehnt sich nach einer bequemen Heimreise zu Schiff bis nach Griechenland - *"ausgestreckt wie Odysseus"*. Diese Anspielung auf die wunderbare Fahrt des Odysseus, den das Phäakenschiff im Schlaf bis nach Ithaka trug, verstand jeder Grieche (Odyssee 13.73-76, 79/80, 88-92; Prosaübersetzung von W.Schadewaldt): *"(Die Phäaken) breiteten für Odysseus eine Dekke und ein Leinen aus auf dem Verdeck des gewölbten Schiffes, am Heck, damit er ohne zu erwachen schlafe. Und hinauf stieg er auch selbst und legte sich nieder in Schweigen. Sie aber setzten*

Karte S.309

sich auf die Ruderbänke.... und ihm fiel ein tiefer Schlaf auf die Augenlider, ein unerwecklicher, ganz süßer, dem Tode am nächsten gleichend.... So lief (das Schiff) schnell dahin und zerschnitt die Meereswogen, und trug den Mann, der Gedanken gleich den Göttern hatte: der vorher gar viele Schmerzen gelitten hatte in seinem Mute, durchmessend die Kriege der Männer und die schmerzlichen Wogen - da schlief er nun ruhig, vergessend alles, was er gelitten hatte". Gleichsam im Schlaf nach Hause gefahren zu werden und dort aufzuwachen - das war wohl die Traumvision nicht nur dieses Soldaten damals in Trapezus. Zumindest aber wollte jeder, der es bis hierher geschafft hatte, die Annehmlichkeiten einer Schiffsreise gegen die Strapazen eines Fußmarsches durch feindseliges Gebiet eintauschen - und das war ein Wunsch, der wirklich realisierbar zu sein schien. * Von dieser Stelle aus entwickelt LOSSAU seine These von 'Xenophons Odyssee', die in der Feststellung gipfelt, daß sich Xenophon in der «Anabasis» *"eben nicht begnügt mit schlechtem Memoirenstil, geschweige denn mit den Vorbildern der reihenden περίοδος-Literatur. Bei der Skizze der Grundlinie seines Werkes hat er immer wieder mit einem höher angesiedelten Muster wenigstens geliebäugelt"* - mit der «Odyssee». In der Tat scheinen ihm gewisse, der Sache nach naheliegende Verbindungsmöglichkeiten zwischen den 'Irrfahrten' des Odysseus und den gefahrvollen Märschen der 'Kyreer' bei der Exposition der «Anabasis» bewußt gewesen zu sein.

5.1.4 Cheirisophos erwähnt seinen 'Freund' Anaxibios ohne nähere Erläuterungen zu seinem augenblicklichen Aufenthaltsort. Aus der weiteren Darstellung geht jedoch eindeutig hervor, daß dieser sich damals als der Nauarch Spartas bei der in Byzantion stationierten Flotte befand. Beide Männer kannten sich natürlich persönlich, und so mag Cheirisophos wohl wirklich gehofft haben, Anaxibios zur Abordnung eines Flottenverbandes nach Trapezus überreden zu können - freilich ohne Erfolg (vgl. 6.1.16)

5.1.5 Nach Diodor 14.30.4 benutzte Cheirisophos für die Fahrt nach Byzantion einen 'Schnellsegler' (**κέλης**), eine Art Jacht, die ohne Rudermannschaft auskam. Während seiner Abwesenheit betrachtete sich mit Recht Xenophon, der mit ihm zusammen bisher inoffiziell, aber unter offenkundiger Duldung der anderen Generäle, das Oberkommando geführt hatte, als verantwortlicher Offizier und nahm sofort die Organisation des Lagerlebens in die Hand. Es be-

Karte S.309

steht weder Anlaß, daran zu zweifeln, daß ihm damals in Trapezus diese Sonderrolle zufiel, noch daran, daß er sich in seinem Bericht nicht auf Kosten anderer Strategen ungebührlich in den Vordergrund gedrängt hat.

5.1.6/7 Die Beschaffung ausreichender Lebensmittel für eine große Menschenmenge, die sich über längere Zeit an einem Ort aufhielt, stellte in der Tat ein schwieriges logistisches Problem dar. Offenbar war weder die Stadt in der Lage (oder willens), einen großen Markt zu eröffnen, noch verfügte die Masse der Soldaten über entsprechende Mittel, um sich gegebenenfalls auf eigene Kosten versorgen zu können. So blieb nur die Alternative, die Xenophon schon in seiner Jungfernrede als Stratege (3.2.21) aufgestellt hatte und dergemäß ja auch in den vergangenen Monaten immer wieder gehandelt worden war: die gewaltsame Ausplünderung des feindlichen Gebietes. Dies bedeutete im vorliegenden Fall jedoch, da Trapezus und sein direktes Umland als befreundetes Gebiet zu respektieren waren, längere Exkursionen in die weitere Umgebung, die nicht mehr, wie bisher die Ausplünderung der jeweils durchzogenen Dörfer, der privaten Initiative der einzelnen Männer überlassen werden konnten. Xenophon schlägt deshalb die Aufstellung von regelrechten Fouragekommandos vor, die unter bewaffnetem Schutz zur Requisition von Lebensmitteln für die Allgemeinheit ausrücken und unter der direkten Verantwortung der Heeresleitung (ἡμᾶς...ἐπιμελεῖσθαι) stehen sollten. Dieser Vorschlag stellt im Grunde eine revolutionäre Neuerung dar und zielt auf eine allmähliche Zentralisierung der Kommandoverhältnisse ab, welche der 'gesunde Menschenverstand' bei Berücksichtigung der schwierigen Verhältnisse ohnehin eigentlich seit längerem fordern mußte. Anscheinend war Xenophon auch in seiner Eigenschaft als Offizier immer noch der nachdenkliche Zivilist geblieben, der sich nicht den Zwängen der militärischen Tradition unterordnete, sondern die jeweilige Situation ohne Vorbehalte überdachte und sich nicht scheute, zu ihrer Bewältigung auch unorthodoxe Maßnahmen zu empfehlen.

5.1.8 Auch die Anmeldung von geplanten Beutezügen (die nicht der zentralen Lebensmittelbeschaffung, sondern dem privaten Gewinn dienten) bei der Heeresleitung ist eine Maßnahme, die deutlich Xenophons Handschrift trägt. Seine Argumentation ist folgerichtig und überzeugend. Die Heeresleitung wollte den Überblick

Karte S.309

über die Aktionen aller auf Beute ausziehenden Gruppen behalten und erklärte sich nicht nur dazu bereit, notfalls Hilfsmaßnahmen einzuleiten, sondern bekräftigte sogar ihre Absicht, Informationen über die ins Auge gefaßten Zielgebiete zu beschaffen - ein außerordentlich modern anmutender Gedanke, der eine enge Kooperation mit den landeskundigen Trapezuntiern voraussetzt. Nach Diodor 14.30.4 *"nahmen sie aus dem Bestand der Ruderschiffe von den Trapezuntiern zwei kleinere Fahrzeuge und plünderten die rundum wohnenden Barbaren zu Wasser und zu Land aus".* Alles in allem entsteht der Eindruck, daß Xenophon sehr klar die Gefahr, die sich aus einer ungeregelten Auflösung des Heeres in teils erfolgreiche, teils erfolglose und vielleicht sogar vom Feind dezimierte Plündererhaufen ergab, erkannte und ihr gegensteuern wollte.

5.1.9 Xenophon erklärt den Versuch der ausgeplünderten Landesbewohner, sich für den Verlust ihrer Habe an den Griechen zu rächen, zwar ausdrücklich für *"rechtmäßig"*, leitet daraus aber auch pragmatisch die Notwendigkeit der Einrichtung eines Wachdienstes ab. Unter στρατόπεδον ist wohl (nach 4.8.22) das ganze Gebiet, über das sich die Marschkolonne verteilt hatte (vom Boztepe aus noch ein Stück weit nach Osten), zu verstehen. Überfälle wurden aus den nördlichen Ausläufern des pontischen Randgebirges, also vor allem vonseiten der 'unfriedlichen Kolcher' (vgl. zu 4.8.22-24), erwartet. Die Verwendung des Begriffes θηρᾶν macht plastisch deutlich, daß man auch Mordanschläge auf einzelne Personen uned kleinere Gruppen, die sich von dem eigentlichen Lagerbereich entfernten, befürchtete. Xenophon schlägt die Einrichtung einer abteilungsweise abzulösenden Postenkette zur Beobachtung des Geländes um den Lagerbereich vor - ein guter Vorschlag, der aber bei der Truppe die (allgemein sehr gesunkene, vgl. 5.1.2) Bereitschaft zur Übernahme des Postendienstes voraussetzte.

5.1.10-12 Man hat den Eindruck, daß Xenophon seinen Vorschlag zur Kaperung und Internierung von friedlichen Handelsschiffen nicht ohne Bedenken vorbrachte. In der Tat handelte es sich dabei um einen Willkürakt der Seeräuberei mithilfe trapezuntischer Kriegsschiffe. Während hier die Rede von der häufigen Beobachtung vorbeifahrender Schiffe ist, wird später deutlich, daß in Wahrheit nur wenige Fahrzeuge gekapert werden konnten (5.3.1).

* Die πηδάλια waren zwei rechts und links außenbords am

Karte S.309

Achtersteven angebrachte breitblättrige Ruder mit langen Griffstangen, durch deren Betätigung die Steuermänner vom Hinterdeck aus die Schiffe auf Kurs hielten. Wenn die πηδάλια ausgehängt wurden, waren die Fahrzeuge nicht mehr manövrierfähig, zumal dann, wenn es sich, wie gewöhnlich, um schwerfällige 'Segelfrachter' handelte. Diese verfügten nicht über eine - die Ladekapazität stark beeinträchtigende - Rudermannschaft, sondern wurden im Bedarfsfall (etwa bei Hafeneinfahrten) durch andere Ruderschiffe geschleppt - deshalb hießen sie ja auch ὁλκάδες. * Charakteristischerweise versuchte Xenophon den durch die zwangsweise Internierung der Besatzungen herbeigeführten Einnahmeverlust nach Möglichkeit auszugleichen: während der Liegezeit sollten den Schiffsleuten keine Ausgaben entstehen, für die Fahrt selbst wurde ein Fahrgeld vereinbahrt. In der Schlußbemerkung ist *"die sokratisch-xenophontische Maxime des ὠφελεῖν - ἀντωφελεῖν"* (BREITENBACH 1804) erkennbar.

5.1.13/14 Da der Verkehr von Trapezus aus nach Westen im wesentlichen auf dem Seeweg erfolgte, dürfte sich die Landverbindung wirklich in schlechtem Zustand befunden haben. Anscheinend hat Xenophon durch Verhandlungen mit Vertretern der auf dem Weg nach Sinope liegenden Städte, d.h. vor allem der sinopischen Kolonien Kerasus und Kotyora, tatsächlich gewisse Ausbesserungen der Straßen erreicht (5.3.1) - mit Hilfe einer sehr pragmatischen Argumentation: *je schneller wir vorwärts kommen, umso schneller seid ihr uns wieder los!*

5.1.15 Die von den Trapezuntiern zur Verfügung gestellten beiden Kriegsschiffe gehörten zu dem altertümlichen Typus der 'Moneren', die nur eine Ruderreihe an jeder Bordwand aufwiesen und an Geschwindigkeit und Kraft natürlich den 'Polyeren', insbesondere den Trieren mit drei Ruderreihen übereinander, stark unterlegen waren. Während deren 'Ruderapparat' in der Regel aus 170 Rojern (2 x 27 *Thalamiten*, 2 x 27 *Thraniten*, 2 x 31 *Zygiten*) bestand, wurden die *Fünfzigruderer* (πεντηκόντοροι) nur von 2 x 25 Mann, die *Dreißigruderer* (τριακόντοροι) sogar nur von 2 x 15 Mann bewegt. Tatsächlich aber erreichten die *Fünfzigruderer* mit einer Länge von etwa 32 m fast diejenige der mehr als dreifach stärker 'motorisierten' Trieren (35 - 36½ m). Die Mannschaften für die Leihfahrzeuge wurden wohl von den Griechen gestellt. * Das schmähliche Verhalten des Dexippos spielt im weiteren Verlauf des Gesche-

Karte S.309

hens noch eine bedeutende Rolle. Cheirisophos begegnete ihm in Byzantion bei dem spartanischen Nauarchen Anaxibios und erlebte dort mit, wie er schwere Beschuldigungen gegen Xenophon erhob (vgl. 6.1.32). Später traf er als Begleiter des spartanischen Harmosten von Byzantion, Kleandros, im 'Hafen von Kalpe' (vgl. 6.4.1-6) wieder mit seinen früheren Kameraden zusammen und versuchte auf niederträchtige Weise, sie bei dem Harmosten - vor allem wiederum auf Kosten Xenophons (vgl. 6.6.11 und 15) - zu verleumden, so daß es zu einer schweren Vertrauenskrise kam (6.6.5 - 34). Es bedeutete für Xenophon eine große Genugtuung, daß dieser Verräter später in einem ähnlichen Zusammenhang durch seinen nur hier erwähnten Landsmann Nikandros den Tod fand. Vielleicht ist er (wie NIESE, RE V 1, 1903, 288, erwogen hat) mit jenem lakedämonischen Söldnerführer Dexippos identisch, der 406 von den Akragantinern gegen die Karthager in Dienst genommen wurde. *"Als nach dem Eintreffen des sicilisch-italischen Entsatzheeres die Akragantiner sich gegen ihre Feldherren empörten, durch deren Schuld die Vernichtung der Karthager verhindert worden sei, beschuldigte man auch ihn der Verräterei. Nach der Vernichtung der griechischen Proviantflotte war er der Meinung, dass die Verbündeten sich in Akragas nicht mehr halten könnten, und auf seinen Rat zogen die Italioten ab, womit die Räumung der Stadt eingeleitet ward. Man behauptete, er sei von den Karthagern mit 15 Talenten bestochen worden..."* (NIESE); 406/05 wurde er, nachdem er zuvor im Auftrag der Syrakusaner Kommandant von Gela geworden war, sich aber Dionysios I. nicht unterstellen wollte, nach Griechenland entlassen (Diod. 13, 85.3 - 96.1). Falls es sich wirklich um denselben Mann handelt, müßte er im Heer des Kyros in untergeordneter Funktion, etwa als Lochage in der Abteilung Klearchs, tätig gewesen sein.

5.1.16 Zu Polykrates vgl. 4.5.24. Im Unterschied zu Dexippos führte der athenische Lochage seinen Auftrag gewissenhaft aus und konnte auch einige (wenige) Schiffe aufbringen, die für Exkursionen in Küstennähe zur Gewinnung von Lebensmitteln und Beute verwendet wurden. Dies bedeutet zwar eine Modifizierung des 5.1.11/12 gefaßten Entschlusses, aber die unversehrte Aufbewahrung der Fracht (die eine leichte Beute hätte sein können) verrät wieder die xenophontische Denkweise.

Karte S.309

5.1.17 Offenbar wurden die Beutezüge von einzelnen Lochagen mit ihren Soldaten durchgeführt, wobei die ἀπειρότεροι (5.1.18) wohl manchen Fehlschlag einstecken mußten. In der Tat waren die Lochoi nach wie vor die stabilsten Kameradschaften der Armee; das Wohl und Wehe der Mannschaften hing weitgehend von den Fähigkeiten ihrer Lochagen ab. Die Katastrophe des (nur hier erwähnten) Lochagen Kleainetos fiel aber gewiß aus dem Rahmen der üblichen Verluste.

5.2.1-32 Der Requisitionszug gegen die Drilen mit über 4000 teilnehmenden Soldaten (vgl. 5.3.3) stellte ohne Zweifel das militärische Hauptereignis während der Wartezeit in Trapezus dar. Organisation und Durchführung lagen in den Händen Xenophons, der nicht nur mit unüberhörbarem Stolz ausführlich den Verlauf der Aktion schildert, sondern im Schlußsatz auch deutlich den Kontrast zum Schlußsatz des 1. Kapitels hervortreten läßt: dank seinem taktischen Geschick konnte er das gesamte Expeditionskorps ohne schwere Verluste, aber mit reicher Beute beladen ins Lager zurückführen. * Das Gebiet der Drilen war von Trapezus aus innerhalb eines Tagemarsches, wohl am frühen Nachmittag, erreichbar, ist also im Umkreis von höchstens 25-30 km anzusetzen (völlig auszuschließen ist die Lokalisierung von TOMASCHEK [RE V 2, 1905, 1706]: *"Sie bewohnten den heutigen Zingana-Dagh und das Charšutthal mit dem Gau Dorul oder Torul"*). Vielleicht sollte man an die Gebirgszüge westlich des Maçkatales denken, aber Sicherheit läßt sich in dieser Frage nicht gewinnen. Auch Arrian (Peripl. Pont. 11) hilft nicht weiter: *"Und diejenigen, von denen Xenophon sagt, daß sie die kriegerischsten und gegenüber den Trapezuntiern die feindseligsten seien, nennt jener Drillai, mir aber scheinen dies die Sannoi zu sein. Denn sie sind bis jetzt noch sehr kriegerisch und sehr feindselig gegenüber den Trapezuntiern und sie bewohnen feste Plätze und sind ein Volk, das keinen König hat"*. Offenkundig stellt Arrian hier nur eine aus der ähnlichen Verhaltensweise der beiden Völker abgeleitete Hypothese auf, die für die Verhältnisse zur Zeit Xenophons nicht aussagekräftig ist. Immerhin liegt ein halbes Jahrtausend zwischen beiden Schriftstellern. Es kommt hinzu, daß auch die Sannoi nicht näher zu lokalisieren sind. Nach DANOFF [1021] bewohnten sie *"zur Zeit Strabons das Gebirgsland unweit der Stadt Trapezus"* (Strabon 12.3.18, 548: *"Oberhalb von Trapezus wohnen ... die Sannoi, die früher Makrones hießen..."*; im Unterschied zu der Annahme eines Namens-

Karte S.309

wechsels führt Plinius [nat.hist. 6.11/12] die *Machorones* und die *Sanni* als zwei verschiedene Stämme auf; DANOFF [1020] bezeichnet sie als *"nahe verwandt"* - ein Kompromiß, der angesichts der unbefriedigenden Überlieferung verständlich, aber zugleich auch völlig unverbindlich ist). * Die Drilen lebten in einem bergigen und schwer zugänglichen Gebiet [2] im Hochland [3], wo anscheinend offene Kleinsiedlungen (Sennhütten) und Viehkrale ohne Verteidigungsvorkehrungen angelegt waren [3]. Sie verfügten nur über einen einzigen befestigten Platz, eine Art Fluchtburg, auf einem Bergausläufer, um den sich eine sehr tiefe Schlucht zog [3], durch welche nur ein schmaler Hauptweg, der in Einerkolonne passiert werden mußte [6], sowie einige schwierige Nebenwege [3] führten. Jenseits der Schlucht erstreckte sich zunächst noch ein Streifen nicht näher charakterisierten Landes (Viehweiden, Äcker); weiter hinten waren dann ein Graben und ein Wall mit einer Palisadenmauer und zahlreichen hölzernen Türmen [5] zum Schutz der Unterstadt, die außer den Häusern auch größere Weideflächen aufwies [4], halbkreisförmig [13] angelegt. Eine Toranlage vermittelte den Zugang ins Innere [16]. Von ihr aus führte eine auf beiden Seiten von Häusern begleitete Straße zu der uneinnehmbaren [20], durch ein Tor [23] zugänglichen Fluchtburg im engeren Sinn, von der aus die Drilen ihre Ausfälle gegen die Griechen unternahmen. Außerhalb des Stadtbereichs gab es einige Anhöhen, die den Feinden als Sammelplätze einen natürlichen Schutz boten [16]. Die vor allem aus militärischem Blickwinkel angelegte topographische Beschreibung des Kampfgebietes ist so plastisch, daß sie sich ohne Schwierigkeiten in eine schematische Geländeskizze umsetzen läßt. * Die gesamte Aktion erstreckte sich über zwei Tage. Sie begann mit einer Opferzeremonie im Lager [9]. Der Anmarsch bis zur Burg, die Requisitionen der Lebensmittel, die Kämpfe mit den Drilen sowie der Bezug eines Feldlagers außerhalb der Schlucht dauerte bis in die Nacht hinein [23], so daß der Rückmarsch nach Trapezus erst am Morgen des zweiten Tages angetreten werden konnte [28].

5.2.1/2 Auf den Tagesexkursionen war inzwischen vor allem das Gebiet der 'friedlichen' Kolcher, das die Griechen okkupiert hatten, und der angrenzende Bereich der bergeinwärts wohnenden Hirten ausgeräumt worden. Diese Vorgänge stellten für Trapezus, das einen Zustand der friedlichen Koexistenz mit den umwohnenden Kolchern erreicht hatte, eine ernstliche politische Belastung dar. Denn

Karte S.309

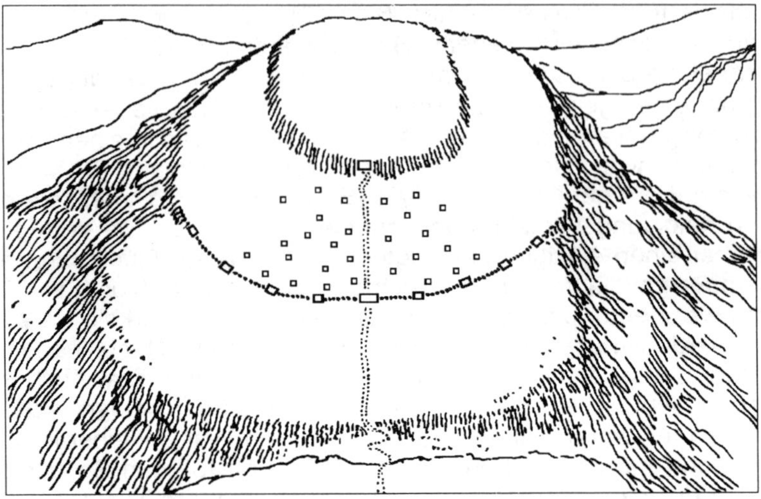

54. Die Fluchtburg der Drilen (5.2.3-27), schematische Geländeskizze

natürlich kam es zu einer Solidarisierung der aus der Küstenebene vertriebenen Bauern und Fischer, in deren Häusern sich die Griechen eingenistet hatten, mit den rauheren Bergbewohnern. Zwar richtete sich die Aversion in erster Linie gegen die Eindringlinge, aber das bisher im trapezuntischen Raum herrschende Klima war zunächst einmal gestört. Während die Trapezuntier auf die Ziele der Tagesexkursionen keinen Einfluß nehmen konnten, bot sich diese Möglichkeit jetzt bei dem durch akuten Versorgungsmangel erzwungenen Großunternehmen, für das landeskundige Führer benötigt wurden.

5.2.3 Offenbar wurden die Drilen von dem Eintreffen des griechischen Expeditionskorps in ihrem Gebiet völlig überrascht, so daß sie ihr Vieh nicht mehr in die Fluchtburg hatten treiben können. Um es nicht in die Hände der Feinde fallen zu lassen, scheuten sie nicht davor zurück, die Krale anzuzünden und ihre dort eingeschlossenen Viehherden dem Feuertod preiszugeben.

5.2.4 Die Kolonne hatte sich während des langen Marsches weit auseinandergezogen. An der Spitze, etwa 1 km vor den Hopliten,

Karte S.309

befanden sich die Leichtbewaffneten und die sogenannten 'Doryphoren', die keine 'Lanzenträger' im militärischen Sinn, sondern Nichtkombattanten waren, welche diese Bezeichnung aufgrund der Stangen, die sie zum Tragen von Lasten mitführten, erhalten hatten. DINDORF (222) verweist mit Recht auf 6.4.23, wo eine ähnliche Aktion wie hier beschrieben wird: dort zogen 2000 Mann *"auf Lebensmittel"* aus (ἐπὶ τὰ ἐπιτήδεια), ausgerüstet *"mit Stangen (δοράτιοις), Schläuchen, Säcken und sonstigen Gefäßen"*. Entsprechend ausgerüstet ist der Haufe der Doryphoren hier und überhaupt bei jeder Requisition vorzustellen. Bei solchen Unternehmungen mußten ja vor allem möglichst große Mengen Getreide, aber auch Fleischstücke, lebende Tiere, Käse, Früchte und alles, was sonst noch zu finden war, ins Lager zurücktransportiert werden. Wagen kamen wegen des schwierigen Geländes nicht in Betracht, möglicherweise Tragtiere. Vor allem aber mußten Träger eingesetzt werden, in erster Linie wohl die 'Skeuophoren', die ohnehin zusätzlich zu den Tragtieren als Gepäckträger im Troß mitzogen, gelegentlich vielleicht auch unbewaffnete Soldaten, die sich unter den Schutz der bewaffneten Begleitmannschaften stellten.

* Der Anführer der Leichtbewaffneten hielt die Einnahme der dem Anschein nach große Beute versprechenden Drilenburg für so einfach, daß er das Eintreffen der Hopliten nicht abwartete, sondern selbständig den Angriff eröffnete, obwohl ihm schätzungsweise vielleicht nur etwa 800 Kämpfer zur Verfügung standen (vgl. 4.8.15) - sehr zu Unrecht, wie sich schnell herausstellte.

5.2.5-7 Der Angriff der Leichtbewaffneten richtete sich naturgemäß vor allem gegen das in die Stadt hinein führende Tor, kam dort jedoch nicht voran. Im Gegenteil wurden die Griechen durch den plötzlichen Ausfall der Drilen in die Verteidigung gedrängt, konnten aber nicht nach ihrer Gewohnheit flexibel zurückweichen, sondern mußten den Kampf aufnehmen - mit der tiefen Schlucht, die nur in Einerkolonne überschritten werden konnte, im Rücken und vermutlich auch von der Masse der unbewaffneten Doryphoren behindert: eine für Fernkämpfer, die zum Teil nicht einmal mit Schilden ausgerüstet waren (Gymneten), untypische und sehr bedrohliche Situation. Immerhin konnten sie ihre Stellung bis zum Eintreffen der Hopliten halten, doch wohl vor allem deshalb, weil es noch nicht zum Kampf Mann gegen Mann gekommen war. Der griechische Angriff war offenbar weder straff organisiert noch planmäßig durchgeführt worden; er folgte wohl dem Muster der bisheri-

Karte S.309

gen kleinen Requisitionszüge gegen schwächere Dörfer, die im schnellen Handstreich genommen werden konnten. In der jetzt eingetretenen verzweifelten Situation mußte man alle Hoffnung auf die Hopliten setzen. * Die gesamte Meldung des Boten ist (nach ὅτι) in wörtlicher Rede wiedergegeben (gegen MÜRI) und entspricht mit ihren kurzen abgehackten Sätzen vorzüglich dem militärisch knappen Stil derartiger Meldungen (vielleicht sollte man auch vor καὶ ἡ ἄφοδος... noch interpungieren) und wohl auch der Atemlosigkeit des im Laufschritt herbeigeeilten Soldaten, der sie überbrachte (MASQUERAY). Sie enthält alle für die weitere Planung wesentlichen Informationen, an erster Stelle die wichtigste (*der Platz verspricht reiche Beute!*), dann die militärisch relevanten Einzelheiten über den mißlungenen Angriff (*er scheiterte an der starken Befestigung des Platzes*) und den (nach dem taktischen Konzept der Leichtbewaffneten daraufhin eigentlich einzuleitenden) Rückzug (*er erwies sich als kaum möglich, da [1] Abwehrkämpfe gegen die nachdrängenden Feinde zu führen sind, [2] der Abzug durch die Schlucht schwer behindert wird*).

5.2.8/9 θέσθαι...τὰ ὅπλα bedeutet das Anhalten der Kolonne ohne Beeinträchtigung der Kampfbereitschaft (*armatos consistere*: DINDORF [463], der in seinem 'Index graecus' eine ausführliche Abhandlung über die Bedeutung von τιθέναι in militärischem Zusammenhang eingeschoben hat [463-66]). * Die Alternative, über die Xenophon mit seinen Lochagen (ein anderer Stratege hat den Zug offenbar nicht begleitet) beriet, war von der Situation vorgezeichnet. Der Ernst der Lage tritt dem Leser lebendig vor Augen, wenn er sich klar macht, daß die nur für den Nahkampf ausgerüsteten Hopliten von dem augenblicklichen Standort dieseits der Schlucht aus den Leichtbewaffneten bei ihrem schwierigen Rückzug keinerlei Hilfe würden leisten können: ungeachtet ihres bedrohlich wirkenden Aufmarsches mußte man bei diesen mit zahlreichen Toten rechnen. Vor allem aber war die Frage zu überprüfen, ob für die Hopliten überhaupt eine Chance bestand, den Platz zu erobern. Erwies sich dies nach Überschreitung der Schlucht als unmöglich, würden auch die Hopliten beim Rückzug schwere Verluste hinnehmen müssen. Die Offiziere standen vor einer wirklich schwierigen Entscheidung: von ihrer Lagebeurteilung hingen buchstäblich Leben und Tod der an dem Unternehmen beteiligten Mannschaften ab.

Karte S.309

5.2.10 Die im Gespräch mit den Hoplitenlochagen abgesprochene Aktion wird eingeleitet. An beide Waffengattungen (Hopliten, Leichtbewaffnete) ergehen Befehle, um die Aufstellung für den beabsichtigten gemeinsamen Angriff vorzubereiten. Die Leichten mußten sich bis in die Nähe der Schlucht zurückziehen und ihre unkoordinierten Fernschüsse und Würfe einstellen. In ihrem Rükken tauchten dann Mann für Mann die Hopliten am Rand der Schlucht auf und verteilten sich abwartend im Gelände. Die ganze Maßnahme dürfte einen längeren Zeitraum in Anspruch genommen haben und von den Drilen, die den spontanen ersten Angriff der Leichten abgewehrt hatten, mit einiger Spannung beobachtet worden sein. Vor ihren Augen entwickelte sich nun im folgenden eine disziplinierte Phalanx von erheblicher Kampfkraft für den zweiten Angriff.

5.2.11 Xenophon überließ den Lochagen insofern die Aufstellung ihrer Leute, als sie unter den besonderen Bedingungen des Festungskampfes Umgruppierungen innerhalb der routinemäßig auf den Phalanxangriff im freien Feld eingerichteten Reihen vornehmen sollten. In das vorderste Glied gehörten jetzt weniger die besonders standfesten, älteren, kampferfahrenen als vielmehr die beweglichen, gewandten, jüngeren Hopliten, welche die Palisaden entweder selbst erklettern oder sich gegenseitig hinaufhelfen konnten. Insgesamt wurde eine halbrund gebogene (5.2.13) Phalanx entlang der ganzen Palisadenmauer (oder doch jedenfalls ihres zentralen Bereichs mit dem Tor) gebildet. Dabei machte sich Xenophon sehr geschickt die bei vielen Gelegenheiten schon sichtbar gewordene Rivalität seiner Unterführer zunutze, indem er ihnen freie Hand ließ, jeweils aus ihren Männern einen nach ihrem Urteil besonders erfolgversprechenden Stoßtrupp zu bilden.

5.2.12 Hier werden klar die drei Untergliederungen der Leichtbewaffneten gekennzeichnet und die an sie übermittelten Anweisungen referiert: [1] Die *Peltasten* (Akontisten, Speerwerfer), die mit mehreren leichten Wurfspießen (ἀκόντια) und einem kleinen runden Schild (πέλτη) ausgerüstet waren. Einen ihrer Spieße sollten sie in der Wurfschlinge, in wurfbereiter Position (διαγκυλόομαι: ἐνεῖραι τοὺς δακτύλους τῇ ἀγκύλῃ τοῦ ἀκοντίου; Hesych), halten. [2] Die *Toxoten* (Bogenschützen), die den ersten Pfeil auf der Sehne ihrer Bögen aufgesetzt halten, also gleichfalls schußbereit sein sollten (zu beiden Befehlen vgl. 4.3.28). [3] Die *Gymneten*

Karte S.309

(Sphendoneten, Schleuderer), die einen Ranzen für ihre Munition (Steine oder Schleuderkugeln) und Schleudern (σφενδόναι) mit sich führten. Toxoten und Gymneten konnten üblicherweise wegen ihrer Kampftechnik keinen Schild benutzen (= οἱ ψιλοί [5.2.16]). Während im Fall der Hopliten deren Lochagen, die sich um Xenophon versammelt hatten, die Durchführung der erforderlichen Maßnahmen direkt in die Hand nahmen, mußten die vor der sich aufbauenden Phalanx zerstreuten Leichtbewaffneten durch Melder sowohl über den Befehl zur 'Feuerbereitschaft' als auch über das abzuwartende 'Feuer frei'-Signal informiert werden. Xenophon beschreibt mit großer Sachkunde die Vorbereitung des Angriffs, von dessen Ergebnis das Schicksal der Truppe abhing. Sein taktisches Konzept wird erkennbar: im koordinierten Angriff beider Waffengattungen (dabei sollten die Leichten der Hoplitenphalanx gleichsam 'Feuerschutz' geben) sollte die Verteidigungslinie eingedrückt und die Stadt erobert werden.

5.2.13 Nur hier werden in der «Anabasis» die ὑπολόχαγοι genannt, d.h. die Offiziere, die beim Ausfall der Lochagen das Kommando übernahmen. Vermutlich sind sie mit den πεντηκοντῆρες (3.4.21 und 22) identisch, den Anführern einer 'Pentekostys', also der halben Mannschaft eines Lochos. Es ist klar, daß diese Offiziere sich ebenso wie die Lochagen selbst ungeachtet ihres Alters in die erste Reihe der Phalanx einordneten.

5.2.14/15 Im Unterschied zum ersten spontanen Angriff der Leichten trägt der zweite Angriff alle Merkmale einer genau nach dem üblichen Ritual und nach einem klaren taktischen Konzept ablaufenden Aktion. Durch einen geballten 'Feuerschlag' wurden zunächst die Verteidiger aus ihren Deckungen vertrieben, so daß die im Laufschritt anrückenden Hopliten ohne Verluste bis an die Palisadenmauer gelangen konnten. Aus dem Hinweis, daß von einigen Soldaten Feuer herbeigetragen wurde (um die Palisaden anzuzünden) ist zu folgern, daß man auch auf Exkursionen wie dieser entweder Feuer in geeigneten Behältnissen oder jedenfalls Materialien zum Feueranmachen (Reibehölzer, Zunder, Feuersteine) mitführte. Die Palisadenmauer wurde dann aber offenbar nicht in Brand gesetzt, sondern durch einzelne besonders ehrgeizige Männer im Handstreich überwunden. Der Hoplitenlochage Agasias gehörte zu dem Freundeskreis arkadischer Offiziere, die sich immer wieder gegenseitig an Mut zu übertrumpfen versuchten, und spiel-

Karte S.309

te zum Beispiel auch bei der Einnahme des schwer zugänglichen Viehkrals der Taochen eine entscheidende Rolle (4.7.11). Philoxenos aus Pellene, also auch ein Peloponnesier, tritt nur hier in Erscheinung; vielleicht war er einer der Unterführer des Agasias. Beide Männer legten nicht nur ihre schweren Schilde (die ὅπλα im engeren Sinn), sondern auch ihre steifen und beim Klettern hinderlichen Lederpanzer ab, da sie zu Recht mit keinem Widerstand im Inneren mehr rechneten. Nach der Überwindung der (wohl nicht sehr hohen) Palisadenmauer konnte das Tor geöffnet werden, in dessen Umgebung sich offenbar die ganze Aktion vor den Augen Xenophons abgespielt hatte.

5.2.16-18 Die Plünderung war Sache der nicht mit einer schweren Ausrüstung belasteten Leichtbewaffneten und gewiß auch der Doryphoren (vgl. 5.2.4), die ihre Säcke nun mit Getreide füllten und sonstige Lebensmittel in Traglasten verpackten. Die Bevölkerung hatte sich in die Burg selbst zurückgezogen, so daß zunächst alles glatt ging. Außerordentlich geschickt verlebendigt dann im folgenden Xenophon den plötzlichen Umschlag der Situation, der sich für ihn (er stand noch außerhalb des Tores) bereits mit dem bedrohlichen Aufmarsch des Feindes in gewissen Höhenstellungen außerhalb der Stadt ankündigte. Zuerst war draußen nur Geschrei aus dem Inneren zu hören, dann tauchten am Tor die ersten Flüchtlinge mit ihrer Beute auf und stürzten ins Freie, schließlich staute sich der Strom der Herausdrängenden, darunter auch Verwundete, an dem einzigen Ausgang, und es gab hier ein gewaltiges Gedränge (τὰ θύρετρα ist ein vorwiegend in poetischen Texten belegtes Wort, das eigentlich den Rahmen des Tores kennzeichnet und hier sehr bewußt ausgewählt ist). Endlich gelang es Xenophon, den Grund für die panikartige Flucht in Erfahrung zu bringen, und durch den raffinierten Appell an die Beutegier die Bewegungsrichtung der Massen wieder umzukehren.

5.2.19/20 Das eigentliche Ziel des Unternehmens, die Gewinnung von Beute, insbesondere von Lebensmitteln, wurde durch systematisches Ausräumen der in der Unterstadt zu findenden Vorräte erreicht. Die Träger sammelten sich mit ihren Lasten im Gelände vor der Schlucht. Aber die Offiziere machten sich keine Illusionen darüber, daß das Ganze immer noch in einer blutigen Schlacht enden konnte. So wurden vorsorglich die Hopliten in zwei Gruppen aufgeteilt: die eine Gruppe hielt im Inneren der Stadt den zur Burg

Karte S.309

führenden Weg, über welchen gegebenenfalls ein neuer Angriff vorgetragen werden würde, besetzt, die andere Gruppe kontrollierte draußen die Palisadenmauer, da ja auch in den umliegenden Höhen Feinde beobachtet worden waren. Als nächste Aufgabe stellte sich die Organisation des Abmarsches, der - nachdem die Eroberung der Burg von den Offizieren übereinstimmend als unmöglich beurteilt worden war - nur unter größten Schwierigkeiten zu bewerkstelligen war. Es scheint mir für den gleichsam demokratischen Führungsstil Xenophons charakteristisch zu sein, daß er die Einschätzung der Lage durch seine Lochagen in die taktische Planung einbezog.

5.2.21 Der gefährliche Abmarsch wurde durch drei Maßnahmen sorgfältig vorbereitet: [1] Die am Stadtrand postierten Hopliten schufen durch Niederlegen eines Teils der Palisaden zusätzlich zu dem Tor Öffnungen zum Verlassen der Unterstadt. [2] Die Lastenträger und die kampfunfähigen Verwundeten wurden in Marsch gesetzt und begannen in langer Reihe die Schlucht zu durchqueren (zu der nicht haltbaren Lesart der *codd. deter.* ἀχρέιους ἐφ' (vel εἰς) ἁρπαγὴν ἐξέπεμπον καὶ... vgl. DINDORF 225/26). [3] Die Hoplitenlochagen stellten aus ihren Lochoi jeweils kleine, aus besonders zuverlässigen Elitesoldaten bestehende Kampfgruppen zusammen und ließen die übrigen Mannschaften gleichfalls über die Schlucht abrücken. Nach Xenophons (mit den Lochagen abgesprochenem) Plan sollte also eine relativ kleines, aber aus hochmotivierten und kampfbereiten Männern bestehendes 'Himmelfahrtskommando' das Risiko des Unternehmens tragen.

5.2.22/23 Der erwartete Ausfall der Feinde trat sofort ein, als sie den Beginn des Rückzuges beobachteten. Die Beschreibung ihrer Ausrüstung macht deutlich, daß den Griechen hier ebenbürtige und gut bewaffnete Gegner gegenüberstanden. Die *paphlagonischen Helme* bestanden aus Leder (vgl. 5.4.13) und waren (nach Herodot 7.72.1) offenbar aus Riemen in Flechtwerktechnik hergestellt (nach Herodot 7.79 und 89.3 trugen die Marer und die Ägypter ähnliche Helme; 7.63.1 ist von assyrischen Helmen die Rede, die aus Metallstreifen geflochten waren). Während die Drilen den Hauptangriff auf der Straße, über welche sich die Griechen zurückzogen, durchführten, besetzten andere Abteilungen die Dächer der umliegenden Häuser und gewannen so über die Hopliten, die keine Fernwaffen einsetzen konnten, eine klare Überlegenheit. Tat-

Karte S.309

sächlich ist anzunehmen, daß die den Rückzug deckende Nachhut nur aus Hopliten bestand, da allem Anschein nach am ehesten mit einem mörderischen Handgemenge zu rechnen war: auf Seiten der Drilen ist weder von Bogenschützen noch von Schleuderern (vgl. jedoch 5.2.26), aber auch nicht von Schwertern, sondern nur von λόγχαι die Rede, die wohl als Stoßlanzen, nicht als Wurfspieße, zu interpretieren sind und (neben nicht erwähnten Messern, Beilen und ähnlichem) als Waffen für den Nahkampf dienten. Die Hopliten wichen nun also unter dem Druck des in kurzer Distanz folgenden Gegners langsam zurück, ohne diesen durch plötzliche Gegenangriffe ins Handgemenge hineinziehen zu können. Vielmehr gerieten sie selbst bei derartigen Aktionen in die Gefahr, von oben her verwundet zu werden. Mit den ξύλα μεγάλα können wohl nur Teile der Flachdachkonstruktion oder darauf errichteter Aufbauten, die zerlegt als Wurfgeschosse dienen konnten, gemeint sein. Da sich die Nachhut bei Einbruch der Dunkelheit (welche die ortskundigen Drilen vermutlich für den entscheidenden Angriff ausnutzen wollten) noch immer im Gebiet der Stadt befand, trat für sie jetzt tatsächlich eine außerordentlich gefährliche Lage ein.

5.2.24/25 Unter *kämpfen* ist hier gewiß kein Vernichtungskampf Mann gegen Mann mit schweren Verlusten auf beiden Seiten zu verstehen, sondern eine Art abtastendes Geplänkel, das vor allem mit Wurfgeschossen ausgetragen wurde. Als βέλη (5.2.26) kommen dabei in erster Linie mit der Hand geworfene Steine, die offenbar zahlreich herumlagen und auch beim griechischen Angriff die Hauptrolle gespielt hatten (5.2.14), in Betracht. Das Vorhandensein einer Schleuderertruppe bei den Drilen läßt sich aus diesem Hinweis jedenfalls nicht ableiten. * Charakteristisch für die volkstümliche Religiosität Xenophons ist seine Deutung des Feuers, das plötzlich in einem der vom Feind besetzten Häuser ausbrach: *"ein Gott gab ihnen in ihrer Ratlosigkeit ein Mittel zur Rettung"* - *"irgendein Soldat hatte das Haus wohl angezündet"*; beliebige Menschen dienten also als Werkzeuge des göttlichen Willens - so interpretierte Xenophon immer auch seine eigenen Erfahrungen, vor allem die ihm zugesandten Träume; von entscheidender Bedeutung ist es jedoch, daß er sich durch derartige Zeichen zum Handeln aufgerufen fühlte und dadurch den göttlichen Impulsen tatsächlich erst zur vollen Wirkung verhalf. Hier beobachtete er die Folgen des ersten Brandes: Flucht der Feinde aus allen Häusern rechts der Straße: *"Als Xenophon dies παρὰ τῆς τύχης lernte,*

Karte S.309

ließ er auch die Häuser auf der linken Straßenseite anstecken" - mit demselben Erfolg. In der Verwendung des Begriffs *Tyche* (der nur noch 2.2.13 erscheint) im Sinne der durch den Gott herbeigeführten Entwicklung (eine direkte Identifizierung mit θεῶν τις, wie sie NILSSON I 787 annimmt, scheint mir zu weit zu gehen) deutet sich ganz zaghaft schon hellenistisches Gedankengut an.

5.2.26/27 Mit οἱ κατὰ...στόμα sind die direkt gegenüberstehenden Feinde (im Unterschied zu den von der Seite aus operierenden, die bereits ausgeschaltet waren) gemeint (vgl. Herodot 8.11.1, wo von Kriegsschiffen die Rede ist, die sich κατὰ στόμα, *Bug gegen Bug*, gegenüberstanden [= ἀντίπρῳρον ξυγκροῦσαι, Thuk. 7.36.5]). Nur diese konnten die Nachhut noch belästigen, und es gab dem Augenschein nach auch keinen Zweifel, daß sie sowohl beim Auszug aus der Stadt als auch - dies bedeutete die größte Gefährdung - beim Abstieg in die Schlucht angreifen würden. Dem Wink des Gottes folgend setzte nun Xenophon noch einmal das Feuer ein - mit überwältigendem Erfolg: es verzehrte schließlich die gesamte Unterstadt mitsamt ihrer Befestigung und erwies sich tatsächlich als die μηχανὴ σωτηρίας für die Griechen: während die Flammen der niederbrennenden Stadt in den Nachthimmel loderten, konnten sich alle Männer der Nachhut ohne Ausnahme auf die andere Seite der Schlucht in Sicherheit bringen (5.2.32).

5.2.28/29 Auf dem ersten Teil des Rückmarsches, der sich noch im Gebiet der Drilen auf einem engen und steilen Weg abspielte und entsprechend langsam vor sich ging, mußte Xenophon zu einer Kriegslist greifen, um die Verfolger so lange aufzuhalten, bis sich die Marschkolonne außer Gefahr befand: der Vortäuschung eines Hinterhaltes. Die Kreter galten als gute Dauerläufer (4.8.27) und waren deswegen für das riskante Ablenkungsmanöver besonders geeignet. Die zehn Freiwilligen, die sich dem nicht weiter bekannten Mysos anschlossen, entstammten wohl der 200 Mann starken Abteilung kretischer Bogenschützen, die Klearchos mitgebracht hatte (1.2.9); sie verfügten, wie 3.3.7 ausdrücklich betont wird, nicht über Schilde, sondern waren ψίλοι im Sinne des Wortes. Hier ließen sie ihre Bögen bei den Kameraden zurück und wurden eigens zum Zweck der Täuschung mit *Bronzeschilden* ausgerüstet. Peltai waren an sich die leichten runden oder halbmondförmigen, meist aus Flechtwerk hergestellten Schilde der Speerwerfer

Karte S.309

(vgl. Aristot. fr. 456 [451] = Schol. Eurip. Rhesos 311: *"Die Pelte war ein Schild ohne Randverstärkung und ohne Bronzeauflage und nicht mit Ochsen-, sondern mit Ziegen- oder Schafhaut bespannt"*). Der nur aus unserer Stelle abgeleitete Schluß, daß *"ebenso Bogenschützen und Schleuderer"* solche Schilde führten (LAMMERT, RE XIX 1, 1937, 406; vgl. KROMAYER-VEITH 88 Anm.2), ist nicht haltbar. Die hier offenbar (wie die schweren Rundschilde der Hopliten) mit dünnem Bronzeblech überzogenen Peltai gehörten nicht zur Ausrüstung der kretischen Bogenschützen, sondern waren ihnen für den Sondereinsatz von anderen Soldaten (vermutlich von Peltasten) zur Verfügung gestellt worden.

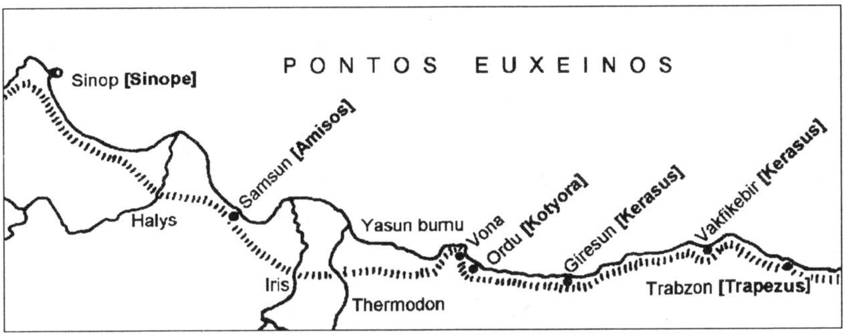

55. Skizze der pontischen Küste von Sinope bis Trapezus

5.2.30-32 Die List erfüllte zwar ihren Zweck - aber nun ergab sich wieder, wie beim Abzug aus der Stadt, die Schwierigkeit, auch die letzten heil aus der Gefahrenzone herauszubekommen. Mit bewundernswerter Lebendigkeit stellt Xenophon seinen Lesern die dramatische Flucht der Kreter und des Mysers, den nur der schnelle Gegenangriff eines kleinen Stoßtrupps vor Schlimmerem bewahrte, vor Augen. Das Rettungsunternehmen wurde von kretischen Bogenschützen durchgeführt, welche die steinewerfenden Drilen zum Halten brachten, sich dann aber selbst unter Kampfbedingungen zurückziehen mußten. Ἐπὶ πόδα ἀναχωρεῖν bedeutet das schrittweise Zurückweichen mit Front zum Gegner (vgl. Kyrupäd. 3.3.69, 7.5.6; Polybios 2.30.4, 2.68.4; Arrian Anab. 5.17.7 ist der Ausdruck auf Schiffe übertragen) und entspricht dem Begriff χωρεῖν (oder ἀνάγειν, Aristoph. Vögel 383) ἐπὶ σκέλος (*"zurückweichen, ohne den Feinden den Rücken zuzukehren"*: BEKKER, Anecdota Graeca I, Berlin 1814, Nachdruck Graz 1965, 72). Etwa

Karte S.309, 323

gegen Mittag dieses Tages traf die Expedition wieder im Lager bei Trapezus ein.

5.3.1 Nach ungefähr einem Monat (4.8.22), als die Ressourcen des Umlandes endgültig aufgebraucht waren, wurde der Abzug aus Trapezus nach Westen vorbereitet und die Marschkolonne in zwei Gruppen aufgeteilt. Die Hauptmasse der Soldaten mußte marschieren. Es wird in der «Anabasis» öfter erwähnt, daß die Mannschaften nach Altersgruppen untergliedert wurden, etwa in die unter und über Dreißigjährigen (2.3.11, 6.4.25, 7.3.46; 4.2.16 ist von den *"Jüngsten"* die Rede). Die über vierzigjährigen Söldner dürften nicht allzu zahlreich gewesen sein. Zu Sophainetos vgl. 1.1.11, zu Philesios 3.1.47. Die kleine Flotte mit den Kranken, Alten, Frauen, Jugendlichen und einem Teil des Gepäcks blieb dann wohl während der folgenden drei Tage etwa auf gleicher Höhe mit der auf der Uferstraße dahinziehenden Hauptkolonne. * Es empfiehlt sich, die Strecke von Trapezus (**St. 193**) bis nach Harmene, dem Hafen von Sinope, (**St. 207**) vorab zusammenhängend zu behandeln. Die ersten drei Tagemärsche (**St. 194, 195, 196**) führten bis Kerasus (5.3.2). Dann folgten 8 Tagemärsche (**St. 197, 198, 199, 200, 201, 202, 203, 204**) durch das in Berge und Täler stark untergliederte (5.4.31) Gebiet der Mossynoiken und Chalyber und anschließend zwei Tagemärsche (**St. 205, 206**) durch das viel ebenere Land der Tibarener (5.5.1/2) mit dem Endpunkt Kotyora (**St. 206**, 5.5.3). Von dort aus erfolgte nach 45 Tagen Aufenthalt (5.5.5) der Weitertransport der gesamten Kolonne zu Schiff nach Harmene (**St. 207**); die Fahrt dauerte einen Tag und eine Nacht und erreichte am nächsten Tag ihr Ziel (6.1.14/15). Die von Xenophon genannten Zahlen stimmen im wesentlichen mit den Angaben Diodors (14.30/31) überein: Trapezus - Kerasus: 3 Tage (30.5), Mossynoikenland: 8 Tage (30.7), Tibarenerland: 3 [statt 2] Tage, Eintreffen in Kotyora (31.1), dort nach 50 [statt 45] Tagen Aufenthalt (31.1) Fahrt zu Schiff nach Sinope (31.1, keine Angabe zur Zeitdauer). Während über die Eckpunkte der Route keine Zweifel bestehen (Trapezus = Trabzon, Sinope = Sinop), ergeben sich Schwierigkeiten aus der Lokalisierung von Kerasus und Kotyora. Im allgemeinen wird Kerasus mit Giresun und Kotyora mit Ordu identifiziert. Diese Annahme läßt sich jedoch schwerlich mit den Entfernungsangaben im xenophontischen Text in Übereinstimmung bringen: Trabzon - Giresun ca. 120 km = 3 Stathmoi, Giresun - Ordu ca. 45 km = 10 Stathmoi. Die Lösung des Problems

Karte S.309, 323

hatte freilich schon RUGE (RE XI 1, 1921, 264/65) aufgezeigt: Xenophon spricht hier nicht von der in der Tat bei Giresun zu lokalisierenden Stadt Kerasus, sondern von einem zweiten Kerasus, das viel weiter östlich, in der Bucht von Vakfikebir, etwa 45-50 km vom Lagerplatz bei Trapezus entfernt, anzusetzen ist (*"... das heutige Vakfikebir oder Fol Bazar, das bei den Griechen Kerason heißt..."*). Drei Kilometer östlich von Vakfikebir, heißt es bei BRYER-WINFIELD [I 153], *"is the Kirazlik, or Kireson (Kerason) Dere. This name may reflect one of the most curious survivals on the coast: a memory of the Kerasous, three days west of Trebizond, where Xenophon reviewed his Ten Thousand and found, that they were actually 8,600. Were it not the fact, that the name also appears in the Anonymous periplus* [= Anon. peripl. Pont.Eux. 36], *geographers would perhaps ignore the evidence of distance and ascribe this "Old" or "Second" Kerasous to the Kerasous of Giresun. But it is near Vakfikebir, that its name - unmentioned in any medieval source - appears to survive today"*. Nach dieser Berichtigung des Itinerars sind die oben genannten Zahlen gewissermaßen umzudrehen (Trabzon - Vakfikebir ca. 45-50 km = 3 Stathmoi, Vakfikebir - Ordu ca. 130 km = 10 Stathmoi) und stimmen nun wieder mit der Wirklichkeit überein. Denn darüber besteht kein Zweifel, daß Kotyora etwa an der Stelle von Ordu lag (vgl. MANFREDI 236 und Abb. 38), jedenfalls unmittelbar östlich der markanten, 14 km ins Meer vorragenden Halbinsel Yasun burnu, die im Westen durch Kap Jason, im Osten durch Kap Genetes begrenzt wird und an ihrem südöstlichen Ende (bei Vona, einige Kilometer nordwestlich von Ordu) *"affords, as many classical and modern commentators have pointed out, what is probably the best anchorage on the entire Pontic coast"* (BRYER-WINFIELD I 120). Von diesem Hafen aus betrug die Entfernung zum Hafen von Sinope (Harmene) über See in Küstennähe ca. 300 km. Nach sorgfältiger Auswertung aller Quellen, aus denen Rückschlüsse auf die Fahrtgeschwindigkeit antiker Segelschiffe gezogen werden können, läßt sich sagen, daß bei günstigen Windverhältnissen eine durchschnittliche Stundenleistung von 9-10 km veranschlagt werden darf (KROLL, RE II A 1, 1921, 411; DANOFF 1143). Während eines δρόμος νυχθήμερος (also einer 24-Stunden-Fahrt unter Verzicht auf die bei Küstenfahrten meist übliche Anlandung am Abend) konnten demnach bis zu 240 km zurückgelegt werden, so daß, wie Xenophon korrekt mitteilt (6.1.15), *"am nächsten Tag"* Harmene erreicht wurde. Das Itinerar von Trapezus (**St. 193**) bis Harmene entspricht völlig den tatsächli-

Karte S.309, 323

chen Gegebenheiten - vorausgesetzt allerdings, daß Kerasus (**St. 196**) an der richtigen Stelle, in der Bucht von Vakfikebir, lokalisiert wird.

5.3.2/3 **St. 194, 195, 196** Der erneute lange Aufenthalt in Kerasus hängt wohl damit zusammen, daß man allgemein immer noch auf die Rückkehr des Cheirisophos mit Schiffen für alle hoffte und deshalb den Landmarsch durch das Gebiet der Mossynoiken, der schwierig zu werden versprach (vgl. 5.4.2), möglichst hinauszögerte. Die Heeresstärke hatte von etwa 12900 Mann (Musterung auf Stathmos **85** in Babylonien kurz vor der Schlacht bei Kunaxa, 1.7.1 und 10) um 4300 Mann, also um ein volles Drittel, abgenommen. Die Diskrepanz zu der aus 4.8.15 zu entnehmenden Zahl von ca. 9800 kampffähigen Soldaten, die wenige Tage vor dem Eintreffen in Trapezus bei der Überwindung der kolchischen Höhenstellung im Einsatz waren, erklärt sich aus der Tatsache, daß Xenophon an dieser Stelle nur eine grobe Schätzung anstellt. Wenn man der Rechnung zum Beispiel nicht 80, sondern nur 75 Steilkolonnen mit nicht je 100, sondern nur 95 Mann, sowie drei Blöcke von Leichtbewaffneten mit je 580, nicht 600 Mann, zugrundelegt, ergibt sich eine Gesamtzahl von etwa 8860 Soldaten. Vertrauen verdient nur die hier mitgeteilte, im Rahmen der Musterung ermittelte (wenn auch abgerundete) Zahl 8600. * Die größten Ausfälle sind wohl im Verlauf der Schnee- und Hungermärsche eingetreten, weit geringere im Zusammenhang mit den hier und da zu bestehenden Kämpfen. Indirekt wirft die nüchterne Mitteilung wieder einmal ein Schlaglicht auf die unbeschreiblichen Strapazen des Rückmarsches, welche direkt nur selten angedeutet werden. Überlegungen zu dem anscheinend relativ geringen Krankenbestand hat MASQUERAY [II 58 Anm.1] angestellt.

5.3.4 Aus dieser Stelle geht in Verbindung mit dem anschließenden Exkurs hervor, daß durch den Verkauf von Kriegsgefangenen eine nicht unbeträchtliche Summe zusammengekommen und bisher als gemeinsames Vermögen betrachtet worden war. Man muß also davon ausgehen, daß im Lager von Trapezus (und vielleicht auch schon bei früheren Gelegenheiten [Gymnias, **St. 183**]?) ein großer Sklavenmarkt abgehalten wurde, auf welchem die armen, bis an die Küste mitgeschleppten Menschen, deren man unterwegs habhaft geworden war, ihre Besitzer wechselten. Als Verkäufer fungierte hier nicht mehr, wie wohl anfangs, jeder einzelne, der

Karte S.309, 323

einen Gefangenen gemacht hatte, sondern die Gesamtheit des Heeres, das nun Mann für Mann anteilig am Erlös beteiligt wurde. Die ganze Maßnahme dient wohl nicht zuletzt der Kompensation für den seit langem nicht mehr gezahlten Sold. Vor der allgemeinen Aufteilung wurde im Sinne der Tradition *'der Zehnte'* für die Götter abgezweigt. Warum er gerade Apollon und der ephesischen Artemis geweiht wurde, deutet Xenophon nicht an. Vielleicht hängt es damit zusammen, daß sie beide (die ohnehin eng miteinander verbunden waren) als Heilgottheiten verehrt wurden: ihnen wollten diejenigen, die das ganze Abenteuer bis jetzt einigermaßen heil überstanden hatten (οὗτοι ἐσώθησαν, 5.3.3), ihre besondere Dankbarkeit beweisen. Dieser Zehnte wurde zu gleichen Teilen an die Strategoi (für den abwesenden Cheirisophos an dessen Hypostrategos, vgl. 5.6.36) zur Aufbewahrung ausgehändigt. Das ist eine aus der besonderen Situation heraus erklärbare Abweichung von der üblichen Verfahrensweise, nach welcher der Zehnte nach einem kriegerischen Erfolg in der Form eines einzigen kostbaren Weihgeschenkes von Staats wegen gestiftet wurde. Etwas Entsprechendes war hier an Ort und Stelle natürlich nicht möglich. Überdies gab es kein Mitglied der Marschkolonne, welches die Gesamtheit (*den Staat*) repräsentierte und so viel Autorität und Vertrauen genoß, daß man ihm den Zehnten im ganzen zur späteren Weihung hätte übergeben können. Ferner mußte man auch immer noch mit Kämpfen und der Möglichkeit rechnen, daß ein einzelner Mann mitsamt seinen Habseligkeiten verloren ging. So verpflichteten sich also *alle* Strategen zur treuen Aufbewahrung der ihnen überantworteten heiligen Gelder bis zu dem Augenblick, in dem sie jeweils die Gelegenheit finden würden, die Weihung zu vollziehen. Die Unterschlagung der nach allgemeinem Glauben unantastbaren Votivgaben brauchte man wohl kaum zu befürchten, da dieses Verbrechen auf jeden Fall die Bestrafung durch die Götter nach sich ziehen würde.

5.3.5-13 Die Erwähnung des von ihm zu betreuenden Anteils am Zehnten nimmt Xenophon zum Anlaß für den Einschub des berühmten Exkurses über sein Landgut bei Skillus. Darin entführt er den auf Kampf und Not eingestellten Leser, indem er sowohl die Landschaft als auch das festliche Treiben in seinem Artemistemenos plastisch beschreibt, unversehens in eine ganz andere, friedvolle, allem Unglück enthobene Welt. Man spürt in jeder Zeile die Dankbarkeit, mit der er auf die schönen Jahre in Skillus zurückblickte, und darf wohl sagen, daß ihm aus dieser ehrlichen Stimmung heraus eine wirklich meisterhafte Ekphrasis gelungen ist.

5.3.5/6 Wie das im Schatzhaus der Athener in Delphi dem Apollon geweihte Anathem aussah, kann bei der unerschöpflichen Vielfalt der Möglichkeiten nicht vermutet werden. Nach der Darstellung des Diogenes Laertios (Vita Xen. 7 = II 51) schickte Xenophon nach seiner Verbannung von Ephesos aus Weihgeschenke, die er für die Hälfte des ihm anvertrauten heiligen Geldes gekauft hatte, nach Delphi (ἔπεμψεν εἰς Δελφοὺς ἀναθήματα); daß diese dann, ungeachtet seines Status als Verbannter, im Schatzhaus der Athener aufgestellt wurden, ist selbstverständlich, da sie ja auf jeden Fall Eigentum des Gottes waren. Aus unserer Stelle geht andererseits hervor, daß Xenophon das für Artemis bestimmte heilige Geld dem Oberpriester ihres Tempels in Ephesos zu treuen Händen übergab, bevor er sich zusammen mit dem spartanischen König Agesilaos *"auf den Weg zu den Böotern machte"*. Mit Recht hebt MASQUERAY (II 183) die *"langage ambigu"* dieser Formulierung hervor, da es ja in Wahrheit um jenen Feldzug geht, in dem der von Sparta mit seinem Heer aus Asien zurückbeorderte Agesilaos im August 394 bei Koroneia den Sieg über die Böoter und ihre Bundesgenossen, darunter auch die Athener (Hell. 4.3.15; Agesil. 2.6), errang. Nach der Schlacht begab sich Agesilaos nach Delphi und brachte dort dem Gott 'den Zehnten' aus dem Erlös seiner Beute dar, nicht weniger als 100 Talente (Hell. 4.3.21). Bei dieser Gelegenheit könnte auch Xenophon seine Weihegabe aufgestellt haben (so zum Beispiel BREITENBACH 1575). Das würde allerdings bedeuten, daß Xenophon sein Anathem entweder im Gepäck aus Kleinasien mitgebracht hatte, oder daß er es an Ort und Stelle herstellen beziehungsweise eines der dort sicher angebotenen fertigen Anatheme mit der Inschrift versehen ließ. Beide Möglichkeiten sind keineswegs auszuschließen; bei Berücksichtigung der Fortsetzung verdient aber vielleicht doch die erste den Vorzug. Denn seinen Entschluß, den für Artemis Ephesia bestimmten Betrag bis auf weiteres in ihrem Tempel zu deponieren, begründet Xenophon ganz eindeutig: ὅτι αὐτὸς κινδυνεύσων ἐδόκει ἰέναι. Das in dieser Formulierung angedeutete Risiko betraf natürlich auch die zweite Hälfte der heiligen Gelder. * Megabyzos war kein Individualname, sondern der hieronyme Titel der verschnittenen Oberpriester der Artemis von Ephesos (ἱερέας δ' εὐνούχους εἶχον, οὓς ἐκάλουν Μεγαβύζους: Strabon 14.1.23; vgl. Plin. nat.

hist. 35.93, 132; KROLL RE XV 1, 1931, 122, NILSSON II 342). Über den Grund für Xenophons Entschluß, sich nicht bereits in Ephesos seiner Verpflichtung zu entledigen, sondern die hier genau referierte Vereinbarung auf den Erlebens- und Todesfall mit dem Priester zu treffen, kann nur spekuliert werden. Offenbar hatte er die Absicht, zur weiteren Verbreitung des ephesischen Artemiskultes im griechischen Mutterland beizutragen.

5.3.7 Die *"Teilnahme an der Schlacht bei Koroneia ist selbstverständlich der Grund seiner Verbannung"* (BREITENBACH 1575), nicht die von mehreren antiken Quellen dafür in Anspruch genommene Beteiligung am Kyrosunternehmen (Dion.Chrys. or. 8.1, Pausan. 5.6.5, Diog.Laert. Vita Xen. 14 = II 58 [das ist das selbstverfaßte zweite Epigramm; in der eigentlichen Vita 7 = II 51 wird die Verbannung ἐπὶ λακωνισμῷ mit dem engen Anschluß an Agesilaos begründet). Jedenfalls teilt Xenophon selbst mit (7.7.57), daß er kurz vor der Übergabe des Heeres an Thibron (vermutlich im Spätsommer/Herbst 399) noch nicht verbannt war. Indirekt läßt sich dies nach dem Urteil vieler Interpreten aus unserer Stelle auch für den Sommer 394, als er mit Agesilaos nach Griechenland marschierte, ableiten, so daß wohl in der Tat der Koroneia-Hypothese die größere Plausibilität zuzusprechen ist. Die Teilnahme Xenophons an dieser Schlacht auf der Seite des Gegners mußte zwangsläufig zu der mit der Todesstrafe, Konfiskation des Vermögens und sogar Versagung der Bestattung in heimischer Erde (LIPSIUS II 1, 379) bedrohten Anklage προδοσίας durch die Thesmotheten führen. In der Vita 8 [= II 52] heißt es, daß ihm *"die Spartaner die Proxenie gaben. Danach verließ er Agesilaos und kam nach Skillus"*. Unter 'Proxenie' ist hier nicht, wie sonst häufig, ein 'Wahlkonsulat' zu verstehen, sondern eine Art 'Ehrenbürgerrecht' für einen Fremden, dem damit auch das Recht zum Erwerb von Grundeigentum eingeräumt wurde (BUSOLT I, 153, 302, II, 1246). An unserer Stelle ist von zwei mit dieser 'Proxenie' zusammenhängenden Vorgängen die Rede: [1] Der spartanische Staat ermöglichte Xenophon (wohl anfangs der 80er Jahre) die *"Ansiedlung"* (οἰκισθέντος) in der kleinen Ortschaft Skillus in Triphylien und gab dadurch dem Verbannten, der daheim sein ganzes Vermögen eingebüßt hatte, eine Existenzgrundlage. Darauf bezieht sich die in der Vita 8 [= II 52] erhaltene Information Deinarchs, ὅτι καὶ οἰκίαν καὶ ἀγρὸν αὐτῷ ἔδοσαν Λακεδαιμόνιοι. [2] Unter Verwendung des ihm von dem ephesischen Oberprieser zurückerstatteten hei-

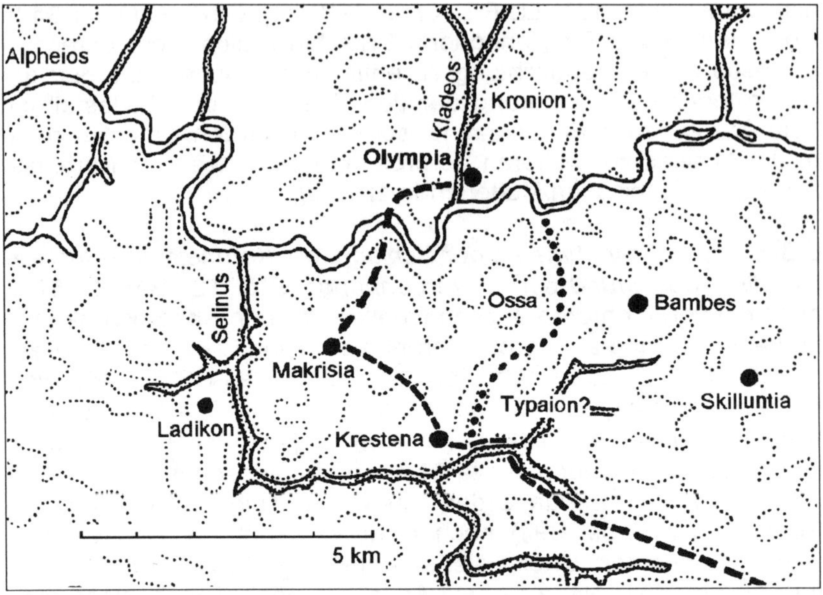

56. Geländeskizze zur Lage von Skillus (5.3.7 - 13), nach PAPACHATZES 218 Abb. 189 und PARTSCH 10-12

ligen Geldes kaufte er in der Umgebung von Skillus ein größeres Gelände zur Anlage eines Temenos für Artemis Ephesia, nachdem er sich in Delphi vergewissert hatte, daß die von ihm ins Auge gefaßte Örtlichkeit für sein Vorhaben geeignet war. Der Besuch des Megabyzos (dem ein Briefwechsel vorausgegangen sein muß) dürfte wohl während einer der ersten Olympiaden, die Xenophon in Skillus miterlebte (Ol. 98 = 388, Ol. 99 = 384) stattgefunden haben (vgl. die Formulierung κατοικοῦντος ἤδη αὐτοῦ...).

5.3.8 Die Lage von Skillus konnte noch nicht mit letzter Sicherheit ermittelt werden. Fest steht, daß die Stadt südlich von Olympia gesucht werden muß, denn Pausanias, der den Weg von Süden her (über Samikon) beschreibt (5.6.4), teilt mit, daß man nach längerem Marsch durch sandiges und mit wilden Kiefern bewachsenes Land *"hinter sich auf der linken Seite die Trümmer von Skillus sehen wird"*; der Weg führte also in einer gewissen Entfernung an der damals bereits aufgegebenen Siedlung in einer Weise vorbei, daß man sie beim Zurückblicken linker Hand sehen konnte. Diese Beschreibung bezog PARTSCH (11/12) auf einen kleinen Hügel mit Spuren alter Bebauung, der an der Stelle, wo der Fluß Selinus von Westen nach Norden umknickt, isoliert aus dem sumpfigen Talboden aufragt. Tatsächlich ist aber wohl die Entfernung von Krestena, von wo aus der Rückblick erfolgen müßte, bis zu dieser Stelle zu groß, als daß sie für die Lokalisierung von Skillus ernstlich in Betracht zu ziehen wäre. Ebenso wenig kommt weiter im Osten die Gegend von Bambes und Skilluntia in Betracht - einem Ort, der früher Mazi hieß und unter Bezug auf das in der Nähe entdeckte Fundament eines Tempels aus lokalpatriotischen Gründen in Skilluntia umbenannt wurde. Daß dieser relativ große (ca. 35x15 m) dorische Tempel jedoch nichts mit dem Artemision Xenophons zu tun haben kann, ist längst erkannt (vgl. BREITENBACH 1576; wahrscheinlich handelt es sich um ein Heiligtum für Artemis Daidaleia: THEMELIS 292). Andererseits aber paßt die Beschreibung des Pausanias recht genau auf die Gegend von Makrisia: auf einer Höhe westlich dieses Dorfes, durch welches die moderne Straße von Krestena nach Olympia (10 km) führt, wird heute mehrheitlich das antike Skillus vermutet (vgl. DELEBECQUE, PHILIPPSON 360, PAPACHATZES 218-222 mit Abb. 190, 191). Bei der erwähnten Höhe handelt es sich um den Hügel mit der Kirche des Propheten Elias, von dem aus sich die kleine Stadt in klassischer Zeit auf einer ebenen Fläche nach Norden hin erstreckte. Überreste aus archaischer, klassischer und frühhellenistischer Zeit sind gefunden worden (vgl. THEMELIS, PAPACHATZES 221). THEMELIS berichtet ferner, daß an einer Καμπούλη genannten Stelle in der Ebene nördlich von Makrisia die Fundamente eines Artemistempels mit Weihgaben aus dem 6. - 4. Jahrhundert aufgedeckt wurden, und hält es für wahrscheinlich, daß dieses ältere Heiligtum nach der Weihung des xenophontischen Artemisions aufgegeben wurde. Leider konnte die Lokalisierung von Skillus bisher noch nicht inschriftlich abgesichert werden. Jedenfalls aber muß man davon ausgehen, daß der Bach von Krestena (der einzige Wasserlauf weit und breit) mit dem ποταμὸς Σελινοῦς zu identifizieren ist. Von der Lokalisierung der Stadt Skillus zu unterscheiden ist die Frage nach der Lage des von Xenophon angelegten heiligen Artemistemenos. Zu ihrer Lösung können zwei Hinweise herangezogen werden: [1] Durch ihn floß der Selinus. [2] *"Der Platz liegt da, wo man auf dem Weg von Lakedaimon nach Olympia reist, etwa 20 Stadien vom Heiligtum des Zeus in Olympia entfernt"* (11). Da es sich offenkundig um ein recht großes Gelände mit Wäldern, Weiden, Äckern und dem eigentlichen Tempelbezirk handelte, kann die Entfernungsangabe (ca. 3.8 km bei Zugrundelegung des olympischen Fußmaßes) sich wohl nur auf den Punkt beziehen, an dem der lakedämonische Weg von Olympia aus das Temenos erreichte (jedenfalls ist der Selinus in seinem ganzen Verlauf immer mehr als 20 Stadien von der Altis entfernt). Über die Führung des lakedämonischen Weges von Südosten her bis nach Krestena gibt es keine Zweifel (vgl. die gestrichelte Linie in Abb. 56); von Krestena aus bestehen jedoch zwei Möglichkeiten, die Berglandschaft des Ossa zu umgehen: die relativ bequeme Strecke über Makrisia (der auch die heutige Straße folgt) und ein beschwerlicher, aber direkterer Weg zwischen Ossa und Typaion (?) hindurch (punktiert), den PARTSCH für den antiken Verkehr bevorzugen möchte. Er geht dabei von der Gleichsetzung des von Pausanias (5.6.7) erwähnten schroffen Felsens Typaion, der sich am Weg von Skillus nach Olympia vor dem Übergang über den Alpheios erhebe, mit dem 130 m aufragenden Steilfelsen von Hagia Eleüsa nordöstlich von Krestena aus - aller Wahrscheinlichkeit nach zu Unrecht: eher ist das Typaion wohl mit einer der schroffen Klippen unmittelbar vor Erreichen des Alpheios, durch welche der Weg von Makrisia aus hinunter ans Ufer führt (vgl. PAPACHATZES 222 Anm.4), zu identifizieren. Nach allem ist es am wahrscheinlichsten, daß das xenophontische Temenos sich von Skillus (Makrisia) aus über den Selinus hinüber nach Westen erstreckte und somit in einer Landschaft lag, die durch ihren abwechslungsreichen Bewuchs und ihre Lieblichkeit (vgl. PAPACHATZES 220 Abb. 192-194) auch heute noch denselben Reiz wie zu Xenophons Zeiten ausstrahlt. Sehr viel weniger wahrscheinlich, aber nicht völlig auszuschließen (wenn auch mit der Entfernungsangabe von 20 Stadien kaum vereinbar) ist der Vorschlag von PARTSCH (11/12) und MEYER (64), das Kernstück des xenophontischen Landgutes *"in der weiten und reichen Talaue beim heutigen Krestaina"* zu suchen.

5.3.9/10 Zu dem Opferfest, das Xenophon nach dem Ausbau des Artemis-Heiligtums, also sicher erst einige Jahre nach seiner Ansiedlung, jährlich abhielt, lud er außer den Bürgern von Skillus auch die der benachbarten Ortschaften ein und erwies sich so als ein großzügiger Wohltäter für die ganze Gegend. Offenbar bewirtschaftete er ausgedehnte Ländereien mit erheblichen Gewinnen, deren *Zehnter* ausreichte, mehreren hundert Menschen, die für die

Zeit des Festes in schnell errichteten Laubhütten unterkamen, reichliche Mahlzeiten zu ermöglichen. Das Fleisch stammte nicht nur, wie üblich, von den Opfertieren, sondern es zogen ganze Jagdgesellschaften in die Wälder hinaus, um auch Wildfleisch zu beschaffen. Xenophon erwähnt in diesem Zusammenhang seine beiden Söhne Gryllos und Diodoros, die ihm nach der Darstellung des Diogenes Laertios, der sich auf Demetrios Magnes (1.Jh.v. Chr.) und dessen Quellenautor, den Redner Deinarchos (2.H.4.Jh. v.Chr.), beruft (Vita Xen. 8 = II 52), zuammen mit ihrer Mutter nach Skillus gefolgt seien (εἵπετο δὲ αὐτῷ καὶ γύναιον...). Die Richtigkeit dieser Information vorausgesetzt könnten die Söhne, die im Jahr 399 noch nicht lebten (7.6.34), in den letzten Jahren des Skillus-Aufenthaltes (der nach der Schlacht bei Leuktra 371, als die Elier das seit 399 von Elis unabhängige Städtchen zurückeroberten, zu Ende ging) wohl ein jagdfähiges Alter erreicht haben. *
Die Pholoe war eine dichtbewaldete Hochfläche, die sich westlich des Erymanthosflusses und südlich des eleïschen Ladon in einer Ausdehnung von ostwestlich 8 km und nordsüdlich 11 km erstreckte und als Sitz der Kentauren, die erst Herakles vertrieben hatte, galt. Um diese Jagdgründe zu erreichen, mußten von Skillus aus mindestens 15 km Marsch (über Olympia) zurückgelegt werden. MASQUERAY (II 184) macht darauf aufmerksam, daß REHDANTZ mit Rücksicht auf die weite Entfernung erwogen hat, *Pholoe* durch *Phellon* zu ersetzen. Nach Strabon (8.3.13) befand sich *"das Heiligtum der skilluntischen Athena ... nahe bei Olympia bei dem Phellon"*. Die Örtlichkeit wird irgendwo in dem Höhenzug südlich von Olympia, jenseits des Alpheios, vermutet, der, wie Strabon 8.3.12 mitteilt, voll von Heiligtümern war, vielleicht in der Gegend von Bambes (nordwestlich des heutigen Skilluntia = Mazi; der in der Nähe gefundene Tempel scheint allerdings nicht der Athena, sondern der Artemis Daidaleia geweiht gewesen zu sein, vgl. THEMELIS 292); falls die Jagd in dieser noch zu Skillus gehörenden Gegend stattfand, betrug der Anmarsch nur etwa 4 km. Diese Überlegung kann nach meinem Urteil jedoch eine Änderung der Überlieferung nicht rechtfertigen (vgl. auch DELEBECQUE 193 Anm.20).

5.3.11 Die Zugtiere der von Süden anreisenden Festbesucher durften auf den Wiesen des Artemisions weiden; diese Mitteilung war für PARTSCH ein Indiz für die Vermutung, daß *"die Aue von Krestena der Wiesengrund inmitten des xenophontischen Parkes der Artemis gewesen sein"* müsse: dort könnte der letzte größere

Halt vor dem Erreichen des Zieles eingelegt worden sein. Aber auch im nördlichen Teil bietet das Selinustal mit dem Übergang in die Alpheioswiesen derartige Weidemöglichkeiten.

5.3.12 Xenophon hatte in Ephesos den riesigen (ca. 110 x 55 m) aus der Mitte des 6. Jahrhunderts stammenden Tempel des Chersiphron und Metagenes gesehen, ein Heiligtum von internationaler Bedeutung, das unter die *sieben Weltwunder* gerechnet wurde. Es handelte sich um einen jonischen *Dipteros*, wie ihn Vitruv (3.2.7) beschreibt: *"Der Dipteros ist achtsäulig sowohl an der Vorhalle als auch an der Hinterhalle, hat aber rings um die Cella doppelte Säulenreihen ... wie in Ephesus der jonische Dianatempel, der von Chersiphron erbaut wurde"*. Zwei weitere Säulenreihen zogen sich auch durch die gesamte Cella, so daß geradezu der Eindruck eines Säulenwaldes (insgesamt 164 Säulen) bestimmend gewesen sein muß. Nachdem der Bau im Jahre 356 dem von Herostratos gelegten Brand zum Opfer gefallen war (Xenophon war zu dieser Zeit etwa 70 Jahre alt), verschwanden seine Reste unter der Terrasse, die später 2.7 m über dem alten Niveau für den Neubau angelegt wurde. Aber allem Anschein nach entsprach der Grundriß des Neubaus im wesentlichen dem des alten Tempels, den Xenophon gesehen hatte (auch von diesem Bau haben sich so gut wie keine Reste erhalten). Es ist schwer vorstellbar, wie die verkleinerte Nachbildung des Riesenbauwerks in Skillus ausgesehen hat. Sicher hat Xenophon den Bauleuten aus seiner Erinnerung heraus das ungefähre Erscheinungsbild des ephesischen Artemisions beschrieben. Vermutlich war der kleine Tempel im jonischen Stil als *Pseudodipteros* oder *Peripteros* mit einer Säulenreihe angelegt und beherbergte, wie sein großes Vorbild, genau im Zentrum der (von der Vorder- und Rückseite aus betretbaren?) Cella das Kultbild. Obgleich Xenophon dessen Vorlage in Ephesos als *"golden"* bezeichnet, meint er doch wohl das berühmte alte Xoanon, das zwar aus Holz bestand, aber bis auf das Gesicht, die Hände und die Füße völlig mit kostbarem Goldschmuck überdeckt war. Vielleicht konnte er den Bildschnitzer für Einzelheiten auf in der Nähe bereits vorhandene Kultbilder verweisen (etwa in Korinth oder in Alea, vgl. Pausan. 2.2.6, 8.23.1). Jedenfalls läßt sich das Aussehen des ephesischen Xoanons nach verschiedenen Darstellungen relativ sicher rekonstruieren. Die Göttin stand mit eng geschlossenen Beinen, so daß sich der Unterkörper nach unten stark verjüngte, aufrecht da; die Oberarme lagen am Körper an, die Unterarme waren seitlich ausgestreckt. Während später der Oberkörper von zahlreichen Brüsten bedeckt wurde, scheint die frühere Fassung des Bildes nur zwei Brüste gezeigt zu haben. In dieser Form muß man sich wohl auch das xenophontische Xoanon vorstellen.

5.3.13 Durch die Inschrift legt Xenophon fest, daß aus den Einkünften, welche das von ihm eingerichtete Temenos erbrachte, ein jährliches Opferfest und die Unterhaltung des Tempels zu bestreiten waren. Für die zweite Auflage sollten die je nach den Erfordernissen verschieden großen Summen ἐκ...τοῦ περίττου genommen werden, also aus jenen neun Zehnteln des Gewinns, die dem jeweiligen Nutznießer zustanden. Sakralrechtlich sind innerhalb des Temenos, das insgesamt als heiliger Bezirk und Eigentum der Gottheit galt, zwei Bereiche zu unterscheiden: [1] Der Tempel- und Altarbezirk im engeren Sinn, der jeglicher profanen Nutzung entzogen war; allerdings durften hier wohl vorübergehend die σκηναί der Festbesucher, jedenfalls diejenigen, in welchen das Opfermahl gehalten wurde, errichtet werden (vgl. LATTE, RE V A1, 1934, 436). [2] Der übrige Landbesitz der Göttin, aus dem der jeweilige Inhaber unter bestimmten Auflagen, die in der Inschrift genau festgelegt sind, privaten Nutzen erwirtschaften durfte - nach der Art eines Pächters: in der Tat verpachteten große Heiligtümer die Wälder, Felder und Häuser, die zum Tempelbesitz gehörten, an Privatleute, wobei sich *"die Vertragsformen ... in keiner Hinsicht von den für staatliche Domänen üblichen"* unterscheiden (LATTE 436/37). Insofern kann der xenophontische Text als eine Art Pachturkunde verstanden werden (vgl. BEHREND 61, Nr.9). Zugleich aber handelt es sich auch um eine der ältesten griechischen Stiftungsurkunden (vgl. LAUM I 41, 61, 243), mit der Besonderheit freilich, daß Xenophon die Stiftung nicht aus seinem Privatvermögen bestritt, was eigentlich zum Wesen einer Stiftung gehört (LAUM I 2), sondern aus ihm zu treuen Händen anvertrautem 'heiligem' Geld. Hier taucht die Frage auf, wie die Eigentumsverhältnisse des der Göttin Artemis gehörenden Temenos im menschlichen Bereich geregelt waren. Xenophon war durch den Kauf des Geländes natürlich nicht zum Eigentümer geworden, sondern nur (wie auch alle späteren Nutznießer) zum ἔχων καὶ καρπούμενος. De facto bedeutete dies allerdings, daß er das Temenos (außer dem Tempelbezirk) wie sein rechtmäßiges Besitztum oder zumindest wie ein ihm auf 'Erbpacht' überlassenes Grundstück, für das die Pacht ausschließlich in der Erfüllung der von ihm selbst formulierten Auflagen bestand, betrachten konnte. Offensichtlich wollte er auf diese Weise auch die Zukunft seiner Kinder sichern - eine Hoffnung, welche durch die politische Entwicklung zunichte gemacht wurde. *"Opferpriester ist jedesmal der, welcher das geweihte Land in Besitz und Nutznießung hat; der Besitz des Stiftungsobjektes bedingt also die Pflicht, den Stifterwillen zu erfüllen...."* (LAUM I 61). Zu fragen wäre, ob dieser Opferpriester in Vertretung der Göttin auch das Eigentumsrecht hatte (oder hat vielleicht die Priesterschaft des alten Artemistempels von Skillus diese Aufgabe übernommen?; vgl. zu 5.3.8). Die Formulierung der Fluchformel am Schluß (*"...richtet jemand dies nicht aus, wird er der [Rache der] Göttin anheimfallen..."*, LAUM II 15) scheint sonst nicht belegt zu sein. * In der Inschrift ist nur von Artemis (ohne den Beinamen Ephesia) die Rede. Es scheint mir jedoch nicht gerechtfertigt, daraus mit WILAMOWITZ (II 237 Anm.1) den Schluß zu ziehen: *"Es ist nicht die ephesische Artemis, bei der er das Geld zuerst deponiert hatte; nur für den Fall seines Todes sollte es bei ihr bleiben. Es ist die hellenische Göttin, die in den triphylischen Wäldern jagte"*. Gegen diese Auffassung muß der betonte Hinweis auf die Miniaturnachbildungen des ephesischen Tempels und des ephesischen Kultbildes in Skillus ins Feld geführt werden. Andererseits darf man WILAMOWITZ gewiß zustimmen, wenn er dann weiter von Xenophon sagt: *"Er hatte freilich in der* 'Εφεσία *nichts anderes als die vertraute Göttin gesehen..."*. In der Tat ist anzunehmen, daß das jährliche große Opferfest für Artemis, das mit Jagdausflügen vorbereitet wurde, im Grunde der Verehrung der *Jägerin* diente, obgleich das ephesische Kultbild im Mittelpunkt stand. * Im Jahr 1758 wurde auf der Insel Ithaka eine Inschrift gefunden, welche dem xenophontischen Text aufs Wort entspricht (Inscr.Graecae IX 1, Berlin 1897, Nr. 654, LAUM II 9, Nr.3, SOKOLOWSKI 173, Nr.86). Sie entstammt der Wende vom 2. zum 3. Jahrhundert n.hr., also einer Zeit ausgedehnter Xenophon-Nachahmung, und stellt nicht nur eine literarische Reminiszenz dar, sonder bezeugt die tatsächliche Weihung eines ähnlichen Artemisions wie des xenophontischen durch einen Einwohner Ithakas.

5.4.1/2 <u>**St. 197**</u> Das Gebiet der Mossynoiken wurde schon während des ersten Marschtages erreicht und nach acht Tagen wieder verlassen. Danach folgte die kleine Enklave der Chalyber (**St. 203, 204** ?) und das Land der Tibarener (**St. 205, 206**). Im Gebiet der Mossynoiken ergab sich für die Griechen insofern eine

Karte S.323

schwierige Situation, als zwischen den Ostmossynoiken, an deren Grenze sie angelangt waren, und den Westmossynoiken zur Zeit offene Feindschaft bestand. Zwar scheint der östliche Landstreifen keine große Ausdehnung gehabt zu haben, denn die westlichen Nachbarn brauchten nur wenige Stunden, um mit ihren Einbäumen (!) an der Küste entlang zum griechischen Stathmos zu fahren (5.4.11); aber die Notwendigkeit, den Weg immer wieder freikämpfen zu müssen, ermöglichte nur ein langsames Vorwärtskommen, so daß westlich von Kerasus (**St. 196**) zunächst einige kurze Tagemärsche anzunehmen sind. * Timesitheos vertrat die Anliegen derjenigen Mossynoiken, die in Trapezus etwas zu tun hatten, im Sinn eines 'Wahlkonsuls' und vor allem eines Dolmetschers. Er hatte die Griechen begleitet, um die notwendigen Verhandlungen wegen des Durchmarsches mit den Häuptlingen des Volkes zu führen. * In der Nacht vor dem Abmarsch aus Kerasus kam es noch zu dem eigenmächtigen, verlustreichen Raubüberfall des Lochagen Kleäretos auf ein kleines Kastell der mit den Kerasuntiern befreundeten Barbaren und während des Tages (nachdem die den Landweg benutzende Marschkolonne bereits abgerückt war) im Hafen sogar zu dem scheußlichen Verbrechen des Gesandtenmordes - zwei Ereignissen, die erst in Kotyora während der dort aufbrechenden Diskussionen zur Sprache kamen (vgl. 5.7.13-19) und Xenophon die Gelegenheit boten, wieder einmal auf die Notwendigkeit straffer Disziplin hinzuweisen.

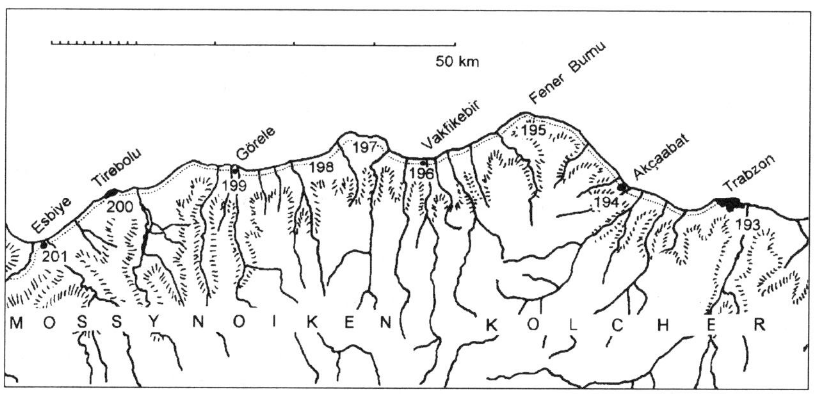

57. Stathmoi 193 - 201 (4.8.22 - 5.5.1)

Karte S.323

5.4.3-10 Nachdem es nicht gelungen war, einen Passiervertrag mit den Ostmossynoiken abzuschließen, kam dank der diplomatischen Geschicklichkeit des Timesitheos und der Rhetorik Xenophons ein regelrechter Symmachievertrag mit den Landesfürsten der Westmossynoiken zustande. Die Bedingungen des Vertrages sind im Text klar beschrieben. Ziel der Abmachung war die völlige Entmachtung der Westmossynoiken während des Durchmarsches der Griechen, denen im Gegenzug von den Westmossynoiken eigene Kämpfer und landeskundige Führer zur Verfügung gestellt wurden. Der Vorgang, wie schrittweise die Bedingungen eines derartigen Vertrages im Dialog der Parteien ausgehandelt werden, tritt dem Leser plastisch vor Augen.

5.4.11 Das Lager der Griechen (**St. 197**) befand sich am Strand bereits in der Nähe der Metropolis, vor welcher (wohl noch mehr im Küstenbereich) ein zur Überwachung der Straße dienendes Kastell (χωρίον), das als erstes ausgeschaltet werden mußte, angelegt war. Das Eintreffen der sonderbaren Flotte von 300 Einbäumen dürfte bei den Griechen einiges Erstaunen ausgelöst haben. Einbäume waren wohl als Flußschiffe nicht selten: Strabon (3.2.3) teilt mit, daß das letzte Stück der Fahrt nach Corduba auf dem Baetis (Guadalquivir) früher in Einbäumen zurückgelegt worden sei; und noch im Jahr 386 n.Chr. versuchten die Goten die Donau mit 3000 Einbäumen zu überqueren (Zosimos 4.35.1 und 38 ff.; vgl. HÖCKMANN 134). Andererseits scheinen sie auch als Fischerboote gedient zu haben: auf dem Mosaik von Althiburus in Tunesien aus dem 3. Jahrhundert n.Chr., auf dem 25 Schiffstypen mit ihren Bezeichnungen dargestellt sind, taucht unter dem Namen *HOREIA* ein Einbaum auf, in dem zwei Netzbündel liegen (HÖCKMANN 63 [Abb.52] und 70). Offenbar bestand also die Flotte der Mossynoiken aus relativ kleinen Fischerbooten, die von einem Mann zurückgerudert werden konnten (zum Fischfang im Schwarzen Meer allgemein und zu den üblichen Fangmethoden vgl. ausführlich DANOFF 955-972).

5.4.12/13 Der Auftritt der Westmossynoiken hat Xenophons höchstes Interesse hervorgerufen. Ihre Aufstellung in 6 Abteilungen zu jeweils etwa 100 Mann beschreibt er mit dem unmilitärischen Bild οἷον χοροὶ ἀντιστοιχοῦντες ἀλλήλοις. Dabei ist nicht an Theaterchöre zu denken, sondern an Tänzerreihen, die paarweise angeordnet waren - wie Xenophon im «Symposion» (2.20)

Karte S.323

den Kallias sagen läßt: *"Mein lieber Sokrates, rufe mich, wenn du tanzen lernen willst, ἵνα σοι ἀντιστοιχῶ τε καὶ συμμανθάνω"*. Und Aristoteles erklärt bei der Untersuchung der Frage, warum alle Lebewesen eine gerade Anzahl von Füßen haben (Problem. 10.30, 894a19), daß von allen bewegten Dingen immer etwas in Ruhe sein müsse: das aber wäre bei einen ungeraden Anzahl von Füßen nicht der Fall, da ja κατὰ τὴν ἀντιστοιχίαν τῶν ποδῶν ἡ κίνησις zustande komme. Offenbar will Xenophon durch das Bild verdeutlichen, daß je zwei der 6 100-Mann-Abteilungen durch einen Abstand getrennt in Steilkolonnen aufmarschierten und so auch abrückten - in einer den Griechen ungeläufigen Marschformation, für die kein militärtechnischer Ausdruck zur Verfügung stand. * Die Bewaffnung der Mossynoiken scheint Xenophon in ganz besonderem Maß fasziniert zu haben, so daß er sich hier in ungewöhnlicher Fülle bildlicher Vergleiche bedient, um seinen Lesern das Besondere ihrer Ausrüstung zu verdeutlichen. Die aus Flechtwerk hergestellten und mit Rinderhäuten überzogenen Schilde wichen offenbar dadurch von der üblichen Rund- oder Ovalform ab, daß sie sich von einem breiten Oberteil aus nach unten bogenförmig verjüngten und so eine gewisse Ähnlichkeit mit Efeublättern erlangten. Den etwa 2.7 m langen Kampfspeeren fehlte am unteren Ende die Metallhülse (στύραξ) - wie den überlangen Lanzen der chalybischen Soldaten (4.7.16). Als Panzer dienten kurze Hemden aus starkem Leinenstoff, der für die Zeitgenossen durch den Vergleich mit den *"leinenen Bettzeugsäcken"* hinreichend charakterisiert war. Zu den paphlagonischen Helmen vgl. 5.2.22. Unter κρωβύλος ist ursprünglich eine altattische Männerhaartracht zu verstehen, von der Thukydides in der 'Archäologie' (1.6.3) sagt, daß sie seit einiger Zeit zusammen mit den leinenen Chitonen außer Mode gekommen sei; allem Anschein nach handelte es sich um einen aus dem Nackenschopf hochgebundenen Knoten, wie er im ersten Drittel des 5. Jahrhunderts v.Chr. in Attika in der Tat von den εὐδαίμονες (Thuk.) getragen wurde (vgl. BREMER, RE VII 2, 1912, 2120-24; das Scholion zu Thuk. 1.6.3 lautet: κρωβύλος δέ ἐστιν εἶδος πλέγματος τῶν τριχῶν, ἀπὸ ἑκατέρων εἰς ὀξὺ ἀπολῆγον). Durch den Zusatz, daß das Ganze weitgehend wie eine *Tiara*, eine 'phrygische Mütze', aussehe, wird klar, was gemeint ist: in der Mitte der aus Lederflechtwerk hergestellten Helme erhob sich ein Knauf - wie der bei der phrygischen Mütze *"in der Mitte sitzende vorragende, leicht nach vorne gebogene Knauf"* (BREMER 2122). Zu den σαγάρεις vgl. 4.4.16.

Karte S.323

5.4.14 Die Inszenierung des Abmarsches der Mossynoiken vom Ufer, wo sie sich aufgestellt hatten, quer durch das Lager auf dem zwischen dem Waffenplatz und den kolonnenweise biwakierenden Truppen freigehaltenen Weg hinaus dem Feind entgegen verfehlt ihre Wirkung auf den Leser nicht. Im Rhythmus eines von einem Vorsänger angestimmten Kampfliedes marschierten die einheitlich uniformierten und bewaffneten Kolonnen ohne Zögern auf das Kastell zu, das den Zugang zur Metropolis versperrte. Der Sieg scheint angesichts dieser bemerkenswerten militärischen Disziplin greifbar nahe zu sein - und doch endet das Ganze in einem blutigen Fiasko. Man muß die darstellerische Kunst bewundern, mit der Xenophon hier (und auch an vielen anderen Stellen) das jähe Umschlagen einer Situation ohne rhetorischen Aufwand und ohne Pathos vorführt.

5.4.15 Dieser Abschnitt gewährt einen gewissen Einblick in die gesellschaftlichen Verhältnisse, die hinter der kriegerischen Auseinandersetzung der Mossynoiken standen (vgl. DANOFF 1035/36). Mehrere Häuptlinge rivalisierten an der Spitze ihrer Stämme um die Vormacht über das ganze Mossynoikengebiet. Dieses erstreckte sich um einen Zentralort, die auf einem besonders hervorragenden Berg angelegte sogenannte *Metropolis*. Interessanterweise galt dieser Ort als *"Gemeinbesitz"* (κοινόν), so daß die Unterlegenen es als Unrecht empfanden, wenn ein einzelner Stamm ihn in Besitz nahm und sich dadurch gegenüber den anderen Stämmen einen Vorteil verschaffte. Hier hatte sich also aus mehreren Stämmen eine Art lockerer Stammesverband mit dem politischen Ziel gebildet, den Bezirk der Hauptstadt aus den üblichen Streitigkeiten herauszuhalten. Aber es ist klar, daß eine derart labile, auf Treu und Glauben beruhende Konstruktion ernsten Belastungsproben nicht standhalten konnte. Die Griechen wurden Zeugen einer heißen Phase des Machtkampfes, der vermutlich unter der Oberfläche ständig im Gang war. * Etwa in derselben Gegend, in der die Metropolis der Mossynoiken anzusetzen ist, hat sich in den Jahren 1813/14 ein Ereignis abgespielt, das gut zur Illustration des xenophontischen Textes dienen kann. Damals machte KINNEIR auf seiner Reise von Samsun nach Trabzon in Buyuk (Bojük liman), etwa 8 km westlich von Vakfikebir (Kerasus, **St. 196**) am östlichen Ende des Vorgebirges (= **St. 197**), Station. Er hatte in Giresun die Reise zu Schiff fortsetzen müssen, weil der Bürgermeister des Ortes sich weigerte, ihm Pferde für den Landmarsch zu

Karte S.323

verschaffen (278): *"er erklärte, die Wege wären so, daß man durchaus nicht fortkommen könne"* (vgl. in der «Anabasis» 5.1.13: τὰς ὁδοὺς ἃς δυσπόρους ἀκούομεν εἶναι). Über die Fortsetzung der Reise heißt es dann weiter (283): *"Als wir von Buyuk abfuhren, bemerkte ich ein beträchtliches Corps von Soldaten, die mit Karabinern bewaffnet waren, und ins Gebirge zogen. Ich erfuhr, daß sie zu einem Heer gehörten, das ein benachbartes Schloß, Namens Sahern, belagerte, welches auf einem, von allen Seiten steilen, unzugänglichen Felsen liegt, so daß eine Besatzung von 50 Mann sich schon 12 Monate gegen ein Belagerungscorps von mehreren Tausenden vertheidigt hatte"*. Auch KINNEIR wurde also Zeuge einer innenpolitischen Auseinandersetzung, war aber in der glücklichen Lage, sich nicht um seines eigenen Weiterkommens willen einmischen zu müssen. Es ist ein verlockender (aber natürlich unbeweisbarer) Gedanke, die Metropolis der Mossynoiken mit dem *"Schloß Namens Sahern"* zu identifizieren.

5.4.16-18 Der Begriff τῶν Ἑλλήνων τινες [16] wird später [18] durch μάλα ... συχνοί ersetzt, was sich aus der jeweils verschiedenen Sichtweise erklärt. Im ersten Zusammenhang spielt die Zahl keine Rolle, sondern nur die Tatsache, daß ein unorganisierter Haufen von Plünderern, nicht eine geordnete Abteilung die Angreifer begleitete; er bestand gewiß nicht aus bewaffneten Hopliten, sondern wohl aus Skeuophoren und vielleicht Leichtbewaffneten, welche die Hände zum Abtransport der Beute freihaben mußten. Im zweiten Zusammenhang geht es um den schimpflichen Vorgang der widerstandslosen Flucht von *Griechen*, die sich wie Barbaren verhalten und dadurch den griechischen Nationalstolz verletzt hatten: auf keinen Fall hätte eine Schar von 50 oder 100 oder noch mehr Griechen, ob sie nun bewaffnet waren oder nicht, die Schmach der Mossynoiken auf sich laden dürfen! Das Verhalten der siegestrunkenen Ostmossynoiken gleicht auffällig dem der Chalyber (4.7.16) - hier aber berichtet Xenophon, der an dem Entlastungsangriff teilnahm, jedenfalls aus Autopsie, und man spürt seiner Darstellung noch die ohnmächtige Wut an, welche die abziehenden Feinde durch die höhnische Zurschaustellung ihrer scheußlichen Kopftrophäen in ihm und den übrigen Griechen hervorriefen.

5.4.19-21 In seiner Paränese versucht Xenophon, den Mut der Soldaten durch den Hinweis auf die grundsätzliche militärische

Überlegenheit der Griechen über die Barbaren aufzurichten. Zugleich benutzt er den ärgerlichen Vorfall, um die offenbar doch bedenklich ausgehöhlte Disziplin der Truppe wieder zu festigen: in der Tat konnten nur mit eiserner Disziplin die noch bevorstehenden Kämpfe siegreich überstanden werden. Die kurze, klar gegliederte und zielbewußte Rede ist nach meinem Urteil ein vorzügliches Zeugnis für den gesunden Menschenverstand und das rhetorische Können Xenophons.

5.4.22-24 Die wohl weitgehend von Xenophon entwickelte und schon mehrfach bewährte Taktik des Angriffs in Steilkolonnen (die in bergigem Gelände nicht wie die traditionelle Phalanx durch Unebenheiten auseinander gerissen werden, sondern flexible Abstände einhalten konnten) wurde von Fall zu Fall variiert. Hier wurden die Bogenschützen, welche im Fernkampf die weiteste Distanz überbrücken konnten, in kleinen Abteilungen vor den Zwischenräumen zwischen den Hoplitenlochoi (in die sie sich notfalls zurückziehen konnten) aufgestellt, um über die ganze Breite der eigenen Front die gegnerischen Steinewerfer auf Distanz halten zu können. Außer ihnen befanden sich auch die Peltasten, die zum Kampf näher an den Feind heranmußten, vor den Hopliten im Einsatz (von den Schleuderern ist nicht die Rede; vielleicht sind sie in dem Begriff Peltasten mit erfaßt). Offenbar waren sie also nicht in die Schlachtreihe der Steilkolonnen integriert, sondern bildeten nach ihrer üblichen Taktik vor dieser einen lockeren Schwarm, über welchen hinweg während des Anmarsches die Bogenschützem ihre Pfeile solange entsandten, bis die Speerwerfer eingreifen konnten. Die Entscheidung führte dann allerdings erst die unaufhaltsam vorrückende Masse der Schwerbewaffneten herbei. So fiel das Kastell ohne Nahkampf in griechische Hand, so daß der Weg zu der höher im Gebirge liegenden Metropolis frei war.

5.4.25/26 Aus der Beschreibung geht hervor, daß die Stadt nicht befestigt war, sondern sich aus einzeln stehenden Turmhäusern zusammensetzte. Der Begriff ξύλινοι μόσυνες wurde zuerst von Aen.Tact. 33.3 auf hölzerne Türme innerhalb einer Stadtbefestigung, für die besondere Brandschutzmaßnahmen ergriffen werden mußten, angewendet und scheint dann Wehrtürme überhaupt bezeichnet zu haben. Diese galten als charakteristisch für die Mossynoiken, deren Name von ihren μόσυνες (oder μόσσυνες) abgeleitet wurde (vgl. Hekataios FGrHist 1 F 185; Apoll.Rhod. 2.380-381b

Karte S.323

mit Scholion; Strabon 12.3.18; Dionys.v.Halikarnaß 1.26). Nach Diodor (14.30.6) erreichten die Wohnürme in der Metropolis der Mossynoiken sieben Stockwerke (ἑπτοφόρους ἔχοντες ξυλίνους πύργους), nach Strabon (12.3.18) gab es neben den Türmen auch Baumhäuser (καὶ ἐπὶ δένδρεσιν ἢ πυργίοις οἰκοῦσι). Turmartige Holzhäuser scheinen auch später noch in dieser Gegend, jedenfalls in den weiter landeinwärts liegenden Gebirgshängen, wohl zum Schutz vor wilden Tieren, gebaut worden zu sein. KINNEIR (276) berichtet, daß die steilen Berge, welche das von ihm durchrittene Tal des Baydar-Su (Bazar-Su, Pharmatinos, einige Kilometer westlich von Bulancak) von drei Seiten umgrenzen, mit den schönsten Bäumen geschmückt seien, *"unter deren dichtem Laube man die hölzernen Türme der Einwohner sieht"*. * Nach Diodor (14.30.7) bestand bei den Mossynoiken seit alters die Sitte, daß der König, der den an der höchsten Stelle errichteten Turm innehatte, diesen während seines ganzen Lebens nie verließ und von dort aus seine Regierungsgeschäfte betrieb. Apollonios Rhodios (2.1026-29) ergänzt das Bild durch den Hinweis, daß man den König, wenn er ein Fehlurteil fällte, einschloß und einen Tag lang hungern ließ. Dasselbe behaupten auch Nymphodoros aus Amphipolis (FHG II 379 Fr.16) und Pomponius Mela (1.19. 106), der noch hinzufügt, daß die Könige der Mossynoiken durch Abstimmung gewählt und danach in strenger Haft gehalten würden. Diese späten Informationen lassen sich mit den auf Autopsie beruhenden Angaben Xenophons gut vereinbaren. * Mit den δόρατα ... παχέα μακρά, die sich kaum halten ließen und im Nahkampf natürlich versagten, können die überlangen Lanzen der Chalyber (4.7.16) verglichen werden.

5.4.27 Aus dem Hinweis auf die *"aufgehäuften vorjährigen Brote"* (d.h. Brote, die noch aus Mehl der vorjährigen Ernte gebacken waren) sowie auf das *"neue noch mit Halmen abgelegte Getreide"* gewann GASSNER (8) ein wesentliches Argument für die neue Datierung der in der «Anabasis» berichteten Vorgänge: die Griechen waren jedenfalls erst nach der Weizenernte an der fraglichen Stelle, also frühestens im August, woraus sich ihre Ankunft in Trapezus (die man früher auf Anfang Februar zu legen pflegte) auf frühestens Ende Juni 400 zurückrechnen läßt. * Unter ζειαί ist Dinkel (Spelt, *triticum spelta*) zu verstehen, eine anspruchslose und winterharte Weizenart, die auch in rauhen Gebirgslagen noch wächst; bei ihr sind (wie zum Beispiel auch beim Hafer) die Spel-

Karte S.323

zen fest mit dem Korn verwachsen - im Unterschied zu dem gewöhnlichen Weizen (*triticum aestivum*), der in kulturell höher stehenden Gegenden dem Dinkel vorgezogen wurde.

5.4.28 Die pontischen Delphine waren (nach Aristot. hist.anim. 8.13, 598b2) relativ klein und wurden, wenn wir Oppians (Hal. 5.519 ff.) Bericht über die Delphinjagd der Thraker bei Byzantion zum Vergleich heranziehen, mit Hilfe von harpunenartigen, an Seilen befestigten Spießen mit Dreizackspitzen von kleinen Booten aus gefangen (vgl. DANOFF 970/71) - für Griechen, denen die zutraulichen Delphine als heilige Tiere galten, ein Sakrileg! Die barbarischen Mossynoiken hingegen schnitten ihren Fang in Stücke und pökelten das Fleisch in einer Salzlauge ein, während sie das ausgeschmolzene Tranöl zu denselben Zwecken wie die Griechen das Olivenöl verwendeten - eine wenig appetitliche Vorstellung.

5.4.29 Mit den *"breiten Nüssen, die keinerlei Einkerbung haben"*, sind eßbare Kastanien gemeint (die Bezeichnung **καστανάιον** oder **κάστανον** hat sich erst später allmählich im griechischen Sprachraum durchgesetzt; daneben blieben jedoch auch noch andere Bezeichnungen im Gebrauch). Sie wurden in hochgelegenen, trockenen Speichern aufbewahrt und durch Rösten oder Kochen zu Speisen verarbeitet. Den antiken Ärzten galten sie als schwerverdaulich und blähend, aber in gekochter Form auch als sehr nahrhaft und zum Mästen geeignet (vgl. 5.4.32).

5.4.30-31 Offenbar verbrachten die Griechen, die den Tag über an den Kämpfen beteiligt gewesen waren, die Nacht in der Metropolis und rückten erst am nächsten Morgen ab. Der weitere Marsch durch das stark zerklüftete Land verlief ohne ernstliche Kämpfe. Nach Xenophons Beobachtung waren die Städte (die er hier praktisch mit den Kastellen gleichsetzt) etwa 14½ km, also circa 4 Marschstunden, voneinander entfernt. Unter der Voraussetzung, daß die Ortschaften in Sichtweite auf den zahlreichen sich zum Meer hin erstreckenden Ausläufern des Randgebirges lagen, ist die Überbrückung der Entfernung durch Zurufe wohl denkbar.

5.4.32 Xenophon beschreibt aus Autopsie die bis zur Unförmigkeit gemästeten Kinder der vornehmen Mossynoiken, deren hoher sozialer Rang durch Tätowierungen verdeutlicht wurde. Dieselbe Sitte bestand auch bei anderen antiken Völkern, zum Beispiel den

Karte S.323

Thrakern (Herodot 5.6.2: τὸ μὲν ἐστίχθαι εὐγενὲς κέκριται, τὸ δὲ ἄστικτον ἀγεννές; vgl. Cicero De off. 2.7.25, der einen *"barbarum ... conpinctum notis Thraeciis"* erwähnt), den Agathyrsen, einem thrakischen Volk (Pompon.Mela 2.1.10: *"...ora artusque pingunt, ut quique maioribus praestant, ita magis aut minus: ceterum iisdem omnes notis et sic ut ablui nequeant"*) und den Illyrern (Strabon 7.5.4 von den Iapoden: κατάστικτοι δ' ὁμοίως ... τοῖς ἄλλοις Ἰλλυριοῖς καὶ Θρᾳξί). Für die Griechen stellten die kugelförmigen und (nach Pompon.Mela 1.19.106 sogar am *ganzen* Körper) tätowierten Kinder natürlich einen schockierenden, barbarischen Anblick dar.

5.4.33/34 Die von vielen Autoren erwähnten Mossynoiken wurden aufgrund ihrer absonderlichen Sitten *"gleichsam zu einem Renommierstück der griechischen Geographen"* (SCHACHERMEYR, RE XVI 1, 1933, 378). Sie galten als βαρβαρώτατοι vor allem wegen des von ihnen offenbar ohne Scham praktizierten *coitus publicus* (vgl. Apollon.Rhod. 2.1023-25). FRÄNKEL (264) hat in einem kurzen Vergleich zwischen ihren Charakterisierungen bei Xenophon und bei Apollonios Rhodios (2.1015-29) die bei aller Ähnlichkeit bestehenden kleinen Unterschiede hervorgehoben und ferner auch gegenüber der Autopsie Xenophons eine gewisse Skepsis angeraten: *"Trotzdem können wir nicht von vornherein sicher sein wieviel von dem was er angibt genau so von ihm oder seinen Kameraden beobachtet ist, und wieviel auf Grund des Prinzips der Umkehrung hinzukombiniert wurde, in gutem Glauben oder der anekdotischen Wirkung zuliebe"*. Ungeachtet dessen stellt Xenophon sicher die authentischste Quelle über das Volk der Mossynoiken dar.

5.5.1-3 <u>**St. 197, 198, 199, 200, 201, 202, 203, 204, 205, 206**</u>
Zu den häufig wegen ihrer Eisenbearbeitung in der Literatur genannten pontischen Chalybern vgl. zu 4.7.15-17 mit einem Referat der von LEHMANN-HAUPT angestellten Erwägungen. Auf jeden Fall muß es sich hier um ein kleines Absprengsel des großen Volkes handeln, das von den sonstigen Quellen überwiegend weiter im Westen lokalisiert wird: westlich von Kotyora bis zum Thermodon (Plinius nat.hist. 6.11), am Thermodon (Hekataios FGrHist 1 F 203), am Thermodon und Halys mit den Städten Amisos und Sinope (Pompon.Mela 1.19.105), westlich des Halys (Herodot 1.28). In

Karte S. 323, 332

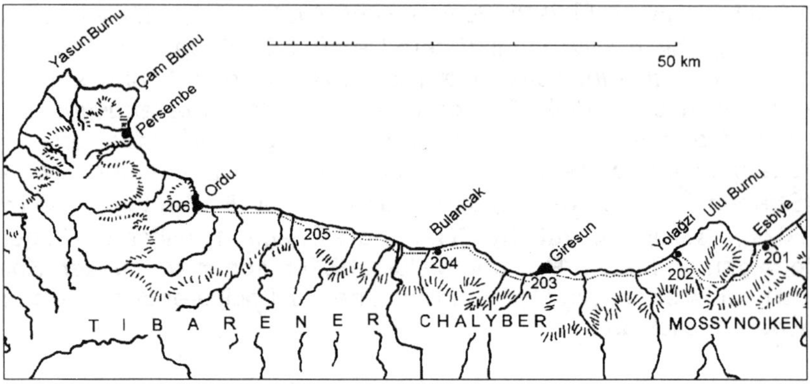

58. Stathmoi 201 - 206 (5.5.1 - 5.5.3)

dem schmalen, ihnen hier zugeordneten Landstreifen müßte Kerasus (**St. 203**, Giresun) gelegen haben, die zweite Stadt dieses Namens, die später nach Pharnakes, dem Großvater Mithridates' des Großen, Pharnakeia hieß, in byzantinischer Zeit aber ihren alten Namen Kerasus wieder annahm und aufgrund der Verwechslung mit dem ersten Kerasus (**St. 196**, Vakfikebir) von manchen Interpreten fälschlich als die milesische Kolonie angesehen wird. Zur Zeit Xenophons war sie offenbar völlig bedeutungslos und keiner Erwähnung wert. Nach zwei Tagen Marsch durch tibarenisches Gebiet wurde Kotyora (**St. 206**) erreicht. Apollonios Rhodios (2.1009/10) läßt in seiner Beschreibung der Argonautenfahrt von Westen nach Osten das Land der Tibarener hinter dem Kap des Zeus Genetaios beginnen, das nach dem Fluß Genetes genannt und offenbar mit dem heutigen Çam Burunu identisch ist (vgl. Strabon 12.3.17: ἄκρα Ἰασόνιον καὶ ὁ Γενήτης). Kotyora lag also östlich der markanten, 14 km ins Meer vorragenden Halbinsel Çapraz Burunu. Der südliche Teil der Ostküste dieses Vorgebirges *"affords, as many classical and modern commentators have pointed out, what is probably the best anchorage on the entire Pontic coast"*; der Hafenplatz heißt heute Vona, Vonalimani oder Persembe (BRYER-WINFIELD I 120). Etwa 15 km weiter südöstlich liegt Ordu, ein *"großes, schlechtes Dorf, am westlichen Ende der schönsten Bucht, die ich am schwarzen Meer gesehen habe"* (KINNEIR 274): im Umkreis dieses Ortes (aber ohne Siedlungskontinuität) wird das antike Kotyora vermutet, von dem aus eine alte Straße ins Landesinnere geführt zu haben scheint; mit Recht darf man ferner wohl annehmen, daß die Geschichte des Hafenplatzes und der Stadt eng miteinander verzahnt waren (vgl. BRYER-WINFIELD I 120).

59. Geländeskizze zur Lage von Ordu (Kotyora) von Norden, Umzeichnung nach TÜRKEI [Mil.] Abb.91

5.5.4 Nach der in diesem Kommentar durchgeführten Stathmoi-Zählung ergeben sich von Kunaxa (**St. 88**) bis Kotyora (**St. 206**) bei Hinzufügung der Stathmoi **110* - 113*** (vgl. zu 2.5.1) und Athetese der Stathmoi **[159]** - **[161]** (vgl. zu 4.6.4) nur 115 Stathmoi, 7 weniger als hier verzeichnet. Es ist jedoch durchaus nicht auszuschließen, daß einzelne Stathmoi ungenannt geblieben sind. So ist zum Beispiel nicht erkennbar, ob die Marschstrecke durch das Gebiet der pontischen Chalyber (5.5.1) im Zeitraum der 5.5.3 genannten *"zwei Tage"* enthalten ist (wie ich angenommen habe) oder nicht. Ähnliche Unsicherheiten bestehen auch sonst gelegentlich. Auf jeden Fall aber scheint mir klar zu sein, daß die hier vorgelegte Rechnung nicht von einem Interpolator aus den Angaben der «Anabasis» heraus entwickelt worden sein kann, sondern einer anderen, systematischer angelegten Quelle entstammt. Dafür scheint mir in erster Linie das originale Tagebuch Xenophons, dessen Inhalt später in die literarisch anspruchsvolle Form eines Geschichtswerkes umgesetzt wurde, in Betracht zu kommen. Für diese Hypothese läßt sich vor allem auch die Formulierung der ersten Zusammenfassung (2.2.6) ins Feld führen: [1] Die Rechnung geht dort nicht von Sardeis, sondern von Ephesos aus, wo Xenophon zum erstenmal kleinasiatischen Boden betreten (6.1.23) und vermutlich mit der Führung seines Tagebuchs begonnen hat. [2] Die Entfernung Kunaxa - Babylon wird nach dem Hörensagen angegeben - so wie sie Xenophon damals an Ort und Stelle notiert hatte. [3] Die Verbform ἦλθον ist zwar zweideutig, kann sich hier meines Erach-

Karte S.332

tens der Sache nach jedoch nur auf Xenophon selbst beziehen, der ja bis zur Schlacht als Privatmann, nicht als Armeeangehöriger mitgezogen war; erst durch seine Wahl zum στρατηγός änderte sich sein Status, so daß er sich an unserer Stelle zu Recht mit ἡ στρατιά identifiziert. Charakteristischerweise taucht dann später in der (aus derselben Quelle stammenden) Schlußzusammenfassung (7.8.25/26) wieder die 1.Person auf (ἐπήλθομεν). Es spricht viel dafür, daß Xenophon selbst die drei Zusammenfassungen aus seinem Tagebuch abgeleitet und als persönliche Anmerkungen in sein Exemplar der «Anabasis» eingefügt hat, von wo aus sie entgegen seiner Absicht (sie widersprechen den Stilkriterien der Historiographie) den Weg in die Tradition gefunden haben. * Die Parasangenzahl führt auf etwa 5 Marschstunden pro Tag und dürfte wohl ebenso konstruiert sein wie ganz eindeutig die schematisch errechnete Stadienzahl (1 Parasang = 30 Stadien). * Wenn wir die Ankunft in Kotyora im August 400 (nach der Weizenernte, vgl. GASSNER 8) annehmen, beginnen die 8 Monate (den August nicht mitgerechnet) mit dem Dezember 401; bei ganz enger Interpretation müßte also in diesem Monat die Schlacht bei Kunaxa stattgefunden haben - entgegen der früher mit großer Zuversicht vorgenommenen Datierung auf den 3. September 401, die allerdings bereits GASSNER (10-12) mit guten Gründen um *mindestens* zwei Monate auf Ende Oktober/Anfang November verschoben hat. Vielleicht sollte man mit dem Termin tatsächlich noch tiefer in den November hineingehen.

5.5.5 Im August des Jahres 400, zur Zeit des langen Aufenthaltes der Griechen im Lager bei Kotyora, fand in Olympia die 95. Olympiade statt (der maßgebliche Vollmond fiel auf den 5. August; vgl. S.G.MILLER, Mitt.d.DAI, Ath.Abt., 90, 1975, 223). Es scheint mir nicht ausgeschlossen, daß die hier erwähnten kultischen und sportlichen Aktivitäten ihre Anregung durch dieses panhellenische Ereignis erhielten, zu dem ja auch eine Pompe der beteiligten Sportler von Elis nach Olympia gehörte (vgl. F.BÖMER, RE XXI 2, 1952, 1960 Nr. 238: *"Vor dem Beginn der Agone zogen die Elier und die einzelnen θεωρίαι in einer großen Pompa ... in die Altis zum Zeustempel..."*).

5.5.6 Nach der Darstellung Xenophons lag Kotyora in unmittelbarer Nähe der Ostgrenze von Paphlagonien (vgl. auch die Argumentation des Hekatonymos 5.6.7). Der Widerspruch zu Herodot,

Karte S.332

der für die Zeit des Kroisos den Halys als Grenze zwischen den 'Syrern Kappadokiens' und den Paphlagoniern angibt (1.6.72), erklärt sich aus der Verschiedenheit der Sichtweisen: Herodot hatte die politische Grenze zwischen dem lydischen und dem persischen Reich im Blick, Xenophon dagegen die zu seiner Zeit gültige ethnographische Grenze (vgl. RUGE/K.BITTEL, RE XVIII 4, 1949, 2490/91; auch die meisten anderen Zeugen lassen Paphlagonien bis zum Halys reichen, nur Plinius (nat.hist. 6.7) und Ptolemaios (5.4.2) weiter östlich bis in die Gegend von Amisos). * Zu der Situation der Griechen im Stathmos **206** ergeben sich aus dem Folgenden (5.5.7-25) noch einige Einzelheiten. Die Kotyoriten hatten den Griechen in ihrer Stadt kein Gastrecht gewährt und sogar nicht einmal ihre Kranken aufgenommen [19/20]; darüberhinaus hatten sie ihnen auch keinen Markt eröffnet. So mußte die Hauptmasse der Marschkolonne im Feldlager (στρατόπεδον [7]), unter freiem Himmel [21], biwakieren ; für die Kranken hatte man jedoch unter Anwendung von Gewalt Quartiere requiriert und gleichzeitig die Tore der Stadt besetzt, um den Kontakt zu den hilflosen Kameraden (die für ihren Unterhalt selbst die Kosten tragen mußten [20]) nicht zu gefährden. Dies bedeutete de facto die Inbesitznahme von Kotyora, allerdings ohne Vertreibung der Bevölkerung, ohne Einquartierung der Truppen und (von Einzelfällen abgesehen, vgl.5.8. 23) ohne Ausplünderung der Stadt selbst, wohl aber notgedrungen ihres Umlandes. Mit Recht war die Mutterstadt Sinope über diese Entwicklung in ihrer Kolonie sehr beunruhigt war und unternahm einen Versuch zur Beilegung der Unstimmigkeiten. Tatsächlich entspannte sich die Lage nach der Unterredung mit den sinopischen Gesandten merklich [25] - wohl nicht zuletzt dadurch, daß nun offenbar auch ein Markt eingerichtet wurde (vgl. 5.5.24, 6.1.1).

5.5.7-12 Hekatonymos erweist sich als nicht ungeschickter Redner, indem er seine Ausführungen mit anerkennendem Lob für die militärischen Leistungen und Mitfreude über die glückliche Rettung der Verhandlungspartner beginnt und dadurch kunstgerecht zunächst einmal deren Sympathie zu gewinnen versucht [8]. Es folgt der Appell an das ihnen gemeinsame Griechentum und die daraus abgeleitete Forderung zum moralisch richtigen Handeln [9]; im Hinblick auf diesen Allgemeinplatz steigert sich die rhetorische Ausgestaltung der Sprache ("Ελληνες ὄντες καὶ αὐτοὶ ὑφ' ὑμῶν ὄντων 'Ελλήνων; ἀγαθὸν μέν τι πάσχειν, κακὸν δὲ μηδέν; ἡμεῖς ὑμᾶς). Anschließend wird die aktuelle Beschuldigung durch

Karte S.332

die Darlegung des politischen Verhältnisses, das zwischen Kotyora und Sinope herrscht, vorbereitet und die gedankliche Verbindung mit dem vorhergehenden Punkt der Argumentation hergestellt [10]. Es folgt die kurze Schilderung des Tatbestandes [11] und die nunmehr zu ziehende, unmißverständlich formulierte Schlußfolgerung (ταῦτ' οὖν οὐκ ἀξιοῦμεν), die noch durch einen Hinweis auf die Paphlagonier unterstrichen wird [12]; dieser Hinweis kann nur als massive Drohung interpretiert werden, ist allerdings (dank der Verwendung des Begriffes φίλος) so geschickt formuliert, daß Hekatonymos später in der Lage ist, ihn umzuinterpretieren (5.6.3). * Korylas war offenbar der einheimische Häuptling (nicht ein persischer Satrap), der um 400 die Macht im Binnenland Paphlagoniens innehatte, während der Küstenbereich von Sinope und seinen 'Küstenkastellen' (5.5.23) kontrolliert wurde (vgl. RUGE, RE XVIII 4, 1949, 2521/22). Diese labile politische Konstellation spielt sowohl in der Rede des Hekatonymos als auch in der Antwortrede Xenophons (5.5.22/23) eine maßgebliche Rolle.

5.5.13-23 Die Rede Xenophons zerfällt in vier Abschnitte: Der Anfang [13] und der Schluß [22/23] nehmen direkt auf die entsprechenden Aussagen des Hekatonymos Bezug, der zweite (Haupt-) Abschnitt [14-19] erläutert die Konsequenzen, die sich aus der Verpflegungsproblematik ergeben, der dritte [20/21] nimmt zu dem Vorwurf der gewaltsamen Einquartierung in der Stadt Stellung. Die kurze Rede wird ihrer Aufgabe vollauf gerecht; sie endet ebenso wie diejenige des Hekatonymos mit einer massiven Drohung, die freilich wohl ernster zu nehmen war als jene und ihre Wirkung auf die Zuhörer ja auch nicht verfehlte.

5.5.13 Xenophon bringt dadurch, daß er die Freude der Soldaten über die Rettung des Lebens *und der Waffen* anspricht, von vornherein den Gesichtspunkt des von der Marschkolonne repräsentierten militärischen Potentials ins Spiel, das latent während der ganzen Rede gegenwärtig ist. Die angefügte Begründung soll das Wunderbare der Rettung zum Ausdruck bringen: ihre Voraussetzung bestand ja darin, daß während des langen Marsches immer wieder Lebensmittel erbeutet werden konnten - ungeachtet der Notwendigkeit ständiger Kämpfe. Der technische und zugleich bildhafte Begriff ἄγειν καὶ φέρειν (lebendes Vieh *forttreiben* und sonstige Beute *fortschleppen*) ist hier ganz überlegt gewählt, weil gerade während dieses Vorganges, der jeden Beutezug abschloß, keine echte Kampfbereitschaft der Truppe mehr gegeben war. Glücklicherweise aber war es trotz der ständigen Gefährdung in den zurückliegenden Monaten nicht zur Vernichtung der Marschkolonne gekommen: jetzt aber, nachdem griechisches Gebiet erreicht war [14], sollte man meinen, daß Beutezüge und Kämpfe *gegen Griechen* auf keinen Fall nötig seien.

5.5.14-19 Die Alternative, die hinsichtlich der Lebensmittelversorgung überhaupt nur bestand, lautet: entweder Einrichtung eines Marktes oder gewaltsame Requisition - und zwar unabhängig von der Volkszugehörigkeit der Bewohner des Landes, durch welches der Marsch führte [16]. Xenophon stellt hier diese in der Tat existenzielle Alternative mitsamt ihren Konsequenzen anhand von Beispielen plastisch vor Augen: auf der einen Seite die Gewährung von Märkten durch das griechische Trapezus (das sich dafür die tatkräftige Hilfe im Kampf gegen seine Feinde einhandelte) und durch die barbarischen Makronen, denen nichts weggenommen wurde (4.8.8), auf der anderen Seite der erbitterte Kampf mit den besonders mutigen Karduchen (4.1.1-3.34), Taochen (4.6.5-7.14) und Chaldäern (Chalybern, 4.6.5-27, 4.7.15-18), der notgedrungen um des Überlebens willen geführt werden mußte und Plünderungen mit sich brachte. Nach dem Gesagten ist unmißverständlich klar, daß die Kotyoriten nur durch die Eröffnung eines Marktes der gewaltsamen Ausplünderung ihres Landes entgehen konnten.

5.5.20/21 Der Abschnitt gewährt einen kleinen Einblick in den Ablauf der Vorgänge in Kotyora, die schließlich zum Erscheinen der Gesandtschaft aus Sinope geführt haben. Zunächst wurden von Xenophon und sonstigen Mitgliedern des Oberkommandos Verhandlungen mit den Repräsentanten der Stadt, vor welcher die Spitze der Marschkolonne eingetroffen war, aufgenommen. Dabei ging es nicht um die Einquartierung der Truppenmassen in den Häusern der Stadt (die dafür wohl ebensowenig wie etwa Trapezus aufnahmefähig genug war), sondern um ein offenes Nebeneinander von Stadt und στρατόπεδον mit freiem Verkehr hin und her und also auch mit der Möglichkeit für die Soldaten, bei den dort ansässigen Händlern einzukaufen. Dies wurde von den Kotyoriten ebenso abgelehnt wie die Bitte um die Eröffnung eines Marktes außerhalb der Mauern. Man muß hier in der Tat von einem sehr unfreundlichen Verhalten einer griechischen Stadt gegenüber ihren Landsleuten sprechen, das schließlich darin gipfelte, daß sogar

Karte S.332

den Kranken für die Zeit des Aufenthaltes ein Obdach verweigert wurde. Daraufhin *"drangen wir dort ein, wo uns die Befestigung des Platzes von selbst aufnahm"* (*"...où la place nous laissait passer toute seule"*: MASQUERAY) - eine Anspielung auf den offenbar desolaten Zustand des Mauerrings, der eine gewaltsame Öffnung der Tore von außen überflüssig machte. Durch diesen Überraschungscoup fiel die Stadt in die Hand der Söldner, die jedoch anscheinend große Disziplin wahrten, sich gewaltsamer Plünderungen (vorerst noch) enthielten und nur ihre Kranken einquartierten. Eine unrühmliche Rolle scheint bei dem ganzen Vorgang der von Sinope aus eingesetzte Harmost gespielt zu haben, während die Bürger von Kotyora selbst zur Einrichtung eines Marktes, an dem sie verdienen konnten, bereit waren.

5.5.22-25 Den vorsichtigen Begriff φίλον ποιεῖσθαι [12] setzt Xenophon hier vergröbernd in συμμάχους ποιεῖσθαι ἐφ' ἡμᾶς um und gewinnt so einen guten Anhaltspunkt für die drohende Ankündigung, man werde notfalls gegen sie beide, die Sinoper selbst und Korylas mit seinen Paphlagoniern, zum Kampf antreten - einem Kampf, in dem nach allen bisherigen Erfahrungen ihre Gegner unterliegen werden. An Klarheit lassen Xenophons Ausführungen nichts zu wünschen übrig, bis hin zu dem Schlußgedanken, der unter Übernahme des Vokabulars der Anklagerede (**Κορύλον** ... φίλον ποιεῖσθαι - φίλον ποιεῖσθαι τὸν **Παφλαγόνα**) ganz unverhohlen die schockierende Möglichkeit eröffnet, den Paphlagoniern bei der Eliminierung von Sinope und seinem Machtbereich Hilfe zu leisten. Xenophon setzt mit diesem Schluß seiner Rede auf einen groben Klotz einen noch gröberen Keil - mit durchschlagendem Erfolg, wie die Fortsetzung zeigt. Der völlige Stimmungsumbruch auf beiden Seiten wird durch die detaillierte Ausmalung der Versöhnungsfeier lebendig verdeutlicht. Xenophon hatte einen guten Blick auch für die Nebensächlichkeiten der Geschichte und verstand es, durch ihre Einbeziehung dem Faktenbericht jene 'Atmosphäre' zu geben, welche die Lektüre der «Anabasis» so anziehend macht. Hier sind literarische Tendenzen erkennbar, die später in der sogenannten peripatetischen (oder besser: mimetischen) Richtung der hellenistischen Historiographie voll zur Wirkung kamen.

5.6.1/2 Die schon während der Versöhnungsfeier andiskutierte Frage, ob die Weiterreise über Land oder zu Schiff vor sich gehen

Karte S.332

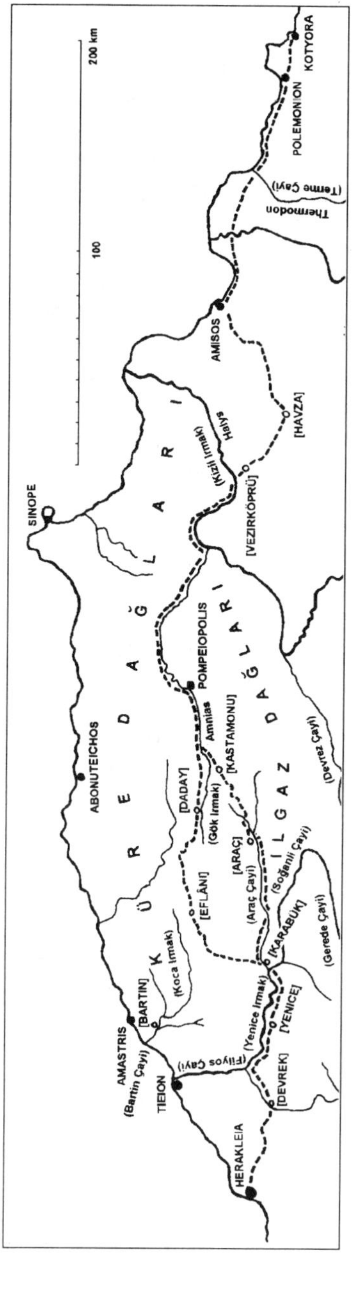

60. Der mutmaßliche Landweg von Kotyora nach Herakleia (5.6.5 - 10)

solle, wurde für so wichtig gehalten, daß zur Beratung und Beschlußfassung eine Heeresversammlung einberufen wurde. In der Tat war hier eine schwerwiegende Entscheidung zu treffen. Aus der späteren Darlegung des Hekatonymos (5.6.7-10) geht hervor, daß die Alternative sich auf denselben Zielpunkt, die bedeutende Küstenstadt Herakleia Pontike (Eregli), bezieht, die etwa 550 km westlich von Kotyora lag. Zwischen beiden Städten springt die Küstenlinie in einem großen, nur durch die Buchten von Sinope und Amisos (Samsun) unterbrochenen Bogen nach Norden vor. Bedeutsam ist nun aber vor allem die Tatsache, daß der ganze Küstenstreifen, hinter dem sich die gewaltige Kette des Küre Dağlari erstreckt, nicht nur von seinem Hinterland so gut wie völlig abgeschnitten ist, sondern auch einen ausgesprochen verkehrsfeindlichen Charakter hat. Die Küstenplätze sind beinahe vollkommen voneinander abgeriegelt: *"Wo die Uferberge nicht senkrecht zum Meer hin abbrechen, erstrecken sich schmale, an Anbauflächen überaus arme und isolierte Landstreifen. Sie sind auch miteinander lange Zeit nur auf dem Seeweg verbunden gewesen, und eine Küstenstraße erforderte an diesem Abschnitt der anatolischen Nordküste höchsten technischen Aufwand von denen, welche sie ausführten oder*

Karte S.339

erneuerten" (MAREK 9/10). Zwar sind Reste einer befestigten Küstenstraße zwischen Sinope und Amastris aus römischer Zeit gefunden worden (FRENCH 710 Map 3, Plate III), aber diese Route, falls sie damals überhaupt begehbar war, hatte Hekatonymos schwerlich im Sinn. Er dürfte sich vielmehr auf den von der Natur selbst vorgegebenen Landweg von Kotyora nach Herakleia bezogen haben; dieser wandte sich bei Amisos von der Küste ab, überquerte hinter Vezirköprü den Halys, zog dann zunächst im Halystal, danach im Amniastal nach Westen und stieg schließlich entweder über Eflâni oder über Kastamonu durch das Tal des Araç Çayi in das Becken von Karabük hinab (MAREK 65), überschritt dort den Soganli Çayi und erreichte schließlich Herakleia (wohl über Yenice - Devrek). Einen Teil dieser Strecke in umgekehrter Richtung (von Kastamonu bis Ordu) hat KINNEIR (239-274) so ausführlich beschrieben, daß ROBERT (195) sein Itinerar geradezu als *"un exzellent commentaire du discours du Sinopéen Hécatônymos dans l'Anabase"* bezeichnet. Bei genauerem Hinsehen stellt sich nun aber heraus, daß Xenophon offenbar doch die Küstenroute vor Augen hat. So läßt er 5.6.11 einige seiner Kameraden den Gedanken äußern, Hekatonymos empfehle ihnen wohl deshalb den Schiffstransport, *"damit sie auf dem Fußmarsch dem Gebiet der Sinoper keinen Schaden zufügen"*. Ferner läßt er Hekatonymos, der in seinem Vortrag sicher die Schwierigkeiten der Flußübergänge erwähnt hat, in diesem Zusammenhang auch den Parthenios (Bartin Çayi, Koca Irmak) nennen, der von der durch das Amniastal führenden Landstrecke garnicht berührt wurde - im Unterschied zu einem anderen großen Fluß, der unter dem Namen Filyos Çayi (Billaios) östlich von Tieion ins Meer mündet. Es scheint mir nicht ausgeschlossen, daß hier der Einfluß eines «Periplus» erkennbar ist, den Xenophon bei der Ausarbeitung der «Anabasis» zur Auffrischung seiner Erinnerungen und Ergänzung seiner Notizen eingesehen hat - unter der naheliegenden Voraussetzung, daß der Marsch auch weiterhin, wie bisher, an der Küste entlangführen sollte. Und in den alten wie den darauf fußenden späteren «Periploi» spielte immer der berühmte Parthenios, der schon im homerischen 'Schiffskatalog' (Ilias 2. 854) als derjenige Fluß bezeichnet wird, an dem die Paphlagonier lebten, und den auch Hesiod (Theog. 344) in seinen Flußkatalog aufgenommen hatte, eine hervorragende Rolle.

Karte S.339

5.6.3-5 Nachdem Hekatonymos mit der Geschicklichkeit des versierten Rhetors seinen bedrohlich wirkenden Bedingungssatz vom Vortag (5.5.12) entschärft und unter Anrufung des Sprichwortes von der *"Heiligkeit des Rates"* (vgl. Platon, Theages 122b2/3, Epist. 5. 321c5) ein wenig melodramatisch die Schwierigkeiten, denen sich ein Ratgeber aussetzen muß, beschworen hat, kommt er zur Sache: es geht um die Bewertung der Reise κατὰ θάλατταν und κατὰ γῆν. Sein Dilemma wird jetzt ganz deutlich: die erste Alternative bedeutete große Belastungen für Sinope, dessen Interessen er ja als Gesandter zu vertreten hatte, die zweite dagegen für die Griechen der Marschkolonne, die seinen Rat erbeten hatten.

5.6.6/7 Zu den *hohen Bergen* ist insbesondere die Kette des Ilgaz Daglari mit dem 'paphlagonischen Olymp' südöstlich von Kastamonu (2587 m) zu zählen, zu den *herrlichen Ebenen* neben den Küstenebenen der Iris und des Halys in erster Linie das Tal des Amnias, das nordöstlich von Kastamonu sehr breit wird und *"das beste Stück Land in Paphlagonien"* (MAREK 65) darstellt. Nach der Aussage des Hekatonymos erfolgte der Zugang nach Paphlagonien von Kotyora aus über eine nicht weit entfernte, leicht abzuriegelnde Paßstraße mit hohen Steilwänden zu beiden Seiten. Dabei muß es sich wohl um einen der (nach dem Bau der modernen Küstenstraße nur noch wenig benutzten) Wege handeln, die quer über den Bergzug der Halbinsel Çapraz Burunu hinüberführten - offenbar jedoch nicht denjenigen, auf dem KINNEIR von Fatsa (8 km westlich von Polemonion) in 9 Stunden über Persembe nach Ordu gezogen ist (Luftlinienentfernung: 34 km); jedenfalls wird in seiner Beschreibung (272-74) keine entsprechende Stelle erwähnt. Vermutlich sprach Hekatonymos von einem direkteren Übergang weiter südlich, der näher bei Ordu in das Bergland eintrat und dann durch eine Gegend führte, von der es bei BRYER-WINFIELD (I 119) heißt: *"the interior of the promontory, hidden from both, has never been properly investigated"*.

5.6.8 Offenbar bestand um 400 ein lockeres Abhängigkeitsverhältnis zwischen dem persischen Großkönig und dem einheimischen Fürsten Korylas von Paphlagonien, der anscheinend über größere Truppenmassen (die Zahl von 120000 Fußsoldaten dürfte allerdings stark übertrieben sein) und insbesondere Reitern verfügte. Er hatte in dem Konflikt zwischen Artaxerxes und Kyros nicht nur dem Großkönig die Gefolgschaft verweigert, sondern sich of-

Karte S.339

fen auf die Seite des Kyros geschlagen: in der Schlacht bei Kunaxa standen 1000 paphlagonische Reiter, die aus der einheimischen Heeresgruppe dorthin abgeordnet worden waren, neben den griechischen Leichtbewaffneten auf dem rechten Flügel der Phalanx (1.8.5).

5.6.9 Über die Identifizierung des Thermodon mit dem Terme Çayi, der Iris mit dem Yesil Irmak und des Halys mit dem Kizil Irmak gibt es keine Zweifel. Gewisse Schwierigkeiten treten jedoch bei dem Versuch auf, den Parthenios, der hier als ebensowenig durchfurtbar wie der Halys beschrieben wird, festzulegen. Dies trifft auf den Bartin Çayi (oder Koca Irmak), der in der Antike jedenfalls den Namen Parthenios trug, wohl nur bedingt zu, obwohl er im Unterlauf mit kleineren Schiffen befahrbar ist (vgl. die ausführliche Beschreibung bei ROBERT 165-176 mit Fig. 2-6 sowie MAREK Taf. 8.2). Bedeutender war jedenfalls ein anderer Fluß etwa 20 km weiter westlich, der auf seinem langen Weg zunächst als Gerede Çayi nach Osten läuft, dann am Rand des Ilgaz Dağlari unter dem Namen Soganli Çayi nach Westen umknickt, danach als Yenice Irmak das Gebirge durchbricht und schließlich, nach seiner Vereinigung mit dem wasserreichen Devrek Çayi unter dem Namen Filyos Çayi wenige Kilometer östlich von Tieion ins Meer mündet (vgl. ROBERT 176-183 und MAREK Taf. 5 und 12.1). In dem letzten Namen hat sich offenbar die antike Bezeichnung Billis (Plinius nat.hist. 6.4) beziehungsweise Billaios, wie er in den kaiserzeitlichen «Periploi pont. Eux.» Arrians (19), des Anonymus (13) und des Menippos (8) heißt, erhalten. Vor Plinius taucht dieser Name nur einmal bei Apollonios Rhodios (2.791) auf, wo Lykos von den Paphlagoniern spricht, *"um welche sich das schwarze Wasser des Billaios herumbiegt"* (ὅσσους Βιλλαίοιο μέλαν περιάγνυται ὕδωρ). Merkwürdigerweise wird dann jedoch in dem eigentlichen Fahrtbericht der Billaios nicht mehr erwähnt, sondern heißt es etwa an der Stelle, wo man ihn erwartet, daß die Argonauten *"die Fluten des ins Meer strömenden Parthenios, des ganz sanft fließenden Flusses, passierten"* (2.936) und danach *"in der Nacht, indem sie unaufhörlich auch weiterhin vorwärtseilten, an Sesamos und den jähen Felsen von Erythinoi vorbeifuhren..."* (2.940/41). Die Formulierung scheint mir deutlich zu machen, daß Apollonios zwischen der Partheniosmündung und der Stadt Sesamos (Amastris) eine gewisse Entfernung voraussetzte und hier also in Wahrheit kaum den Bartin Çayi (von dem der Scholiast richtig sagt: ἐκβάλλει δὲ

Karte S.339

τὰ ῥεύματα περὶ πόλιν Σήσαμον), sondern der Sache nach eher den Filyos Çayi im Auge hatte (falls ihm überhaupt ein einigermaßen klares Bild von der Küstenlinie an dieser Stelle vor Augen stand). Auch Strabon (12.3.8), der die südliche Pontosküste jedenfalls aus eigener Anschauung gut kannte, nennt zwischen Herakleia und Amastris nicht den Billaios, sondern als einzigen Fluß den Parthenios; ebenso Ps.Skylax (90), dessen «Periplus» auf alten Quellen beruht, sowie Pomponius Mela (1.19.104) für die Strecke zwischen Tieion und dem Vorgebirge Karambis (westlich von Abonuteichos). Auch Ovid (Pont. 4.10.49) erwähnt in seinem ausführlichen Katalog der pontischen Flüsse nur den *"Parthenius rapax"*, nicht den Billaios. Schließlich sei noch erwähnt, daß KINNEIR (234/35) den Bainder-Su (= Gerede- und Sogalni Çayi), den er beim Übergang in die Senke von Karabük von Süden her überschreiten mußte, als *"einen tiefen, reißenden Fluß, der, von Humanli aus, lange gegen Osten strömt, dann sich plötzlich gegen Norden wendet, endlich gegen Westen"*, beschrieben und mit dem Parthenios der Alten identifiziert hat. Tatsächlich ist aber wohl über die Zuordnung der Namen Parthenios und Billaios an den heutigen Bartin Çayi und Filyos Çayi eigentlich kein Zweifel möglich - dennoch bleibt es nach meinem Urteil merkwürdig, daß ein Fluß von der Größe des Billaios mit seiner markanten, von Tieion aus gut sichtbaren Mündungslandschaft (MAREK Taf. 5) so lange hinter dem unauffälligeren Parthenios zurückstehen mußte.

5.6.11 An den Vortrag des Hekatonymos schloß sich in Abwesenheit der Sinopier eine Diskussion und schließlich die Abstimmung der Heeresversammlung an, die (erwartungsgemäß) auf die Alternative κατὰ θάλατταν hinauslief. Ein (rund gerechnet) 600 km-Marsch durch teilweise schwieriges Gelände und mit der Notwendigkeit, immer wieder in Kämpfe eintreten zu müssen, hätte wohl 1½ - 2 Monate in Anspruch genommen, die Schiffsreise dagegen dauerte insgesamt 3½ Tag/Nachtfahrten (6.1.14, 6.2.1). Aber sie bedeutete auch, daß man sich vollständig den Sinopern und den Herakleoten, die an der Bereitstellung des gewaltigen Schiffsraumes, der für den Transport der Truppen und des Trosses benötigt wurde, beteiligt waren (vgl. 5.6.31 und 35, Diodor 14.31.1) auslieferte. Und sie kostete gewiß auch ihren Preis, von dem hier zwar nicht die Rede ist, der aber sicher Hauptgegenstand der Verhandlungen war, welche die kleine nach Sinope entsandte Delegation (5.6.14) führen sollte.

Karte S.339

5.6.12-14 Xenophon vertraute noch immer auf die Solidarität der 'Kyreer', die inzwischen schon sehr brüchig geworden war und in Herakleia schließlich endgültig zerbrach (6.2.9-16). Ihm stand vor allem das militärische Potential vor Augen, welches die nach wie vor im wesentlichen von ihm geführte Truppe dann, wenn sie vereinigt blieb, darstellte. Diese Vision verfestigte sich so sehr in seinem Denken, daß er sogar über die Gründung einer Kolonie spekulierte und damit eine schwere Krise heraufbeschwor (5.6.15 ff.).
* Während der Hoplitenlochage Kallimachos schon häufiger in Erscheinung getreten ist, werden Ariston und Samolas hier erstmalig genannt. Vermutlich waren auch sie beide Lochagen; für Samolas scheint sich dies aus 6.5.11 zu ergeben.

5.6.15-18 Die Voraussetzungen für die Gründung einer neuen griechischen Stadt an der Küste des Schwarzen Meeres waren in der Tat gut: eine derart große, machtvolle und kampfgeübte Mannschaft griechischer Söldner, wie sie in Kotyora versammelt war, suchte im pontischen Raum ihresgleichen. Darüberhinaus war die künstliche Anlage von Städten auch nach dem Ende der eigentlichen Kolonialzeit (7./6. Jahrhundert) keineswegs abgebrochen - sie erlebte ihren zweiten Höhepunkt erst in der Alexander- und Diadochenzeit (vgl. zum Allgemeinen und zum Einzelnen LESCHHORN). In der zweiten Hälfte des 5. Jahrhunderts bedienten sich dieses Mittels zur Steigerung ihrer eigenen Machtposition vor allem Athen (437/36 Gründung von Amphipolis in Thrakien anstelle von 'Neun Wege') und Sparta (426 Gründung von Herakleia Trachinia in der Nähe der Thermopylen, 422 Sicherung von Amphipolis durch die Zuführung neuer Kolonisten). Xenophons Plan lief jedoch *"auf den Erwerb von Land und Macht für Griechenland"* hinaus, sollte also zu einer 'panhellenischen' Kolonie wie Thurioi führen, einer Stadt, die um etwa 443 zwar von Athen aus an der Stelle des alten Sybaris in Unteritalien angelegt, aber auch von vielen Griechen aus Mittelgriechenland, der Peloponnes und den Inseln besiedelt wurde (Diodor 12.11.3). Sein Traum, von dem er sich trotz des Mißerfolges in Kotyora nicht leicht trennte (vgl. 6.4.3-7), war es offenkundig, als der Gründer eines großen, sich über die nationalen Spannungen erhebenden griechischen Machtzentrums am Pontos in die Geschichte einzugehen. Natürlich aber war die Gründung einer Stadt nicht die Privatangelegenheit eines einzelnen wagemutigen Mannes, sondern erfolgte im Regelfall im Auftrag einer Mutterstadt, die einen oder mehrere Oikisten oder ein

Gründungsgremium bestimmte und an der Spitze der Auswanderer auf die Reise schickte. Im vorliegenden Fall hätte wohl die 'Heeresversammlung' als Repräsentatin der 'Mutterstadt' und kurioserweise zugleich auch als die Bevölkerung der zu gründenden Kolonie auftreten müssen. Vor allem aber war die Gründung einer Stadt ein sakrales Ereignis, bei dem die 'Seher' eine maßgebliche Rolle spielten (LESCHHORN 134). Nach der Darstellung Xenophons hat Silanos (vgl. 1.7.18) das Projekt schon im Frühstadium durch Intrigen zum Scheitern gebracht. Ob diese Beschuldigung der Wahrheit entspricht, mag dahingestellt bleiben; anscheinend gab es gewisse Spannungen zwischen beiden Männern, deren Hintergrund wohl 5.6.29 deutlich wird: der Laie Xenophon liebte es offenbar, wie ein professioneller *Mantis* aufzutreten! Die an derselben Stelle referierte Auslegung des Opferbefundes durch Silanos führt jedenfalls nicht zwingend zu dem von Xenophon erhobenen Vorwurf. Als sich, auf welche Weise auch immer, das Gerücht von der durch das Opfer zu klärenden Fragestellung Xenophons verbreitete und es zu Diskussionen im Kameradenkreis kam, sprach sich sofort eine Mehrheit gegen das noch ungeborene Projekt aus. Aber die Angelegenheit ist auch noch aus einem anderen Blickwinkel zu sehen. Die übrigen pontischen Griechenstädte hatten allen Anlaß zu der Befürchtung, daß eine Neugründung, die dank ihres militärischen Potentials womöglich ein großes Umland unter ihre Abhängigkeit zu bringen vermochte, ihre eigenen Interessen verletzen und das inzwischen erreichte politische Gleichgewicht des ganzen Raumes stören könnte. Sie mußten im Grunde alles daran setzen, die Angst einflößende Söldnerkolonie zu verhindern. So dürfte es der Wahrheit entsprechen, wenn Xenophon im folgenden von hektischen, an ihm selbst vorbeilaufenden Verhandlungen zwischen den Städten und einzelnen Strategen, von hin- und herreisenden Gesandtschaften, von Versprechungen, Verleumdungen, Erpressungsversuchen berichtet. * Durch die schwere Krise, die nun das ohnehin nicht mehr stabile Gesellschaftsgefüge der Marschkolonne erschütterte, wurde Xenophon selbst, der sie ausgelöst hatte, in die Defensive gedrängt. Der ganze Schluß des 5. Buches (5.6.19 - 8.26 = 344 Oxfordzeilen) ist seiner Verteidigung gewidmet, überwiegend in der Gestalt von Reden - und zwar im wesentlichen von Reden Xenophons (248 Zeilen = 72%). Der Ausarbeitung dieser Reden hat er größte Aufmerksamkeit gewidmet. Aber sie stellen nicht nur Zeugnisse seiner rhetorischen Fertigkeiten dar, sondern lassen - ungeachtet ihrer apologetischen Tendenzen - auch den tatsächlichen Ablauf der Krise erkennbar werden. Die

Karte S.339

Annahme scheint mir nicht abwegig zu sein, daß Xenophon während der nicht durch Kämpfe und Märsche, wohl aber durch persönliche Verunglimpfungen belasteten langen Ruhezeit in Kotyora seinem Tagebuch mehr Einzelheiten als sonst anvertraut und später bei der Ausarbeitung der «Anabasis» verwertet hat. So ist hier das lebendige Panoramabild einer freilich nur aus der Sicht Xenophons, aber im Faktischen wohl korrekt gezeichneten, sich über Wochen hinziehenden Krise entstanden, die schließlich (wenn auch nur vorübergehend) noch einmal zu einer Rückbesinnung auf die Werte, denen die Marschkolonne ihr bisheriges Überleben verdankte, führte.

5.6.19-21 Timasion (vgl. 3.1.47), der Anführer der Opposition gegen das Kolonie-Projekt, gehörte eigentlich nicht zu den ernsthaften Gegnern Xenophons, während der hier erstmals erwähnte Böoter Thorax 5.6.25 direkt als ein solcher bezeichnet wird. *
Die Schwierigkeiten ergaben sich wieder einmal aus der Verpflegungsproblematik: während eines Landmarsches konnte die Ernährung notfalls immer wieder durch Requisitionen sichergestellt werden, für eine Seefahrt mußte sich dagegen jeder selbst vorher mit Proviant versorgen - für teueres Geld, das in privaten Händen nach dem Ausfall der Soldzahlungen kaum noch vorhanden war: tatsächlich hatten ja die Griechen nach Kunaxa keinen neuen Soldherren mehr gefunden. Unter den gegebenen Umständen muß man den Versuch Timasions, von den Gemeinden Sinope und Herakleia das Geld für wenigstens einen Monatssold zu erpressen und ihnen dafür die Abreise des ungeliebten Söldnerhaufens zu versprechen, als einen nicht ungeschickten, wenn auch ziemlich naiven Schachzug bezeichnen. Seine Mittelsmänner Thorax und Eurymachos (nur hier genannt) kamen mit der Antwort zurück, man biete ihm Geld an (λαβόντα χρήματα), damit er alles daran setze, das Heer zur Abfahrt zu bewegen. Das klingt deutlich wie das Angebot eines Timasion persönlich zugedachten Bestechungsgeldes und liegt insofern im Rahmen dessen, was man realistischerweise von den Städten erwarten durfte. Die Hoffnung, daß diese eine große Armee mit einem Aufwand von ca. 10000 Kyzikenern besolden würden, nicht um sich ihrer Kampfkraft zu bedienen, sondern um ihre Abreise zu finanzieren, konnte man wohl nur aus einer zweckoptimistischen Einstellung heraus hegen. *Kyzikener* hießen die von etwa 600 bis 330 in Kyzikos am Südufer der Propontis in großer Menge aus Elektron (Blaßgold) geprägten Statere

Karte S.339

tere mit einem durchschnittlichen Gewicht von 16 g, die denselben Kurswert wie der *Dareikos* oder wie 25 athenische Drachmen (vgl. 1.1.9) hatten (vgl. auch 7.2.36).

5.6.22-34 Den Ablauf der Heeresversammlung schildert Xenophon aus Autopsie. Durch das Referat der (teils in wörtlicher, teils in indirekter Rede formulierten) Diskussionsbeiträge von Timasion [22-24], Thorax [25/26], Philesios und Lykon [27], Xenophon [28-33], Silanos [34] sowie der Soldaten [34] dürfte die Wirklichkeit recht präzise widergespiegelt werden.

5.6.22-24 Das tollkühne Soldversprechen verstärkt Timasion noch durch die ebenso tollkühne Ankündigung, seine Heimatstadt werde die Söldnerarmee freundlich behandeln. Im übrigen macht er den Vorschlag, vor der Heimreise nach Griechenland unter seiner landeskundigen Führung noch eine Zeitlang Beutezüge im nordwestlichen Kleinasien durchzuführen, um (wie die 5.6.20 Xenophon in den Mund gelegte Formulierung lautet) *"denen zu Hause etwas Nützliches mitzubringen"*.

5.6.25-27 Tatsächlich verfügte die 'thrakische Chersonnesos', die ca. 905 km² große Gallipoli-Halbinsel, welche den Meeresstrom des Hellespontos nach Norden begrenzt, über einen besonders fruchtbaren Boden und konnte auch mit einem gewissen Recht als Teil Griechenlands bezeichnet werden. Nach früher Besiedlung vor allem von Milet aus, dann durch athenische Kolonisten unter der Führung des älteren Miltiades (vgl. LESCHHORN 75-83), und nach vorübergehender persischer Herrschaft wurde die Halbinsel dem attischen Seebund einverleibt, der (um 450) dort in den Städten Kallipolis und Sestos 1000 attische Kleruchen ansiedelte. Nach dem für Athen ungünstigen Ausgang des Peloponnesischen Krieges übernahmen die Spartaner die Herrschaft und behielten sie bis 386. Thorax wollte (durch die Einbeziehung der Chersonnes in seine Pläne) das ganze Heer, einschließlich derer, die einer Koloniegründung positiv gegenüberstanden, hinter sich bringen und trat somit nicht nur zu Xenophon in Konkurrenz, sondern auch zu Timasion, als dessen Abgesandter er ja über die getroffenen Vereinbarungen Bescheid wußte. Ob allerdings die Einrichtung einer großen Söldnerkolonie in der vorwiegend landwirtschaftlich genutzten Halbinsel durchsetzbar gewesen wäre, ist eine andere Frage.
* Zu Philesios, einem älteren Mann, der seinerzeit die Nachfolge

Karte S.339

Menons angetreten hatte, vgl. 3.1.47. Lykon spielte später in Herakleia eine wenig rühmliche Rolle (6.2.4-7) und trug aktiv zum Zerfall der Truppe in drei Einzelabteilungen bei (6.2.10). Die Forderung beider Männer, daß Xenophon endlich zu den gegen ihn erhobenen Vorwürfen Stellung nehmen möge, ist allerdings völlig verständlich.

5.6.28/29 Nach einem besonders kunstvoll aufgebauten Einleitungssatz begründet Xenophon zunächst sein bisheriges Schweigen: aus einem soeben vollzogenen Opfer hatte er den Schluß gezogen, daß es besser sei, sich mit der ganzen Angelegenheit nicht mehr zu befassen. Nun aber mußte er sich aufgrund des gestellten Antrages über die göttliche Empfehlung hinwegsetzen und in die Diskussion eintreten. Von diesem ganz aktuellen Opfervorgang, der Antwort auf die bessere von zwei Verhaltensmöglichkeiten geben sollte, ist das im folgenden referierte, von Silanos schon vor geraumer Zeit vollzogene Opfer zu unterscheiden. Damals lautete die Frage ungefähr, ob mit göttlichem Widerstand zu rechnen sei, wenn man zum Ruhm und zur Machtsteigerung Griechenlands am Pontos eine Stadt gründe (vgl. 5.6.15/16). Die Antwort des Sehers, der im Beisein des sachkundigen Xenophon seine Beobachtungen zum Verlauf der Zeremonie anstellte und daraus seine Schlüsse zog, war, soweit es die Frage selbst betraf, eindeutig positiv. Von diesem Augenblick an hat Xenophon offenbar mit dem einen oder anderen seiner Kameraden über die Sache gesprochen, ohne jedoch auf einer Heeresversammlung eine öffentliche Abstimmung darüber herbeizuführen.

5.6.30/31 Er war inzwischen, trotz der gegen ihn betriebenen Intrigen, keineswegs völlig von seinem (durch den Ausgang des Opfers legitimierten) Plan abgerückt, interpretierte ihn jetzt aber in eine harmloser klingende Version um: es sei ihm lediglich darum gegangen, unter dem Druck ihrer Notlage eine Stadt zu erobern und als vorübergehenden Standort für diejenigen, die nicht sofort mit leeren Händen heimfahren, sondern erst noch Reichtümer sammeln wollten, in Anspruch zu nehmen [30]. Aber selbst dies habe sich dadurch, daß ihre Notlage vorbei sei, erledigt. Mit unüberhörbarer Ironie baut Xenophon nun die vollmundigen Soldversprechungen der beiden Kollegen in seine Argumentation ein (*wie schön, wenn man sich* [mithilfe der von den Städten versprochenen Schiffe] *dahin retten könne, wohin man wolle - und überdies*

Karte S.339

für diese Rettung auch noch Sold kassiere!) und erklärt dann offiziell seine Überlegungen über das Projekt für beendet.

5.6.32-34 Durch diesen Rückzieher wollte er vor allem die Aufspaltung des Heeres verhindern. Hinter seinem Appell an das Ansehen, das die Truppe als geschlossene Einheit nach wie vor verkörpere, und seiner Erinnerung an das 'Recht des Stärkeren' steht die berechtigte Befürchtung, daß das ganze, weitgehend von ihm organisierte Rückmarschunternehmen schließlich doch ein unwürdiges und ruhmloses Ende nehmen könnte. Tatsächlich gelang es ihm damals noch einmal, die Soldaten zu gemeinsamem Durchhalten zu bewegen und die Forderung nach privater Entscheidungsfreiheit des einzelnen im Keim zu ersticken - wie der opponierende Silanos zu spüren bekam, der sich dann freilich in Herakleia trotzdem aus dem Staube machte (6.4.13).

5.6.35-37 Es war eine Stunde des Triumphes für Xenophon, als alle Strategen, die zuvor die Bestrebungen, ihn seines Einflusses zu berauben, gebilligt oder zumindest stillschweigend toleriert hatten, zur Abbitte bei ihm erschienen - und nun ihrerseits die Gründung einer Kolonie vorschlugen. Sie brachten den kolchischen Phasis ins Gespräch, den heutigen Rion, der bei Poti, etwa 150 km nordöstlich von Trapezus, ins Schwarze Meer mündet. Irgendwo in seinem ausgedehnten Deltabereich lag auch die Stadt Phasis, welche milesische Siedler in oder bei einer kolchischen Siedlung desselben Namens in früher Zeit angelegt hatten (πλεῖν εἰς Φᾶσιν kann sich sowohl auf den Fluß als auch auf die Stadt beziehen). Dem Plan, diesen extrem weit von Griechenland entfernten Raum dauerhaft in Besitz zu nehmen, haftet ein sehr utopischer Beigeschmack an. Er war wohl wirklich, wie Xenophon vermutete, vor allem eine Ausgeburt der Angst, die Männer wie Timasion und Thorax erfaßte, als sie ihre großartigen Versprechungen nicht einhalten konnten - und Xenophon tat gut daran, ihnen auch die weiteren Initiativen zu überlassen (in der dann allerdings unerfüllt bleibenden Hoffnung, diesmal ungeschoren davon zu kommen). Denn es war realistischerweise zu befürchten, daß entsprechende Diskussionen im Offizierskorps an die Öffentlichkeit dringen und zum Wiederaufflammen der gerade mühsam beigelegten Krise führen würden.

Karte S.339

5.7.1/2 Neon, der ὑποστράτηγος des Cheirisophos, stammte aus Asine in Lakonien und führte zunächst als Stellvertreter (5.4.3), später als offizieller Nachfolger des (inzwischen verstorbenen, vgl. 6.4.11) Cheirisophos dessen Abteilung an (6.4.11 und 23). Daß er in unserem Zusammenhang von den übrigen Strategen nicht ins Vertrauen gezogen wurde, mag noch mit seinem niedrigerem Dienstrang zusammenhängen; tatsächlich aber scheint er auch später als gleichberechtigter Feldherr weitgehend isoliert geblieben zu sein. Überdies hatte er das große Pech, daß er einen auf eigene Faust organisierten Beutezug zur Gewinnung von Lebensmitteln erfolglos und sogar mit schweren Verlusten abschließen mußte (6.4.23-26); als am nächsten Tag das Heer zur Bestattung der Gefallenen und zum Kampf mit den Feinden ausrückte, kommandierte er die Lagerwache, die aus älteren Soldaten gebildet werden mußte, weil seine eigenen Leute ihn verließen (6.5.4). Später, als Xenophon bei Byzantion das Kommando abgab, blieb Neon mit einigen anderen Strategen beim Heer (7.2.1) und gab sich sogar der Hoffnung hin, im spartanischen Einflußbereich der Cherrones das Gesamtkommando übernehmen zu können (7.2.2). In Perinthos bezog er dann jedoch mit seinen 800 Mann ein besonderes Lager (7.2.11, 3.2), gab Xenophon auf seiner Reise zu Seuthes nicht, wie die anderen Strategen, einen Vertrauensmann mit (7.2.17) und erschien nicht einmal auf einer allgemeinen Heeresversammlung (7.3.2), auf der über das weitere Schicksal der Truppe (Marsch auf die Cherrones oder Anschluß an Seuthes) beraten werden sollte. Als die Entscheidung für Seuthes gefallen war, versuchte er die Soldaten vom Abmarsch abzuhalten (7.3.7). Möglicherweise hat Xenophon den oppositionellen Mitstrategen aus persönlicher Antipathie in ein besonders schlechtes Licht gerückt, aber an den Grundzügen seiner Darstellung ist wohl kaum zu zweifeln. Jedenfalls interpretierte Xenophon die durch Neon ausgelösten spontanen Zusammenrottungen aufgebrachter Soldaten zu Recht als Vorboten von Meuterei und Gewalttätigkeit, die im Keim erstickt werden mußte, und trat durch die Einberufung einer Heeresversammlung gewissermaßen die Vorwärtsverteidigung an (der Begriff ἀγορά anstelle von ἐκκλησία taucht in der «Anabasis» nur hier auf: DINDORF 255). Auf die kurz angedeuteten schlimmen Vorgänge, die sich am Tag des Abmarsches aus Kerasus abgespielt hatten, kommt er in der anschließenden Rede ausführlich zurück (5.7.19-25).

5.7.5-9 Xenophon verteidigt sich nach dem Muster eines Angeklagten vor Gericht gegen den schwerwiegenden Vorwurf der ἀπάτη τοῦ δήμου, der nach attischem Recht sogar die Todesstrafe nach sich ziehen konnte (vgl. LIPSIUS 381). Im Proömium [5] disqualifiziert er den Ankläger sogleich als Verleumder und versucht das Wohlwollen der 'Richter' dadurch zu gewinnen, daß er sich ihrem Urteil im blinden Vertrauen auf ihr Rechtsempfinden ohne Wenn und Aber unterwirft. Dann folgen die 'Agones' mit den ἔντεχνοι πίστεις zur Widerlegung der Anschuldigung [6-9]. Dabei erweist sich Xenophon als sophistisch versierter Redner, indem er zunächst mit den jedermann bekannten Himmels- und Windrichtungen argumentiert [6/7] und es als praktisch unmöglich erweist, daß eine große Menschenmasse durch einen einzelnen entgegen dem offenkundigen Augenschein zu einer Fahrt nach Osten anstatt nach Westen manipuliert werden könnte. Er führt dann diesen Beweisgang nach bewährter rhetorischer Praxis durch die fiktive Annahme weiter, daß die Masse zweimal habe überlistet werden können ([8] Abfahrt bei Windstille, [9] Ankunft am Phasis anstatt in Griechenland), um daraus umso überzeugender die völlige Unwahrscheinlichkeit der gegen ihn erhobenen Anklage ableiten zu können. Wenn er in diesem Beweisgang von *"mindestens 100 Schiffen"* für *"nahezu 10000 Bewaffnete"* spricht, so handelt es sich um grob abgerundete Zahlen, durch welche der seiner Argumentation zugrundeliegende Gegensatz (*ein einzelner - sehr viele*) plakativ überdeutlich vor Augen gestellt wird.

5.7.10/11 Im zweiten Teil der 'Agones' wird das dem Ankläger und seinen Gesinnungsgenossen unterstellte Motiv für ihre Verleumdung (Neid auf Xenophons Führungsrolle im Heer) als ungerechtfertigt zurückgewiesen. Damit ist allerdings ein wirklich problematischer Punkt angesprochen, da ja das Prinzip der Kollegialität innerhalb des Kreises der Strategen nach wie vor gültig war (vgl. 6.1.18). Man spürt der Argumentation deutlich an, daß Xenophon auf Vorwürfe, die in diese Richtung zielten, sehr empfindlich reagierte (wobei die Frage, ob er seine damalige Rede hier einigermaßen korrekt rekonstruiert oder eine neue für die Veröffentlichung in der «Anabasis» entworfen hat, unerheblich ist). Sein Handeln, so stellt er es dar, galt immer ausschließlich dem Wohl der Soldaten - und deren Wohl ist auch der Maßstab, an dem seine Neider gemessen werden müssen. Psychagogisch geschickt ruft Xenophon hier seinen unermüdlichen Einsatz für die Gesamtheit,

Karte S.339

d.h. seine jetztige Zuhörerschaft, in Erinnerung und läßt dabei seinem Ärger über das ihm durch die ehrenrührige Unterstellung angetane Unrecht freien Lauf. Aus dem Schlußsatz wird erkennbar, daß auch in diesem Zusammenhang der Vorwurf der ἀπάτη erhoben worden war, aber in der angebotenen Diskussion nicht aufgegriffen wurde. Vielmehr kam überhaupt keine Diskussion zustande, so daß Xenophon seine Verteidigungsrede in dem Bewußtsein, den Sieg über seine Verleumder errungen zu haben, abbrechen und auf der neu gefestigten Vertrauensbasis wieder in die von ihm so geliebte Rolle des dem Gemeinwohl verpflichteten Ratgebers schlüpfen konnte.

5.7.12-33 Die lange Beratungsrede, die Xenophon nun seiner Verteidigungsrede folgen läßt, geht von der Beobachtung aus, daß unter den Soldaten eine ungute Entwicklung einzusetzen begonnen hat, welche möglichst schnell beendet werden muß, wenn nicht die Gesamtheit Schaden nehmen soll. Der an sich wertneutrale Begriff πρᾶγμα [12] nimmt durch den Textzusammenhang einen ausgesprochen negativen Charakter an, und Xenophons bedrohlich klingende Begründung dafür, daß jetzt in eigener Sache beraten werden müsse, *"damit wir uns nicht als die schlechtesten und schimpflichsten Männer vor Göttern und Menschen, vor Freunden und Feinden erweisen"*, läßt in der Tat schlimme Enthüllungen erwarten. Im ersten Hauptteil der Rede werden dann ausführlich jene beiden das Völkerrecht und die menschliche Würde verletzenden Vorgänge geschildert, welche sich Mitglieder der Marschkolonne in Kerasus [13-19] und vermutlich auf dem nächsten Stathmos **197** [20-26] zuschulden hatten kommen lassen; Xenophon interpretierte sie zu Recht als alarmierende Symptome für den moralischen Niedergang des Heeres und entwickelt im zweiten Teil seiner Rede [26-33] aus ihrer Darstellung heraus in emotionsgeladener Sprache den Aufruf, endlich im eigenen Interesse zu Disziplin und korrektem Verhalten zurückzukehren.

5.7.13-19 Die allgemeine Situation in Kerasus, das mißglückte eigenmächtige Unternehmen des Lochagen Klearatos, das Eintreffen und die Steinigung der drei Gesandten werden so lebendig geschildert, daß sie keiner Kommentierung bedürfen. In den Bericht ist eine aktuelle Information eingeschoben, die Xenophon offenbar erst in Kotyora erhalten hat [15]: Klearatos wollte mit seinen Kameraden desertieren und damit eines der schwersten militärischen

Karte S.339

Verbrechen begehen. Es scheint mir denkbar, daß diese Information, welche auf dramatische Weise die inzwischen eingetretene Aushöhlung der Disziplin signalisierte, Xenophon den entscheidenden Anstoß zu seinem leidenschaftlichen Appell an das Gewissen der Soldaten gegeben hat. Aber natürlich war ihm auch das (schon länger zurückliegende) scheußliche Verbrechen an den drei Gesandten, die den Griechen ungeachtet des ihnen von Klearatos angetanen Unrechts die Bergung und Bestattung ihrer Toten anbieten wollten, nicht aus dem Sinn geraten; es verletzte die unter der direkten Aufsicht der Götter stehenden ἄγραφοι νόμοι, auf deren Schutz Gesandte vertrauen durften, und belastete nun das ganze Heer mit einer Blutschuld, von der es nur durch eine Sühnezeremonie (καθαρμός, 5.7.35) gereinigt werden konnte.

5.7.20-26 Die Vorgänge auf Stathmos **197**, die Xenophon persönlich miterlebt hatte, rekonstruiert er im folgenden mit bewundernswerter Plastizität: wir hören förmlich die aufhetzenden Rufe der Rädelsführer, sehen die kerasuntischen Gesandten, die eben noch in friedlicher Beratung mit den Strategen zusammensaßen, aufspringen und zu ihren Schiffen hinlaufen, irren an der Seite Xenophons durch die Menge, um zu erfahren, was eigentlich los ist, und erleben schließlich mit, wie durch einen schrillen Schrei plötzlich die Hetzjagd auf Zelarchos (der zu seinem Glück noch ein ablegendes Schiff erreichen konnte, 5.7.29) eröffnet wird, und wie sich daraufhin die Kerasuntier, die ihre Schiffe nicht mehr flott machen konnten oder zu spät ans Ufer kamen, in panischer Angst ins Meer stürzen. * Wohl in allen griechischen Städten gab es die Behörde der 'Marktaufseher', welche die Ordnung auf den Märkten überwachten, Streitigkeiten zwischen Käufern und Verkäufern zu schlichten versuchten sowie die verwendeten Maße und Gewichte und die erhobenen Preise kontrollierten (vgl. BUSOLT I 491 u.ö.). Die Marktaufseher von Kerasus hatten offenbar den Zorn der Söldner auf sich gezogen, weil sie nach deren Meinung etwa den einheimischen Händlern ungerechtfertigte Vorteile, zum Beispiel überhöhte Preise, eingeräumt oder vielleicht auch Streitigkeiten zu deren Gunsten entschieden hatten. Daß ein solches Verhalten vor dem Hintergrund der allgemeinen Geldknappheit im Heer Konflikte heraufbeschwören konnte, liegt auf der Hand. Zelarchos, der ja Beamtenstatus hatte, war entweder als Mitglied der kerasuntischen Delegation oder als Begleiter von Kaufleuten, die mit den abzie-

Karte S.339

henden Truppen noch Geschäfte machen wollten, ins griechische Lager gekommen.

5.7.26-29 Punkt für Punkt entwickelt Xenophon jetzt die Konsequenzen, die sich aus der Auflösung der Disziplin ergeben werden oder bereits ergeben haben: (1) Anstelle großer gemeinsamer Aktionen des gesamten Heeres (darauf beruhte bisher dessen Unüberwindlichkeit) wird es nach dem Beispiel des Klearatos zu unkoordinierten problematischen Einzelunternehmungen kommen [27]. (2) Auch künftig wird jeder, der dies will, eigenmächtig Gesandte töten und so verhindern, daß der Gesamtheit deren Anliegen überhaupt zur Kenntnis kommen [27]. (3) Nach der Entmachtung der regulär gewählten Offiziere durch selbsternannte 'Generäle' wird eine völlige Rechtsunsicherheit mit willkürlichem Mord und Totschlag im Heer um sich greifen [28]. (4) Die inzwischen schon eingetretene Entwicklung hat bereits dazu geführt, daß im Fall des Zelarchos keine korrekte Untersuchung der gegen ihn erhobenen Vorwürfe mit einem gerechten Urteil erfolgt ist [29], (5) daß sie als einzige Griechen die griechische Stadt Kerasus allenfalls noch mit Gewalt (wie eine Stadt in Feindesland) betreten können [30], (6) und daß sie, belastet mit dem unverzeihlichen Verbrechen des Gesandtenmordes, sogar nicht einmal mehr ihren eigenen Toten die letzte Ehre erweisen können [30]. Die Liste zeigt mit erschreckender Klarheit, daß das disziplinierte Söldnerheer, das in der Vergangenheit dank seiner Einsatzbereitschaft, seines Überlebenswillens und seiner Zähigkeit so viele schwierige Situationen bewältigt hatte, nun am Zerfallen war. Anscheinend begannen auch die alten Strukturen der auf die Strategen eingeschworenen Abteilungen zu bröckeln und an ihrer Stelle neue Gruppierungen zu entstehen, an deren Spitze selbsternannte Führer standen. Sie stammten wohl in der Regel aus dem Kreis der Lochagen, deren Einfluß offenbar unter den gegebenen Umständen zunahm (vgl. 5.7.34), während gleichzeitig die Autorität der Strategen auf einen Tiefpunkt sank. Man mag sich fragen, ob ein Offizier wie Klearchos mit dieser schwierigen Situation überzeugend fertig geworden wäre. Xenophon, auf dem allein die Verantwortung damals praktisch lastete, verfügte jedenfalls weder über das jetzt notwendige brutale Durchsetzungsvermögen noch über eine ihm blind ergebene Militärpolizei noch über den Willen, mit allen Mitteln die Macht an sich zu reißen. Immerhin aber warf er sich (wohl als einziger Stratege) per-

Karte S.339

sönlich in die Bresche und brachte die Soldaten durch seine aufrüttelnde Rede tatsächlich noch einmal zur Besinnung.

5.7.31-33 Die aus der Zustandsanalyse abzuleitende Alternative lautet: entweder (eine Schreckensvision!) Zerfall des Heeres in kleine Gruppen, die sich voreinander wie vor Feinden absichern [31], oder (der ernst gemeinte Vorschlag) sofortige Beendigung der unerträglichen Verhältnisse. Psychagogisch geschickt schließt Xenophon seine Argumentation mit einem Fragenkatalog ab, der jedermann noch einmal ganz konkret vor Augen führt, was auf dem Spiel steht: Störung im Verhältnis zu den Göttern, Einbuße an Kampfkraft, Ausschluß aus den griechischen Städten, Schwierigkeiten bei der Verpflegungsbeschaffung, Mißachtung statt Anerkennung in Griechenland [32/33]. Die Rede verdient nach inhaltlichem Aufbau und rhetorischer Gestaltung volle Anerkennung, und es ist verständlich, daß sich die Zuhörer damals (wenn sie annähernd in der hier wiedergegebenen Form gehalten wurde) durch sie mitreißen ließen.

5.7.34 Die Heeresversammlung faßte mehrere Beschlüsse, die offenbar in einem eher chaotischen Verfahren von einzelnen Wortführern vorgeschlagen und durch zustimmendes Geschrei der Massen in Kraft gesetzt wurden: (1) Die Urheber der von Xenophon geschilderten unheilvollen Entwicklung (also insbesondere diejenigen, die zur Steinigung der Gesandten und des Zelarchos unter der Verwendung militärischer Kommandos wie παῖε und βάλλε aufgestachelt hatten) sollen bestraft werden - ein spontan gefaßter Beschluß, der aber vermutlich ohne Folgen blieb. (2) Neuerliche Anstiftung zur 'Gesetzlosigkeit' (mit dem Begriff ἀνομία hatte schon Xenophon [5.7.33] die Situation zusammenfassend gekennzeichnet) ist künftig verboten und mit der Todesstrafe bedroht - auch dies kaum mehr als eine Willensbekundung, die nach dem allgemeinen Autoritätsverlust der Führungsspitze schwerlich durchgesetzt werden konnte. (3) Ausnahmslos alle Strategen hatten sich einem Gerichtsverfahren zu unterziehen. Dieser Beschluß stellt eine modifizierte Form der in den griechischen Städten üblichen 'Rechenschaftsablegung' (εὐθύνας διδόναι) der Beamten nach Beendigung ihres Amtes dar und konnte wohl in der Tat zur Beruhigung der erhitzten Atmosphäre beitragen. (4) Gegen sonstige Mitglieder des Zuges, die sich während des Rückmarsches nach Kunaxa etwas hatten zuschulden kommen lassen, waren Gerichtsver-

Karte S.339

fahren einzuleiten - aber nach allgemeinem griechischen Recht nur dann, wenn private Anklage erhoben wurde. (5) Als Gerichtshof wurde der etwa 100 Mann umfassende Kreis der Lochagen eingesetzt; dadurch konnte das unter den gegebenen Umständen schwer zu organisierende Verfahren der förmlichen Auslosung eines Geschworenengerichts aus allen Berechtigten umgangen werden. Zugleich wird daraus aber auch die Vertrauensstellung, welche die Lochagen bei den einfachen Soldaten einnahmen, erkennbar.

5.7.35 Der Hobby-Mantis Xenophon legt Wert darauf, daß er und nicht einer der professionellen Seher, denen dies eigentlich oblag, die Entsühnung des Heeres inauguriert habe. Über die Art und Weise, wie das Reinigungsopfer (καθαρμός) vollzogen wurde, können nur Vermutungen angestellt werden. Auf jeden Fall wurde die das Heer befleckende Blutschuld durch das Blut eines getöteten Opfertiers kompensiert, entweder dadurch, daß das blutende Tier um die versammelte Mannschaft herumgetragen wurde, oder dadurch, *"daß das Heer zwischen den blutigen Teilen eines in zwei Stücke geschnittenen Hundes hindurchgeführt wurde"* (NILSSON I 106), wie es für das makedonische Heer beim Tod Alexanders des Großen (Curtius 10.9.12) und in ähnlicher Weise auch für andere Heere bezeugt ist.

5.8.1 Im Rahmen der Rechenschaftsablegung wurde zunächst die Abrechnung der von einzelnen Strategen verwalteten, der Allgemeinheit gehörenden Geld- und Sachmittel überprüft. Das entsprach dem Jahr für Jahr mit großem Aufwand von den zivilen Gemeinden durchgeführten *Euthynai*-Verfahren, in dem alle rechenschaftspflichtigen Beamten die Verwendung der ihnen anvertrauten Staatsgelder nachweisen mußten (vgl. LIPSIUS II 286-98). Sie hatten zu diesem Zweck vor einem Gerichtshof (in Athen bestand er aus insgesamt 501 Geschworenen) zu erscheinen, der sie entweder rechtskräftig entlasten oder aber, wenn aufgrund der Anklage irgendeines Bürgers ein schuldhaftes Verhalten festgestellt wurde, verurteilen konnte. In Athen wurde dabei *"Unterschlagung oder Bestechlichkeit mit dem zehnfachen Betrage der unterschlagenen Summe oder des Bestechungswertes bestraft, mißbräuchliche Verausgabung mit dem einfachen Ersatz"* (BUSOLT II 1078). Im vorliegenden Fall ging es um Verluste bei den γαυλικὰ χρήματα, d.h. den zu Schiff transportierten Bestandteilen des Trosses, die der

Karte S.339

Obhut der beiden schon älteren (vgl. 5.3.1), seinerzeit nachgewählten Strategen (3.1.47) anvertraut worden waren. Zum Ausgleich des (vermutlich durch illegale Verkäufe) eingetretenen Schwundes mußte jeder von ihnen 10 Minen, also 1000 Drachmen (etwa den durchschnittlichen Jahressold eines Söldnerstrategen) erstatten. Dieselbe Summe wurde auch Sophainetos auferlegt - jedoch als Buße für 'Pflichtwidrigkeit'. Nach 5.3.1 war ihm, gemeinsam mit Philesios, die Aufsicht (ἐπιμελεῖσθαι) über das zu Schiff transportierte Gepäck (τῶν σκευῶν ὅσα μὴ ἀνάγκη ἦν ἔχειν) übertragen worden. In diesem Zusammenhang scheint er zum leitenden Offizier gewählt worden zu sein, der nun für die (von den direkt zuständigen Offizieren lediglich auszugleichenden) Unregelmäßigkeiten die strafrechtliche Verantwortung übernehmen mußte. Vor oder hinter αἱρεθεὶς wird von manchen Philologen (vielleicht zu Recht) eine Lücke angenommen, für deren Ausfüllung verschiedene Vorschläge gemacht worden sind (ἄρχων oder εἰς τόδε: LÖWENKLAU, ἐπιστάτης: GEMOLL, ἐπιμελητής: SOROF). Anscheinend kam es bei der Überprüfung der übrigen Strategen nicht mehr zu Bestrafungen, auch nicht im Fall Xenophons, der sich jedoch gegen eine gefährliche, von mehreren Anklägern vorgebrachte Beschuldigung zur Wehr setzen mußte und gut daran getan hat, sie ausführlich zu widerlegen: die Ankläger behaupteten, er habe sie geschlagen und zwar ἐφ' ὕβρει. Durch diesen Zusatz wurde die Beschuldigung aus der rechtlichen Sphäre der Privatklage in diejenige der öffentlichen Klage überführt, die nach dem attischen Recht von den Thesmotheten erhoben wurde und im Fall eines Schuldspruches zu einer Geldstrafe oder sogar zum Todesurteil führen konnte (vgl. LIPSIUS II 1 420-29). Wodurch ein Schlag die Qualität eines Schlages ἐφ' ὕβρει erlangte, hat Aristoteles (Rhet. 1.13.10, 1374a13) klargestellt: dadurch, daß der Schlagende mit einem bestimmten Vorsatz handelte, zum Beispiel dem Vorsatz, *"einem anderen Schimpf anzutun oder sich selbst ein Vergnügen zu verschaffen"* (οἷον τοῦ ἀτιμάσαι ἐκεῖνον ἢ αὐτὸς ἡσθῆναι). Von strafrechtlich entscheidender Bedeutung war also das Motiv des Schlages - im Affekt vollzogene Mißhandlungen galten als Privatangelegenheit und konnten allenfalls mit einer Privatklage (αἰκείας) verfolgt werden. Im Unterschied dazu wurde der vorsätzliche Schlag zur Herabwürdigung eines anderen (und zwar sowohl eines freien Bürgers als auch eines Sklaven!) als Ausdruck einer Gesinnung interpretiert, welche der Staat als Gefährdung der Ordnung empfand und mit allen Mitteln bekämpfen zu müssen glaub-

Karte S.339

te. Unter den gegebenen Umständen mußte Xenophon seine Verteidigung darauf ausrichten, für die von ihm nicht abgeleugneten Schläge andere Motive als das Motiv der Hybris nachzuweisen.

5.8.2-12 In sehr lebendiger und plastischer Darstellung (die keiner näheren Erläuterung bedarf) läßt Xenophon den Leser an der Untersuchung des vom ersten Ankläger vertretenen Falles teilnehmen. Es geht um einen skandalösen Vorfall, der sich vermutlich auf dem entbehrungsreichen Marsch vom Stathmos **150** zum Stathmos **151** in der tief verschneiten Ebene von Hinis ereignete (vgl. 4.5.7-22) und der geeignet ist, beispielhaft die damals in Teilen der Truppe eingetretene menschliche Verrohung und Unkameradschaftlichkeit zu verdeutlichen. Vor allem aber kann er überzeugend dazu dienen, das gefährliche ὕβρις-Argument zu entkräften.
* Der Vergleich mit den Eseln [3], *"von denen man sagt, daß sie aus Hybris keine Erschöpfung spüren"*, geht wohl vor allem von dem bekannten unermüdlichen Geschlechtstrieb und der priapeïschen Natur des Esels aus, ist hier aber in allgemeinerem Sinn verwendet (vgl. DINDORF 263, MASQUERAY II 186).

5.8.13-17 Den zweiten Teil der Rede benutzt Xenophon dazu, seine wirklichen Motive für weitere von ihm ausgeteilte Schläge (deren Opfer nach dem durchschlagenden Erfolg des ersten Teils allerdings nicht mehr als Ankläger aufzutreten wagten) offenzulegen und so das Hybrismotiv endgültig von sich abzuwenden. Diese Schläge erfolgten *"wegen Disziplinlosigkeit"* zum Schaden der Gesamtheit [13] sowie zur Rettung der Erschöpften, die vor dem Tod durch Erfrieren standen [14/15] oder den Marsch behinderten, weil sie unterwegs aus Schwäche Erholungspausen einlegten und dabei Gefahr liefen, in die Hände der Verfolger zu fallen [16]. Daß er von solchen Leuten, die ihm sein Leben verdankten, der Hybris beschuldigt wurde, registrierte Xenophon zu Recht mit großer Bitterkeit [17].

5.8.18 Das aus dem Vorhergehenden abgeleitete positive Verteidigungsargument lautet: alle von ihm ausgeteilten Schläge erfolgten ἐπ' ἀγαθῷ der Geschlagenen und sind also ebensowenig strafwürdig wie Schläge, welche der Erziehung der Kinder dienen, oder wie etwa schmerzhafte Eingriffe der Ärzte, die zur Rettung der Kranken vorgenommen werden.

Karte S.339

5.8.19/20 Obwohl das Hybris-Motiv jetzt bereits so gut wie erledigt ist, kommt Xenophon, der sich seiner strafrechtlichen Bedeutung aus dem athenischen Rechtswesen bewußt war, noch einmal darauf zurück. Er zeigt nun auf, daß Hybris nicht in seinem Charakter angelegt ist, daß aber in gefährlicher Lage die verantwortlichen Führer hart durchgreifen müssen - nicht aus Hybris, sondern um das Ganze zu retten. In seiner Argumentation entwickelt er geschickt aus dem schon zuvor benutzten Gegensatz von Vergangenheit und Gegenwart das bekannte Bild des mit dem Sturm kämpfenden Schiffes, um sein damaliges Verhalten abermals zu rechtfertigen.

5.8.21-24 Zuletzt ruft Xenophon die 'Richter' selbst als Zeugen für die Gerechtigkeit seines Handelns auf und leitet damit zugleich den Gegenangriff ein: sie haben damals weder den geschlagenen Kameraden noch ihm geholfen, der doch nur einen Beschluß in die Tat umgesetzt hat, welchen die Heeresversammlung im Stathmos **113*** am großen Zab beschlossen hatte. Durch ihr Verhalten haben sie dazu beigetragen, daß wirkliche Hybris bei den Undisziplinierten (die ja von der Gesamtheit toleriert wurden) aufkommen und schließlich in Fleisch und Blut übergehen konnte - wie das Beispiel des thessalischen Boxers Boiskos zeigt, mit dem Xenophon offenkundig während des Schneemarsches persönlich in einen Streit, dessen Ausgang ihn noch immer wurmte, geraten war. Jetzt nahm er die Gelegenheit wahr, den Mann durch den Vergleich mit einem Hund in aller Öffentlichkeit seiner menschlichen Würde zu berauben und zu demütigen.

5.8.25/26 Mit spürbarer Bitterkeit beschreibt Xenophon eine Erfahrung, die seit eh und je viele Menschen gemacht haben, und provoziert mit seinem Appell an die Grundwerte (καλόν, δίκαιον, ὅσιον) und schließlich sogar an das Gefühl für ἡδονή der Zuhörer den spontanen Auftritt von Fürsprechern mit dem Erfolg (περιεγένετο), daß die Krise endgültig überwunden wird. Durch seine geschickte Argumentation gelingt es ihm, die ursprüngliche Anklage als Lobrede ausklingen zu lassen.

Karte S.339

Buch 6

6.1.1-3 Zu Korylas vgl. 5.5.12. Vernünftigerweise bemühte sich der paphlagonische Fürst darum, mit den Griechen (deren Marsch nach Westen durch sein Land er befürchten mußte) zu einer friedlichen Vereinbarung zu kommen. Seine Gesandten wurden korrekt, ja betont freundlich behandelt: offenkundig versuchten die Griechen den Makel, den sie durch die skandalöse Steinigung der Gesandten in Kerasus (5.7.19) auf sich geladen hatten, wieder vergessen zu machen. Während die offizielle Entscheidung über Krieg oder Frieden erst am nächsten Morgen durch die Heeresversammlung gefällt werden konnte (6.1.14), wurde die richtige Stimmung schon während der Nacht durch ein gemeinsames Fest vorbereitet: dazu luden die Griechen nicht nur die paphlagonischen Gesandten, sondern auch ausgewählte Bürger Kotyoras und Sinopes ein - gewiß diejenigen, die sich bei dem anfänglichen Konflikt (5.5.6) für sie eingesetzt hatten. Diesem Fest widmet Xenophon eine ausführliche und kulturhistorisch aufschlußreiche Beschreibung (6.1.4-13).

6.1.4-13 Das Fest gliederte sich in zwei Abschnitte: Zunächst erfolgte eine Opferzeremonie, die anschließend in ein reichliches Festmahl überging [4]. Mit der Weinspende und dem gemeinsam gesungenen Paian [5] begann dann der eigentliche Symposionabschnitt, in dessen Verlauf von verschiedenen Tänzern mehrere Waffentänze aufgeführt wurden [5-12], welche hier die Stelle der bei zivilen Symposien üblichen Tanz-, Gesangs- und pantomimischen Darbietungen oder auch der akrobatischen Schaustellungen professioneller Künstler (vgl. z.B. Sympos. 2.2 und 9) einnahmen.

Karte S.339

6.1.4 Anstelle der bei regelrechten Gastmählern verwendeten schweren vornehmen Klinen, auf denen sich die Teilnehmer ausstreckten, wurden hier sogenannte σκίμποδες eingesetzt, die auch κράββατοι hießen und schmale, einfach gezimmerte, billige Betten darstellten (Hesych: κλινίδιον εὐτελὲς μονοκοίτιον). Sie gehörten zum spärlichen Hausrat der ärmeren Bevölkerung - auch Sokrates benutzte als Nachtlager einen σκίμπους (Platon Prot. 310c), den Aristophanes zu seiner Verspottung in die Handlung der «Wolken» (254, 709) einbezogen hat. Wegen der leichten Bauart wurde der σκίμπους oder κράββατος auch als Krankentrage verwendet: berühmtestes Beispiel ist die Trage, welche der soeben von Jesus geheilte Gichtbrüchige allein nach Hause tragen konnte (Evang.Mark. 2.9, Evang.Ioann. 5.8). Im Troß der griechischen Marschkolonne wurden offenbar leichte Feldbetten dieser Art (für die Offiziere?) mitgeführt, aus denen man für das Fest ein improvisiertes Speisezimmer herrichtete. Unter den *"hörnernen Trinkgefäßen"* (nicht *"hölzernen"*: MÜRI) sind wohl abgesägte und ausgehöhlte Ochsenhörner, die vielleicht am Rand mit einem Metallstreifen eingefaßt waren (vgl. Caesar bell. Gall. 6.28.6), zu verstehen.

6.1.5/6 Nach dem Essen, vor dem Beginn des eigentlichen Symposions bestand die Sitte, zur Weinspende den Paian anzustimmen (vgl. Sympos. 2.1) und dreimal zu wiederholen. Als Begleitinstrument zu dem Gesang, der sich hier vermutlich nur auf die Anrufung der Götter beschränkte, diente die Flöte. Flötenspiel bestimmte auch den Rhythmus des anschließenden thrakischen und der weiteren Waffentänze. Diese galten als gute militärische Trainingsmöglichkeiten, weil sie die Soldaten durch Nachahmung der Wirklichkeit auf das richtige Verhalten in Kampfsituationen vorbereiteten. Entsprechend beschreibt sie auch der Athener in Platons «Nomoi» (7.815a1-7): *"Den kriegerischen Tanz, der von anderer Art als der friedliche ist, könnte einer wohl mit Recht als 'Waffentanz' [Pyrrhiche] bezeichnen, welcher die Vermeidung aller Schläge und Treffer durch Ausbiegen und jede Art des Ausweichens und durch Sprünge in die Höhe und Niederducken nachahmt, und die diesen jeweils entgegengesetzten, zu den Angriffsstellungen im Abschleudern der Pfeile und der Speere führenden Verhaltensweisen, und indem sie Nachbildungen aller Schläge darzustellen unternehmen"*. Offenbar traten die Thraker in paarweise lebhaft getanzten, ganz realistisch wirkenden Zweikämpfen auf, die schließlich mit dem scheinbaren Tod des einen Partners endeten. Wäh-

Karte S.339

rend der seiner Rüstung entkleidete Unterlegene wie ein Gefallener hinausgetragen wurde, sang der Sieger ein Lied auf Sitalkes, den König des vom Vater Teres aufgebauten thrakischen Odrysenreiches, der im Jahr 429 mit einem großen Heer gegen Perdikkas nach Makedonien gezogen war, dort einige Gebiete verwüstet hatte, aber nach 30 Tagen unverrichteter Dinge wieder heimgekehrt war (vgl. den exkursartigen Bericht bei Thuk. 2.95-101) und im Herbst 424, auf einem Feldzug gegen die Triballer, den Tod gefunden hatte. Offenbar wurde sein Ruhm in der Gestalt eines Siegesliedes lebendig bewahrt (vgl DANOV 174 zu Liedern als Form der historischen Überlieferung). Aber er war zu seiner Zeit auch in Athen immerhin so bekannt, daß Hermippos, ein erfolgreicher Dichter der Alten Komödie, in dem während des 'archidamischen' Krieges aufgeführten Stück «Phormophoroi» (Fr.63 = Athen. Deipn. 1.49, 27e6-f6) im Rahmen einer Parodie auf den homerischen *Schiffskatalog* - sie enthält die Aufzählung von Importgütern, die Griechenland dem seefahrenden Dionysos verdanke - erwähnt, Dionysos habe *"von Sitalkes den Lakedämoniern die Krätze"* (7) gebracht.

6.1.7/8 Ainianen, die im oberen Spercheiostal einen kleinen Staat bildeten, nachdem sie früh aus ihren ursprünglichen Wohnsitzen im Inneren Thessaliens vertrieben worden waren, hatte Menon mitgebracht (1.2.6). Die im östlichen Thessalien ansässigen Magneten werden nur hier erwähnt; man darf jedoch zuversichtlich vermuten, daß sie gleichfalls Söldner Menons gewesen waren. Jedenfalls taten sich Tänzer beider Volksgruppen zusammen, um den von Xenophon genau beschriebenen Waffentanz der *Karpaia* aufzuführen, der in pantomimischer Form einen in Einzelheiten variationsfähigen Vorgang aus dem ländlichen Leben darstellte. Zwar ging auch dieser Tanz am Schluß in die Nachahmung eines Kampfes über und konnte insofern wie die anderen Waffentänze als προγύμνασμα τοῦ πολέμου dienen; aber durch die Einführung der dramatischen Handlungskomponente gewann er einen zusätzlichen Reiz sowohl für die Darsteller als auch für die Zuschauer: beide mochten sich wie Teilnehmer an einer (stummen) Theaterszene fühlen.

6.1.9/10 Der Myser hatte sich auf die Sonderform des Waffentanzes mit zwei Schilden, ohne Schwert oder Speer, spezialisiert und damit eine über die Realität hinausgehende Stufe der Mimesis

Karte S.339

erreicht: er stellte gleichzeitig zwei Personen dar. Überdies bewies er artistische Fähigkeiten, als er trotz der Behinderung durch die beiden Schilde Drehungen und sogar regelrechte Salti vorführte. Schließlich tanzte er auch noch eine Variante des sogenannten 'Persertanzes', der offenbar aus einem Wechsel von Hochspringen und Niederkauern (danach hieß er auch ὄκλασμα: Pollux 4.100) mit ständiger Körperdrehung bestand (vgl. die Beschreibung des Tanzes der phoinikischen Kaufleute bei Heliodor, Aithiop. 4.17).

6.1.11 Ganz anders geartet war der Waffentanz der Mantineer: ein feierlicher Aufzug im ἐνόπλιος ῥυθμός, einem Versmaß, das sich dadurch auszeichnete, daß zwischen drei festen Hebungen (*longae*) schwankende Senkungen (1 oder 2 *breves*) erschienen. Durch katalektische Anwendung dieses Metrons entstand das sogenannte 'Prosodiakon', das den Rhythmus der Prozessionslieder prägte, die während des Zuges zum Tempel und Altar vorgetragen wurden, und zwar nach der antiken Theorie (Athen. Deipn. 14.30, 631d) im ernsten Tanzschritt. Es ist nicht ausgeschlossen, daß hier unter 'Paian' das zum Tanz gesungene Prozessionslied zu verstehen ist; kultische Paiane wurden häufig als Reigentänze aufgeführt. Jedenfalls unterschied sich die Darbietung der Mantineer dadurch von den zuvor gezeigten pantomimischen Waffentänzen, daß der von der Flöte begleitete würdevolle Tanzschritt sich mit Chorgesang vereinigte. Das Erstaunen der Paphlagonier ist verständlich, da normalerweise solche kultischen Tanzgesänge natürlich nicht in Waffen vorgetragen wurden. Hinzuweisen ist jedoch auf die Ausführungen des Atheners in Platons «Nomoi» (7.796b/c), in denen nach der Erwähnung der ἐνόπλια παίγνια der Kureten in Kreta und der Dioskuren in Lakedaimon davon die Rede ist, daß auch die attischen Jünglinge und Jungfrauen Waffentänze betreiben sollten *"zum Gebrauch im Krieg und um der Feste willen"* und daß es den noch nicht wehrpflichtigen Kindern gebühre, *"allen Göttern im Schmuck von Waffen und mit Pferden Prozessionen und Festumzüge zu begehen, indem sie schneller und langsamer in den Tänzen und im Gehen die Götter und die Kinder der Götter anflehen"* (vgl. zu den *Danses πρὸς τὸν ἐνόπλιον ῥύθμον* POURSAT 552-65 mit einer Reihe von Vasenbildern).

6.1.12/13 'Pyrrhiche' war die Bezeichnung schlechthin für das εἶδος πολεμικόν der ernsten Tanzkunst (Platon, Nomoi 7.816b8), welches auf spielerische Weise den Umgang mit den Waffen trai-

Karte S.339

nierte (vgl. o.zu 6.1.5/6) und zum Beispiel in Sparta bereits vom fünften Lebensjahr an zum allgemeinen Lehrprogramm gehörte (Athen. Deipn. 14.29, 631a). Nach dem Ausweis zahlreicher Vasenbilder wurde die Pyrrhiche in der Regel von einzelnen, mit Helmen, Schilden und Lanzen ausgestatteten, unbekleideten Männern getanzt, welche also im Wechsel die typischen Haltungen im Angriff und in der Verteidigung imitierten. Aber dieser attraktive Tanz war relativ früh auch in das Repertoire professioneller Solotänzerinnen eingedrungen, die ihn zur Unterhaltung der Gäste von Gastmählern und Symposien nicht mehr in seiner ursprünglichen ernsten und würdigen, sondern in einer eher lasziven Form vorführten und damit bei ihrem männlichen Publikum großen Beifall fanden. Aus der häufigen Darstellung solcher Pyrrhiche-Tänzerinnen, auch im Zusammenhang von Gelageszenen, auf attischen Vasenbildern läßt sich die Popularität dieser Variante des Waffentanzes ablesen (zum Thema insgesamt vgl. POURSAT 566 ff.). Die hier erkennbare Entwicklung hat im Lauf der Zeit dazu geführt, daß die Waffentänze schließlich auf das Niveau von Varieténummern absanken und, wie Athenaios (Deipn. 14.29, 631a/b) sagt, eine Art dionysischen Charakter annahmen: *"Die Tänzer halten Thyrsosstäbe anstelle von Speeren, werfen Narthexzweige gegeneinander, tragen Fackeln und stellen im Tanz die Geschichten von Dionysos und den Indern sowie von Pentheus dar"*. In dem Bericht Xenophons über das Nachtfest sind die Entwicklungsstufen des Waffentanzes von der getanzten Darstellung des wirklichen Kampfes bis hin zur effektvollen Show-Einlage wiederzufinden. * Die den Paphlagoniern auf ihre Rückfrage hin erteilte Antwort stellt die tatsächlichen Vorgänge beim Einbruch der königlichen Truppen in das Lager bei Kunaxa (1.10.2/3) auf den Kopf: die beiden genannten Frauen werden dort auf der Flucht, nicht im Kampf gezeigt. *"Sous l'influence du vin, les Grecs déforment gaiement les choses"* (MASQUERAY II 186). Demetrios.v.Phaleron (De elocut. 131) glaubte dagegen ernsthaft, in der witzigen Bemerkung rhetorische Kunst in zweifacher Weise erkennen zu können: einerseits entstehe der Eindruck, daß nicht Frauen, sondern Amazonen den Griechen gefolgt seien, andererseits werde die Schwäche des Großkönigs, der sogar vor Frauen die Flucht ergriffen habe, an den Pranger gestellt.

6.1.14 Inzwischen waren in Sinope alle Anstrengungen unternommen worden, um die ungeliebten Gäste möglichst schnell aus

Karte S.339

Kotyora fortzuschaffen. Xenophon hatte in seiner Verteidigungsrede (5.7.8) einen Bedarf von *"mindestens etwa 100 Schiffen"* für den Transport der ganzen Marschkolonne und ihres Trosses veranschlagt. Man muß wohl tatsächlich davon ausgehen, daß eine (natürlich aus verschieden großen Einheiten bestehende) Flotte dieser Größenordnung nach und nach am Ufer vor Anker gegangen war und zur Einschiffung bereit lag. Die Entfernung von Kotyora bis zum Zielpunkt Harmene in Küstennähe kann mit etwa 300 km angenommen werden. Die Ausschiffung in Harmene erfolgte nach einer 24-Stunden-Tag/Nachtfahrt (δρόμος νυχθήμερος), während welcher etwa 240 km zurückgelegt wurden, im Verlauf des folgenden Tages (vgl. o. zu 5.3.1). * Von jetzt an werden in diesem Kommentar die Stathmoi nicht mehr durchgezählt, da Xenophon selbst sie nicht mehr systematisch verzeichnet hat (vgl. zu 7.8.26).

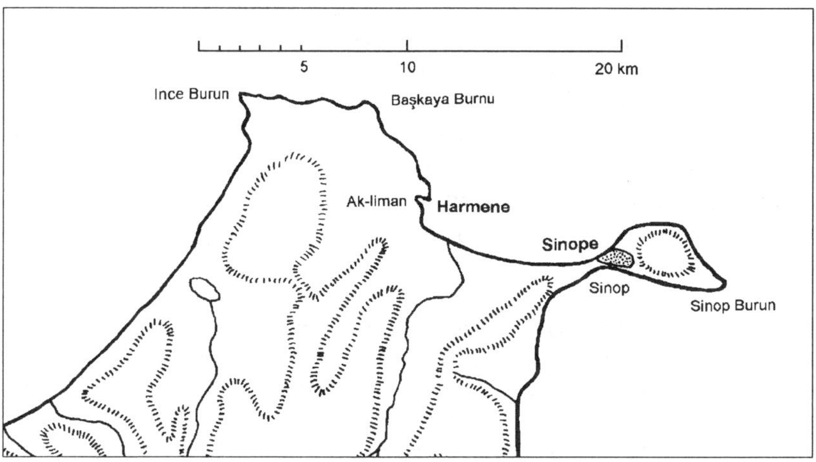

61. Die Lage von Sinope und Harmene

6.1.15 Sinope lag an der Stelle des heutigen Sinop (vgl. MAREK 18/19 und Taf. 46). Nach der zutreffenden Beschreibung Strabons (12.3.11) war die bedeutende Handelsstadt *"auf dem Hals einer Halbinsel"* angelegt und verfügte *"auf beiden Seiten der Engstelle über Häfen und Ankerplätze"*. Aber nicht hier erfolgte die Ausschiffung, sondern erst etwa 10 km weiter westlich bei Harmene (Armene), einer kleinen sinopischen Kolonie. Sie verfügte über

Karte S.339

einen eigenen, bis in die Neuzeit benutzten Hafen, den heutigen Ak-liman, von dem aus sich ein langer Strand mit niedrigen Hügeln nach Osten erstreckt: hier richteten die 'Kyreer' offenkundig ihr Lager ein, während die Stadt Harmene wahrscheinlich auf einem Hügel am nördlichen Rand der Bucht zu suchen ist (vgl. STOOP 123 mit Fig. 14 und 15). * Nach Herodot (4.12.2) sollen die Kimmerier auf der Flucht nach Asien vor den Skythen *"die Halbinsel besiedelt haben, auf welcher jetzt die griechische Stadt Sinope liegt"*; tatsächlich konnten jedoch bisher bei Ausgrabungen keine kimmerischen Überreste nachgewiesen werden (vgl. o. zu 4.8.22-24), so daß zur Zeit weder die Frage, ob hier eine kimmerische Siedlung vor der milesischen Koloniegründung in der Mitte des 7. Jahrhunderts bestand, noch die Frage, ob wir mit zwei Gründungsvorgängen, einem vor und einem nach dem Kimmeriereinfall, rechnen müssen, beantwortet werden kann. * 1 *Medimnos* ('Scheffel') von ca. 50 l entsprach in der Regel 48 *Choinikes*, d.h. Tagesrationen eines Mannes; demnach würden 3000 Medimnen Mehl 144000 normale Tagesrationen ergeben, die (je nach der Größe der tatsächlich ausgegebenen Portionen) die Ernährung für 1-2 Wochen sicherstellten. Unter κεράμια sind hier genormte Amphoren aus Ton zu verstehen, deren Inhalt nach 'Krügen' (χόες) verschiedener Größe (2.5-4.5 l) gemessen wurde. Sie dürften im Durchschnitt 20-25 l Wein enthalten haben (das seit dem 1. Jahrhundert v.Chr. als römisches Hauptmaß für Flüssigkeiten dienende κεράμιον Ἰταλικόν war auf 26.2 l Wein normiert).

6.1.16 Cheirisophos kehrte nicht nur völlig unverrichteter Dinge aus Byzantion zurück, sondern mußte auch die unverhohlene Forderung des spartanischen Nauarchen Anaxibios übermitteln, man möge sich aus dem Pontosgebiet entfernen. Dieses eigentliche Anliegen konnte weder durch Lobesworte noch durch das Soldversprechen, das einer Erpressung gleichkam (Anaxibios wiederholte es später, 7.1.3, noch einmal) verdunkelt werden. Offenbar wurde der große Söldnerhaufen allenthalben als überaus störend und bedrohlich eingeschätzt, nicht nur von den übrigen Griechen des Pontosgebietes, sondern auch von den benachbarten Persern. So sah Pharnabazos, der Satrap der Daskylitis, Plünderungen in seinem Gebiet voraus (vgl. 6.4.24 und 5.30) und versuchte die spartanischen Machthaber in Byzantion dazu zu bewegen, die 'Kyreer' aus Kleinasien überhaupt abzuschieben (7.1.2 und 2.7). Man darf also wohl vermuten, daß hinter dem Soldversprechen des Anaxibios das Angebot persischen Geldes steckte.

6.1.17/18 Ungeschminkt referiert Xenophon das Motiv der Truppe für ihren (in Wirklichkeit revolutionären) Vorschlag, das bisherige Strategenkollegium durch einen einzigen, mit absoluten Machtbefugnissen ausgestatteten Oberbefehlshaber zu ersetzen: man erhoffte sich einen höheren Wirkungsgrad bei Beutezügen, wenn deren Planung und Organisation in einer Hand lagen. Die bisherige Praxis, nach der jeder Anführer für sich mit seinen Leuten zur Plünderung auszog, hatte in der Tat immer wieder zu Fehlschlägen und Verlusten geführt (vgl. etwa 5.7.14-16), zumal das von Xenophon in Trapezus angeregte geordnete Verfahren (Anmeldung von Beutezügen bei der Heeresleitung: 5.1.8) sich anscheinend nicht durchgesetzt hatte. Der Vorschlag beruht aber natürlich auch auf der Erfahrung, daß inzwischen de facto die Gesamtleitung der Marschkolonne an Xenophon gefallen war - allerdings nur in dem Sinn, daß er im Strategenkollegium als primus inter pares das entscheidende Wort führen konnte und hoffen mußte, bei der Abstimmung über von ihm vorgeschlagene Maßnahmen die Mehrheit zu erreichen: de jure entschieden nach wie vor alle Strategen gemeinsam über alle Angelegenheiten ἐκ τῆς νικώσης [sc. γνώμης oder ψήφου, vgl. 6.2.12]. Allerdings dürfte die Gruppe der Ja-Sager, die froh darüber waren, daß einer die Arbeit machte, in der Regel für die Mehrheit ausgereicht haben. Dennoch bedeutete die völlige Entmachtung dieses Kollegiums, das einst die einzelnen Söldnerkontingente gesammelt hatte, einen schwerwiegenden Eingriff in die Führungsstruktur der Truppe, der zwar offenbar von den Soldaten gemeinsam mit den Lochagen getragen wurde, aber von den betroffenen Strategen nicht folgenlos hingenommen werden konnte: hier war ein Konflikt vorprogrammiert, der auch nach wenigen Tagen ausbrach und zur Auflösung des Heeres führte.

6.1.20/21 Xenophon fühlte sich durch die an ihn gerichtete Bitte des Heeres, das Amt des αὐτοκράτωρ ἄρχων zu übernehmen, zu Recht sehr geschmeichelt - sie bedeutete einen großen Vertrauensbeweis und die Anerkennung seiner Führungsqualitäten. Und es ist wohl keine Frage, daß der Gedanke an den Ruhm bei seinen Überlegungen über dieses Angebot tatsächlich die Hauptrolle spielte. Wie die Soldaten dachte auch er bereits an die baldige Heimkehr; wenn jene gerne materielle Güter mitbringen wollten, so

Karte S.339

hoffte er, daß ihm der Ruf eines großen und erfolgreichen Truppenführers nach Athen vorauseilen werde. Aber es ist auch klar, daß Xenophon seinem ganzen Wesen nach eine so schwerwiegende Frage nicht ohne den Rat der Götter entscheiden konnte. Immerhin war es möglich, daß Fehlschläge eintraten, die dann allein unter seine Verantwortung fallen und den Ruhm, den bereits erworben zu haben er überzeugt war, beeinträchtigen würden. Vielleicht darf man vermuten, daß der negative Ausfall des Vorzeichens ihn damals zunächst sehr enttäuscht hat, daß er aber wenige Tage später, als der statt seiner gewählte Cheirisophos scheiterte, für die Weisheit der göttlichen Fürsorge dankbar war.

6.1.22-24 Die Partie gewährt interessante Einblicke in die praktische Durchführung von Opferhandlungen zum Gewinn eines göttlichen Ratschlages und zur Auslegung von Vorzeichen. [1] Vorsorglich wurden *zwei* Opfertiere zum Altar geführt, um für den Fall, daß bei der Opferung des ersten Probleme auftraten, gleich Ersatz zur Hand zu haben. Aus dem Text geht hier nicht hervor, ob das Doppelopfer notwendig war (ebensowenig 7.6.44); an anderen Stellen wird ausdrücklich mitgeteilt, daß bereits das erste Opfertier korrekte Ergebnisse erbrachte (vgl. 6.5.2 und 8). [2] Die Frage wurde an einen bestimmten Gott gerichtet, in diesem Fall an *Zeus Basileus*, den das Orakel in Delphi seinerzeit neben anderen Opfergöttern genannt hatte (3.1.6), und auf den nach der Überzeugung Xenophons auch jener folgenreiche Traum vom blitzgetroffenen Vaterhaus zurückging: dadurch hatte Zeus seine Bereitschaft zur Hilfe in schwieriger Lage bewiesen. [3] Wie sich Xenophon jetzt erinnerte, hatte Zeus auch schon vor dem Beginn des großen Abenteuers, nämlich während der 3-Tage-Reise von Ephesos nach Sardeis (3.1.8), durch seinen heiligen Vogel, den Adler, ein deutliches Vorzeichen gegeben. Das Referat der damaligen Auslegung durch den Seher läßt gut erkennen, wie man Vogelzeichen, die in den Bereich der sogenannten 'induktiven' Mantik gehörten und also der kunstgerechten Deutung bedurften, zu entschlüsseln versuchte: [a] Zunächst wurde die Art des Vogels bestimmt, da vielen Vögeln (Falken, Habichten, Sperbern, Weihen, Raben, Krähen, Eulen, Möven, Spechten u.a.) wahrsagende Kräfte zugesprochen wurden; der Schrei eines *Adlers* war nach allgemeiner Überzeugung stets auf bedeutende, über die Privatsphäre hinausgehende Vorgänge zu beziehen. [b] Ferner kam es auf die Seite an, auf der sich, in Marschrichtung gesehen, der Vogel befand; dabei galt die

Karte S.339

rechte Seite als glücksverheißend. [c] Von größter Bedeutung war schließlich die Verhaltensweise des Vogels während der Beobachtung (Flug oder Sitzen). In diesem Zusammenhang mußte der Mantis (wie an unserer Stelle schön zu sehen ist) seine Kunst vor allem dadurch beweisen, daß er bekannte Erfahrungstatsachen durch logische Schlußfolgerungen gewissermaßen in die Gestalt von Weissagungen übersetzte. Hier lag der Ausgangspunkt für die Entwicklung einer regelrechten divinatorischen Wissenschaft, die in voller Breite nur noch von professionellen Sehern beherrscht wurde. [4] Das aktuelle Opfer, durch welches sich Xenophon eine Entscheidungshilfe in seinem augenblicklichen Problem erhoffte, gehörte ebenfalls zu den induktiven Divinationsarten, unterschied sich aber dadurch von den ohne Zutun des Menschen auftretenden Vogelzeichen, daß man das Zeichen aus eigenem Entschluß durch ein Opfer herbeizuführen versuchte; nach der Tötung des Opfertiers wurden aus der genauen Betrachtung der Eingeweide (ἱεροσκοπία, σπλαγχνοσκοπία), der Beobachtung der Opferflamme (ἐμπυρομαντεία) oder der Rauchentwicklung (καπνομαντεία) gewisse Schlußfolgerungen auf die Zukunft gezogen. Wurden etwa Abnormitäten an Leber, Galle, Milz, Herz oder Lunge festgestellt, oder ergaben sich Schwierigkeiten beim Verbrennungsvorgang, so deutete dies auf eine ablehnende Antwort des Gottes auf die gestellte Frage.

6.1.25 Auf der (von den Lochagen einberufenen?) Heeresversammlung wurde zunächst über die Grundsatzfrage diskutiert, ob das Strategenkollegium durch einen αὐτοκράτωρ ἄρχων ersetzt werden solle. Anscheinend kam es zu keiner offenen Gegenwehr der ihres Einflusses inzwischen ohnehin bereits weitgehend beraubten Strategen gegen die Änderung. In der anschließenden Personaldebatte zeichnete sich eine klare Mehrheit für Xenophon ab, während der Spartaner Cheirisophos, dem nach traditionellem Verständnis eigentlich ein solcher Posten zugestanden hätte, weniger Befürworter fand. Viele Soldaten nahmen ihm wohl seine lange Abwesenheit und vor allem das Mißlingen des Auftrages, den sie ihm auf seinen eigenen Vorschlag hin erteilt hatten (5.1.4), übel. Weitere Kandidaten dürften keine Rolle gespielt haben.

6.1.26-29 Xenophon begründet seine Ablehnung erst im zweiten Anlauf (6.1.31) mit dem ungünstigen Vorzeichen, dessen Überzeugungskraft sich niemand hätte verschließen können, sondern

Karte S.339

versucht es zunächst mit einer politischen Argumentation. Unüberhörbar schwingt darin die Enttäuschung darüber mit, daß er das großen Ruhm versprechende Amt nach dem Willen Gottes nicht übernehmen durfte. Gegen die hegemonialen Ansprüche der Spartaner, die Athen zur Anerkennung ihrer Vorherrschaft gezwungen hatten, und deren Macht ja auch im nahegelegenen Byzantion gegenwärtig war, sollte, so argumentiert er, im Augenblick kein Athener anzukämpfen versuchen: er würde nur Schaden für die Allgemeinheit und Gefahren für sich selbst heraufbeschwören. Vor allem aber wäre bei seiner Wahl damit zu rechnen, daß andere Strategen sie (wie er vorsichtig formuliert) ihm und den Soldaten *"verübeln"* könnten; das heißt im Klartext, daß es dann wohl zu einem für die Gesamtheit verhängnisvollen Machtkampf um die Spitzenposition kommen, und jene στάσις (den politisch stark belasteten Begriff hämmert er seinen Zuhörern durch viermalige Wiederholung [29] förmlich ein), die er für sich selbst ausschließt, von anderer Seite aus eintreten würde. Xenophon schätzt hier seine Lage durchaus realistisch ein, läßt aber im abschließenden Konditionalsatz im Grunde die Möglichkeit, sich trotz des Risikos wählen zu lassen, noch offen. Überdies wird zuvor die Machtergreifung Spartas am Beispiel Athens als ein so brutaler Vorgang dargestellt, daß freiheitliebende Griechen hier eher zum Widerspruch als zur Zustimmung gereizt wurden - was ja dann auch geschah.

6.1.30/31 Agasias, einer der herausragenden Lochagen aus der während des langen Marsches von Xenophon geführten Nachhut, spricht hier für den Freundeskreis arkadischer Offiziere, den er zusammen mit mehreren Landsleuten bildete (vgl. zu 4.7.8-14), und der wohl stets in einer gewissen Opposition zu den Lakedämoniern stand. Zwar verließ auch er mit seinen Kameraden Xenophon, als sich das Heer in Herakleia Pontike auflöste (6.2.12), war dann aber wenige Tage später, in Kalpes Limen, der Wortführer derjenigen, welche für die Wiederherstellung der alten Ordnung (und das heißt auch für die neuerliche Anerkennung Xenophons als des maßgeblichen Mannes im Strategenkollegium) eintraten (6.4.10/11). Durch seinen sarkastischen Einspruch verstärkte sich erneut die Opposition gegen Cheirisophos, die erst durch den Bericht über das eindeutig negative Vorzeichen zum Schweigen gebracht wurde. Vermutlich haben sich die Dinge tatsächlich ungefähr so, wie Xenophon sie darstellt, abgespielt, aber es ist auch nicht zu übersehen, daß er durch die breite Ausmalung der Öffent-

Karte S.339

lichkeit überdeutlich von der hohen Anerkennung, die ihm von Seiten des Heeres zuteil wurde, Kenntnis geben will. Es wäre naiv anzunehmen, daß die «Anabasis» nicht auch der Steigerung des eigenen Ruhmes dienen sollte.

6.1.32/33 Cheirisophos, der die spartakritischen Untertöne in der Rede Xenophons natürlich nicht überhören konnte, wehrt zunächst die Möglichkeit, er könne jener ἀχθόμενος (6.1.29) sein, energisch ab, kommt dann (vielleicht mit einem Anhauch von Häme) auf die Verleumdungskampagne des Dexippos gegen Xenophon bei Anaxibios zu sprechen (vgl. zu 5.1.15) und bestätigt so praktisch dessen Argumentation. In diesem Zusammenhang wird ein Vorgang erwähnt, der sich vor dem Beginn des eigentlichen Rückmarsches, bei der Neuwahl der Strategen im Lager am großen Zab (3.1.47) abgespielt haben muß und den Haß des Dexippos auf Xenophon zu erklären vermag: Dexippos war davon überzeugt, daß damals Xenophon seine Hand im Spiel hatte, als zum Nachfolger Klearchs nicht er (vermutlich einer seiner Lochagen), sondern der Nicht-Spartaner Timasion gewählt wurde.

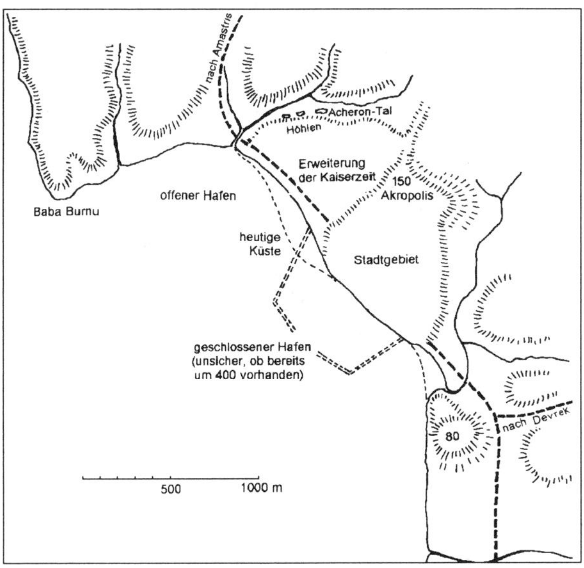

62. Herakleia Pontike (nach HOEPFNER Plan 2)

Karte S.339

6.2.1 Auf der Fahrt von Sinope nach Herakleia Pontike wurde lediglich der Parthenios passiert (vgl. zu 5.6.9), während die Flüsse Thermodon, Iris und Halys bereits zwischen Kotyora und Sinope ins Meer münden. Es scheint mir unvermeidlich, hier mit MASQUERAY u.a. eine Interpolation anzunehmen, die fälschlich von der Aufzählung der vier Flüsse durch Hekatonymos (5.6.9) ausging und entweder zwischen παραπλέοντες und ἀφίκοντο (so MASQUERAY) oder (mir wahrscheinlicher) zwischen καὶ und παραπλεύσαντες oder zwischen καὶ und ἀφίκοντο eingeschoben ist.

6.2.1/2 Herakleia Pontike war von megarischen und böotischen Kolonisten um 560 an einer außergewöhnlich günstigen Stelle angelegt worden, in der windgeschützten Bucht von Eregli, *"in deren ruhigem Wasser selbst die Auswirkungen großer Stürme kaum zu spüren sind. Die Form der Bucht, die etwa 5 km breit und 1.5 km tief ist, wird von einer gebirgigen, nach Westen in das Meer vorgelagerten Halbinsel bestimmt"* (HOEPFNER 20). Diese Halbinsel, jetzt Baba Burnu, trug in der Antike den Namen Ἀχερουσὶς Ἄκρα oder Ἀχερουσιὰς χερρόνησος. Eine eindrucksvolle und zutreffende Beschreibung der Landschaft findet sich bei Apollonios Rhodios (2.727-751). Der durch das Acheron-Tal im Südosten des Vorgebirges fließende Unterweltsstrom soll von den megarischen Einwanderern bei ihrer Ankunft in Σοωναύτης (*Retter der Schiffer*) umbenannt worden sein (Apoll.Rhod. 2.746-49). Jedenfalls wurde in der unheimlichen Acheron-Schlucht der Eingang in die Unterwelt vermutet - wohl im Zusammenhang mit drei großen Höhlen, die sich auf der Südseite des Tales finden und deren größte immerhin 75 m breit ist (vgl. Arch.Anz. 1962/63, 590-92 mit Abb.12). Vielleicht bezieht sich Xenophons Breitenangabe (ca. 355 m) auf den ganzen Talabschnitt mit den Höhlen. Das alte Stadtgebiet von Herakleia wurde in der Kaiserzeit um eine ebene Fläche erweitert, die sich zwischen dem westlichen Stadtrand und dem Acheron-Tal erstreckt; es kann wohl keinem Zweifel unterliegen, daß auf diesem Gelände der Stathmos eingerichtet wurde. Der Hinweis auf den Lykos hat damit allerdings nichts zu tun, sondern bezieht sich auf die Uferebene südlich der Stadt. * Die Mariandynen waren ein thrakischer Volksstamm, der das Gebiet um Herakleia innehatte und durch die griechische Kolonisation in eine Art Helotenabhängigkeit von den neuen Herren geriet. Über die (uns hier allein interessierende) Westgrenze ihres Landes sind verschiedene Angaben überliefert. Nach Pompon. Mela (2.98) lag die Insel Thynias

Karte S.339

(nördlich der Halbinsel von Kalpe [Pazabarsi Burnu]) *"Mariandynorum finibus proxima"*, nach Apollon. Rhod. (2.722) stellte der Sangarios (40 km weiter östlich) die Grenze dar, nach Skylax (91) floß der nächste größere Fluß im Osten, der Hypios, durch mariandynisches Gebiet. Aus dem weiteren Itinerar Xenophons scheint sich mir mit Sicherheit zu ergeben, daß zu seiner Zeit das Gebiet von Herakleia am Sangarios endete (vgl. zu 6.2.17-19).

6.2.3 Hinter dem relativ großzügigen Gastgeschenk der Herakleoten (zu μεδίμνους und κεράμια vgl. 6.1.15) steht der verständliche Wunsch, die unberechenbaren Söldner friedlich zu stimmen, um während ihres Aufenthaltes die eigenen Bürger möglichst vor Schaden zu bewahren. Zusätzlich wurde noch ein Markt vor den Mauern der Stadt betrieben (vgl. 6.2.8), so daß die Soldaten diese auch zum Einkaufen nicht zu betreten brauchten. Man kann sagen, daß die Herakleoten sich notgedrungen in das Unvermeidliche fügten und sogar in gewissem Umfang zu materiellen Opfern bereit waren, aber für ihre plötzlich aufgetauchten Landsleute ebenso wenig Mitgefühl und Sympatie wie die Bewohner der anderen griechischen Städte, die mit ihnen zu tun bekommen hatten, empfanden.

6.2.4/5 Nach der zu 6.1.15 durchgeführten Rechnung stellte das Gastgeschenk der Herakleoten die Ernährung für 1-2 Wochen sicher: Lykon betreibt hier mit seinem Redebeitrag regelrechte Panikmache, um zusätzlich zu den Naturalien noch Bargeld zu erpressen. Seine Forderung nach mindestens 3000 *Kyzikenern* (vgl. zu 5.6.19-21) - sie wurde von einem Zwischenrufer sogar noch auf 10000 Kyzikener erhöht - entsprach dem Monatssold von 3000 einfachen Soldaten (vgl. 7.2.36, 7.3.10) und muß gegenüber einer griechischen Stadt, die durch den Schiffstransport und die Lebensmittellieferung schon so viel für die 'Kyreer' getan hatte, als grobe Unverschämtheit bezeichnet werden. Dennoch wurde ohne weitere Umschweife die sofortige Entsendung einer Delegation, welche die Forderung durchsetzen sollte, beschlossen. Der Bericht macht in erschreckender Weise deutlich, daß Cheirisophos ungeachtet des ihm übertragenen Oberbefehls keinerlei Autorität besaß. Weder er noch ein anderer Stratege konnte Einfluß auf die Soldaten nehmen, deren Wortführer, in der Regel wohl Lochagen, offenbar nach Belieben schalteten und walteten. Der völlige Zusammenbruch der Heeresorganisation war nur noch eine Frage der Zeit.

Karte S.339

6.2.6-8 Daß sich Cheirisophos und Xenophon nicht zu Handlangern der selbsternannten Wortführer des Aufruhrs machen lassen wollten, ist verständlich, trug aber nicht unwesentlich zum endgültigen Zerfall der Truppe bei (6.2.9). Trotz ihrer Gegenargumentation wurde die Delegation auf den Weg geschickt. Die beiden Arkader Agasias und Kallimachos gehörten zu den mutigen und einsatzbereiten Hoplitenlochagen, welche während des Rückmarsches unter dem Kommando Xenophons die Nachhut geführt hatten; Kallimachos hatte auch bereits an der Gesandtschaft nach Sinope teilgenommen (5.6.14). Der Achäer Lykon, vielleicht ein Lochage in der Abteilung des Cheirisophos, der bisher nur als Opponent Xenophons hervorgetreten ist (5.6.27), wird hier als der Hauptschuldige an den folgenden Verwicklungen dargestellt. Ob das einseitig negativ gezeichnete Bild Lykons der Wahrheit entspricht, muß dahingestellt bleiben. Denn natürlich war sich Xenophon auch der psychagogischen Macht des Schriftstellers, der seine persönliche Sympathie oder Antipathie gegenüber Personen mit Hilfe geschickter Formulierungen in ein scheinbar objektives Licht stellen kann, bewußt. Die Reaktion der Herakleoten auf das unzumutbare Ansinnen war eindeutig: sie bereiteten sich darauf vor, notfalls den Kampf um ihre Stadt mit den ungebetenen Besuchern aufzunehmen.

6.2.9-12 Die Wut der Masse wurde nach dem Scheitern des Erpressungsversuches auf die Strategen insgesamt, vor allem aber natürlich auf die prominentesten, Cheirisophos und Xenophon, gelenkt. Die gegen den letzteren erhobenen Vorwürfe waren in den Kreisen der peloponnesischen Offiziere latent sicher immer schon vorhanden gewesen, kamen jetzt aber zusammen mit landsmannschaftlichen Eigeninteressen vehement zum Vorschein. Der alte Gegensatz zwischen Athen und der Peloponnes, der während der gemeinsam überstandenen Notzeiten keine Rolle gespielt hatte, brach explosionsartig auf. Sein beklagenswertestes Opfer war der vollbürtige Spartiate Cheirisophos, der jetzt zwischen die Linien geriet. Er verlor nicht nur den Oberbefehl über das Ganze (der in Wahrheit freilich ohnehin nichts wert gewesen war), sondern wurde auch von der Masse der Peloponnesier verlassen und, ebenso wie Xenophon, indirekt sogar beschuldigt, nichts geleistet, sondern nur Gewinn eingestrichen zu haben. Die Meuterei der Arkadier und Achäer (damals insgesamt noch mehr als 4000 Hopliten: 6.2.16) leitete den Zerfall des Heeres in drei getrennt marschierende Ab-

Karte S.339

teilungen ein. * Die landsmannschaftliche Zusammensetzung der ursprünglichen Armee läßt sich nur in groben Umrissen erkennen. Daß aus Achaia und Arkadien besonders viele Söldner kamen, läßt sich aus der namentlichen Nennung der zahlreichen von dort stammenden Personen ablesen: *Achaier*: Lykon [5.6.27], Philesios [3.1.47], Phryniskos [7.2.1], Samolas [5.6.14], Sokrates [1.1.11], Xanthikles [3.1.47]; *Arkadier*: Agasias [4.1.27], Agias [2.5.31], Arexion [6.4.13], Aristonymos [4.1.27], Arystas [7.3.23], Basias [4.1.8], Eurylochos [4.2.21], Hegesandros [6.3.5], Kallimachos [4.1.27], Kleanor [2.1.10], Nikarchos [2.5.33], Pyrrhias [6.5.11], Smikres [6.3.4], Sophainetos [1.1.11], Xennias [1.2.1]. Größere Kontingente scheinen auch Athen und Sparta gestellt zu haben: *Athener*: Amphikrates [4.2.13], Gnesippos [7.3.28], Kephisodoros [4.2.13], Lykios [3.3.20], Phrasias [6.5.11], Polykrates [4.5.24], Xenophon [3.1.4] (= Theopompos [2.1.12] ?); *Lakedaimonier*: Cheirisophos [1.4.3], Dexippos [5.1.15], Klearchos [1.1.9] Kleonymos (Leonymos) [4.1.18], Neon [5.6.36], Nikandros [5.1.15]. An *Boiotern* werden genannt Proxenos [1.1.11] und Thorax [5.6.19], an *Thrakern* Miltokythes [2.2.7]. Gelegentlich werden Abteilungen erwähnt, die bestimmten Regionen entstammen: Achaier [6.2.10], Ainianen [1.2.6], Arkadier [6.2.10], Boioter [5.3.6], Doloper [1.2.6], Kreter [1.2.9], Magneten [6.1.7], Mantineer [6.1.11], Mileter [1.2.2], Olynthier [1.2.6], Rhodier [3.3.16], Thraker [1.2.9]. Alles in allem kann man von einem bunt zusammengewürfelten Haufen mit einem deutlichen Übergewicht peloponnesischer Söldner sprechen.

6.2.13/14 Neon, der die Abteilung des Cheirisophos während dessen Abwesenheit geführt hatte, wird von Xenophon durchgängig negativ beurteilt (vgl. zu 5.7.1/2). Mit Hilfe seiner unkameradschaftlichen Intrige erreichte er es, daß das Restheer in zwei auf sich gestellte, relativ schwache Abteilungen auseinanderbrach. In seiner Argumentation taucht zum erstenmal der Ort Kalpes Limen auf, der während der folgenden Ereignisse noch eine wichtige Rolle spielen sollte. Von ganz besonderem Interesse ist die Tatsache, daß Xenophon ihm die einzige ausführlichere topographische Ekphrasis der «Anabasis» gewidmet hat (6.4.1-6). Tatsächlich erschien Kleandros später in Kalpes Limen, allerdings nur mit zwei Trieren (6.6.5), die für den Transport größerer Truppenmassen natürlich nicht ausreichten. Cheirisophos war in Herakleia offenkundig bereits von der Krankheit gezeichnet, die ihm wenige Tage

Karte S.339, 378

später das Leben kostete (6.4.11). Energielos und verbittert *"überließ er es ihm* (= Neon), *zu machen, was er wolle"*. Daß αὐτῷ auf Neon und nicht auf Xenophon oder das Heer zu beziehen ist, wie einige Interpreten vorschlugen, scheint mir aus dem Zusammenhang heraus sicher zu sein: Xenophon will andeuten, daß dieser skrupellose Mann mit dem vom Tod gezeichneten Cheirisophos leichtes Spiel hatte.

6.2.15 Xenophon hatte unter dem Einfluß der Vorwürfe, die er ständig einstecken mußte, und des mangelnden Rückhalts bei Cheirisophos offenbar sein ganzes Selbstvertrauen verloren und sich zur Aufgabe seines militärischen Kommandos und zur Heimreise entschlossen. Die Formulierung ἔτι μὲν ἐπεχείρησεν... (vgl. Hell. 2.4.11) ist hier in dem Sinn zu verstehen, daß er bereits seit einer gewissen Zeit und nach wie vor erwog, das Heer zu verlassen (vgl. MASQUERAY II 98 Anm.2). Aber er fand für sein Vorhaben nicht die Unterstützung durch Herakles Hegemon, der neben Zeus Soter in schwierigen Situationen gern um Hilfe angerufen wurde: nach der glücklichen Ankunft in Trapezus wurde beiden für ihre bisherige Hilfe gedankt (4.8.25), bei einem späteren Kampf dienten ihre Namen als Parole (6.5.25). In seiner Alternativanfrage benutzte Xenophon die in solchen Fällen übliche formelhafte Wendung λῷον καὶ ἄμεινον (vgl. 7.6.44, Lak.Pol. 8.5 und z.B. Platon Nomoi 8.1, 828a3). Im Hinblick auf die apologetische Tendenz der «Anabasis» ist es von Interesse, daß Xenophon hier sein weiteres Verbleiben bei der Truppe, das später schließlich in die Zusammenarbeit mit den Spartanern Thibron und Agesilaos einmündete, ausdrücklich auf göttliche Weisung zurückführt.

6.2.16 Gegenüber der Musterung in Kerasus (5.3.3), bei der insgesamt 8600 bewaffnete Soldaten gezählt wurden, ist inzwischen ein Schwund von etwa 500 Mann eingetreten. Bei dieser Annahme wird allerdings vorausgesetzt, daß der in den führenden Codices der sogenannten *deteriores* F und M überlieferte Zusatz καὶ πεντακόσιοι zu τετρακισχίλιοι durch eine von der 5.3.3 genannten Zahl ausgehende Interpolation in den Text gelangt ist. Wie auch an anderen Stellen der «Anabasis» scheint es mir nicht ausgeschlossen, daß hier die Randbemerkung eines kritischen Lesers, der sich lediglich die Differenz zwischen den beiden Berechnungen notiert hatte, fälchlich als Zusatz verstanden und interpoliert wurde. Während Xenophon die übrigen Zahlen durch εἰς als

Karte S.339, 378

eher nach oben als nach unten abgerundet kennzeichnet, hebt er deutlich hervor, daß die Achaier und Arkadier jedenfalls mehr als 4000 Hopliten umfaßten. Aus der Parenthese in 6.2.10 (ὑπὲρ ἥμισυ τοῦ ἄλλου στρατεύματος) ist zu folgern, daß sie (knapp) über die Hälfte des Gesamtheeres kamen. Man könnte etwa folgende Rechnung aufmachen: Arkadier/Achaier: 4050; sonstige Hopliten: 3030 (statt ca. 3100), Peltasten: 960 (statt ca.1000), Reiter: 40; dann ergibt sich ein Verhältnis von 4050 zu 4030. Die Aufnahme der Lesart von F und M würde zwar die Rechnung erleichtern (mehr als 4500 Mann stehen höchstens 4140 Mann gegenüber), setzt aber die unrealistische Annahme voraus, daß inzwischen überhaupt keine Verluste eingetreten waren oder vielmehr sogar eine Vergrößerung des Heeres (von 8600 auf 8640 Mann) stattgefunden hatte. Zu den *"Thrakern Klearchs"* vgl. 1.2.9: von den ursprünglich 800 Peltasten waren noch 700 übrig.

6.2.17-19 Der Weg der drei getrennt weiterziehenden Abteilungen läßt sich mit großer Sicherheit rekonstruieren. Die Arkader benötigten etwa eine Tagesfahrt, um von Herakleia bis nach Kalpes Limen zu gelangen, und unternahmen dann von dort aus ihre Beutezüge ins Binnenland. Cheirisophos zog auf der Küstenstraße entlang und dürfte für die Marschstrecke von etwa 120 km vier Tage benötigt haben. Der Ausdruck ἐπορεύετο διὰ τῆς χώρας ist vor allem im Gegensatz zu πλέουσιν zu sehen. Vielleicht ist auch die antike Straße etwas weiter landeinwärts als die heutige verlaufen, zumindest direkt südlich von Herakleia, wo sie ein Stück weit im Lykos-Tal geblieben zu sein scheint, um den dort 513 m aufragenden Berg östlich zu umgehen. An welcher Stelle der *"Einfall nach Thrakien"* (= Bithynien) erfolgte, ist dem Text nicht zu entnehmen - aber es muß sich um dieselbe Grenze handeln, die Xenophon, der anschließend *"durch das Landesinnere marschierte"*, zu Schiff erreichte; er benutzte also von der Landestelle aus einen in südlicher Richtung führenden Weg, von dem er jedoch später offenkundig wieder abbog, um den belagerten Arkadern zu Hilfe zu eilen (6.3.12-26) und schließlich auch Kalpes Limen zu erreichen (6.4.1). Alle diese Angaben fügen sich unter der Voraussetzung, daß damals der Sangarios die Grenze zwischen dem herakleotischem und dem bithynischem Gebiet markierte, zu einem geschlossenen Bild zusammen. In der Tat führte wohl von der Sangariosmündung aus, an der sich ein von den Herakleoten besetzter Hafen befand (Skylax 92), eine alte Straße nach Südwesten; sie

Karte S.378

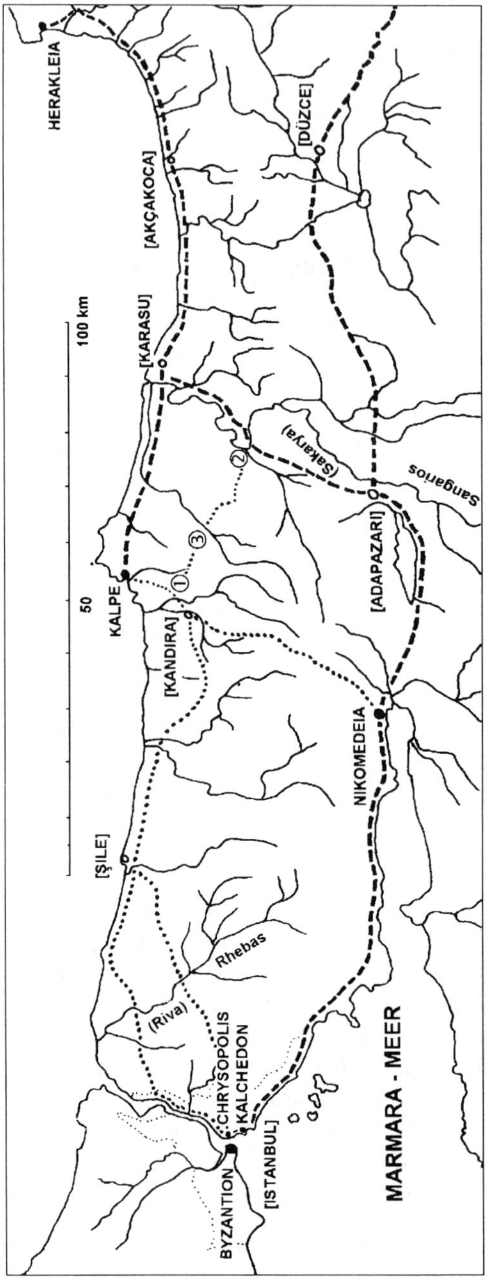

Karte S.378

63. Verbindungswege zwischen Herakleia Pontike und Byzantion [6.2.17-6.38]: sicher rekonstruierbare Wege *gestrichelt*, hypothetisch rekonstruierte Wege *punktiert*, ① Belagerungsplatz, ② Abweichung Xenophons von der Hauptstraße, ③ Biwakplatz Xenophons

stieß nach ca. 50-60 km bei der heutigen Stadt Adapazari in der Ak Ova-Ebene auf die große Ost-West-Fernstraße, die aus dem Landesinneren kommend bei Chrysopolis (dem Zielort Xenophons, vgl. 6.3.14) den Bosporos erreichte.

6.3.1 Die an dieser Stelle in den *deteriores* F und M eingeschobene Zusammenfassung entspricht den jeweils am Anfang der Bücher 2, 3, 4, 5 und 7 interpolierten Rückblicken. Da aber die Bucheinteilung insgesamt durch formelhafte Inscriptiones (Ξενοφῶντος κύρου ἀναβάσεως λόγος πρῶτος, δεύτερος usw.) definiert ist, scheint mir hier kein Indiz für eine anders eingeteilte Ausgabe vorzuliegen, sondern eher ein Beweis dafür, daß die Rückblicke ursprünglich zur eigenen schnellen Information angefertigte Randbemerkungen eines kritischen Lesers waren, die nachträglich in den Text eingedrungen sind. Den Beginn des 6. Buches empfand dieser Mann zu Recht nicht als einen markanten Einschnitt: von 5.5.3 bis 6.1.14 werden ja über die Buchgrenze hinweg Ereignisse, die sich in Kotyora abspielten und keinen Fortschritt in der Handlung herbeiführten, erzählt. Demgegenüber bedeutete die Aufspaltung des Heeres in drei Abteilungen tatsächlich eine dramatische Veränderung der Situation; deshalb stand die Anmerkung ihrer Absicht entsprechend am Rand dieser Partie, wo die Vorlage der sogenannten *meliores* sie jedoch ignorierte (anders MASQUERAY II 89 Anm.1).

6.3.2-6.37 Die Ereignisse, die sich in der Umgebung von Kalpes Limen abspielten, beschreibt Xenophon in der Form eines regelrechten Tagebuches, das für die ersten neun Tage (3.2-5.32) eine genaue Rekonstruktion erlaubt: **1. Tag**: Während der Nacht Ankunft der *Arkader* und unverzüglicher Ausmarsch zur Plünderung der umliegenden Dörfer; am Abend Beginn der Belagerung durch die Thraker (3.1-6). Marsch des *Cheirisophos* auf der Küstenstraße entlang (3.10). Anlandung *Xenophons* und Beginn des Einmarsches ins Landesinnere (3.10). **1. Nacht**: Sammlung der Thraker zum Kampf gegen die *Arkader* (3.6). **2. Tag**: Belagerung der *Arkader* durch die Thraker; erfolglose Verhandlungen wegen eines Waffenstillstandes. *Cheirisophos* und *Xenophon* jeweils auf dem Marsch. **3. Tag**: *Xenophon* erfährt von der Belagerung der *Arkader* und entschließt sich zur Hilfeleistung; während des Marsches Anlegung von Bränden, abends Biwak ohne Lagerfeuer (3.10-21). Thraker brechen am Abend die Belagerung der *Arkader* ab (3.23). *Cheirisophos* noch auf dem Marsch. **3. Nacht**: *Xenophons* Biwak (3.21); Abzug der *Arkader* vor Tagesanbruch (3.23). **4. Tag**: Wiedervereinigung der drei Truppenteile in Kalpes Limen; Biwak am Strand (3.21-4.8). **5.Tag**: Bestattung der Toten (4.9/10). **6. Tag**: Heeresversammlung; im Hinblick auf den Abmarsch ungünstige Opfer (4.10-15). **7. Tag**: Abermals ungünstige Opfer (4.15-19). **8. Tag**: Wiederum ungünstige Opfer; Heeresversammlung; gescheitertes Unternehmen Neons; Hilfsexpedition Xenophons (4.20-26). **8. Nacht**: Bei Sonnenuntergang werden die Vorposten durch Bithynier angegriffen (4.26-5.1). **9. Tag**: Verlegung des Lagers vom Strand auf die felsige Halbinsel von Kalpe; Eintreffen eines Nachschubschiffes aus Herakleia Pontike; Ausmarsch

Karte S.378

des Heeres zur Gewinnung von Lebensmitteln; am Nachmittag (5.7) Kämpfe mit Truppen des Pharnabazos; bei Sonnenuntergang Rückkehr ins Lager (5.1-32). Die weiteren noch bei Kalpes Limen verbrachten Tage (6.1-37) sind nicht mehr im einzelnen rekonstruierbar; sie wurden mit gemeinsamen (6.1) oder (an Rasttagen) privaten Beutezügen (6.2) ausgefüllt. In diese Zeit fiel die Ankunft des Kleandros (6.5) sowie die von Dexippos ausgelöste schwere Krise (6.5-34); nach deren Beilegung kam es drei Tage hintereinander zu vergeblichen Opfern über die Frage, ob Kleandros den Oberbefehl übernehmen solle (6.36). Schließlich erfolgte der Abmarsch aus Kalpes Limen in Richtung auf Byzantion (6.37). *

Im folgenden sollen auch die über den Text verteilten topographischen Angaben, welche die Umgebung von Kalpes Limen im Umkreis von maximal 10½ km (5.32) betreffen, zusammengestellt werden (zu Kalpes Limen selbst vgl. die ausführliche Ekphrasis 4.1-6). Hinter der Halbinsel und dem Hafen erstreckte sich zunächst etwa 3½ km weit ins Landesinnere hinein ein Höhenzug, der zur Küste hin mit Wald bedeckt war. Jenseits des Höhenzuges begann landwirtschaftlich genutztes Land mit zahlreichen Dörfern; die ersten lagen etwa 5-5½ km vom Meer entfernt (3.1). Der Weg zu ihnen führte über ein Bachbett (3.5 und 8), vor dem jener Hügel aufragte, auf dem die Arkader belagert wurden. In seiner Nähe scheinen die Wege, die von den verschiedenen Dörfern herkamen, auf den zum Hafen führenden Hauptweg gestoßen zu sein (vgl. 4.9 ἐκ τῶν ὁδῶν). Eine zweite Gruppe von Dörfern lag anscheinend an anderer Stelle näher an jenem Höhenzug (4.24); auch von ihnen aus bestand ein Verbindungsweg zum Hafen (5.6), den die flüchtenden Männer Neons zunächst unter schweren Verlusten benutzten, bevor sie sich später querfeldein auf den Höhenzug zurückzogen (4.24). Diesem offenbar für den Handelsverkehr ausgebauten Weg (Xenophon erwähnt 5.22 eine über eine Schlucht führende Brücke) folgten die Griechen insgesamt etwa 10½ km weit (5.32) durch bergiges, für Reiter jedoch noch zugängliches Gelände ins Landesinnere hinein. Unter der sicher richtigen Voraussetzung, daß die Wegeführung seit alters dieselbe geblieben ist, muß es sich dabei um den Weg von Kefken nach Kandira gehandelt haben. Er steigt nach Überschreitung eines Bachbetts in bergiges Gelände hinauf; von der Stelle aus, wo er unter der Höhe 232 vorbeiführt, beträgt die Entfernung bis Kefken ca. 10-10½ km. Hier ist also der Umkehrpunkt sowohl der griechischen Truppe als auch des Gegners, der in südwestlicher Richtung abrückte, anzunehmen. Vermutlich

Karte S.378, 381

könnten die von Xenophon beschriebenen Vorgänge bei genauerer Inspektion des Geländes (oder Einsicht in ein Meßtischblatt) exakt rekonstruiert werden.

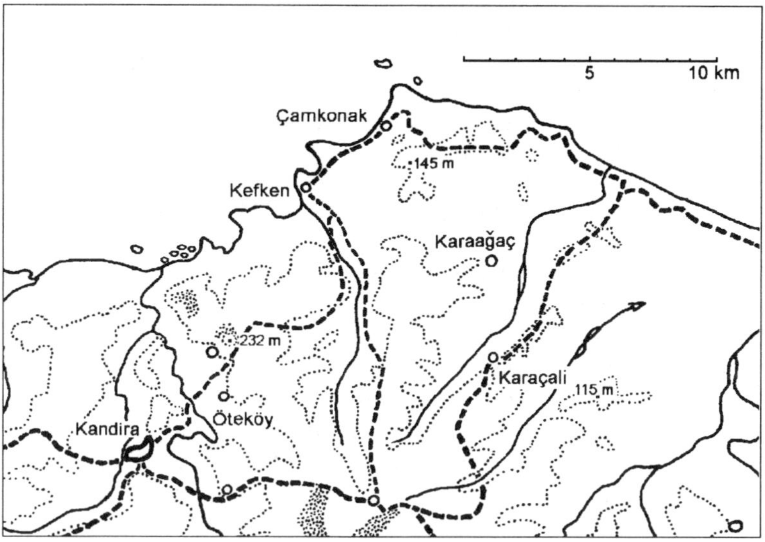

64. Die weitere Umgebung von Kalpes Limen, nach 'Tactical Pilotage Chart', 1:500.000 (punktierte Linie: Höhe 250 Fuß [76 m], punktierte Fläche: Höhe über 500 Fuß [152 m], gestrichelt: moderne Straßen und Wege)

6.3.2-5 Noch in der Dunkelheit marschierten die Arkadier 1½-2 Stunden auf dem gebahnten Weg vom Hafen aus ins Landesinnere, bevor sie auf die ersten Siedlungen stießen und sich zum Überraschungsangriff im Morgengrauen verteilten. Der vereinbarte Hügel lag am Weg in der Nähe eines Bachbettes; man möchte vermuten, daß er zu den Ausläufern jenes Höhenrückens gehörte, der den Küstenstreifen vom Bauernland abtrennte. Die zehn (6.3.5) Hoplitenlochoi, die von neu ernannten Strategen (6.3.6 werden sie richtiger als Lochagen bezeichnet) geführt wurden, dürften im Durchschnitt 400 Mann stark gewesen sein (vgl. 6.2.16). Die schlagartige Besetzung der Dörfer wurde ein voller Erfolg. Die Soldaten trieben auf ihrem Rückmarsch zum Sammelplatz Scharen

Karte S.376, 379

von Gefangenen und ganze Schafherden vor sich her. Dies bedeutete jedoch zugleich eine Schwächung ihrer Kampffähigkeit, die wegen der schweren Hoplitenausrüstung ohnehin nur auf den Nahkampf ausgerichtet war. So konnten wohl, als die thrakischen Truppen angriffen, die meisten Gefangenen (und vermutlich auch die Schafe) wieder entkommen. Da die einzelnen Lochoi aus verschiedenen Richtungen zum Sammelplatz zurückmarschierten, boten sie den leichtbewaffneten, schnellen Thrakern, die sich die eine oder andere Kolonne gesondert vornehmen und mit Pfeilen und Speeren aus sicherer Entfernung beschießen konnten, ein lohnendes Ziel. Die von Smikres und Hegesandros geführten Lochoi (beide Lochagen werden nur hier genannt) wurden förmlich aufgerieben, so daß die Arkader etwa 20% ihrer Mannschaft einbüßten.

6.3.6-9 Auf dem als Sammelplatz vereinbarten Hügel bezogen die Überlebenden Stellung und konnten im Verlauf der Nacht an den Geräuschen erkennen, wie sich immer mehr Feinde zu Pferd und zu Fuß ringsum versammelten. Im Morgengrauen begannen dann die Angriffe - und offenbarten die völlige Hilflosigkeit schwerbewaffneter gegenüber beweglichen leichten Truppen. Zwar konnten (und wollten) diese den phalanxartigen Verteidigungsring der Hopliten nicht durchbrechen, so daß es nicht mehr zu schweren Verlusten (wenn auch zu zahlreichen Schußverletzungen) kam. Aber die Arkader waren nun in ihrer Stellung festgenagelt und gerieten schließlich in eine ausweglose Situation, als es den Thrakern gelang, sie von dem Bachbett, zu dem sie zunächst offenbar noch einen Zugang hatten aufrecht erhalten können, abzuschneiden. Da nach den am Vortag gemachten Erfahrungen zu befürchten war, daß der Versuch eines Rückmarsches nach Kalpes Limen zur Vernichtung der ganzen Einheit führen würde (überdies mußte man damit rechnen, daß die von den Herakleoten unter Zwang gestellten Schiffe den Hafen inzwischen wieder verlassen hatten), wurden Verhandlungen über einen Waffenstillstand aufgenommen, die jedoch an der Geiselfrage scheiterten. Im Normalfall gehörte die Stellung von Geiseln nicht zum Ritual der σπονδαί; diese wurden vielmehr nach der einvernehmlichen Festlegung der Bedingungen durch die feierliche Eidesleistung der Bevollmächtigten beider Parteien sowie durch das gemeinsame Trankopfer (σπένδεσθαι) zum rechtskräftigen Abschluß gebracht (vgl. BUSOLT II 1251-53). Im vorliegenden Fall wollten die Arkader verständlicher-, aber auch utopischerweise eine zusätzliche Si-

Karte S.381

cherheitsgarantie gewinnen, bevor sie sich ihren Gegnern auf Gedeih und Verderb auslieferten.

6.3.10/11 Xenophon war an der Sangariosmündung an Land gegangen (vgl. zu 6.2.17-19) und marschierte auf dem dort beginnenden Weg nach Südwesten, um die von Osten her nach Byzantion führende Fernstraße zu erreichen. Vermutlich erfolgte der Abmarsch seiner Abteilung am Morgen des 2. Tages. Im Verlauf des 3. Tages erhielt er die Informationen über das Schicksal der Arkader und über die Sammlung größerer thrakischer Truppenmassen in seiner unmittelbaren Nähe und entschloß sich zur Änderung seiner Pläne.

6.3.12-17 Die kurze Rede an die Soldaten erläutert klar und überzeugend die Lage sowie die aus ihr abzuleitenden Konsequenzen. In der Tat konnte weder der Rückmarsch nach Herakleia Pontike (ca. 100 km) noch der Weitermarsch zum Bosporos (ca. 150 km) ernstlich in Betracht gezogen werden, nachdem die Feinde bereits den Kampf mit der größten der drei griechischen Abteilungen erfolgreich aufgenommen hatten. Eine realistische Chance zur Rettung bot nur die schnelle Wiedervereinigung aller 'Kyreer', die gemeinsam noch immer ein abschreckendes militärisches Potential repräsentierten. Vor allem lag es im eigenen Interesse, die Arkader vor der endgültigen Vernichtung zu bewahren: sie stellten ja im Gesamtheer über die Hälfte der Hopliten, von deren Stärke in der offenen Feldschlacht der Sieg abhing. Xenophon unterstützt seine sachlich einleuchtende Argumentatation mit einem Hinweis auf den Ruhm, der hier, wie immer das Befreiungsunternehmen ausging, zu gewinnen war [15], und schließlich sogar mit einem etwas boshaften Seitenblick auf die göttliche Gerechtigkeit [16], der seinen Männern wohl aus dem Herzen gesprochen war. Aus dem am Schluß der Ansprache formulierten Befehl ist zu entnehmen, daß die Begegnung mit den Informanten noch am Vormittag des 3. Tages erfolgte: jedenfalls konnte auf dem von diesen gewiesenen Weg nach Kalpes Limen bis zum Abend noch eine beträchtliche Strecke zurückgelegt werden. * Die in dieser Partie eingetretene Textverwirrung hat REHDANTZ überzeugend beseitigt, indem er die überlieferten §§ 14 und 15 hinter den überlieferten § 18 versetzte, so daß sich die folgende neue Reihenfolge (die z.B. in der zweisprachigen Ausgabe von MÜRI kommentarlos aufgenommen ist) ergibt: § 13 alt = § 13 neu, 16 alt = 14 neu, 17 alt = 15 neu, 18

Karte S.381

alt = 16 neu, 14 alt = 17 neu, 15 alt = 18 neu, 19 alt = 19 neu. Nicht notwendig erscheint mir seine weitere Verschiebung der Worte ταῦτ' εἰπὼν ἡγεῖτο vom Anfang des § 19 zwischen die §§ 17 und 18 neu, da sich εἰπών gut auf ἐκέλευε und doch wohl auch auf das vorhergehende παρέπεμψε beziehen läßt.

6.3.18-20 Aus den von Xenophon referierten Befehlen läßt sich die Organisation des gefechtsbereiten Vormarsches rekonstruieren. Besonders wichtig war die Feindaufklärung nach vorne und in den Flanken, eine typische Aufgabe für die leichten und berittenen Truppen. Zusätzlich sollten diese zur Täuschung des Gegners auch noch abseits der Straße Brände anlegen. Xenophons taktisches Konzept beruhte also nicht auf dem Überraschungseffekt, sondern umgekehrt auf der abschreckenden Wirkung der weithin sichtbaren Flächenbrände. Offenkundig führten die einzelnen Abteilungen stets Material zum Anzünden von Feuern mit sich. Als das Biwak auf einem Hügel neben der Straße aufgeschlagen wurde, war der an seinen Lagerfeuern erkennbare Feind nur noch etwa 7-7½ km entfernt. Die Nacht vom 3. auf den 4. Tag verlief ohne Zwischenfälle. Die übertrieben große Menge der zunächst angezündeten, später aber wieder gelöschten eigenen Lagerfeuer diente auf doppelte Weise der Irreführung des Gegners: einerseits wurde eine sehr große Armee vorgetäuscht, andererseits der bedrohliche Eindruck vermittelt, daß diese Armee noch während der Nacht den Lagerplatz verlassen habe und im Schutz der Dunkelheit vielleicht zum Angriff heranrücke.

6.3.21-23 Im Morgengrauen des 4. Tages begann der Eilmarsch mit dem Ziel, den thrakischen Belagerungsring aufzubrechen und die Arkader zu entsetzen. Als jedoch nach etwa 1½ Stunden die Hopliten an Ort und Stelle eintrafen, waren, wie schon zuvor Timasion gemeldet hatte, weder Freund noch Feind ausfindig zu machen. Immerhin konnten einige Informationen über ihre Aktionen gewonnen werden. Insbesondere lag die (später durch deutliche Spuren bestätigte) Vermutung nahe, daß die Arkader mit mehrstündigem Vorsprung vor den Truppen Xenophons den Weg nach Kalpes Limen eingeschlagen hatten.

6.3.24-26 In Kalpes Limen kam es dann zur Wiedervereinigung der beiden Abteilungen und wohl auch der Abteilung des Cheirisophos, die vermutlich im Laufe dieses 4. Tages dort eintraf. Mit gro-

Karte S.381

ßer Einfühlungsgabe läßt Xenophon in der den Arkadern in den Mund gelegten direkten Rede dem Leser das Geschehen der vergangenen Nacht aus deren Sicht lebendig vor Augen treten: wie sie in der Ferne die Rettung verheißenden Lagerfeuer sahen und bemerkten, daß sie plötzlich alle erloschen; wie daraufhin die Thraker abrückten und sie selbst voller Ungeduld auf das Eintreffen der Kameraden warteten; wie sie sich dann eine Erklärung für deren Ausbleiben zurechtlegten und eilends den Marsch zum Meer antraten, um nur ja nicht alleine in diesem feindseligen Land zurückzubleiben.

vgl. Nachtrag auf S.523

6.4.1-7 Die (von Arrian, peripl.13, kurz referierte) Beschreibung von Kalpes Limen ist die einzige detaillierte Ekphrasis einer Örtlichkeit in der «Anabasis». Sie gewinnt besonderes Interesse dadurch, daß sie sich offenkundig an den Gesichtspunkten orientiert, welche bei der Neugründung einer Kolonie zu berücksichtigen waren: 1. *Die geographische Lage*: Kalpes Limen ist im Bereich des einzigen nennenswerten Vorgebirges zwischen Herakleia Pontike und dem nördlichen Ausgang des Bosporos, Pazabarsi Burnu, zu suchen [3]. Da von dem *"nach Westen gerichteten Strand"* [4] am Hafen die Rede ist, kommt nur die Westküste des Vorgebirges, die mehrere Buchten aufweist, in Betracht. Die genaue Lokalisierung muß aus anderen Details der Beschreibung gewonnen werden. 2. *Topographische Beschreibung*: Die (seiner Zeit nicht besiedelte) Örtlichkeit besteht aus einer halbinselförmig ins Meer vorragenden Fläche (τὸ χωρίον = 6.5.1 τὸ ἐρυμνὸν χωρίον) mit schroffen Steilufern; sie ist mit dem Festland durch einen nur 120 m breiten *"Hals"* (αὐχήν = 6.5.1 ἡ εἴσοδος) verbunden [3]. Am Fuß des Steilufers befindet sich der Hafen mit einem nach Westen gerichteten Sandstrand [4]. Der Höhenzug, dessen letzter Ausläufer die Halbinsel selbst ist (τὸ ὄρος), erstreckt sich noch etwa 3½ km landeinwärts. 3. *Größenverhältnisse*: Die Halbinsel bietet, wenn sie bis zum *"Hals"* ausgenutzt wird, Raum für die Ansiedlung von 10000 Menschen [3]. Im Binnenland kann der erwähnte Höhenrücken von 3½ km Länge dem Siedlungsgebiet im weiteren Sinn zugeschlagen werden. 4. *Wasserversorgung*: Eine reich fließende Süßwasserquelle entspringt direkt am Fuß der Uferfelsen [4]. 5. *Sicherheit*: Auf der Seeseite gewähren die mindestens 35 m hohen steilen Uferfelsen [3] hervorragenden Schutz, auf der Landseite stellt der enge *"Hals"* eine leicht zu verteidigende natürliche Sperre dar. Die

Karte S.381

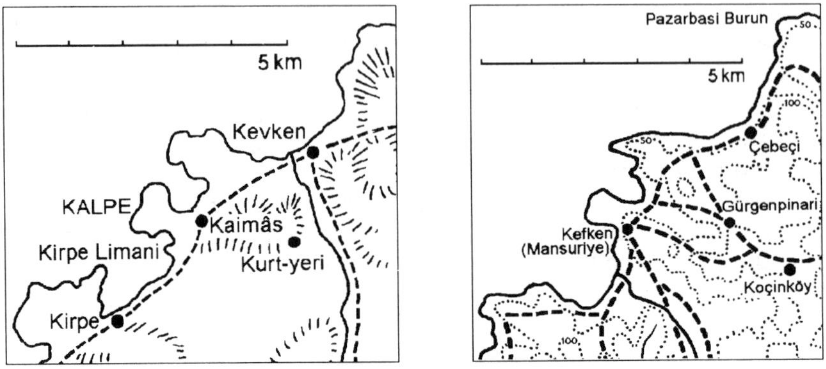

65. Die nähere Umgebung von Kalpes Limen nach KIEPERT (*links*) und 'Harita Genel Müdürlügü', 1:200.000 (*rechts*)

Wasserversorgung ist auch im Belagerungsfall gesichert, da die Quelle in den Schutzgürtel der Siedlung einbezogen werden kann [4]. 6. *Baumaterial*: Bauholz, insbesondere auch für den Schiffsbau geeignetes, ist reichlich in der unmittelbaren Umgebung vorhanden, so daß längere Transportwege entfallen [4, 5]. 7. *Bodenqualität*: Der Boden des angrenzenden Höhenrückens besteht aus steinloser guter Erde [5]. 8. *Das Hinterland*: Jenseits des Höhenrückens erstrecken sich weite, von der einheimischen Bevölkerung landwirtschaftlich genutzte Flächen (also keine rauhen Berge), welche die Versorgung einer Siedlung von 10000 Menschen mit allem Lebensnotwenigen (außer Öl, das aus Sinope oder Amisos leicht beschafft werden konnte, vgl.Strabon 2.1.15, DANOFF 1006) garantieren würden [6]. - Die Verschiedenartigkeit der Aspekte, unter denen eine zur Anlage einer Kolonie ins Auge gefaßte Gegend überprüft wurde, ist klar erkennbar (vgl. STRONK). Ebenso wird jedoch auch das Engagement Xenophons spürbar, der wohl mit einer gewissen Bitterkeit durchblicken läßt, daß hier eine günstige Gelegenheit zur Stärkung des griechischen Einflusses im Pontos-Gebiet versäumt wurde. Gleichzeitig versucht er auf jede Weise dem Verdacht vorzubeugen, er selbst habe damals noch immer den Plan einer Koloniegründung verfolgt. Seine Bemerkung, man habe das Lager am Strand und nicht auf dem (zerklüfteten und sicher mit Gebüsch überwachsenen) Felsplateau der Halbinsel angelegt, um nicht den Eindruck einer geplanten Stadtgründung aufkommen zu lassen, ist schwerlich überzeugend: die ebene Sandfläche eignete sich auf jeden Fall besser als Biwakplatz für eine

Karte S.381

größere Menschenmasse. Überdies hatte bisher wohl noch niemand die Umgebung des Hafenplatzes genauer inspiziert; die Arkader waren seinerzeit noch bei Dunkelheit vom Strand ins Landesinnere aufgebrochen und jetzt, vier Tage später, gerade dort wieder eingetroffen, wenige Stunden vor Xenophon. Hier ist eine apologetische Tendenz erkennbar, die sich im folgenden Paragraphen bis zu einer Idealisierung des Söldnertums steigert. * Bei einem Vergleich der KIEPERTschen *Specialkarte vom westlichen Kleinasien*, Berlin 1892, Blatt III (Maßstab 1:250000) mit modernen Karten sind erhebliche Unterschiede sowohl in Beziehung auf die Küstenlinie als auch auf die Ortsverteilung festzustellen. Bei KIEPERT sitzt die von ihm KALPE genannte Halbinsel auf einem relativ schmalen Hals und bildet im Norden und insbesondere im Süden tief eingeschnittene Buchten, die auf den modernen Karten in dieser Form ebensowenig wie der Isthmus wiederkehren. Überdies liegt in seiner Darstellung Kirpe (so der frühere Name von Kefken) im südlichen Winkel der Bucht Kirpe Limani, Kefken auf den modernen Karten dagegen an ihrem Westufer. Am merkwürdigsten ist jedoch die Eintragung eines Ortes namens Kevken am Rand der nördlichsten der vier Buchten sowie eines westlich davon ins Meer mündenden Baches, neben dem ein Weg nach Süden läuft, während ein zweiter Weg über Kaimas - Kirpe (= Kefken) nach Kandira führt. Die Bezeichnung *lalandchi Kefken* findet sich an dieser Stelle bereits in der einschlägigen GGM-Karte von MUELLER, jedoch ohne den Bachlauf, der hier in die zweite Bucht (westlich von Kaimâs auf der KIEPERTschen Karte) mündet, während die dritte Bucht in Übereinstimmung mit KIEPERT *Kerpeh limen* (= Kirpe Limani) und die darüber vorspringende Halbinsel *Carpes, Calpeae, Calpes* genannt wird. Dieser nördliche Ort Kefken (Kevken) heißt auf anderen Karten Kaimas. Inzwischen ist der Name Kefken offenbar auf das frühere Kirpe übergegangen, falls nicht, wie auf manchen Karten gezeichnet, Kerpe (= Kirpe) in Wahrheit am Ostufer der vierten, südlichsten Bucht, 3-4 km südwestlich von Kefken (vgl. Abb. 63 auf S. 381), anzusetzen ist, so daß nicht die dritte, sondern diese Bucht zu Recht Kerpe Liman genannt wird. Während die kartographische Unsicherheit als solche nicht zu beheben ist, läßt sich das Kartenbild KIEPERTs wohl am ehesten durch die Annahme erklären, daß irrtümlich der Beginn des Bachlaufes und der Wegeführung von der Stelle des heutigen Kefken (Kirpe) an die Stelle des alten Kevken verlagert ist. Wichtiger als die Klärung der verwirrenden modernen Nomenklatur ist der Vergleich der xe-

Karte S.381

66. Rekonstruktion von Kalpes Limen, Umzeichnung nach MANFREDI Abb.40 (ohne Berücksichtigung der modernen Bebauung)

nophontischen Ekphrasis mit dem Gelände, den zum erstenmal, soweit ich sehe, MANFREDI (242-244) aufgrund von Autopsie durchgeführt hat. Im folgenden werden die wichtigsten Passagen seiner Beschreibung wegen ihrer Einmaligkeit im Wortlaut zitiert: *"Benché la costa, prevalentemente calcarea in tutta quella zona, abbia subito un forte processo di erosione marina, sono certo di poter riconoscere il sito di Kalpe e anche il toponimo nel piccolo centro turco di Kerpen, un paio di chilometri a W di Kefken dove altri invece hanno riconosciuto tale sito* [vgl. BOUCHER 261].... *Mi piace pensare che Senofonte avesse addirittura tracciato uno schizzo con la punta della sua spada sulla sabbia della spiaggia occidentale, per figurarsi la città dei suoi sogni. Sarebbe stata perfettamente riparata dai venti del nord come Sinope e Kotyora. Il promontorio roccioso a strapiombo per quaranta metri sul mare sarebbe stato l'akra, imprendibile dal mare, inespugnabile da terra quando l'istmo fossa stato sbarrato da pollenti mura: lì si potevano tracciare le strade e scavare le fondamenta delle case nella solida roccia. In basso, sulla sponda occidentale sarebbe sorto il quariere portuale, dove c'era il paesetto di Kalpe, attrezzato con i moli e le darsene.... La precisione della descrizione senofontea si è rivelata impressionante. L'Autore deve aver gettato il primo colpo d'occhio dall'interno, dalla strada che oggi proviene da S e da dove è stata presa la nostra fotografia (cfr. foto n. 40* [vgl. hier Abb. 65]*). Da quel punto l'insenatura appare perfettamente protetta verso N da*

Karte S.381

un promontorio che delimita uno specchio d'acqua ampio e tranquillo. Scendendo poi sulla spiaggia, si nota, all'estremità sudorientale della baia un torentello largo un paio di metri che sgorga ai piedi di un colle poco distante (cfr. ancora l'indicazione in foto n. 40 [vgl. dort: "La punta del promontorio, smussadata dai marosi, non appare più scoscesa, se vista da S, ma mantiene il suo profilo ripido nella parte N"]). La spiaggia, essatamente rivolta ad occidente, contorna tutto il lato orientale del piccolo golfo e si annulla ai piedi del promontorio roccioso che si protende in mare per forse duecento metri. La roccia strapiomba con un salto di oltre trenta metri mi appare, sul lato W spaccata dall'erosione marina che ha ritagliato una specie di pilastro isolato di spettacolare belleza. La sommità del promontorio, cosa abbastanza strana, non presenta una superficie rocciosa ma un rivestimento terroso spesso più di un metro (ho potuto misurarne la profontità approfittando di alcune buche che erano state scavate per mettere a dimora delle piante). La superficie del promontorio dovrebbe essere, secondo la misurazione sommaria che ho fatto, di circa quattro o cinque ettari e quidi tale da poter ospitare un insediamento sufficiente per diecimila persone, se teniamo conto dei parametri urbanistici dell'epoco che non contemplavano aree di servizio e distanze di rispetto tra le case dei quartieri di abitazione. La superficie del terreno che sembra sia coltivato a grano durante la primavera e l'estate, era disseminata di numerosissimi frammenti di ceramica di ogni epoca. Ho trovato ceramica a vernice nera del V secolo e materiale fittile tardo da tegole e dolii di età romana ma non ho visto nessun frammento che facesse pensare a strutture architettoniche. L'unico particolare che non coincide con la descrizione di Senofonte è l'ampiezza dell'istmo che collega il promontorio all'entroterra. Esso è molto più ampio dei quattro pletri (ca 120 metri) di cui parla l'Anabasi. La sua ampiezza è di almeno 300 metri ma non potrei escludere che il manto terroso del promontorio sia stato in parte depositato in basso, dal dilavamento meteorico nel corso dei secoli e abbia così ispessito il collo dell'istmo. Anche la vegetazione nell'entroterra è quasi immutata benché la vegetazione d'alto fusto (Quercia, pino di Aleppo) appaia frutto di rimboschimento in talune zone. Ai lati della strada che giunge da S lo sbancamento artificiale rivela il mantello «terroso e senza sassi» che attirò l'attenzione di Senofonte."

6.4.8 Im Gegensatz zu Isokrates, der in seinem «Panegyrikos» von 380 (or. 4.146) sehr realistisch sagt, daß die griechischen

Karte S.381

Söldner des Kyros *"nicht wegen ihrer Tüchtigkeit ausgewählt worden sind, sondern wegen ihrer Bedürftigleit in ihren Heimatgemeinden nicht leben konnten"*, unterstellt Xenophon hier der Mehrheit der Söldner für ihre Teilnahme am Feldzug ein ehrenwerteres Motiv: nicht die eigene Not trieb sie hinaus, sondern die Arete des Kyros zog sie an. Was hier freilich unter dem Begriff *Arete des Kyros* zu verstehen ist, ergibt sich aus dem Schlußgedanken: die Söldner hofften im Dienst des persischen Prinzen Reichtümer erwerben zu können (χρήματα κτησάμενοι...). Τὴν Κύρου ἀρετὴν ἀκούοντες wird also sehr treffend durch ἀκούοντες - πράττειν interpretiert und daraus der Schluß gezogen, daß die meisten Söldner, die ihre Eltern und Kinder in der Heimat zurückgelassen hatten, kein Interesse daran hatten, in der Fremde zu bleiben, sondern nichts anderes als die Heimkehr nach Griechenland ersehnten. Diese Argumentation soll abermals Xenophon von dem Vorwurf, er habe griechische Männer gegen ihren Willen in einer Kolonie ansiedeln wollen, entlasten - aber sie entspricht nicht der Wirklichkeit: tatsächlich kehrte die Masse der Söldner nicht nach Griechenland zurück, sondern blieb unter der Bezeichnung *'die Kyreer'* im Dienst des spartanischen Feldherrn Thibron in Kleinasien, zunächst noch unter dem Kommando Xenophons (Hell. 3.2.7: Frühjahr 398), später des Herippidas, eines Stabsoffiziers des Agesilaos (Hell. 3.4.20, 4.3.15: Sommer 394).

6.4.9/10 Während des 5. Tages zog das vereinigte Heer auf den Spuren der Arkader ins Landesinnere, um die Gefallenen zu bestatten. Offenbar kam es weder bei diesem den ganzen Tag beanspruchenden Vorhaben noch bei den gleichzeitig durchgeführten Lebensmittel-Requisitionen zu Zwischenfällen mit der Bevölkerung, die sich wohl aus der Umgebung von Kalpes Limen zurückgezogen hatte. Da nach griechischem Glauben die nicht bestatteten Toten keine Ruhe finden würden, legte man für sie als symbolische Heimstatt einen großen Kenotaph an, vermutlich in der Gestalt einer Grube, die mit einigen Beigaben versehen, dann wieder zugeschüttet und mit einem Hügel überdeckt wurde. Der Kranz spielte in Griechenland wie bei zahlreichen anderen Gelegenheiten auch bei Sterbefällen eine große Rolle, sei es als Totenkranz, der dem Leichnam aufgesetzt wurde, sei es als Trauerkranz, der auf das Grab gelegt oder an der Grabstele aufgehängt (manchmal auch auf dieser selbst in Stein nachgebildet) wurde. Wie bei den Einzelbestattungen bemühten sich also die griechischen Söldner

Karte S.381

auch hier darum, ein gewisses minimales Zeremoniell einzuhalten, um den Toten im Rahmen der bestehenden Möglichkeiten die letzte Ehre ὡς ἐδύναντο κάλλιστα zu erweisen.

67. Das Hinterland von Kalpes Limen (von Süden her gesehen), Nachzeichnung nach MANFREDI Abb. 39.

6.4.10/11 Der 6. Tag (6.4.10-15) wurde im Lager verbracht. Die für die Einberufung der Heeresversammlung verantwortlichen Offiziere gehörten zum Kreis derer, die zu Xenophon stets ein gutes Verhältnis gehabt hatten. Durch die drei von der Versammlung gefaßten Beschlüsse wurde das weitere Verhalten der 'Kyreer' festgelegt und insbesondere auch Xenophon wieder als primus inter pares unter den Strategen eingesetzt. Dies war umso leichter möglich, als Cheirisophos, mit dem er sich vor dessen Abreise de facto den Oberbefehl geteilt hatte, kurz zuvor - während des Marsches von Herakleia Pontike nach Kalpes Limen - verstorben war; nach 6.2.18 war er bereits beim Abmarsch aus Herakleia so krank, daß Xenophon mit der Möglichkeit seines Todes rechnete (6.3.14). Weder über die Art der Erkrankung (hier wird zum einzigen Mal in der «Anabasis» Fieber erwähnt) noch über die Wirkung der eingenommenen Medizin (πιών läßt sich temporal mit kausalem oder konzes-

Karte S.381

sivem Nebensinn verstehen) kann eine Vermutung geäußert werden. Unübersehbar ist jedoch, daß Xenophon seinem Kollegen kein literarisches 'Porträt' (wie Klearchos, 2.6.1-15), ja nicht ein einziges Wort des Nachrufes gewidmet hat. Vielmehr erwähnt er den Tod dieses eindrucksvollen Offiziers, der auf dem langen Rückmarsch vom großen Zab bis nach Trapezus als Führer der Vorhut die schwierigste (in der Erzählung an keiner Stelle ausdrücklich gewürdigte) Rolle übernommen hatte, wie etwas Nebensächliches. Man darf annehmen, daß das Verhältnis zwischen beiden Männern wohl doch problematischer war, als Xenophon es hinzustellen versucht (vgl. 4.6.2). Vermutlich hielt er sich selbst für den besseren Strategen und übertraf an Intelligenz gewiß auch tatsächlich Cheirisophos, der aber andererseits wohl bei der Mehrzahl der Söldner großes Ansehen als Offizier genoß. Vielleicht hat MASQUERAY (II 187) mit seiner Anmerkung recht: *"Involontairement Xénophon trahit ici son mauvais vouloir à l'égard de son collègue, qui partout donne l'impression d'un stratège expérimenté".* * Zu Neon vgl. 5.7.1/2.

6.4.12-15 Xenophon übernahm sogleich die Initiative und organisierte das weitere Vorgehen: während die Truppen sich zum Abrücken marschfertig machten, trat der Kreis der wieder in ihre Ämter eingesetzten Strategen zum Opfer ἐπὶ τῇ ἀφόδῳ zusammen. Der bevorstehende Zug durch feindseliges Land wurde als ein so schwieriges Unterfangen angesehen, daß man sich der göttlichen Zustimmung versichern wollte. Nach der privaten Abreise des Sehers Silanos, der sich schon in Kotyora lautstark für die Entscheidungsfreiheit des einzelnen über seine Heimkehr eingesetzt hatte und dafür Drohungen der Soldaten einstecken mußte (5.6.34), wurde Arexion die Rolle des offiziellen Mantis übertragen (vgl. 6.5.2 und 8); neben ihm gab es jedoch im Heer noch weitere Seher oder zumindest Männer, die sich als solche bezeichneten und von der Eingeweideschau etwas verstanden [15]. Dem Vorwurf, er habe Arexion im kleinen Kreis der Strategen zu seinem negativen Votum manipuliert, trat Xenophon geschickt durch die Ankündigung eines unter öffentlicher Kontrolle am nächsten Tag zu vollziehenden Opfers entgegen. Vermutlich wurde die Aussagekraft der Eingeweideschau nicht von allen Griechen so selbstverständlich akzeptiert wie von ihm; tatsächlich aber führte die Serie der negativen Opfer während der folgenden Tage zu einem überplanmäßig langen Aufenthalt in Kalpes Limen und noch einmal zu schweren

Karte S.381

Verlusten bei dem Versuch, sich Lebensmittel zu verschaffen (vgl. 6.4.24).

6.4.15-19 Am 7. Tag wurden wieder nacheinander drei Opfertiere geschlachtet und ἐπὶ τῇ ἀφόδῳ [16] beziehungsweise ἐπὶ τῇ πορείᾳ [17] begutachtet - ohne positives Ergebnis. Derselbe Mißerfolg trat auch bei dem ersatzweise durchgeführten Opfer ἐπ' ἐξόδῳ (vgl. 6.4.9) zur Gewinnung von Lebensmitteln trotz gleichfalls dreimaliger Wiederholung ein [19]. Inzwischen hatte sich jedoch die Versorgungslage so dramatisch verschärft, daß die Soldaten offenbar bereit waren, sich über das Mißlingen der Opfer hinwegzusetzen, konnten Xenophon aber natürlich für ein derart blasphemisches Vorhaben nicht gewinnen. Als sich dann das Gerücht verbreitete, Kleandros wolle mit Kriegs- und Lastschiffen nach Kalpes Limen kommen, schien die Ursache für die göttliche Verweigerung des Abmarsches erkennbar zu werden: denn dies bedeutete ja die bequeme Schiffsreise anstelle des gefährlichen Landmarsches nach Byzantion. Trotz aller Verzweiflung mag sich am Abend unter den Soldaten eine gewisse Hoffnung auf das baldige Ende ihres Elends verbreitet haben; tatsächlich aber dauerte es noch geraume Zeit, bis Kleandros in Kalpes Limen erschien - ohne Lastschiffe (6.6.5)!

6.4.20-22 Der 8. Tag (6.4.20-27) nahm einen dramatischen Verlauf. Zunächst mißlangen wiederum die von den Soldaten argwöhnisch beobachteten Opfer der Strategen über einen Auszug zur Lebensmittelgewinnung. Schließlich trug Xenophon eine Erwägung vor, die möglicherweise die göttliche Verweigerung erklären konnte: vielleicht wollten die Götter normale Beutezüge verhindern, weil sie wußten, daß schwere Kämpfe bevorstanden? Fast gewinnt man den Eindruck, daß diese Erwägung den aus der Not geborenen Versuch darstellt, die Götter gewissermaßen zu überlisten: denn falls sie dem Auszug zum Kampf zustimmten, konnte man jedenfalls Kalpes Limen verlassen und unter der Hand versuchen, auch an Lebensmittel heranzukommen. Der Plan wurde jedoch durch die Ungeduld der Soldaten, die sich weigerten, zuvor das Lager vom Strand auf die Halbinsel zu verlegen, in einem wesentlichen Punkt beeinträchtigt. Und er fand auch wiederum nicht die göttliche Billigung. Als Opfertiere wurden (wie 6.4.25) notgedrungen Ochsen geschlachtet, welche im Troß als Zugtiere mitzogen und ihren privaten Besitzern abgekauft werden mußten. Au-

Karte S.381

ßerdem schaltete Xenophon diesmal den allseits geachteten Strategen Kleanor in die Opferhandlung ein. Nach der Überlieferung *"bat Xenophon den Arkader Kleanor, [ihm beim Opfer] bereitwillig beizustehen* (προθυμεῖσθαι), *wenn es etwa darin liegen sollte"* (εἴ τι ἐν τούτῳ εἴη). Nach der Aussage des Konditionalsatzes scheint Xenophon jetzt die Möglichkeit ins Auge gefaßt zu haben, daß der Grund für die ungewöhnliche Serie der zahlreichen mißlungenen Opfer in seiner Person liegen könnte. Unter der Voraussetzung, daß diese Interpretation das Richtige trifft, sollte die von BORNEMANN vorgeschlagene Konjektur προθύεσθαι, durch welche die Verantwortung für das Opfer von Xenophon vollständig auf Kleanor verlagert wird, in den Text aufgenommen werden.

6.4.23/24 Neon mißachtete die göttlichen Zeichen, um sich wenige Tage nach der Berufung zum Strategen bei den Soldaten lieb Kind zu machen - und führte eine blutige Katastrophe herbei. Durch seinen nüchternen Bericht will Xenophon allen Zweiflern unüberhörbar seinen festen Glauben vermitteln, daß die Nichtbeachtung der Götter und ihrer Anweisungen stets schwere Bestrafung nach sich zieht, daß man also auch in schwieriger Situation voller Vertrauen auf ihre Gerechtigkeit so lange ausharren muß, bis sie zum Handeln auffordern. Bemerkenswert ist ferner die Plastizität der Darstellung. Man sieht vor Augen, wie die 2000 (zu ihrem Unglück nicht auf Kampf eingestellten) unbewaffneten Männer mit ihren Tragestangen (= Doryphoren, 5.2.4) und verschiedenartigen Behältnissen zur Aufnahme von Wein, Korn, Mehl, Hülsenfrüchten usw. (vgl. 6.6.1) sich hoffnungsfroh in den ohne Schwierigkeiten erreichten Dörfern zur Plünderung verteilen - und plötzlich von Reitern angegriffen werden, gegen die sie keine andere Chance als die panische Flucht auf einen nahegelegenen, für Reiter offenbar schlecht zugänglichen Berg haben. Diese Reiter gehörten zu den regulären Truppen des Pharnabazos, der 7.8.25 als der ἄρχων (= Satrap) von Bithynien bezeichnet wird. Tatsächlich lag Bithynien am östlichen Rand der Daskylitischen Satrapie (zum Namen vgl. Herodot 3.120.2, Thuk. 1.129.1), deren Herrschaft seit 476, als Xerxes Artabazos I. als Satrapen einsetzte, für mehr als ein Jahrhundert in dessen Familie vererbt wurde. Pharnabazos, ein Enkel Artabazos' I., übernahm sie 414 nach dem Tod seines Vaters Pharnakes. Seine Herrschaft litt jedoch insofern unter einer Beschränkung, als damals zunächst Tissaphernes als στρατηγὸς τῶν κάτω ihm übergeordnet war, dann von 408 an der junge Kyros

Karte S.381

(dessen lydischer Satrapie überdies auch noch Phrygien und Kappadokien, die ursprünglich zur Daskylitis gehörten, zugeschlagen wurde) und schließlich, nach dem unglücklichen Ausgang des Putschversuches, wieder Tissaphernes. Pharnabazos befürchtete nun mit gutem Grund, daß die 'Kyreer' an die kleinasiatische Westküste zu gelangen versuchen und dabei seine Satrapie (südlich der Propontis) verwüsten würden. Um dies zu verhindern, setzte er als Sofortmaßnahme zunächst eine schnelle Reiterabteilung nach Osten in Marsch, welche die bithynischen Truppen verstärken sollten, und ließ ihnen seine aus Fußtruppen und weiteren Reitern bestehende Hauptmacht zur Verteidigung seiner Satrapie nachfolgen (6.5.7). Als diese militärische Intervention dank des noch einmal aufbrechenden Kampfesmutes der Griechen fehlschlug, versuchte er auf diplomatischen Weg bei den Spartanern in Byzantion sein Ziel zu erreichen (7.1.2, 7.2.7). * Von den 500 Toten (der höchste Verlust, der je bei einem Unternehmen der 'Kyreer' eingetreten ist) waren wohl nur die wenigsten Soldaten; vielmehr ist vor allem an Lastenträger und Sklaven aus dem Troß zu denken, die in Begleitung einer kleinen Schutzmannschaft ausgezogen waren und den plötzlichen Reiterangriffen überhaupt keinen Widerstand entgegensetzen konnten. Die Formulierung, daß die Überlebenden ἐπὶ τὸ ὄρος flohen und von dort aus einen Melder ins Lager schickten, spricht dafür, daß mit *"dem Berg"* jener 6.4.5 erwähnte, von Kalpes Limen aus etwa 3½ km landeinwärts reichende Höhenzug gemeint ist. Am nächsten Tag wurden nur etwa 2½ km vom Lager entfernt (6.5.5) die ersten Leichen gefunden, abseits des Weges, der von den Dörfern zum Hafen führte (6.5.6). Offenbar hatten viele Flüchtlinge erfolglos querfeldein zu entkommen versucht, nachdem es auf der Straße bereits zu einem Massaker gekommen war.

6.4.25-27 Als am Nachmittag die Schreckensmeldung im Lager eintraf, organisierte Xenophon sogleich eine Hilfsaktion mit den jüngeren Soldaten, denen ein Eilmarsch durch bergiges Gelände am ehesten zugetraut werden konnte. Vermutlich trafen inzwischen nach und nach einzelne Gruppen, die sich durchgeschlagen hatten, im Lager ein, so daß Xenophons Truppe im wesentlichen nur noch Rückendeckung geben mußte und die Versprengten aufsammelte. Wie gefährlich sich jedoch die Lage zugespitzt hatte, zeigte bei Einbruch der Dunkelheit der bithynische Überfall auf die am Waldgürtel, der den Strand begrenzte (6.4.5), aufgestellten

Karte S.381

Vorposten. Unter dem Eindruck dieses Ereignisses wurde im Kreis der Strategen die Verlegung des Lagers vom Strand auf die Halbinsel beschlossen und sogar über die Möglichkeit gesprochen, den Umzug noch im Laufe der Nacht durchzuführen. Da man aber damit rechnen mußte, daß sich in dem unübersichtlichen Gelände ringsum bereits größere Mengen des Feindes versteckt hatten, war die Verschiebung auf den nächsten Morgen der Lage angemessen.

6.5.1-32 Dem 9. Tag, der von morgens bis abends mit Handlung angefüllt war, widmet Xenophon eine sehr ausführliche Darstellung: an diesem Tag endete die Serie der mißglückten Opfer, erfolgte die Verlegung des Lagers auf die Halbinsel und die Erbauung einer Verteidigungsanlage [1/2], wurden die Toten des Vortages bestattet [5/6] und kam es am Nachmittag zu einer Konfrontation mit den Truppen des Pharnabazos [7-32], deren positiver Ausgang den Griechen so viel Respekt verschaffte, daß sie fortan in Kalpes Limen und später auch während des Marsches nach Chrysopolis unbehelligt blieben (6.6.1 und 38). Vor allem hielt es Xenophon für richtig, die militärischen Aktionen des Nachmittags, deren Planung und Durchführung in seiner Hand lagen, detailliert darzustellen. In der Tat konnte er hier wieder einmal seine Führungsqualitäten beweisen und zugleich zeigen, daß die griechischen Söldner dann, wenn es darauf ankam, nach wie vor unerschrocken in den Kampf zogen.

6.5.1-4 Mit Tagesanbruch begannen die Strategen ihre jeweiligen Kontingente und den zugehörigen Troß vom Strand hinauf zur Halbinsel zu führen. Gleichzeitig wurden in aller Eile die Befestigungsarbeiten zur Sicherung des Zuganges auf dem schmalen *"Hals"* (6.4.3) durchgeführt und konnten noch während des Vormittags abgeschlossen werden. Schon in aller Frühe hatte Xenophon (wie an den vorhergehenden Tagen) ein Opfer ἐπ' ἐξόδῳ durchgeführt - aber diesmal mit sofortigem Erfolg: die Götter, so soll der Leser verstehen, bestätigten nicht nur seine Interpretation der Lage (6.4.21), sondern auch (durch das zusätzliche Adleromen) seine führende Rolle im Strategenkollegium. Für das Opfer konnte er offenbar eines der aus Herakleia herbeigeschafften Tiere verwenden. Daraus ist zu folgern, daß das Schiff bereits am Abend vorher eingetroffen war und durch die mitgebrachten Lebensmittel auch

Karte S.381

eine gewisse Entspannung im Versorgungsbereich herbeigeführt hatte.

6.5.3/4 Erst nach der Fertigstellung der Verteidigungsanlagen wurden die nach und nach eintreffenden Truppen und Abteilungen des Trosses in den neuen Lagerbereich eingelassen und begannen sich dort einzurichten. Nach kurzer Frühstückspause rückte jedoch die Hauptmasse der Söldner zum Kampf gegen die Bithynier und zur Bestattung der Toten des Vortages wieder aus.

6.5.5/6 Die Truppe marschierte κατὰ κέρας (oder ἐπὶ κέρως), d.h. in Kolonne; in abgekürzter Redeweise nennt Xenophon hier die Kolonne selbst τὸ κέρας (= ἡ στρατιά [6]). Ihre Länge war von der Frontbreite abhängig: wenn zum Beispiel 6000 Soldaten in Gliedern zu 6 Mann marschierten, betrug sie ca. 1 km. Das Verfahren der abschnittsweisen Bestattung der Toten, vermutlich ein Einfall Xenophons, ist klar beschrieben. Je näher man den Zieldörfern Neons kam, umso dichter häuften sich die Leichen derjenigen, die als erste dem Reiterangriff zum Opfer gefallen waren.

6.5.7 Die Bestattung der Toten war gegen Mittag abgeschlossen. Nachdem nunmehr jenseits des Höhenzuges flacheres Bauernland erreicht worden war, wurde die Marschkolonne in Erwartung des Feindes zur Phalanx umorientiert und rückte in breiter Front langsam über die Felder vorwärts. Dabei können, da ja die Träger fehlten, von einzelnen Soldaten nur in geringen Mengen Lebensmittel, etwa Weintrauben oder sonstiges Obst, gesammelt worden sein. Dann wurde plötzlich direkt voraus die gegnerische Phalanx sichtbar, wie sie einige Hügel überstieg. Es handelte sich nicht um Bithynier, sondern um die Truppen des Satrapen, die inzwischen an Ort und Stelle eingetroffen und vor allem deshalb gegenüber den Griechen im Vorteil waren, weil sie über eine große Reiterei verfügten. Alles deutete darauf hin, daß eine regelrechte schwere Feldschlacht bevorstand. Anführer der Reiterei war offenbar Rhatines (vgl. Hell. 3.4.13). Spithridates, der an der Spitze der Fußtruppen stand und vermutlich das Gesamtkommando innehatte, war der prominentere der beiden Offiziere. Später lernte Xenophon ihn in der Umgebung des Agesilaos persönlich kennen. Zu diesem kam er auf Betreiben des Lysander zusammen mit seinem Sohn Megabates im Jahr 396 (wie auch Xenophon), nachdem Pharnabazos ihn irgendwie in seiner Ehre gekränkt hatte (vgl. Hell.

Karte S.381

3.4.10). Er vermittelte dann dem spartanischen König im folgenden Jahr ein Bündnis mit dem paphlagonischen König Otys und schließlich sogar dessen Verheiratung mit einer seiner Töchter (Hell. 4.1.3 ff.). Im Winter 395/94 verließ er jedoch aufgrund von Spannungen mit den Spartanern über Nacht das Lager des Agesilaos und suchte Anschluß an Ariaios in Sardeis (Hell. 4.1.27). Es kann wohl kein Zweifel daran bestehen, daß die Mitteilungen, die Xenophon in den «Hellenika» über diesen Mann macht, auf Autopsie beruhen (vgl. BREITENBACH 1680).

6.5.8-11 Beide Phalangen blieben, nachdem sie sich gegenseitig entdeckt hatten, im Abstand von etwa 2.7 km stehen. Durch ein im Angesicht des Feindes vollzogenes Opfer (einige Schafe waren also während des Vormarsches mitgetrieben worden) wurde schon bei der Eingeweideschau des ersten Opfertiers ein positives Omen für den Kampf gewonnen. In der anschließenden Beratung der Strategen über den Schlachtplan schlug Xenophon eine im Grunde revolutionäre Modifizierung der traditionellen Phalanx vor, die jedoch allem Anschein nach einmalig blieb und merkwürdigerweise nicht in die allgemeine Taktik übernommen wurde: die Aufstellung von mehreren selbständig operierenden Reserveeinheiten in einem gewissen Abstand (hier sind es 30 m) hinter der Schlachtreihe, die an Stellen, wo diese ins Wanken geriet, zu Hilfe kommen und die ermatteten oder verwundeten Phalangiten ersetzen konnten. Da die Schlagkraft einer Phalanx auf der möglichst unversehrten Beibehaltung ihrer ursprünglichen Aufstellung bis zum Sieg beruhte, bedeutete ihr Eindrücken oder gar Durchstoßen an einzelnen Stellen immer eine schwere Gefährdung des Ganzen. Schnelle Eingreifreserven zum Stopfen der Löcher, wie sie Xenophon damals vorschlug, konnten das Risiko für die eigene Seite deutlich verkleinern, für die feindliche dagegen vergrößern: denn deren Phalanx geriet ja an solchen Einbruchstellen notwendigerweise gleichfalls aus der Ordnung und stieß nun, nachdem sich der in die Flucht geschlagene Gegner in Sicherheit gebracht hatte, unerwartet auf eine neue, völlig intakte und kampfbereite Phalanx. *
Von den drei Kommandanten der Eingreifreserven wird an anderer Stelle (5.6.14) nur Samolas noch einmal genannt.

6.5.12/13 Die große und unwegsame Schlucht wurde von der ins Landesinnere führenden Hauptstraße, auf deren Route sich die beiden Phalangen aufeinander zubewegten, mit Hilfe einer Brücke

Karte S.381

überquert (6.5.22). Die Straße hatte inzwischen die landwirtschaftlich genutzte Ebene mit den Dörfern verlassen und stieg in bergiges, schluchtenreiches Gelände (vgl. 6.5.31) hinauf (vgl. 6.5.19). Ihr Verlauf dürfte demjenigen der heutigen Verbindungsstraße von Kefken nach Kandira quer über den zwischenliegenden Höhenzug entsprochen haben. Bei der Offiziersversammlung am Rand der Schlucht brachte Sophainetos wohl die allgemeine Auffassung, daß man hier umkehren und nach Kalpes Limen zurückmarschieren solle, zum Ausdruck. Für diesen Vorschlag konnte nicht nur die augenblickliche Geländeschwierigkeit, sondern auch die Tatsache ins Feld geführt werden, daß die Truppe sich bereits 9-10 km vom Lager entfernt (vgl. 6.5.32) und also noch einen langen Rückweg vor sich hatte.

6.5.14-21 Xenophon widerlegt diese Auffassung durch eine überzeugend begründete neue Lagebeurteilung: (1) Da es völlig unvermeidlich zum Kampf kommen wird [15], ist aus verschiedenen Gründen der eigene, mutige und nach menschlichem Ermessen erfolgreiche Angriff auf jeden Fall der Rückwärtsverteidigung gegen den angreifenden und nachsetzenden Feind vorzuziehen [16/17]. (2) Dabei wird sich die vorherige Überschreitung der Schlucht als taktisch kluge Maßnahme erweisen: weil so der Fluchtweg abgeschnitten wird, müssen die eigenen Soldaten um ihrer Rettung willen bis zum Sieg zu kämpfen [18]. (3) Denn ohne siegreichen Kampf jetzt und an dieser Stelle gibt es keine Rettung: die vor allem aus Hopliten bestehende Kolonne würde auf dem Rückzug zunächst im bergigen Gelände durch die Masse der leichtbewaffneten Fernkämpfer, später in der Ebene durch die Reiter angegriffen und dezimiert werden [19]; und wenn sie Kalpes Limen wirklich erreichen sollte, gäbe es von dort aus weder ein Fortkommen zu Schiff noch auch die Möglichkeit, sich aus dem Umland mit Lebensmitteln zu versorgen, solange der Feind in der Übermacht ist [20]. (4) Es spricht also nichts dafür, den unvermeidlichen Kampf auf den nächsten Tag zu verschieben und so dem Gegner noch eine Erholungspause zu gönnen - im Gegenteil: der Angriff sollte sofort eingeleitet werden, denn für heute haben die Götter den Sieg signalisiert [21].

6.5.22 Mit merklichem Stolz berichtet Xenophon, daß er von der Offiziersversammlung aufgrund seiner in der Tat eindrucksvollen Lagebeurteilung für das bevorstehende Unternehmen ohne Ge-

Karte S.381

genstimmen zum verantwortlichen Oberbefehlshaber gewählt wurde. Die Schlucht ließ er sogleich in breiter Front durchklettern und nicht auf der vorhandenen Brücke überqueren, weil er zu Recht annahm, daß so trotz der für den einzelnen Mann auftretenden Schwierigkeiten die alte Formation auf der Feindseite schneller eingenommen werden könnte. Tatsächlich hätte die Benutzung der Brücke, eines Defilés im klassischen Sinn, zunächst die Zusammenziehung der Phalanx in eine schmale Kolonne und dann ihre neuerliche Entfaltung oder 'Ent-Wicklung' (das ist der genaue Sinn von ἐκμηρύεσθαι) nach beiden Seiten bedeutet - ein langwieriges, organisatorisch schwieriges und in relativer Nähe des aufmarschierten Feindes außerordentlich gefährliches Manöver.

6.5.23/24 Die in der kurzen Kampfparänese angesprochenen Motive sind ohne weiteres verständlich bis auf das letzte: *"Spornt euch gegenseitig mit namentlichem Zuruf an. Es ist fürwahr erfreulich, wenn einer jetzt etwas Tapferes und Edles sagt und tut, und [dadurch] eine Erinnerung an sich in denjenigen, in denen er will, verursacht"*. Der Gedanke ist offenbar, daß jetzt, im Augenblick bevorstehender großer Gefahr, der aufmunternde Zuruf, der Händedruck, die Umarmung des Freundes sich unauslöschlich dem Gedächtnis einprägen und, was immer mit einem selbst geschehen mag, im Herzen des anderen lebendig bewahrt bleiben werden. Jedenfalls spannt Xenophon in seiner Paränese geschickt den Bogen von der Erinnerung an die ruhmreichen Leistungen der anonymen Gesamtheit des Heeres hinüber zum einzelnen Soldaten, der ganz privat seinen Namen dem Andenken ausgesuchter Freunde anvertrauen und mit diesem Bewußtsein umso mutiger in den Kampf ziehen kann. MASQUERAY (II 188) macht auf ein (bedingt) vergleichbares Verhalten des Nikias vor der letzten Seeschlacht der Athener bei Sizilien (Thuk. 7.69.2) aufmerksam.

6.5.25 Die griechische Phalanx läßt sich folgendermaßen rekonstruieren: das Zentrum bildete der gewaltige Block der Hopliten mit den drei Eingreifreserven hinter sich; auf den Flügeln nahmen der Tradition entsprechend die Leichtbewaffneten Aufstellung, auf dem rechten Flügel zusätzlich die kleine Reitereinheit des Timasion (6.5.28). Der ausführlich referierte Befehl spiegelt die Disziplin wider, auf welcher die Wirkung einer Hoplitenphalanx beruhte. Hier war die Organisation des Angriffsmarsches präzise geregelt; im richtigen, vom Oberkommandierenden zu bestimmenden, Augen-

Karte S.381

blick konnte durch das Trompetensignal schlagartig die Gefechtshaltung aller Phalangiten für den ersten Zusammenstoß mit dem Gegner herbeigeführt werden. Von wesentlicher Bedeutung war die bedrohlich wirkende Gleichmäßigkeit des langsamen Vorrükkens im Schritt, die erfahrungsgemäß häufig schon zum Zurückweichen des Gegners führte; ausdrücklich untersagt hier Xenophon der Truppe den in diesem Augenblick meist spontan einsetzenden Laufschritt (vgl. 1.8.18) zur Verfolgung der Flüchtenden, um das mögliche Aufreißen seiner Phalanx zu verhindern.

6.5.26-29 Das Gefecht verlief nach dem üblichen Schema. Zum ersten Angriff stürmten die Leichtbewaffneten von den Flügeln aus vorwärts, provozierten dadurch Gegenaktionen des Feindes und zogen sich wieder zurück, während inzwischen die Hoplitenphalanx in beschleunigtem Schritt (nicht im Laufschritt) immer näher heranrückte. Dann ging alles sehr schnell: das Trompetensignal ertönte, der Gesang eines kurzen Päans brandete auf und ging, während die Lanzen zum Angriff gefällt wurden, in lautes Kriegsgeschrei (ἀλαλὰ, ἐλελεῦ) über. Dem Schock war der Gegner nicht gewachsen; er wandte sich zur Flucht, noch bevor es zum Handgemenge kam. In den Kampf der schweren Fußtruppen griff die gegnerische Reiterei nicht ein, verhinderte später aber dank ihrer bloßen Anwesenheit die energische Verfolgung der nach dem zweiten Angriff endgültig versprengten Phalanx durch die wenigen griechischen Reiter und die Leichtbewaffneten. So blieben die Verluste gering; auf griechischer Seite kam wohl überhaupt niemand zu Schaden.

6.5.30-32 Im folgenden beschreibt Xenophon einen seltsamen Vorgang. Er ließ die griechische Phalanx trotz ihrer Erschöpfung gegen die völlig intakte große Masse der gegnerischen Reiter vorrücken, beobachtete dann noch aus einiger Entfernung, daß diese plötzlich über den Abhang *"wie von Reitern verfolgt die Flucht ergriffen"* und verschwanden, und brach daraufhin den weiteren Vormarsch ab. Diese Reaktion der Reiter, denen eine Hoplitenphalanx normalerweise selbst aus wenigen Metern Entfernung nicht das Geringste anhaben konnte, mußte damals völlig unerklärlich erscheinen. Tatsächlich aber (das wurde den Griechen später klar; vielleicht hat es sogar erst Xenophon von Spithridates selbst erfahren) beruhte sie auf einer Geländeschwierigkeit: die Reiter konnten ihren Standort auf dem Hügel nur durch eine Schlucht verlassen,

Karte S.381

bei deren Durchquerung sie einem Angriff durch Fußtruppen relativ hilflos ausgeliefert gewesen wären (vgl. 3.4.5). Da die Griechen von dieser Schlucht nichts wußten, verschenkten sie durch ihre vorzeitige Umkehr die Gelegenheit zu einem möglichen weiteren Sieg (vgl. DINDORF zu 6.5.31). Nach der Errichtung des Siegeszeichens und einem etwa 3-stündigen Nachtmarsch trafen sie, offenbar ohne unterwegs behelligt worden zu sein, wieder in Kalpes Limen ein.

6.6.1/2 Der wahrscheinlich über Wochen anhaltende Aufenthalt in Kalpes Limen gestaltete sich nun allmählich immer angenehmer. Man darf davon ausgehen, daß das Feldlager nach und nach den Charakter einer Hüttenstadt annahm, mit Pferchen für das erbeutete Vieh und Vorratslagern für die eingebrachten Lebensmittel. Vor allem aber hatten die Bithynier ihren Widerstand gegen die Eindringlinge aufgegeben und waren auch die Truppen des Pharnabazos wieder abgezogen, so daß Fouragekolonnen ohne Gefahr im Umland umherstreifen und schwer beladen heimkehren konnten. Xenophon zählt hier noch einmal (vgl. 6.4.6) die üppigen und vielfältigen landwirtschaftlichen Erträge der Gegend auf: offenbar will er damit indirekt abermals zu erkennen geben, wie günstig die Bedingungen für die Anlage einer Kolonie an dieser Stelle waren. Die genaue Darstellung der Organisation des Nachschubwesens schafft die Voraussetzung für das Verständnis des im folgenden beschriebenen (6.6.5-34) unangenehmen Vorganges, der das Verhältnis der Spartaner zu den 'Kyreern' einer ernsten Belastungsprobe unterwarf.

6.6.3/4 De facto wurde das griechische Lager in Kalpes Limen von den Anwohnern der südwestlichen Pontosküste bereits als eine entstehende Kolonie angesehen. Fliegende Händler stellten sich ein und boten am Strand ihre Waren feil. Der Hafen wurde vermehrt als Ankerplatz angelaufen, vor allem wohl von Geschäftsreisenden, welche Kontakt zu den künftigen Kolonisten aufnehmen wollten. Sogar die benachbarten Bithynier bereiteten sich auf das friedliche Zusammenleben mit der neuen Kolonie vor. Wenn Xenophon, wie er sagt, ihre Abgesandten den Soldaten vorstellte, so kann das nur bedeuten, daß er seinen Landsleuten die Gefahrlosigkeit eines Verbleibens in Kalpes Limen vor Augen führen wollte: er hatte ersichtlich damals die Hoffnung, als Gründer einer Stadt in die Geschichte einzugehen, noch immer nicht völlig aufgegeben.

Karte S.381

6.6.5-7 Der Spartiate Kleandros repräsentierte in seiner Eigenschaft als Harmost von Byzantion (vgl. 6.4.18) die maßgebliche Ordnungsmacht des griechischen Raums; er war der Kommandant der dortigen Garnison und der Chef der Verwaltung mit weitgehenden Einflußmöglichkeiten. Daß er persönlich in Kalpes Limen erschien, macht deutlich, daß Sparta an einer baldigen Lösung des 'Kyreer'-Problems interessiert war, allerdings wohl nicht in der Form der Neugründung einer Kolonie. Kleandros hatte keine Lastschiffe mitgebracht, so daß mit einem Transport über See nicht mehr zu rechnen war. Andererseits befand sich in seiner Begleitung jener Dexippos, dessen schmähliches Verhalten in Trapezus jedermann noch im Gedächtnis hatte (vgl. 5.1.15). Diesen skrupellosen Mann baten nun jene Soldaten um Hilfe, die an einem der offiziellen Requisitionstage des ganzen Heeres eine große Schafherde erbeutet hatten und genau wußten, daß diese nach dem 6.6.2 referierten Beschluß als δημόσιον galt. Ihre Absicht ist klar: sie wollten erreichen, daß der unter dem Schutz des Harmosten stehende Dexippos die Beute (gegen einen entsprechenden Anteil) so lange für sie verwahrte, bis sie am nächsten Ruhetag des Heeres als ihr Privatbesitz ausgegeben und mit Gewinn verkauft werden konnte. Sehr lebendig schildert Xenophon, wie nun, nachdem die Umstehenden gegen das unkorrekte Verhalten ihrer Kameraden protestiert hatten, die Situation schrittweise so weit eskalierte, daß der Harmost selbst aus Angst vor der Steinigung zu seinen Trieren flüchtete - ein Eklat, wie er gleich zu Anfang seines Besuches nicht schlimmer hätte passieren können.

6.6.8/9 Verzweifelt bemühten sich die Strategen um Schadensbegrenzung. Xenophon macht deutlich, daß unter den damaligen politischen Verhältnissen die von Kleandros angedrohte Ausschließung der 'Kyreer' von allen griechischen Städten und ihre Erklärung zu *"Feinden"* prinzipiell durchsetzbar waren. Im Hintergrund dieser Drohung steht das im griechischen Staatsrecht allgemein verankerte Verfahren der 'Ächtung' eines Bürgers durch seine öffentlich verbreitete Erklärung zum Staatsfeind (πολέμιος), die ihn nicht nur von seiner Vaterstadt (und gegebenenfalls ihrem gesamten Herrschaftsbereich) ausschloß, sondern sogar zu einem 'Vogelfreien' machte, den jedermann straflos töten konnte (vgl. BUSOLT I 231). Wenn auch Kleandros seine Drohung im Affekt ausgesprochen hatte, so war sie doch ernst zu nehmen und konnte

Karte S.381

nicht durch Beschwichtigungsformeln (*"die Sache ist ohne Bedeutung, weil..."*) aus der Welt geschafft werden.

6.6.10/11 Auch der Kleandros schließlich abgerungene Kompromiß (Auslieferung der beiden Haupttäter an ihn zur Bestrafung, dafür keine Ächtung des Heeres) konnte von den Strategen nicht ohne weiteres hingenommen werden: hier ging es vor allem um das Schicksal eines ihrer Offizierskameraden, den überdies mit Xenophon eine enge Freundschaft verband. Die Sache erschien ihnen so schwerwiegend, daß sie eine Heeresversammlung einberiefen, um über die richtige Reaktion auf das Ansinnen des Harmosten im großen Kreis zu beraten. Xenophon läßt die Leser in dem folgenden Bericht - unter starker Hervorhebung des Beitrages, den er selbst zur Entspannung der Lage leistete - fast wie Augenzeugen an dem merkwürdigen Verfahren teilnehmen.

6.6.12-16 Während in der Diskussion einige den Zwischenfall zu bagatellisieren versuchten, hielt Xenophon ihn für *"nicht unerheblich"* und begründete dies in seinem Redebeitrag vor allem mit dem Argument, daß Sparta als unbestrittene Vormacht in Griechenland tatsächlich jeden einzelnen der 'Kyreer' von seiner Heimatstadt ausschließen konnte - obwohl man doch beinahe schon zu Hause war. In einem fast servil wirkenden Appell ruft er seine Mitkämpfer zum unbedingten Gehorsam gegenüber den Lakedämoniern auf, deren schrankenlose Macht über ganz Griechenland hier nicht weniger als viermal kurz hintereinander beschworen wird (6.6.9, 12, 13, 14). Dieser Gedanke steht so aufdringlich im Vordergrund, daß man dahinter auch noch ein persönliches Motiv vermuten muß. In der Tat hatte Dexippos schon in Byzantion tiefsitzende Zweifel an Xenophons Loyalität gegenüber den spartanischen Herren geweckt (vgl. 6.1.32, 6.6.34) und stellte ihn nun in der aktuellen Situation sogar als Aufrührer und Anstifter zur Rebellion gegen sie hin. Dieser der Sache nach nicht zutreffenden, ehrenrührigen Unterstellung mußte sich Xenophon damals wohl tatsächlich mit allen Mitteln zu erwehren versuchen (und er vertiefte seine Rechtfertigung in der «Anabasis» noch einmal durch die übertrieben breite Ausmalung der ganzen Affäre). Sein überraschender Vorschlag, sich wider besseres Wissen selbst als den sowohl für das Verhalten des Agasias als auch für das der Steinewerfer Schuldigen hinzustellen und nach dem Urteil des Harmosten notfalls sogar die *"äußerste Strafe"* (den Tod) auf sich zu neh-

Karte S.381

men, kann nur im ersten Augenblick als ein Akt übermenschlicher Größe erscheinen. Tatsächlich ist er an die Bedingung geknüpft, daß Agasias persönlich ihn jetzt, im Angesicht des Heeres, zum Schuldigen erklärte - eine Bedingung, von der Xenophon genau wußte, daß sie nicht erfüllt werden würde. Aber durch sein selbstlos solidarisch wirkendes Verhalten konnte er erreichen, daß die direkt an dem Vorfall Beteiligten sich nun freiwillig dem Urteil des Harmosten unterwarfen und dadurch die Heeresversammlung vor der peinlichen Situation bewahrten, diesem einzelne Kameraden zwangsweise überantworten zu müssen, um das Ganze zu retten. Alles in allem erweist sich Xenophons Vorgehen als geschickt eingefädelter und cleverer Schachzug.

6.6.17-19 Erwartungsgemäß übernimmt Agasias vor der Heeresversammlung nicht nur die alleinige Verantwortung für sein Handeln, sondern erklärt auch seine Bereitschaft, sich aus freiem Willen dem Gerichtsverfahren des Harmosten zu stellen. Mit den Worten μὴ ἐκδῶτέ με wird auf eine Formulierung angespielt, mit der im attischen Rechtsverfahren ein Herr seinen Sklaven zur Folterung anbot, um dessen Aussage als Beweismittel zur eigenen Verteidigung in einem Prozeß ausnützen zu können (vgl. LIPSIUS III 890 Anm. 95: παραδιδόναι oder ἐκδιδόναι). In übertragenem Sinn hätte auch die Heeresversammlung Agasias zwangsweise zum Verhör ausliefern können, um durch seine Aussage die Unschuld der Gesamtheit zu beweisen. Dieser zog es jedoch (natürlich!) vor, als freier Mann vor dem Gerichtsherrn zu erscheinen, und erbat sich lediglich die Begleitung der Strategen zur Unterstützung seiner Verteidigung. Die Sitte, als Angeklagter zur gerichtlichen Hauptverhandlung mit einem Gefolge von möglichst redegewandten und angesehenen Freunden zu erscheinen, die als συνήγοροι oder σύνδικοι bei der Verteidigung notfalls eingreifen konnten, war weit verbreitet (vgl. LIPSIUS III 906/907) und umso verständlicher, als nach dem Gesetz in einem Prozeß jeder seine Sache selbst zu führen hatte, ob er nun redegewandt und prozeßerfahren war oder nicht. Natürlich war sich auch Agasias der Verpflichtung zur Selbstverteidigung bewußt, konnte sich jedoch in der Kürze der Zeit keine formvollendete Verteidigungsrede mehr zurechtlegen (oder gar von einem 'Logographen' ausarbeiten lassen) und hatte deshalb zu Recht die Befürchtung, er werde in seiner spontanen Einlassung womöglich wichtige Entlastungspunkte übersehen.

Karte S.381

6.6.20 Die einleitende Rede wird *"den Strategen"* in den Mund gelegt - offenbar hat also nicht Xenophon als selbst Belasteter, sondern ein anderer der Generäle das Wort geführt und die zuvor verabredete Argumentation vorgetragen. Diese liegt völlig auf der von Xenophon vorgegebenen Linie: bedingungslose Unterwerfung der Gesamtheit des Heeres und jedes einzelnen unter die Gerichtshoheit des Harmosten und Vermeidung jeder Andeutung von Opposition. Im übrigen entsprach dies der von der antiken Rhetoriktheorie vorgeschlagenen Möglichkeit, im Proömium einer Gerichtsrede das Wohlwollen der Richter dadurch auf die eigene Seite zu ziehen, daß man das uneingeschränkte Vertrauen auf ihr Urteilsvermögen ausdrücklich hervorhebt.

6.6.21-24 Agasias beginnt seine Verteidigungsrede mit einer kurzen Darstellung des von ihm nicht bestrittenen Tatbestandes, der aus juristischer Sicht keineswegs unbedenklich war: Dexippos hatte im Auftrag der für Recht und Ordnung im spartanisch dominierten Umland von Byzantion zuständigen Behörde, des Harmosten, einen auf frischer Tat ertappten, des Raubes bezichtigten Mann in Gewahrsam genommen und damit begonnen, ihn gemäß dem Klageverfahren der 'Apagoge' (LIPSIUS III 319-331) der Behörde zuzuführen. Agasias hatte diesen Mann unter Anwendung von Gewalt wieder befreit und durch sein Eingreifen einen spontanen Aufruhr der Soldaten herbeigeführt, der außer Kontrolle zu geraten drohte. Ohne jeden Zweifel hatte er sich dadurch eines Staatsverbrechens, das mit der Todesstrafe bedroht war, schuldig gemacht. Er entwickelt nun nicht ungeschickt seine Verteidigung von dem Gedanken aus, daß er beim Anblick des allseits verhaßten Deserteurs und Verräters Dexippos die Beherrschung verloren und sich zur handgreiflichen Befreiung seines ihm als tapfer bekannten Soldaten habe hinreißen lassen. Er plädiert also sozusagen auf eine emotional bedingte, durch die Person des Anklägers ausgelöste Unzurechnungsfähigkeit während der Ausführung der Tat und bedient sich dabei einer nicht selten angewandten Verteidigungsstrategie, die darauf hinauslief, durch die negative Charakterisierung des Anklägers bei den Richtern Antipathie gegen ihn und damit zugleich Sympathie für sich selbst zu erzeugen. Nachdem er dem Harmosten ausführlich über das skandalöse Verhalten des Dexippos in Trapezunt (vgl. 5.1.15) und dessen negative Folgen für die Allgemeinheit berichtet hat, wirft er im Epilog mit einem gewissen wohlberechneten Pathos die Frage auf, ob ein Richter es wirklich mit seinem Gewissen vereinbaren könne, wenn er einen braven Soldaten aufgrund der Beschuldigung eines Deserteurs, Feiglings und Schurken dem Tod anheimgebe. Man darf wohl sagen, daß diese Verteidigungsrede trotz ihrer einfachen Struktur der Sache angemessen ist. Gerade gegenüber einem als Richter fungierenden spartanischen Offizier waren zur Disqualifizierung des Anklägers keine besseren Argumente als Verrat der Kameraden und Desertion von der Truppe denkbar. Agasias konnte nun hoffen, daß er, wenn auch sein Verhalten als solches nicht zu rechtfertigen war, zumindest die persönliche Sympathie des Harmosten, die sich in einem milden Urteil oder vielleicht sogar in einem Freispruch niederschlagen würde, gewonnen hatte.

6.6.25/26 Kleandros erweist sich als souveräner Gerichtsherr. Obwohl die Darstellung des Dexippos-Skandals ihn durchaus beeindruckt zu haben scheint, hält er an seinem korrekten Rechtsstandpunkt fest: Gewalt hätte hier nicht angewendet werden dürfen. Offenbar interpretiert er jetzt den zu verhandelnden Vorgang vor allem als einen aus der Situation heraus entstandenen Versuch der Soldaten, unter Anführung des Agasias den unbeliebten Deserteur und Verräter zusammenzuschlagen und womöglich zu steinigen. Vielleicht, so gibt er zu verstehen, hat Dexippos tatsächlich eine Bestrafung verdient - aber diese könnte selbstverständlich erst nach einer Gerichtsverhandlung und korrekten Verurteilung vollzogen werden. Immerhin aber beschränkte nun der Harmost den Schuldvorwurf ausdrücklich allein auf den in der Sache geständigen Agasias und hob damit die angedrohte Erklärung aller 'Kyreer' zu 'Staatsfeinden' (6.6.9) auf.

6.6.27/28 Überraschend meldete sich nun der von Agasias befreite Mann, obwohl er unter die allgemeine Amnestie fiel, mit einer kurzen und einfach formulierten, aber den Hintergrund des Vorfalls deutlich beleuchtenden Einlassung zu Wort. Erst dieser biedere Soldat, der auch nicht den Anschein eines Unrechts auf sich sitzen lassen wollte, stellte klar, daß Agasias den Bruch eines offiziellen Beschlusses der Heeresversammlung (vgl. 6.6.2) und den Vollzug eines verbrecherischen Handels zwischen Dexippos und einer Gruppe skrupelloser Söldner verhindert hatte. Durch seine eigene Apagoge unter dem Vorwurf des Raubes, so vermutete er zu Recht, sollten andere Augenzeugen eingeschüchtert werden. Während Agasias seine Vorwürfe gegen Dexippos aus der Vergangenheit hervorgeholt hatte, lenkte dieser Mann die Aufmerksamkeit des Richters in die Gegenwart zurück und drehte von sich aus gewissermaßen das Verfahren um, indem er den bisherigen Ankläger kurzerhand in die Rolle des Angeklagten versetzte.

6.6.29/30 Während des Frühstücks, vielleicht gegen Mittag, wurde auf spartanischer Seite über den Fall diskutiert und das Urteil über die beiden in Haft befindlichen Männer vorbesprochen. Gleichzeitig kam es bei den 'Kyreern' auf Veranlassung Xenophons zu einer zweiten Heeresversammlung und nach deren Beschluß zur Entsendung einer großen, gewiß über 100 Mann starken Delegation aller Offiziere und einiger anderer Mitglieder (zu Drakontios vgl. 4.8.25), die noch einmal die Bitte um Freilassung der Angeklagten unterstützen sollte. Man kann dies mit dem Auftritt der sogenannten παράκλητοι in normalen Prozessen vergleichen, die nicht (wie die συνήγοροι) bei der Verteidigung mitwirkten, sondern vor der Urteilsverkündung durch ihre Fürbitten oder auch durch ihre bloße Anwesenheit (etwa der Ehefrau und der Kinder) für den Angeklagten das Mitleid der Richter zu erregen versuchten (vgl. LIPSIUS III 919/920).

6.6.31-33 Xenophon trägt als Sprecher der Delegation, nachdem er zunächst noch einmal die unbeschränkte Gerichtshoheit des Harmosten unterstrichen hat, die Fürbitte des gesamten Heeres vor und begründet sie mit dem Gedanken, daß beide Angeklagte *"sich in der vorhergehenden Zeit sehr stark für das Heer abgemüht"* hätten. Das ist offenbar eine Anspielung auf die Kämpfe der vergangenen Tage mit den Bithyniern und den Truppen des Pharnabazos, in denen Agasias und seine Männer sich als tapfere Soldaten und gute Kameraden, denen das ganze Heer Dank schuldete, bewährt hatten. Dann folgt ein überraschender Vorschlag: Xenophon bietet dem Harmosten im Auftrag der Heeresversammlung als Gegenleistung für die Freilassung der Angeklagten den Oberbefehl über die 'Kyreer' an, verspricht deren unbedingte Disziplin und Einsatzbereitschaft und eröffnet ihr Angebot, sich (bei etwaigen Kämpfen) vor seinen Augen mit Dexippos zu messen und ihm so Kriterien für eine gerechte Beurteilung beider Seiten an die Hand zu geben. Wenn der Harmost diesem Vorschlag zustimmte, hätte nicht nur das Heer endlich wieder einen Soldherren gefunden, sondern auch Xenophon die von ihm inzwischen herbeigesehnte Möglichkeit erhalten, aus dem ganzen Unternehmen auszusteigen und wieder ins Zivilleben zurückzukehren.

6.6.34/35 Kleandros leitet seine die aktuelle Krise glücklich beendende Antwort mit der spartanischen Formel zur Anrufung der Dioskuren ein (vgl. MASQUERAY II 120 Anm.1), erklärt dann seine Bereitschaft zur Übernahme des Oberbefehls unter der Voraussetzung göttlicher Zustimmung und gibt am Schluß deutliche Kritik am Verhalten des Dexippos, der Xenophon einer spartafeindlichen Einstellung bezichtigt hatte, zu erkennen. Am Abend dieses ereignisreichen Tages war alles wieder im Lot. Schließlich kamen Kleandros und Xenophon sogar in ein so enges freundschaftliches Verhältnis, daß sie sich gegenseitig die Vertrauensstellung eines 'Gastfreundes' zusicherten. In diesem Augenblick, so kann man wohl sagen, begann jene Beziehung Xenophons zur Führungsspitze des spartanischen Staates, die sein Leben fortan für Jahrzehnte geprägt hat.

6.6.36 Drei Tage scheinen der äußerste Zeitraum gewesen zu sein, über den hin man durch Opfer die Einstellung der Götter zu einer bestimmten Frage (hier der Frage ἐπὶ τῇ πορείᾳ unter der Führung des Kleandros) ausfindig zu machen versuchte (vgl. 6.4.13-22). Nach dem dreifachen Mißlingen war an der absoluten Ablehnung des Vorschlages durch die Götter kein Zweifel mehr möglich. So blieb die Führung während des bevorstehenden Marsches nach Byzantion (= ἐκεῖσε) bei den bisherigen Strategen, die freilich keinen Grund hatten, an dem Wort des Harmosten, man werde sie dort nach besten Kräften gut aufnehmen, zu zweifeln.

6.6.37/38 Nach der eher als symbolische Freundschaftsgeste zu verstehenden Schenkung und Rückschenkung jener Schafherde, welche die Krise ausgelöst hatte, und der Abhaltung eines Marktes, auf dem die Soldaten ihre Beute an die Händler, die sich inzwischen in Kalpes Limen eingefunden hatten, und wohl auch an die umwohnenden Bithyner, denen sie zuvor geraubt worden war, verkauften, begann der (durch ein listiges Umkehrmanöver unterbrochene) Marsch nach Chrysopolis. Das Verständnis des Satzes ἔδοξεν - νύκτα ist nicht ganz eindeutig. Am ehesten scheint mir τοὔμπαλιν mit ἐλθεῖν zusammenzugehören, so daß sich folgende Aussage ergibt: *"Sie beschlossen, einen Tag und eine Nacht umzukehren und dann wieder zurückzukommen. Nachdem sie dies*

Karte S.378

[das Umkehrmanöver] *durchgeführt hatten, erbeuteten sie* [beim zweitenmal] *viele Sklaven und Schafe"* - nämlich die Bewohner der von der Straße berührten Dörfer, die sich vor dem ersten Durchzug mit ihren Herden in Sicherheit gebracht hatten und nun im Glauben, daß die 'Kyreer' zur Küste zurückmarschierten, wieder aus ihren Verstecken hervorgekommen waren. Unter πορευόμενοι τὴν ὀρθὴν ὁδόν ist also nicht *"das Marschieren auf dem direkten Weg"* (im Gegensatz zu einem umständlicheren, längeren Weg nach Chrysopolis, der nach dem Umkehrmanöver eingeschlagen wurde), sondern *"das geradewegs Voranmarschieren"* im Gegensatz zu τοὔμπαλιν ὑποστρέψαντες ἐλθεῖν zu verstehen. Welcher der möglichen Wege, die sich in der Gegend der heutigen Stadt Kandira geteilt zu haben scheinen, von den 'Kyreern' benutzt wurde und wo das Umkehrmanöver stattgefunden hat, ist natürlich nicht mehr zu ermitteln (MANFREDI hat in Karte 21 die nördliche Route mit der direkten Verbindung von Sile nach Chrysopolis eingetragen). Ebensowenig, von welcher Stelle aus die Zeitangabe ἑκταῖοι gerechnet, und ob in ihr das Umkehrmanöver enthalten ist. Jedenfalls wurde Chrysopolis, ein kleiner Ort ca. 5 km nördlich der bedeutenden Stadt Kalchedon, glücklich erreicht. Hier, wo die Fährschiffe aus Byzantion ankamen und die große Fernstraße nach Asien hinein begann, sowie im nahegelegenen Kalchedon waren die Voraussetzungen für den Verkauf der mitgebrachten Beute natürlich ganz besonders günstig.

Karte S.378

Buch 7

7.1.2-4 Während des einwöchigen Aufenthaltes in Chrysopolis kam es zu einem Besuch des gesamten Offizierskorps in Byzantion, und zwar auf Einladung des damals dort stationierten spartanischen Nauarchen Anaxibios, den seinerzeit von Trapezus aus Cheirisophos aufgesucht (5.1.4) und erfolglos um die Entsendung eines Flottenverbandes gebeten hatte (vgl. 6.1.16). Anaxibios stand damals, im Herbst 400 (d.h. zum Ende des lakonischen Jahres), kurz vor dem Ausscheiden aus dem Amt. Wenige Wochen später befand er sich bereits (in Begleitung Xenophons, der jedoch von Parion aus wieder zum Heer zurückgeschickt wurde [7.2.7-9]) auf der Heimreise, während sein Nachfolger Polos noch nicht in Byzantion eingetroffen war (7.2.7). Er wurde dann ein Jahr später, Ende 389, von den Spartanern als Harmost nach Abydos geschickt, geriet dort in Kämpfe mit der athenischen Streitmacht des Iphikrates und fand dabei, im Jahr 388, den Tod (Hell. 4.8.32-39). Ohne Zweifel war Anaxibios bei der Ankunft der 'Kyreer' vor Byzantion im dortigen Raum der höchste Repräsentant Spartas. Die Nauarchie galt als so einflußreich, daß die Wiederwahl eines Nauarchen nach dem Ablauf seiner einjährigen Amtszeit sogar durch Gesetz verboten war. Auf jeden Fall war der Nauarch den Harmosten übergeordnet (vgl. z.B. 7.1.38/39 oder 7.2.6). Anaxibios hoffte mit seinem Vorschlag, die 'Kyreer' über den Bosporos überzusetzen, dem Satrapen der benachbarten Daskylitis, Pharnabazos, der nach wie vor mit einem Einmarsch in seine Satrapie rechnen mußte, einen großen Gefallen zu tun (vgl. auch 7.2.4) - natürlich nicht umsonst, sondern im Sinn einer Verpflichtung, die sich bei späterer Gelegenheit bezahlt machen würde. Xenophon ließ sich durch seine Autorität so sehr beeinflussen, daß er den Plan, unmittelbar die Heimreise anzutreten, wieder aufgab und mit den anderen Offizieren nach Chrysopolis zurückkehrte, um die Soldaten unter Hinweis auf die versprochene Soldzahlung zur Annahme des Vorschlages

Karte S.379, 425

zu bewegen. Sein Ausscheiden aus dem Amt des maßgeblichen Strategen in diesem Augenblick wurde von den Spartanern (wohl zu Recht) als ein allzu großer Risikofaktor angesehen.

7.1.5/6 Mit dem Gesandten des Königs Seuthes, Medosades, tritt die dritte für das künftige Schicksal der 'Kyreer' bedeutsame Macht, Thrakien neben Sparta und Persien, in Erscheinung. Tatsächlich hatte die Marschkolonne nun einen politisch sehr sensiblen Punkt erreicht: die Nahtstelle von Persien und Thrakien mit dem dazwischen liegenden griechischen Einflußbereich, der allerdings auf einzelne Stadtbezirke (Byzantion, Kalchedon; Perinthos, Selymbria; Lampsakos, Kyzikos) und die Halbinsel von Gallipoli zusammengeschmolzen war. Die griechische Söldnerarmee wurde hier fast so etwas wie ein Spielball im Strudel der verschiedenen Interessensphären; es ist Xenophon gelungen, diese politisch besonders schwierige Situation im 7. Buch der «Anabasis» glaubhaft zu vergegenwärtigen. * In seiner diplomatisch formulierten Zurückweisung des thrakischen Bestechungsversuches verweist er Seuthes an die ἐπικαίριοι, d.h. die *"einflußreichen"* unter den nach seinem Ausscheiden noch amtierenden Strategen, ohne Namen zu nennen (vgl. 3.1.36 μέγιστον ἔχετε καιρόν, Kyrup. 3.3.12 συνῆλθον οἱ ἐπικαίριοι, Hell. 3.3.11 τοὺς ἐπικαιριωτάτους).

7.1.7-35 Das alte Byzantion ist so gut wie spurlos von der Oberfläche verschwunden, so daß weder über seine genaue Ausdehnung noch über seine innere Anlage aufgrund von Bodenfunden eine verläßliche Aussage gemacht werden kann. Sicher ist lediglich, daß die Stadt auf dem östlichen Ende der am Ausgang des Bosporos ins Marmarameer vorspringenden Halbinsel (Βοσπόριος Ἄκρα) lag. Der Versuch einer Rekonstruktion kann nur auf dem Wege der Auswertung literarischer Quellen unternommen werden. Als die älteste Beschreibung der Stadt mit auf Autopsie beruhenden, topographisch relevanten Hinweisen ist dieser Abschnitt der «Anabasis» besonders wichtig. Zur geographischen Lage im allgemeinen und der sich daraus ergebenden handelspolitischen Rolle von Byzantion äußert sich ausführlich Polybios (4.38/39, 43-45); brauchbare Hinweise zu topographischen Einzelheiten finden sich jedoch erst wieder bei Zosimos (2.30), dem Lokalhistoriker Hesychios Illustris von Milet (FGrHist 390, 6. Jahrhundert n.Chr.) und in den unter dem Namen des Georgios Kodinos umlaufenden Πάτρια τῆς Κωνσταντινουπόλεως. * Die Schiffe mit den 'Kyreern' gin-

Karte S.378, 425

gen im Haupthafen von Byzantion vor Anker [7], im Norden der Stadt, wo das alte Hafenbecken (im Bereich des heutigen Hauptbahnhofs) seit langem versandet ist (wie übrigens auch eine Reihe anderer Hafenbuchten, die im Mittelalter noch benutzt wurden). Die Soldaten marschierten dann durch die Stadt bis in die Nähe eines Tores [12], durch welches sie das Stadtgebiet so schnell wie möglich wieder verlassen sollten [7, 11] und, nach einigem Hin und Her, auch verließen [12]. Sie befanden sich hier auf der zur thrakischen Cherrones führenden Straße [13], machten dann aber spontan noch einmal kehrt und versuchten, wieder in die Stadt zurückzukehren. Während die einen das Tor von außen aufzubrechen versuchten, *"liefen andere zum Meer und gingen* παρὰ τὴν χηλὴν τοῦ τείχους *hinüber in die Stadt"* [17]. Damit ist offensichtlich die westliche der beiden Hafenmolen gemeint: auf ihr lief zwar auch die Stadtmauer entlang, konnte aber auf dem davor als Wellenbrecher aufgeschütteten Steindamm (zur Bedeutung von χηλή vgl. Schol. zu Thuk. 1.63.1) am Molenkopf umgangen werden. In der Nähe des inzwischen von innen geöffneten Tores, durch welches die Truppen wieder in die Stadt strömten, befand sich die Agora [19], von der aus das Tor zu sehen war und sowohl der Hafen mit den Fracht- und Transportschiffen sowie den an Land gezogenen Trieren als auch das Vorgebirge mit der Akropolis (Bosporios Akra) erreicht werden konnte [20]. Diese, die auch von der Ostküste aus einen Zugang hatte, war mit einem eigenen, von Festungstruppen verteidigten Mauerring versehen [20]. In der Nähe des Landtores befand sich im Stadtinneren ein unbebauter ebener Platz, das 'Thrakion' [24], auf dem die 'Kyreer' in Phalanxformation Aufstellung nahmen [23]. Aus Hell. 1.3.20 geht hervor, daß das Tor die Bezeichnung 'Tor am Thrakion' trug, aus Hell. 1.3.21, daß die Agora nahebei lag. Die Streckenführung der besonders starken Mauer (Pausanias [4.31.5] vergleicht sie mit der von Messene), wird von Kodinos (24 f., vgl. OBERHUMMER, RE III 1, 1897, 1119) folgendermaßen beschrieben: sie lief *"vom Turm der Akropolis zum Turm des Eugenios, stieg zum Strategion an und lief bis zum sogenannten 'Bad des Achilleus', wo der sogenannte 'Bogen des Urbikios' die Stelle eines früheren Landtores einnimmt; dann stieg die Mauer zu den Chalkoprateia* [Markt der Erzhandwerker] *hinan bis zum sogenannten 'Milion', wo wieder ein Landtor war. Von dort erstreckte sie sich zu den gewundenen Säulen* τῶν Τζυκαλαρίων [Töpfermarkt], *stieg dann in die 'Topoi' genannte Gegend hinab und erreichte, durch die Quartiere Mangana und Arkadiana umbie-*

Karte S.378, 425

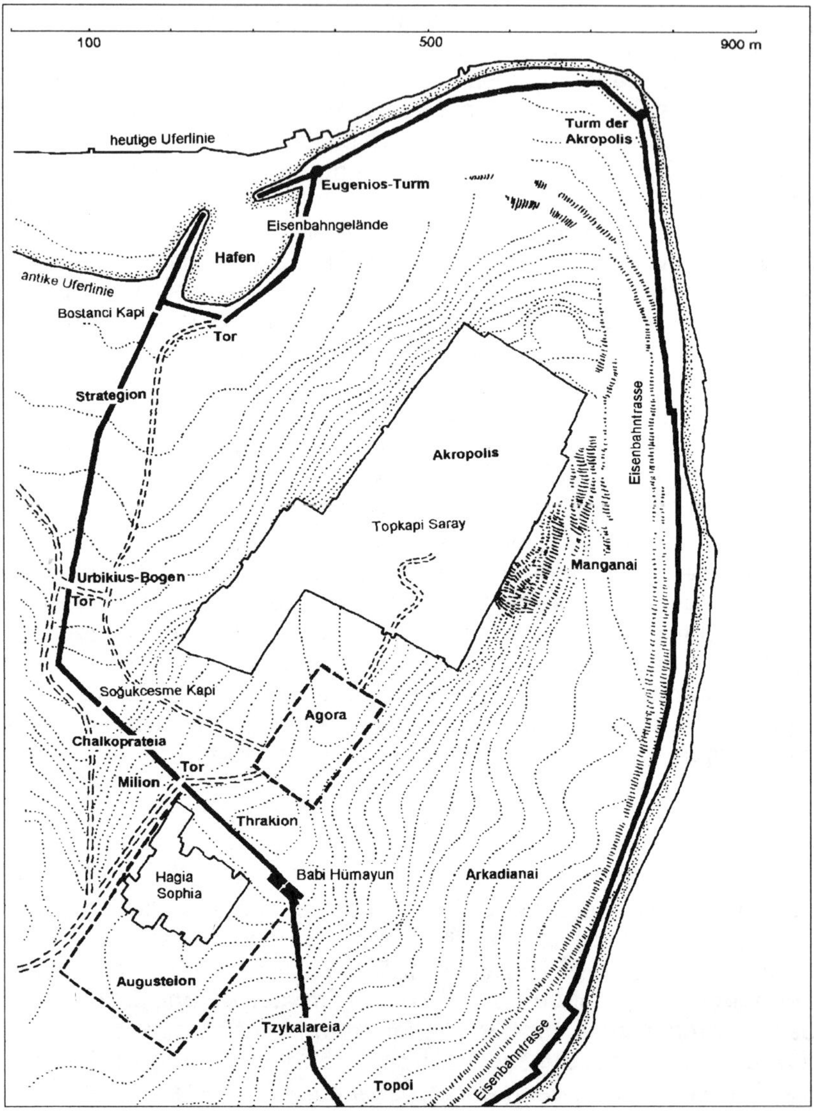

68. Byzantion (7.1.7 - 36); Stadtbezirk nach MÜLLER-WIENER (in Einzelheiten modifiziert)

Karte S.378, 425

gend, wieder die Akropolis. Türme hatte die ganze Mauer 27". Daß sich die Akropolis an der Stelle des späteren Serail, im nordöstlichen Bereich der Halbinsel, befand, ist unumstritten. Über alles weitere (auch über die genaue Ausdehnung der Akropolis) können nur Vermutungen angestellt werden. Sie haben in verschiedenen, weit voneinander abweichenden Plänen ihren Niederschlag gefunden. In der hier eingefügten Planskizze (Abb. 67) ist der Vorschlag von MÜLLER-WIENER (17 Abb.1, Byzantion 167 Abb.1) zugrundegelegt, allerdings nach Xenophons Angaben ergänzt und modifiziert. Nach der überzeugenden Argumentation MÜLLER-WIENERS folgte die spätere Serailmauer im wesentlichen dem Verlauf der alten Stadtmauer, während in früheren Versuchen, zum Beispiel schon in dem ersten überhaupt veröffentlichen von OBERHUMMER (RE III 1, 1897, 1121/22), die alte Mauer weiter westlich gesucht wurde, so daß sie das 'Augusteion' (vgl. dazu MÜLLER-WIENER 248/49) noch mit einschloß. Dieser große Platz, der jetzt zum Teil durch den Gebäudekomplex der Hagia Sophia überbaut ist, wurde von Zosimos (2.31.2) als *"sehr große Agora"* bezeichnet und dürfte wohl wirklich, wie schon OBERHUMMER (RE IV 1,1900, 987) annahm, *"an Stelle der Agora von Byzantion ... mit einiger Verschiebung der Örtlichkeit"* getreten sein. Dann aber kann es kaum einen Zweifel über die Lokalisierung der alten Agora geben: sie lag auf dem relativ ebenen Sattel, der sich von der Akropolis nach Südwesten entlangzieht. Erst etwa an der Nordwestecke des Augusteions steigt das Gelände in westlicher Richtung wieder an. Über den hier beginnenden langgestreckten Höhenrücken läuft jetzt eine große Hauptverkehrsstraße (Divan Yolu - Yeniçeriler Caddesi - Ordu Caddesi) - mit Sicherheit auf der Route jener antiken Fernstraße, der λεωφόρος μέση Konstantinopels, die am 'thrakischen Tor' Byzantion verließ. Dieses Tor ist also auf dem Sattel zu suchen (nicht am Urbikius-Bogen, wie MÜLLER-WIENER annimmt), in unmittelbarer Nähe des sogenannten 'Milion', jenes nach dem Vorbild des *miliarium aureum* in Rom errichteten, auf vier Bögen ruhenden Gewölbes, das als Ausgangspunkt für die Meilenzählung der kaiserlichen Heerstraßen diente (vgl. dazu MÜLLER-WIENER 216-18). Das (bisher nicht im Gelände nachgewiesene) 'Milion' wird meist unmittelbar nördlich der Hagia Sophia gesucht - wohl mit Recht, weil dort anscheinend die alte Straße ihren Anfang nahm. Das zweite von Kodinos genannte Tor *"am Urbikios-Bogen"* vermutet MÜLLER-WIENER an der Stelle, wo die im modernen Straßennetz noch erkennbare alte, am Goldenen Horn entlang füh-

Karte S.378, 425

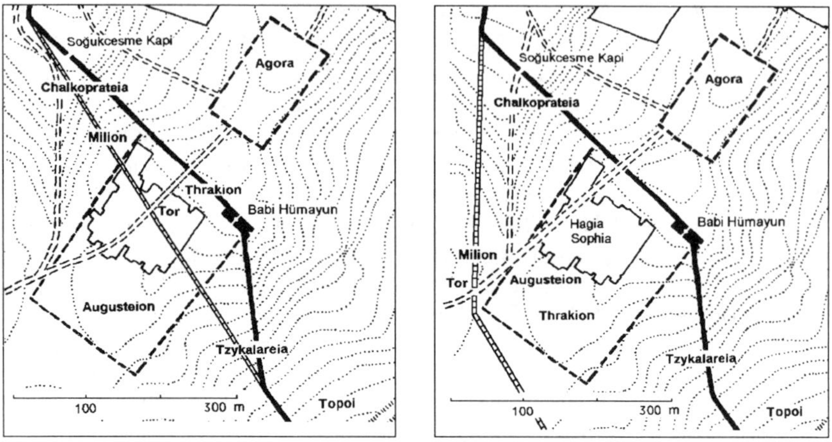

69. Byzantion, Südwestmauer, Alternativvorschläge 1 (links) und 2 (rechts)

rende Uferstraße den Stadtbereich verließ. Innerhalb des Mauerringes führte dann die Hauptstraße vom Hafen zur Agora durch das Tal hinauf, das sich außerhalb bis zum Kamm fortsetzt (die moderne Straße folgt dem Tal, indem sie am Soğukcesme Kapi die Serailmauer durchquert, bis auf die Höhe). Zwischen Agora und Stadtmauer ist schließlich auch noch das von Xenophon als (relativ) eben bezeichnete 'Thrakion' anzunehmen. Obwohl sich das nunmehr gewonnene Bild einigermaßen gut mit den Angaben der «Anabasis» in Übereinstimmung bringen läßt, seien hier dennoch für den Südwestabschnitt der Stadtmauer noch zwei Alternativvorschläge zur Diskussion gestellt. Sie gehen von der Annahme aus, daß der Knick der Serailmauer am Babi Hümayun durch die Bebauung des 'Augusteions' herbeigeführt worden ist. Tatsächlich ist es schwer vorstellbar, daß bei der Planung der alten Stadtmauer der topographisch besonders günstige Höhenrücken, den jetzt die Hagia Sophia überdeckt, nicht einbezogen worden sein soll. Es kommt hinzu, daß nach 7.1.23/24 auf dem ebenen Thrakion spontan die Phalanx aufgebaut wurde. Wenn wir auch nur von 3000 Soldaten ausgehen, die in 8 Gliedern mit ¾ m Raumbedarf pro Mann antraten, ergibt sich bereits eine Frontlänge von ca. 300 m. Dafür würde allenfalls das später vom 'Augusteion' in Anspruch genommene Gelände ausreichen. Bei Berücksichtigung dieses Tatbestandes scheint mir vor allem der Alternativvorschlag

2, in dem angenommen wird, daß die Stadtmauer von Byzantion im Südwesten doch wesentlich weiter westlich als die Serailmauer verlief, eine ernsthafte Prüfung zu verdienen. Dabei wäre allerdings auch eine entsprechende Verschiebung des 'Milion' in Rechnung zu stellen.

7.1.7 Die Truppen schlugen nach der Ausschiffung mit ihrem Troß das Biwak vermutlich auf dem 'Thrakion', jedenfalls innerhalb des Mauerrings, auf und stellten nun dort einen ungern gesehenen Fremdkörper dar, den die spartanischen Behörden so schnell wie irgend möglich wieder aus der Stadt entfernen wollten. Sie verlangten den sofortigen vollständigen Abmarsch durch das 'thrakische Tor', wo eine Musterung und Zählung stattfinden sollte, auf der direkt durch das 'Heilige Gebirge' (vgl. 7.3.3) zur Cherrones führenden Straße (vgl. 7.1.13). Die Soldaten hatten mit der vor der Überfahrt versprochenen Soldauszahlung in Byzantion gerechnet (obwohl die Formulierung [7.1.3] dies nicht klar ausdrückte), fühlten sich nun hintergangen und kamen dem Befehl zum Abbruch des Biwaks nur zögernd nach. Hier bahnte sich eine Meuterei an, deren Folgen schwer abzusehen waren. Jedenfalls konnte im Augenblick von der seinerzeit, in Kalpes Limen, dem Harmosten Kleandros versprochenen Disziplin der Söldner keine Rede sein.

7.1.8-11 Von den Spartanern wurde Xenophon offensichtlich als der maßgebliche Stratege der ungeliebten Truppe angesehen und deshalb unter persönlichen Druck gesetzt, damit er zumindest noch den Auszug aus der Stadt organisierte. Indirekt ergibt sich aus den wörtlich referierten Gesprächen, daß Anaxibios ihm, seinem 'Gastfreund' (6.6.35), das undisziplinierte Verhalten der Söldner zum Vorwurf machte, während er selbst die Krise aus der bisherigen Nichteinhaltung des den Soldaten gegebenen Soldversprechens herleitete. Aber natürlich konnte er mit seiner sehr vorsichtig formulierten Erinnerung an dieses Versprechen den Nauarchen nicht zu einer Korrektur der angeordneten Maßnahme bewegen: sie wurde vielmehr umgekehrt noch durch eine unverhohlene Drohung untermauert. Aus der weiteren Entwicklung der Ereignisse wird deutlich, wie die Situation damals interpretiert wurde: die Söldner gingen selbstverständlich davon aus, daß die Zählung und Musterung vor dem 'thrakischen Tor' als Grundlagen für die anschließende Aushändigung des Soldes dienen sollten, und gerieten erst, als sich dies als verkehrt harausstellte, in Aufruhr.

Karte S.378, 425

7.1.12-14 Dem demonstrativen Auszug der Strategen schloß sich die Marschkolonne an. Draußen ließ Anaxibios den Offiziersrat zusammentreten und gab seine Befehle bekannt: sofortiger Weitermarsch zur Cherrones, unterwegs Verpflegung durch Requisitionen in den thrakischen Dörfern (also keine Notwendigkeit zur Ausgabe von Verpflegungsgeld), Soldauszahlung nach der Ankunft am Zielpunkt durch den dortigen Harmosten Kyniskos. Nach der Rückkehr der Lochagen zu ihren Einheiten diskutierten die Strategen noch mit dem Nauarchen über Einzelheiten des bevorstehenden Unternehmens: welches Verhalten war von Seuthes, dem Herrscher über die thrakischen Dörfer, zu erwarten? Welcher Marschweg sollte eingeschlagen werden, der direkte an der Küste entlang durch die südöstlichen Ausläufer des 'heiligen Gebirges', oder der in Bisanthe abzweigende Umweg durch das Landesinnere, der das Gebirge im Westen umging? Die Strategen hatten also den Befehl akzeptiert und waren bereits in die Beratung der praktischen Durchführung eingetreten. * Am 'thrakischen Tor' hatte eine spartanische Mannschaft unter dem Kommando des Eteonikos Aufstellung bezogen, welche wohl die angekündigte Zählung und Musterung, d.h. vor allem eine Kontrolle der Bewaffnung, durchführen sollte. Eteonikos war einer der prominenten Heerführer dieser Zeit; seine Karriere läßt sich von 412 an verfolgen: damals kommandierte er im Auftrag des Nauarchen Astyochos einen Truppenverband, der Antissa und Methymna auf Lesbos angreifen sollte (Thuk. 8.23.4). 410 war er Harmost auf Thasos (Hell. 1.1.32), 406 konnte er (nach der Niederlage bei den Arginusen) seine Leute nach Chios retten (Hell. 1.6.36, 2.1.1 ff.), 405 diente er bei Aigospotamoi unter Lysander (Diod.13.106.4, Paus. 10.9.10) und brachte nach dem Sieg mit 10 Trieren die thrakische Küste unter spartanische Kontrolle (Hell. 2.2.5). 15 Jahre später, im Korinthischen Krieg, war er unter dem Nauarchen Teleutias (390) auf Aigina eingesetzt, um von dort aus den athenischen Handel zu stören (Hell. 5.1.1). Warum und in welcher Funktion er sich im Herbst 400 in Byzantion befand, ist unbekannt; offenbar gehörte er damals zur dortigen spartanischen Führungsmannschaft.

7.1.15-17 Das aus zwei hölzernen, sich nach innen öffnenden Flügeln bestehende Stadttor wurde geschlossen und durch *"Einwerfen des Querbalkens"* gesichert. Dieser Balken erstreckte sich auf der Innenseite quer über beide Türflügel und verhinderte das Aufdrücken von außen. Zum Verschließen des Tores wurde er in

Karte S.378, 425

Löcher, die in die Seitenwände eingetieft waren, geschoben und dann, wenn die richtige Position erreicht war, durch einen Riegel fixiert. Dieser Riegel (βάλανος) wurde von oben in ein senkrecht durch den Querbalken gebohrtes Loch gesteckt und rutschte dann in eine darunter in den Türpfosten eingetiefte Hülse (βαλανοδόκη) so weit hinein, daß sein oberes Ende sich unterhalb der Oberfläche des Querbalkens befand und nicht angefaßt werden konnte. Nach dieser Prozedur, die von dem wachhabenden Offizier, der den Riegel verwahrte, persönlich durchgeführt werden sollte, war das Tor durch Unbefugte von innen nicht mehr zu öffnen, da der Riegel nur unter Benutzung des zugehörigen, seiner Länge und seinen Einkerbungen und Vorsprüngen genau angepaßten Schlüssels (βαλανάγρα) oder einer entsprechenden Zange (καρκίνος) angehoben werden konnte (vgl. Aineias Tact. 18 über verschiedene, von verräterischen Torwächtern langwierig vorbereitete Methoden, um den Riegel ohne Schlüssel herauszuziehen, 20 über Schutzmaßnahmen zur Sicherung des Torverschlusses). Eine spontane Öffnung des Tores konnte jetzt nur durch gewaltsame Zerstörung des Querbalkens herbeigeführt werden, sei es durch Zersägen (vgl. Aineias Tact. 19), sei es, wie hier, durch Zerschlagen mit Äxten (vgl. Thuk. 2.4.4 διακόψαντες τὸν μοχλόν). Der (auch sonst übliche) Plural τὰ κλεῖθρα (statt τὸν μοχλόν) könnte sich daher erklären, daß die beiden Endstücke des Querbalkens vor Augen stehen: in der Tat war es sinnvoll, ihn an beiden Auflagestellen gleichzeitig zu durchtrennen, damit nach Beendigung der Arbeit sofort das ganze Tor geöffnet werden konnte. * Zu παρὰ τὴν χηλὴν τοῦ τείχους vgl. o.S. 413.

7.1.18-20 Lebendig beschreibt Xenophon die Panik, welche das gewaltsame Eindringen der von ihren Offizieren nicht mehr kontrollierbaren Söldnermassen in der Stadt auslöste. Unter den gegebenen Umständen mußte mit dem Schlimmsten gerechnet werden, wenn es nicht gelang, die Meuterei schnellstens zu beenden. Insbesondere befürchtete Xenophon selbst zu Recht den völligen Verlust seines Ansehens und seiner Glaubwürdigkeit bei den Spartanern. Deren Führungsspitze richtete sich auf eine regelrechte Belagerung der Akropolis ein, während die Stadt bereits dem ungehinderten Zugriff der Söldner ausgesetzt war.

7.1.21-24 Die Wortführer der Soldaten umschrieben die Situation aus ihrer Sicht korrekt: die von ihnen im Handstreich eroberte

Stadt stand ihrem Anführer, wenn er dies wollte, zur Verfügung. Daß Xenophon auf das unrealistische Angebot, sich gleichsam zum Tyrannen von Byzantion aufzuschwingen, nicht eingehen konnte, liegt auf der Hand; aber es eröffnete ihm die Möglichkeit, durch seine scheinbare Zustimmung zunächst einmal die Meuterei zu beenden und die bereits in der Stadt umherschweifenden Gruppen durch den mündlich weitergegebenen Befehl zur Sammlung auf dem Thrakion zurückzurufen. Tatsächlich stellte sich dort in kurzer Zeit das Heer vollzählig ein und bildete sogleich eine regelrechte Phalanx: die Soldaten rechneten also offenbar (ebenso wie die Spartaner) mit dem Angriff auf die Akropolis und wollten durch die spontane Aufstellung ihre Kampfbereitschaft demonstrieren. Der Begriff ἔκειτο τὰ ὅπλα kann sowohl das Abstellen der Hoplitenschilde vor den Füßen (wie es beim Antreten in Reih und Glied üblich war) als auch das Ablegen der Waffen auf dem Waffenplatz bedeuten. Hier muß das letztere gemeint sein, da Xenophon anschließend eine Heeresversammlung einberief, zu der die Soldaten natürlich unbewaffnet erschienen; vermutlich wurden die Waffen direkt an Ort und Stelle in der Phalanxformation abgelegt. Jedenfalls wurde dadurch, daß nun wieder die militärische Routine im Vordergrund stand, eine gewisse Beruhigung der Massen erreicht.

7.1.25/26 Die (für die Veröffentlichung in der «Anabasis» wohl noch einmal besonders sorgfältig ausgearbeitete) Rede nimmt am Anfang psychagogisch wirkungsvoll Bezug auf die emotionale Empörung der Soldaten über *"den Betrug"* der Spartaner und versucht nach diesem Solidaritätsbeweis vorsichtig den Weg zu einer nüchternen, realistischen Beurteilung der Sachlage zu ebnen. Dabei werden geschickt die schuldigen Spartaner von den unschuldigen Bürgern der Stadt getrennt und die Konsequenzen eines feindseligen Verhaltens gegen jede der beiden Gruppen untersucht. Die Antwort auf die erste Frage (was bringt uns eine Rachehandlung an den in Byzantion anwesenden Spartanern?) lautet: wir werden zu Feinden aller Lakedaimonier und ihrer Bundesgenossen erklärt und in einen Krieg verwickelt, dessen Art und Weise sich jedermann - nun folgt eine sehr überraschende Bemerkung - aus dem wohlbekannten Verlauf des peloponnesischen Krieges ableiten kann. Man möchte es fast nicht glauben, aber Xenophon vergleicht hier allen Ernstes die 'Kyreer' (ca. 7000-8000 mittellose und völlig auf sich allein gestellte Söldner) mit dem attischen Seebund und untermalt diesen abwegigen Gedanken im folgenden mit einer kur-

Karte S.378, 425

zen Darstellung der damaligen Machtkonzentration Athens, das dennoch von den Spartanern spektakulär besiegt wurde.

7.1.27 Von 300 einsatzbereiten Trieren spricht auch Thukydides (2.13.8), ebenso von sehr großen, auf der Akropolis (= hier ἐν τῇ πόλει) aufbewahrten Geldreserven sowie von durchschnittlich 600 Talenten jährlichen Abgaben der Bündner (2.13.3); ferner zählt er 2.9.4 alle Bundesgenossen Athens auf dem Festland und den Inseln im einzelnen auf. Aus diesen Ähnlichkeiten, die allgemein bekannte Sachverhalte betreffen, ist aber wohl keine Abhängigkeit Xenophons von Thukydides zu folgern.

7.1.28 Der unmittelbaren Vergangenheit wird jetzt die Gegenwart gegenübergestellt und damit die Absurdität des Gedankengangs auf die Spitze getrieben: wenn schon der attische Seebund den Lakedaimoniern unterlag, wie können wir 'Kyreer' uns dann bei klarem Verstand der Hoffnung hingeben, den Sieg über praktisch alle Griechen und auch noch die Perser, die gegen uns gemeinsame Sache machen würden, zu erringen? Offenbar wollte Xenophon in der sehr kritischen Situation, die damals zu meistern war, den rachelüsternen Siegestaumel der Söldner schlagartig unterbrechen, indem er sie unter Verzicht auf ernsthafte Argumentation durch die drastisch vor Augen gestellte Vision eines 'Weltkrieges' auf den Boden der Wirklichkeit zurückzuholen versuchte.

7.1.29/30 Auch auf die zweite Frage (welche Konsequenzen würde für uns die Zerstörung der unschuldigen Stadt Byzantion nach sich ziehen?) erfolgt eine klare Antwort: unsere eigenen Freunde und Landsleute würden uns mit Recht als Feinde Griechenlands bekämpfen; wir würden nicht den Heldentod sterben, sondern in Schande untergehen. Jetzt appelliert Xenophon offen an die Gefühle seiner Zuhörer, indem er den immer wirkungsvollen Gegensatz 'Griechen - Barbaren' voll ins Licht rückt und damit so etwas wie ein allgemeines griechisches Solidaritätsbewußtsein beschwört. Darauf basiert die dringende Empfehlung Xenophons, auf die Gerechtigkeit der in Byzantion regierenden Vertreter der griechischen Vormacht Sparta zu hoffen, auf keinen Fall aber die Ächtung in ganz Griechenland zu riskieren.

7.1.31/32 Die kleine Delegation (zu Hieronymos vgl. 3.1.34, zu Eurylochos vgl. 4.2.21) sollte den Ausmarsch der 'Kyreer' aus der

Karte S.378, 425

Stadt ankündigen (letztes Wort ihres Auftrages: ἐξερχόμεθα), d.h. den Vollzug des von Anaxibios erteilten Befehls (vgl. 7.1.7 und 11), und zugleich das Motiv für den gewaltsamen Einbruch in die Stadt klarstellen: er war lediglich als Druckmittel zur Unterstützung der Forderung nach gerechter Behandlung oder jedenfalls nach einer einleuchtenden Begründung für den Befehl gedacht. Mit dieser wahrhaft spitzfindigen Formulierung übernahmen die Offiziere zwar die Verantwortung für die Meuterei ihrer Soldaten, hielten aber zugleich den Vorwurf des arglistigen Betruges durch die Spartaner (ἐξαπατώμενοι) aufrecht, den Xenophon schon am Anfang seiner Rede formuliert hatte (7.1.25).

7.1.33-35 Koiratades (oder -tadas) aus Theben hatte 8 Jahre zuvor in Byzantion unter dem Harmosten Klearchos (vgl. 1.1.9) eine böotische Söldnereinheit angeführt und im Winter 408/07 die Einnahme der Stadt durch Alkibiades (dem fünf Bürger nachts das Tor am Thrakion öffneten) miterlebt. Er war damals, ohne von dem Verrat zu wissen, mit seinen Truppen zur Agora geeilt, mußte sich dann jedoch der athenischen Übermacht ergeben und wurde zusammen mit den übrigen Gefangenen nach Athen transportiert. Bei der Ausschiffung im Piräus konnte er im Menschengewühl entkommen und sich bis nach Dekelea zu den Lakedämoniern durchschlagen (Hell. 1.3.15-22). Er war einer jener Söldneroffiziere, die damals auf der Suche nach Kommandos durch die Lande reisten und überall ihre Dienste anboten. Daß er sich gerade in Byzantion aufhielt, wird Zufall sein; daß er jedoch genau in diesem dramatischen Augenblick auf dem Thrakion erschien und sich den 'Kyreern', die zwar wieder zu Ruhe und Ordnung zurückgekehrt waren, aber immer noch innerhalb des Mauerrings biwakierten, als Stratege empfahl, könnte wohl auch auf Absprache mit dem Nauarchen beruhen. Sein Vorschlag, sie zum Plündern in das *"sogenannte Delta Thrakiens"* (vgl. dazu 7.4.1/2) zu führen, und sein Versprechen, ihnen bis zum Abmarsch reichliche Verpflegung zu verschaffen, wirkten auf die Soldaten nach den bisherigen Enttäuschungen so überzeugend, daß sie ihn als στρατηγός akzeptierten (eine regelrechte Wahl hat offenbar nicht stattgefunden) und die Stadt verließen - zusätzlich beeindruckt durch die mild und versöhnlich wirkende Verlautbarung des Nauarchen. Hier erhebt sich die Frage nach dem Dienstverhältnis, das zwischen den beiden Vertragspartnern bestand. Koiratades wurde ja weder von der Heeresversammlung wie von einer Stadt oder einem Volk auf den

Karte S.430

Posten des Generals berufen und besoldet, noch war er selbst (wie seinerzeit die von Kyros mit Geldmitteln ausgestatteten Strategen) der Soldherr der Soldaten. Vielmehr wurde ihm von diesen wohl gewissermaßen ein Scheck auf die Zukunft ausgestellt, d.h. ein Anteil an der Beute zugesichert, welche im 'thrakischen Delta' eingebracht werden sollte. Wie er allerdings das Verpflegungsproblem bis zum Abmarsch regeln wollte, ist nicht zu erkennen. Vielleicht zahlten ihm die spartanischen Behörden aus Dankbarkeit für die 'Befreiung' der Stadt eine Prämie aus; oder aber er mußte mit eigenen Mitteln in Vorlage treten und das Risiko eines Mißerfolgs (der ja dann auch eintrat) persönlich tragen.

7.1.37 Mit einer sicher ironisch gemeinten Präzision beschreibt Xenophon das Eintreffen der von Koiratades angeführten Verpflegungskolonne, welche das vollmundige Versprechen (7.1.33: *Speise und Trank im Überfluß!*) einlösen sollte: in Wahrheit würde zum Beispiel das Mehl, wenn jeder der 20 Träger einen Zentner schleppte, noch nicht einmal eine einzige volle Tagesration für 1000 Mann ergeben (vgl. 6.1.15). Die Frage, welche durch die Eingeweideschau geklärt werden sollte, kann eigentlich nicht nur gelautet haben, ob die Lebensmittel verteilt werden sollten oder nicht. Vielmehr ist anzunehmen, daß es (anscheinend auf dem Umweg über diese banale Frage) um die fundamentale Entscheidung ging, ob die Götter mit der Übernahme der Strategie durch Koiratades überhaupt einverstanden waren oder nicht (vgl. 6.6.35/36).

7.1.38-40 Daß Anaxibios dank der Vermittlung des Kleandros trotz großer Bedenken auf Xenophons Bitte um Einlaß nach Byzantion und Abreise nach Griechenland einging, dürfte sich aus der (anscheinenden) Übernahme des Kommandos durch Koiratades und dessen Abmarschplänen erklären. Überdies standen das Ende seiner Amtszeit als Nauarch und seine eigene Heimreise unmittelbar bevor. Es darf wohl als ein großer Vertrauensbeweis angesehen werden, daß er Xenophon sogar die Mitfahrt auf seinem Schiff anbot. Dessen Abschied von der Truppe, an deren Spitze er so lange gestanden hatte, scheint sich ohne größere Dankesdemonstrationen (auf die hinzuweisen er gewiß nicht versäumt hätte) abgespielt zu haben.

7.1.40/41 Die Episode mit Koiratades endete bereits am folgenden Tag kläglich, weil sich sein Versprechen, er werde für eine

Karte S.430

üppige Verpflegung der Truppe sorgen, als hohle Prahlerei erwies. Das Kollegium der bisherigen Strategen übernahm wieder das Kommando, während der glücklose Thebaner, der mit seiner Trägerkolonne so eindruckvoll auf der Bühne erschienen war, nun nur noch in Begleitung der nicht mehr benötigten Opferschafe unverrichteter Dinge abzog.

7.2.1 Unter den hier genannten Strategen taucht neu der Achäer Phryniskos auf, der vermutlich entweder zum Nachfolger des Sophainetos - des letzten der ursprünglichen Strategen, der hier den Dienst quittierte - oder Xenophons selbst gewählt worden war. Er gehörte (zusammen mit Kleanor und Timasion, vgl. 7.5.4 und 10) zum Kreis der engeren Vertrauten Xenophons (vgl. 7.2.29). Daß Kleanor, über dessen Verbleiben beim Heer kein Zweifel möglich ist, in dieser Aufstellung nicht genannt wird, könnte auf einer durch den Sprung vom Gleichen zum Gleichen verursachten Lücke im Archetypus beruhen: hinter seinem Namen müßte zum vierten Mal ὁ 'Αχαιός gestanden haben. Übrigens kam es hier in der mittelalterlichen Überlieferung zur Entstehung einer weiteren Verwirrung: in den sogenannten *deteriores* fehlen die Worte καὶ Φιλήσιος ὁ 'Αχαιὸς καὶ Ξανθικλῆς ὁ 'Αχαιός entweder ganz oder sind (ohne Artikel) nach Δαρδανεύς eingefügt. * Die Kolonne marschierte nun von der Stadt weg ein Stück weit in das thrakische Gebiet hinein, wo durch Requisitionen die nötige Verpflegung beschafft werden konnte.

7.2.2-4 Innerhalb des Strategenkollegiums scheinen Timasion, Neon und Kleanor die Wortführer gewesen zu sein (vgl. 7.1.40); sie konnten sich jedoch nicht auf einen einheitlichen Plan für das weitere Vorgehen verständigen. Während Neon den ursprünglichen Befehl des Anaxibios (7.1.13) ausführen wollte, setzte sich Timasion für die Überfahrt nach Kleinasien ein und fand damit den Beifall der Soldaten, denen er ja schon bei früherer Gelegenheit (in Kotyora) eine gute Aufnahme in seiner Heimat, der Troas, versprochen hatte (5.6.23/24). Kleanor dagegen befürwortete den Anschluß an Seuthes, der offenkundig, der Empfehlung Xenophons (7.1.6) folgend, mit einzelnen einflußreichen Offizieren der Führungsspitze geheime Kontakte aufgenommen hatte und diese durch kleine Geschenke auf seine Seite gebracht hatte (MASQUERAY II 188 vermutet sicher zu Recht, daß der alte Kleanor [vgl. 2.1.10] das Pferd und Phryniskos die Frau erhielt). Durch die

Karte S.430

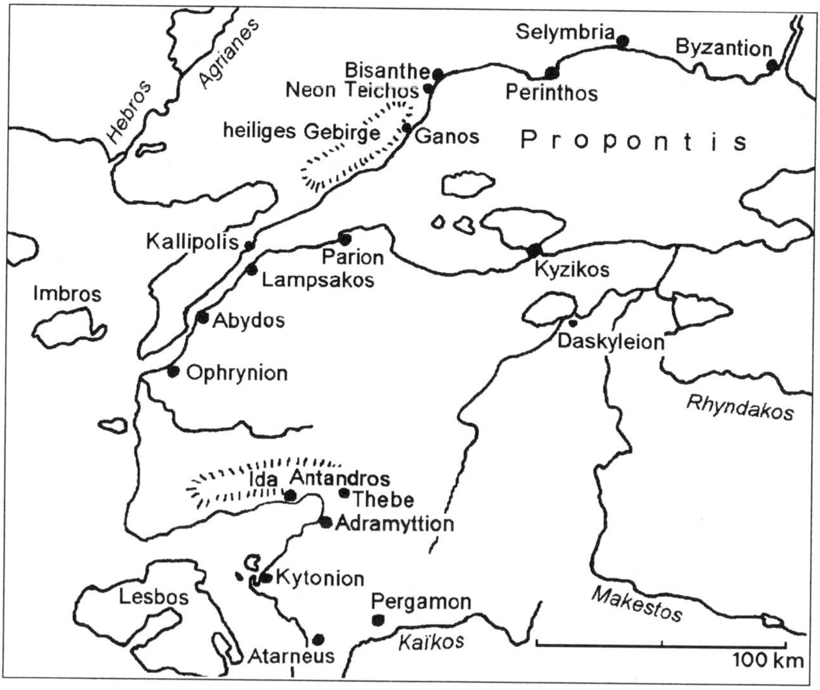

70. Übersichtskarte (Byzantion bis Pergamon)

Uneinigkeit der maßgeblichen Offiziere wurde der Zerfall des Heeres (das in Herakleia Pontike noch über 8100 Mann umfaßt hatte, 6.3.16) sicher beschleunigt. 7.7.23 spricht Xenophon von ca. 6000 Männern, welche den Feldzug mit Seuthes überlebt hatten; die Stärke des später an Thibron übergebenen Heeres beziffert Diodor (14.37.1) nach Abzug der inzwischen in ihre Heimatstädte zurückgekehrten Männer auf ca. 5000 Soldaten. Also mögen damals nach den unerfreulichen Vorgängen in Byzantion etwa 1500 Söldner das Weite gesucht haben oder gar in die Sklaverei verkauft worden sein (vgl. 7.2.6).

7.2.5-7 Die erste Unterbrechung der Fahrt erfolgte in Kyzikos (Entfernung von Byzantion in Luftlinie etwa 120 km), der bedeutendsten Handelsstadt an der Südküste des Marmarameeres. Ihre einzigartige Lage oberhalb und teilweise auf dem schmalen, sumpfigen Isthmos, der die vom Dindymos-Gebirge beherrschte einstige

Karte S. 425, 430

Insel Arktonnesos mit dem Festland verbindet, ermöglichte die Anlage von zwei vermutlich durch einen Kanal miteinander verbundenen Häfen rechts und links der Landbrücke. Zum nächsten Halt lief das Schiff nach ca. 80 km Fahrt in den großen Hafen von Parion am Eingang in den Hellespont ein. Von hier aus nahm Anaxibios Kontakt mit dem Satrapen auf, der sich offenbar in der Nähe befand (jedenfalls nicht in seiner weit entfernten Residenz Daskyleion, die anscheinend nicht an der Küste, sondern am Südostende des Kus Gölü zu suchen ist), um ihn an seine Versprechungen (7.1.1) zu erinnern. Dieser wendige Politiker hatte sich jedoch bereits auf die neuen Repräsentanten Spartas eingestellt und traf mit dem zur Ablösung des Kleandros anreisenden (nur in der «Anabasis» erwähnten) Harmosten Aristarchos eine Vereinbarung etwa des Inhalts, daß er alles für ihn tun werde, wenn er die Überfahrt der 'Kyreer' nach Kleinasien verhindere. Das Gespräch der beiden Männer dürfte in Kyzikos stattgefunden haben und versetzte den scheidenden Nauarchen, als er davon hörte und als seine eigene Initiative bei Pharnabazos ohne Erfolg blieb, in eine solche Wut, daß er nun von sich aus die unverzügliche Überfahrt anordnete (7.2.8). Diese überraschende Kehrtwendung erklärt sich einerseits aus der Absicht, dem persischen Satrapen als Strafe für seinen Wortbruch womöglich wirklichen Schaden zuzufügen oder doch wenigstens Angst einzuflößen, andererseits aber wohl auch aus einer gewissen persönlichen Empörung über das Verhalten des neuen Harmosten gegenüber dem heimkehrenden, aber bis zum Eintreffen seines Nachfolgers noch im Amt befindlichen Nauarchen. Aristarchos fühlte sich offenbar als der unumschränkte Herrscher von Byzantion (vgl. 7.1.36) - führte aber trotzdem den anderen Befehl des Anaxibios, alle in seiner Stadt aufgegriffenen 'Kyreer' in die Sklaverei zu verkaufen (7.1.36) - einen Befehl, den der humane Kleandros unterlaufen hatte; dafür setzt Xenophon ihm hier ein kleines literarisches Denkmal - mit großer Brutalität aus.

7.2.8/9 Xenophon ließ sich anscheinend widerstandslos von Anaxibios für seine Blitzaktion einsetzen. Dieser wollte eventuellen Gegenmaßnahmen des neuen Harmosten nicht nur durch die äußerste Beschleunigung des Unternehmens zuvorkommen, sondern auch dadurch, daß er Xenophon, der nur von einem Sklaven begleitet wurde (7.3.20), nicht nach Byzantion, sondern nach Perinthos schaffen und von dort aus in der richtigen Erwartung, daß er auf dem Landweg nicht abgefangen werden würde, die etwa 100 km weite Strecke nach Byzantion zu Pferd zurücklegen ließ. Tat-

Karte S. 425, 430

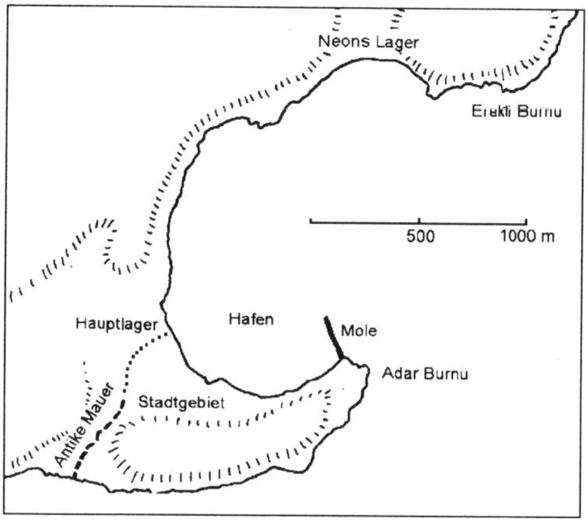

71. Perinthos, Lageskizze (nach RE XIX 1, 1937, 803/804)

sächlich erreichte Xenophon ohne Schwierigkeiten das Lager und organisierte unverzüglich den Abbruch. Für den Marsch nach Perinthos müssen wohl mindestens vier Tage angesetzt werden, so daß die ganze Aktion von der Abreise Xenophons aus Parion bis zur geplanten Einschiffung der Truppen in Perinthos eine volle Woche oder noch etwas länger gedauert haben mag.

7.2.10/11 Medosades traf in Selymbria mit Xenophon zusammen (7.2.28), nachdem bereits zwei Drittel der Strecke zurückgelegt waren. Offensichtlich hatte der plötzliche Aufbruch der 'Kyreer' alle politischen Kräfte der Gegend in hektische Alarmbereitschaft versetzt. Seuthes auf der einen Seite, Pharnabazos und der spartanische Harmost von Byzantion auf der anderen Seite (7.2.12) versuchten die weitere Entwicklung nach ihren Plänen zu beeinflussen. * Die (später in Herakleia umbenannte) Stadt Perinthos lag auf der spornartig vorspringenden, von einem bis auf 56 m ansteigenden Bergrücken durchzogenen Halbinsel von Erekli, die dem nach Osten geöffneten Ankerplatz von Süden her Schutz gewährte. Während die Felsen auf der Südseite steil ins Meer abstürzen, schoben sich (nach der Beschreibung Diodors, 16.76.1/2) an der Nordflanke die hohen Häuser der Stadt übereinander wie die Sitzreihen eines Theaters den Hang hinauf (vgl. die kurze, durch Fotos veranschaulichte Charakerisierung der topographischen Situation durch ROBERT [Perinthos] 61/62 = 283/84, vgl. auch LOUKOPOULOU 66 Fig.8, ferner ISAAK 204-207). * Das Hauptlager wurde unmittelbar an der Stadtmauer, vermutlich im Hafenbereich, angelegt, während Menon in ca 1¾ km Entfernung (vgl. 7.3.2) ein Sonderlager bezog, vielleicht am Nordrand der Bucht, wo die Straße durch eine Senke zwischen den Uferbergen den Hafen und die Stadt erreichte. Neon war offenbar entschlossen, die

Karte S.430

neue Anweisung des Anaxibios, obwohl Xenophon sie in schriftlicher Form vorweisen konnte (7.2.8), nicht zu befolgen und stattdessen an dem Marsch auf die Cherronesos festzuhalten.

7.2.12/13 Hier werden die praktischen Schwierigkeiten, die sich für Xenophon aus dem Auftrag des Anaxibios ergaben, deutlich: er mußte möglichst schnell genügend Schiffsraum für 6000-7000 Soldaten, ihren Troß und ihre Pferde aufzutreiben und zugleich in zähen Verhandlungen einen möglichst niedrigen Preis für die Überfahrt zu erzielen versuchen. Aber alle seine Bemühungen wurden durch das Eintreffen des Aristarchos und dessen feindseliges Verhalten hinfällig. Dieser neue Amtsinhaber betrachtete sich als den souveränen Harmosten des ganzen Gebietes (τῇδε ist nicht nur auf Perinthos zu beziehen) und konnte zu Recht davon ausgehen, daß kein Transportschiff den Rammangriff einer Triere aushalten würde. Angesichts seines brutalen Auftretens kann man kaum daran zweifeln, daß er im Fall der Zuwiderhandlung wohl tatsächlich seine Kriegsschiffe eingesetzt hätte. Vor allem aber schreckte er durch seine Drohungen natürlich die Schiffseigner, deren Lebensunterhalt an den Transportfahrten hing, davon ab, ihre Fahrzeuge für das riskante Unternehmen zur Verfügung zu stellen. Es war Xenophon klar, daß er unter den gegebenen Bedingungen den Befehl des Anaxibios nicht ausführen konnte.

7.2.14/15 Ob Aristarchos Xenophon tatsächlich im Rahmen einer Offiziersversammlung hätte festnehmen können und ob er diesen Plan überhaupt verfolgte, muß dahingestellt bleiben. Jedenfalls aber sah er ihn zu Recht als denjenigen an, der bisher die Überfahrt nach Kleinasien aktiv betrieben hatte, und mag bedrohliche Äußerungen von der Art, wie sie nun nach draußen drangen, von sich gegeben haben. Xenophon war inzwischen bereits dazu entschlossen (und hatte dafür auch ein positives Omen erlangt), mit Seuthes in Verbindung zu treten; theoretisch wäre auch der Weitermarsch auf die Cherrones in Betracht gekommen - aber dagegen sprachen allzu große (hier überzeugend aufgezählte) Bedenken.

7.2.16/17 Offenbar trafen sich die Offiziere - mit Ausnahme Xenophons - am Nachmittag wieder mit dem Harmosten, der ihnen wohl seinen Befehl, über das 'heilige Gebirge' zur Cherrones zu marschieren (7.3.3) erläutern wollte. Tatsächlich aber hatte Xeno-

Karte S.430

phon im Kreis der Strategen und Lochagen bereits die Zustimmung zur Kontaktaufnahme mit Seuthes erreicht (Neon und seine Offiziere wurden in diese Beratungen aus verständlichen Gründen nicht einbezogen). Die kleine Gruppe, die sich bei Dunkelheit auf den etwa 10½ km weiten Weg machte, bestand aus Xenophon, seinem ihm besonders verbundenen Landsmann (vgl. 4.5.24) Polykrates, dem Strategen Phryniskos (7.2.29, vgl. 7.2.1) und vermutlich vier Lochagen als den Vertrauensleuten der Strategen Philesios, Xanthikles, Timasion und Kleanor sowie einem Dolmetscher (7.2.19). * Die 'Tyrsis' des Seuthes könnte sich ca. 10½ km nordwestlich von Perinthos bei Yeniçiftlik befunden haben, wo von der Straße nach Muratli der Weg nach Çorlu (über Türkgücü) abzweigt. Jedenfalls handelt es sich hier um eine strategisch wichtige Stelle im südlichen Hangbereich der Randberge, wo die Anlage eines befestigten Stützpunktes (7.2.21) sinnvoll erscheint. Derartige Stützpunkte oder Residenzen (τύρσεις), die von den thrakischen Herrschern in schon bestehenden Städten oder in der Nähe von Siedlungen angelegt wurden, spielten im Prozeß der städtischen Entwicklung Thrakiens (einem Bauernland, dessen Bevölkerung vor allem in Dörfern lebte, vgl.DANOV 228 ff.) eine besondere Rolle (vgl. VELKOW 20). Während man sich die hier genannte Tyrsis vermutlich noch recht einfach, wohl im wesentlichen als einen großen Wehrturm, vorstellen muß, sind später daraus unter dem Einfluß der hellenistischen Höfe regelrechte Palastanlagen entstanden, zum Beispiel in der von Seuthes [III.] gegründeten Stadt Seuthopolis, deren Überreste inzwischen in dem Stausee von Kazanlak in Bulgarien versunken sind (vgl. DANOFF, RE Suppl.IX, 1962, 1370-78).

7.2.18-21 Ausführlich beschreibt Xenophon, dessen Interesse an militärischen Einzelheiten in der «Anabasis» immer wieder erkennbar wird, die von den Thrakern angewandten Schutzmaßnahmen gegen nächtliche Überfälle und erweist sich auch im folgenden als ein exakter Beobachter ihrer Sitten und Gebräuche. Man darf ihn wohl als den wichtigsten Augenzeugen und Darsteller der damaligen Verhältnisse im südostthrakischen Raum bezeichnen und muß ihm für die breite und bunte Ausmalung gerade auch der - historisch gesehen - nebensächlichen Vorgänge wie etwa des großen Festbanketts, das Seuthes für die griechischen Offiziere veranstaltete (7.3.15-35), dankbar sein. Auf diese Weise, die gewisse Tendenzen der 'mimetischen' Historiographie der hellenisti-

Karte S.430

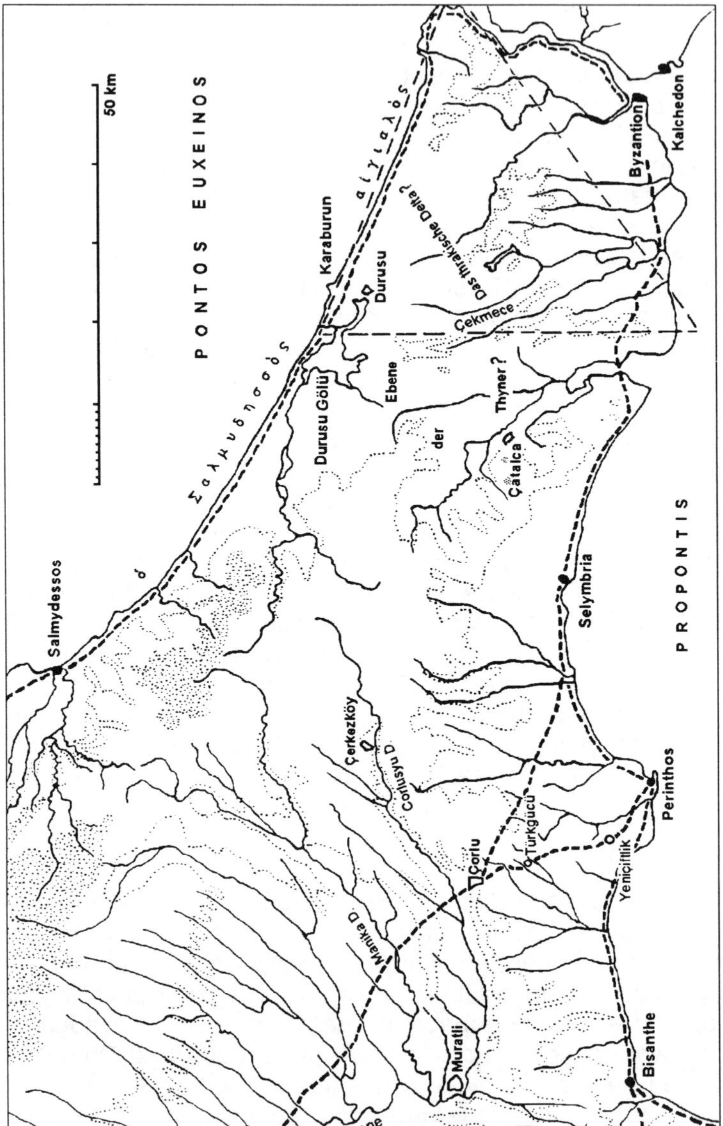

71. Das Gebiet des Feldzuges mit Seuthes
(punktierte Linie: Höhe 500 Fuß [152 m], punktierte Fläche: Höhe über 1000 Fuß [305 m], gestrichelt: antike Straßen)

Karte S.430

schen Zeit vorwegnimmt, gelingt es ihm, seinen Lesern von dem fremden Kulturkreis ein lebendiges Bild zu vermitteln (vgl. z.B. DANOV 34, 232, 329; ISAAK 184).

7.2.22 Der Odrysenfürst Teres, der Vater des Sitalkes (mit dem die Athener im Sommer 431 einen Bündnisvertrag abschlossen) hatte im östlichen Thrakien ein machtvolles, sich von der Donaumündung bis an die Nordküste der Ägäis erstreckendes Reich (vgl. Thuk. 2.97.1) aufgebaut, das allerdings schon während der Herrschaft seines Neffen Seuthes [I.], der 424 auf den Thron kam (Todesjahr unbekannt), durch separatistische Bewegungen verunsichert wurde (vgl. Thuk. 2.29.2 und 2.96/97). Inzwischen war der Zerfall des Reiches weiter fortgeschritten (vgl. 7.2.32-34). In welchem Verwandtschaftsverhältnis Seuthes [II.], der Verhandlungspartner Xenophons, zum Reichsgründer Teres stand, ist nicht erkennbar. * Die Thynoi (vgl. DANOV 128/29 u.ö.) stellten einen der zahlreichen kämpferischen thrakischen Stämme dar, der offenbar den rauhen pontischen Küstenstrich *Salmydessos* (das Vorgebirge Thynias [= Igneada Burnu], ca. 30 km nördlich von Salmydessos, ist nach ihnen benannt) mit seinem Hinterland bis hinunter an die Nordküste der Propontis bewohnte und nur unter schweren Verlusten der Herrschaft der Odrysen einverleibt werden konnte.

7.2.23-28 Xenophon, Phryniskos und Polykrates wurden in die Tyrsis geführt und bekamen den Begrüßungstrunk in Trinkhörnern gereicht, die entweder echte Ochsenhörner waren (vgl. Diod. 21. 12.3 f., KAZAROW 51) oder aus Metall bestanden und vielleicht als Rhyta angesprochen werden können (vgl. noch 7.3.24 und 6.1.4; literarische Belege für κέρατα als Trinkgefäße bei Athenaios, Deipn. 11.51, 476a-e; vgl. DANOV 458 Abb. 91, 92, v.BÜLOW 31 [Abb. 24], 47/48). Aus dem wörtlichen Referat der seinerzeit mit Medosades geführten Gespräche (Kalchedon: 7.1.5/6; Selymbria: 7.2.10) wird insbesondere der Inhalt der zweiten Unterredung deutlich; Seuthes machte damals zwei Angebote: [1] Er versprach Xenophon als *"Freund und Bruder"* zu behandeln. Die Termini φίλος und ἀδελφός sind hier im Sinn von Titeln zu verstehen, durch welche der Fürst den so Geehrten gleichsam in den adligen Kreis der ihm enger verbundenen Oberschicht seines Landes aufnahm. [2] Von größerem materiellem Wert war das erstaunliche zweite Angebot: die Zueignung der befestigten Küstenstädte Bisanthe, Ganos und Neon Teichos (7.5.8, 7.6.43, 7.7.50). Dies bedeutete für Xeno-

Karte S.430

phon und andere Offiziere, die den Söldnerdienst quittieren wollten (vgl. zu 7.2.35-38), die Möglichkeit, sich an der Nordküste der Propontis in bereits existierenden, ummauerten Städten, die in einem weitgehend gräzisierten Gebiet lagen, ansiedeln und aus ihnen persönlichen Gewinn ziehen zu können. Seuthes tat offensichtlich alles, um den 'Kyreern' seine Sache schmackhaft zu machen (vgl. LOUKOPOULOU).

7.2.29-31 Das erste Zusammentreffen mit Seuthes stand Xenophon mit allen Einzelheiten deutlich vor Augen, und er versucht es auch vor den Augen seiner Leser lebendig werden zu lassen. Mit großer sprachlicher Eleganz setzt er in seinem Bericht über dieses Ereignis wie an keiner anderen Stelle in der «Anabasis» das Mittel der direkten Rede ein. Wenn Seuthes die Athener als *"Verwandte und wohlgesonnene Freunde"* bezeichnete, so dachte er wohl vor allem an die Zeit des peloponnesischen Krieges: 431 hatten die Athener einen gewissen Nymphodoros aus Abdera, dessen Schwester mit dem damals regierenden Sitalkes verheiratet war, zu ihrem Proxenos gemacht und durch seine Vermittlung einen Bündnisvertrag mit den Thrakern zustandegebracht; gleichzeitig wurde dem Sohn des Königs, Sadokos, das athenische Bürgerrecht verliehen (Thuk. 2.29.1-5) - die einzige Avance, die Athen offiziell den Odrysen machte (vgl. DANOV 307/08). Darüberhinaus wurde von manchen offenbar eine genealogische Beziehung zwischen Tereus, dem mythischen König der in Phokis ansässigen Thraker und Schwiegersohn des attischen Königs Pandion, und dem odrysischen Königsnamen Teres hergestellt - eine Konstruktion, gegen die Thukydides (2.29.3) energisch polemisiert.

7.2.32-34 Maisades war wohl durch den Odrysenkönig Seuthes [I.] als 'Unterkönig' (= παραδυναστεύων, Thuk. 2.97.3) über das Gebiet der drei genannten Stämme eingesetzt worden. Von ihnen werden die Melanditen nur hier erwähnt und können nicht näher lokalisiert werden; zu den Thynoi vgl. 7.2.22; die Tranipsai sind den Nipsaioi zuzuordnen, die nördlich der Thynoi in der Gegend von Apollonia und Mesembria an der pontischen Westküste wohnten. Der Herrschaftsbereich des Maisades umfaßte also das vom Schwarzen Meer, dem Bosporos und der Propontis begrenzte südöstliche Gebiet Thrakiens mit Ausnahme des 'thrakischen Deltas' (vgl. 7.5.1); es wird von dem aus der Ergenemulde allmählich aufsteigenden, durchschnittlich 600-700 m hohen (größte Höhe:

Karte S.430

1035 m) Istrancagebirge (Yildiz Dağlari) durchzogen, das im Südosten in das Plattenhügelland von Çatalca übergeht (TÜRKEI [mil.] 51/52, DANOV 122). Als das Odrysenreich zerfiel, wurde Maisades von den Einwohnern verjagt; sein minderjähriger Sohn Seuthes fand Zuflucht bei Medokos (oder Amadokos), dem 'König des oberen Thrakien' (7.7.3), der dort offenbar unangefochten regierte und ihm schließlich Truppen zur Verfügung stellte, um den von den Thynoi wieder in Besitz genommenen Herrschaftsbereich seines Vaters zurückzuerobern. Während Seuthes im Westen bereits über einige feste Plätze verfügte (Ganos, Neon Teichos, Bisanthe, vgl. 7.5.8), war der ganze Osten noch immer in thynischer Hand. Als nun die kampferprobten, an keinen Soldherren gebundenen 'Kyreer' auftauchten, empfand der Fürst dies als einen außerordentlichen Glücksfall und versuchte auf jede nur mögliche Weise, sie an sich zu binden. Tatsächlich gelang es ihm mit ihrer Hilfe, zumindest den größten Teil des väterlichen Fürstentums zurückzugewinnen. Später kam es dann zu einem Konflikt zwischen Medokos, *"dem König der Odrysen"* und Seuthes, *"dem Herrscher am Meer"*, der offenbar eine selbständigere Dynastie über das untere Thrakien anstrebte; im Jahr 389 konnte Thrasybulos sie jedoch wieder miteinander versöhnen und beide zu *"Freunden und Bundesgenossen"* Athens machen (Hell. 4.8.26). Seuthes starb im Jahr 383.

* Durch die Verwendung des Begriffes ἐνδίφριος ([33], vgl. 7.2.38 und 7.3.29) gibt Xenophon nebenbei zu verstehen, daß die Thraker bei Tisch auf Stühlen saßen und nicht, wie die Griechen, auf Klinen lagen.

7.2.35-38 Ein *Kyzikener* (stater) entsprach dem Wert von 25 *Drachmen* oder einem *Dareikos* (stater) und galt als durchschnittlicher Monatssold eines einfachen Soldaten (vgl. 1.3.21, 5.6.23). In dem weiteren Angebot von Land, Gespannen und einer befestigten Stadt am Meer trug Seuthes der Möglichkeit Rechnung, daß einzelne Strategen (nur auf diese und möglicherweise auf die Lochagen ist dieser Zusatz gemünzt) sich vielleicht nach getaner Arbeit an der Nordküste der Propontis ansiedeln wollten. Trotz des im Rahmen des Üblichen liegenden Soldangebotes hielt Xenophon es immerhin für möglich, daß es ihm und den übrigen Offizieren, die sein Konzept unterstützten, nicht gelingen würde, die Soldaten für den neuen Soldherren zu gewinnen: für diesen Fall bot Seuthes denjenigen Offizieren, die dann aus dem Heer ausscheiden und bei ihm bleiben wollten, die ehrenvolle und gleichberechtigte Auf-

Karte S.430

nahme in die Oberschicht seines Landes an - insbesondere Xenophon selbst, den er dann sogar zum Mitglied seiner Familie machen würde. Auf die thrakische Sitte, *"die Frauen von den Eltern für viel Geld zu kaufen"*, macht auch Herodot (5.6.1) in seinem kurzen 'thrakischen Logos' (5.3-10) aufmerksam. Es war wohl ein besonderer Gunstbeweis des Seuthes, daß er Xenophon eine seiner Töchter kostenlos überlassen wollte. Bisanthe, das später in Rhaidestos umbenannt wurde (heute Tekirdag, früher Rodosto) war eine Gründung der Samier, in der sich Alkibiades ein befestigtes Schloß *"als Zuflucht, wenn er in seinem Vaterland nicht mehr leben konnte oder wollte"*, errichtet hatte (Plut. Alkib. 36). Die Stadt, derer sich Seuthes bereits bemächtigt hatte, eignete sich dank ihrer günstigen Lage vorzüglich für den Handel und hätte Xenophon, wenn sie ihm tatsächlich zugefallen wäre, auf einen Schlag zu einem begüterten und einflußreichen Mann gemacht (vgl. ISAAK 212, DANOV 200).

7.3.1/2 Nachdem die Strategen aufgrund des für sie ja in der Tat sehr vorteilhaften Angebotes gewonnen waren, mußten jetzt auch die Truppen von den Vorzügen der Zusammenarbeit mit Seuthes überzeugt werden. Hier treten wieder einmal, wie an vielen Stellen der «Anabasis», die schwierigen Kommandoverhältnisse innerhalb der Söldnerarmee in Erscheinung. Die Strategen konnten ihre Einheiten (außer im engeren militärischen Bereich) nicht durch das Erteilen von Befehlen zu bestimmten Verhaltensweisen zwingen, sondern mußten erst durch Überredung ihre Zustimmung herbeiführen. Zwar war es durch geschickte Argumentation wohl in aller Regel möglich, die Masse auf den gewünschten Weg zu bringen. Aber der Auftritt vor der Heeresversammlung nötigte die Verantwortlichen doch immer wieder zur öffentlichen Begründung und Rechtfertigung ihrer Vorschläge und führte damit zu jener Transparenz, welche auch bei politischen Entscheidungen im zivilen Leben der demokratischen Stadtstaaten eine große Rolle spielte.

7.3.3-6 Die Rede Xenophons zerfällt in zwei Abschnitte: [1] Referat der nach dem erzwungenen Wegfall der Überfahrtmöglichkeit nach Kleinasien noch verbliebenen Alternativen. In der ausführlichen Darlegung der Einzelheiten des von Aristarchos erteilten Befehls ist ein negativer Unterton nicht zu überhören; die feindselige Haltung der Spartaner wird sogar in den positiv formulierten Partien beschworen - durch die ausdrückliche Erinnerung an die von

Karte S.430

ihnen veranlaßte Versklavung der Kameraden, an die betrügerische Vorenthaltung des versprochenen Soldes und an die durch die Verweigerung des Verpflegungsgeldes herbeigeführte Hungerperiode. Im Gegensatz zu der auf diese Weise unterschwellig angeregten Ablehnung des von Aristarchos erteilten Marschbefehls wird die Zustimmung zum Anschluß an Seuthes durch die schlichten, positiv besetzten Worte ...εὖ ποιήσειν ὑμᾶς...vorbereitet. Xenophon erweist sich hier als ein Redner mit psychagogischem Fingerspitzengefühl (er wußte ja sicher oder ahnte zumindest, daß auch Abgesandte Aristarchs zuhörten, vgl. 7.3.7). [2] Vorschläge zur Organisation der entscheidenden Heeresversammlung: [a] Das Lager bei Perinthos ist dafür ungeeignet, weil sich hier die Truppen in einer Zwangslage befinden: der Harmost hatte ihnen trotz winterlicher Witterung den Eintritt in die Stadt verboten, auf dem draußen eingerichteten Markt gab es jedoch nur wenig zu kaufen, und auch dafür fehlte vielen das Geld (vgl. 7.6.24). Es mußte also ein anderer Platz gefunden werden, wo die Verpflegung durch Requisitionen sichergestellt werden konnte. Erst nach der Erfüllung dieser Voraussetzung sollte die Versammlung einberufen werden. Ἐπανελθεῖν drückt hier m.E. nicht die Rückkehr zu bereits durchzogenen Dörfern aus, sondern den Marsch vom Meeresufer hinauf in die Hänge der Randberge, wo die Bauerndörfer lagen (vgl. Hell. 4.8.35: ἐπανελθὼν εἰς τὰ ὄρη). [b] Vor dem versammelten Heer sollten beide Parteien, Seuthes und die Spartaner, erläutern, *"ad quam rem quis opera vestra uti velit"* (DINDORF). Auf der Grundlage dieser Reden sollte schließlich die Versammlung ihre Entscheidung treffen.

7.3.7-9 Vermutlich führte Xenophon das Heer auf derselben Straße, auf der er bei seinem nächtlichen Ritt zur Tyrsis des Seuthes gelangt war, in das thrakische Hinterland hinein. Sie traf auf der Wasserscheide zur Ergenemulde, bei Çorlu, auf die große Fernstraße, die *"von entscheidender Bedeutung für den Verkehr in den thrakischen Ländern"* war, außerdem *"Mitteleuropa mit dem Nahen Osten"* verband und später 'die große Reichsstraße' genannt wurde (DANOV 138). Auf halber Strecke kam es zur Begegnung mit dem Fürsten, der sich sogleich durch die Lösung des drängenden Verpflegungsproblems als wahrer Wohltäter erwies. Noch am Nachmittag dieses Tages fand die zweite, entscheidende Heeresversammlung statt, allerdings entgegen der ursprünglichen Absicht ohne die Teilnahme der spartanischen Seite - aber man

Karte S.430

darf wohl zuversichtlich davon ausgehen, daß die Sympathien der Soldaten nun ohnehin bei Seuthes lagen.

7.3.10-12 Die (von einem Dolmetscher ins Griechische übersetzte) Rede des Seuthes ist sehr klar aufgebaut und enthält alle notwendigen Informationen: (1) Zweck der Zusammenarbeit, (2) Soldzahlung, (3) Zusatzprämien, (4) Verpflegungsregelung, (5) Beuteverwendung, (6) Kampfauftrag, (7, nach Rückfrage Xenophons) maximale Entfernung von der Propontisküste . Nur zu den Punkten (6) und (7) bedarf es einer kurzen Erläuterung. Für die Verfolgung flüchtender Gegner ist die thrakische Reiterei zuständig; auch das Aufspüren entlaufener Gefangener kann den eigenen Leuten, die über Landeskenntnis verfügen, überlassen bleiben; organisierten Widerstand sollen jedoch die Griechen brechen - eine der Hoplitenphalanx angemessene Aufgabe. Die Entfernungsangabe *"sieben Tage"* dürfte ungefähr 140-150 km entsprechen, führte also bis in die Gegend von Apollonia an der Pontosküste, d.h. in die Nähe der Nordgrenze des Reiches, das einst Maisades beherrscht hatte (vgl. 7.2.32-34). Es scheint mir sicher, daß hier von wirklich realisierbaren Tagemärschen auszugehen ist, nicht aber von extrem großen Entfernungen, welche vielleicht einzelne Fußgänger am Tag überwinden konnten, wie bei Herodot (5.53: 150 Stadien = ca. 27 km; 4.101.2: 200 Stadien = ca. 35½ km) oder bei Thukydides (2.97.1), der für die Strecke von Abdera bis zur Donaumündung auf dem kürzesten Weg (ca. 420 km) quer durch das bergige Odrysenreich 11 Tage ansetzt, also mit einer täglichen Strecke von ca. 212 Stadien = 38 km rechnet.

7.3.13/14 Die von den Diskussionsrednern vorgetragenen Argumente für den Anschluß an Seuthes spiegeln das sehr pragmatische Weltverständnis der Söldner wider; für sie war nur der eigene Gewinn, nicht aber die politische Zielsetzung ihres Soldherren von Interesse. In realistischer Einschätzung dieser Sachlage verzichtete Seuthes in seiner Werberede auf nähere Erläuterungen zu seiner lapidaren Bitte, στρατεύεσθαι σὺν ἐμοί (7.3.10), wie er sie Xenophon und seinen Begleitern vorgetragen hatte (7.2.32-34), und beschränkte sich auf die Aufzählung der in seinem Angebot enthaltenen Vorteile. In solchen Zusammenhängen erhebt sich natürlich immer wieder die (leider unbeantwortbare) Frage, in welchem Umfang die vermutlich stichwortartig im Tagebuch festgehaltenen Erinnerungen bei der Ausarbeitung der «Anabasis» nach

Karte S.430

den stilistischen und kompositorischen Vorstellungen des Schriftstellers verändert wurden.

7.3.15-33 Der ausführliche Bericht über das große Fest bei Seuthes beginnt mit dem merkwürdigen Auftritt eines gewissen Herakleides, der die eingeladenen Gäste zur Übergabe von Geschenken an Seuthes zu überreden versuchte [16-20]; dann wird die Einrichtung des Speisezimmers [21], die ungewohnte Art des Essens [22], das aus dem Rahmen fallende Verhalten des arkadischen Lochagen Arystas [23/24] und die Reaktion des Seuthes darauf [25] geschildert; es folgt die Szene mit der Übergabe von Geschenken an den Fürsten [26-28], der Bericht über den spontanen Einfall Xenophons, sich selbst zu schenken [29-32], und zum Abschluß der Hinweis auf einige Darbietungen zur Unterhaltung der Gäste [32/33]. Der ganzen Partie spürt man die Autopsie und die Absicht Xenophons an, seine Beobachtungen den Lesern so lebendig wie möglich zu vermitteln. Man kann wohl mit Recht feststellen, daß ihm dies vorzüglich gelungen ist.

7.3.15 Ἐσκήνησαν bedeutet hier nicht *"lagern"*, sondern, wie 4.5.33, *"festlich schmausen"*; während sich die eingeladenen Offiziere zu Seuthes begaben, feierten die Soldaten abteilungsweise den Beginn des neuen Soldverhältnisses mit einem gemeinsam eingenommenen Festmahl - im Unterschied zu dem üblichen Verfahren, nach dem jeder sich seine bescheidene Mahlzeit selbst zubereitete.

7.3.16/17 Herakleides aus der thrakischen Stadt Maroneia, ein gebürtiger Grieche (7.6.41), der aber offenkundig auch die thrakische Sprache beherrschte, nahm bei Seuthes eine gewisse Vertrauensstellung ein. ISAAK (185) charakterisiert ihn sogar *"as a sort of 'paymaster general' or 'minister of finance' to Seuthes"*. Aus der Tatsache, daß er nach dem ersten Erfolg des Feldzuges zum Verkauf der Beute nach Perinthos gesandt wurde (7.4.2), läßt sich folgern, daß seine Dienste wohl vor allem im Verkehr mit den griechischen Handelspartnern von Nutzen waren. Xenophons Darstellung vermittelt das Bild eines recht zwielichtigen Mannes, der durch seine Beziehungen zu den Griechen, seine Sprachkenntnisse und sein schmeichlerisches Auftreten die Rolle eines Beraters und Vermittlers am Hof erlangt hatte. Vielleicht spiegelte er zugleich, wie ISAAK meint, die Bemühungen seiner Heimatstadt wider, Einfluß

Karte S.430

auf die Repräsentanten des sich auflösenden Odrysenreiches zu gewinnen (daß gerade Maroneia Beziehungen zu den Odrysenherrschern unterhielt, läßt sich aus den Münzen ablesen, ISAAK 119). Natürlich beutete er seine einflußreiche Stellung geschickt für seine persönlichen Zwecke aus. So dienten wohl auch seine Bemühungen, bei Gelegenheiten wie diesem Bankett die griechischen Gäste zur Ablieferung von Geschenken an Seuthes zu animieren, vor allem der Festigung seiner eigenen Stellung. Allerdings handelte er in Übereinstimmung mit einer thrakischen Sitte, die Thukydides (2.97.4) mit den Worten *"mehr nehmen als geben"* umschreibt, und von der er sagt, daß die Odrysenkönige sie aufgrund ihrer Machtstellung in besonders starkem Maß beherzigt hätten: an ihren Höfen *"konnte man nichts ausrichten, wenn man nicht Geschenke brachte"*. Das Verhalten des Herakleides gegenüber der aus Parion angereisten Delegation beleuchtet das große Selbstbewußtsein, das sich nach der gelungenen Anwerbung der 'Kyreer' am Hof des Seuthes verbreitete. Man sah ihn bereits als den *"Herrscher am Meer"*, der zu dem König von Oberthrakien in Konkurrenz trat. Und gewiß rechnete auch er selbst durch die erhoffte Wiedergewinnung *"meines väterlichen Landes"* (7.2.34) mit einer erheblichen Steigerung seiner Macht. Als die Herrschaft dann tatsächlich errungen war, träumte er sogar von einem unabhängigen Königreich Unterthrakien und ließ sich auf den Konflikt mit Medokos ein (vgl. zu 7.2.32-34). * Aus der Entfernungsangabe (12 Tagereisen dürften ca. 240-250 km entsprechen) ist lediglich zu entnehmen, daß sich Medokos in Oberthrakien aufhielt, aber nicht, in welcher Residenz. Die Gesandtschaft aus Parion befand sich offenbar auf dem Weg zu der großen Fernstraße (vgl. zu 7.3.7-9), von der aus alle Ziele in Oberthrakien erreichbar waren.

7.3.18-20 Im Unterschied zu Timasion (vgl. 3.1.47), der offenbar eine besonders reichhaltige Sammlung kostbarer Beutestücke mit sich führte, verfügte Xenophon über keine Wertgegenstände. Er hatte seine Habe und Dienerschaft in Parion zurückgelassen, da er nicht mit einem längeren Aufenthalt auf der europäischen Seite des Marmarameeres rechnete. Im Fall des Timasion appelliert Herakleides geschickt an dessen Interessen; er wollte ja sowohl, wie man wußte, in die nahe gelegene Troas heimkehren als auch natürlich (wie jeder Söldnerführer) Reichtum gewinnen: beides konnte ihm der künftige 'Herrscher des Meeres' verschaffen, wenn er sich dessen Wohlwollen erkaufte. Xenophon dagegen galt

Karte S.430

wohl nicht nur dem Herakleides, sondern auch dem Seuthes als ein Mann, der vielleicht tatsächlich an der Propontis Fuß fassen wollte - wie sein berühmter Landsmann Alkibiades, der dort nach seiner Amtsenthebung im Jahr 407 eine Zeitlang die *"Lebensweise eines unumschränkten Herrschers"* geführt hatte (vgl. DANOV 326-28)

7.3.21/22 Die Festgemeinde, die sich aus thrakischen Würdenträgern, den parischen Gesandten, den Strategen und (allen?) Lochagen zusammensetzte, dürfte wohl mindestens 80 Personen, für die im Speisesaal ringsum an den Wänden Stühle aufgestellt waren, umfaßt haben. In dem Gebäude, das der Dynast für derartige Repräsentationszwecke benutzte (einer Tyrsis?), muß also ein relativ geräumiger Saal vorhanden gewesen sein (in der Tyrsis von Seuthopolis aus dem späten 4. Jahrhundert wurde die Hälfte des Palastes von einem einzigen, etwa 20x20 m großen Raum eingenommen, den man als Festsaal ansprechen kann). Kleine, tragbare, dreibeinige Tische mit runden Platten aus Holz waren immer und überall in Gebrauch, zumal als Symposiontische (literarische Belege bei Athen. Deipn. 2.32,49b-d; vgl. auch KAZAROW 54 Anm. 8). Jeder Tisch war für die Versorgung von mindestens vier Personen (wenn die oben angestellte Schätzung ungefähr richtig ist) gedacht, wobei derjenige, vor dem er stand, für die Verteilung der Lebensmittel zuständig war. Auf den Tischen lagen einige zugeschnittene Fleischstücke und, mit ihnen zusammengespießt, große gesäuerte Brote von ca. 3 kg Gewicht (7.3.23). Die durch Tische ausgezeichneten Gäste mußten nun, wie Seuthes es vormachte (τοῦτο = *"das folgende"*) die Fleichstücke und die in Portionen zerbrochenen Brote den anderen Gästen darreichen oder tatsächlich, wie es hier heißt, *"zuwerfen"*. Diese den Griechen ungewohnte Form des gemeinsamen Mahls hat Xenophon, der direkt neben Seuthes saß (7.3.29) und vermutlich als erster von diesem versorgt wurde, sehr exakt dargestellt.

7.3.23-25 Der arkadische Lochage Arystas wird nur an dieser Stelle erwähnt. Xenophon beschreibt sein ungehobeltes Benehmen, in das er selbst mit hineingezogen wurde, sehr anschaulich. Nach Diog. Laert. 8.18 entsprach ca. 1 kg Brot der Tagesration eines Mannes (vgl. auch Herodot 7.187.2). Viele Thraker verstanden mehr oder weniger gut Griechisch, auch Seuthes (vgl. 7.6.8), der aber natürlich dennoch bei offiziellen Anlässen Dolmetscher be-

Karte S.430

schäftigte (7.6.8 und 43) und hier bei seinem Weinschenk nachfragt, weil er nur die Stimme des Arkaders gehört und die auf seinen Tischnachbarn zeigende Geste gesehen hatte, aber im Lärm des Gelages das Gesagte nicht verstehen konnte.

7.3.26/27 Zunächst werden die materiellen Geschenke aufgezählt. Die thrakische Pferdezucht war seit alters berühmt. Die Pferde des thrakischen Königs Rhesos beschreibt Dolon (Ilias 10. 436/37) als die schönsten und größten, die er je gesehen habe, *"weißer als Schnee, im Laufen den Winden gleich"*. Homerisches Epitheton der Thraker ist ἱππόπολοι (*"rossepflegend"*: Ilias 13.4, 14.227; vgl. auch Hesiod Erga 507: διὰ Θρῄκης ἱπποτρόφου). Bekannt ist der in vielen hundert Reliefs und auf Münzen dargestellte sogenannte 'thrakische Reiter' oder 'thrakische Heros', die wohl am meisten verehrte göttliche Gestalt des Landes. Ferner ist darauf hinzuweisen, daß die Sitte bestand, in Gräbern mit dem Toten auch sein Pferd beizusetzen (vgl. KAZAROW 88). Das Geschenk eines Pferdes, das mehr als ein gewöhnliches Haustier bedeutete, konnte schwerlich übertrumpft werden. Jedenfalls gewiß nicht durch einen Sklaven - Menschenraub und Sklavenhandel waren damals in Thrakien ganz gewöhnlich (vgl. KAZAROW 79, VELKOW 113-126), und Seuthes besaß bereits so viele Sklaven, daß er bei der Abgeltung des Soldes in Naturalien (7.7.53 und 56) 120 Stück davon den Griechen zum Verkauf überließ - oder durch Kleidungsstücke *"für die Frau"*. Ob dieser Singular im Hinblick auf Seuthes wörtlich zu nehmen ist oder sich nur auf seine Hauptfrau unter mehreren Frauen bezieht (zur verbreiteten Vielweiberei in Thrakien vgl. KAZAROW 12), läßt sich natürlich nicht entscheiden. Während Timasion mit seinem recht kostbaren Geschenk der Sitte noch Genüge tun konnte, mußten die übrigen Griechen, die nichts anzubieten hatten, sich auf andere Weise aus der Affäre zu ziehen versuchen. Die meisten haben die ganze Sache wohl einfach stillschweigend übergangen; immerhin aber referiert Xenophon im folgenden zwei Versuche, mit Hilfe der Rhetorik das Gesicht zu wahren.

7.3.28 Der sonst nicht weiter bekannte athenische Lochage Gnesippos trägt eine gewagte sophistische Argumentation vor, die von der *"alten und besonders schönen Sitte"* ausgeht, daß die Besitzenden den König beschenken, die Habenichtse dagegen vom König beschenkt werden. An diesen im allgemeinen Sinn wohl zutreffenden Nomos anknüpfend entwickelt nun Gnesippos aus der

Karte S.430

dem ersten Satz der Antithese angehängten Zweckbestimmung τιμῆς ἕνεκα unter Auslassung des Zwischengedankens: *ich bin ein Habenichts, also beschenke du mich und mache mich zu einem Besitzenden*, seine witzige Pointe: *"damit ich etwas habe, um dich zu beschenken καὶ τιμᾶν"*. Dieser Athener ist offensichtlich durch die sophistische Schule gegangen und beherrscht den spitzfindigen Umgang mit der Sprache, den er dort gelernt hat.

7.3.29-31 Xenophon bietet sich in weinseliger Stimmung, wie er zur Entschuldigung seines ungewöhnlichen Einfalls hervorhebt, selbst als Geschenk dar. DINDORF macht dazu auf eine genaue Parallele aufmerksam: als Aischynes zu Sokrates, seinem Lehrer, kam und *"sagte, 'ich bin arm und habe sonst nichts, aber ich schenke dir mich selbst', erwiderte dieser, 'merkst du denn nicht, daß du mir das größte Geschenk machst'?"* (Diog.Laert. 2.34; vgl. die ausführlicher ausgemalte Fassung der Geschichte bei Seneca, De benef. 1.8). Aber Xenophon geht hier noch einen wesentlichen Schritt weiter: er überreicht gleichsam außer sich selbst auch alle mit ihm gekommenen Offiziere als Geschenk an Seuthes und verspricht ihm in ihrem Namen treue Freundschaft und bedingungslosen Einsatz - unter dem ausdrücklichen Verzicht auf eigene Forderungen, dafür aber mit der Versicherung, daß keiner unter ihnen sei, der nicht aus freiem Entschluß die Freundschaft des thrakischen Herrschers suche. Man kann sich fragen, ob die Mehrzahl der Offiziere und wohl auch Xenophon bei allem Verständnis für rhetorische Formulierungen in nüchternem Zustand mit dieser seltsamen Beschreibung ihres neuen Dienstverhältnisses noch einverstanden waren. Überdies stellt sich hier (wie an vielen Stellen) die Frage, ob Xenophon bei der Abfassung der «Anabasis» seine Erinnerungen neu akzentuiert hat, etwa durch den besonders herausgehobenen Gedanken, daß er keinen seiner Kameraden dem Seuthes gegen seinen Willen als Freund anbiete, sondern daß sie sogar noch mehr als er selbst seine Freunde sein wollten: versucht er dadurch vielleicht dem Vorwurf zu begegnen, er habe damals allzu eigenmächtig gehandelt? Im zweiten Teil seiner Ansprache gelingt es Xenophon dann mit bewundernswerter Eleganz, von der symbolischen Schenkung des Heeres aus den Bogen zum späteren Gewinn materieller Geschenke zu schlagen, die Seuthes von den Bewohnern der seiner Herrschaft mit der Hilfe des Heeres einverleibten Gebiete in großer Fülle zufließen werden (man beachte die Reihenfolge: Pferde - Männer - Frauen).

Karte S.430

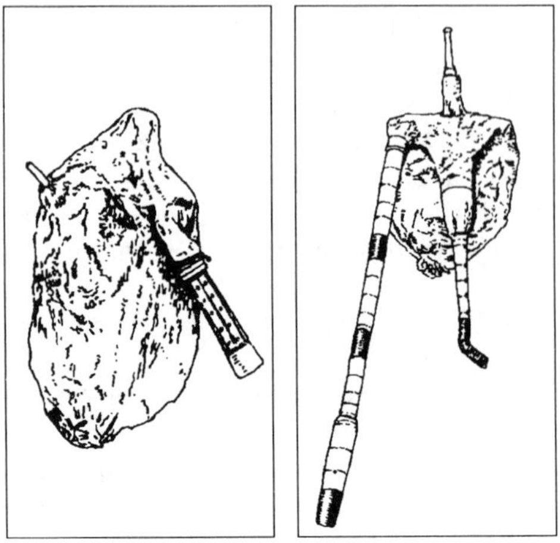

73. Die 'Felltrompete'? Moderne kretische (*links*) und makedonische 'Sackpfeife' (*rechts*) , Umzeichnungen nach BAINES Plate III 10 und VI 22

7.3.32 Συγκατεσκεδάσατο spielt auf einen thrakischen Brauch an, den hier Seuthes und Xenophon gemeinsam vollzogen, nachdem sie auch gemeinsam das Trinkhorn geleert hatten: sie vergossen die letzten Tropfen über die Gewänder der Zechgenossen. Bei Photios (= Suda) heißt es unter dem Lemma κατασκεδάζειν: *"Es gab den thrakischen Brauch, bei Zechgelagen dann, wenn die Zechgenossen so viel Wein wie sie konnten getrunken hatten, den Rest des Weins über die Gewänder der Zechgenossen zu gießen. Das bezeichneten sie als κατασκεδάζειν"* (= κατασκεδαννύναι, *"darüber ausgießen"*; vgl. die kurze Erwähnung des Brauchs bei Platon, Nomoi 1.637e). * Clemens Alexandrinus berichtet in seiner Aufzählung der im Krieg von den verschiedenen Völkern verwendeten Signalinstrumente (2.4.193), daß die Thraker Hörner einsetzten. Mit dem Begriff σάλπιγξιν ὠμοβοείαις (*"aus rohen Rinderfellen bestehende Trompeten"*) versucht Xenophon ein merkwürdiges Musikinstrument zu charakterisieren, auf dem die Musiker offenbar durch Einblasen von Luft (wie in eine aus Blech hergestellte Salpinx) ῥυθμούς τε καὶ οἷον μαγάδι spielten. Durch den Hinweis auf die 'Magadis' wird leider die Erklärung nicht erleichtert. Denn unter diesem Namen ist einerseits ein harfenartiges, dreieckiges Instrument mit 20 Saiten bekannt, das sich dadurch auszeichnete, daß auf ihm mit beiden Händen gleichzeitig eine Melodie in der höheren und tieferen Oktave gespielt werden konnte; danach verstehen hier manche Interpreten οἷον μαγάδι im Sinn von *"in der Oktave"* (z.B. MÜRI). Andererseits erscheint (seltener) die Magadis als eine besondere Form des Aulos (Athen. Deipn. 4.80.182d, 14.35.634 c-e; Athenaios hat der zu seiner Zeit längst ausgestorbenen Magadis unter der Fragestellung, πότερον αὐλῶν εἶδος ἢ κιθάρας

Karte S.430

ἐστίν, einen langen Abschnitt mit zahlreichen Zitaten aus der älteren Literatur gewidmet: Deipn. 14.35-40. 634b-637a). Anscheinend handelt es sich um den αὐλὸς κιθαριστήριος, vielleicht den *"Oktav-Aulos zum gewöhnlichen Aulos"* (VETTER, RE XIV 1.1928.289). Nebenbei sei darauf hingewiesen, daß unter dem Aulos, einem sogenannten Rohrblattinstrument, eher eine Schalmei oder Oboe als eine Flöte in unserem Sinn zu verstehen ist. Wenn man nun οἷον μαγάδι im naheliegenden Sinn von *"wie auf einer Magadis"* versteht und davon ausgeht, daß Xenophon seinen Lesern die Wirkung eines ihnen unbekannten Instruments durch den Vergleich mit zwei ihnen bekannten (Salpinx und Magadis) verdeutlichen wollte, scheint es mir klar, daß hier bei beiden an Blasinstrumente zu denken ist. Dann kann die thrakische 'Felltrompete' eigentlich nur eine Art 'Sackpfeife' gewesen sein. Sie bestand aus dem aus einem Tierfell hergestellten 'Windsack', in den durch ein Anblasrohr (wie in eine Trompete) Luft geblasen wurde, die durch Zusammendrücken des Sackes in (mindestens) zwei an ihn angeschlossene Pfeifen strömte und dort in der langen 'Bordumpfeife' oder dem 'Drummer' gleichbleibend tiefe Töne und in der 'Spielpfeife', die mit Grifflöchern versehen war, zusätzlich eine Melodie erzeugte. Man könnte hier auch an die noch primitiveren Instrumente denken, die nur aus dem Windsack, dem Anblasrohr und der Spielpfeife bestanden. Durch das Adjektiv ὠμοβόειος (*"aus rohem Rinderfell"*) deutet Xenophon an, daß für die Windsäcke der von ihm gesehenen Instrumente nicht gegerbtes Leder verwendet war (für die Sackpfeifen der neueren Zeit werden die Windsäcke vorwiegend aus den Fellen junger Ziegen oder Schafe hergestellt). Diese einfachen Blasinstrumente, deren Tonumfang nur ungefähr eine Oktave umfaßt, waren seit alters vor allem in Asien und dem Orient, aber auch auf dem Balkan, weit verbreitet und dienten den Bauern und Hirten zur Unterhaltung oder als Begleitinstrumente zum Tanz auf ihren Festen (BAINES; vgl. auch G.HABENICHT, *Die rumänischen Sackpfeifen*, Jb. f. Volksliedforschung 19, 1974, 117-150, v.a.127-136). Der älteste Zeuge für griechische Sackpfeifen ist Aristophanes; er ließ zur Verspottung der als primitiv geltenden Spartaner und Böoter derartige Instrumente bei der Aufführung der «Lysistrate» (1242: ...λάβε τὰ φυσατήρια...) und der «Acharner» (866) sogar auf der Bühne spielen: der hier auftretende Böoter fordert seine Bläser auf: *"...blast mit den Knochenröhrchen in den Hundearsch..."* (τοῖς ὀστίνοις φυσῆτε τὸν πρωκτὸν κυνός). Unsere Anabasisstelle wird übrigens von BAINES in seinem historischen Überblick (63 ff.) nicht berücksichtigt. * Die weitere Beschreibung macht deutlich, daß Seuthes durch den Rhythmus der Musik angeregt zu einem Waffentanz ansetzte, wie ihn auch die in der Kyrosarmee mitziehenden Thraker in Kotyora (damals paarweise und mit Aulosbegleitung) vorgeführt hatten (6.1.5). Zu solchen Waffentänzen gehörten traditionellerweise hohe Sprünge, die das Verhalten im echten Kampf (hier das Ausweichen vor einem heranfliegenden Pfeil, Speer oder Stein) imitierten. Vielleicht handelt es sich um den Θρᾴκιος κολαβρισμός, den Athenaios (Deipn. 14.26.629d) unter den eher ruhigen, zurückhaltenden und von den Tanzbewegungen her einfachen Waffentänzen erwähnt.

7.3.34-36 Das griechische Lager wurde am Abend aus guten Gründen wie in Feindesland abgesichert, sowie für alle Fälle mit den befreundeten Thrakern eine 'Parole' (vgl. 1.8.16, 6.5.25) vereinbart: *Athenaia* (7.3.29, vgl. 7.2.31). Seuthes, der zum Erstaunen Xenophons trotz seines offenbar großen Weinkonsums keine Anzeichen von Trunkenheit zeigte (die Thraker galten in der Antike durchweg als trunksüchtig), bereitete schon für den nächsten Tag die erste gemeinsame Aktion vor, um unter Ausnutzung des Überraschungseffekts Sklaven und Beute als Grundlage für die versprochene Soldauszahlung (7.3.10) zu gewinnen. Zu Recht macht MASQUERAY (II 143 Anm.1) darauf aufmerksam, daß die von Seuthes gebrauchte Formel σὺν τοῖς θεοῖς (vgl. 7.2.34, 7.3.43) hier im Text zu halten ist (gegen den Konjekturvorschlag von HIRSCHIG: σὺν τοῖς ἵπποις [vgl. 7.3.39]): Xenophon *"fait parler Seuthès ..., comme il parlerait lui-même"*.

7.3.37-39 Dieselbe einleuchtende Argumentation für die besondere Marschordnung bei Nachtmärschen läßt Xenophon Kyros II. in der «Kyrupädie» (5.3.37) vortragen. In solchen Zusammenhängen will er sich als Militärexperte, der hier sogar das ausdrückliche Lob des Seuthes für die von ihm vorgeschlagene Maßnahme vermelden kann (7.3.41), präsentieren; man sollte ihm den Stolz auf sein (tatsächlich sehr detailliertes) Wissen auf diesem Gebiet, den er kaum unterdrücken kann, nicht verübeln. Im übrigen scheint während dieses Feldzuges häufiger nachts marschiert worden zu sein (wenn 7.6.9 nicht als böswillige Übertreibung zu bewerten ist), während normalerweise erst am frühen Morgen, gelegentlich aus besonderen Gründen noch in den letzten Nachtstunden (vgl. 4.1.6,

7.4.6, 7.8.20) aufgebrochen wurde. Nur 3.4.37 wird in der «Anabasis» ein wirklicher Nachtmarsch beschrieben, der dazu diente, den Abstand zum Lager der verfolgenden Perser zu vergrößern (nächtliche Kommandounternehmen wie die 4.2.1/2 und 4.6.22 erwähnten fallen natürlich nicht unter die Kategorie 'Märsche').

7.3.40-48 Über das Zielgebiet der Operation können nur Vermutungen angestellt werden. Wenn wir die Marschzeit während der Nacht auf ca. fünf Stunden mit vielleicht 2½-3 km Marschleistung veranschlagen, wurden bis zum Morgen etwa 12½-15 km zurückgelegt. Der Marsch führte durch ansteigendes Gelände auf den Kamm des Bergzuges hinauf (7.3.44: ἐπὶ τοῖς ἄκροις), von dem aus bereits in naher Entfernung die in der jenseitigen Ebene liegenden Dörfer gesehen und von den schnellen Truppen, die gegen Mittag an Ort und Stelle waren, in kurzer Zeit erreicht werden konnten. Diese mögen bei Tageslicht noch einmal ca. 15 km zurückgelegt haben, so daß die Entfernung des Bergkammes vom Nachtlager (in der Nähe von Perinthos) auf 25-30 km zu veranschlagen ist. Das entspricht annähernd der Marschstrecke nach Çorlu auf dem (hier sehr schmalen) Kamm des Bergzuges, der die Ergenemulde von der Propontis abtrennt. Nach kurzem Abstieg wird von dort aus bereits das Tal des südlichsten der zahlreichen Ergenezuflüsse erreicht. In dieser Gegend dürfte sich der Überfall auf die Dörfer abgespielt haben.

7.3.40 Σὺν τοῖς ὅπλοις scheint aus rein stilistischen Gründen (als Pendant zu τεθωρακισμένοις) zu πελταστάς hinzugesetzt zu sein.

7.3.41-43 Im Winter ist vor allem das Ergenebecken den kalten Nord- und Nordostwinden schutzlos ausgesetzt, so daß es hier häufig zu heftigen Schneestürmen und Kälteeinbrüchen kommt (vgl. TÜRKEI [mil.] 51). Dies erlebten auch die griechischen Söldner (vgl. 7.4.3). Die Decke des anscheinend frisch gefallenen Schnees begann jedoch offenbar erst in einer gewissen Höhe, so daß der Marsch zu Anfang noch auf trockener Straße (auf der Schrittspuren nicht erkennbar gewesen wären) erfolgte. Auch für die Reiter bedeutete der weitere Aufstieg keine Schwierigkeiten. Tatsächlich handelt es sich hier um einen Bergzug von relativ geringer Höhe und mit nicht besonders steilen Hängen; er ist *"kein*

Karte S.430

wesentliches Verkehrshindernis" (DANOV 122), wobei seit eh und je der Hauptverkehr über den Paß von Çorlu fließt.

7.3.44-48 Die von Xenophon völlig klar und detailliert beschriebene Operation verlief ohne Zwischenfälle und wurde ein voller Erfolg. Die Griechen teilten sich in drei Gruppen auf: die 40 Reiter unter Timasion rückten gemeinsam mit der thrakischen Reiterei in die Ebene vor; die jüngeren Hopliten liefen nach der Abgabe ihrer schweren Schilde an die Schildträger zusammen mit Xenophon zu den von den thrakischen Leichtbewaffneten bereits erreichten Dörfern; die schwerbewaffneten älteren Hopliten marschierten unter dem Kommando Kleanors im (schnellen) Schritt hinter ihnen her. In der zweiten Phase der Operation bildeten sie dann jenseits der Dörfer in der Ebene eine langgezogene Phalanx, während Xenophon mit seinen Leuten die Höhen, über die der Angriff erfolgt war, besetzte, so daß den Bewohnern der Dörfer in keiner Richtung mehr eine Fluchtmöglichkeit offen blieb. Unterdessen trieben die thrakischen Leichtbewaffneten die riesige Beute zusammen. Auf einen Schlag hatte ein blühender Landstrich seine Freiheit verloren.

7.4.1/2 Herakleides wurde nach Perinthos geschickt, um dort das Beutegut auszustellen und abzusetzen (διατίθεσθαι). Das bedeutet konkret, daß er einen gewaltigen Zug, der aus Gruppen aneinander gefesselter Gefangener, 2000 Rindern, unermeßlichen Schafherden und seinen Wachmannschaften bestand, organisieren, dann langsam nach Perinthos führen, dort einen Sklaven- und Viehmarkt eröffnen und die Ware an den Mann zu bringen versuchen mußte. Welche Leiden Mensch und Tier während dieses Marsches bei bitterer Kälte und gewiß ohne Nahrung erdulden mußten, kann man sich leicht ausmalen. Von Seuthes heißt es zuvor, daß er nach dem Niederbrennen der Dörfer *"wieder zurückkehrte"* (ἀπῄει πάλιν; vgl. z.B. 1.4.7, 3.1.7), nämlich zum Ausgangspunkt der Operation (auf derselben Straße, die später auch Herakleides benutzte). Er blieb dort jedoch nicht, sondern verlegte sein Feldlager in die 'Ebene der Thyner', von der aus er später in das 'sogenannte Delta' *"zu den Thrakern oberhalb von Byzantion"* hinüberstieg (7.5.1, vgl. 7.1.33). Da beide Ortsbezeichnungen in der antiken Literatur nicht mehr auftauchen, kann nur versucht werden, sie durch den Vergleich der topographischen Gegebenheiten mit dem xenophontischen Bericht zu lokalisieren. Dabei ist es sinnvoll, zu-

Karte S.430

nächst das thrakische Delta ins Auge zu fassen, dessen Bezeichnung offenbar an das Aussehen des Buchstabens Δ anknüpft; außerdem wissen wir von ihm nur noch, daß es eine Landschaft oberhalb von Byzantion, also in relativer Nähe zu der Stadt, bezeichnet. Aufgrund dieser Informationen scheint es mir ziemlich sicher, daß das Delta mit dem im Altertum dicht bewaldeten, dreieckförmigen *"Gebiet zwischen dem heutigen Derkos-See (thrakisch Delkos)* [= Durusu Gölü] *im Norden und den Seen des Cekmedzé-Flusses im Süden, das sich wie eine Halbinsel nordwestlich von Istanbul erstreckt"* (DANOV 126), zu identifizieren ist. Die Unterseite des Deltas reicht dann etwa vom nördlichen Eingang in den Bosporos bis zu der tief einschneidenden Bucht von Büyükçekmese. Genau in der Mitte des durch diese Unterseite abgeschnittenen annähernden Kreissegments liegt Byzantion mit seinem Umland. Westlich des Derkos-Sees fehlen die Wälder und beginnt ein ausgesprochen welliges oder hügeliges Land, das viele große Weiden bietet (DANOV 126). Hier geht die südöstliche Abdachung des pontischen Randgebirges (Istranca-Gebirge, Yildiz Daglari) ohne deutliche Grenze in das *"Plattenhügelland von Çatalka"* über (TÜRKEI [mil.] 52). Dies dürfte wohl die einzige Gegend innerhalb des ursprünglich thynischen Gebiets gewesen sein (vgl. 7.2.22), die (jedenfalls im Vergleich mit dem ausgesprochen ärmlichen, gebirgigen und schwer zugänglichen nördlichen Teil) als Ebene bezeichnet werden konnte, insbesondere an ihrem südlichen Ende östlich von Çatalka, wo sie an das thrakische Delta angrenzt. Die Marschkolonne könnte ein Stück weit der Uferstraße gefolgt sein, dann hinter Selymbria den letzten Ausläufer der Randberge, welche die Ergenemulde von der Propontis trennen, überstiegen und die Ebene etwa unterhalb von Çatalca erreicht haben. Ca. 2 km westlich dieses Ortes erhebt sich der weit und breit einzige höhere Gipfel (324 m) dieses Bergzuges; vielleicht haben sich die im folgenden erzählten Ereignisse in dieser Gegend abgespielt. MANFREDIs Vorschlag (Karte 22), Seuthes östlich an Çorlu vorbei bis fast auf die Höhe von Salmydessos nach Norden marschieren, dann in südöstlicher Richtung bis hinter den Durusu Gölü zurückkehren und von dort aus an der Küste entlang Salmydessos erreichen zu lassen, kann ich mir nicht zu eigen machen.

7.4.3/4 Herodot (7.75.1) beschreibt die Tracht der thrakischen Soldaten ganz ähnlich wie Xenophon: Θρήικες δὲ ἐπὶ μὲν τῇσι κεφαλῇσι ἀλωπεκέας ἔχοντες ἐστρατεύοντο, περὶ δὲ τὸ σῶμα

Karte S.430

κιθῶνας, ἐπὶ δὲ ζειρὰς περιβεβλημένοι ποικίλας, περὶ δὲ τοὺς πόδας τε καὶ τὰς κνήμας πέδιλα νεβρῶν. Von Xenophon erfahren wir zusätzlich, daß die aus Fuchsfellen hergestellten Mützen Ohrenklappen hatten, daß die Leibröcke (χιτῶνες) bis über die Schenkel reichten, und die darüber geworfenen langen Mäntel (ζειραί) beim Reiten sogar die Füße bedeckten. Aus dem von Herodot hinzugefügten Adjektiv *"bunt"* schließt KAZAROW (63), daß es sich dabei wohl um Pelzmäntel handelt. Xenophon erwähnt nicht die bis zu den Waden reichenden, aus den Häuten von Hirschkälbern hergestellten Stiefel. Eine genaue Illustration zu diesen Beschreibungen der thrakischen Tracht liefert ein im British Museum aufbewahrtes Relief aus dem Anfang des 4. Jahrhunderts v.Chr., auf dem die thrakische Göttin Bendis, die in der Antike mit Artemis gleichgesetzt wurde, dargestellt ist (KAZAROW 63 Fig. 14, DANOV 433, Taf. 29 Abb. 54): sie trägt hohe Jagdstiefel mit Überschlag, einen langärmeligen, aufgeschürzten Chiton, darüber ein über die linke Schulter geschlungenes Tierfell (νεβρίς), das die linke Seite der Brust und den Leib bedeckt; über dem Rücken hat sie einen langen Mantel, auf dem Kopf eine spitze Mütze mit langen, auf die Schultern herabfallenden Ohrenklappen (KAZAROW 64/65). Im übrigen lernte Xenophon diese Tracht nicht erst jetzt kennen: Klearchos hatte ja dem Heer des Kyros in Kelainai 800 thrakische Peltasten (1.2.9) und auch einige Reiter (1.5.13) zugeführt.

7.4.5/6 Die in der Ebene selbst liegenden, zunächst von ihren Bewohnern geräumten Dörfer dienten den Truppen des Seuthes als Quartiere. Sein Versuch, ohne Blutvergießen als Landesherr anerkannt zu werden, mißglückte, weil die waffenfähigen Männer nicht nach Hause zurückkehrten, sondern einige Kilometer entfernt in Hangdörfern, aus denen man sich schnell in die Wildnis der Berge zurückziehen konnte, Unterschlupf fanden. So ist es nicht erstaunlich, daß auch der im Dunkel der Nacht vorbereitete Überfall auf diese Dörfer, an dem neben Seuthes (mit einer Abteilung seiner Leichtbewaffneten?) Xenophon (wie 7.3.46) mit den jüngeren Hopliten teilnahm, ein Fehlschlag wurde. Allerdings konnten die Griechen hier die berüchtigte Grausamkeit der Thraker und auch des Seuthes selbst hautnah miterleben; Xenophon hebt sie ausdrücklich hervor, um der anschließenden Episthenes-Geschichte einen wirkungsvollen Hintergrund zu geben.

Karte S.430

7.4.7-10 Der aus Olynth stammende Lochage Episthenes wurde von manchen Interpreten mit einem Amphipoliten Episthenes (der in den *codices meliores* jedoch Pleisthenes heißt) in Verbindung gebracht, weil sich auch dieser seinerzeit in einen Knaben verliebt hatte (4.6.3) - aber doch wohl zu Unrecht, denn Knabenliebe dürfte damals unter den Söldnern weit verbreitet gewesen sein; außerdem stammten die beiden Männer aus verschiedenen Städten und lautet 4.6.1 und 3 der richtige Name Pleisthenes. Eher könnte man an den wirklichen Episthenes aus Amphipolis denken, der in der Schlacht bei Kunaxa die griechischen Peltasten kommandiert und sich dabei bewährt hatte (1.10.7) - wie es hier auch dem Olynthier Episthenes und seinem nur aus schönen Jünglingen zusammengestellten Lochos bescheinigt wird. Aber auch dieser Identifizierung steht die verschiedene Herkunftsbezeichnung im Weg - ganz abgesehen davon, daß das dem Namen angefügte τις eigentlich ohnehin die nochmalige Nennung einer bereits erwähnten Person ausschließt. Die rührende Geschichte selbst, in welcher ein schöner Jüngling, der sich mit seinem Schild verzweifelt gegen den auf ihn gerichteten Speer zur Wehr setzt, und der Lochage Episthenes, den sogar in einem Augenblick wie diesem sein homoerotischer Trieb überwältigt, die Hauptrollen spielen, bedarf keiner weiteren Kommentierung. Sie ist ein Musterbeispiel für die bewundernswerte Fähigkeit Xenophons, Vorgänge, an denen er persönlichen Anteil nahm, scheinbar mühelos vor den Augen der Leser lebendig wiedererstehen zu lassen.

7.4.11 Seuthes zog jetzt sein Heer wieder zusammen (noch befand sich ja die Masse der älteren Söldner und vermutlich auch der größte Teil der thrakischen Einheiten im ersten Lager [7.4.2]) und verteilte es weiträumig auf die umliegenden Dörfer, um durch die Präsenz als Besatzungsmacht die Unterwerfung der ganzen Gegend zu erzwingen. Während er selbst sein Lager in der Ebene bezog, quartierten sich die Griechen in den Bergdörfern ein, an besonders exponierter und gefährdeter Stelle Xenophon mit den jüngeren Söldnern, die allmählich ein Art Elitetruppe zu werden begannen. Die *"sogenannten Bergthraker"* sind, wie der Wechsel der Begriffe im folgenden zeigt, identisch mit den Thynern (vgl. 7.4.12: οἱ ἐκ τοῦ ὄρους Θρᾷκες, 13: ἐκ τοῦ ὄρους οἱ Θυνοί, 17: οἱ δὲ Θρᾷκες, 18: τῶν δὲ Θυνῶν...τινές, 22 οἱ δὲ Θυνοί; indifferent: 14 τινες τῶν ἐκ τοῦ ὄρους, 21: τοὺς κρατίστους...τῶν ὀρεινῶν).

Karte S.430

7.4.12/13 Xenophon schätzte zwar die Gefährlichkeit seiner Vorpostenstellung im obersten Dorf richtig ein, verzichtete aber nach der Einleitung von Verhandlungen und der Stellung von Geiseln durch die Thyner auf die (nach Lage der Dinge eigentlich gebotene) Verlegung des Biwaks. Hier wird seine vertrauensselige Naivität im Umgang mit Männern, die sich offenbar vorzüglich verstellen konnten, deutlich. Sie ging schließlich so weit, daß er sich sogar für die Sicherheit der Thyner bei Seuthes *"verbürgte"* und nicht bemerkte, daß die Gesandten, mit denen er freundschaftlich verhandelte, in Wahrheit die Häuser auskundschafteten, in denen sich die Griechen einquartiert hatten. Xenophon gab sich trotz mancher bitteren Erfahrung noch immer dem Glauben hin, daß eine gute Tat (wie er sie hier zu vollbringen im Begriff war) die Dankbarkeit der Begünstigten nach sich ziehen würde. Er hat diesen Glauben an das Gute im Menschen wohl nie aufgegeben, obwohl er gerade auch vonseiten der Kameraden, mit denen zusammen er so viele Abenteuer überstanden hatte, sehr schmerzliche Enttäuschungen erleben mußte (vgl. seine große Rechtfertigungsrede 7.6.11-38).

7.4.14-16 Anläßlich des nächtlichen Überfalls vermittelt Xenophon wichtige Informationen über die Anlage des Dorfes, in dem er sich befand. Es bestand aus zerstreut liegenden Häusern, um die jeweils eine Umzäunung aus hohen Pfählen, die als Schafpferch diente, führte. KAZAROW (29/30) verweist zu Recht auf die Darstellung dakischer Häuser auf der Trajanssäule (CICHORIUS XX 63/64, XL 140/141), die mit ihren Palisadenzäunen in der Tat den altthrakischen Häusern genau entsprechen. So darf man wohl auch die übrigen Einzelheiten aus der Kaiserzeit in die Zeit Xenophons zurückprojizieren: die Hauswände waren ebenso wie die Giebeldächer aus übereinandergenagelten Brettern hergestellt. Erstaunlicherweise konnten die thynischen Überfallkommandos unter der Führung des jeweiligen Hausherren unbemerkt bis an die Eingänge der Häuser selbst gelangen - ein Zeichen dafür, daß in dieser Nacht unvorsichtigerweise kein Grieche mit einem Angriff gerechnet hatte. Die Angreifer waren mit Brandsätzen, mit deren Hilfe sie das Holz entzündeten, sowie mit Wurfspießen und keulenartigen Knüppeln ausgerüstet, die sie von der Türöffnung aus gegen die jungen Söldner, die sich nun in aller Eile für den Nahkampf rüsteten, schleuderten. Xenophon hat sich später nach der Funktion der merkwürdigen Knüppel erkundigt und erfahren, daß sie norma-

Karte S.430

lerweise im Nahkampf zur Zerstörung der schweren Stoßlanzen eingesetzt wurden. MASQUERAY (II 148 Anm.1) macht darauf aufmerksam, daß der Eleer Silanos, der durch sein spontanes Trompetensignal wohl nicht nur den allgemeinen griechischen Gegenangriff in Gang setzte, sondern auch Seuthes alarmierte und letztlich die Rettung seiner Kameraden bewirkte, bei der Anwerbung zwei Jahre zuvor kaum 16 Jahre alt gewesen sein könne - *"sans doute le plus jeune soldat de l'armée"*.

7.4.17-19 Die thrakischen Peltasten trugen ihre leichten Schilde offenbar nach alter Sitte an einem über die Schulter geführten Riemen, den sie auch dann nicht lösten, wenn sie den Schild zur Verteidigung mit der linken Hand ergriffen: sie zogen ihn dann lediglich herum bis in die richtige Position. Dasselbe scheint auch Plutarch zu meinen, wenn er in seiner «Vita Pauli Aemilii» (19.1) von bestimmten makedonischen Truppen sagt, daß sie zu Beginn der Schlacht bei Pydna *"ihre leichten Schilde von der Schulter herumzogen"* (Μακεδόνων...τάς τε πέλτας ἐξ ὤμου περισπασάντων...). Dieses Verfahren bot den Vorteil, daß die Peltasten bei Bedarf ohne Schildverlust beide Hände zur Verfügung hatten und sich sogar beim eiligen Rückzug, der ja zum taktischen Konzept des leichtbewaffneten Kampfes gehörte, eine gewisse Rückendeckung verschaffen konnten. Die Darstellung eines thrakischen Peltasten mit Fuchsfellmütze und langem Mantel auf dem Boden einer Schale im Vatikanischen Museum (BEAZLEY 174.30, Ambrosios-Maler) scheint diese Auffassung zu bestätigen: deutlich erkennbar ist der um den Hals und über die linke Schulter geführte schmale, am Handgriff befestigte Trageriemen des Schildes. Leider war es mir weder möglich, eine neuere Abbildung der Zeichnung ausfindig zu machen noch in den Sammlungen von RAECK und LISSARRAGUE Parallelen für den Riemen nachzuweisen; H.FRONING (Archäologisches Seminar Marburg) verdanke ich jedoch den Hinweis auf eine rot-

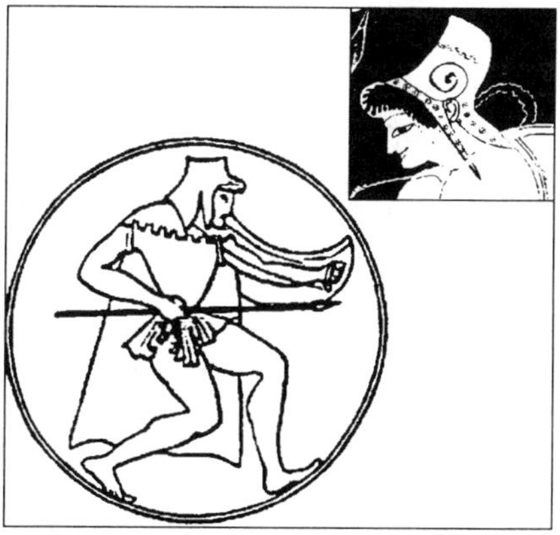

74.Thrakischer Peltast (nach DS XX 1257 Fig. 1662) sowie Ausschnitt aus Dresdener Schale

Karte S.430

figurige Schale im Antikenmuseum der Universität Leipzig (T 487), auf der hinter dem Kopf eines nach links gekauerten thrakischen Peltasten zwei schlaufenförmige Ritzlinien vielleicht als Andeutung des Trageriemens zu interpretieren sind. * Von den beiden Lochagen, die durch Speerwürfe aus der Dunkelheit heraus verwundet wurden, wird Theogenes nur hier erwähnt; dasselbe gilt wahrscheinlich auch für Hieronymos, da kaum anzunehmen ist, daß der häufiger genannte Hieronymos von Elis, der älteste der Lochagen des Proxenos (3.1.34), zum Anführer eines aus besonders jungen Söldnern gebildeten Lochos berufen worden sein sollte. Leider ist das Ethnikon des zweiten Hieronymos in einer Korruptel (καὶ εὐοδέα: *codd. meliores*, καὶ ἐνοδίαν τόν: *codd. deteriores*) verloren gegangen. * Seuthes eilte mit den sieben Reitern, die normalerweise mit ihm zusammen an der Spitze seiner Armee ritten und bei denen sich auch der Hornbläser zur Übermittlung seiner Befehle befand (Xenophon nennt ihn hier *"Trompeter"*, weil für die meisten Griechen die Trompete das übliche Signalinstrument war), sofort zu Hilfe. Vermutlich handelt es sich bei dieser Gruppe um ausgelesene, besonders getreue Vasallen (vergleichbar etwa den 'Tischgenossen' des persischen Großkönigs), die sich stets, auch im Quartier, in der Nähe ihres Herren aufhielten und deshalb jederzeit, sogar (wie hier) mitten in der Nacht, von ihm kurzfristig alarmiert werden konnten.

7.4.20-24 Das von Seuthes angestrebte politische Ziel des Feldzuges wurde erreicht: die ganze Gegend unterwarf sich seiner Herrschaft ohne weiteres Blutvergießen, als er seine militärische Überlegenheit demonstrierte. Durch den Zustrom vieler Odrysen, die sich an der Befreiung des Landes von den Thynern beteiligen wollten, vermehrte sich das Heer so sehr, daß es später, nach dem Feldzug in das Gebiet von Salmydessos, das griechische Heer (ca. 6000 Mann: 7.7.23) an Größe übertraf (7.5.15). Ursprünglich mag es also vielleicht nur etwa 1500-2000 Reiter und Peltasten umfaßt haben (vgl. BEST 70 Anm.154); inzwischen war die vereinigte Armee bereits auf über 10000 Soldaten angewachsen. * Sowohl der Verzicht auf Rache für den Überfall als auch die schulmeisterliche (der Sache nach einleuchtende) Belehrung des Seuthes in der Geiselfrage entsprechen dem Charakter Xenophons.

7.5.1 Um in das 'sogenannte Delta' (vgl. 7.4.1/2) zu gelangen, mußte der nordsüdlich laufende, unbedeutende Bergzug (durch-

Karte S.430

schnittliche Höhe: 200 m), der die Westgrenze des Deltas bildete, überschritten werden (ὑπερβάλλουσι). Dieses Gebiet gehörte nicht mehr zum Herrschaftsbereich des Vaters Maisades, das Seuthes zurückgewinnen wollte (7.2.34), sondern zu dem des *"Teres, des Odrysen"*. Das in der Überlieferung übereinstimmend noch hinzugefügte ἀρχαίου τινός wird allgemein zu Recht getilgt; es handelt sich um eine Interpolation, welche die in den *codd. meliores* bewahrte Fehlschreibung eines scheinbaren Namens Τηρούστου voraussetzt. Mit *"Teres, dem Odrysen"* kann meines Erachtens nur der Reichsgründer (vgl. 7.2.22) gemeint sein, der sich bei der Einsetzung von 'Unterkönigen' dieses politisch besonders interessante Gebiet am Bosporos persönlich vorbehalten hatte. Dasselbe Recht nahm dann auch Seuthes [I.] für sich in Anspruch, als er Maisades zum Unterkönig machte, und ebenso wohl auch Medokos, *"der König der Odrysen"* (Hell. 4.8.26), als er Seuthes [II.] die Herrschaft am Meer überließ. Hier kam es also nicht zu Kampfhandlungen und zur Unterwerfung der Bevölkerung, sondern wurde der Zug εἰς τὸν Σαλμυδησσόν (7.5.12) vorbereitet. Anders interpretiert DANOV: *"Einen zweiten Zug unternahm Seuthes gegen Teres [7.5.1], einen jüngeren Namensvetter des Ahnherrn des odrysischen Königshauses"* (329); nach DANOVs Auffassung (330) handelt es sich nur bei diesem Teres um einen wirklichen odrysischen Fürsten, während Maisades und Seuthes [II.] keine echten Odrysen, sondern Angehörige eines der benachbarten Volksstämme (Melanditen, Thynoi, Tranipsai) gewesen sein sollen. Beide Erwägungen kann ich mir nicht zu eigen machen.

7.5.2-5 Auch die Tatsache, daß Herakleides mit dem teilweise aus Tieren bestehenden Erlös der in Perinthos veräußerten Beute irgendwo innerhalb des 'Deltas' auf Seuthes wartete, spricht dafür, daß diese Gegend kampflos durchzogen werden konnte. Vermutlich fand die Begegnung im südwestlichen Winkel des 'Deltas', an der Straße von Perinthos nach Byzantion, statt. Von dort aus bot sich insbesondere das (heute von einer Eisenbahnlinie benutzte) Tal des Çekmece-Flusses (beziehungsweise der es westlich begleitende Kammweg) für den Marsch ins Landesinnere (7.5.9: τὸ...ἄνω στρατεύεσθαι) und an die Pontosküste (7.5.12) an. Bei der Verteilung der Maultiergespanne gingen (außer Xenophon selbst) Philesios und Xanthikles leer aus - beide gehörten wohl nicht, wie die anderen drei (vgl. 7.5.10), zu den Anhängern Xenophons (vgl. 5.6.27) und waren überdies durch ihre Verurteilung we-

Karte S.430

gen Unterschlagung in Kotyora (5.8.1) 'vorbestraft'. Die als Sold ausgezahlte Summe läßt sich überschlägig etwa folgendermaßen berechnen: die ca. 6000 Soldaten, denen pro Monat je 1 Kyzikener [im Wert von ca. 25-28 Drachmen] zustand (7.2.36), erhielten insgesamt nur 4000 Kyzikener ausgezahlt, die ca. 60 Lochagen nur 80 (statt 120), die 6 Strategen nur 16 (statt 24); an späterer Stelle (7.7.25) beziffert Xenophon die Soldforderung für 6000 Mann auf die runde Summe von 30 Talenten, d.h. 180000 Drachmen, pro Mann und Tag 1 Drachme. Der Barerlös, den damals Herakleides zusätzlich zu den (zum Teil wahrscheinlich im Tausch gegen Schafe erworbenen) Gespannen erzielt zu haben behauptete (vor allem durch den Verkauf der Sklaven), betrug also ca. 4100 Kyzikener; allerdings waren wohl die Griechen von Anfang an davon überzeugt, daß er den größten Teil des Erlöses in die eigene Tasche gesteckt habe (vgl. 7.6.41). Verständlicherweise äußerte Xenophon jetzt mit drastischen Worten seinen Unmut: er hatte ja als Unterhändler mit Seuthes die Soldaten vor allem durch den Hinweis auf dessen Soldversprechen für den Feldzug gewonnen und mußte nun mit unangenehmen Reaktionen rechnen (vgl. MASQUERAY II 150 Anm.1).

7.5.6-8 Xenophon erkennt sicher richtig, daß ihm seine unverblümte Kritik die Feindschaft des einflußreichen Höflings Herakleides einbrachte; er geriet nun zwischen zwei Fronten: auf der einen Seite sah er sich heftigen Beschuldigungen der betrogenen Soldaten ausgesetzt, obwohl er immer wieder bei Seuthes vorstellig wurde, um ihren restlichen Sold herbeizuschaffen; gerade dies aber führte andererseits zunehmend zu Spannungen mit dem Fürsten, der sich durch seine Hartnäckigkeit belästigt fühlte und zuletzt den Besucher garnicht mehr vorließ (7.5.16). Daß Herakleides bei diesem Prozeß der Abkühlung des zuvor freundschaftlichen und vertrauensvollen Verhältnisses seine Hand im Spiel hatte, wird man Xenophon glauben dürfen; gewiß aber hielt Herakleides nicht als einziges Mitglied des Hofstaates die Aushändigung der drei befestigten Küstenstädte an einen griechischen Söldnergeneral, der sich hier in ausgezeichneter Lage am Eingang in die Propontis ein Machtzentrum errichten konnte, für gefährlich und versuchte sie zu hintertreiben.

7.5.9-11 Bei dem Versuch, einen Keil zwischen Xenophon und seine Kollegen zu treiben, argumentierte Herakleides mit der

Karte S.430

grundsätzlich gleichwertigen Qualifikation aller Strategen zur Führung eines Truppenkörpers. Aber seine Hoffnung, daß die fünf Generäle bei einem Geheimtreffen mit Seuthes selbst Xenophons Ablösung vollziehen würden, ging nicht auf. Es kam im Gegenteil zu einer Solidarisierung aller Offiziere mit ihm und zu einem großen gemeinsamen Auftritt bei Seuthes, bei dem offenbar die weitere Teilnahme an dem geplanten Feldzug nicht nur von Xenophon, der seine persönlichen Gründe hatte, sondern auch von anderen Offizieren in Frage gestellt wurde. Aber Seuthes vermochte sie schließlich alle ohne Ausnahme (das hebt Xenophon zu seiner eigenen Rechtfertigung ausdrücklich hervor) zum Mitmachen zu *"überreden"* - im wesentlichen doch wohl durch das Versprechen (das auf dem Geheimtreffen als Köder ins Spiel gebracht worden war), innerhalb weniger Tage den Sold für volle zwei Monate (d.h. ca. 120000 Kyzikener) auszuzahlen.

7.5.12-16 Dieser Feldzug wird nur kurz angedeutet, weil die griechischen Hopliten anscheinend in keinerlei Kampfhandlungen mehr verwickelt wurden. In seiner Rechtfertigungsrede vor den Soldaten hebt Xenophon später (7.6.29) hervor, daß *"wir keinen einzigen Feind mehr zu Gesicht bekommen haben, nachdem die Reiterei zu uns gestoßen war"* - offensichtlich eine Anspielung auf die Zeit nach den Vorkommnissen in der 'Ebene der Thyner', als von allen Seiten berittene Odrysen herbeiströmten und sich Seuthes anschlossen. Die Operation selbst kann nur annäherungsweise rekonstruiert werden, obwohl Xenophon hier relativ viele Details mitteilt: *"sie gelangten, mit dem Pontos auf der rechten Seite, durch das Gebiet der sogenannten 'hirseessenden Thraker' in den [Küstenstreifen] Salmydessos"*. Die Melinophagen werden zwar im Lexikon des Stephanos v.Byzanz (unter Berufung auf Xenophon und Theopomp, FGrHist 115 F 223) als thrakisches Volk erwähnt, aber ohne nähere Angabe zu ihren Wohnsitzen. Leider ergibt sich auch aus der «Anabasis» kein klares Bild. Der Weg, auf dem die Griechen ἀφικνοῦνται ἐν δεξιᾷ ἔχοντες τὸν Πόντον...εἰς τὸν Σαλμυδησσόν, durchquerte ihr Gebiet - aber soll diese Formulierung bedeuten, daß das Heer stets am Meer entlang marschierte? Muß nicht vielmehr der Marsch ἄνω (7.5.9) zunächst durch das Innere des 'thrakischen Deltas' geführt haben? Dann aber können die Melinophagen mit den *"Thrakern oberhalb von Byzantion"* (7.5.1) identifiziert werden, deren eigentlicher Name (nach Strabon 7.6.2.320: ὑπέρκειται δὲ τοῦ Βυζαντίου τὸ τῶν Ἀστῶν ἔθνος)

Karte S.430

Astai lautete. Sie bewohnten den pontischen Küstenstreifen mit seinem Hinterland bis hin zum Vorgebirge Thynias, also den südlichen Teil des Gebietes, über das Maisades, der Vater des Seuthes, die Herrschaft innegehabt hatte (vgl. 7.2.32-34); der von ihnen kontrollierte Küstenstreifen war ὁ Σαλμυδησσός. Diesen beschreibt Strabon (7.6.1.319) als *"eine menschenleere, steinige Flachküste, ohne Häfen, stark den Nordwinden geöffnet, mit einer Länge von 700 Stadien bis zu den Kyaneai; diejenigen, die an ihr Schiffbruch erleiden, werden von den darüber wohnenden Astai, einem thrakischen Volk, ausgeplündert"*. Die Längenangabe (= ca. 125 km) entspricht recht genau der Entfernung vom Vorgebirge Thynias (Igneada Burun) bis zu den Kyaneai, kleinen Felseninseln am nördlichen Eingang in den Bosporos (bei Rumelifeneri), und auch die Beschreibung selbst stimmt weitgehend mit der Wirklichkeit überein (vgl. STRONK 69). Daß der Salmydessos in der Antike bei den Seeleuten verrufen war, bezeugen schon Archilochos (Fr.79aD), der einem früheren Freund, der ihn verraten hat, dort den Schiffbruch mit allen Konsequenzen wünscht, und Aischylos (Prom.Desm. 726/27), der ihn als den *"rauhen salmydessischen Schlund des Meeres, ungastlich für die Seeleute, eine Stiefmutter der Schiffe"* charakterisiert (wobei er ihn allerdings an der asiatischen Pontosküste lokalisiert). Nach Xenophons Erklärung *"stranden und kentern dort viele Schiffe"*, weil das Wasser flach ist (vgl. Strabo 1.3.4.50). Sein weiterer Bericht über die Einrichtung von abgemessenen Strecken zur kampflosen Bergung des Strandguts durch die jeweiligen Anwohner wird zwar nicht durch unabhängige andere Quellen bestätigt, dürfte aber der Wahrheit entsprechen. Strandräuberei war an allen Küsten mit besonders hoher Ausbeute an strandtriftigen Gütern und Wracks ohne strenges Strandrecht immer eine beliebte, aber zu gefährlichen Rivalitäten unter den Bergern führende Einnahmequelle der Bevölkerung. Unter den aufgezählten Beispielen für geborgenes Strandgut sind am interessantesten *"die vielen beschriebenen Papyrus[rollen]"*, d.h. Bücher, die in ihren hölzernen Behältnissen wie vieles andere an Land geschwemmt worden waren. Dabei kann man sowohl an Fachbücher der Kapitäne, etwa «Periploi» oder Schiffstagebücher u.ä., als auch (vor allem!) an Exportexemplare des athenischen Buchhandels denken, die von den Kaufleuten in den pontischen Griechenstädten neben ihren übrigen Waren zum Verkauf angeboten wurden. STRONK (68) weist darauf hin, daß bisher noch keine Funde gemacht wurden, die sich auf Schiffbruch zurückführen lassen.

Karte S.430

7.5.15/16 Nach der problemlosen Unterwerfung der Küstenbevölkerung und der Rückkehr an die Propontis bezogen die inzwischen auf über 12000 Mann angewachsenen Truppen des Seuthes etwa 5½ km oberhalb von Selymbria (Silivri) ihre beiden Lager (vgl.7.6.42). Durch die weitere Verzögerung der Soldauszahlung verschlechterte sich unter den Söldnern die Stimmung zu Ungunsten Xenophons, obwohl im Versorgungsbereich keine Notlage bestand und auch während der Feldzüge niemals bestanden hatte (vgl. 7.6.31, 7.7.1) - aber jetzt ging es nicht um 'Verpflegungsgeld', sondern um den Gewinn von Bargeld, von dem jeder Söldner bei seiner Anwerbung träumte; in dieser Hinsicht hatte sich ja das ganze Kyros-Unternehmen bisher als ein großer Fehlschlag erwiesen.

7.6.1/2 Nach zweimonatiger untätiger, aber wohl spannungsgeladener Wartezeit im Lager oberhalb von Selymbria bahnte sich für die Griechen mit der Ankunft der Emissäre Thibrons eine neue Entwicklung an. Der spartanische Feldherr Thibron war auf Bitten der jonischen Küstenstädte, die nach der Wiedereinsetzung des Tissaphernes als des dortigen Satrapen um ihre Freiheit fürchteten, mit nur 5000 peloponnesischen Fußsoldaten und 300 athenischen Reitern zur Hilfeleistung in Marsch gesetzt worden (Hell. 3.1. 3/4) und hatte die beiden Emissäre vorausgeschickt, um die 'Kyreer', immerhin etwa 6000 kampferfahrene Söldner, zur Verstärkung anzuwerben. Bis es zur Vereinigung in Pergamon kam (7.8. 24, Hell. 3.1.6), verging allerdings noch einige Zeit, in der Thibron zwar sein Heer noch um 2000 kleinasiatische Griechen verstärken konnte (Hell. 3.1.5, Diodor 14.36.1 ff.), aber doch den Truppen des Satrapen, insbesondere seiner starken Reiterei, so sehr unterlegen war, daß er sich ohne größere Erfolge aus der Mäanderebene nach Norden zurückziehen mußte. * Offenbar nahmen die beiden Unterhändler offiziell zunächst mit Seuthes, dem Soldherren der 'Kyreer', Kontakt auf, um über deren Entlassung aus seinem Dienst eine Einigung zu erzielen. Dabei war ihr erster Ansprechpartner Herakleides (auf ihn ist λέγουσιν ὅτι... zu beziehen), der dann Seuthes über das Anliegen Thibrons informierte - nicht ohne einen ihm von Xenophon in den Mund gelegten Ratschlag, der in seinem objektiven Teil den Tatbestand korrekt beschreibt. Es ist eine andere Frage, ob die griechischen Strategen (oder einzelne von ihnen) vielleicht schon vor Herakleides durch private Gespräche mit den Spartanern über das Angebot Bescheid wußten.

Karte S.430

7.6.3-6 Die Vorgänge, die sich während der Verhandlungen mit Seuthes abspielten, konnte Xenophon aufgrund der späteren Aussagen der beiden Spartaner recht genau rekonstruieren. Seuthes verband die Einwilligung in die Abgabe der 'Kyreer' mit dem Angebot der Bundesgenossenschaft an Thibron, um sich aus der Position der inzwischen erreichten Stärke heraus als ernstzunehmenden Partner im Propontisraum darzustellen und etwaige Vorbehalte, die aufgrund seines bisherigen Verhaltens vielleicht auf spartanischer Seite bestanden, abzubauen. Während des Gespräches kam die Rede auch auf Xenophon selbst und die weitere Organisation der ἀπαγωγή des Heeres. Natürlich nutzt hier Xenophon die Gelegenheit, seine im Grunde positive Charakterisierung durch Seuthes Wort für Wort zu wiederholen und sogar später (7.6.39) noch einmal von Charminos vortragen zu lassen: nur wegen seines Einsatzes für die Soldaten (φιλοστρατιώτης) *"ist es für ihn nicht so gut"* (χεῖρόν ἐστιν αὐτῷ; zu der ungewöhnlichen Formulierung vgl. Homer Od. 15.514/15, wo Telemachos dem Seher Theoklymenos mit den Worten ἀλλὰ σοὶ αὐτῷ χεῖρον davon abrät, in den Palast des Odysseus zu gehen). In dem späteren Zitat werden durch πρὸς + Genetiv zusätzlich noch diejenigen genannt, auf welche sich diese Einschätzung bezieht: die Lakedämonier und Seuthes selbst. Bei beiden hatte sich Xenophon in der Tat hartnäckig für die Auszahlung des Soldes an die Truppe eingesetzt - und daran anknüpfend konnte nun auch Herakleides die Bedenken der Spartaner vor Schwierigkeiten bei der Übernahme des Heeres mit seinem zynischen Argument, diesen Leuten gegenüber reiche bereits das Versprechen der Soldauszahlung, um Xenophon seines Einflusses zu berauben, entkräften.

7.6.7-10 In dem Bericht über den ersten Teil der Heeresversammlung bereitet Xenophon sorgfältig seine große Rechtfertigungsrede (7.6.11-38) vor, indem er den namenlosen Arkader die wesentlichen Stichworte der Anklage liefern läßt: [1] Xenophon hat durch sein Abkommen mit Seuthes verhindert, daß der Anschluß an die Spartaner bereits in Perinthos erfolgte. [2] Er hat stattdessen die Truppe in pausenlosen Winterfeldzügen den schwersten Strapazen ausgesetzt. [3] Er nahm ferner von Seuthes große Reichtümer entgegen, während den Soldaten der Sold vorenthalten wurde. [4] Er verdient die Strafe der Steinigung. In einer emotional aufgeladenen Atmosphäre wie hier bedeuteten diese Anschuldigungen, die von weiteren Rednern unterstützt wurden, eine

Karte S.430

ernstzunehmende Gefährdung Xenophons, zumal von den Anklägern nicht die korrekte Untersuchung und Aburteilung seines Fehlverhaltens, sondern die Steinigung gefordert wurde - eine Forderung, die unter tumultuarischen Umständen ganz plötzlich und unumkehrbar in die Tat umgesetzt werden konnte. Auch wenn sich nur eine kleine Minderheit an der Lynchjustiz beteiligen würde, war das Opfer doch so gut wie sicher dem Tod preisgegeben; so sah es auch Xenophon (vgl. 7.6.30 und 36/37), der nun alles daran setzen mußte, durch eine überzeugende Verteidigungsrede sein Leben und seine Ehre zu retten. * Zwischen ὥστε und ἐγώ [10] stehen in allen Codices die Worte ὅ γε πρῶτος λέγων; sie werden zu Recht als eine nachträgliche Erläuterung zu ἐγώ getilgt, bezeugen aber wie zahlreiche andere Stellen (1.2.23, 1.7.15, 1.8.5, 2.1.1, 3.1.1, 3.4.15, 4.1.1-4, 4.8.27, 5.1.1, 6.2.1, 6.2.16, 6.3.1, 7.1.1, 7.5.1) die Hand eines kritischen Lesers, der in der Vorlage des Archetypus unserer Überlieferung an den Rand Bemerkungen geschrieben hatte, die dann zu Unrecht in den Text eingedrungen sind.

7.6.11-38 Xenophon hat die große Rechtfertigungsrede, die er damals spontan vor den Soldaten hielt, für ihre Veröffentlichung in der «Anabasis» offenkundig mit äußerster Sorgfalt ausgearbeitet. Er fühlte sich mit Recht durch die gegen ihn gerichteten Vorwürfe im Innersten getroffen und versucht hier, sie auf jede nur mögliche Weise zu entkräften. Seine Hauptargumente sind: (1) Der Anschluß an Seuthes erfolgte auf einstimmigen Beschluß der Heeresversammlung [11-14]. (2) Es gibt keinen Beweis dafür, daß Xenophon von Seuthes auf Kosten der Soldaten bereichert wurde [15-19]. (3) Vielmehr hat Seuthes das Freundschaftsverhältnis mißbraucht und unrecht gehandelt - im Gegensatz zu den Griechen, die ihren Verpflichtungen korrekt nachgekommen sind [20-22]. (4) Dennoch hat sich der Anschluß an Seuthes in vielfacher Hinsicht für das Heer positiv ausgewirkt [23-32]. (5) Zu Unrecht wird also Xenophon, der sich stets mit aller Macht für die Soldaten eingesetzt hat und noch einsetzt, von diesen jetzt bei Seuthes und den Lakedämoniern um seinen guten Ruf gebracht und sogar mit dem Tod bedroht [33-38]. Die lange Rede, in der die Vorgänge der letzten Monate teilweise noch einmal detailliert vor Augen gestellt werden, verfehlte ihre Wirkung nicht: alle gegen Xenophon erhobenen Anschuldigungen verschwanden aus der Diskussion; stattdessen wurde die Soldfrage wieder in den Mittelpunkt gestellt und der An-

Karte S.430

griff gegen die wirklich Schuldigen, Seuthes und Herakleides, eröffnet (7.6.40/41).

7.6.11-14 Xenophon geht von dem Allgemeinplatz (der später unter den παραγγέλματα der Pythagoreer aufgeführt wurde, vgl. Jamblichos, Vita Pythag. 196: καὶ ἦν αὐτοῖς παράγγελμα, ὡς οὐδὲν δεῖ τῶν ἀνθρωπίνων συμπτωμάτων ἀπροσδόκητον εἶναι παρὰ τοῖς νοῦν ἔχουσιν, ἀλλὰ πάντα προσδοκᾶν, ὧν μὴ τυγχάνουσιν αὐτοὶ κύριοι ὄντες) aus, daß der Mensch stets mit allem (auch dem eigentlich Unvorstellbaren) rechnen müsse. Er bezeichnet es so als absolut unverständlich, daß ihm eine Handlung, die er nicht nur seinen persönlichen Interessen übergeordnet (7.2.8/9), sondern zunächst auch zugunsten der Soldaten trotz attraktiver Angebote abgelehnt (7.2.10) und schließlich erst in ihrer aller Auftrag durchgeführt hatte (7.3.6), nämlich die Übergabe des Heeres an Seuthes, jetzt als todeswürdiges Verbrechen angelastet werde. Man muß sagen, daß durch die vorgetragene Argumentation diesem Anklagepunkt völlig der Boden entzogen ist.

7.6.15-19 Die Zerrüttung des ursprünglich guten Verhältnisses zu Seuthes beruht darauf, daß sich der φιλοστρατιώτης (7.6.4) Xenophon allzu energisch für die Belange der Soldaten eingesetzt und dabei sogar den Verlust der Freundschaft des Fürsten in Kauf genommen hat - ein Argument, das den Anklägern eigentlich die Schamröte ins Gesicht treiben müßte. Nach guter Advokatenmanier wird es im folgenden noch durch die Fiktion eines möglichen Einwandes gegen diese These (*die Zerrüttung ist nur vorgetäuscht*) und ihre vorsorgliche Widerlegung zunächst mit Hilfe einer spitzfindigen πίστις ἔντεχνος [17], dann auch noch einer besonders bindenden πίστις ἄτεχνος, dem Schwur bei allen Göttern [18], untermauert. Zum Schluß wird dieser Argumentationsgang auf die Spitze getrieben durch die gleichfalls beschworene Behauptung Xenophons, er habe (nicht nur nicht die den Soldaten zustehenden Gelder, sondern) auch nicht die ihm persönlich versprochenen Geschenke und nicht einmal den üblichen Sold der Strategen, ja sogar nicht einmal denjenigen einiger Lochagen (für die also offenbar kein einheitliches Gehalt verbindlich festgelegt war) erhalten.

7.6.20-22 Xenophon versetzt sich jetzt gleichsam in die Psyche seiner Zuhörer, von denen er annimmt, daß sie über seine vorhergehende Mitteilung erstaunt sind, und stellt nun selbst die sich jedermann aufdrängende Frage: warum war er so selbstlos, daß er nicht einmal den ihm zustehenden Sold in voller Höhe annahm? Verantwortlich dafür war, so erfährt der Leser, seine Vorstellung von Freundschaft. Freunde, so meint er, müssen (wenn sie die richtige Gesinnung haben) die einander erbrachten Dienste gewissermaßen immer wieder aufwiegen und ausgleichen und so die Freundschaft unter Berücksichtigung der aus ihr erwachsenden Verpflichtungen sorgfältig pflegen und bewahren (vgl. 1.9.20/21); dies hat Seuthes nicht getan und dadurch nicht nur Xenophon, den Angeklagten, sondern auch seine Ankläger auf schändliche Weise betrogen. Geschickt werden hier die Soldaten, denen der folgende Abschnitt (7.6.23-32) gewidmet ist, in die Verteidigungsargumentation einbezogen.

7.6.23 Offenbar war gegen Xenophon auch der Vorwurf erhoben worden, er habe seinerzeit von Seuthes keine *"Sicherheiten"* (ἐνέχυρα) genommen. In der Tat hatte der Thraker nur Versprechungen gemacht (7.2.36-38, 7.3.10) - aber wie hätten solche Sicherheitsgarantien aussehen können? Größere Geldsummen, die er als Pfand hätte anbieten können, standen Seuthes vor dem Feldzug wohl tatsächlich nicht zur Verfügung. Man könnte vielleicht an die Xenophon versprochenen festen Plätze an der Propontis denken (7.2.25, 7.5.8, 7.6.43), aber es wäre gewiß sehr schwierig gewesen, sie vor dem Aufbruch mit Seuthes bereits durch Besatzungstruppen in Besitz zu nehmen und später gegebenenfalls zu Geld zu machen. Überdies kann die Durchsetzung von Sicherheitsgarantien nur aus einer Position der Stärke heraus, welche die freie Entscheidung zwischen der Annahme und der Ablehnung einer Vereinbarung mit dem Partner erlaubt, erreicht werden. Zur Abwehr der gegen ihn erhobenen Vorwürfe sieht sich Xenophon nun dazu gezwungen, sogar im Beisein des Seuthes zugeben zu müssen, daß diese Position damals nicht bestand.

7.6.24-26 Dramatische Beschreibung der ausweglos erscheinenden Situation, die sich für die 'Kyreer' bei Perinthos durch das Eingreifen der Spartaner ergeben hatte (vgl. 7.2.12 ff.). Durch die Häufung negativ akzentuierter Details (Verschluß der Tore, Winterwetter, Lager im Freien, dürftiges Lebensmittelangebot, Geldmangel, gewaltsame Verhinderung der Abreise, Schwierigkeiten bei der Proviantbeschaffung, Unmöglichkeit, ohne Reiter und Leichtbe-

Karte S.430

waffnete verkäufliche Beute einzubringen) versucht Xenophon den Soldaten die damalige Notzeit so lebendig wie möglich wieder vor Augen zu stellen, um anschließend dagegen die (daran gemessen: *glückliche*) Zeit des Dienstes für Seuthes absetzen zu können. Nebenbei wird hier deutlich, daß die Hoplitenblöcke am ehesten gegen die Auflösungserscheinungen der Truppe resistent waren, weil sich verständlicherweise unter den Phalangiten ein engeres Gemeinschaftsgefühl entwickelt hatte als unter den in kleineren Gruppen oder einzeln operierenden Leichtbewaffneten und Reitern. Überdies wäre es nicht verwunderlich, wenn zum Beispiel die Überlebenden der ursprünglich 800 thrakischen Peltasten, die Klearchos mitgebracht hatte (1.2.9), sich inzwischen nach Hause begeben oder direkt an Seuthes angeschlossen hätten.

7.6.27-31 Aus Xenophons Sicht brachte die Zusammenarbeit mit den thrakischen Reitern und Peltasten große Vorteile mit sich: nicht nur konnte nun kampflos Proviant in Fülle, sondern auch verkäufliche Beute, an der die Griechen ihren Anteil hatten, gewonnen werden. Unter den gegebenen Umständen wäre also der Anschluß an die Thraker sogar ohne Soldforderung die richtige Entscheidung gewesen; nun hat Seuthes jedoch zusätzlich zu der Sicherheit, in der sie bei ihm leben konnten, einen (freilich nicht hohen) Sold für diese Sicherheit ausgezahlt. Schon in der Wiederholung des Begriffes ἀσφάλεια schwingt eine gewisse Ironie mit, die dann in der Schlußfrage offen zutage tritt: bedeuten *Sicherheit plus Sold* wirklich ein so *"schreckliches Unglück"*, daß derjenige, der diese glücklichen Umstände herbeigeführt hat, *"keinesfalls lebend davonkommen darf"*? Dem Leser sollen bei dieser Argumentation natürlich die Worte jener vielen Soldaten in Erinnerung kommen, die sich seinerzeit für den Anschluß an Seuthes eingesetzt und dabei auch gesagt hatten, daß sie es als *"unverhofften Gewinn"* (εὕρημα) betrachten würden, wenn sie zusätzlich zu den übrigen Vorteilen (ὄντων ἀγαθῶν τοσούτων) auch noch Sold empfangen würden (7.3.13). Auf diese Stelle spielt Xenophon hier direkt mit den Worten περιττὸν δ' ἔχοντες an, indem er klarstellt, daß die Soldaten während des ganzen Winters im Überfluß leben konnten, ohne dafür auch nur im geringsten mit Geld bezahlen oder Verluste hinnehmen zu müssen.

7.6.32 Mit dem Gedanken an den während der Kämpfe in Asien und nun auch in Europa errungenen Ruhm, der für immer mit den

'Kyreern' verbunden bleiben wird, bereitet Xenophon den letzten Abschnitt seiner Rede vor, in dem es um seinen eigenen Ruf gehen wird. Zuvor aber faßt er das Ergebnis der bisherigen Argumentation in einer griffigen Formel zusammen: *"Ich behaupte, daß ihr gerechterweise für eben das, worüber ihr mir zürnt, den Göttern Dank wissen solltet - weil es etwas Gutes ist"*.

7.6.33-35 Τὰ ἐμὰ..., ὡς ἔχει, versucht Xenophon durch den Kontrast zwischen seiner Situation bei dem ersten Abschied vom Heer (7.1.40) und seiner jetzigen Situation zu veranschaulichen. In zwei sorgfältig aufeinander abgestimmten Perioden [33, 34] entwickelt er Gegensatzpaare, die das zwischen ihm und den Soldaten bestehende Verhältnis und die sich daraus ergebenden Konsequenzen zu den beiden Zeitpunkten charakterisieren sollen (wobei er auf die ausdrückliche Formulierung einiger selbstverständlicher Gegensätze verzichtet): dem hohen Ansehen bei den Soldaten damals steht jetzt die Verleumdung durch sie gegenüber, dem guten Ruf bei den übrigen Griechen damals [demnächst ein schlechter Ruf], dem Vertrauen bei den Lakedämoniern damals [jetzt ihr Mißtrauen], [der anfänglichen Freundschaft] des Seuthes jetzt sein Haß - und stets liegt die Schuld für die Umkehrung der Stimmung nicht bei ihm, sondern bei den Soldaten, für die er sich unermüdlich eingesetzt hat und noch immer einsetzt. Sie werden in der kurzen Passage achtmal direkt mit Formen von ὑμεῖς persönlich angerufen und Schlag auf Schlag mit dem bitteren Vorwurf konfrontiert, daß sie ihren größten Wohltäter seiner Ehre zu berauben und zu vernichten im Begriff sind. Von einem gewissen biographischen Interesse ist dabei die Mitteilung, daß er von Seuthes als Dank für seine Verdienste einen *"Zufluchtsort"* (ἀποστροφή), d.h. einen jener ihm versprochenen befestigten Plätze an der Propontis, für sich und (wenn er später einmal Familienvater sein würde) seine Kinder zu erhalten gehofft hatte, nun aber mit dieser Schenkung nicht mehr rechnete: das empfand er als einen großen persönlichen Verlust, den ihm die Verleumdung durch die Soldaten eingebracht hatte (tatsächlich erneuerte Seuthes später noch einmal sein Angebot, 7.6.43, 7.7.53). Man muß die rhetorische Geschicklichkeit bewundern, mit der Xenophon nicht nur bereits alle gegen ihn erhobenen Anschuldigungen entkräftet hat, sondern nun sogar die Anklage auf die Ankläger selbst zurückzulenken und in diesen ein schlechtes Gewissen zu erzeugen vermag, ohne sie in verletzender Weise herabzusetzen.

Karte S.430

7.6.36-38 In einer Art Selbstcharakterisierung hebt Xenophon noch einmal seinen unermüdlichen Einsatz für die Soldaten hervor; durch παρὰ τὸ μέρος deutet er an, daß er auch über seine Pflichten als Stratege hinaus an ihrer Seite Strapazen und Gefahren auf sich genommen habe (Arrian [Anab. 3.26.8] hat diese Formulierung auf Parmenion übertragen). Schließlich erinnert er noch an jene besonders schwierigen Situationen, in denen er gegen die aufgewühlte Stimmung der Soldaten feindliche Zusammenstöße mit anderen Griechen und ihre Folgen (zum Beispiel die von Kleandros in Kalpes Limen angedrohte Ächtung und Ausschließung aus allen griechischen Städten, vgl. 6.6.12-16) verhindert hatte. In erster Linie ist hier wohl an die dramatischen Ereignisse in Byzantion zu denken, wo in der Tat Xenophon durch seine besonnene Rede (7.1.25-31) den friedlichen Auszug der Söldner aus der im Handstreich genommenen Stadt hatte erreichen können. Ihren jetzt uneingeschränkten Bewegungsspielraum im griechischen Machtbereich verdanken sie also seinen Bemühungen. Auch in diesem Abschnitt wird den Soldaten durch ihre immer wieder eingeflochtene Anrede (zehnmal Formen von ὑμεῖς, außerdem der ironische Ausruf ὦ πάντων μνημονικώτατοι [38]) die Erinnerung an die gemeinsam verbrachte Zeit förmlich eingehämmert und ihnen dadurch die Möglichkeit genommen, ihre Absicht guten Gewissens zu verwirklichen. Am Schluß faßt Xenophon noch einmal die Paradoxie der gegenwärtigen Vorgänge in Worte: im Augenblick des Glücks (ὅτε πολλὴ ὑμῖν εὐπορία φαίνεται) verlangen die Soldaten seinen Tod, den sie im Augenblick größter Not (ὅτε γε ἐν τοῖς ἀπόροις ἦμεν) nicht gefordert hatten - im Gegenteil: damals nannten sie (die er nun mit beißender Ironie als *"ihr mit dem besten Gedächtnis von allen"* anredet) ihn 'Vater' und 'unvergeßlichen Wohltäter'. Nach diesem letzten Appell an seine Ankläger wirft Xenophon mit bewundernswerter rhetorischer Raffinesse den Ball den anwesenden Lakedämoniern zu, die nun nicht umhin können, für ihn das Wort zu ergreifen.

7.6.39-41 Charminos erfüllte durch seinen Bericht über das Gespräch mit Seuthes, in dem er den zentralen Begriff φιλοστρατιώτην durch vorangestelltes ἄγαν noch steigerte, die Hoffnung Xenophons in vollem Umfang und setzte damit den Schlußpunkt unter die peinliche Angelegenheit. * Hinter εἶπεν lautet der Text in den *codd. meliores* οὑτωσὶν (oder -σὶ) ἀλλ'..., in den *codd.*

deteriores ἀλλ' οὐ τὼ σίω (oder ähnlich; vgl. den App.crit. bei DINDORF). In den Editionen hat sich die aus beiden Lesarten entwickelte Formulierung οὐ τὼ σίω, ἀλλ'... durchgesetzt - zu Recht: Charminos bringt mit der negierten spartanischen Schwurformel (*"Nein, bei den Dioskuren!"*) gleich zu Anfang emphatisch sein Mißfallen über das Verhalten der Soldaten zum Ausdruck, bekräftigt dies dann, jedenfalls für seine Person, noch einmal ausdrücklich (ἀλλ' ἐμοὶ μέντοι οὐ δικαίως...) und begründet schließlich seine Meinung ausführlich mit dem wörtlichen Zitat der Aussage des Seuthes. Beiden überlieferten Fassungen ([1] εἶπεν οὑτωσίν: ἀλλ' ἐμοὶ..., [2] εἶπεν: ἀλλ' οὐ τὼ σίω ἐμοὶ...), insbesondere der ersten, fehlt die der Situation angepaßte besondere Stimmung, welche die Konjektur vorzüglich zum Ausdruck bringt. * Die weiteren Diskussionsbeiträge beziehen sich auf das leidige Soldproblem als solches und dienen dem Versuch, die Lakedämonier gegen Seuthes auszuspielen. Polykrates wird hier als ἐνετὸς ὑπὸ Ξενοφῶντος gekennzeichnet, mit einem selten belegten Begriff, der in der «Anabasis» zum erstenmal auftaucht. Er ist offenbar von ἐνίημι abgeleitet und bezeichnet jemanden, den man dazu anstiftet, an eigener Stelle in eine Diskussion einzutreten (vgl. Kyrupäd. 1.6.19, wo DINDORF ἐνετοὶ richtig aus überliefertem ἐνίοτε oder αἴνεται hergestellt hat: ἀλλὰ τοῦ μὲν αὐτὸν λέγειν ἃ μὴ σαφῶς εἰδείη εἴργεσθαι δεῖ, ὦ παῖ, ἄλλοι δ' ἐνετοὶ λέγοντες ταῦτ' ἂν διαπράττοιεν...; weitere Belege des Wortes finden sich erst wieder bei Appian, bell.civ. 3.22, bell.Mithr. 9.59). Jedenfalls tritt Polykrates hier als das Sprachrohr Xenophons auf, der ja Herakleides schon einmal indirekt des Diebstahls bezichtigt hatte (7.5.5) und nun diese Anschuldigung völlig ungeschminkt, verbunden mit einer gewissen Entlastung für Seuthes, vortragen läßt.

7.6.42-44 Der Versuch des Seuthes, Xenophon auf Dauer mit einer Einheit von 1000 Hopliten in sein (aus Reitern und Peltasten bestehendes) Heer zu integrieren, war sicher ernst gemeint und wurde auch von Xenophon ernst genommen. Andererseits ist es schwer vorstellbar, daß die Warnung vor den Spartanern völlig aus der Luft gegriffen ist. Seit den Vorgängen in Byzantion haftete an Xenophon der Ruf des spartafeindlichen Aufhetzers - in dieser Richtung recherchierten ja auch die Emissäre Thibrons, 7.6.4. Es ist wohl nicht abwegig, als den Urheber der Verleumdungen vor allem Neon, der sich in Perinthos von den übrigen 'Kyreern' getrennt

Karte S.430

(7.2.11, 7.3.7) und sicher inzwischen den Spartanern angeschlossen hatte, anzusehen. Jedenfalls stand Xenophon jetzt vor einer so schwerwiegenden Entscheidung, daß er das Urteil der Götter suchte (vgl. 6.2.15) und von ihnen eine völlig eindeutige Antwort erhielt.

7.7.1-3 Nachdem Seuthes seine Truppen zurückverlegt hatte, gaben die Griechen ihr Lager auf und bezogen neue Quartiere in den umliegenden Dörfern, um sich dort ausreichend mit Proviant zu versorgen und dann den kurzen Marsch nach Selymbria anzutreten. Aus ihrem Verhalten entwickelte sich zwangsläufig der Konflikt mit Medosades, den Xenophon aus mehreren Begegnungen (7.1.5, 7.2.10, 7.2.24-28) gut kannte. Ihm waren von Seuthes diese Dörfer, die nun vor seinen Augen von den Griechen ausgeplündert wurden, nach der Unterwerfung unversehrt zur Nutzung übergeben worden. Medosades erschien also bei Xenophon zusammen mit dem ranghöchsten Mitglied einer Delegation, die Medokos, der damals *de jure* wohl König von ganz Thrakien war (vgl. 7.2.32), entsandt hatte, um mit dem plötzlich so sehr erstarkten Herrn der Küstenregion die neue Lage zu erörtern. Da Xenophon den Odrysen als *"jungen Mann"* (7.7.4) bezeichnet, darf man vermuten, daß es sich um einen Sohn oder jedenfalls engen Verwandten des Königs handelte; er wurde von einer etwa 25 Reiter umfassenden Eskorte begleitet (7.7.12). Die beiden Thraker gaben zunächst ausdrücklich zu erkennen, daß sie offiziell, gleichsam als 'Herolde' des ganzen Landes, kamen, und kündigten dann für den Fall, daß die Ausplünderung der Dörfer nicht eingestellt würde, in formelhaften Wendungen den Eintritt in den bewaffneten Kampf an (vgl. Herodot 7.9β1 über das bei den Griechen übliche Verfahren der Vorankündigung eines Krieges: ἐπεὰν γὰρ ἀλλήλοισι πόλεμον προείπωσι...). Diese Drohung konnte nicht einfach auf die leichte Schulter genommen werden, da die einheimischen Truppen des Seuthes inzwischen eine beträchtliche Stärke erreicht hatten (7.5.15), und da natürlich auch die Möglichkeit bestand, Verstärkungen aus dem oberen Thrakien heranzubringen.

7.7.4-6 In seiner Antwort, die mit einer rhetorischen Ohrfeige für Medosades beginnt, entwickelt Xenophon seine Beurteilung der Lage aus dem Gegensatz von *"ihr"* (Thraker) und *"wir"* (Griechen) *vor* und *nach* dem Freundschaftsvertrag im Hinblick auf *"dieses Land hier"*, d.h. den mit Hilfe der Griechen für Seuthes neu gewonnenen Herrschaftsraum, in den auch das Hinterland von Selymbria hineingehörte. Um entsprechende Wirkung auf den odrysischen Würdenträger zu erzielen, trägt er dabei die Farben sehr dick auf. In Wahrheit hatten die Griechen *vor* ihrem Anschluß an Seuthes keine breite Spur der Verwüstung im Land hinterlassen. Von Byzantion aus waren sie in nahegelegene thrakische Dörfer gezogen (7.2.1) und dort wohl auch geblieben, bis Xenophon zurückkam (7.2.9) und sie nach Perinthos führte (7.2.10). Oberhalb von Perinthos übernahm dann schon Seuthes, dessen Einflußbereich damals bis in diese Gegend reichte, ihre Einweisung in einige Dörfer zur Lebensmittelgewinnung (7.3.9). Hochgespielt wird auch die vor den Feinden sichere Unterbringung des Medosades im griechischen Lager, *"sooft du als Gesandter zu uns kamst"*. Tatsächlich kann sich das nur auf das Zusammentreffen in Selymbria (7.2.10) beziehen, das Xenophon selbst neben dem früheren in Kalchedon (7.1.5/6) in seinem ersten Gespräch mit Seuthes als einziges erwähnt (7.2.24 und 28). Bei derselben Gelegenheit waren ihm auch die bei Nacht einsatzbereit aufgezäumten Pferde der Thraker aufgefallen (7.2.21).

7.7.7-9 Auch für die Zeit *nach* der Verbindung mit Seuthes vergrößert Xenophon die Leistung der Griechen maßlos durch seine Behauptung, daß die Thraker dieses Land *"von uns, die wir es in unserer Gewalt hatten, entgegennahmen"*. Der Wahrheit näher kommt wohl seine an die undankbaren Griechen selbst gerichtete Darstellung, daß die Einwohner vor den Leichtbewaffneten und Reitern des Seuthes die Flucht ergriffen oder sich freiwillig seiner Herrschaft unterwarfen, und daß die griechischen Hopliten in keinen einzigen Kampf verwickelt wurden (7.6.28/29). Unbestreitbar ist aber natürlich auch, daß ohne die Mitwirkung der 'Kyreer' der Erfolg nicht eingetreten wäre. Dennoch wirkt die wortreich vorgetragene moralische Entrüstung Xenophons über die Undankbarkeit des Medosades ebenso überzogen wie dessen vorherige Ankündigung eines Krieges. Tatsächlich ging es nicht darum, daß die Griechen während ihres Abzuges noch im Land übernachten wollten (ἐναυλισθῆναι), sondern daß sie das Eigentum des Medosades plünderten, seine Dörfer verwüsteten (so drückt es Xenophon selbst aus, 7.7.12: ἡ χώρα πορθουμένη) und schließlich die Angst erzeugten, alles niederbrennen zu wollen (vgl. 7.7.19). Beide Seiten lassen es hier an gegenseitigem Verständnis und Kompromißbereitschaft fehlen. Der unfreundliche Hinweis, Medosades habe

Karte S.430

früher seinen Lebensunterhalt durch Raub gewonnen, *"wie du selbst gesagt hast"*, dürfte an eine entsprechende Bemerkung des Seuthes (7.2.34), die zugleich auf alle seine Leute zutrifft, anknüpfen. Man gewinnt den Eindruck, daß Xenophon hier an diesem wohl nicht sehr einflußreichen, rechtschaffenen Mann, der lediglich die Aufträge seines Herrn ausführte und sich verständlicherweise über die Vernichtung des ihm zugeteilten Gewinns aufregte, seinen tiefsitzenden persönlichen Ärger über das Verhalten der Thraker insgesamt exemplarisch ausließ; das folgende scheint diese Vermutung zu bestätigen.

7.7.10 Xenophon beurteilte es - von allem anderen abgesehen - als eine besonders verletzende Herabsetzung, daß man ihn, den bisherigen ἄρχων des Heeres, nicht in die Übergabeverhandlungen zwischen Seuthes und den Abgesandten Thibrons einbezogen hatte (vgl. 7.6.3). Er witterte dahinter eine schändliche Absicht: die Thraker wollten verhindern, daß bei den Lakedämoniern aus dem Haß, den er sich seinerzeit durch seinen Anschluß an Seuthes zugezogen hatte, jetzt Dankbarkeit werden könnte, wenn er selbst ihnen die Truppen zuführen würde. Man kann es bis zu einem gewissen Grad verstehen, daß Xenophon inzwischen, nachdem die Zukunft des Heeres geregelt war, vor allem an seinen eigenen Ruf dachte und mit großer Empfindlichkeit, um nicht zu sagen Überempfindlichkeit, auf Handlungen, die er als Provokationen empfand, reagierte.

7.7.11/12 Voller Genugtuung rekonstruiert Xenophon in wörtlicher, mit dem Begriff *"Wohltäter"* endender Rede die Antwort des Odrysen. In der Tat konnte er es als großen Erfolg buchen, diesen jungen Mann, der offensichtlich engen Kontakt zu Medokos, dem damals mächtigsten Thraker überhaupt, hatte, auf seine Seite gezogen zu haben. Leidtragender der Entwicklung war Medosades, der nun, nach dem Ausfall seines Bundesgenossen, um die Vermittlung eines Gesprächs mit den Emissären Thibrons, die sich wohl irgendwo im Biwakbereich der Griechen (oder im nahegelegenen Selymbria?) aufhielten, bitten mußte - in der Hoffnung, sie würden der Ausplünderung seines Landes einen Riegel vorschieben und die Griechen so schnell wie möglich fortschaffen. Fast hat man den Eindruck, daß Xenophon trotz seiner harten Worte für diesen unglücklichen Thraker ein gewisses mitleidiges Verständnis aufbringt (*"...denn die Verwüstung seines Landes betrübte ihn"*).

Karte S.430

7.7.13/14 Welche Personen unter den ἐπιτηδειότατοι zu verstehen sind, muß unklar bleiben. Offenbar handelte es sich nicht um Offiziere, da ἐπιτήδειοι als Mitglieder von Delegationen an zwei anderen Stellen (6.6.30, 7.7.2) zusätzlich zu Offizieren genannt werden; man könnte zum Beispiel an Priester oder Ärzte denken, jedenfalls an redegewandte Männer, von denen Xenophon wußte, daß sie auf seiner Seite standen. In der Rede, die er für die Spartaner vorformulierte, ging er von dem Vorschlag aus, den Eurylochos wenige Tage zuvor bereits öffentlich gemacht hatte (7.6.40), verstärkte ihn jedoch noch durch ein ausdrückliches Solidaritätsbekenntnis zu der Soldforderung der 'Kyreer'.

7.7.15/16 Zu ἐπικαιρίους vgl. 7.1.6. Charminos, der möglichst schnell auf sein Anliegen zu sprechen kommen will, leitet die Rede recht schroff ein (Unterdrückung der Apodosis im ersten Bedingungssatz) und erreicht damit die beabsichtigte Wirkung: Medosades streicht gewissermaßen die Segel und trägt das, was er im Einvernehmen mit Seuthes zu sagen hat, nur noch schlaff und energielos (ὑφειμένως), ohne jenes persönliche Engagement, das ihn zunächst beherrscht hatte, mit den üblichen diplomatischen Wendungen vor (vgl. die Argumentation der Gesandten aus Sinope zugunsten ihrer Pflanzstadt Kotyora [5.5.10]: ὅ τι ἂν τούτους κακὸν ποιήσητε ἡ Σινωπέων πόλις νομίζει πάσχειν).

7.7.17-19 Die Antwort der Spartaner läßt an Deutlichkeit nichts zu wünschen übrig. Ihre Alternative lautet: entweder Auszahlung des Soldes an die 'Kyreer' oder militärische Intervention zur Durchsetzung des von ihnen anerkannten Rechtsanspruches. In der Tat konnte eine Interventionstruppe von Byzantion aus leicht in den neuen Herrschaftsbereich des Seuthes eindringen und gemeinsam mit den 'Kyreern' dort so lange Verwüstungen anrichten und Beute machen, bis der Gegenwert des Soldes erreicht war. Aus Xenophons zusätzlichem Vorschlag, die unterworfene Bevölkerung könne ja durch einen 'Volksentscheid' bestimmen, ob die Besatzungsmacht des Seuthes oder die 'Kyreer' außer Landes gehen sollten, spricht die pure Ironie - aber Medosades hatte diese Reaktion durch die Verwendung des Begriffes *"Freunde"* geradezu herausgefordert. Jedenfalls rückt jetzt wieder die Soldfrage in den Vordergrund, für die eine Lösung nur in direkten Verhandlungen mit Seuthes herbeigeführt werden konnte. Der Versuch des Medosades, sich aus dieser unangenehmen Mission herauszuhalten und den

Karte S.430

Spartanern die Sache zu überlassen, scheiterte. So mußte er schließlich gemeinsam mit Xenophon den schweren Gang antreten und konnte nur hoffen, daß in der Zwischenzeit seine Habe nicht völlig zu Schutt und Asche wurde. Für Xenophon entstand dadurch jedoch die gerne ergriffene Möglichkeit, sich selbst am Ende der «Anabasis» noch einmal als brillanten Redner darstellen zu können.

7.7.20-47 Die große Rede läßt sich in zwei Abschnitte unterteilen: nach dem kurzen Prolog [20/21] begründet Xenophon zunächst im ersten Abschnitt [22-36] von verschiedenen Seiten aus den Anspruch der Soldaten auf ihren Sold sowie die Verwerflichkeit seiner Verweigerung, im zweiten Abschnitt [37-46] fordert er eindringlich die Wiederherstellung seines durch Seuthes' Verhalten ruinierten persönlichen Ansehens beim Heer; beide Gesichtspunkte werden im Epilog [47] - wie zuvor schon im Prolog - ausdrücklich noch einmal miteinander verknüpft. Die Gliederung ist im ganzen allerdings bei weitem nicht so transparent, wie man nach dem einleitenden πρῶτον μέν [22] vermuten möchte; die meisten Übergänge sind eher fließend - zum Beispiel auch der vom ersten zum zweiten Abschnitt [37]. Bemerkenswert ist ferner der Versuch, die sachbezogene Argumentation einerseits gelegentlich durch 'philosophische' Erwägungen zu vertiefen [24, 28], andererseits durch unverhohlene Drohungen [28, 31] zu verstärken. Jedenfalls erreichte die Rede ihr Ziel: Seuthes erfüllte, wenn auch zum größten Teil in der Gestalt von 'Naturalien', seine Verpflichtung (7.7.53 und 55), und zugleich verbesserte sich das Verhalten der Soldaten gegenüber Xenophon (7.7.55).

7.7.20/21 Gleich zu Anfang stellt Xenophon klar, daß er eine *belehrende* Rede zu halten beabsichtigt. Er vertraut auf die Überzeugungskraft einer schlüssigen Argumentation, die Seuthes zu der Erkenntnis führen müßte, *"daß du mir gegenüber zu Unrecht Haß empfindest, weil ich energisch für die Soldaten immer wieder das von dir gefordert habe, was du ihnen versprochen hattest; denn ich war der Meinung, daß es für dich nicht weniger von Nutzen sei, es zu geben, als für sie, es zu empfangen"*. Hier werden (nach dem kurzen Ausblick auf den zweiten Abschnitt) für den ersten Abschnitt zwei Themen angekündigt: (1) Der schändliche Vertrauensbruch in der Soldfrage [22-26] bedeutet zugleich (2) den kurzsichtigen Verzicht auf eigenen Nutzen [27-36].

Karte S.430

7.7.22-24 Der Begriff *"König"* ist hier nicht im politischen, sondern eher im gesellschaftlichen Sinn zu verstehen. Es geht darum, daß Seuthes jetzt als Herr über viele Menschen zu einer 'Persönlichkeit des öffentlichen Lebens' geworden ist; er steht gleichsam im 'Rampenlicht' (εἰς τὸ φανερόν σε τούτους καταστήσαντας) und ist bei allen seinen Handlungen der Kontrolle der Öffentlichkeit unterworfen. Für ihn gelten also von jetzt an auch die Anforderungen, die man an einen Fürsten stellen muß: er kann es sich nicht erlauben, ihm erbrachte Wohltaten nicht angemessen zu vergelten, in einen schlechten Ruf bei einer großen Menschenmenge (die überdies auch noch aus seinen Wohltätern besteht) zu geraten und (das Allerschlimmste!) je sein Wort zu brechen. Den letzten Punkt dieses kleinen 'Fürstenspiegels' (Fortsetzung: 7.7.41/42) malt Xenophon in lehrhaftem Ton noch weiter aus, indem er der Wirkungslosigkeit der Aussagen von ἄπιστοι die unbeschreibliche Kraft der Aussagen von Männern, die bedingungslos zu ihrem Wort stehen, entgegensetzt: die von ihnen lediglich ausgesprochenen Bitten, Drohungen und Versprechungen wiegen Gewaltakte, Bestrafungen und sofortige Barzahlungen anderer Menschen auf.

7.7.25/26 An die letzte Bemerkung anknüpfend wird nun die Verbindung zwischen der allgemeinen Reflexion und dem besonderen Fall hergestellt: Seuthes hat das blinde Vertrauen der 'Kyreer', die ihm ohne Forderung einer Soldanzahlung sein Reich erobert haben, schmählich verraten - für die, gemessen am Wert des neu gewonnenen Herrschaftsraumes, wahrlich geringe Summe von 30 Talenten (= 180000 Drachmen), d.h. rund gerechnet einen einzigen Monatssold von 30 Drachmen für 6000 Söldner. Mit dem Hinweis auf den materiellen Wert der ἀρχή wird der Übergang zum zweiten Thema vorbereitet.

7.7.27/28 Unmißverständlich stellt Xenophon die Möglichkeit vor Augen, daß Seuthes die Herrschaft, deren Gewinn ihm seinerzeit so viel bedeutete, wieder verlieren könnte - weil, wie jedermann zwischen den Zeilen liest, die 'Kyreer' gemeinsam mit den Spartanern in der Lage wären, ihn anzugreifen und zu verjagen. Das ist eine massive Drohung, deren Wirkung Xenophon noch durch die Ausmalung der Folgen des Vorganges für Seuthes selbst zu steigern versucht: er wird, wenn er es so weit kommen läßt, nicht nur seinen Herrschaftsraum, sondern auch seinen Reichtum und seine 'Königswürde' verlieren; darüberhinaus wird er

Karte S.430

zu dem materiellen Schaden auch noch die persönliche Schande zu verantworten haben, die ihm erspart bliebe, wenn er seinerzeit garnicht nach der Macht gegriffen hätte - oder aber, so muß man wieder zwischen den Zeilen lesen, wenn er jetzt sein Versprechen einlösen würde.

7.7.29/30 Im folgenden (7.7.29-32) untersucht Xenophon die Frage, wie die Herrschaft wieder verloren gehen könnte, unter zwei praktischen Aspekten: (1) der Abhängigkeit der Verhaltens der unterworfenen Bevölkerung von der Haltung des Heeres [29/30], (2) der Möglichkeit eines Freiheitskampfes unter griechischer Führung [31/32]. Den ersten Aspekt entwickelt er aus dem richtigen Gedanken heraus, daß das augenblicklich bestehende Untertanenverhalten auf Zwang und Angst vor den 'Kyreern' beruht und ausschließlich durch die Aufrechterhaltung dieser Angst stabilisiert werden kann. Für Seuthes hängt also alles von der Beschaffenheit und Einstellung der griechischen Söldner ab (οὕτω διακειμένους ὡς...) - das heißt (unausgesprochen) von der Zahlung oder Verweigerung des versprochenen Soldes. Denn natürlich würden sie bei der Bevölkerung auch weiterhin große Angst verbreiten, wenn sie (nach der Zahlung des Soldes) für alle Untertanen sichtbar die Anordnungen des Seuthes ausführten und zum Beispiel im Land blieben oder (nach ihrem Abzug) auf seinen Wunsch hin sofort dorthin zurückkämen oder auch anderen Söldnern den Dienst unter ihm durch Verbreitung seines guten Rufes schmackhaft machten, so daß er sich stets auf die einschüchternde Wirkung von Söldnereinheiten verlassen könnte. Falls er jedoch die Auszahlung des Soldes weiterhin verweigerte, hätte er nicht nur die 'Kyreer' gegen sich, sondern würden sich womöglich auch andere Söldner wegen seines schlechten Rufes eher auf die Seite der Freiheitskämpfer als auf seine Seite schlagen, so daß die Angst als stabilisierender Machtfaktor entfallen würde. Mit diesem Hinweis wird der Übergang zur Behandlung des zweiten Aspektes vorbereitet.

7.7.31/32 Unverblümt erörtert Xenophon nun sogar die Möglichkeit, daß frustierte Offiziere aus dem Kreis der 'Kyreer' oder gar die Spartaner sich mitsamt ihren Truppen an die Spitze der Aufständischen stellen könnten: handfeste Motive für ein solches Verhalten hätten sowohl die um ihren Sold betrogenen griechischen Soldaten als auch die auf deren Einsatzbereitschaft angewiesenen Spartaner - ganz zu schweigen von den unterworfenen Thrakern.

Karte S.430

7.7.33-36 Die Konsequenz dieser Entwicklung wäre für das von Seuthes beherrschte Land außerordentlich fatal: aus ihm müßten sich nicht nur die feindlichen Truppen, also die 'Kyreer' (die sonst nach der Auszahlung ihres Soldes das befriedete Land verlassen hätten) und die Spartaner ernähren, sondern auch die großen Söldnermassen, die zu ihrer Bekämpfung neu angeworben werden müßten - falls dieser Versuch überhaupt gelänge (vgl. 7.7.30). Geschickt lenkt Xenophon jetzt nach dieser Vorbereitung die Rede wieder auf die Soldfrage zurück. Für den bescheidenen Betrag von 30 Talenten, den die Soldaten als Schuld einfordern (ἐγκαλεῖν, ...τὸ ὀφειλόμενον), bliebe das Land vor Schaden und Krieg bewahrt, während die Verweigerung der Zahlung, von allem anderen abgesehen, auch zu weit höheren Kosten führen würde. Diese Argumentation wird mit dem Gedanken abgeschlossen, daß ein und derselbe Geldbetrag für verschiedene Personen aus subjektiven Gründen jeweils verschieden groß oder klein sein kann. *"Es ist wirklich jetzt bei weitem geringfügiger für dich, dieses [viele Geld zur Bezahlung einer größeren Söldnermasse] zu nehmen und auszuzahlen, als [es gewesen wäre,] bevor wir zu dir kamen, ein Zehntel davon [zu nehmen und auszuzahlen]. Denn nicht durch eine Zahl wird die Größe einer Geldsumme definiert, sondern durch das Vermögen des Gebenden und des Nehmenden".* Das soll heißen, daß zum Beispiel 30 Talente für die mittellosen Söldner einen großen Betrag, für einen reichen Schuldner wie Seuthes (nach dem Machtgewinn) jedoch einen kleinen Betrag darstellen, den er, wenn er nur wollte, leicht aufbringen könnte.

7.7.37-40 Unter der Verwendung plakativer Stichwörter wie *"Freund"*, *"würdig"*, *"Güter"* und *"Gottesgaben"* schließt Xenophon nun den direkten Appell an Seuthes ab und gewinnt den Übergang zum zweiten Hauptthema seiner Rede: er fordert die Wiederherstellung seines persönlichen Ansehens beim Heer, das ihn, dank Seuthes' Verhalten, nicht mehr als Führer anerkennt, sondern sogar mit ungerechten und ehrenrührigen Beschuldigungen an den Pranger stellt. Tatsächlich konnte hier nur Seuthes selbst die Wahrheit aufklären und Xenophon rehabilitieren - vorausgesetzt freilich, daß er sich wieder der Verpflichtungen bewußt wurde, welche ihm die 'Freundschaft' auferlegte. Schließlich hatte ja auch Xenophon trotz aller Enttäuschungen mit der erklärten Absicht gesprochen, den 'Freund' vor Schaden zu bewahren. Das Thema 'Freundschaft' spielt im folgenden (7.7.41-46) die entscheidende

Karte S.430

Rolle. Zuvor mußte Xenophon jedoch noch den konkret erhobenen Vorwurf der Bereicherung auf Kosten der Soldaten (7.6.9), durch den er als unkameradschaftlicher und habgieriger Offizier diffamiert wurde, zur Sprache bringen. Wie schon in der Heeresversammlung (7.6.18) konnte er auch jetzt nur die Götter als Zeugen anrufen und seine Unschuld durch Schwüre bekräftigen; denn tatsächlich gab es ja keine Entlastungszeugen - außer Seuthes selbst, der später, wenn auch nur indirekt (7.7.50), die Anschuldigungen widerlegte. Xenophon kann hier mit Hilfe seiner rhetorischen Kunst den ursprünglichen Anklagepunkt sogar in ein Bekenntnis zu dem vorzüglichen Verhältnis, das früher zwischen ihm, dem φιλοστρατιώτης (7.6.4 und 39), und seinen Soldaten geherrscht hatte, übergehen lassen.

7.7.41-46 Zunächst wird der kleine, in die Rede integrierte 'Fürstenspiegel' (vgl. 7.7.23/24) fortgesetzt, um den Wert der 'Freundschaft' und die sich aus ihr ergebenden Verpflichtungen zu verdeutlichen. Die allgemein gehaltene Argumentation läuft auf den Schlußgedanken [42] zu: wer in Schwierigkeiten gerät, muß (wenn ein echtes gegenseitiges Freundschaftsverhältnis besteht) auf die Hilfe seiner Freunde rechnen können - so wie jetzt Xenophon auf die Hilfe des Seuthes. Denn Xenophon hat seine Pflichten als 'Freund' erfüllt - wie gerade die gegen ihn von den Soldaten erhobenen Anschuldigungen (7.6.9) beweisen [43-45]. Seuthes jedoch ist im Begriff, den Freundschaftsbegriff zu verraten, wenn er wirklich untätig *"darüber hinwegsehen"* [46] sollte, wie der 'Freund' bei den Soldaten in Unehre fällt. Um den Kontrast zwischen seinem und Seuthes' Verhalten zu verstärken, hebt Xenophon ausdrücklich seine eigenen Bemühungen zugunsten des 'Freundes' (ὅσον ἐγὼ ἐδυνάμην) hervor; Freundschaft bedeutet für ihn in erster Linie den tätigen Einsatz der Freunde für einander, der wie ein gemeinsames Konto immer wieder ausgeglichen werden muß - und da ist Seuthes jetzt am Zuge.

7.7.47 Zum Abschluß drückt Xenophon die feste Überzeugung aus, daß Seuthes unter dem Eindruck der vorgetragenen Argumente den versprochenen Sold auszahlen werde, weil er den Vorwurf, er betrüge seine Wohltäter, auf Dauer nicht ertragen könne. Psychagogisch geschickt wird so der letzte Gedanke der Rede dem im Grunde guten Charakter des Fürsten gewidmet (...σε καὶ αὐτόν γέ σε...): von einem solchen Mann darf man füglich erwarten, daß er kein Unrecht begehen wird, weder gegenüber seinen Wohltätern insgesamt noch insbesondere gegenüber seinem 'Freund' Xenophon.

7.7.48/49 Sehr ausführlich referiert Xenophon das Gespräch, das Seuthes nach der Rede mit ihm führte. Darin vereinbarten die beiden Gesprächspartner verbindlich die Auszahlung des Soldes. Die lautstark geäußerte Empörung des thrakischen Fürsten und seine Schuldabweisung auf einen Unbekannten (er nennt Herakleides nicht) sind freilich nur als theatralisch inszenierte Rechtfertigungsmaßnahme zu interpretieren; sie wurden damals wohl auch von Xenophon nicht ernst genommen. Jedenfalls forderte er energisch seine persönliche Einsetzung als verantwortlicher Mittelsmann in der Soldangelegenheit, das heißt zugleich die ausdrückliche Bestätigung der Rolle, die er am Beginn der Zusammenarbeit mit Seuthes gespielt hatte; denn es war ihm klar, daß sein Ansehen bei der Truppe ganz wesentlich von der Erfüllung der Versprechungen, die ihm seinerzeit in der Soldfrage gemacht worden waren (vgl. 7.2.36 und 3.10), abhing.

7.7.50-52 Natürlich konnte Xenophon das erneuerte Angebot (vgl. 7.6.43) des Seuthes, mit 1000 Hopliten im Land zu bleiben, nicht annehmen, weil inzwischen die ganze Truppe unter spartanischem Kommando stand (vgl. 7.6.40), er selbst infolgedessen keine Befehlsgewalt mehr ausübte (vgl. 7.7.10) und überdies von *Zeus Basileus* die unmißverständliche Weisung erhalten hatte, mit dem Heer abzuziehen (vgl. 7.6.44). Vor allem der letzte Grund war für sein Verhalten ausschlaggebend; auf ihn ist das zweifache οὐχ οἷόν τε zu beziehen.

7.7.53/54 Nach 7.7.25 wurden für einen Monatssold 30 Talente benötigt; nach 7.5.4 hatte Herakleides aus dem Verkauf einer relativ großen Beutemasse (7.3.48: 1000 Sklaven, 2000 Rinder, unzählige Schafe) neben einigen Maultier- und Ochsengespannen nur den Sold für 20 Tage erlöst (allerdings bestand der vermutlich richtige Verdacht, daß er Teile des Gewinns in die eigene Tasche gesteckt habe). Angesichts dieser Zahlen muß man bezweifeln, daß sich aus dem Angebot des Seuthes insgesamt 30 Talente zur Barauszahlung erzielen ließen; allerdings hatte bei den Soldaten das Soldproblem nach dem Anschluß an die Spartaner offenbar nicht mehr dieselbe Sprengkraft wie vorher. Auf jeden Fall aber

Karte S.430

wurde nunmehr Xenophon in aller Öffentlichkeit rehabilitiert. Das an ihn persönlich gerichtete zusätzliche Angebot des Seuthes, ihm Geiseln (wohl aus den Familien des Medosades und Herakleides) auszuliefern und so das Eintreiben von Lösegeldern zu ermöglichen, scheint er nicht angenommen zu haben. In seinen Schlußworten kommt er dagegen, anknüpfend an die recht schroff wirkende Aufforderung ἄπιθι des Seuthes (der anscheinend seine Verärgerung über die Weigerung Xenophons, bei ihm zu bleiben, nicht unterdrücken konnte) auf das angekündigte Talent zu sprechen: *"Wenn das alles nun für den Sold nicht ausreicht, vom wem, werde ich sagen, habe ich das Talent? Ist es also nicht [auch deshalb], weil [dieses Talent] gerade für mich mit Gefahr verbunden ist, besser, daß ich auf jeden Fall abreise und mich so vor der Steinigung schütze? Du hast ja die Drohungen gehört"*. Das ist eine klare Anspielung auf die von den Soldaten im Beisein des Seuthes gegen Xenophon erhobenen Vorwürfe (7.6.9: Σεύθης ἐκεῖνον μὲν ἰδίᾳ πεπλούτικεν...) und die von ihnen geforderte Steinigung. Daß dieses Argument freilich (nach dem erfolgreichen Abschluß der Soldangelegenheit) nicht ganz ernst gemeint war und mehr zu Entspannung der Situation dienen sollte, ist klar (γελάσας...εἶπεν).

7.7.55-57 Die kleine Verhandlungsdelegation (vgl. 7.7.20) übernachtete bei Seuthes und erschien am nächsten Tag im griechischen Lager an der Spitze des gewaltigen Zuges, den Xenophon, der sich nun wieder der Achtung der Soldaten erfreuen konnte, offiziell an die Emissäre Thibrons übergab. Mit dieser Handlung legte er sein Strategenamt nieder und kehrte, wie er - allerdings zu Unrecht - glaubte, in das zivile Leben zurück. Denn inzwischen hatte man sich, trotz aller Krisen, so sehr an ihn als den besonnenen, tatkräftigen und erfolgreichen Anführer des Heeres gewöhnt, daß die maßgeblichen anderen Offiziere bis zur Übergabe des Kommandos an Thibron auf seine weitere Mitarbeit nicht verzichten wollten. Er ging auf die seinem Stolz schmeichelnde Bitte ein, weil er offenkundig - wiederum zu Unrecht - mit einer nur kurzen Verzögerung der Heimreise rechnete (zur Verbannung vgl. 5.3.7). Vernünftigerweise hielt er sich jedoch persönlich aus der Organisation des Verkaufs der von Seuthes zur Verfügung gestellten Sklaven und Tiere heraus, die (wie wohl häufig der Beuteverkauf) den Verantwortlichen Vorwürfe und Ärger vonseiten derjenigen, die glaubten, man hätte mehr herausschlagen müssen, einbrachten.

Karte S.430

75. Der Hafen von Lampsakos (1911), Nachzeichnung nach LEAF Plate IV A

7.8.1 MASQUERAY (II 189) bezeichnet es (ohne Angabe von Gründen) als wahrscheinlich, daß die Griechen nicht von Selymbria, sondern von Byzantion aus die Überfahrt nach Lampsakos antraten. Diese Vermutung steht jedoch im Widerspruch zum Text und ist auch aus sachlichen Erwägungen heraus unwahrscheinlich. Vielmehr ist mit MANFREDI (255 und Karte 22) anzunehmen, daß der Kurs der etwa 100 Seemeilen (ca. 180 km) weiten Fahrt des Konvois von Selymbria über Perinthos an der Nordküste der Propontis entlang zunächst bis nach Kallipolis (Gallipoli, heute Gelibolu) führte und dort in Richtung auf das gegenüberliegende Lampsakos (heute Lapseki) abknickte. In dieser verkehrsgünstig gelegenen, noch wenig erforschten Hafenstadt, einer von Phokaia aus in der Mitte des 7. Jahrhunderts gegründeten Kolonie (vgl. LEAF 92-97), begegnete Xenophon dem Seher Eukleides und nennt in diesem Zusammenhang auch dessen Vater Kleagoras, der damals offenbar, zumindest in Athen, eine gewisse Berühmtheit besaß. Leider ist die nähere Charakterisierung des nur hier erwähnten Mannes durch eine Textunsicherheit verunklärt. Die Überlieferung lautet in den sogenannten *codices meliores*: τοῦ τὰ ἐνοίκια ἐν οἰκίῳ [ἐνοικίῳ B] γεγραφηκότος, in den *deteriores*: τοῦ τὰ ἐνύπνια ἐν λυκείῳ γεγραφότος. Daß hier die *meliores* keinen sinnvollen Text darbieten, ist offensichtlich. Bei einem Vergleich der beiden Lesarten miteinander unter Berücksichtigung des Itazismus (οι, ει, υ = ι) und bei der Annahme, daß beide auf eine Minuskel-

Karte S.425

vorlage (mit leichter Verwechslungsmöglichkeit von κ und π) zurückgehen, lassen sich die Abweichungen der *meliores* von den *deteriores* eingrenzen auf [1] das Fehlen von ν in ενυπνια, [2] das Fehlen von λ in λυκειω (oder sein Ersatz durch ο), [3] die Einfügung von ηκ im Partizipium und dadurch die Herstellung der spätgriechischen Perfektform. Alle drei Abweichungen scheinen mir von der Art zu sein, daß sie sich durch Unaufmerksamkeit des Schreibers und nachträgliche 'Verschlimmbesserung' erklären lassen. Aber auch bei der Aufnahme des von den *deteriores* überlieferten Textes bleiben schwierige Fragen offen. War Kleagoras ein Maler und hat *"im Lykeion die Traumerscheinungen gemalt"* (MÜRI) oder war er, wie sein Sohn, ein Mantis und hat ein Buch mit dem Titel Ἐνύπνια ἐν Λυκείῳ verfaßt (KRÜGER, KÜHNER), oder stammte von ihm, einem professionellen ὀνειροκρίτης (der sich häufig im Lykeion aufhielt) ein βιβλίον ὀνείρων (Scholion zu 7.8.1) oder vielleicht ein πινάκιον ὀνειροκριτικόν von der Art, wie es ein gewisser Lysimachos, ein verarmter Tochtersohn des Aristeides, benutzte, der sein Leben damit fristete, daß er vor dem Iakchos-Tempel in Athen saß und den Leuten ihre Träume aus seinem Pinax deutete (Plut. Aristeid. 27, WILAMOWITZ; vgl. den kurzen Forschungsüberblick bei MASQUERAY II 189)? Unter den gegebenen Umständen ist eine sichere Entscheidung nicht möglich; jedoch möchte ich der Maler-Hypothese einen kleinen Vorsprung einräumen. Das Lykeion, einen großen ebenen Bezirk außerhalb der Mauern Athens am Fuß des Lykabettos mit einem Heiligtum des Apollon Lykeios und einem berühmten Gymnasion, in dem später Aristoteles seine Schule einrichtete, kannte Xenophon gut, weil dort traditionellerweise die Übungen der athenischen Reiterei (an denen er ja teilgenommen hatte) stattfanden (Hipparch. 3.1 und 6). Zum Schmuck des Gymnasions mögen Bilder von Traumerscheinungen gehört haben, die bei Xenophon, den Träume und ihre Deutung fasziniert zu haben scheinen, so großes Interesse fanden, daß er sich den Namen des Malers merkte.

7.8.1-4 Die Freude des Eukleides über Xenophons Rettung, aber auch die unverblümte Frage nach der finanziellen Ausbeute des Feldzuges erklären sich aus der Tatsache, daß beide Männer einander aus Athen kannten. Dort war der Seher bei dem größten Zeusfest der Stadt, den *Diasia* zu Ehren des 'mildtätigen' Zeus (Meilichios) häufiger als Opferpriester aufgetreten Das Fest (vgl. DEUBNER 155-157) wurde außerhalb der Mauern in Agrai im Ge-

Karte S.425

biet des Ilissos am 23. Anthesterion (etwa Ende Februar/Anfang März) von der ganzen Bevölkerung als großes Volksfest gefeiert (vgl. Thuk. 1.126.2, dazu HORNBLOWER 206-209 mit neuer Literatur). Eukleides hatte sich offenbar schon in Athen ein recht genaues Bild von Xenophon gemacht und war deshalb über die Tatsache, daß er trotz seines langen Aufenthaltes im goldreichen Orient nun mit leeren Händen dastand, zwar zunächst erstaunt, fand aber, nachdem die Eingeweideschau das Faktum der Armut bestätigt hatte, eine im Charakter des jungen Mannes angelegte Erklärung dafür.

7.8.4-6 Voller Dankbarkeit berichtet der fromme Xenophon über die sofortige finanzielle Hilfe, die ihm Zeus Meilichios nach dem korrekten holokaustischen Ferkelopfer in Ophrynion zuteil werden ließ. Der Preis, den er in Lampsakos für sein (bestes) Pferd erzielt hatte (50 Dareiken = 1000 Drachmen) erscheint allerdings sehr hoch (vgl. MASQUERAY II 189/190); er entsprach dem damaligen Wert von etwa 100 Opferschafen und hätte bei weitem für die Überfahrt nach Piräus ausgereicht. Man kann es im übrigen gut nachempfinden, daß der hippophile Xenophon die überraschende Rückkehr seines Lieblingspferdes noch am Tag der Opferhandlung als ein Zeichen göttlicher Huld empfand und nicht darauf verzichtete, dieses Wunder in der «Anabasis» mitzuteilen.

7.8.7/8 Über den Marschweg von Lampsakos aus zunächst an der Küste entlang, dann über die westlichen Ausläufer des Ida-Gebirges nach Antandros (in der Gegend des heutigen Akçay) und in die Ebene von Thebe südwestlich von Edremit kann es keinen Zweifel geben: er entspricht der modernen Straße (vgl. MANFREDI 255 mit Karte 23). Edremit ist jedoch nicht (wie neuerdings wieder von MANFREDI) mit dem xenophontischen Adramyttion zu identifizieren, sondern mit Thebe (LEAF 322), während Adramyttion weiter südlich am Ende der Ebene (wenige Kilometer westlich von Kemer, bei Kara tash) lag (vgl. LEAF 318/19 mit Plate XX) und frühestens in der Kaiserzeit mitsamt seinem Namen von der Küste an die Stelle von Thebe (= Edremit) verlegt wurde (vgl. E.KIRSTEN, D.kl. Pauly 1.73/74). Die Straße führt heute von Edremit aus weiter an der Küste entlang über Ayvalik bis in die Gegend von Dikili in der Nähe von Atarneus, steigt dann hinüber in das Tal des Bakir (Kaïkos) und erreicht schließlich Bergama. Dieser Weg kann auch für Xenophon vorausgesetzt werden, wenn der überlieferte (nicht

Karte S.425, 480

lokalisierbare) Ortsname Κερτωνοῦ oder -νίου mit HUTCHINSON in Κυτωνίου verbessert und dieses mit Ayvalik (MANFREDI 257) oder mit einer der in der Nähe liegenden Ruinenstätten identifiziert wird (vgl. LEAF 267). Dieselbe Straße benutzte in umgekehrter Richtung auch die Armee des Xerxes. Nach Herodot (7.42. 1) zog sie *"vom Kaïkos aufbrechend, mit dem Berg Kane zur Linken, durch Atarneus zu der Stadt Karene. Von hier aus marschierte sie durch die Ebene von Thebe, vorbei an der Stadt Atramytteion und dem pelasgischen Antandros. Den Ida links liegen lassend kam sie in das Land von Ilion".* Während Xenophon von Ophrynion aus den Golf von Edremit über die westlichen Ausläufer des Ida erreichte, schlug Xerxes also bereits am Ostende des Gebietes von Antandros den einzigen Weg ein, der von Adramyttion aus direkt über die östliche Flanke des Bergzuges in das Tal des Skamandros (Küçük Menderes) führte (LEAF 264). Die zuvor von Herodot genannte Stadt Karene (zwischen Atarneus und der Ebene von Thebe) ist wohl mit Kisthene (Kytonion/Kertonion) gleichzusetzen.

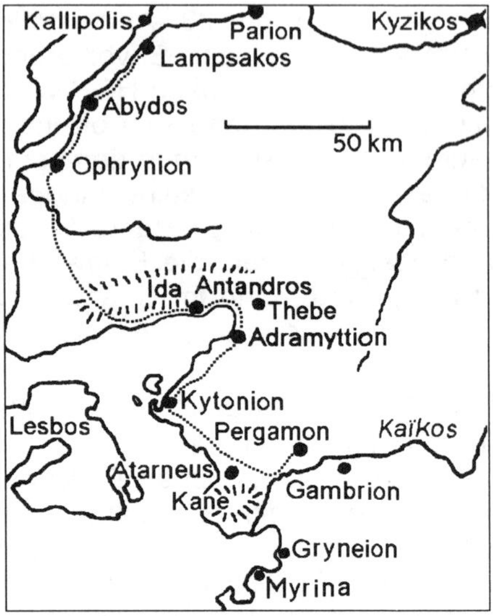

76. Die Marschstrecke von Lampsakos nach Pergamon

7.8.8 Hellas stammte wahrscheinlich mütterlicherseits von Themistokles, väterlicherseits von dem vertriebenen Spartanerkönig Damaratos ab (vgl. WIEDERISCH Nr.125) und war die Witwe des Eretriers Gongylos [II.]. Bei diesem handelte es sich offenbar um einen Sohn jenes Gongylos [I.] aus Eretria, dem im Jahr 476 der spartanische König Pausanias die Stadt Byzantion anvertraut und den Auftrag gegeben hatte, dem Großkönig, dessen Wohlwollen er gewinnen wollte, heimlich die in Kypros in Gefangenschaft geratenen Perser wieder zuzuführen (Thuk. 1.128.5-7). Weil dieser Mann als einziger Eretrier wegen 'Medismos' aus seiner Heimat verbannt worden war, hatte der Großkönig ihm die Städte Gambrion und Palaigambrion in der Nähe von Pergamon sowie die Küstenstädte Gryneion und Myrina (die von 452/51 an auf den Tributlisten des Attischen Seebundes erscheinen und wohl erst nach dem Zusammenbruch Athens den Gongoliden wieder zufielen, vgl. FOGAZZA) 'zu Lehen' gegeben. Dort herrschten jetzt seine Enkel Gorgion und Gongylos [III.], die sich später beide, wie die 'Kyreer', der Armee Thibrons anschlossen (Hell. 3.1.6), wohl in der Hoffnung, Sparta als Garantiemacht für ihr kleines Fürstentum gewinnen zu können.

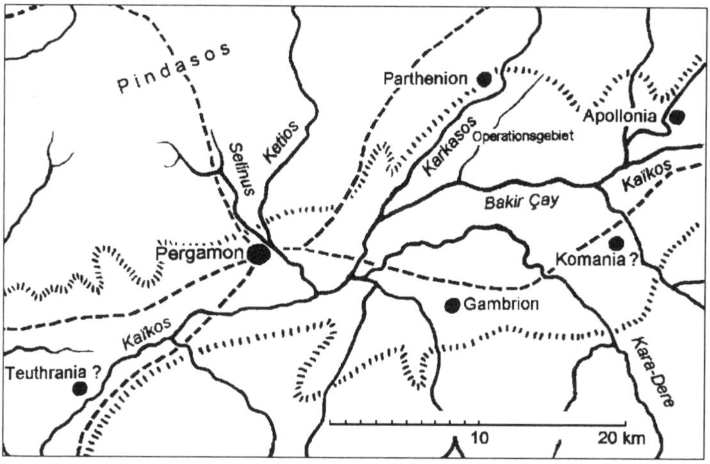

77. Die nähere Umgebung von Pergamon (unter Verwendung von RADT 16, Übersichtskarte); gestrichelt: moderne Straßen

7.8.9 Hellas, in deren Haus Xenophon freundliche Aufnahme gefunden hatte, benutzte die günstige Gelegenheit, um einen reichen persischen Würdenträger, der einen Teil der Kaïkos-Ebene kontrollierte, auszuschalten und zugleich ihrem Gast die Möglichkeit zu eröffnen, große Beute und hohe Lösegelder zu gewinnen. Über die Frage, warum sich Xenophon auf diesen durch keine militärische Notwendigkeit begründeten Raubzug eingelassen hat und es darüberhinaus für richtig hielt, ihn als Schlußereignis der «Anabasis» hervorzuheben, kann nur spekuliert werden. Die zweite Frage läßt sich wohl einfacher als die erste beantworten. Tatsächlich kam es ja nach dem Mißerfolg des ersten privaten Beutezuges gegen Asidates noch einmal zu einer erfolgreichen Aktion des *ge-*

Karte S.480, 481

samten Heeres (7.8.20), der letzten vor seiner Übergabe an Thibron. Über diese Angelegenheit wird also der Sache nach zu Recht in der «Anabasis» noch ausführlich berichtet, zumal sie nicht nur besondere militärische Anforderungen stellte, sondern von Xenophon auch als Zeugnis sowohl für die Zuverlässigkeit göttlicher Vorzeichen als auch für die ihm nun von allen Seiten zuteil werdende Anerkennung (7.8.22/23) herausgestellt werden konnte. Dennoch kann man den Widerwillen verstehen, mit dem etwa MASQUERAY (II 190) diese letzte Handlung Xenophons betrachtet hat, insbesondere den religiösen Aspekt (*"Et, ce qui nous déplaît plus que tout, dans ses rapines comme dans ses meurtres, il reste toujours l'homme dévot que nous connaissons"*). Warum aber hat Xenophon sich selbst zum Räuber degradiert und dem Wunsch dieser offenbar rachsüchtigen Frau unterworfen? Indirekt läßt sich aus dem Text nur ein einziges Motiv entnehmen: er und seine Begleiter wollten ausschließlich möglichst große Beute machen, um das jahrelange Abenteuer nicht in Armut, sondern im Reichtum abzuschließen. Dies ist ein dem Söldnerwesen angemessenes, aber gewiß kein edles Motiv - wie Xenophon selbst natürlich wußte: er hat ihm deshalb am Schluß seines Berichtes (7.8.23) noch einen positiven Anstrich zu geben versucht.

7.8.10/11 Das Unternehmen fand nach dem Ergebnis der Eingeweideschau als solches zwar den göttlichen Beifall, stand aber insofern von Anfang an unter einem ungünstigen Stern, als der von nur wenigen Eingeweihten zur persönlichen Bereicherung geplante Handstreich publik wurde und zahlreiche weitere Söldner anlockte, die sich gewaltsam Zugang zu der dadurch auf vielleicht 1000 Mann anschwellenden Kolonne verschafften.

7.8.12/13 Das gegen Mitternacht nach etwa 3-4 Stunden Marsch (ca. 12-16 km) erreichte Ziel, der Wehrturm des Asidades, läßt sich ungefähr lokalisieren: er stand jenseits des Karkasos (7.8.18), also im nördlichen Bereich der Kaïkos-Ebene; Feuersignale waren in Parthenion, Apollonia und Komania erkennbar (7.8.15). Nach 7.8.21 ist ferner anzunehmen, daß Parthenion die nächste städtische Siedlung war, so daß der Turm wohl in dem sich nach Nordosten erstreckenden Landstreifen zwischen dem Karkasos und dem ihm parallel laufenden Bach oder etwas weiter östlich zu suchen ist. Daß er nicht isoliert stand, ergibt sich aus der Beobachtung, daß die Belagerten auch durch Rufe Hilfe herbeiho-

Karte S.481

len konnten. Tatsächlich war wohl das ganze Umland von Pergamon in der Antike verhältnismäßig dicht bevölkert (vgl. RADT 17). Aus der Beschreibung läßt sich folgendes Bild der Situation gewinnen: Zentrum der Siedlung, wohl eines sehr großen Gutshofes, war ein aus luftgetrockneten Lehmziegeln errichteter, hoher, oben mit einer befestigten Kampfplattform abgeschlossener Turm mit einer Wandstärke von ca 2½ m. Um ihn herum befanden sich die bescheidenen Unterkünfte der zahlreichen Feldarbeiter (und gewiß auch Scheunen, Viehställe, Pferche usw.). Ganz deutlich bezeugt diese auf ständige Verteidigungsbereitschaft eingerichtete Siedlungsform die gefährlichen Spannungen, die damals in dem pergamenischen Raum herrschten. Neben der griechischen Herrenschicht, deren Fürstentümer (wie das der Gongyliden und das der Nachkommen des Damaratos, 7.8.17) ihre Existenz sogar den Großkönigen verdankten, *"gab es um 400 v.Chr. eine persische, die sich anscheinend mehr auf ländliche reiche Gutsbesitzer erstreckte. Die 'Normalbevölkerung' wird noch weitgehend dem altkleinasiatischen hethitisch-phrygisch-lydischen Substrat angehört haben"* (RADT 22). Rivalitäten zwischen Griechen und Persern konnten unter diesen Umständen nicht ausbleiben und wurden anscheinend notfalls auch mit der Waffe ausgetragen.

7.8.14/15 Der Überraschungsangriff mißlang völlig. Es ist ein Zeichen für die große Darstellungskunst Xenophons, daß auch der heutige Leser noch zusammenzuckt, wenn aus dem in stundenlanger Arbeit durch die Ziegel geschlagenen Loch plötzlich die Spitze des langen Eisenspießes, der normalerweise zum Braten ganzer Ochsen diente, hervorschießt und dem vordersten Söldner durch den Schenkel fährt. Schlimmer war eine andere Konsequenz der von den Eingeschlossenen ausgesandten Hilferufe und Lichtsignale: die ganze Umgegend geriet in Aufruhr. Man konnte sehen, wie von allen Seiten aus sich Truppen dem Kampfplatz näherten, darunter auch zahlreiche Reiter, die nach den bisherigen Erfahrungen der Griechen beim Rückzug besonders gefährlich waren. Den Namen Ἰταμένης hat DINDORF (unter Verweis auf Thuk. 3.34.1 ὑπὸ Ἰταμάνους...) aus der wirren Überlieferung (Ἰταμελίσι, -μέλισις, -βέλιος, -βέλις) wohl zu Recht hergestellt. Vielleicht handelt es sich um den Kommandanten einer in Pergamon stationierten persischen Abteilung, den Hellas persönlich kannte. In Komania befand sich anscheinend eine größere Garnison von Söldnern verschiedener Waffengattungen, welche zum Teil aus ihrer Heimat im Osten

Karte S.481

des Reiches (Hyrkanien lag südlich des Kaspischen Meeres) an die Westgrenze versetzt worden waren. Im übrigen genossen die hyrkanischen Reiter einen hervorragenden Ruf (Kyrup. 4.2.1: Ὑρκάνιοι ... εὔιπποι δὲ καὶ τότε δὴ ἐδόκουν καὶ νῦν ἔτι δοκοῦσιν εἶναι; vgl. Curtius, Alex. 3.2.6). Für Xenophon und seine Leute trat nun eine sehr gefährliche Situation ein: aus einem mißglückten nächtlichen Überfall drohte eine Vernichtungsschlacht zu werden.

7.8.16-19 Bevor noch alle anrückenden Entsatztruppen an Ort und Stelle waren, wurde der Rückzug eingeleitet. Die Schwierigkeiten, die sich aus dem Versuch, wenigstens einen Teil der Beute zu retten, ergaben, und die Maßnahmen, die zu ihrer Überwindung getroffen wurden, beschreibt Xenophon mit aller Deutlichkeit. Aus der Tasache, daß immerhin noch 200 Sklaven nach Pergamon geschafft werden konnten, obwohl die meisten gleich zu Beginn des Angriffs entkommen waren (7.8.12), läßt sich abschätzen, daß die von Asidates bearbeiteten Ländereien von erheblicher Größe gewesen sein müssen. Interessanterweise wurde zur Abwehr der leichten Truppen des Gegners, die mit ihren Ferngeschossen von allen Seiten aus den Marsch gefährdeten und zahlreiche Verwundungen herbeiführten, spontan eine neue Verteidigungstaktik entwickelt: die Hopliten bildeten um ihre Beute einen Kreis und zogen sich in dieser Formation, die etwa dem sogenannten 'Igel' der Landsknechte gegen Reiterangriffe entspricht, langsam zurück. Während des Marsches kam es darauf an, daß die jeweils dem Feind zugewandte Seite mit dem Schild gedeckt wurde. Vermutlich trugen also die rechts postierten Söldner ihre Schilde entgegen der Regel am rechten Arm (mit Handgemenge war noch nicht zu rechnen), wenn sie nicht, wie es für den hinteren Abschnitt des Kreises unvermeidlich war, rückwärts gingen. Wieder einmal erwies es sich, daß die nur für den Nahkampf ausgerüstete schwere Infantrie den Angriffen leichtfüßiger Fernkämpfer hilflos ausgeliefert war. Von den zahlreichen Verwundeten wird nur Agasias, zu dem Xenophon (der ihn häufig nennt, vgl. 3.1.31) ein besonders gutes Verhältnis entwickelt hatte, namentlich erwähnt; hier hebt er ausdrücklich seinen unermüdlichen Kampfgeist hervor (wobei sich τὸν πάντα χρόνον auf den gesamten in der «Anabasis» erfaßten Zeitraum bezieht). * Gongylos *"sah"* die verzweifelte Lage Xenophons und rückte *"trotz der Mutter"* mit *"seiner Truppe"* zur Hilfeleistung aus. Er muß also in der Nähe gewesen sein, woraus zu

Karte S.481

schließen ist, daß sein Herrschaftsbereich sich auf Gambrion (und das nicht lokalisierbare, aber sicher in der näheren Umgebung liegende Palaigambrion) erstreckte, nicht - wie man aus Hell. 3.1.6 zunächst folgern möchte - auf Myrina und Gryneion. Während Hellas voller Schrecken über die Dimensionen, welche der von ihr angeregte Handstreich anzunehmen drohte, den Schaden zu begrenzen suchte, verbreitete sich die Kunde über das Ereignis in Windeseile und brachte sogar Prokles in seiner Residenz in Teuthrania (Halisarna ist bisher nicht lokalisiert, aber nahebei zu suchen) dazu, sich (vielleicht in der Begleitung von einigen Reitern) auf den etwa 25 km weiten Weg zu machen, um den bedrängten 'Kyreern', mit denen zusammen er seinerzeit nach Babylonien gezogen war (vgl. 2.1.2/3), zu Hilfe zu eilen.

7.8.20-24 Der mißglückte Beutezug wurde zwei Tage später doch noch zu einem erfolgreichen Ende gebracht - mit Hilfe einer Kriegslist. Xenophon ließ nach entsprechender zeremonieller Vorbereitung in der Nacht das ganze Heer zum Marsch nach Lydien aufbrechen, um sich unterwegs, so sollte man glauben, mit den von Süden heranrückenden Truppen Thibrons zu vereinigen. Der für diesen Marsch einzuschlagende, von der Natur vorgegebene Weg führte zunächst nach Gambrion und von dort entweder durch das Tal des Kara-Dere nach Südosten oder im Kaïkos-Tal noch ein Stück weiter flußaufwärts, um den Tarhala Dag nördlich zu umgehen und dann die Südrichtung zu gewinnen. In Wahrheit aber war es auf Asidates abgesehen, der vorsorglich seinen Gutshof geräumt und sich mit seiner Habe in das obere Karkasos-Tal zurückgezogen hatte. Nachdem er dort aufgespürt worden war, mußte er miterleben, wie seine Familie und sein ganzer Besitz, vor allem die Pferde und Maultiergespanne, in die Hände der Sieger fielen. Offenbar hatte der brutale Raubzug den 'Kyreern' so viel Beute eingebracht, daß später in Pergamon alle Gruppen Xenophon ihre Dankbarkeit durch großzügige Bevorzugung bei der Verteilung beweisen wollten. In diesem Zusammenhang gibt Xenophon unübersehbar zu erkennen, wie er selbst gerne in das Gedächtnis der Leser seiner «Anabasis» eingehen wollte: als ein gottesfürchtiger und gottgeliebter Mann, als ein wahrer Freund, der, wenn er nur irgend konnte, seinen Freundespflichten nachkam, vor allem aber als der von den Spartanern und den 'Kyreern', von den Offizieren und den einfachen Soldaten nach manchen kritischen Phasen endlich einhellig anerkannte erfolgreiche Truppenführer. Vielleicht traf die hier

Karte S.481

beschworene Harmonie auf die damalige Stimmung in Pergamon tatsächlich zu. Als Xenophon Jahrzehnte später dieses kleine Selbstporträt verfaßte, wollte er jedoch auch seinen guten Ruf gegen mancherlei Vorwürfe, die ihn inzwischen trafen, verteidigen. So tritt am Schluß noch einmal die apologetische Tendenz der «Anabasis» mit einem gewissen Pathos, das freilich durch den extrem nüchtern formulierten allerletzten Satz (zur Sache vgl. Hell. 3.1.6) sogleich wieder abgebaut wird, in den Vordergrund.

7.8.25/26 Unverkennbar ist dieser Abschnitt kein Bestandteil der als Literaturwerk konzipierten und veröffentlichten «Anabasis» und wird deshalb zu Recht von den Editoren athetiert. Ebenso unverkennbar entspricht er jedoch auch den beiden anderen Zusammenfassungen (2.2.6 und 5.5.4), die offenbar von Xenophon als zusätzliche Anmerkungen in sein eigenes Exemplar eingefügt worden waren und später gegen seine Absicht in die Tradition gelangten. In der Tat redet er nur 2.2.6 und 7.8.25 in der ersten Person von sich selbst. Es ist also anzunehmen, daß auch dieser Schlußabschnitt zwar auf Xenophon selbst zurückgeht, aber von ihm nicht für die Veröffentlichung bestimmt war (der Sachverhalt läßt sich mit der einfachen Alternative 'echt' oder 'unecht' nicht erfassen). Insofern muß insbesondere die Herrscherliste [25] als ein wertvolles historisches Dokument bewertet werden. LEHMANN-HAUPT [7.8.25] ist den dort gegebenen Informationen im Detail nachgegangen und zu dem Ergebnis gekommen, daß sie den tatsächlichen Verhältnissen entsprechen und dabei gewisse Veränderungen, die in der Satrapieneinteilung nach Dareios I. stattgefunden hatten, widerspiegeln. Bei der Lektüre sollte man genau im Auge behalten, daß Xenophon ausdrücklich nur *"die Herrscher im Land des Großkönigs, soweit wir hingekommen sind"* aufzählen will, also die lokalen ἄρχοντες. Diese waren natürlich zum großen Teil mit den Satrapen identisch (zusätzlich zu den auch an anderen Stellen in der «Anabasis» genannten Satrapen Belesys, Tiribazos, Korylas und Pharnabazos werden hier noch Dernes und Rhoparas nachgetragen); zum Teil waren sie aber auch als 'Untersatrapen' über bestimmte Teile großer Satrapien eingesetzt wie offenbar Artimas [zu ihm vgl. BIVAR] und Artakamas, oder hatten einen singulären Sonderstatus wie der Syennesis von Kilikien. Während Tiribazos, der Satrap von Westarmenien, als der Herrscher über die Phasianen (und die sonst unbekannten Hesperiten, die vielleicht mit den Saspeiren zu identifizieren sind) genannt wird, weil der Zug nur durch deren Gebiet führte, erscheint Orontas, der Satrap von Ostarmenien, überhaupt nicht in der Liste, weil in der von der Marschkolonne berührten äußersten Südwestecke seiner Satrapie die autonomen Chalder lebten. Daß auf den an letzter Stelle genannten Seuthes der Oberbegriff τῆς βασιλέως χώρας nicht zutrifft, ist klar und wird wohl auch durch den Hinweis auf Europa indirekt angedeutet; es muß jedoch registriert werden, daß hier eine sprachliche Unschärfe vorliegt. Über die zwischen den Mossynoiken und Tibarenern (nur an dieser Stelle) genannten Koiter läßt sich keine Aussage treffen. Insgesamt ist in der Liste die Reihenfolge der durchzogenen Landschaften und ihrer ἄρχοντες exakt eingehalten. Da sie mehrere in der «Anabasis» sonst nicht erwähnte Namen enthält, kann sie nicht von einem Interpolator aus dieser heraus entwickelt worden sein. Es ist eine andere Frage, woher Xenophon die zusätzlichen Namen kannte. Als Quellen sind abgesehen von seinem eigenen Tagebuch die «Persika» des Ktesias sowie die «Anabasis» des Sophainetos in Betracht zu ziehen. * Xenophon rechnete für seine persönliche 'Anabasis' von Ephesos bis Kunaxa 93 Stathmoi und 535 Parasangen oder 16050 (= 30x535) Stadien (2.2.6), für die 'Katabasis' des Heeres von Kunaxa bis Kotyora 122 Stathmoi und 620 Parasangen oder 18600 (= 30x620) Stadien (5.5.4). Die Schlußrechnung [26] besteht nun einfach aus der Addition der genannten Zahlen, wobei allerdings lediglich die 215 Stathmoi korrekt ermittelt sind; in die großen Zahlen haben sich dagegen Fehler eingeschlichen: so werden hier 1155 statt richtig 1150 Parasangen und 34255 (= 29,7869x1155) statt richtig 34650 (= 30x1150) Stadien angegeben. Daß diesen abweichenden Zahlen keinerlei historischer Eigenwert zukommt, liegt auf der Hand. Sie sind, wie große Zahlen häufig in antiken Texten, während der Überlieferung entstellt worden und sollten, da ihre Vorlagen ja klar ersichtlich sind, ohne jedes Bedenken von den Editoren (wie schon HUTCHINSON vorgeschlagen hat) korrigiert werden. Den Zeitaufwand für die 'Anabasis' setzte Xenophon auf 7 Monate, den für die 'Katabasis' bis nach Kotyora auf 8 Monate (5.5.4) an; nach den Erwägungen von GASSNER (1-12) handelt es sich dabei etwa um die Monate Mai 401 bis Juli 400.

Indices

Namen

Eigennamen
(auch mythische)

Abrokomas: 32, 33, 35, 37, 42, 43, 58, 59, 151
Achäer: 374, 375, 377, 424
Achilleus: 31, 290
Agasias: 155, 265, 304, 305, 370, 374, 375, 404-408, 485
Agathyrsen: 331
Agesilaos: 163, 247, 314, 315, 376, 390, 397, 398
Agias: 18, 94, 130, 145, 375
Ägypter: 125, 306
Aineias: 265
Ainianen: 362, 375
Aischylos: 244
Aischynes (Akarnane): 216, 286,
Aischynes: 441
Aithioper: 206
Aleuaden: 11
Alexander der Große: 28, 43, 67, 103, 105, 269, 344, 356
Alkibiades: 8, 126, 422, 434, 439
Alyattes: 172
Amadokos: 433
Amazonen: 364
Ambrosios-Maler: 451
Amphikrates: [203], 375
Amyrthaios: 95
Anaxibios: 93, 158, 293, 297, 366, 367, 371, 41^1, 417, 418, 422-424, 426, 428
Antileon: 292
Anytos: 143
Apollon: 313, 314; Lykeios: 478
Apollonides: 155:
Arbakes: 58
Archagoras: [203], 204
Archilochos: 244
Ares Enyalios: 71
Arexion: 375, 392
Argonauten: 342
Ariaios: 42, 55, 59, 64, 72, 73, 75, 91, 92, 96, 98-101, 108-111, 125, 127, 129-131, 141-143, 147, 157, 158, 159 , 177, 398
Aristarchos: 426, 428, 434, 435
Aristeas: 200, 258
Aristeides: 478
Aristippos: 11, 12, 142, 143
Ariston: 344
Aristonymos: 258, 265, 375
Aristoteles: 235, 478
Arkadier: 199, 286, 374, 375, 377, 379, 381-384, 387, 390, 440, 458
Armenier: 215, 216, 217, 229, 245, 266, 268, 270
Arsakes (Arsikas): 7, 9
Artabazos I.: 394
Artagerses: 74
Artakamas: 486
Artaozos: 129
Artapates: 29, 53, 75
Artaxerxes I.: 7
Artaxerxes II.: 7-89 passim (auch unter der Bezeichnung Großkönig), 97, 101, 109, 110, 119, 209, 341
Artemis: 52, 160, 448; Anaitis: 85; Agrotera: 215; Ephesia: 313, 314, 315, 316; Daidaleia: 317, 319
Artimas: 486
Artobazanes: 7
Artouchas: 209
Arystas: 375, 437, 439
Asidates: 92, 481, 482, 484, 485
Aspasia: 85

Assurnasirpal II.: 172
Assyrer: 174, 210, 306
Astai: 456
Astyochos: 418
Atargatis: 39
Athena Parthenos: 229; von Skillus: 319
Athener, attisch: 11, 126, 314, 361, 363, 370, 375, 400, 411, 418, 422, 431, 432, 457

Babylonier: 174
Basias (Arkader): [197], 375
Basias (aus Elis):
Belesys: 39, 486
Bendis: 448
'Bergthraker': 449
Bithyner: 379, 395, 397, 402, 408, 409
Boiskos: 359
Böoter, böotisch: 155, 156, 314, 372, 375, 422, 443
Brasidas: 163

Chaldäer: 209, 210, 229, 266, 267, 270, 282, 337
Chalder: 209, 210, 263, 266, 486
Chalyber: 210, 229, 246, 253, 259, 266-269, 327, 337; pontische Chalyber: 229, 266, 267, 310, 322, 331, 333
Charminos: 458, 464, 465, 469
Cheirisophos: 34, 51, 58, 92, 130, 152, 156-159, 162, 163, 184, 186, 187, 190, 191, 195-198, 200, 211, 213-217, 236, 240, 245, 248, 253-258, 263, 264, 265, 292, 293, 297, 312, 313, 350, 366, 368-371, 373-377, 379, 384, 391, 392, 411
Chersiphron: 320

Daker: 450
Damaratos: 91, 480, 483
Dareios I.: 7, 91, 209, 225, 486
Dareios II.: 7, 9, 51, 119
Dareios, Sohn des Artaxerxes: 85
Deinarch: 315, 319
Demetrios Magnes: 319
Demochares: 228
Derkylidas: 158
Dernes: 486
Dexippos: 296, 297, 371, 375, 380, 403, 404, 406, 407, 409
Diodor: 95, 249
Diodoros (Xenophons Sohn): 319
Diokletian: 46
Dionysios I.: 297
Dionysodoros: 93
Dionysos: 362, 364
Dioskuren: 363, 409, 465
Dolon: 440
Doloper: 375
Drakontios: 289, 290, 408
Drilen (Drillai): 298-309
Elier: 319
Episthenes (aus Amphipolis): 87, 247, 449
Episthenes (aus Olynth): 448, 449
Ephoros: 12, 110, 249
Epyaxa: 20, 24, 28, 29, 53, 80
Eteonikos: 418
Eukleides: 477, 478
Eurylochos: 205, 265, 375, 421, 469
Eurymachos: 346
Euthydemos: 93

Gaos: 34
Gaulites: 56
Gaumata: 209
Glus (Glos): 34, 42, 48, 73, 91
Glykera: 28
Gnesippos: 375, 440
Gobryas: 58
Gongylos [I]: 480; [II]: 480; [III]: 481, 484
Gorgias: 11, 12, 138, 140, 144
Gorgion: 481
Goten: 324
Griechen: 463, 464, 466, 483
Gryllos: 319

Harpalos: 28
Hegesandros: 375, 382
H.Heine: 279
Hekataios: 46, 267
Hekatonymos: 334-336, 339-341, 343, 372
Hektor: 269, 290
Helios: 246
Hellas: 480, 481, 483, 485
Hera: 285

Herakleides: 437-439, 446, 453, 454, 457, 460, 465, 475, 476
Herakleoten: 343, 373, 377, 382
Herakles: 319; Hegemon 289, 376
Herippidas: 390
Hermippos: 362
Hermotimos: 85
Herodot: 5, 45, 46, 95, 116, 160, 244
Herostratos: 320
Hesperiten: 225, 486
Hieronymos (aus Elis): 156, 421, 452
Hieronymos: 452
'Hirseessende Thraker': 455
Hydarnes: 209

Iapoden: 331
Illustris v.Milet: 412
Illyrer: 331
Inder: 207, 364
Iphikrates: 411
Ischomachos: 82
Isidor: 43
Isokrates: 128, 145
Itamenes: 483

Jesus: 361
Justinian: 28

Kallias: 325
Kallimachos: 200, 265, 344, 374, 375
Kambyses: 95
Karduchen: 2, 183, 192-220, 270, 183, 337
Karthager: 297
Kentauren: 319
Kephisodoros: [203], 375
Kimmerier: 288, 366
Kleagoras: 477, 478
Kleainetos: 298
Kleandros: 289, 297, 380, 393, 403, 404, 407, 409, 417, 423, 426, 464
Kleanor: 18, 94, 130, 131, 158, 159, 253, 255, 286, 375, 394, 423, 429, 446
Klearchos: 8, 10, 11, 18, 22, 30, 31, 32, 37, 49-53, 55, 57, 62, 64, 66, 69-71, 76, 83, 86, 92, 95-97, 102-107, 109, 116, 123-125, 127, 128, 130, 131, 138, 139, 141, 145, 150, 157, 158, 160, 162, 164, 207, 285, 297, 308, 354, 371, 375, 377, 422, 448, 462; 'Porträt': 4, 132-137, 392
Klearetos (-atos): 323, 352, 353, 354
Kleisthenes: 247
Kleomenes: 91
Kleonymos (Leonymos): [197], 375
Kodinos: 412, 413, 415
Koiratades (-tadas): 422, 423
Koiter: 487
Kolcher: 203, 274, 277, 282-284, 288, 295, 299, 312, 349
Korylas: 336, 338, 341, 360, 486
Kreter: 169, 178, 308, 309, 375
Kroisos: 335
Ktesias: 59, 74, 75, 92, 128, 143, 177, 249, 270, 487
Kureten: 363
Kyaxares: 172, 174
Kyniskos: 418
Kyros II.: 76, 78, 89, 174, 210, 444
Kyros d.J.: 7-84 passim, 85, 89-91, 101, 107, 122, 129, 138, 139, 141, 147-151, 153, 159, 164, 225, 229, 246, 249, 297, 341, 342, 390, 394, 423, 448; 'Porträt': 4, 76-84

Lakedämonier, Spartaner: 8, 11, 34, 149, 157, 186, 256, 257, 297, 315, 347, 362, 369, 370, 376, 395, 398, 402-404, 406-408, 411-485 passim
Leon: 292
Leonidas: 95
Leonymos (Kleonymos): [197], 375
Lyder, lydisch: 155
Lykaonier: 161
Lykios (aus Athen): 171, 216, 375
Lykios (aus Syrakus): 89
Lykon: 347, 348, 373, 374, 375
Lykos: 342
Lykurgos: 215
Lysandros: 10, 149, 397, 418
Lysimachos: 478

Macharones: 299
Magneten: 362, 375

Maisades: 432, 433, 436, 453, 456
Makedonen: 451
Makronen: 273, 274, 277, 282, 283, 298, 337
Mantineer: 363, 375
Marco Polo: 272
Marder: 209
Marer: 306
Mariandynen: 372, 373
Massageten: 76, 229, 246
Medeia: 177
Meder: 174, 177
Medokos: 433, 438, 453, 466, 468
Medosades: 412, 427, 431, 466, 467, 469, 476
Megabates: 397
Megaphernes: 25
Megarer: 372
Melanditen: 432, 453
Melinophagen: 455
Menon: 12, 16, 18, 28, 29, 41, 42, 49, 50, 53, 55, 92, 115, 125, 127-130, 132, 133, 135, 136, 157, 348, 362, 427; 'Porträt': 4, 139-145
Metagenes: 320
Midas: 21
Mikon: 229
Mileter: 375
Miltiades d.Ä.: 347
Milto: 85
Miltokythes: 98, 375
Mithradates (Mithridates): 23, 129, 164, 168, 171
Mithridates: 332
Mossynoiken: 246, 267, 269, 310, 312, 322-331, 487; Ostmossynoiken: 203, 270, 323, 324, 327; Westmossynoiken: 323, 324
Myser: 52, 81, 125, 161, 309, 362
Mysos: 308

Nabopolassar: 63
Nebukadnezar II.: 113, 115
Neon: 156, 350, 375, 376, 379, 380, 392, 394, 397, 424, 429, 465
Nikandros: 297, 375
Nikarchos: 129, 164, 375
Nikias: 400
Nikomachos: 258
Nipsaioi: 432
Nymphodoros: 432

Ochos: 7
Odrysen: 362, 431, 432, 433, 436, 438, 453, 455, 466, 467, 468
Odysseus: 292, 458
Olynthier: 375
Orontas: 50, 51, 52, 84, 108-110, 131, 177, 209, 215, 226, 487
Osiris: 244
Otys: 398

Pandion: 432
Paphlagonier: 335, 336, 338, 342, 360, 363, 364, 398
Parmenion: 464
Parysatis: 7, 8, 39, 79, 121, 132
Pasion: 13, 18. 32, 37, 64
Pategyas: 63
Pausanias: 317
Pausanias (spartan. König): 480
Peloponnesier: 186, 374, 457
Pentheus: 364
Perdikkas: 362
Phäaken: 292
Phalinos: 92-96, 116, 130, 139
Pharnabazos: 11, 366, 380, 394-397, 402, 408, 411, 426, 427, 486
Pharnakes: 332, 394
Phasianen: 225, 253, 259, 262, 268, 486
Phidias: 229
Philesios: 158, 310, 347, 357, 375, 429, 453
Philippos: 104
Philoxenos: 305
Phoiniker: 363
Phoinix: 31
Phrasias: 375, [398]
Phryger: 21, 244
Phryniskos: 375, 424, 429, 431
Pigres: 23, 42, 51
Pisider: 81, 125, 150, 161
Platon: 140, 143, 144
Pleisthenes: 247, 449
Plutarch: 66, 75
Polos: 411
Polykrates: 240, 241, 297, 375, 429, 431, 465
Prokles: 73, 74, 91, 92, 485
Proxenos: 12, 18, 50,

51, 55, 64, 70, 76, 82, 86, 94, 95, 128, 130, 132, 136, 140, 142, 148, 150, 151, 153-155, 200, 375, 452; 'Porträt': 4, 138/139
Psammetich: 34
Pyrrhias: 375, [398]
Pythagoras: 34

Rhamphias: 10
Rhatines: 397
Rhesos: 440
Rhodier: 169
Rhodogune: 110
Rhoparas: 486

Sadokos: 432
Saken, skythische: 229
Samier: 434
Samolas: 344, 375, 398
Samos (Samios) (Nauarch): 34
Sanner: 282, 298, 299
Saspeiren: 486
Seleukos I. Nikator: 43, 115
Semiramis: 39
Seuthes I.: 431, 432, 453
Seuthes II.: 240, 350, 412, 418, 424, 425, 427-442, 444, 446-476, 487
Seuthes III.: 429
Silanos (Seher): 61, 345, 347-349, 392
Silanos (aus Makistos): 451
Silenos: 21
Sinopier: 343
Sitalkes: 362, 431, 432
Skythen: 178, 366
Skythenen: 266, 272, 273, 281
Smikres: 375, 382
Sokrates aus Achaia: 12, 18, 95, 130, 145, 375
Sokrates aus Athen: 124, 138, 143-145, 148, 149, 325, 361, 441
Sophainetos: 12, 18, 130, 152, 230, 249, 267, 310, 357, 375, 399, 424, 487
Sophilos: 95
Sophokles: 244
Sosis: 18, 152
Soteridas (oder: **-des**): 187
Spartaner s.u. *Lakedämonier*
Spithridates: 397, 401
Stateira: 132
Stesileos: 93
Stephanos v.Byzanz: 12, 268, 282
Stratokles: 207
'Syennesis' v.Kilikien: 19, 20, 29, 80, 486
Syrakusaner: 297
'Syrer Kappadokiens': 335

Tamos: 26, 34, 42
Taochen: 229, 246, 249, 253, 259, 262-266, 268, 305, 337
Telemachos: 458
Teleutias: 418
Teres: 362, 431, 453
Tereus: 432
Thales: 174
Thebaner: 424
Themistokles: 39, 480
Theogenes: 452
Theoklymenes: 458
Theopomp: 455
Theopompos: 94, 95, 116, 375
Thibron: 92, 315, 376, 390, 424, 457, 458, 465, 468, 476, 481, 482, 485,
Thorax: 346, 347, 349, 375
Thraker, thrakisch: 11, 169, 244, 330, 331, 361, 362, 372, 375, 379, 382-385, 418, 424, 429, 431, 432, 437, 439, 441, 442, 444, 446, 449, 455, 466-468, 472, 475
Thrasybulos: 433
Thynoi: 431-433, 447, 449, 450, 452, 453, 455
Tibarener: 267, 282, 310, 322, 332 Timasion: 135, 158, 168, 180, 346, 347, 349, 371, 384, 400, 424, 429, 438, 440, 446, 487
Timesitheos: 323, 324
Tiribazos: 225- 230, 236-238, 246 253, 268, 486
Tissaphernes: 7-10, 14, 18, 20, 23, 34, 58, 72, 85, 87, 88, 93, 101, 104, 106-110, 116-119, 121-129, 131, 141, 159, 169, 177, 178, 183, 187,

209, 247, 394, 395, 457
Tolmides: 102
Tranipsai: 432, 453
Trapezuntier: 295, 296, 298, 300
Triballer: 362
Troer: 285

Xanthikles: 157, 375, 453
Xennias (Xenias): 8, 13, 18, 19, 32, 37, 41, 64, 375
Xerxes I.: 5, 7, 247, 283, 394, 480
Xerxes II.: 7

Zelarchos: 353, 354, 355
Zeus: 151, 285; Basileus: 19, 368, 475; Geneteios: 332; Lykaios: 19; Meilichios: 478; von Olympia: 317; Soter: 159, 289, 376

Geographische Namen

Abdera: 432, 436
Abonuteichos: 343
Abu Habba: 113
Abu Serai: 46
Abydos: 411
Achaia: 375
Acheron: 372
Ἀχερουσιὰς χερρόνησος: 372
Ἀχερουσὶς Ἄκρα: 372
Aci-Göl: 16
Adana: 27, 33
Adapazari: 378
Adde: 49
Adhaim: 118
Adramyttion: 479, 480
Afrin: 38
Afyon: 19
Agrai: 478
Agri: 231, 233, 248
Ägypten: 34, 95, 105, 244
Aigai: 22
Aigaiai: 34
Aigina: 418
Akçay: 479
Akkad: 58
Ak-liman: 366
Ak Ova-Ebene: 378
Akragas: 297
Akşehir: 20
Al Ashâbi: 101
Al Aswad: 47, 48
Al Ersi (Al Arsi): 46
Al Fallugah: 55, 60, 98, 101
Al Hûr: 101
Al Knesje: 62
Al Quwayr: 166, 167
Alaşehir: 15
Alea: 320
aleïsche Ebene: 26
Aleppo: 40
Ἀλεξάνδρεια κατ' Ἴσσον: 34, 37
Alexandrette: 37
Alma-Dâgh: 39
Alpheios: 318, 319, 320
Althiburus: 324
Amanos: 26, 34, 35
Amastris: 340, 342, 343
Amiq-Ebene: 38
Amisos: 331, 335, 339, 340, 386
Amnias: 340, 341
Amphipolis: 247, 344
Anasha Dağ: 27
Anaua: 16
Ankyra: 21
Antandros: 479, 480
Antiocheia: 35, 37
Antissa: 418
Apamea: 40, 43
Apollonia: 432, 436, 482
Aqar Quf: 104, 105, 114
Arabien: 45
Araç Çayi: 340
Aras: 231, 247
Araxes: 43, 46, 248, 249, 253
Arbela: 167
Ardasa: 274
Arkadien: 19, 265, 375
Arktonnesos: 426
Armene: 365
Armenien: 189, 206, 207, 209, 214, 227, 241, 244, 246, 486, 487
Arslankoy: 24
Artemita: 118
Arzen-Su: 208, 222
Askale: 260
Aspendos: 20
Assur: 174
Assyrien: 174
At Tawi: 46
Atarneus: 479, 480
Athen, athenisch: 5, 8, 28, 76, 82, 84, 93, 143, 146, 148, 149, 150, 152, 155, 160, 178, 186, 229, 247,

257, 297, 344, 347, 356, 362, 368, 370, 374, 375, 421, 422, 433, 477, 478, 481
Atramytteion: 480
Attika: 325
Ayvalik: 479, 480

Baba Burnu: 372
Babylon: 9, 41, 48, 91, 98, 105, 107, 109, 110, 114, 132, 333
Babylonien: 14. 32, 37, 40, 43, 45, 47, 51, 55, 57, 59, 61, 62, 83, 98, 99, 100, 101, 105, 117, 177, 244, 266, 312, 485
Baetis: 324
Baghdad: 113, 114
Bagrauandene: 209
Bainder Su: 343
Bakir: 479
Balahor: 273
Balkaynak: 273
Bambes: 317, 319
Bambyke: 40, 41
Bartin Çayi: 340, 342, 343
Baskan: 239
Batman-Su: 222
Batnai: 40, 41
Bayburt: 250, 252, 260, 272, 273, 277
Baydar-Su: 329
Bâzâmir: 185, 189
Bazar-Su: 329
Belîkh: 43, 44
Beloris: 192
Bergama: 479
Bermion: 22
Billaios (Billis): 340, 342, 343
Bingen: 45
Bingöl-Dağ: 231, 239, 247
Bingöl Su: 247
Birecik: 40
Bisanthe: 418, 431, 433, 434
Bithynien: 377, 394
Bitlis: 223, 226
Bitlis-Su: 192, 207, 208, 222, 223, 225 (Bild),
Bohtanberge: 191, 206
Bohtan-Su: 206, 207, 208, 222
Bojük liman: 326
Böotien: 163
Bor: 24
Bosporios Akra: 412, 413
Bosporos: 378, 383, 385, 411, 432, 447, 453, 456
Boz Dağlari: 15
Boztepe (in Trapezus): 275, 288- 291 (290 Bild), 295
Bulancak: 329
Buyuk: 326, 327
Büyükçekmese: 447
Byzantion: 11, 93, 158, 289, 292, 293, 297, 330, 350, 366, 370, 378, 380, 383, 393, 395, 403, 404, 406, 409-423 (Pläne: 414, 416), 425- 427, 446, 447, 453, 455, 464, 465, 467, 469, 477, 480

Cakir Suyu: 26, 27
Calpeae: 387
Calpes: 387
Carpes: 387
Carrhae: 41
Chabora: 46
Chadirdodik: 231
Chaldia: 266
Chaldi-Dağ: 208
Çaldiran: 266
Chalos: 38, 121
Çam Burunu: 332
Chamur-Dağ: 231
Çapraz Burunu: 332, 341
Charmande: 48, 61
Charšut: 298
Çatalca: 432, 447
Çatakmassiv: 222, 223, 226, 227, 229, 230, 231, 233
Çaykavak Gezidi: 27
Châzir (Ghâzir): 167, 168, 171
Çekmece: 447, 453
Chenion: 249, 276
Chersonnes (Cherrones): 18, 347, 350, 418, 428
Çevizlik: 274, 275, 277, 281, 285
China: 272
Chios: 418
Çobandede: 231, 248, 250
Çorlu: 429, 431, 445, 447
Çoruh (Chorok): 252, 260, 261, 262, 270, 272
Choser: 175
Chrysopolis: 378, 396, 409, 410, 411
Çukur: 222, 223
Chund Otapü (?): 270
Ciftehan: 27
Cizre: 59, 99, 182, 185 (Plan), 186, 188, 192
Corduba: 324

Dana: 24, 25
Dardas: 39, 40
Daskyleion: 426
Daur: 121
Degirmen: 274, 277, 288, 289
Dekelea: 422
Deli-Çayi: 33
Delkos-See: 447
Delphi: 149, 314, 316
Derkos-See: 447
Deve Boyun: 250
Devrek: 340
Devrek Çayi: 342
Diaus-Daia[e]ne: 262
Dibsi: 40
Dikili: 479
Dinar: 16
Dindymos: 425
Diner-Su: 17
Diyala: 59, 118; Verlagerung: 117
Djesireth-Ibn-Omar [Djezîre]: 185, 188
Djihan: 33
Djûdî: 185
Doliche: 39
Donau: 324, 431, 436
Dorul: 298
Dresden: 44
Duhan: 223, 225, 226
Dumli Dagh: 260
Duraghan: 22
Dur Kurigalzu: 104
Durnar: 22
Durusu Gölü: 447

'Ebene von Thebe': 479, 480
'Ebene der Thyner': 446, 447, 455
Eber-Gölü: 19
Ed Der: 40, 44
Edessa: 40
Edremit: 479
Eflâni: 340
Ekbatana:
el ʿAmk: 38
El Bab: 39, 40
Elbe: 44, 185
Elis: 319, 334
Ἐννέα ὁδοί: 247
Ephesos: 34, 97, 98, 149, 314, 315, 320, 333, 368, 487
Ergene: 432, 435, 445, 447
Eregli: 339, 372
Erekli: 427
Eretria: 480
Erymanthos: 319
Erythinoi: 342
Erzurum (Erzerum): 231, 239, 249, 250, 252, 253, 259, 260, 261, 272
Esiroglu: 275
Euphrat: 32, 33, 35, 37, 39, 41, 43, 46, 47, 48, 49, 59, 60, 72, 85, 97, 99, 109, 133, 146, 220-223, 231, 237, 248; -durchfurtung: 42, 141, 236, 250; -quellen: 233, 260; -verlagerungen: 1, 62, 63, 89, 113; -wasserstand: 42;
Europa: 21, 462, 487
Europos: 40

Fatsa: 341
Filyos Çayi: 340, 342, 343
Fol Bazar: 311

Gallipoli: 347, 412, 477
Galula: 117
Gambrion: 91, 481, 485
Ganos: 431, 433
Geihun: 33
Gela: 297
Gelibolu: 477
Genetes: 332
Georgien: 260
Gerede Çayi: 342, 343
Giresun: 310, 311, 326, 332
Göksu: 24
Gordyene: 209
Griechenland: 95, 105, 161, 246, 297, 315, 344, 347, 348, 351, 355, 362, 404, 423
Großphrygien: 7
Gryneion: , 481, 485
Guadalquivir: 324
Gülek Boghazi: 26, 27
Gümüshane: 266, 272
Güvendik: 234
Gwêr: 166, 167
Gymnias (Gymnasia): 249, 250, 252, 260, 272, 273, 283, 312

Habbaniye: 47
Ḥabl aṣ-Ṣaḫr: 111 (Plan), 112 (Schnitte), 113, 114
Hagia Elëusa: 318
Halisarna: 91, 485
Halys: 331, 335, 340-342, 372
Hammam: 40
Ḥamme (Elḥamme): 44
Hamsiköy: 272, 275, 276, 277
Harmene: 163, 310,

311, 365, 366
Harpasos (Harpagos): 252, 259, 261, 262, 266, 270, 272
Harran: 41
Harsit: 276, 277
Hasankale: 239, 248, 249, 252
Hasankeyf: 209
Hassynik: 208
Hatschigan: 239
'Heiliges Gebirge': 417, 418, 428
Hellespont: 347, 426
Herakleia Pontike: 28, 61, 200, 339, 340, 343, 344, 346, 348, 349, 370, 371 (Plan), 372, 373, 375, 377, 378, 379, 383, 385, 391, 396, 425
Herakleia Trachinia: 344
Herakleia (Perinthos): 427
Herakol Dağ: 192
Hermus: 15
Hierapolis: 40
Himera: 278
Hinis: 231, 234, 236 (Bild), 247, 358
Hinis-Çayi: 231, 233
Hit: 48
Honaz: 16
Hosap Su: 223
Hoshabounar: 277
Humanli: 343
Hypios: 373
Hyrkanien: 484

Ialandchi Kefken: 387
Ida: 479, 480
Igneada Burun: 431, 456
Ikonion: 22-24
Ilgaz Dağlari: 341, 342
Ilgin: 22
Ilica: 260
Ilion: 480
Ilissos: 479
Imam Sheik Jabir: 117, 118
Iris: 341, 342, 372
Isikli: 18
Iskenderun: 34, 37,
Islamköy: 19
Ispir: 272
Issos: 28, 32, 33, 34, 35, 41, 58
Istrancagebirge: 432, 447
Ithaka: 292, 322

Jebel Hamrin: 117
Jonien: 34, 98, 106, 395, 457

Kagizman: 231, 248, 266
Kaïkos: 479, 480, 481, 482, 485
Kaimas: 387
Kainai: 122
Kalach (Kalchu, Nimrud): 172 (Bild), 173 (Plan), 174 (Bild)
Kalchedon: 410, 412, 431, 467
Kaldir: 266
Kaldirân: 266
Kallatebos: 15
Kallinikion: 43
Kallipolis: 347, 477
Kalpe: 373, 387, 388
Kalpes Limen: 297, 370, 375, 377, 379-393 (381, 386 Karten, 388, 391 Bilder), 395, 396, 399, 402, 403, 409, 417, 464
Kalyan: 273
Kampoule: 317
Kandira: 380, 387, 399, 410
Kane: 480
Kap Genetes: 311, 332
Kap Jason: 311
Kap Thynias: 431
Kappadokien: 7, 23, 24, 395
Karabük: 340, 343
Kara Dere: 485
Karakaban Dağ: 276
Karakilise: 231, 233, 248
Karaköprü: 236
Karaköse: 231, 250
Karambis: 343
Kara-Su: 222, 223
Karastel: 118
Kara tash: 479
Karduchenberge: 188, 189, 207, 208
Karene: 480
Karien: 10, 16
Karkasos: 482
Karmanien: 105
Karsos: 35
Kaspisches Meer: 484
Kastamonu: 340, 341,
kastolische Ebene: 8, 51, 58, 79
Kaukasus: 246
Kaystrupedion: 19
Kazanlak: 429
Kaza Tortum:
Kazbel-Dağ: 231
Kefken: 380, 387, 388, 399
Kelainai: 12, 15, 16, 18, 58, 152, 448
Keldir: 266

Kellek: 167
Kemer: 479
Kemerhisar: 24, 27
Kentrites: 171, 192, 206, 207-223 (208 Bild, 212 schematische Skizze der Überquerung), 254, 266, 286
Keramon Agora: 19
Kerasus: 267, 288, 296, 310-312, 323, 326, 332, 350, 352, 353, 354, 360, 376
Kerpeh limen: 387
Kertonion: 479, 480
Kevken: 387
Kezek Chân: 167, 168
Khâbûr: 43, 46, 182, 183
Kilikien: 18, 19, 20, 23, 24, 25, 33, 34, 41, 58, 80, 150, 486
Kinet Hüyük: 33
Kireson Dere: 311
Kirkesion: 46
Kirpe: 387
Kisthene: 480
Kizilsu: 191
Kizil Irmak: 342
Kleinasien: 82, 158, 174, 314, 333, 347, 366, 390, 424, 426, 428, 434, 462
Koblenz: 45
Koca Irmak: 341, 342
Kolat Dağ: 274, 276, 285
Kolossai: 12, 16
Komania: 482 , 483
Konia: 22
Königssee: 188
Konstantinopel: 415
Kop Dağ: 252, 260
Köprüköy: 231, 248, 249
Korinth: 320
Kormasa: 20
Koroneia: 314
Korsote: 46, 99
Korum: 276
Kösk: 252, 262
Kostul: 273
Kotaia: 209
Kotyora: 157, 246, 288, 296, 310, 311, 323, 331-341 (333 Bild), 344, 346, 352, 360, 365, 372, 379, 388, 392, 424, 444, 454, 469, 487
Krestena: 317, 318
Kreta: 363
Kritalla: 5
Ktesiphon: 115
Küçük Menderes: 480
Kujunğik: 176 (Bild), 177
Küllü: 231, 247, 249
Kulp-Su: 222
Kunaxa: 4, 55, 62, 63 (Karte), 85, 89, 97, 98, 103, 333, 487
Küre Dağlari: 339
Kus Gölü: 426
Kyaneai: 456
Kybistra: 24
Kydnos: 26, 28
Kydrara: 16
Kypros: 480
Kytonion: 480
Kyzikos: 346, 412, 425, 426

Ladon: 319
Lageine: 22
Lampsakos: 39, 412, 477, 479
Laodikeia: 35
Lapseki: 477
Laranda: 24
Larisa (Nimrud): 11. 172 (Bild), 173 (Plan), 174 (Bild)
Lesbos: 418
Liz: 222, 223, 226, 230
Lydien: 7, 52, 485
Lykabettos: 478
Lykaios: 19
Lykaonien: 18, 23, 24, 25
Lykos: 16
Lykos (Fluß bei Herakleia Pontike): 372, 377
Lystra: 24

Mäander: 15, 17, 18, 457
Maçka (Stadt): 274, 276, 281, 285
Maçka (Fluß): 272, 274, 276, 277, 281, 285, 298
Madem Khanlari: 277
Maden: 260
Magnesia: 39
Makedonien: 362
Makrisia: 317, 318
Malazgirt: 222, 226, 231, 233
Marmarameer s.u. *Propontis*
Maroneia: 437, 438
Marsyas: 17
Maskas: 46
Mazi: 317, 319
Me Turran: 59, 117
Medien: 58, 174, 209
Mennbidj: 40, 41
Merkes Su: 35
Mersin Su: 35
Meryemana: 274, 275,

285
Mesembria: 432
Meskene: 40, 46
Meskit Dağlari: 260
Mespila (Ninive): 174, 175 (Plan), 176 (Bild), 177
Messene: 413
Methymna: 418
Mezetli: 24
Midyat: 209
Milet: 10, 12, 18, 34, 37, 80, 288, 332, 347, 349, 366
Mosul: 166, 167, 175, 177, 182
Mujaili'at: 115
Muratli: 429
Muş : 222, 223, 226, 227, 230, 243
Mutyt: 208
Myriandos: 14, 37, 38, 64
Myrina: 481, 485
Mysien: 9
Myus: 39

Nabagath: 46
Nafata: 47
Nahrawân: 185,
Nahr ed Dahab: 40 :
Nemrut Dağ: 222
Neon Teichos: 431, 433
Nerdush: 185
'Neun Wege': 247, 344
Nikephorion: 43
Nikopolis: 34
Nimrud: 2, 172 (Bild), 173 (Plan), 174 (Bild), 175, 177
Ninive: 2, 119, 174, 175 (Plan), 176 (Bild), 177
Nisibis: 40
Nuseffiat: 63 (Karte S.100), 114

Olou Bounar Debrent: 20
Oltu (Olti): 262, 270, 272
Olympia: 19, 316-319, 334
Olymp (paphlagonischer): 341
Olynth: 449
Ophrynion: 479, 480
Opis: 113, 114, 115, 117, 118, 177
Ordu: 310, 311, 332, 333 (Bild), 340, 341
Ossa: 318

Paipurth: 272
Palaigambrion:481, 485
Pamphylien:20
Paphlagonien: 334-336, 341
Parion: 411, 426, 427, 438
Parthenion: 482
Parthenios: 340, 342, 343, 372
Pasagardai: 9
Pasin Su: 247
Pasinler-Ebene: 247, 250. 259, 263
Pazabarsi Burnu: 373, 385
Peloponnes: 374
Peltai: 18
Pergamon: 2, 91, 92, 425, 457, 481, 483-486
Perge: 20
Perinthos: 350, 412, 426, 427 (Lageskizze), 429, 435, 437, 445, 446, 453, 458, 461, 467, 477, 479
Persembe: 332, 341
Persien: 40, 161, 412
Pessinus: 19
Pharmatinos: 329
Pharnakeia: 267, 282, 332
Phasis (armenisch): 231, 247, 248, 253
Phasis (kolchisch): 253, 349, 351
Phellon: 319
Pherai: 12
Philadelphia: 15
Phoinikien: 58
Phokaia: 477
Phokis: 432
Pholoe: 319
Phrygien: 23, 395
Physkos: 117, 118, 121
Pinaros: 33
Piräus: 149, 422
Pirnakapan: 260
Pisidien: 12, 15, 18, 20, 23, 30
Polemonion: 341
pontisches Randgebirge: 272, 273, 275-278, 281, 295, 330
Pontos s.u. *Schwarzes Meer*
Poti: 349
Pozanti: 24, 26
Pozanti Su: 26
Propontis: 346, 395, 425, 431-433, 438, 439, 445, 447, 454, 457, 458, 461, 463, 477
Prymessos: 19
Psaros: 33
Pylai: 48, 49, 61, 99

Pyramos: 33

Qal'at-en-Nidjm: 40, 41
Qarqisiya: 46
Qizil Rabat: 117

Ramadi: 48, 60
Raqqa: 40, 43, 44
Redwan: 223
Rhaidestos: 434
Rhein: 45
Rion: 349
Rodosto: 434
Rom: 415
Rumelifeneri: 456
Rusor: 192

Sahern (Schloß): 327
Salihi: 15
Salmydessos: 158, 241, 431, 447, 452
ὁ Σαλμυδησσός: 431, 453, 455, 456
Samarra: 99
Samikon: 316
Samsun: 326, 339
Samuma: 40
Sangarios: 373, 377, 383
Saqlawiya: 53
Sardeis: 2, 5, 7-9, 13-16, 18, 19, 51, 52, 76, 97, 98, 118, 148, 150, 333, 368, 398
Sarayköy: 15
Sarigöl: 15
Sari Saki Su: 35
Schwarzes Meer (Pontos): 158, 171, 229, 246, 260, 263, 266, 267, 274, 281, 283, 288, 309, 324, 332, 344, 348, 349, 386, 402, 432, 436, 453, 455, 456
Sebaste: 19
Seihun Çayi: 33
Seleukeia (in Kilikien): 24,
Seleukeia (am Tigris): 115
Seleukeia Pieria: 37
Seleukeia-Zeugma: 40, 41
Selinus: 20
Selinus (Bach von Krestena): 317, 318, 320
Selymbria: 412, 427, 431, 457, 466, 467, 468, 477
Serafettin-Dağlari: 239
Sesamos: 342
Sestos: 347
Seuthopolis: 429, 439
Sfêr: 167
Side: 20
Siirt (Sirt): 192, 208, 223
Şile: 410
Silifke: 24
Silivri: 457
Sinai: 45
Sinope: 283, 288, 296, 309-311, 331, 335, 336, 338-341, 346, 360, 364, 365, 366, 372, 386, 388, 469
Sippar: 55, 63, 113, 114
Sittake: 114, 115,117, 118, 131, 177
Sittakene: 117
Sivasli: 19
Sizilien: 400
Skamandros: 480
Skilluntia: 317, 319
Skillus: 82, 313, 315-322
Skythien: 229
Smyrna: 15
Sobran: 277
Soganli Çayi: 340, 342, 343
Soloi: 24, 28
Σωοναύτης: 372
Sparta, spartanisch, Lakedaimon: 8, 34, 246, 268, 317, 344, 350, 363, 364, 370, 375, 403, 404, 412, 426
Spercheios: 362
Strymon: 247
Stymphalos:
Sultan Dağlari: 20
Sura: 40
Sürmene:
Sürüc: 40
Susa: 5, 118
Sybaris: 344
Syllion: 20
Syrien: 41, 43, 146

Täbris (Tauris): 231, 272
Tabriz: 266
Taleton: 246
Tao: 262
Taoskari: 262
Tarhala Dağ: 485
Tarsos: 20, 26-30, 32, 33, 37, 136, 151
Tarsos Çayi: 26
Tauros: 12, 24, 26, 58, 220
Tausgerd: 262
Tawasgerd: 262
Tayk: 262
Tekir: 26, 27
Tekirdağ: 434

Teleboas: 220, 222, 223, 226
Tell Agar: 63 (Karte), 89
Tell Ahmer: 41
Tell Kuneise: 63 (Karte), 89
Tell Leben: 167
Terme Çayi: 342
Teuthrania: 91, 485
Thapsakos: 33, 39, 40, 41, 42, 43, 46, 59, 141, 146
Thasos: 418
Thebe: 479
Theben (in Böotien): 148, 422
Theches: 171, 249, 273, 276
Thermodon: 331, 342, 372
Thermopylen: 344
Thessalien: 16, 163, 362
Thrakien: 344, 377, 412, 431, 433, 435, 438, 440, 466
'thrakisches Delta': 422, 423, 432, 446, 447, 452, 453, 455
Thurioi: 344
Thymbrion: 20
Thynias: 372, 456
Tigris: 40, 59, 60, 96, 97, 99, 114, 119, 121, 122, 146, 166, 171, 174, 175, 177, 182, 184-189, 186 (Bild), 206, 208, 209; -quellen: 209, 220, 222; -verlagerungen: 1, 113, 114, 115, 117, 172
Tieion: 340, 342, 343
Tikrit: 122
Til: 222
Tmolus: 15
'Topfmarkt': 19
Tortum: 229, 262
Tortum-See: 261
Tortum Su: 246, 252, 259, 260, 261, 266
Torul: 274, 298
Tralleis: 14, 38
Trapezus (Trabzon, Trebisonde): 2, 237, 252, 260, 266-268, 272-278, 282, 283, 285-294 (287 Plan, 290 Bild), 296, 298, 299, 309-311, 323, 326, 329, 337, 349, 367, 376, 392, 403, 406, 411
Triphylien: 315
Troas: 158, 424, 438
Troja: 290
Tschakyt Çayi:
Türkgücü: 429
Tyana: 24, 26, 27
Typaion: 318
Tyraion (Tyriaion): 22, 53

Ulukisla: 24
Ulupinar: 20
Upe (Upi): 113, 115
Urfa: 40
Uşak: 19

Vakfikebir: 311, 312, 326, 332
Vansee: 266
Vavuk-Dağ: 252
Vezirköprü: 340
Vona: 311, 332
Vonalimani: 332

Wadi Tharthar: 99

Yasun burnu: 311
Yenice: 340
Yenice Irmak: 342
Yeniçiftlik: 429
Yesil Irmak: 342
Yildiz Dağlari: 432, 447
Yoncali: 233

Zab (großer): 4, 23, 122, 123, 125, 146, 166, 371, 392; -übergänge: 166 (Plan), 167, 359
Zab (kleiner): 122, 123
Zakhu-Berge: 177, 181, 182 (Bild)
Zapatas: 122
Zeive: 24, 26
Zeugma: 40
Zigana Dağ: 252, 276, 277, 280, 281, 298
Zorawa: 192

Sachen

Deutsche Stichwörter

Vorbemerkung: Häufig benutzte Begriffe wie Hopliten, Peltasten, Strategen usw. sind nicht aufgenommen.

Abendessen: 147, 189, 200, 213
Ackerbau: 233, 288
Adleromen: 368, 396
Ächtung: 421, 464
Altäre: 19, 52, 289
Altersstufen: 79
Amazonendarstellungen: 229
«Anabasis» des Sophainetos (FGr Hist 109): 12
Andromedotoxin: 287
Angriffslauf: 71
Angriffsmarsch: 71
«Antoninisches Itinerarium»: 15
'Apagoge': 406, 407
Apologetische Tendenzen: 4, 150; betr. *Klearchos*: 69, 124, 133, 136; *Sokrates*: 149; *Xenophon*: 150, 160, 161, 199, 345-359, 376, 386, 387, 390, 441, 455, 464, 468, 486
Armeebezirke, persische: 58, 59
Artemision in Ephesos: 320-322; in Ithaka: 322; in Sardeis: 52; in Skillus: 315-322
Ärzte: 163, 181, 235 , 330, 358
Asphalt: 113, 114
Attischer Seebund: 347, 420, 421, 481
Attisches Recht: 351, 357, 359, 405
Aulos: 442-444
Autopsie: 53, 66, 83, 270, 320, 327, 329, 331, 347, 398, 412, 429, 437
Azalea pontica: 287

Baumhäuser der Mossynoiken: 329
Bergbau der pontischen Chalyber: 267, 356
Bogenschützen: *griechische*: 71, 168, 219, 303, 328; *karduchische*: 195, 197, 203, 206, 219; *kretische*: 178, 207, 308, 309; *skythische*: 178
Boreas: 234
Boulimie: 235
Brandschatzungen: 146 , 187, 188, 195, 210, 228, 467
Briefe: 51, 82, 148
Brote: 329, 439
Brücken: 114, 116, 117, 137, 185, 188, 247, 261, 380, 398, 400
Bücher: 456

Choinikes: 366
Chronologisches Gerüst der «Anabasis»: 14, 42, 329
coitus publicus der Mossynoiken: 331

Dareiken: 11, 41, 61, 347, 433
Dattelpalmen, Datteln: 48, 105
'Dea Syria': 39
deli-bal: 286
Delphine: 330
Diasia: 478
Dinkel: 329
Dipteros: 320
Disziplin: 48, 102, 134, 135, 136, 147, 156, 162, 215, 220, 235, 239, 323, 326, 328, 338, 352,-354, 358, 359, 417
Dolichos: 290, 29
Dolmetscher: 23, 42, 51, 129, 192, 199, 323, 429, 436, 439
Doryphoren: 301, 305, 394
Drachmen: 347, 357, 433, 454, 471
Die 'Dreißig': 148
Dreißigruderer: 296

Eid, Meineid, Eidgötter: 108, 123, 125, 131, 154, 159
Einbäume: 323, 324
Eingreifreserven hinter der Phalanx: 398
Einheimische Truppen des Kyros: Aufstellung: 22, 55; Garnisonen: 8; in der Schlacht bei Kunaxa: 91; nach der Schlacht: 108, 147, 177

Eisenbearbeitung der pontischen Chalyber: 229, 267, 331
Ekphrasis von Kalpes Limen: 375, 380, 385/86, Überprüfung durch MANFREDI 388, 389; von Skillus: 313-322
Elektron: 346
Elementarlehrer: 135
Elementartaktik: Entwicklung der Marschkolonne in die Phalanx: 217, 218 (Schema)
Enomotien: 179, 217, 218
Entsühnung: 353, 356
Epheben: 79
Erziehung: des Kyros: 77-79
Erziehungswesen: *attisches*: 77, 257, 358, Allgemeinschule: 77, Individualisierung: 77, Ziele: 78; *persisches*: 77, "an den Türen": 77, 78, durch Vorbild: 77, 78, Entartung: 78, durch die Jagd: 79, Ziele: 77, 78, 79; *spartanisches*: 256, 268, 364
Eselvergleich: 358
Eßkastanien: 330
Eunuchen: 53, 314
Exkurs über Skillus: 313-322

Fährschiffe: 42, 44, 59, 147, 188, 410
Feldzeichen des Großkönigs: 89
'Felltrompete': 442, 443
Feste: in Kelainai: 19; in Kotyora: 338, 360-364; in Trapezus: 289-291; bei Seuthes: 429, 437-444;
Feuer: Anzünden: 147, 304, 384; Lagerfeuer: 102, 147, 152, 164, 213, 227, 228, 240, 379, 384, 385; Opferfeuer: 289; Schadensfeuer: 304, 307, 308, 379, 384; Signalfeuer: 193, 253, 257, 483; am Waffenplatz: 156
Fieber: 391
Fischfang: 288, 324
Flöße: 49, 147
Flöte: 361, 363, 443
'Flügel entfalten': 88
Fluchformel: 99, 226, 322
Fluchtburgen der Drilen: 299-308 (300: Schema); der Taochen: 263
Fouragekommandos: 294, 402
Frachtgeld: 157
Frauenkauf: 434
Freundschaftsbegriff: 10, 82-84, 124, 148, 459, 460, 461; Freundschaft pflegen: 83, 84, 473, 474, 485
Frühstück: 67, 164, 194, 211, 213, 254, 255, 397, 408
Führer (landeskundige): 109, 110, 146, 160, 198, 201, 205, 206, 231, 244, 257, 273, 277, 281, 300, 324, 347
'Fünfzigruderer': 296
'Fürstenspiegel': 137, 471, 474
Furten: durch den Euphrat: 42, 141, 231, 233, 250; durch den Kentrites: 206, 207, 208, 211, 216; durch den großen Zab: 166 (Plan), 167, 168; durch den skythenisch-makronischen Grenzfluß: 282

'Gastfreundschaft': 12, 31, 138, 143, 148, 409, 417
Gebete: 80, 158 , 286
Geisel: 382, 476
Geldwert: 11, 41, 433
Gelübde: 286
Gemüse: 227, 233
Gerichtsbarkeit des Großkönigs: 129; der Harmosten: 403-406, 408; der Strategen: 162
Gerichtsverfahren: gegen Orontas: 50, 51; gegen die Strategen in Kotyora: 157, 355-359
'Gerstenwein': 244
Gesandtenmord: 323, 352-355, 360
Gesandtschaften: der *Einheimischen* nach Kerasus: 353; der *Griechen* zu Anaxibios: 158, 265; zu Kleandros: 289; nach Herakleia Pontike: 200, 373; nach Sinope: 200, 343, 374; des *Großkönigs* zu den

Griechen: 106; des *Korylas* nach Kotyora: 360; des *Kyros* nach Sparta: 34; der *Odrysen* zu den Griechen: 466; der *Parier* nach Thrakien: 438; des *Seuthes* zu den Griechen: 412; der *Sinoper* nach Kotyora: 283, 335, 337, 469;
Geschenke des Großkönigs: 29; an den Großkönig: 283; des Kyros: 9, 29, 56, 75, 83, 141; des Seuthes: 424; an Seuthes: 437, 438, 440, 441,
Geschwindigkeit von Segelschiffen: 311
Gesellschaftsform: der Perser: 81; der Mossynoiken: 326-331
Goldmünzen: 11, 41
Grenzen: herakleotisch-bithynisch: 377; kilikisch-syrisch: 32; kotyorisch-mossynoikisch: 323, 334, 335; lydisch-phrygisch: 16; lykisch-kappadokisch: 24; phasianisch-taochisch: 262; phrygisch-lykaonisch: 23; skythenisch-makronisch: 272, 276, 277, 281; syrisch-arabisch: 43; taochisch-chalybisch: 268; nach Westarmenien: 226; zum Gebiet der Taochen: 237; Westgrenze des Mariandynengebietes: 372, 373
Gürtel: 39, 52
'zum Gürtel geben': 39, 121

Handschlag: 108, 226
Harem: des Kyros: 85; des Artaxerxes: 85
Harmosten: als Gerichtsherren: 403-406, 408; *einzelne*: Anaxibios: 411; Aristarchos: 426, 428, 435; Eteonikos: 418; Kleandros: 289, 297, 403-409 417, 427; Klearchos: 422; Kyniskos: 418; von Sinope: 338
Heeresversammlungen: 31, 345, 348, 422; in Byzantion: 420; in Kalpes Limen: 379, 391, 404, 405, 407, 408; in Kotyora: 339, 343, 347, 350, 355, 360, 369; bei Perinthos: 434, 435, ; in Trapezus: 292; oberhalb von Selymbria: 458, 459, 474; in **St.113***: 156, 158-164, 359; in Thapsakos: 41
'Heißhunger': 235
Helme: assyrische: 306; paphlagonische: 306, 325;
Herolde: 102, 103, 164, 183, 189, 466
Hetären: 28 (Glykera), 216
'Hirn der Palme': 105
Hirseanbau: 48
holokaustische Opfer: 479
'Hoplomachen': 93
'Horeia': 324
Hühner: 243
Hunde als Opfertiere: 356; im bildlichen Vergleich: 162, 359
Hyperorexie: 235

'Igel': 484
'induktive' Mantik: 368
Inschriften: 289, 321, 322
Inscriptiones: 378
Irrtümer Xenophons?: 69, 73, 115, 118, 122, 174

Jagd: 46, 79

Kamele: 45, 239
Kammwege: 274, 275, 276, 278, 280, 284, 285, 286
Kampfgesänge: der Chalyber: 270; der Karduchen: 218, 270; der Mossynoiken: 270, 326;
Kampfgeschrei der *Griechen*: 202, 216, 401; der *Perser*: 56
Kampfparänesen des Cheirisophos: 158; des Kyros: 55; Xenophons: 160 , 400
Kanäle: 46, 53, 55, 59, 60, 62, 97, 104, 113, 114, 116, 117, 137, 426; *einzelne*: Abu Ghuraib-Kanal: 89; Dawrin-Kanal: 46; Nahr Isa: 60; Ridhwaniya-Kanal: 62, 89; Saqlawiya-Kanal: 60; Yusufiya-Kanal: 113
Kanalreinigung: 53, 60

'Karanos': 32, 51, 52, 58, 79, 109
'Karpeia': 362
Karree *offenes*: 67, 163, 168, 169, 171, 177, 178, 180 (Schema), 181, 182, 184, 187, 191; *volles*: 22, 67, 68
Kastanien: 330
Keleks: 49, 121 (Bild), 122, 167, 188
Kenotaph: 390
'kilikische Tore': 19, 24, 25 (Abb.), 26,
'kilikisch-syrische Tore': 35 (Plan), 37
'Klearchos-Porträt': 4, 97, 105, 132-138, 392
Kleruchen: 347
Knabenliebe: 143, 449
Kolonien: Gesichtspunkte bei Neugründung: 385, 386, 402; Gründungspläne Xenophons: in Persien: 161; am Schwarzen Meer: 158, 344-346, 349, 386
Kommandounternehmen: am Deve Boyum-Paß: 200, 250, 253-259; am Karduchenpaß: 199-202, 219
Kommandoverhältnisse in der Söldnerarmee: 30, 31, 49, 163, 169, 434; Reformversuche in **St. 113***: 163; in Harmene: 163
'königliches Gebäude': 181, 223, 236
'Kontremarsch': 86, 88
Kopftrophäen der Chalyber: 270, der Ost-Mossynoiken: 327
Korinthischer Krieg: 418
Kränze: 245, 390
Kriegslisten: 137, 161, 201, 215, 219, 220, 253, 308, 485
Kriegsschiffe: 295, 296, 308, 393, 428
Kultbild der Artemis in Ephesos: 320-322
Kunaxa: s.u. *Schlachten*
'Kyros-Porträt': 4, 57, 76-84, 125, 132, 137, 140, 151
«Kyrou Anabasis» des Sophainetos (FGr Hist 109): 12
«Kyrupädie»: 76
Kyzikener: 346, 373, 433, 454, 455

Landsmannschaftliche Zusammensetzung der griechischen Heeresgruppe: 71, 374 (Namensliste)
Lanzen: der Chaldäer: 210; der Chalyber: 269; der Mossynoiken: 269
Lastträger: 156, 161, 163, 306, 395
Lebensmittelversorgung s.u. *Verpflegung*
Lederharnische: 23, 170, 197, 305
Lehmziegel: 113, 114, 173, 176 , 483
Leibwache des Großkönigs: 55, 74; des Kyros: 10, 51, 55, 74; der Strategen: 104; des spartanischen Königs: 187
Leichtbewaffnete: Untergliederung: 303
Lieder: der *Chalyber*: 270; der *Karduchen*: 218, 270; der *Mossynoiken*: 326; der *Thraker* auf Sitalkes: 362
Lochagen: 28; Anführer von Kommandounternehmen: 199, 258; Anführer von Beutezügen: 298, 323; Freundeskreise: 205, 265, 304, 370; als Mitglieder des Sondergerichts: 356; als Wortführer bei Meuterei: 373; Zunahme ihres Einflusses: 354; in der Funktion von Strategen: 381; *einzelne*: Agasias: 155, 265, 304, 370, 374; Aineias: 265; Amphikrates: [203]; Apollonides: 155; Archagoras: [203]; Aristeas: 200, 258; Ariston (?): 344; Aristonymos: 258, 265; Arystas: 437, 439; Demochares (?): 228; Dexippos (?): 297, 371; Eurylochos(?): 205, 265; Gnesippos: 440; Hegesandros: 382; Kallimachos: 265, 344, 374; Kephisodoros: [203]; Kleainetos: 298; Kleanor (?): 94; Klea-

retos: 323, 352; Lykon (?): 374; Nikarchos: 129, 164; Nikomachos: 258; Polykrates: 297; Samolas: 344; Smikres: 382
Lochoi: 28; als taktische Einheiten: 285; Stärke: 28, 153, 179; Stabilität: 298; Unterabteilungen: 179
'Logisten': 257
Lösegelder: 476, 481
Lykaia: 18
Lykeion (in Athen): 478

Magadis: 442, 443
'Marktaufseher': 353
Märkte: 107, 122, 128, 146 , 283, 335, 337, 353, 373, 409, 435
Marscherleichterungen: 62, 161
Marschgeschwindigkeit: 99, 161, 194
Marschkarree s. u. *Karree (offenes)*
Marschkolonne: Angriffsmarsch: 215; Gefechtsmarsch: 62, 206, 384; Entwicklung zur Phalanx: 63, 254, 397; Größe: 205; Marsch in Phalanxformation: 59; in Kolonne zu 2 Mann: 119, 137; Marschpausen: 61, 254; Nachtmarsch: 402, 444; Reisemarsch: 62, 162, 254; Ruhetage: 227, 249, 259
'Marschstunde' = *Parasang*
Marschpaian: 215
Mästen der Kinder bei den Mossynoiken: 330
Medimnos: 366, 373
'Medische Mauer': 2, 60, 111 (Plan), 112 (Schnitte), 113, 114, 115
Medizin: 391
'Megabyzos': 314, 316
'Menon-Porträt': 4, 139-145
Metropolis der Mossynoiken: 324-329
Meuterei: in Byzantion: 417, 419, 420, 422; in Herakleia Pontike: 374; in Kotyora: 350; in Tarsos: 30, 37, 136, 150
Milet-Flüchtlinge: 10, 13, 18, 80
'Milion': in Byzantion: 413, 415; in Rom: 415
'Moneren': 296
Musterung, Zählung: in Byzantion: 417, 418; im Wildpark bei Kelainai: 18; in Kerasus: 312, 376; in **St.18**: 22, 53; in **St.85**: 53, 55, 312;

Nachhut: der griechischen Heeresgruppe: 50; der griechischen Marschkolonne: 158, 163, 171, 193, 195, 196, 200, 201, 238, 239 240, 257, 264, 370, 374; des Marschkarrees: 179, 191
Naturkundliche Beobachtungen: 45, 106, 228
Nauarchen: Anaxibios: 293, 297, 366, 411, 417, 418, 422, 423, 426; Astyochos: 418; Lysandros: 149; Polos: 411; Samos: 34; Teleutias: 418
Niesen: 159
Notos: 234
'Nüsse': 330

Oberkommando über die griechischen Truppen: 128, 367, 373, 400, 408, 409
Offiziersrat: 55, 96, 98, 108, 127, 153 , 188, 193, 194, 199, 253, 254, 399, 418, 428
'Offiziersspiegel': 137
Ololyge: 216
Olympiaden: 316, 334
Onager: 46
Opfer: 61, 70, 96, 98, 108, 149, 159, 160, 211, 213, 216, 226, 234, 259, 275, 280, 289, 291, 299, 318, 334, 345, 348, 356, 360, 368, 369, 392, 396, 398, 409, 423, 466, 478, 479, 482
Opfertiere: 211, 289, 319, 356, 368, 369, 393, 398, 424, 479
Opferritual, spartanisches: 214, 215
Orakel (delphisches): 149, 316, 368

Pachturkunde: 321
Paian: 71, 360, 361, 363, 401
Palmkohl: 105, 106

Palmwein: 105
Panik: 102, 137, 219, 305, 419
'Paragoge': 93, 254
Paränesen: 55, 158, 160, 187, 327, 400
Parasangen: 5, 14, 22, 27, 98, 101, 114, 173, 176; Definition: 28, 98, 262; Umrechnung in Stadien: 98, 334, 487
Parole: 70, 71, 376, 444
Partisanenkampf: 181, 191, 195, 199, 213
Passierverträge: 146, 189, 192, 324; mit den Makronen: 283; mit Tiribazos: 226
Pässe: Beilan-Paß: 35, 38 (Bild), 41; Çatak-Paß: 230, 231; Delibaba-Paß: 231, 248, 249; Deve-boyun-Paß: 250, 252, 253, 256, 257, 258, 268, 286; Gozme Gedik-Paß: 222; Karduchen-Paß: 197-205, 210, 253, 256, 258, 265, 270; Paßweg ins Karduchengebiet: 189, 191, 192, 193; Paßübergänge im Karduchengebiet: 206; 'kilikische Tore': 25/26 (Bild); 'kilikisch-syrische Tore': 35 (Plan), 41; Kop-Dag-Paß: 252, 260; Tachtali-Paß: 220, 222, 223, 226; Tahir-Paß: 231; Paß ins Tortumtal: 260; Vavuk-Paß: 252, 272; Zakhu-Paß: 177, 181, 182 (Bild); Zigana-Paß [alt]: 252, 272, 277, [neu]: 274 (Bild), 276, 277, 278
peloponnesischer Krieg: 12, 34, 133, 148, 149, 163, 347, 420, 432
Pentekostys: 179, 304
Periodosliteratur: 5, 293
«Periploi»: 456
'Peripteros': 320
Perserkriege: 55, 160
'Persertanz': 363
«Persika» des Ktesias: 74, 270
Persisch-spartanischer Krieg: 95
Pferde armenische: 246; Beutepferde: 170, 242, 246; Erziehung: 82; des Großkönigs: 241; Klearchs: 170; Musterung: 170; Rennen: 291; thrakische: 440, 467; Xenophons: 155, 170, 479
Pferdeopfer: 246
Phalanx: *griechische*: Angriffsmarsch nach spartanischer Sitte: 215; dichte Aufstellung: 104; Eigenleben: 71; Elementartaktik: 93, 104; tiefe Gliederung: 284; 4 Glieder: 22; 8 Glieder: 64, 67; 16 Glieder: 104; Homogenität: 67; Flügelpositionen: 22, 53; bei Kunaxa: 71, 72; im Marschkarree: 163, 168, 171, 178, 179; Verstärkung durch rückwärtige Eingreifreserven: 398; makedonische Sarissen-Phalanx: 269; *einheimische Truppen des Kyros*: Aufstellung: 64, 66, bei Kunaxa: 74, 85; *königliche Truppen*: Aufstellung: 62, Mittelposition des Großkönigs 73, Gliederung nach Völkerschaften: 67
'die Phokäerin': 85
Plünderungen der *Armenier*: 238, 240; der *Griechen*: 146; in Kilikien: 28; in Tarsos: 29; in den Dörfern der Parysatis: 121; in der Fluchtburg der Drilen: 305, bei den Mossynoiken: 327; im Umland von Kotyora: 335 im Gebiet des Medosades: 466-468; der *Perser* im Lager des Kyros: 85, 86, 89, 91
Polemik gegen Lykon: 374; gegen Menon: 42
'Polyeren': 296
Pompe: 334
Priester: 211, 216, 314, 315, 322, 478; vgl. auch *Megabyzos*
Priesterin: 85, 149
Proskynese: 53
'Prosodiakon': 363
'Proxenie': 'Wahlkonsulat': 315, 323, 432; 'Ehrenbürgerrecht': 315
'Proxenos-Porträt': 4, 138/139,140,145

'Pseudodipteros': 320
Pseudonym: 94
Pyrrhiche: 361, 363, 364

Quellen: des Euphrat: 233; des Mäander: 17; Midas-Quelle: 20; des Tigris: 209, 220, 222; warme Quelle: 239;

Rechenschaftsablegung: 257, 355, 356
Reiseberichte: 2, 277; CHANDLER: 15; CURZON: 242, 261, 275, 277; GUSE: 235, 238, 278; v.HOFFMEISTER: 252, 278; KINNEIR: 326, 327, 329, 332, 343; LEHMANN-HAUPT: 243, 260, 265; LYNCH: 247, 250; NIEBUHR: 167, PETERMANN: 167; SACHAU: 38, 41, 42, 44, 167, 182, 188;
Reiter: armenische: 215, 216; des Ariaios: 64, 147; athenische: 457, 478; des Großkönigs: 61, 74, 89; hyrkanische: 484; des Klearchos: 58; des Kyros: 66, 74, 147; des Orontas: 209; des Lykios: 170, 171, 214; Meldereiter: 86, 196; odrysische: 455; paphlagonische: 64, 72, 87, 147, 341, 342; persische: 50, 160, 171; des Pharnabazos: 394, 395, 397, 401; thrakische: 98, 436; des Timasion: 400, 401; des Tiribazos: 227, 228; des Tissaphernes: 14, 67, 85, 101, 110, 119, 121, 177, 187, 457
Reiterharnisch: 170, 187
Reorganisation des griechischen Heeres: in Harmene: 214; in Kotyora: 367; in **St. 113***: 137, 161; für den Gebirgsmarsch: 191; des Marschkarrees: 179
Rhyta: 431
Rindshäute als staatliche Einnahmequelle in Athen: 289; als Opfergaben: 280; als Siegespreise: 290
'Ritter': 187
Rüstung Xenophons: 159

Sackpfeifen: 443
Salpinx: 442, 443
Sammelplätze für persische Truppen: 8, 12, 14, 48, 58
Sarissen: 269
Satrapien: 486, 487; Akkad: 58; Armenien: 241; Bithynien: 394; Daskylitis: 11, 366, 394, 395, 411; des Kyros: 7, 10, 23, 24, 51, 79, 80, 81, 395; des Tissaphernes: 7, 109, 169, 179, 457; Lykaonien/Kappadokien: 129; Medien: 58; Ostarmenien: 108, 209; Syrien und Assyrien: 39; Westarmenien: 225, 253, 268
Schafe: 121, 122, 382, 398, 403, 409, 410, 424, 454, 475
Schalmei: 443
Schatzhaus der Athener in Delphi: 314
Scheinangriff: 23, 200
Schiffe: 34, 295, 297, 309, 312, 343, 351, 365, 393, 403, 413, 423
Schiffsbrücken: 41, 114, 116
Schiffsmosaik von Althiburus: 324
Schilde: der Chaldäer: 210; der Mossynoiken: 325; der Peltasten: 451; der Perser: 67; aus Flechtwerk: 92, 210, 308, 325; aus Holz: 92;
'Schildträger': 170, 205, 215
Schlachten: bei Aigospotamoi: 418; bei den Arginusen: 11, 418; bei Pydna: ; bei Marathon: 71; bei Koroneia: 315; bei Kynoskephalai: 104; bei Kunaxa: 4, 29, 56, 65 (Plan), 67-75 (erste Phase), 86-89 (zweite Phase), 87 (Plan), 107, 119, 130, 133, 135, 136, 154, 157, 160, 171, 177, 194, 209, 225, 247, 312, 334, 342, 346, 364; bei Kyzikos: 11; bei Leuktra: 319; bei den Thermopylen: 95

Schlachtruf: 71
Schleuder: 168
Schnee: 227, 228, 233, 234, 246
Schnellsegler: 293
Schoeni: 43
Schußweiten: 168, 171, 178
Schweine: 227
Seeräuberei: 295
'Segelfrachter': 296
Seher, Mantis: 163, 345, 356, 368, 369, 392; *einzelne*: Arexion: 392; Eukleides: 478; Kleagoras (?): 478; Silanos: 61, 345, 347-349, 392; Theoklymenos: 458
Selbsterwähnungen Xenophons in der ersten Person: 70, 97, 130, 334, 486
Selbsttötung der Taochen: 265
Sichelwagen: 58, 68, 72
Siegeszeichen: 90, 259, 402; Steinhügel am Theches: 280, 281 (Bild)
Silbermine: 41
Silbertalent: 11
'Skepterträger': 53
Skeuophoren: 301, 327
Sklaven (s. auch u. δοῦλος): 94, 155, 163, 192, 234, 395, 405, 410, 435, 440; Gefangene: 29, 193, 382, 484; Verkauf: 312, 425, 426, 454, 475 , 476
Sold: 128, 149, 241, 313, 346, 357, 366, 367, 373, 411, 417, 418, 433, 435, 436, 440, 444, 454, 455, 457-459, 461, 462, 465, 469-472, 474, 475
Söldner: *chaldäische/ chalybische*: 209, 210, 229, 237, 246, 253, 263, 268; *griechische*: 8, 10, 70; Garnisonen in Persien: 37; im Dienst des Abrokomas: 32; des Tissaphernes: 169; Altersgruppen: 204, 303, 310, 395; finanzielle Motivation: 33, 41, 55, 164, 436, 438, 457, 482; *persische* in Garnisonen: 483; *taochische*: 229, 237
Sommer-, Winterwege: 260, 276, 285
Sondergerichtsverfahren über die Strategen in Kotyora: 157, 158, 355-359
Spelt: 329
Speisezimmer in der Tyrsis des Seuthes: 437, 439
Sportwettkämpfe: in Kotyora: 334; in Peltai: 19; in Trapezus: 275, 289- 291
Staatsfeind: 403, 407
Staatsverbrechen: 406
Standgerichte: 162
Statere: 346
Stathmoi: Halteplätze nach Tagemärschen: 1, 5, 14, 16, 23, 33, 190; mit Märkten: 48, 49; mit Waffenplatz: 103, feste Stathmoi der 'Königsstraße': 182, Festlegung durch Tissaphernes: 108, Strukturierungsmittel der «Anabasis»: 1, 14, 365
Stathmoi (einzeln): **4**: 12; **7**: 12, 58; **18**: 53; 15; **26**: 24; **31**: 19; **36**: 151; **41**: 28, 32, 58; **42**: 32; **43**: 14, 64; **55**: 33, 59; **66**: 44; **67**: 44; **68**: 44; **69**: 99; **81**: 61, 139; **82**: 50, 61, 99; **86**: 98, 99; **87**: 85, 98, 157; **88**: 97, 98, 333; **89**: 101, 102, 103, 137; **90**: 109, 137; **95**: 116; **96**: 115; **97**: 115; **98**: 115; **99**: 115, 121, 131, 137, 177; **100-105**: 119; **105**: 118; **110*-113***: 333; **113***: 137; **116**: 119; **117**: 119, 177; **118-121**: 180; **122**: 177; **125**: 189; **126**: 146, 188; **127**: 206; **128**: 206; **129**: 206; **130**: 206; **133**: 206; **135-147**: 220-23; **150**: 358; **151**: 240, 358; **[159]-[161]**: 333; **161**: 252; **163**: 263; **164**: 259; **164-175**: 261; **172**: 261; **183**: 252, 260, 312; **189-191**: 274; **192**: 274; **193**: 274; **193-207**: 310; **193**: 311; **196**: 312, 323, 326, 332; **197**: 324, 326,

352, 353; **203-206**: 322; **206**: 335
Steilkolonnen: 203, 284 (Schema), 285, 286, 312, 325, 328
Steinigung: 30, 352, 355, 403, 407, 458, 476
Stiftungsurkunde: 321
Stilistisches: 4, 126, 131, 158, 348, 463, 464, 470, 474 Anschaulichkeit: 67, 92, 100, 102, 147, 148, 152, 179, 183, 192, 196, 197, 202, 202, 208, 228, 241, 245, 263, 265, 278, 283, 291, 298, 309, 324, 326, 338, 352, 353, 358, 385, 394, 403, 404, 419, 432, 437, 483; Genauigkeit: 255, 257, 258, 285, 299, 304, 305, 396, 402, 423, 429, 431, 439, 484; militärische Terminologie: 217, 254 400; reihender Stil: 204; synchrone Darstellung: 217; Unschärfe: 88, 487; Verdeutlichung durch Vergleiche: 229, 256, 285, 325, 337, 358, 359; verengter Blickwinkel: 69, 88, 195, 205, 213, 219, 238, 239, 253
Strafe - Belohnung: 52, 82, 136
Strafen: 82, 53 (Lebendig-Eingraben), 80, 84 (Verstümmeln), 135, 137, 153, 157/158, 404; Geldstrafen: 157, 158, 357
Strafexpeditionen des Kyros gegen Pisidien: 12, 81, 150; Lykaonien: 24; Mysien: 81
Strandräuberei: 456
Straßen, Wege: 161, 190, 254; Euphrat-Nordufer-Straße: 43, 50, 53, 55, 59, 89; Handelsweg durch das Land der Karduchen: 206, 207; Karawanenstraßen: 15, 37, 99, 231, 252, 274; 'Königsstraße': 5, 19, 24, 26, 59, 99, 117, 118, 119, 146, 182, 187, 188; Straßen durch Syrien: 43; Straße Ekbatana-Babylon: 59, 117, 118; Straße Lampsakos-Pergamon: 479, 480; Straße Persien-Schwarzes Meer: 248, 249, 252, 260, 272, 274, 282, 287; Straße Sippar-Babylon: 62, 89; Küstenstraße Sinope-Amastris: 340; Küstenstraße Herakleia-Kalpes Limen: 377; Straße Sippar - Opis: 114; Straße Byzantion-Cherrones: 413, 417; Straße Erzurum-Georgien: 260, 261; Straße Muşs - Malazgirt: 222, 226, 230; Straße von Kotyora ins Landesinnere: 332, 341; Straße von Sangariosmündung ins Landesinnere: 377, 383; Straße nach Perinthos: 427; Straße Lakedaimon - Olympia: 318; pontische Küstenstraße: 296, 310; Ost-West-Fernstraßen: 40, 43, 146, 231, 247, 378, 383, 410; Nebenstraßen: 189, 252, 272; Wege im Hinterland von Kalpes Limen: 380, 395, 398, 399, 410; Tigris-Westuferstraße: 99, 114; λεωφόρος μέση in Konstantinopel: 415; 'die große Reichsstraße': 435, 438
Strategenkollegium: 214, 226, 285, 367, 369, 392
Strauße: 46
Streitaxt: 229
Stühle: 433, 439
Symmachieverträge: mit Ariaios: 98, 100; mit den Westmossynoiken: 324
Syennesis: s.u. *Eigennamen*
Symposion: 245, 360, 361, 364

Tagebuch: 96, 109, 116, 122, 152, 241, 333, 346, 379
Tagesrationen: 366, 423, 439
taktische Neuerungen: 3; Eingreifreserven hinter der Phalanx: 398; 'Igel': 484; Marschkarree: 163; Steilkolonnen als taktische Einheiten: 203,

284, 328
Tänze 324; der Chalyber: 270; auf dem Fest in Kotyora: 360-364
Tätowierungen: 330, 331
Temenos: der ephesischen Artemis in Skillus: 313, 316-322:
Textvarianten, Konjekturen, Korruptelen: **1.2.23**: 27; **1.6.9**: 52; **1.7.15**: 60; **1.8.4**: 64; **1.8.5**: 66; **1.8.6**: 66; **2.1.1**: 91; **2.1.12**: 94, 116; **2.2.6**: 97, 98, 333; **3.1.1**: 91; **3.1.31**: 156; **3.3.20**: 170; **3.4.15**: 178; **4.1.1-4**: 91; **4.1.11**: 193; **4.5.3**: 233; **4.5.24**: 241; **4.6.1**: 87, 247; **4.6.4**: 249; **4.7.3**: 264; **4.7.16**: 269; **4.8.2**: 282; **4.8.27**: 291; **5.1.1**: 91; **5.1.2**: 292; **5.2.21**: 306; **5.3.10**: 319; **5.5.4**: 333; **5.8.1**: 357; **6.2.1**: 372; **6.2.12**: 376; **6.3.1**: 378, 379; **6.3.14-18**: 383, 384; **6.4.22**: 394; **7.1.1**: 91; **7.2.1**: 424; **7.3.36**: 444; **7.6.10**: 459; **7.6.39**: 464, 465; **7.8.1**: 477, 478; **7.8.8**: 480; **7.8.15**: 483; **7.8.25/26**: 486, 487
Thesmotheten: 257, 357
'Thrakion' (in Byzantion): 413, 416, 420, 422
'thrakisches Delta': s.u. *geographische Namen*
'thrakischer Heros': 440
'thrakischer Reiter': 440
Tiara: steile: 127, 126 (bildlich); weiche: 22, 66; des Kyros: 66, 75
Tische: 439
'Tischgenossen': 84
Todesurteile: 355, 357, 406; über Dareios: 85; Klearchos: 11; Kyros: 9; Megaphernes: 25; Orontas: 52; Statthalter in Lykaonien: 25; die griechischen Strategen: 132;
'Tollhonig': 277, 286
Torverschluß: 418, 419
Tragtiere: 47, 58, 97, 161, 163, 189, 194, 198, 202, 203, 204, 214, 234, 301; Klearchs: 30
Trajans-Säule: 450
Trappen: 46
Träume, Traumdeutung: 147, 151, 152, 210, 307, 368, 478
Trieren: 296, 375, 403, 413, 421, 428
Trinkhörner: 361, 431, 442
Trompete: 443
Trompetensignale: 23, 97, 189, 200, 202, 219, 220, 230, 401
Troß: 23, 29, 48, 58, 67, 88, 91, 97, 104, 110, 194, 214, 217, 220, 230, 257, 356, 361
Truppenstärke der *griechischen* Söldner in Herakleia: 376, 377, 425; in Issos: 34; in Kelainai: 18; in Kerasus: 312, 376; in Sardeis: 13; in **St.85**: 58; nach dem Feldzug mit Seuthes: 425; bei der Übergabe an Thibron: 425; der *einheimischen Truppen* des Kyros: 58; der *Truppen des Großkönigs*: 58
'Tumulus Karakaja': 33
'an den Türen': 93
Turmhäuser der Mossynoiken: 328, 329
Tyche: 308
'Tyrsis': 429, 431, 435, 439

Überläufer: 32, 37, 55, 58, 59, 92
Unterirdische Wohnungen in Armenien: 242, 243 (Bild)
Unterkönig: 432
Unterlochagen: 265, 304
Untersatrapen: Artakamas: 486; Artimas: 486; Mithradates: 23; Tamos: 34
Unterstrategen: 94, 156, 313, 350
'unversöhnlicher Kriegszustand': 164

Vasenbilder: 229, 363, 364
Verbannung: 158, 476, 480
Verluste bei Beutezügen: 350, 367, 393,

394, 395; in Kilikien: 28; in der Schlacht bei Kunaxa: 72, 87; während der Schneemärsche: 234, 312
Verpflegung, Versorgung: 43, 50; keine Gemeinschaftsverpflegung: 134; durch Gastgeschenke griechischer Pontostädte: 366, 373; Fleisch: 48, 263; Kauf auf Märkten: 107, 110, 283; Lebensmittelbevorratung in festen Stathmoi: 182, 223, Lebensmittelgarantien des Ariaios: 99, des Tissaphernes: 104, 108, 122; Lebensmitteltransport in Wagen: 48, in Schiffen: 379, 396; Notverpflegung: 90; Requisitionen: 146, 192, 205, 236, 245, 294, 297, 299, 302, 305, 336, 380, 390, 402, 418, 422, 424, 435, 467; Versorgungsproblematik: 99, 101, 109, 154, 160, 194, 195, 235, 263, 294, 336, 337, 346, 355, 393, 461
Verstümmelung: 80, 84
Verwaltungsämter: 56
Verwundungen/Erkrankungen: 181, 220, 238, 264, 305, 306, 312, 335, 338, 382, 483; des Agasias: 484; des Ariaios: 72; des Basias: 197; des Cheirisophos: 391; des Großkönigs: 74, 85, 89, 101; des Kyros: 75; des Leonymos: 197; des Nikarchos: 129, 164;
Vielweiberei: 440
'Volksentscheid': 469
Vorposten: 103, 379, 396
Vorzeichen: 368, 369, 370, 394, 396, 398, 428

Wachdienst: 135 , 295
Wagen: 22, 48, 92, 110, 161
Waffenplatz: 103, 147, 156, 326, 420
Waffenstillstand: Angebot des Großkönigs: 96, 103, 104; Verhandlungen der Arkadier mit den Thrakern: 382
Waffentänze: 360-364, 444
Wasserstand des Euphrat: 42, 146, 233; des großen Zab: 167
Wehrturm: 482, 483
Weihungen: 313 , 314
Wein: 21, 205, 227, 244, 288
Weizen: 329, 330, 334
Wermutarten: 46
Wetter: 195, 227, 235, 435, 458, 461
"wie durch Freundesland": 108, 192
Wildesel: 46
Winde: 234
Wohnstätten der Armenier: 242/243; Chaldäer/Chalyber: 266; Mossynoiken: 328, 329
wörtliche Rede: 4, 96, 106, 186, 283, 302, 347, 385, 417, 432, 468
wörtliche Zitate: 83, 290, 431
Wurfschlaufe des Speers: 207, 219, 303

Xoanon: 320

'Zeit des Abendessens': 90
der **'Zehnte'**: 313, 314, 318
Zelte: 161
Ziggurat: 172, 173, 174 (Bild)
Ziegen: 122, 160, 215
Zisternen: 205, 245
Zusammenfassungen: **2.2.6**: 91, 333; **5.5.4**: 91, 333; **6.3.1**: 378; **7.8.25/26**: 91, 333, 486, 487

Griechische Stichwörter

ἀδελφός (Titel): 431
ἄγειν καὶ φέρειν: 336
ἀγορά: 350
ἀναβάλλεσθαι [auf das Pferd]: 225
ἀναπτύσσειν: 88
ἀνομία: 355
ἀπάτη τοῦ δήμου: 351
ἀποστροφή: 463
ἀρχικός: 133, 137
αὐλὸς καθαριστήριος: 443
αὐλών: 105
αὐτοκράτωρ ἄρχων: 367, 369

βακτήριαι: 280
βαλανάγρα: 419
βαλανοδόκη: 419
βάλανος: 419
τὸ βαρβαρικόν: 66
βασίλειον: 181, 223
βρῦτον (βρῦτος): 244

γαύλικα χρήματα: 356
γραφὴ κλοπῆς δημοσίων χρημάτων: 257
γυμνῆτες: 169, 301, 303, 304

δείλη: 200
δερματικά: 289
διαγκυλόομαι: 303
διατάττειν: 178
διώρυχες: 105
δοκιμάζειν: 170
δοῦλος: 81, 84, 130
δρόμος νυχθήμερος: 311, 343, 365

ἐκκλησία: 350
ἐκμηρύεσθαι: 400
ἐμβατήριος παιάν: 215
ἐμπυρομαντεία: 369
ἐνδίφριος: 433
ἐνετός: 465
ἐνέχυρα: 461
κατ' ἐνωμοτίας: 180, 254
ἐνόπλια παίγνια: 363
ἐνόπλιος ῥυθμός: 363
ἐξελιγμός: 86
ἐπικαίριοι: 412, 469
ἐπιτήδειοι: 469
εὐθύνας διδόναι: 257, 355, 356
ἔφεδρος: 124

ζειαί: 329
ζειραί: 448
ζύθος: 244

θέσθαι τὰ ὅπλα: 302
θώραξ ἱππικός: 170
θύρετρα: 305
θυσίαι ἄγευστοι: 211

ἰδιώτης: 162
ἱερεῖα: 227
ἱεροσκοπία: 369
ἴοντες καὶ ἀπιόντες: 104

καπνομαντεία: 369
καρβάτιναι: 238, 239
καρκίνος: 419
κατασκεδαννύναι (κατασκεδάζειν): 442
καθαρμός: 353, 356
κέλης: 293
κεράμια: 366, 373
κατὰ κέρας, ἐπὶ κέρως: 254, 397
κέρατα: 431
τὰ κλεῖθρα: 419
κλέπτειν: 255-257
κολαβρισμὸς Θρᾴκιος: 444
κράββατοι: 361
κρωβύλος: 325
κυρβασία: 66

λεωφόρος μέση in Konstantinopel: 415
λιποταξία: 162
κατὰ λόχους: 179
λῷον καὶ ἄμεινον: 376

μόσυνες (μόσσυνες): 328

νεβρίς: 448

ξυήλη: 268

ὄκλασμα: 363
ὁλκάδες: 296
ὅμοιοι: 256

ὀνειροκρίτης: 478
ὀπισθοφύλακες: 264, 265
τὰ ὅπλα: 103, 305
τὰ ὅπλα κεῖσθαι: 420;
ὀχετοί: 105

παραγγέλματα der Pythagoreer: 460
παράγγελσις: 189, 196
παραδυναστεύων: 432
παράκλητοι: 408
πελτασταί: 169
πέλτη: 168, 303, 308, 309, 451; Trageriemen: 451
πεντηκοντῆρες: 304
κατὰ πεντηκοστύς: 180
πηδάλια: 295, 296
πίστεις ἄτεχνοι: 460
πίστεις ἔντεχνοι: 351, 460
ἐπὶ πόδα ἀναχωρεῖν: 309
πολέμιος: 403
προγύμνασμα τοῦ πολέμου: 362
προδοσίας-Anklage: 315
πτέρυγες: 268
πύκνωσις: 104

σαγάρεις: 325
ἐπὶ σκέλος χωρεῖν: 309
σκηνέω: 437
σκίμποδες: 361
σκυθοτοξόται (Phantomwort): 178
σπλαγχνοσκοπία: 369
σπολάδες: 170, 197
σπονδαί: 382
στίχοι: 86
κατὰ στόμα: 308
στράτευμα: = Truppenkörper der Strategen: 49; = griechische Heeresgruppe: 49, 69; = Kyros-Armee: 49
στρατόπεδον: 295, 335, 337
στύραξ: 269, 325
σύνδικοι: 405
συνήγοροι: 405, 408
σφάγια: 70, 216, 234

ταμιεύεσθαι: 126
τάττειν: 93
τάφροι: 105
τρόπος (Charakter): 134

ἐφ' ὕβρει: 357-359
τὸ ὑπερβάλλον: 192
ὑπολόχαγοι: 304
ὑποστράτηγος: 94, 156, 313, 350

ἐπὶ φάλαγγος: 254
φίλος (Titel): 431

χηλή: 413
χόες: 366

ψιλοί: 169, 304, 308

Stellen

Xenophon

Anabasis

1.Buch

1.1.2: 37, 41, 58, 79, 106, 149; **1.1.6**: 80; **1.1.6/7**: 34; **1.1.7**: 37, 80; **1.1.9**: 41, 133, 347, 375, 422; **1.1.10**: 142; **1.1.11**: 130, 145, 150, 161, 310, 375; **1.2.1**: 8, 15, 375; **1.2.2**: 18, 375; **1.2.3**: 12, 37, 145; **1.2.4**: 18, 20, 106, 177; **1.2.5**: 98, 150; **1.2.5-7**: 5; **1.2.6**: 28, 362, 375; **1.2.9**: 13, 58, 145, 152, 169, 207, 308, 375, 377, 448, 462; **1.2.12**: 29, 80; **1.2.15**: 53; **1.2.17**: 42; **1.2.18**: 49; **1.2.19**: 18, 25, 161; **1.2.21**: 24; **1.2.21/22**: 18; **1.2.23**: 26, 459; **1.2.25**: 58, 153, 157; **1.2.26**: 20; **1.2.27**: 20, 75, 80; **1.3.1 ff.**: 136, 151; **1.3.7**: 8, 37, 64; **1.3.10**: 151; **1.3.11**: 162; **1.3.14**: 29; **1.3.18**: 33; **1.3.19**: 33; **1.3.21**: 433; **1.4.2**: 26; **1.4.3**: 32, 58, 375; **1.4.4**: 35; **1.4.5**: 32; **1.4.6**: 64; **1.4.7**: 8, 64, 446; **1.4.8**: 14; **1.4.9**: 121; **1.4.11/12**: 33; **1.4.13-16**: 48, 141; **1.4.16**: 91; **1.4.17**: 59, 141; **1.4.18**: 42; **1.4.19**: 40; **1.5.1**: 43, 101; **1.5.4**: 40, 99; **1.5.5**: 84, 101; **1.5.7**: 42, 47, 91; **1.5.8**: 29, 50; **1.5.9**: 51; **1.5.10**: 12, 105; **1.5.11-17**: 141; **1.5.13**: 53, 58, 448; **1.5.14/15**: 139; **1.5.16**: 50; **1.6.1-11**: 50; **1.6.1**: 53, 61; **1.6.1-11**: 84; **1.6.2**: 49; **1.6.7**: 125; **1.6.11**: 75; **1.7.1**: 178, 312; **1.7.4**: 68; **1.7.9**: 61; **1.7.10**: 55, 177, 312; **1.7.12**: 14, 48; **1.7.14**: 99; **1.7.15**: 55, 459; **1.7.18**: 11, 49, 345; **1.8.1**: 89; **1.8.3**: 189; **1.8.4**: 67; **1.8.5**: 147, 342, 459; **1.8.6**: 147; **1.8.8/9**: 59; **1.8.9**: 22, 92; **1.8.11**: 56, 67; **1.8.12**: 42; **1.8.13**: 73, 133; **1.8.15**: 66, 130, 189; **1.8.15-17**: 76; **1.8.16**: 444;**1.8.17**: 67; **1.8.18**: 23, 401; **1.8.19**: 87; **1.8.25-29**: 84; **1.8.26**: 101; **1.8.26/27**: 270; **1.8.28**: 53; **1.9**: 4, 48, 132, 151; **1.9.1**: 132; **1.9.2**: 79; **1.9.2-5**: 77; **1.9.3**: 93; **1.9.6**: 77; **1.9.7**: 23, 52; **1.9.7-10**: 57, 79; **1.9.11-19**: 79; **1.9.14**: 52, 125; **1.9.14/15**: 84; **1.9.20**: 10, 148; **1.9.20 ff.**: 125; **1.9.20/21**: 96, 461; **1.9.22**: 80; **1.9.23**: 128; **1.9.24**: 138; **1.9.29**: 81, 130; **1.9.30/31**: 75; **1.9.31**: 64, 147; **1.10.1**: 75, 98, 153; **1.10.2/3**: 90, 364; **1.10.6**: 88, 92; **1.10.7**: 449; **1.10.7**: 66, 85, 106, 247; **1.10.12**: 63; **1.10.18**: 86, 92; **1.10.19**: 67; **1.10.28**: 48

2.Buch

2.1.1: 459; **2.1.2/3**: 485; **2.1.3**: 34, 42, 73; **2.1.5**: 125, 157; **2.1.6**: 87; **2.1.7 ff.**: 137; **2.1.10**: 130, 139, 158, 375, 424; **2.1.12**: 116, 375; **2.1.14**: 94, 125; **2.1.20**: 95; **2.1.21-23**: 106; **2.1.23**: 96; **2.2.1**: 92, 125; **2.2.3**: 99; **2.2.5**: 128; **2.2.6**: 91, 333, 486, 487; **2.2.7**: 375; **2.2.8**: 100; **2.2.8/9**: 131; **2.2.11**: 59; **2.2.13**: 308; **2.2.14**: 72, 108; **2.2.15/16**: 101; **2.2.19**: 137; **2.2.19-21**: 147; **2.3.1**: 102; **2.3.4**: 106; **2.3.5-9**: 134; **2.3.10-12**: 137; **2.3.11**: 310; **2.3.13**: 104; **2.3.14**: 107; **2.3.17**: 124; **2.3.19**: 85, 87; **2.3.26**: 125; **2.3.26/27**: 131; **2.3.26-28**: 119, 226; **2.3.28**: 154; **2.4.5/6**: 124, 146, 160; **2.4.6**: 98, 99, 160; **2.4.8**: 108, 177, 209; **2.4.12**: 2, 60, 110;

2.4.13: 105, 113; **2.4.15**: 103; **2.4.16**: 115, 129; **2.4.21/22**: 114; **2.4.24**: 42; **2.4.25**: 115, 118, 131, 177; **2.4.26**: 137; **2.4.27**: 118; **2.4.28**: 118, 121, 188; **2.5.1**: 166, 333; **2.5.13**: 12, 81, 161; **2.5.16-23**: 127; **2.5.27**: 123; **2.5.28**: 125; **2.5.30**: 157; **2.5.31**: 375; **2.5.32**: 109; **2.5.33**: 164, 375; **2.5.35**: 23, 164; **2.5.37**: 255; **2.5.38**: 81, 147; **2.5.39**: 130, 158; **2.5.40**: 209; **2.5.41**: 130; **2.6**: 4; **2.6.1-15**: 11, 97, 105, 392; **2.6.7**: 69; **2.6.8 ff.**: 30, 105; **2.6.9/10**: 49; **2.6.15**: 10, 69; **2.6.16**: 12; **2.6.16-20**: 12, 148; **2.6.21-29**: 42; **2.6.27**: 29, 49; **2.6.28**: 12; **2.6.30**: 18, 130

3.Buch

3.1.1: 91, 459; **3.1.2**: 109, 160; **3.1.3**: 103, 148, 187; **3.1.4**: 12, 82, 94, 109, 116, 138, 150, 375; **3.1.4-10**: 70; **3.1.6**: 368; **3.1.7**: 446; **3.1.8**: 76, 98, 368; **3.1.10**: 11, 18; **3.1.11-14**: 211; **3.1.12**: 193; **3.1.16**: 103; **3.1.17**: 84, 310; **3.1.19**: 154; **3.1.31**: 155, 484; **3.1.32-34**: 94, 153; **3.1.33**: 103; **3.1.34**: 421 452; **3.1.36**: 412; **3.1.45/46**: 130; **3.1.47**: 94, 164, 346, 348, 357, 371, 375, 438; **3.2.4**: 130; **3.2.4-6**: 158; **3.2.9**: 286, 289; **3.2.21**: 294; **3.2.22**: 233; **3.2.23/24**: 81, 125; **3.2.31**: 137; **3.2.34**: 168; **3.2.36**: 68; **3.2.37**: 158, 191; **3.2.47**: 18; **3.3.1**: 129; **3.3.1 ff.**: 23; **3.3.2**: 23; **3.3.5**: 129; **3.3.6**: 4, 122; **3.3.6 ff.**: 23, 171; **3.3.7**: 129, 163, 169, 178, 207, 308; **3.3.11**: 167, 168; **3.3.15**: 207; **3.3.16**: 98, 375; **3.3.16-20**: 160; **3.3.19**: 84; **3.3.19/20**: 98; **3.3.20**: 178, 187, 197, 216, 375; **3.4.1**: 167; **3.4.2/3**: 129; **3.4.5**: 402; **3.4.7**: 2, 177; **3.4.10**: 2; **3.4.11/12**: 174; **3.4.13**: 119, 209; **3.4.15**: 169, 459; **3.4.17**: 177, 178; **3.4.21**: 29, 153, 304; **3.4.22**: 304; **3.4.26**: 169; **3.4.32**: 181; **3.4.37**: 445; **3.4.39**: 187; **3.4.48**: 170; **3.5.6**: 188; **3.5.9**: 49; **3.5.12**: 209; **3.5.16**: 229; **3.5.18**: 196

4.Buch

4.1.1-4: 91, 459; **4.1.1-3.34**: 337; **4.1.5**: 189, 190; **4.1.6**: 264, 444; **4.1.8**: 375; **4.1.9**: 199, 283; **4.1.10/11**: 207; **4.1.11**: 206; **4.1.13**: 103; **4.1.14**: 206; **4.1.15**: 227; **4.1.16**: 190; **4.1.17/18**: 270; **4.1.18**: 375; **4.1.19**: 206; **4.1.20**: 200, 210; **4.1.20-2.22**: 192; **4.1.23**: 197; **4.1.23-2.23**: 253; **4.1.24**: 201; **4.1.25**: 198, 200; **4.1.27**: 155, 375; **4.1.27/28**: 258; **4.2.1**: 198, 201; **4.2.1/2**: 445; **4.2.2**: 198; **4.2.3**: 198; **4.2.4**: 200; **4.2.5**: 198; **4.2.6**: 197, 198; **4.2.7**: 219; **4.2.8**: 197; **4.2.9**: 198, 201; **4.2.10**: 198; **4.2.11**: 285; **4.2.12**: 198; **4.2.13**: 198, 375; **4.2.14**: 198; **4.2.15**: 198; **4.2.16**: 198, 310; **4.2.17**: 203, 205; **4.2.18**: 198; **4.2.20**: 198; **4.2.21**: 265, 375, 421; **4.2.22**: 198, 206, 245; **4.2.23**: 204; **4.2.24-27**: 192; **4.2.25/26**: 202; **4.2.27**: 197; **4.2.28**: 169, 219; **4.3.1**: 206; **4.3.2**: 206; **4.3.4**: 229, 266; **4.3.5**: 207; **4.3.6**: 207; **4.3.8**: 151; **4.3.11**: 128, 207; **4.3.12**: 207; **4.3.16**: 207; **4.3.17**: 207; **4.3.18/19**: 214; **4.3.20**: 207; **4.3.21**: 207; **4.3.22**: 171, 286; **4.3.25**: 171, 216; **4.3.26**: 254; **4.3.27**: 270; **4.3.28**: 303; **4.3.28-34**: 219; **4.3.29**: 168, 215; **4.3.30**: 218; **4.3.31**: 196; **4.4.1**: 208, 217, 220; **4.4.2**: 236; **4.4.3**: 220; **4.4.7**: 220; **4.4.11**: 235; **4.4.13**: 227; **4.4.16**: 325; **4.4.18**:

246, 253, 263, 268; **4.4.20**: 227; **4.4.21**: 229; **4.5.1**: 220; **4.5.2**: 220; **4.5.7-22**: 358; **4.5.10**: 199; **4.5.12-21**: 238; **4.5.13**: 230; **4.5.22**: 238; **4.5.24**: 246, 297, 375, 429; **4.5.34**: 199, 229, 241, 266, 268; **4.5.35**: 241; **4.6.1**: 87, 449; **4.6.2**: 392; **4.6.3**: 449; **4.6.4**: 247, 333; **4.6.5**: 237, 249, 268; **4.6.5-27**: 202, 250, 337; **4.6.5-7.14**: 337; **4.6.9**: 130, 286; **4.6.14-16**: 255; **4.6.20**: 200; **4.6.21**: 256; **4.6.22**: 445; **4.6.26**: 255; **4.7.1**: 229, 249, 253, 259; **4.7.2-14**: 263; **4.7.3**: 264; **4.7.8-12**: 199; **4.7.8-14**: 370; **4.7.11**: 155, 205, 305; **4.7.12**: 205; **4.7.15**: 253, 268; **4.7.15/16**: 229, 249, 266; **4.7.15-17**: 246, 331; **4.7.15-18**: 266, 337; **4.7.15-19**: 210; **4.7.16**: 289, 325, 327, 329; **4.7.17**: 266; **4.7.19**: 283; **4.7.24**: 171; **4.8.1/2**: 273, 276, 277; **4.8.8**: 337; **4.8.8 ff.**: 277; **4.8.9-19**: 203; **4.8.15**: 29, 301, 312; **4.8.18**: 216; **4.8.20/21**: 277; **4.8.22**: 292, 295, 310; **4.8.22-24**: 295, 366; **4.8.25**: 268, 286, 376, 408; **4.8.25-28**: 275; **4.8.27**: 207, 308, 459; **4.8.28**: 289; **4.12.14**: 201

5.Buch

5.1.1: 91, 459; **5.1.2**: 295; **5.1.4**: 369, 411; **5.1.8**: 367; **5.1.11/12**: 297; **5.1.13**: 327; **5.1.15**: 371, 375, 403, 406; **5.2.4**: 305, 394; **5.2.12**: 169, 190, 219; **5.2.13**: 265, 303; **5.2.14**: 307; **5.2.15**: 155, 375; **5.2.16**: 304; **5.2.22**: 325; **5.2.26**: 307; **5.2.29**: 207; **5.2.32**: 308; **5.3.1**: 12, 152, 158, 230, 295, 296, 357, 365; **5.3.2**: 310; **5.3.3**: 298, 313, 376; **5.3.6**: 375; **5.3.7**: 476; **5.3.8**: 322; **5.4.1**: 267; **5.4.2**: 312; **5.4.3**: 350; **5.4.11**: 323; **5.4.12**: 269; **5.4.13**: 306; **5.4.17**: 270; **5.4.22**: 203; **5.4.31**: 193, 310; **5.4.32**: 330; **5.5.1**: 229, 246, 266, 267, 333; **5.5.1/2**: 310; **5.5.3**: 310, 333, 379; **5.5.4**: 91, 97, 98, 486, 487; **5.5.6**: 360; **5.5.7-25**: 335; **5.5.10**: 288, 469; **5.5.12**: 341, 360; **5.5.17**: 209, 266; **5.5.22/23**: 336; **5.5.24**: 335; **5.6.3**: 336; **5.6.7**: 334; **5.6.7-10**: 339; **5.6.9**: 372; **5.6.11**: 340; **5.6.14**: 200, 343, 374, 375, 398; **5.6.15/16**: 348; **5.5.18**: 283; **5.6.15**: 158; **5.6.15 ff.**: 344; **5.6.16-18**: 61; **5.6.18**: 61; **5.6.19**: 375; **5.6.19-21**: 373; **5.6.19-33**: 158; **5.6.19-8.26**: 345; **5.6.20**: 347; **5.6.23**: 158, 424, 433; **5.6.24**: 135, 424; **5.6.25**: 346; **5.6.27**: 158, 374, 375, 453; **5.6.29**: 61, 345; **5.6.31**: 343; **5.6.34**: 61, 392; **5.6.35**: 343; **5.6.36**: 156, 253, 313, 375; **5.7.1/2**: 375, 392; **5.7.7**: 234; **5.7.8**: 365; **5.7.13-19**: 323; **5.7.14-16**: 367; **5.7.15**: 229; **5.7.19**: 360; **5.7.19-25**: 350; **5.7.21**: 103; **5.7.28**: 162; **5.7.29**: 353; **5.7.33**: 355; **5.7.34**: 354; **5.7.34-8.26**: 157; **5.7.35**: 353; **5.8.1**: 157, 158, 454; **5.8.1-21**: 162; **5.8.6-11**: 240; **5.8.15**: 228; **5.12.13**: 193; **5.8.23**: 335

6.Buch

6.1.1: 335; **6.1.4**: 431; **6.1.4-13**: 360; **6.1.5**: 444; **6.1.5/6**: 364; **6.1.7**: 375; **6.1.11**: 375; **6.1.12**: 163; **6.1.14**: 343, 360, 379; **6.1.14/15**: 310; **6.1.15**: 288, 311, 373, 423; **6.1.16**: 293, 411; **6.1.17-33**: 163, 214; **6.1.18**: 351; **6.1.22**: 149, 151, 211; **6.1.23**: 150, 333; **6.1.29**: 371; **6.1.30**: 155; **6.1.31**: 369; **6.1.32**: 297, 404; **6.2.1**: 343, 459; **6.2.4-7**: 348; **6.2.7**: 155, 200; **6.2.8**:

373; **6.2.9**: 374; **6.2.9-12**: 200; **6.2.9-16**: 344; **6.2.10**: 286, 348, 375, 377; **6.2.12**: 28, 163, 367, 370; **6.2.15**: 289, 466; **6.2.16**: 28, 286, 374, 381, 459; **6.2.17-19**: 373, 383; **6.3.1**: 459; **6.3.2**: 29; **6.3.4**: 375; **6.3.5**: 375, 381; **6.3.6**: 193, 381; **6.3.12-20**: 377; **6.3.14**: 378, 391; **6.3.16**: 425; **6.3.17**: 158; **6.3.22**: 158; **6.4.1**: 377; **6.4.1-6**: 297, 375; **6.4.3**: 396; **6.4.3-7**: 344; **6.4.5**: 395; **6.4.6**: 402; **6.4.9**: 393; **6.4.10**: 155, 156, 370; **6.4.11**: 156, 350, 370, 376; **6.4.13**: 61, 349, 375; **6.4.13-22**: 409; **6.4.15**: 103; **6.4.18**: 403; **6.4.21**: 396; **6.4.22**: 158; **6.4.23**: 103, 301, 350; **6.4.23-26**: 350; **6.4.24**: 128, 366, 393; **6.4.25**: 310, 393; **6.5.2**: 368, 392; **6.5.4**: 350,; **6.5.5**: 395; **6.5.6**: 395; **6.5.7**: 395; **6.5.8**: 366, 392; **6.5.11**: 344, 375; **6.5.13**: 12, 152; **6.5.25**: 376, 444; **6.5.28**: 158, 400; **6.5.30**: 366; **6.5.31**: 399; **6.5.32**: 399; **6.6.1**: 394, 396; **6.6.2**: 403, 407; **6.6.5**: 375, 393; **6.6.5-34**: 297, 402; **6.6.7**: 155; **6.6.9**: 407; **6.6.12-16**: 464; **6.6.17**: 155; **6.6.30**: 289, 469; **6.6.34**: 404; **6.6.35**: 417; **6.6.35/36**: 423; **6.6.38**: 396

7.Buch

7.1.1: 91, 426, 459; **7.1.2**: 366, 395; **7.1.3**: 366, 417; **7.1.5**: 466; **7.1.5/6**: 431, 467; **7.1.6**: 424, 469; **7.1.7**: 103, 422; **7.1.11**: 422; **7.1.13**: 417, 424; **7.1.23/24**: 416; **7.1.25**: 422; **7.1.25-31**: 464; **7.1.31**: 93, 156; **7.1.32**: 158, 205, 265; **7.1.33**: 423, 446; **7.1.36**: 426; **7.1.38/39**: 411; **7.1.40**: 424, 463; **7.2.1**: 158, 350, 375, 429;, 467 **7.2.2**: 350; **7.2.4**: 411; **7.2.6**: 411, 425; **7.2.7**: 366, 395, 411; **7.2.7-9**: 411; **7.2.8**: 426, 428; **7.2.8/9**: 460; **7.2.9**: 467; **7.2.10**: 431, 460, 466, 467; **7.2.11**: 350, 466; **7.2.12**: 427; **7.2.12 ff.**: 461; **7.2.17**: 241, 350; **7.2.19**: 429; **7.2.21**: 429, 467; **7.2.22**: 432, 447, 453; **7.2.24**: 467; **7.2.24-28**: 466; **7.2.25**: 461; **7.2.28**: 427, 467; **7.2.29**: 241, 424, 429; **7.2.31**: 444; **7.2.32**: 466; **7.2.32-34**: 431, 436, 438, 456; **7.2.34**: 438, 444, 453, 468; **7.2.35-38**: 432; **7.2.36**: 347, 373, 454, 475; **7.2.36-38**: 461; **7.2.38**: 433; **7.3.2**: 350, 427; **7.3.3**: 417, 428; **7.3.6**: 460; **7.3.7**: 350, 435, 466; **7.3.7-9**: 438; **7.3.9**: 467; **7.3.10**: 373, 436, 444, 461, 475; **7.3.13**; 462; **7.3.15-35**: 429; **7.3.18**: 158; **7.3.20**: 426; **7.3.23**: 375; **7.3.24**: 431; **7.3.29**: 433, 439, 444; **7.3.41**: 444; **7.3.43**: 444; **7.3.46**: 158, 310, 448; **7.3.48**: 475; **7.4.1/2**: 422, 452; **7.4.2**: 449; **7.4.3**: 445; **7.4.6**: 445; **7.4.7**: 247; **7.4.12-22**: 449; **7.5.1**: 432, 446, 455, 459; **7.5.4**: 241, 424, 475; **7.5.5**: 465; **7.5.8**: 431, 433, 461; **7.5.9**: 453, 455; **7.5.10**: 158, 424, 453; **7.5.12**: 453; **7.5.15**: 452, 466; **7.5.16**: 454; **7.6.3**: 468; **7.6.4**: 460, 465, 474; **7.6.8**: 440; **7.6.9**: 444, 474, 476; **7.6.11-38**: 450, 458; **7.6.18**: 474; **7.6.24**: 435; **7.6.28/29**: 467; **7.6.29**: 455; **7.6.30**: 459; **7.6.31**: 457; **7.6.34**: 319; **7.6.36/37**: 459; **7.6.39**: 458, 474; **7.6.40**: 205, 265, 460, 469, 475; **7.6.41**: 454, 460; **7.6.42**: 457; **7.6.43**: 431, 440, 461, 463, 475; **7.6.44**: 368, 376, 475; **7.7.1**: 457; **7.7.2**: 469; **7.7.3**: 433; **7.7.4**: 466; **7.7.10**: 475; **7.7.12**: 466, 467; **7.7.19**: 467; **7.7.20**: 476; **7.7.23**: 425, 452;

7.7.23/24: 474; **7.7.25**: 454, 475; **7.7.30**: 473; **7.7.41/42**: 471; **7.7.50**: 431, 474; **7.7.53**: 440, 463, 470; **7.7.55**: 470; **7.7.56**: 440; **7.7.57**: 315; **7.8.1** (Scholion): 478; **7.8.12**: 484; **7.8.15**: 482; **7.8.17**: 92, 483; **7.8.18**: 482; **7.8.19**: 155; **7.8.20**: 446, 482; **7.8.21**: 482; **7.8.22/23**: 482; **7.8.24**: 457; **7.8.25**: 23, 39, 58, 129, 225, 253, 394; **7.8.25/26**: 91, 334; **7.8.26**: 98, 365

* * *

Agesilaos **2.1**: 247; **2.6** : 314

Hellenika **1.1.32**: 418; **1.3.15-22**: 422; **1.3.20/21**: 413; **1.4.3**: 58; **1.6.36**: 418; **2.1.1 ff.**: 418; **2.1.8/9**: 8; **2.2.5**: 418; **2.4.11**: 376; **3.1.1**: 34; **3.1.3/4**: 457; **3.1.5**: 457; **3.1.6**: 91, 457, 481, 485, 486; **3.1.22**: 119; **3.2.7**: 390; **3.2.11**: 150; **3.3.11**: 412; **3.4.10**: 397; **3.4.13**: 397; **3.4.20**: 390; **3.5.26**: 161; **4.1.3 ff.**: 398; **4.1.27**: 398; **4.2.8**: 247; **4.2.20**: 215; **4.3.4**: 163; **4.3.15**: 314, 390; **4.3.21**: 314; **4.8.26**: 433, 453; **4.8.32-39**: 411; **4.8.35**: 435; **5.1.1**: 418; **7.4.22**: 119; **7.4.23**: 254

Hipparchikos **1.17**: 225; **3.1**: 478; **3.6**: 478; **7.11**: 126

Hippike **6.12**: 225; **8.13**: 82, 136; **10.12**: 82, 136; **11.5**: 82, 136; **12.1-7**: 170; **12.4**: 268

Kyrupädie **1.2.2-16**: 78; **1.2.5**: 78; **1.2.6**: 78; **1.2.8**: 78, 79; **1.2.9**: 79; **1.2.13**: 79; **1.6.19**: 456; **1.6.19 ff.**: 10; **1.6.43**: 254; **3.1.34**: 210; **3.2.1**: 210; **3.2.4 ff.**: 210; **3.2.7**: 210, 266; **3.2.10 ff.**: 266; **3.2.25**: 210; **3.3.1 ff.**: 210; **3.3.12**: 412; **3.3.26/27**: 183; **3.3.47**: 126; **3.3.69**: 309; **4.1.18**: 126; **4.2.1**: 484; **4.3.27**: 270; **5.1.26**: 124; **5.3.37**: 444; **6.1.29**: 68; **6.2.17**: 68; **6.2.32**: 268; **6.3.31**: 129; **7.1.4**: 89; **7.1.30**: 84; **7.2.3 ff.**: 210; **7.3.15**: 53; **7.5.3/4**: 88; **7.5.6**: 309; **8.1.38**: 53; **8.2.4 ff.**: 84; **8.3.12**: 246; **8.3.13**: 127; **8.3.15**: 53; **8.3.20**: 84; **8.3.24**: 246; **8.5.15**: 254; **8.6.3**: 182; **8.8**: 78; **8.8.2/3**: 80

Memorabilien **1.1.19**: 124; **3.1.1**: 93; **3.1.5**: 93; **3.1.11**: 93

Oikonomikos **4.4 ff.**: 82; **4.5/6**: 182; **4.18**: 76, **4.18/19**: 84; **14.7**: 82, 136, 244

Staat der Spartaner (Lak.pol.) **2.6-9**: 256; **4.3**: 187; **7/8**: 256; **8.5**: 376; **10.7**: 256; **11.8**: 93, **13.8**: 215

Symposion **2.1**: 361; **2.2**: 360; **2.20**: 324; **2.9**: 360

Andere Autoren

Ailianos
varia historia **2.25**: 160; **3.24**: 159; **12.1**: 85

Aineias Tacticus
Poliorketika **18-20**: 419; **33.3**: 328

Aischylos
Prometheus Desm. **726/27**: 456; *Sieben gegen Theben* **43 ff.**: 99

Ammianus Marcellinus
Res gestae **22.8.20**: 267; **25.8.6**: 46

Anonymos
periplus Ponti **13**: 311, 342

Apollonios Rhodios
Argonautica **2.380-81b** (mit Scholion): 328; **2.722**: 373; **2.727-751**: 372; **2.746-49**: 372; **2.791**: 342; **2.936**: 242; **2.940/41**:242; **2.1009/10**: 332; **2.1023-25**: 331; **2.1026-29**: 329

Appianos
bellum civile **3.22**: 465; *Mithridates* **9.59 465**;

Archilochos
Fragmente **28D**: 244; **79aD**: 456

Aristophanes
Acharner **866**: 443; *Ekklesiazusen* **154** (mit Scholion): 205; *Lysistrate* **1242**: 443; *Ritter* **660** (Scholion): 160; *Vögel* **383**: 309; *Wolken* **254**: 361; **709**: 361

Aristoteles
Atheniensium res publica (Athen. pol.) **54. 2**: 257; *Fragment* **456 [451]**: 309; *Historia animalium* **2.1.499a29**: 239; **8.13.598b2**: 330; *Problemata* **8.9 .887b**: 235; **10.30. 894 a19**: 325; *Rhetorika* **1.13. 10. 1374a13**: 357

Arrianos
Anabasis **1.7.16**: 93; **1.13.3**: 103; **2.25.5**: 93; **3.9.5**: 103; **3.17. 11**: 93; **3.21.8**: 93; **3.26.8**: 464; **3.30.8**: 93; **5.17.7**: 309; *Indike* **16.6**: 206; *Periplus Ponti* **11**: 298; **13**: 385; **19**: 342

Athenaios
Deipnosophistai **1.28.16c**: 244; **1.29f**: 91; **1.49.27e6-f6**: 362; **2.32.49b-d**: 439; **4.80. 182d**: 442; **10.67 .447 b/c**: 244; **11.51.476 a-e**: 431; **13.586c**: 28; **14.26.629d**: 444; **14. 29.631a/b**: 364; **14.30. 631d**: 363; **14. 35.634 c-e**: 442; **14.35-40. 634b-637a**: 443

Caesar
bell. Gall. **6.28.6**: 361

Cicero
De officiis **2.7.25**: 331; *In C. Verrem* **2.3.33**: 39

Clemens Alexandrinus
Paidagogos **2.4.193**: 442

Curtius Rufus
Historiae Alexandri **3.2.6**: 484; **10.9.12**: 356

Deinon [FGrHist 690]
Persika **F 17**: 225

Demetrios von Phaleron
De elocutione **131**: 364

Diodoros
Bibliothek **1.20**: 244; **2.4.3 ff.**: 39; **3.8.4**: 206; **12.11.3**: 344; **13. 51.1-6**: 11; **13.85.3-96.1**: 297; **13.106.4**: 418; **14.12.2 ff.**: 11; **14.19-31**: 12, 249; **14. 19.4**: 34; **14.20.2 ff.**: 20; **14.24.4**: 90; **14. 25.1**: 92; **14.25.1-6**: 94; **14.26.4**: 109; **14. 26.5**: 110; **14.26.7**: 129; **14.27.2**: 132; **14. 28.5**: 242; **14.29.1**: 247, 249, 253, 259, 267; **14.29.3**: 249, 276; **14.29.4**: 280, 281; **14.30/31**: 310; **14.30.4**: 293, 295; **14. 30.6**: 329; **14.30.7**: 329; **14.31.1**: 343; **14.35. 3**: 34; **14.36.1 ff.**: 457; **14.37.1**: 425; **15.2.1**: 225; **16.76.1/2**: 427; **17.30**: 52; **21.12. 3f.**: 431

Diogenes Laertios
Vitae Philosophorum **2.34**: 441; **2.51**: 314, 315; **2.52**: 315, 319; **2.58**: 315; **8.18**: 439

Dion Chrysostomos
oratio **8.1**: 315

Dionysios von Halikarnassos

Dionysios von Halikarnassos
Römische Archäologie **1.26**: 329

Euripides
Rhesos **311** (Scholion): 309

Evangelium
Ioannis **5.8**: 361; *Marki* **2.9**: 361

Frontinus
Kriegslisten **1.4.10**: 216; **4.1.17**: 135

Hekataios [FGrHist 1]
Periegesis **F 185**: 328; **F 203**: 268, 331; **F 204**: 267; **F 206**: 282

Heliodoros
Aitiopika **4.17**: 363

Hermippos
Phormophoroi (**Fr. 63**): 362

Herodotos
Historien **1.6.72**: 335; **1.28**: 331; **1.74.2**: 174; **1.155**: 48; **1.194.3**: 105; **1.214.3**: 76; **1. 215.1**: 229; **1.216.4**: 246; **2.77.4**: 244; **2. 86.4**: 105; **2.104.3**: 282; **3.93.1**: 225; **3. 94.1**: 209; **3.94.2**: 282; **3.97.4**: 283; **3.120.2**: 394; **4.5.3**: 229; **4.12. 2**: 366; **4.101.2**: 436; **5.3-10**: 434; **5.6.1**: 434; **5.6.2**: 331; **5.49. 3**: 66; **5.52/53**: 5; **5. 52.1**: 182; **5.52.4**: 123; **5.53**: 436; **5.54.2**: 150; **6.70**: 91; **6.112.1**: 71; **7.9β1**: 466; **7.22.1**: 181; **7. 26-32**: 5, 14, 16; **7.42. 1**: 480; **7.56.1**: 181; **7.61.1**: 66, 178; **7.63. 1**: 306; **7.64.2**: 229; **7.72.1**: 306; **7.73**: 22; **7.75.1**: 447; **7.78**: 282; **7.79**: 306; **7.89.3**: 306; **7.97**: 283; **7.114**: 53; **7.114.1**: 247; **7.187.2**: 439; **7.223.3**: 181; **8.11.1**: 308; **8.124.3**: 187; **8.138.3**: 21

Heron
geometrica **4.13**: 290

Hesiodos
Erga **507**: 440; *Theogonie* **344**: 340;

Hesychios
Synagoge s.v. διαγκυλόομαι: 303; σκίμπους: 361; τίαρα: 66

Hesychios Illustris
[FGrHist 390]: 412

Homeros
Ilias **2.854**: 340; **4.35**: 285; **6.319**: 269; **8. 494**: 269; **9.433- 605**: 31; **10.190**: 192; **10. 436/37**: 440; **13.4**: 440; **14.227**: 440; **22. 157-161**: 290; **22.374**: 285; *Odyssee* **13.73-76, 79/80, 88-92**: 292, **15.514/15**: 458

Inschriften
IG II².334: 289; **IX 1.654**: 322

Isidoros
Mansiones Parthicae: 43

Isokrates
Euagoras 145; *oratio* **4.146**: 389; **5.91**: 128

Jamblichos
De vita Pythagorica **196**: 460

Josephos
contra Apionem **1.22**: 282

Kallisthenes [FGrHist 124]
Alexandergeschichte **F 31**: 43

Georgios Kodinos
Πάτρια τῆς Κωνσταντινουπόλεως 412; **24 ff.**: 413

Ktesias [FGrHist 688]
Persika **F 16.59**: 9; **F 16.64-67**: 74; **F 17.4**: 79; **F 20**: 84; **F 20.4**: 66; **F 22**: 59, 72; **F 23**: 92; **F 27**: 128, 132; **F 28**: 128, 132; **F 29. 58**: 20

Menippos
periplus Ponti **8**: 342

Nymphodoros [FHG II 379]
Periplus **Fr.16**:329

Oppianos
Halieutika **5.519 ff.**: 330

Ovidius
Fasti **6.697 ff.**: 17; *Metamorphosen* **4.46**: 39; **5.331**: 39; **6.382 ff.**: 17; *Pontische Briefe* **4.10.49**: 343

Pausanias
Beschreibung Griechenlands **1.5.4**: 21; **2.2.6**: 320; **3.20.4**: 246; **4.31.5**: 413; **5.6.4**: 316; **5.6.5**: 315; **5.6.7**: 318; **8.23. 1**: 320; **10.9.10**: 418

Philostratos
Περὶ γυμναστικῆς **11**: 290; **32**: 291; *vita Apollonii* **1.31**: 246;

Photios
Lexikon s.v. κατασκεδάζειν: 442

Platon
Alkibiades **1,123b3 ff.**: 39; *Epistula* **5.321c5**: 341; *Euthydemos* **271d**: 93; **272a**: 93; **273c/d**: 93; *Laches* **183c**: 93; **183d-184a**: 93; *Menon* ; **70a**: 11; **70a5**: 143; **71d1/2**: 144; **76b5**: 143; **78c1**: 144; **78c5-d1**: 144; **78d2/3**: 143; **78d3-e6**: 144; **80b2/3**: 144; **90 b5**: 143; **92c7-d2**: 145; *Nomoi* **1.637e**: 442; **7.796b/c**: 363; **7.813e**: 93; **7.815a1-7**: 361; **7.816b8**: 363; **8.833e**: 93; **8.828a3**: 376; *Protagoras* **310c**: 361; *Theages* **122b2/3**: 341

Plinius
Nat.hist. **5.20/21**: 45; **6.4**: 342; **6.4.10/11**: 267; **6.7**: 335; **6.11**: 331; **6.11/12**: 299; **6.31/32**: 45; **35.93**: 315

Plutarchos
Alkibiades **36**: 434; *Aristeides* **27**: 478; *Artaxerxes* **3**: 9; **7.3**: 225; **8**: 98, 133; **8.2**: 62; **10.1**: 225; **11**: 74; **13**: 153; **13.2**: 84; **13.5**: 93; **18.5**: 132; **24**: 225; **26.3-5**: 85; **27**: 110; *Lykurgos* **17/18**: 256; **22.4/5**: 215; **29.5**: 132; *Moralia* **862b/c**: 160; *Paulus Aemilius* **19.1**: 451; *Perikles* **24.7**: 85

Pollux
Onomastikon **4.100**: 363; **7.70**: 170

Polyainos
Strategika **1.49.4**: 216; **2.29.2**: 269

Polybios
Historien **2.30.4**: 309; **2.68.4**: 309; **4.38.39**: 412; **4.43-45**: 412; **18.24.8**: 104; **18.29/30**: 269; **34.9.14/15**: 244;

Pomponius Mela
De chorographia **1.19. 104**: 343; **1.19. 105**: 267, 331; **1.19. 106**: 329, 331; **2.1.10**: 331; **2.98**: 372

Pseudo-Aristeides
Lib.rhet. **II 92**: 123

Pseudo-Dionysios von Halikarnaß
Ars rhetorica **302/03**: 31

Pseudo-Skylax
periplus **86-88**: 267; **90**: 343; **91**: 373; **92**: 377

Ptolemaios
Geographie **5.4.2**: 335; **5.12.9**: 209

Semonides
Jamben **7.69**: 53

Seneca
De beneficiis **1.8**: 441

Sophainetos [FGrHist 109]
Anabasis **F 2**: 253; **F 4**: 48

Stephanos v.Byzantion
Ethnika s.v.Μελινο-

φάγοι: 455; Χάλυ-βες: 268

Strabon
Geographika **1.3.4**: 456; **2.1.15**: 386; **3.2.3**: 324; **7.5.4**: 331; **7.6.1**: 456; **7.6.2**: 455; **8.3.12**: 319; **8.3.13**: 319; **11.5.6**: 246; **11.8.6**: 246; **11.13.3**: 209; **11.14.9**: 241; **12.3.8**: 343; **12.3.11**: 365; **12.3.17**: 332; **12.3.18**: 282, 298, 329; **12.3.19**: 267; **14.1.23**: 314; **15.2.5**: 105; **16.1.10**: 60

Suda
Lexikon s.v. κατα-σκεδάζειν: 442

Theopompos (FGr Hist 112)
Philippika **F 223**: 455

Thukydides
Historien **1.6.3** (mit Scholion): 325; **1.63.1** Scholion: 413; **1.22.1**: 96; **1.100.3**: 247; **1.126.2**: 479; **1.128. 5-7**: 480; **1.129.1**: 394; **2.4.4**: 419; **2.9.4**: 421; **2.13.3**: 421; **2.13.8**: 421; **2.21.2**: 127; **2.29.1-5**: 432; **2.29.2**: 431; **2.29.3**: 432; **2.95-101**: 362; **2.96/97**: 431; **2.97.1**: 431, 436; **2.97.3**: 432; **2.97.4**: 438; **3.34.1**: ; **4.43.3** Scholion: 71; **4.102.3**: 247; **4.103.5**: 247; **4.118.6**: 104; **4.125.2**: 163; **5.72.4**: 187; **6.18.3**: 126; **7.36. 5**: 308; **7.69. 2**: 400; **8.8.2**: 10; **8.23.4**: 418; **8.39.2**: 10; **8.80.1-3**: 10

Vitruvius
De architectura **3.2.7**: 320

Zosimos
Neue Geschichte **2.30**: 412; **2.31.2**: 415; **4.35.1**: 324; **4.38 ff.**: 324

Nachtrag zu S.385-389, **6.4.1-6** (Kalpes Limen)

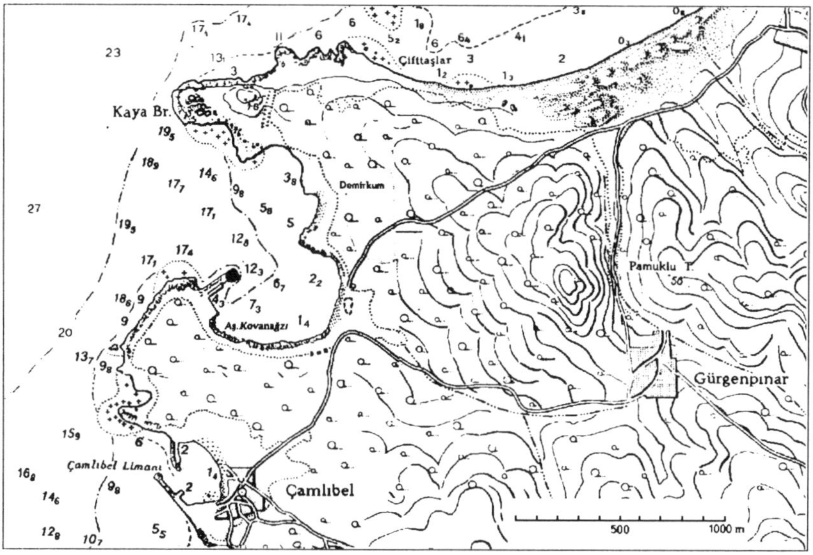

64a. Die nähere Umgebung von Kalpes Limen nach der türkischen Seekarte von 1971 , 1:25.000

Leider erst nach dem Abschluß des Umbruchs konnte ich dank der freundlichen Hilfe von W.RADT (Deutsches Archäologisches Institut, Abteilung Istanbul) Einblick in das Blatt Kefken (Çamlibel) der 1971 erstellten türkischen Seekarte (Maßstab: 1:25.000) nehmen. Nunmehr ist es möglich, das topographische Problem von Kalpes Limen zu lösen: Xenophon beschreibt nicht, wie bisher angenommen, die Halbinsel von Kefken (Çamlibel), sondern Kaya-Burun nördlich davon. Hier erstreckt sich der aus dem Landesinneren kommende Höhenzug, mit einer Verengung des Kamms unmittelbar östlich von Höhe 18, bis fast zur Spitze des Kaps. Auf der Karte ist ein quer über diese Engstelle geführter, offensichtlich künstlich angelegter Graben erkennbar. Von wem und zu welcher Zeit er angelegt wurde, läßt sich natürlich nicht sagen - aber daß genau hier der von Xenophon erwähnte 'Hals' (6.4.3), über den er einen Graben mit Palisadenzaun ziehen ließ (6.5.1), anzunehmen ist, scheint mir völlig außer Frage zu stehen.